KB037964

마르크스의 생태사회주의

자본, 자연, 미완의 정치경제학 비판

Karl Marx's Ecosocialism

마르크스의 생태사회주의
자본, 자연, 미완의 정치경제학 비판

지은이 사이토 고헤이
옮긴이 추선영

1판 3쇄 발행 2024년 12월 20일

펴낸곳 두번째테제
펴낸이 장원
등록 2017년 3월 2일 제2017-000034호
주소 (13290) 경기도 성남시 수정구 수정북로 92, 태평동락커뮤니티 301호
전화 031-754-8804 | 팩스 0303-3441-7392
전자우편 secondthesis@gmail.com
블로그 blog.naver.com/secondthesis

ISBN 979-11-90186-05-6 93300

마르크스의 생태사회주의

자본, 자연, 미완의 정치경제학 비판

Karl Marx's Ecosocialism
Capital, Nature, and the Unfinished
Critique of Political Economy

사이토 고헤이 지음
추선영 옮김

한국어판 서문

2017년 먼슬리 리뷰 출판사에서 출간된 『마르크스의 생태사회주의: 자본, 자연, 미완의 정치경제학 비판Karl Marx's Ecosocialism: Capital, Nature, and the Unifinished Critique of Political Economy』의 한국어판 발간 소식에 기쁨을 감출 수 없다. 베를린 훔볼트대학교에 박사 학위 논문으로 제출하여 처음에는 독일어로 작성된 『자본에 반하는 자연: 미완의 자본주의 비판 속 마르크스의 생태학Natur gegen Kapital: Marx' Ökologie in seiner unvollendeten Kritik des Kapitalismus』(Frankfurt am Main: Campus, 2016)은 영어판으로 출간되면서 더 많은 주목을 받았다. 게다가 이 책으로 나는 2018년 도이처 기념상Deutscher Memorial Prize을 수상하는 영예도 누렸다.

2년여 전 일본으로 돌아와 오사카시립대학교에서 학생들을 가르치고 있다. 안타깝게도 소비에트 사회주의 공화국 연방이 붕괴된 이후, 마르크스주의는 급격하게 쇠퇴해 가는 형편이다. 이 책은 전 세계의 (생태)사회주의자들과 국제적으로 교류하면서 탄생한 결과물이다. 한국어판 출간도 이와 같은 놀라운 국제 교류의 일환이라고 할 수 있다. 이 책을 출간하기로 한 두번째테제 출판사 장원 편집장의 결단과 번역자의 노고에 깊은 감사 인사를 드린다.

지난 몇 달 사이 크게 악화된 한국과 일본의 정치적 관계를 감안해 볼 때 이번 한국어판 출간은 그 의미가 특별하다. 시민사회 수준에서 토론과 논쟁을 이어 가는 일은 중요하다. 민족주의의 이름으로 국민을 동원하려는 어떤 정치적인 시도에도 '아니'라고 말할 수 있어야 할 뿐 아니라 전 지구적 수준에서 생태 위기가 닥치고 있는 시대에 강고한 국제 연대를 구축해야만 하는 과제가 시급하기 때문이다.

바로 이러한 이유로 일본의 상황에 시급하게 개입할 필요성을 느꼈다. 안타깝게도 현재 일본의 기후 정의 운동은 매우 미약한 상태이다. 최근 몇 년 사이 대형 태풍과 기록적인 더위가 기승을 부렸음에도, 기후 위기의 위험성에 대한 대중의 인식은 없는 것이나 다름없다. 이런 상황에서 나는 강탈을 자행하는 자본주의에 문제를 제기하고 자본주의를 넘어서는 사회를 구축하여 자유롭고 지속 가능한 인간 발전을 실현할 필요성을 제기하고자 2019년 봄,『대홍수 이전: 마르크스와 지구의 물질대사大洪水の前に: マルクスと惑星の物質代謝』(堀之内出版)를 출간했다.

일본어판에서는 다양한 논쟁을 반영해 책의 내용을 전체적으로 보강하면서 대폭 개정하였을 뿐 아니라 일부 장을 재배치했다. 주요 변화 가운데 하나는 두 개 장을 새로 추가하고『마르크스의 생태사회주의』의 4장과 5장을 하나의 장으로 합친 것이다.

새로 추가된 두 개 장은 영어로도 접할 수 있다. 이 책을 발간한 후 발전된 이론에 대해 알고 싶다면 다음을 확인하기 바란다.

'Profit, Elasticity and Nature[이윤, 탄력성, 자연]' in Judith Delheim and Frieder Otto Wolf (ed.) *The Unfinished System of Karl Marx: Critically Reading Capital as a Challenge for our Times* (New York: Palgrave, 2018)

'Marx and Engels: The Intellectual Relationship Revisited from an Ecological Perspective[마르크스와 엥겔스: 생태적 관점에서 재해석한 두 사람의 지적 관계]' in Marcello Musto (ed.) *Marx's Capital after 150 Years: Critique and Alternative to Capitalism* (London: Routledge, 2019)

이미 서론에서 마르크스의 노트가 자본주의에 대한 마르크스의 생태적 비판을 이해하는 데 얼마나 중요한지 매우 자세하게 설명했기 때문에 한국어판 서문에서는 이 책을 오늘날의 상황과 조금 더 연결해서 생각해 보고자 한다. 이 책이 주로 마르크스의 물질대사 균열이라는 개념을 오늘날의 환경 파괴를 비판적으로 분석할 수 있는 "방법론적 토대"로 삼으려는 분명한 목적을 가지고, 텍스트 분석에 초점을 맞추고 있기 때문이다.

오늘날 사람들은 적어도 프랜시스 후쿠야마가 예견한 형태의 "역사의 종말"이 끝난 역사적인 순간을 목도하고 있다. 소비에트 연방이 붕괴한 뒤 자본주의가 전 세계의 자유와 민주주의를 실현할 것이라는 후쿠야마의 선언은 생태 위기가 급격하게 심화되는 가운데 전혀 예상하지 못한 막다른 골목, 바로 인간 문명사의 종말에 점점 더 가까워지고 있는 형편이다. 사실 생태 위기는 이상 기후, 대양의 산화酸化, 질소 순환 파괴, 사막화, 토양 침식, 멸종 등 다양한 형태로 꾸준히 그 속도를 높여 왔다. 지난 30년 동안 신자유주의가 추구해 온 세계화가 전 세계를 휩쓴 결과 전 지구적 생태 위기가 심화되었고 궁극적으로는 생태계를 붕괴시키고 인류의 생존을 위협하게 되었다.

이와 같이 심각한 생태 위기는 분명 제2차 세계대전 이후 이른바 "급가속"의 시대로 접어들면서 인간의 활동이 지구에 미치는 충격이 급격하게 증가해 온 현실과 관계가 있다. 인간의 활동이 지구에 미치는 충격은 하키 스틱 모양 곡선을 그린다. 이와 같은 전 지구적인 전환 과정은 냉전이 끝나고 신자유주의가 추구하는 전 지구적 자본주의가 전 세계를 휩쓴 1990년대 이후로 그 속도가 더 빨라졌다. 인류 역사에서 소비된 화석연료의 절반이 1990년 이후 소비된 것이라는 사실에서 이와 같은 현실을 정확하게 확인할 수 있다. 이러한 현상이 무지의 소치가 아니라는 점은 분명하다. 인간은 화석연료 소비와 관련된 지식을 갖추고 있음에도 막대한 양의 화석연료를 소비한다. 주요 석유회사들은 화석연료 소비 증가의 위험성을 명확하게 알고 있다. 그렇기 때문에 막대한 예산을 투입해 기후 변화를 부정하는 연구를 지원하고 로비를 벌여 기후 변화 대책을 실행에 옮기지 못하게 막는 데 혈안이 되어 있는 것이다.

기후 변화를 부정하는 무리들이 펼치는 전략이 통하면서 재앙적인 결과를 최소화하기 위한 노력을 기울일 수 있는 시간이 얼마 남지 않은 형편이다. 2100년까지 전 세계 평균 기온이 산업혁명이 시작된 이래로 섭씨 1.5도 이상 올라가지 않도록 막으려면(물론 섭씨 1.5도도 위험하지 않은 것은 아니지만), CO_2 배출 수준을 2030년까지 지금 수준의 절반으로 줄여야 하고, CO_2 배출량은 2050년까지 0으로 줄여야 한다. 반면 지금의 CO_2 배출 수준이 유지된다면 기온이 섭씨 4.8도 상승하여 온도 상승 경향을 강화할 것이고, 예상하지 못한 결과를 가져오는 데 기여할 것이다. 그러면 우리는 진짜 파국을 맞게 될 것이다. 급속한 탈脫탄소화를 이루기 위해서 사회 모든 영역에서 상당한 변화가 필요하다는 점을 고려해 파리 협정이 체결되었지만, 기존 체제에 도전하지 않은 이상 문제를 해결하기에는 불충분하다는 사실 또한 이내 드러났다. 사실 파리 협정이 내건 약속이 실현된다고 하더라도 2040년에는 기온이 섭씨 1.5도 상승할 것이고, 2100년에는 기온이 섭씨 3도 상승할 것이다. UN이 기후 위기를 완화하는 세력으로 효과적으로 기능하리라는 헛된 기대를 품은 채 시간을 낭비하면서 기온 상승 속도만 높아지고 있을 뿐이다.

빌 맥키븐Bill McKibben이 1989년 선언한 "자연의 종말" 역시 끝났다. 자연이 되돌아온 것이다. 지구는 과거 예상했던 것보다 훨씬 빠르게 변화하면서 급가속에 반응하고 있다. 최근 연구에 따르면 빙하가 예상보다 훨씬 빠른 속도로 녹으면서 해수면이 훨씬 높이 상승할 수 있는데, 2100년이 되면 해수면이 2미터 상승할 가능성이 20퍼센트나 된다고 한다. 전 세계 해수면이 2미터 상승하면 "식량 생산에 중요한 지역을 포함해 179만 제곱킬로미터의 토지가 줄어들게 되고 최대 1억 8,700만 명의 이재민이 발생할 수 있다." 이와 같은 대규모 환경 난민이 발생하면 사회적 혼란이 야기되고 인종청소가 일어나리라는 것은 불보듯 뻔한 일이다.

이러한 맥락에서 볼 때, 도널드 트럼프 미국 대통령이 "미국 우선주의"를 내세우면서 멕시코와 맞닿은 국경에 장벽 건설을 부르짖는 모습은 마치 보편적인 인권과 자유주의의 이상을 부정하면서까지 자국만을 보호하는 길의 초석을 놓으려는 준비 작업처럼 보인다. 자본은 생태 위기의 부정적인 결과를 주변국으로 떠넘기면서 자국만을 보호할 역량을 지닌 권위주의적인 지도자를 요구한다. 프랜시스 후쿠야마가 선언한대로 역사의 진행 과정은 멈췄다. 그러나 자유민주주의를 기반으로 하는 자본주의로 끝난 것은 아니다. 역사는 특권을 지닌 소수를 보호하는 과거의 세계, 즉 봉건제로 퇴행한 듯하다.

지난 몇 십 년 동안의 기후 정치가 실패하게 된 데에는 차기 선거 너머까지 멀리 바라보지 못하는 정치인과 글로벌 북반구가 가진 부와 특권을 보호하는 일에만 혈안이 되어 있는 자본주의 상류층의 무능력이 크게 작용했다. 기존 체계가 해결책을 제시하지 못한다면 체계 외부에서 해결책을 찾아야 한다. 바로 이와 같은 이유로 급진적인 이론적 틀이 필요한 것이다. "생태사회주의"라는 생각이 좌파 기후 정의 운동의 핵심 개념이 되어야 하며, 카를 마르크스를 되짚어보면서 역사의 종말이 끝난 이후의 역사의 진행을 그려 보아야 한다.

이 책에서 주장한 것처럼 생태 위기가 자본주의 체제를 끝장낼 수는 없을 것이다. 자본은 생태 위기가 심화되어 지구 전체가 파괴되고 전 세계적인 자본 축적으로 인해 심각하게 저하된 노동 조건을 비롯해 열악한 생존 조건 아래에서 살아가야 하는 환경 난민과 이른바 "환경 프롤레타리아"가 대규모로 발생하는 날이 온다고 하더라도 축적을 지속하는 경향이 있다. 부유한 사람들은 살아남을 것이고 재난 자본주의는 쇼크 독트린을 통해 꾸준히 부를 축적하겠지만 가난한 사람들과 미래 세대는 환경 위기에 대한 책임이 훨씬 적음에도, 환경 재난에 훨씬 더 취약해질 것이다. 바로 이것이 환경 정의를 위해 투쟁해야 하는 이유이다.

그리고 여기에는 분명 계급투쟁의 요소가 포함되어 있다. 환경 프롤레타리아는 악화되어만 가는 경제 위기와 생태 위기에 맞서 자신의 건강, 공동체, 환경을 보호하는 혁명을 수행하는 주체로 나서야 한다.

목차

일러두기

1. 주는 모두 미주로 처리했으며, 편집자가 보충을 한 부분은 [편집자]로 표기했다.
2. 본문에 나오는 강조 표시는 볼드체로 표기했다.
3. 외국 인명, 지명은 국립국어원의 외래어 표기법과 용례를 따랐다. 다만 국내에서 이미 굳어진 인명과 지명의 경우 통용되는 표기로 옮겼다. 의미 전달을 위해 필요한 경우 원어나 한자를 병기했다.

감사의 글

이 책은 필자의 박사 학위 논문을 토대로 출간한 『자본에 반하는 자연: 미완의 자본주의 비판 속 마르크스의 생태학』의 영어판이다. 독일어판과 관련해 지도 교수로서, 필자가 베를린에서 공부하던 시절 많은 영감을 불어넣어 주고 학구열을 북돋아 준 안드레아스 아른트Andreas Arndt에게 감사드린다. 이와사 시게루岩佐茂, 오타니 데이노스케大谷禎之介, 타이라코 도모나가平子友長, 사사키 류지佐々木隆治, 아카시 히데토明石英人, 스미다 소이치로隅田聡一郎 등 이 책을 집필하는 동안 논평을 통해 건설적인 비판을 아끼지 않았던 여러 일본인 동료들에게도 감사드린다. 한편 베를린 브란덴부르크 과학 아카데미BBAW의 MEGA 편집자들에게도 감사드린다. 특히 게랄트 후브만Gerald Hubmann, 클라우디아 라이헬Claudia Reichel, 팀 그라스만Timm Grasmann은 마르크스의 노트와 씨름하는 필자에게 격려를 아끼지 않았다. 프리더 오토 볼프Frieder Otto Wolf, 하랄트 블룸Harald Bluhm, 미하엘 하인리히Michael Heinrich, 마이클 페렐만Michael Perelman, 잉고 스튀츨레

Ingo Stützle, 콜리야 린트너Kolja Lindner, 엘레나 루이자 랑게Elena Louisa Lange
는 다양한 컨퍼런스에서 유용한 논평을 해 주었다.

영어 수고를 준비하는 과정에도 많은 도움을 받는 행운을 누렸다. 무
엇보다 산타 바바라에 위치한 캘리포니아대학교 사회학과의 객원 연구
원으로 초빙하여 준 케빈 앤더슨Kevin Anderson에게 감사 인사를 드린다. 덕
분에 캘리포니아대학교 사회학과 구성원 및 로스앤젤레스에 위치한 국
제 인간주의 마르크스주의자 협회International Humanist Marxist Organization 구성
원들과 연구를 공유할 수 있는 기회를 얻을 수 있었다. 존 벨러미 포스
터John Bellamy Foster에게는 이루 말할 수 없을 만큼 많은 도움을 받았다. 벨
러미 포스터는 「먼슬리 리뷰」에 필자의 논문을 수록하고, 먼슬리 리뷰
출판사에서 필자의 책을 출간하는 데 지원을 아끼지 않았다. 이 책을
집필하던 초기에 벨러미 포스터가 논평을 제시하고 글을 다듬어 준 덕분
에 책의 내용이 더욱 명확해지고 정확해졌다. 아울러 영어판 초고를 정확
하고 세심하게 읽고 내용을 개선하는 데 큰 도움을 준 브렛 클락Brett Clark
에게도 깊이 감사드린다. 클락의 도움이 없었다면 필자가 해석한 내용을
외국어로 정확히 전달할 수 없었을 것이다. 그럼에도 여전히 오류가 남
아 있다면 그것은 모두 필자의 탓이다. 무명 일본인 학자인 필자에게 첫
영어판을 출판할 수 있는 놀라운 기회를 기꺼이 제공한 먼슬리 리뷰 출
판사의 마이클 예이츠Michael Yates 편집장과 편집팀에게도 감사드린다.
마지막으로 출판 과정에서 많은 노력을 기울인 먼슬리 리뷰 출판사의
마틴 패디오와 에린 클레몬트에게도 감사 인사를 드린다.

캘리포니아대학교에서 연구를 진행하는 동안 일본학술진흥회의 자
금 지원이 없었다면 이 책은 세상의 빛을 보기 어려웠을 것이다.

서론

상당히 오랜 시간 동안 "마르크스의 생태학"이라는 표현은 모순으로 취급되었다. 비단 마르크스를 비판하는 사람들뿐 아니라 마르크스주의자임을 자처하는 사람들까지도 마르크스가 자연 자원의 희소성과 생태계에 가해지는 과부하 같은 생태 문제에 대해 이론적으로나 실천적으로 진지하게 고려하지 않은 채 무제한의 경제 발전과 기술 발전을 역사의 자연법칙으로 전제하고 자연에 대한 완전한 지배를 설파했다고 생각했다. 환경이 인간의 문명을 심각하게 위협한다는 사실을 서구 사회가 차츰 그러나 분명하게 인식하게 된 1970년대 이후, 환경운동 진영이 새롭게 등장했다. 그들이 수행한 환경 연구는 마르크스가 자연에 대한 인간의 완전한 지배를 옹호하는 사고를 무비판적으로 수용했다고 주장했으며, 마르크스를 꾸준히 비판의 도마 위에 올렸다. 마르크스를 비판한 사람들은 마르크스가 19세기를 풍미한 이와 같은 사고를 수용한 결과 대량 생산과 대량 소비를 동반하는 근대 산업과 기술에 파괴적인 성격이 내재되어 있다는 사실을 간과하게 되었다고 비판했다. 심지어 존 패스모어John Passmore는 이와 같은 맥락에서 이렇게까지 언급했다. "헤겔-마르크스주의야말로 생태계에 가장 큰 악영향을 미친 이론이다."[1]

　그 이후부터 자본주의 아래에서 이루어지는 무제한의 기술 발전 덕분에 인간이 외부 자연을 임의로 조작할 수 있다는 내용을 골자로 하는 "프로메테우스주의" 또는 초산업주의가 마르크스에 대한 대표적인 고정관념으로 자리 잡았고,[2] 오늘날의 시각에 입각해 볼 때 마르크스의 이론에는 치명적인 결함이 존재한다는 투의 비판이 특히 생태학을 중심으로 활발하게 일어났다. 마르크스를 비판하는 사람들은 마르크스의 역사 유물론이 자본주의 아래에서 이루어지는 기술 진보와 생산력을 무비판적으로 칭송했을 뿐 아니라 이와 같은 가정을 바탕으로 사회주의가 자본가 계급이 독점하고 있는 생산수단을 사회적으로 전유하여 잠재적 생산력을 완전하게 실현함으로써 근대 산업이 안고 있는 모든 부정적인 측면을 해결할 것으로 기대했다고 비판했다. 이런 비판 속에서 마르크스는 생산지상주의Productivism가 궁극에 달하면 결국 자연의 복수가 시작될 것이라는 "계몽의 변증법"을 이해하지 못한 기술 유토피아주의자가 되었다.[3]

　마르크스의 고향인 독일에서도 앵글로색슨 세계에서 일반화된 이와 같은 특별한 비판을 널리 받아들였다. 심지어 최근에 토마스 페테르센Thomas Petersen과 말테 파베르Malte Faber 같은 학자들은 텍스트를 충분히 분석하지도 않은 채 광범위하게 퍼진 마르크스의 생산지상주의 비판을 되풀이하면서 이렇게 언급했다. "모든 생산 과정을 환경에 해로운 물질을 유발하지 않는 방식으로 구성할 수 있다는 마르크스의 가정은 지나친 낙관론이었다. (…) 그리고 진보에 대한 이와 같은 낙관론은 마르크스가 『공산당 선언』에서 이미 표현한 부르주아 자본가에 대한 존경심에서 비롯된 것임에 틀림없다."[4] 또 다른 독일 학자인 롤프 P. 지페를레 Rolf P. Sieferle 역시 마르크스가 자본주의에 대한 자신의 역사적 이해를 바탕으로 미래에는 "자연적 요인의 한계로 인해 성장이 제약을 받는 일이 사라질 것"이라는 그릇된 생각을 했다는 이유로 마르크스의 생태학이 성립될 수 없다고 주장했다. 한편 근대를 풍미한 낙관적 경향과 자연의 지배라는 사고를 공유한 마르크스의 프로메테우스주의는 인간중심주의의 다른 이름이라는 주장도 등장했다.[5] 독일에서 출간된 초기 정치생태학 책 가운데 하나인 『경제 이론 속 자연 Natur in der ökonomischen Theorie』의 저자로 이름을 알린 한스 이믈러 Hans Immler는 최근 마르크스의 생산지상주의를 수용할 수 없다는 자신의 입장을 한층 더 강화했다. 이믈러는 마르크스의 반反생태주의적 입장이 인간 노동을 가치의 유일한 원천으로 절대화하는 한편으로, 가치 생산에서 자연의 기여를 고려하지 않는 인간 중심적 가치론으로부터 도출된 것이라고 주장하면서 이렇게 덧붙였다. "가치와 가치 분석에만 일면적으로 집중하고 물적 영역과 자연적 영역(사용가치, 자연, 감각)을 근본적으로 소홀히 한 탓에" 마르크스의 비판은 "가장 근본적인 수준에서 생명을 위협하는 결과를 초래하는 방향으로 발전할 뿐 아니라 사회 경제적 현실의 전환(예: 생태정치학)을 이끄는 결정적인 원동력으로 작용하도록 하는 그러한 사회적 실천의 발전을 (…) 제대로 다루거나 분석하지 못했다."[6] 지페를레와 이믈러는 역사 유물론의 창시자인 마르크스가 21세기에는 더 이상 수용할 수 없게 된 입장, 즉 기술과 경제가 무한히 성장할 수 있을 뿐 아니라 긍정적인 방향으로만 작용한다는 입장을 수용했다는 사실 자체가 마르크스의 반생태적인 입장을 대변한다는 비판가들의 입장에 동의한다. 이믈러는 이렇게 결론지었다. "그러니 마르크스는 잊어라."[7]

지난 15년 동안 마르크스의 생태학에 대한 논의가 큰 진전을 보인 영어권 독자들의 눈에는 현재 독일에서 진행되고 있는 논쟁이 시대에 뒤떨어진 것으로 보일 것이다. 폴 버켓Paul Burkett의 『마르크스와 자연 Marx and Nature』과 존 벨러미 포스터의 『마르크스의 생태학Marx's Ecology』은 영어권에서 벌어진 논쟁을 촉발한 중요한 책이다.[8] 마르크스의 텍스트를 주의 깊게 재검토한 이 두 권의 저술 덕분에 마르크스의 정치경제학 비판에 녹아 있는 생태적 측면이 지금까지 제대로 인지되지 못했거나 의식적으로 배제되어 왔다는 사실이 밝혀지면서 1980년대와 1990년대를 풍미했던 고정관념, 즉 마르크스의 이론은 곧 프로메테우스주의라는 관념을 걷어 낼 수 있는 새로운 길이 열렸다. 그 결과 마르크스의 자본주의 비판과 사회주의에 대한 마르크스의 전망이 전 세계적으로 현재진행형인 생태 위기를 비판적으로 성찰하는 데 "가장 유용할" 수 있다는 버켓의 주장을 그저 과장에 불과한 것으로 치부하는 마르크스주의 학자와 활동가들은 이제 거의 사라진 실정이다.[9]

존 벨러미 포스터가 폴 버켓의 『마르크스와 자연』 개정판 서문에서 되짚은 사회주의 환경 사상의 최근 발전상을 보면, 버켓과 벨러미 포스터의 저술이 출간된 이후 마르크스주의자들이 출간한 일련의 저술에 수록된 마르크스의 생태학 관련 담론의 방향이 확연히 달라져 "물질대사 균열"을 바탕으로 환경 위기를 자본주의의 모순으로 분석하고 있다는 사실을 확인할 수 있다. "15년 전만 해도 생태사회주의자를 자처하는 사람들조차도 마르크스와 마르크스주의가 생태학에 대한 이해를 높이는 데 기여한 바를 거의 부정적으로만 바라보았다. 그러나 오늘날에는 전 세계 대학에서 마르크스가 생태 문제를 어떻게 이해했는지를 연구하고 있고, 생태 문제에 대한 마르크스의 이해가 전 세계에서 이루어지는 생태 관련 행동에 영감을 주고 있다."[10] 한편 에코페미니즘(아리엘 살레Ariel Salleh), 기후 변화(델 웨스턴Del Weston, 브렛 클락, 리처드 요크Richard York), 생태제국주의(브렛 클락), 해양생태학(레베카 클라우센Rebecca Clausen, 스테파노 롱고Stefano Longo) 등 당면한 생태 문제에 대한 연구도 다양하게 진행되고 있다.[11] 심지어 물질대사 균열이라는 개념은 급진 좌파라는 조그만 집단을 넘어선 영역에까지 그 영향력을 미치게 되었다. 잘 알려진 사례로는 마르크스주의자가 아닌 나오미 클라인Naomi Klein이 『이것이 모든 것을 바꾼다』에서 벨러미 포스터의 접근법을 인정하고 이 접근법을 토대로 자본주의 아래에서 나타나는 지구 온난화를 비판한 일을 꼽을 수 있다.[12] 즉, 오늘날 "마르크스의 생태학"이 이론적 수준과 실천적 수준 모두에서 그 중요성을 인정받으면서 마르크스에게 덧씌워진 프로메테우스주의라는 오명이 벗겨지고 있는 것이다.

그러나 존 벨러미 포스터와 폴 버켓 같은 "2세대 생태사회주의자"가 대표하는 "고전" 마르크스주의 전통이 환경운동에 미치는 영향력이 증가하고 있음에도, 또는 정확히 그러한 까닭에 테드 벤턴Ted Benton, 앙드레 고르스André Gorz, 미카엘 뢰비Michael Löwy, 제임스 오코너James O'Connor, 알랭 리피에츠Alain Lipietz 같은 이른바 1세대 생태사회주의자들 사이에서는 마르크스의 생태학 수용을 유보하려는 분위기가 여전히 팽배해 있고,[13] 최근에는 생태학에 대한 마르크스의 기여를 다양한 방식으로 폄하하려고 애쓰는 새로운 지지자들까지 1세대 생태사회주의자 무리에 합류하고 있다. 마르크스의 생태학 분석이 지닌 타당성을 제한적으로 만 인정하는 이와 같은 사상가들이 내리는 결론은 한결같다. 즉, 마르크스의 분석은 완전한 생태적 분석이 아니라는 점에서 치명적인 결함이 있고, 19세기에 이루어진 생태 문제에 대한 논의는 오늘날 별다른 의미를 갖지 못한다는 것이다.[14] 이를테면 화석 에너지를 대규모로 사용한 결과 기후 변화가 일어나리라는 사실을 적절하게 예측하지 못했다는 점에서 마르크스 역시 "별 수 없었다"는 것이다. 대니얼 타누로Daniel Tanuro는 마르크스가 재생 에너지와 대비되는 화석 에너지의 특수성에 대해 무관심했다는 점을 지적하면서 마르크스가 살았던 시대의 기술 수준과 자연과학 수준은 지금의 수준과 너무 동떨어져 있으므로 마르크스의 이론을 적용해 오늘날의 환경 문제를 체계적으로 분석하는 것은 적절하지 않다고 주장한다.[15] 한편 초기에는 물질대사 균열의 가치를 인정했던 제이슨 W. 무어Jason W. Moore도 입장을 바꿔 벨러미 포스터의 물질대사 균열 접근법에는 가치론이 빠져 있다고 지적하면서, 자본주의 축적 과정에서 전체 생태계(무어의 표현에 따르면 "오이케이오스oikeios")가 겪은 역사적 전환의 동학을 벨러미 포스터가 제대로 이해하지 못하고 있다고 비판하기 시작했다. 무어에 따르면 "자연의 한계를 몰역사적으로 접근한" 벨러미 포스터의 분석은 "통계의 나열"에 지나지 않으므로 물질대사 균열 접근법은 "종말론적" 함의를 던지는 데 그칠 수밖에 없다.[16] 이와 같이 물질대사 균열 이론을 비판하는 사람들은 "마르크스의 생태학"이 기껏해야 자본주의가 환경에 좋지 않다는 진부한 사실을 지적하는 이론에 불과하다고 주장한다.

이 책은 마르크스의 생태학적 자본주의 비판을 보다 **체계적**이고 **완**

벽하게 재구성해 여전히 마르크스의 생태학을 따라다니는 오해를 불식하고 마르크스의 생태학 이론이 지니는 의의가 생각한 것보다 더 크다는 사실을 입증할 것이다. 존 벨러미 포스터와 폴 버켓이 마르크스의 다양한 텍스트를 주의 깊게 검토해 마르크스의 생태 이론이 지니고 있는 가치를 입증한 것은 사실이지만, 두 사람의 분석은 마르크스가 체계적으로 생태 문제를 다뤘다기보다는 이 문제에 별다른 의미를 두지 않고 이따금씩 다루었을 뿐이라는 그릇된 인상을 남기기도 한다는 점에서 한계가 있다. 따라서 이 책의 I부에서는 마르크스의 생태학이 체계적인 성격을 띠고 있다는 사실을 자세히 설명하고 마르크스의 정치경제학 비판에 명확한 연속성이 있다는 사실을 밝힐 것이다. 이어지는 II부에서는 새로 집대성된 마르크스 엥겔스 전집*Marx-Engels-Gesamtausgabe*(약칭 MEGA²)에 사상 처음으로 수록된 자연과학 노트를 꼼꼼히 살피면서 마르크스의 생태학을 이미 출간된 그 어느 저술보다도 더 완벽하게 검토할 것이다. 새롭게 수록된 마르크스의 자연과학 노트 덕분에 마르크스의 생태학적 자본주의 비판이 등장하고 발전한 과정을 더욱 생생하고 현실감 있게 추적할 수 있게 되었고, 모든 주제를 아우르는 놀라운 저술인『자본*Capital*』의 구상과 관련해 지금까지 알려지지 않은 다양한 측면들을 드러낼 수 있는 계기가 마련되었다. 마르크스의 자연과학 노트에는 마르크스가 19세기를 풍미한 생태 이론이라는 광범위한 분야를 얼마나 진지하고 깊이 있게 연구했는지, 그리고 그 과정에서 얻은 새로운 통찰력을 자본주의 사회를 해부한 자신의 이론에 어떻게 통합했는지 확인할 수 있는 흔적이 남아 있다. 이를 통해 마르크스가 조야한 프로메테우스주의와 결별하고 생태 위기를 자본주의 생산양식의 근본적인 모순으로 인식하게 되었다는 사실을 확인할 수 있다. 이와 같은 맥락에서 볼 때 마르크스의 생태학을 체계적으로 해석하는 데 핵심이 되는 개념은 "물질대사[Stoffwechsel]"이다.

1세대 생태사회주의자들이 마르크스의 생태학과 관련해 제시하는 전형적인 해석을 살펴보면 마르크스의 저술을 체계적으로 탐구하는 일이 얼마나 중요한지 명확해진다. 예를 들어 마르크스의 저술을 환경에 높은 관심을 보이는 오늘날의 분위기를 반영할 수 있는 인용문이 가득한 자료 정도로 치부하는 독일의 마르크스주의자 후베르트 라이트코 Hubert Laitko는 마르크스의 생태학이 "체계적이지 않고 엄밀성이 부족하다. 따라서 이론 작업을 부추기는 자극제가 될 수는 있지만 그 이상은 아니다."[17]라고 말한다. 물론 마르크스가 "예언자"였던 것은 아니므로 마르크스의 텍스트를 오늘날의 상황에 직접 적용하거나 오늘날의 상황과 동일시할 수는 없다. 그러나 그렇다고 해서 이와 같은 다소 사소한 사실만으로 라이트코의 평가를 정당화할 수 있는 것도 아니다. 마르크스의 『자본』이 참고문헌에 지나지 않는 수준의 저술이라면, 우리 시대의 자본주의에 대한 생태학적 탐구를 자세히 설명하려고 할 때 마르크스를 들먹일 이유가 도대체 무엇인가? 바로 이것이 마르크스의 생태학에는 치명적인 결함이 있다고 지적하는 1세대 생태사회주의자들의 언급에 감춰진 함정이다. 따라서 마르크스에게로 돌아가야 할 이유를 사실상 하나도 제시하지 않으면서 마르크스의 이론을 "정치생태학에 남겨진 귀중한 유산"이라고 평가하는 것처럼 보이는 수많은 생태사회주의자들의 주장에는 신중하게 접근해야 한다. 이를테면 알랭 리피에츠는 "마르크스주의 패러다임의 일반적인 구조, 지적 토대, 그 패러다임이 제시하는 핵심 해법을 폐기해야 한다. 마르크스주의 사상을 전방위적으로 철저하게 재검토하지 않은 상태로는 실제로 활용할 수 있는 것이 하나도 없기 때문이다."라고 퉁명스레 주장했고[18] 1세대 생태사회주의의 주요 인물 가운데 하나인 앙드레 고르스는 한 발 더 나아가 "사회주의는 죽었다"고 명백하게 인정했다.[19] 그러나 "사회주의가 죽었다"는 이유만으로 계급, 가치, 사회주의 같은 마르크스 사상의 일반적인 구조를 폐기해야 한다면, 전 세계적인 차원에서 당장 행동에 나서도 시간이 모자랄 것만 같은 다급한 이 시기에 생태 위기를 진지하게 고민하는 사람들이 무슨 이유로 마르크스의 "한물간" 텍스트에 매달려 헛물만 켜고 있는 것일까? 1세대 생태사회주의자들은 마르크스의 정치경제학 비판이 지닌 중심축을 일축함으로써 자본주의 생산양식에 대해 마르크스의 이론이 가지는 중요성을 송두리째 부인한다.

이 책은 마르크스의 생태 비판이 **체계적**일 뿐 아니라『자본』구상의 총체성을 유지하는 데 **근본적인 부분**을 구성한다는 사실을 입증함으로써 마르크스의 지적 유산에 대한 부정적인 평가를 일축할 것이다. 생태학은 마르크스 사상의 단순한 일부로 자리매김한 것이 아니다. **마르크스의 정치경제학 비판이 지니고 있는 생태학적 측면을 무시한다면 마르크스의 정치경제학 비판을 온전하게 이해할 수 없다.** 이 책에서는 마르크스의 "가치" 이론과 "물상화[Versachlichung], 物象化" 이론을 검토하여 이와 같은 주장을 입증할 것이다. 이 두 가지 핵심 범주야말로 마르크스가 전체

---

* 한국어판에서는 용어의 구분을 위해 Versachlichung은 물상화, Verdinglichung은 사물화로 역어를 통일하였다. 일본어판에서는 이 용어를 각각 전자는 물상화, 후자는 물화로 쓰고 있다. [편집자]

자연, 즉 "소재" 차원에서의 세계를 자본에 저항하는 공간, 즉 자본주의의 모순이 가장 극명하게 드러나는 공간으로 다루었다는 사실을 잘 드러내는 범주이기 때문이다. 이와 같은 의미에서 마르크스의 생태학은 마르크스가 추구한 경제 체계와 해방적 사회주의라는 전망의 내적 요소를 구성할 뿐 아니라 생태 위기를 현재의 사회적 생산 및 재생산 체계의 핵심 모순으로 탐구할 수 있는 가장 유용한 방법론적 토대를 제공한다. 즉 "귀중한 유산"인 마르크스의 이론을 완벽하게 이해하려면 반드시 마르크스의 생태학을 이해해야 한다.

마르크스가 처음부터 시종일관 "생태주의자적인 면모"를 내보인 것은 아니었을 뿐더러 때로 "생산지상주의자적인 면모"를 드러낸 것처럼 보였다는 사실을 인정하는 것은 분명 중요하다. 오랜 시간 자연과학의 다양한 분야를 진지하게 연구하면서 자신만의 정치경제학을 정교화하는 고된 탐구 과정을 거친 뒤에야, 마르크스가 비로소 환경 재해 문제를 자본의 가치 증식에 부과된 한계로 다룰 필요가 있다는 사실을 온전히 깨닫게 되었기 때문이다.

그럼에도 1844년에 작성한 노트(『1844년 경제학 철학 수고』)에도 이미 생태학과 관련된 마르크스의 핵심 동기가 들어 있다는 사실을 인식하는 것은 중요하다. 이에 따라 1장에서는 마르크스가 1844년 작성한 노트, 즉 『경제학 철학 수고』에서 인간과 자연의 관계 문제를 널리 알려진 소외 이론의 핵심 주제로 이미 다룬 바 있다는 사실을 밝힐 것이다. 마르크스는 인간과 자연이 본래 통합되어 있었지만 근대에 이 통합이 급격하게 붕괴되면서 소외된 삶이 등장했다고 추론했다. 즉, 자연의 소외와 인간과 자연의 왜곡된 관계는 자본주의의 근본적인 특징인 것이다.

따라서 마르크스는 자본주의적 소외에 맞서 인간과 자연의 통합을 재구축하는 작업의 일환으로 "인간주의=자연주의"라는 해방 사상을 구상했다.

그러나 『독일 이데올로기』에서 마르크스는 과거 자신이 제시한 기획이 소외된 현실에 철학적 "관념"을 대립시키는 데 그쳤고, 그렇기 때문에 부적절했다는 사실을 깨달았다. 이렇게 루트비히 포이어바흐의 철학 도식에서 벗어난 마르크스는 "물질대사"라는 생리학 개념을 활용해 인간과 자연의 관계를 검토하면서, 환경 악화가 자본주의적 모순의 현시일 따름이라고 비판했다. 이에 2장에서는 마르크스 이론에서 물질대사 개념이 형성되는 과정을 추적할 것이다. 마르크스는 물질대사 개념을 지금까지 학자들에게 주목받지 못했던 『런던 노트London Notebooks』에서 처음 사용했고 『그룬트리세』와 『자본』에서 자세히 설명했다. 물질대사 개념을 활용하게 되면서 마르크스는 역사를 관통하는* 인간 생산의 보편적인 자연 조건을 이해할 수 있게 되었을 뿐 아니라, 근대 생산 체계가 발전하고 생산력이 성장하면서 이 조건이 겪은 근본적인 역사적 전환을 탐구할 수 있게 되었다. 물상화된 경제 범주들에 의해 매개되는 역사적으로 고유한 자본주의 생산의 동학을 성찰한 마르크스는 이

---

* transhistorical이라는 용어는 흔히 초역사적이라고 번역되나, 그럴 경우 물질대사가 마치 역사적인 것과 대비되는 역사를 초월하는 특징을 가진다는 식으로 이해될 오해의 소지가 있다. 이 책에서는 역사의 특정 시기가 아닌 어느 시기에나 물질대사가 이뤄진다는 의미로 이 용어를 사용한다. 그런 점을 감안하여 맥락에 따라서 이 용어를 역사를 관통하는, 역사 관통적 등으로 풀어서 번역하였다. 참고로 일본어판에는 같은 용어에 역사 관통적이라는 표현을 사용하고 있다. 또한 청년 헤겔학파나 야코프 몰레스호트 같은 유물론자들의 논의의 경우 초역사적이라는 용어도 일부 그대로 사용하였다. [편집자]

러한 자본주의 생산 고유의 동학이 얼마나 자연에 대한 인간의 사회적 실천praxis에 영향을 미치는지 검토했다. 즉, 마르크스는 인간이 자연을 동원해 자본 축적을 극대화하려는 필요를 충족하는 특별한 방식, 또한 이로 인해 자본주의 아래에서 자연의 보편적인 물질대사가 자본주의적으로 변형되고 다양한 자연의 부조화와 불일치가 필연적으로 발생하게 되는 과정을 검토했다. 이렇게 자본주의 아래에서 인간과 자연의 관계를 상세하게 검토함으로써 마르크스는 생태학 분야에 크게 기여했다.

3장에서는 마르크스가 『자본』에서 발전시킨 "물상화" 이론을 통해 마르크스의 생태학을 체계적으로 재구성하여, 근대로 접어들면서 인간과 자연이 맺게 된 특정한 관계가 지닌 비생태적인 성격을 설명할 것이다. 3장에서는 마르크스의 정치경제학 비판을 구성하는 근본적인 요소임에도 『자본』에 대한 논의에서는 저평가되고는 했던 세계의 "소재적" [stofflich], 素材的 측면에 초점을 맞출 것이다. 『자본』에서 마르크스는 자본주의 생산양식과 관련된 순수하게 형태적인 범주("상품", "가치", "자본" 등)를 체계적으로 발전시켜 자본주의적으로 구성된 사회적 생산관계가 인간의 통제와 무관한 경제적 힘으로 작용하는 특성을 지닌다는 사실을 드러냈다. 이런 의미에서 독일에서는 헬무트 라이헬트Helmut Reichelt와 한스-게오르크 바크하우스Hans-Georg Backhaus가 주창하고 미하엘 하인리히, 잉고 엘베, 베르너 보네펠트 같은 학자들이 그 깊이를 더하고 있는 "새로운 마르크스 읽기neue Marx-Lektüre" 경향이 등장했다. "새로운 마르크스 읽기" 는 고전파 정치경제학에 대한 마르크스의 비판을 경제 범주를 물신적 (즉 몰역사적)으로 이해하는 것에 대한 비판으로 설득력 있게 재해석했다. 고전파 정치경제학은 자본주의의 겉모습을 자연의 보편적 역사 관통적 경제 법칙과 동일시한다.[20] 이와 달리 마르크스는 이러한 경제 범주를 "특정한 사회적 형태"로 이해하면서 경제적 사물이 인간을 지배하는 전도顚倒된 세계에 객관적 타당성을 부여하는 기저의 사회적 관계를 폭로한다.[21] 그러나 마르크스의 비판을 단순히 역사적으로 구성된 자본주의 사회의 총체성을 범주적으로 재구성한 것으로 환원해서는 안 된다. 이러한 방식으로 접근하면 마르크스가 자연과학을 그토록 심도 깊게 연구한 이유를 적절하게 설명할 수 없기 때문이다. "새로운 마르크스 읽기" 경향은 이러한 문제에는 사실상 침묵하고 있는 형편이다.

반면 이 책에서는 마르크스 유물론의 비판적이고 실천적인 방법이 "형태" 분석을 넘어 생태적 측면과 밀접하게 관련된 **구체적인 소재적 세계와 경제적 형태 사이의 상호 관계**를 다룬다는 점을 강조할 것이다. 마르크스의 분석에서 자본주의 아래 이루어지는 자연의 파괴는 자연에 대한 자본주의적 형태 변형이 유발한 불일치의 현시로 이해된다. 따라서 경제적인 형태 범주를 자연의 물적 차원 및 소재적 차원과 밀접하게 관련지어 검토하면 마르크스의 자본주의 비판을 체계적으로 드러낼 수 있다. 이 책에서는 "소재"[Stoff, 素材]를 마르크스가 수행한 비판 작업의 핵심 범주로 상정할 것이다. 이는 매우 중요하다.『자본』에 등장하는 마르

---

* 소재, 소재적이라고 옮긴 독일어 stoff, stofflich는 영어판에는 "material"(Stoff), "material"(stofflich)로 되어 있다. material을 물질이라고 옮기면, 마르크스가 이야기하는 사용가치가 가진 소재가 되는 특성과 교환가치가 가지는 관념적이면서도 물적인 특성을 구분할 수 없게 된다. 이 책에서는 일본어판을 참조하여 사용가치의 측면에서 논의를 하는 경우 물질이라는 역어 대신에 소재, 소재적, 물적 등으로 문맥에 맞게 용어를 사용할 것이다. 또한 한국어 용법에 맞게 소재가 되는 등으로 문장을 풀어 쓰기도 할 것이다. 물론 용어가 실제 물질을 뜻할 때에는 역어로 물질이라는 단어도 사용할 것이다. [편집자]

크스의 생태학이 체계적인 성격을 지니고 있다는 사실을 올바르게 이해하지 못한다면, 자연에 대한 마르크스의 언급과 자본주의에서 이루어지는 자연 파괴에 대한 언급이 오늘날의 자본주의 아래에서 전 세계가 직면한 환경 파괴에 대해서는 총체적으로 비판할 수 없는, 주제와 무관하게 이따금씩 산발적으로 등장하는 것에 불과한 것으로 전락해 버리기 때문이다. 그러나 경제적 "형태"와 관련해 "소재"가 수행하는 역할을 올바르게 인식할 수 있다면 마르크스의 생태학은 마르크스 이론 체계의 내적 구성 요소일 뿐 아니라 현재 전 세계가 직면하고 있는 생태 위기를 분석하는 데 유용한 방법론적 기초로 활용될 수 있다.

이러한 맥락에서 볼 때 이 책은 마르크스의 생태학을 체계적으로 해석해 1세대 생태사회주의자들의 주장에 반론을 제기하려는 의도를 가진다. 그렇더라도 마르크스가 살아생전에 자신의 정치경제학 체계를 완성할 수 없었다는 점 또한 덧붙일 필요가 있다. 『자본』 2권과 3권은 마르크스가 사망한 뒤 엥겔스가 편집해 1885년과 1894년에 각각 출간한 것이다. 마르크스가 자신의 정치경제학 체계를 마무리짓지 못했으므로, 마르크스의 정치경제학 체계를 완벽하게 재구성하는 일이 중요한 과제로 남게 되었다. 이는 어쩌면 불가능할지도 모를 일이다. 이 말은 마르크스의 정치경제학을 재구성하려는 모든 시도가 무위로 돌아갈 수밖에 없을 것이라거나 비생산적인 작업이라는 의미가 아니다. 마르크스와 엥겔스의 저술을 역사적, 비판적으로 완벽하게 집대성한 전집이 마르크스 사후 100여 년이 넘도록 알려지지 않은 상태로 남아 있었던 새로운 자료를 상당수 추가하여 최근 출간되고 있기 때문이다. 새롭게 출간되는 이 전집에는 마르크스가 『자본』 구상을 완성하기 위해 오랜 세월 노력한 기록을 담은 상당히 유익한 구절이 많이 포함되어 있다. 특히『자본』2권과 관련된 8편의 원문 수고가 2012년 MEGA^2 2섹션으로 수록되었다. 따라서 이제는 엥겔스가 편집한 수고를 읽을 때보다 더 명확하게 마르크스가 말년에 발전시킨 자본 순환 이론을 이해할 수 있게 되었다.『자본』3권과 관련된 원문 수고도 이제 활용할 수 있게 되었으므로 마르크스와 엥겔스 사이에 나타나는 중요한 차이점을 세심하게 비교해 볼 수 있게 되었다.[22]

나아가 MEGA 집대성 작업의 중요성은 마르크스의 사고와 엥겔스의 사고를 비교해 마르크스의 사고를 명확하게 밝힐 수 있게 되었다는데 그치지 않는다. 새롭게 집대성된 MEGA는 마르크스가 개인 노트에 기록한 발췌, 메모, 논평을 4섹션으로 출간할 예정이다. 이와 같은 자료가 기존 작업에 갖는 의미는 매우 중대하다. 살아생전 마르크스는 출간한 저술 내용을 충분하게 정교화하지 못했고, 핵심 저술인『자본』을 마무리짓지도 못했다. 그런 만큼, 마르크스가 남긴 발췌 노트는 그 무엇보다도 중요한 자료가 될 것이다.『자본』1권 출간을 마지막으로 마르크스는 아무런 저술도 출간하지 않았다. 그렇기에 마르크스가 남긴 발췌 노트가 1868년 이후 마르크스 이론이 발전한 과정을 추적할 수 있는 유일한 자료인 경우가 많다. 한편 이와 같은 노트의 3분의 1이 마르크스가 세상을 떠나기 전 15년 사이에 작성되었고, 그 가운데 절반이 생물학, 화학, 식물학, 지질학, 광물학 등 놀라울 정도로 광범위한 자연과학 분야에 집중되어 있다는 점은 매우 흥미롭다.[23] 그러나 마르크스가 자연과학 분야를 철저하게 연구하고도 그 연구 성과의 대부분을 정치경제학 비판에 통합하지 못한 까닭에, 한 세기가 넘도록 이 작업의 중요성은 등한시되고 말았다. 이 노트들을 『자본』과 연계해 신중하게 들여다보면 마르크스의 생태학이 그의 정치경제학 비판에 없어서는 안 될 부분이라는 점을 입증할 수 있을 것이다. 이러한 점에서 노트들은 귀중한 원문 자료라고 할 수 있다. 『자본』 2권과 3권을 직접 출간할 수 있었다면 아마 마르크스는 생태 위기 문제를 자본주의 생산양식의 핵심 모순으로 더욱 힘주어 강조했을 것이라고 생각한다.[24]

마르크스주의 학자들이 그토록 오랜 시간 동안 마르크스의 노트를 홀대하고 등한시했다는 사실은 안타깝기 그지없다. 이와 같은 태도는 모스크바 마르크스 엥겔스 연구소 소장을 역임한 저명한 마르크스 문헌 학자 다비드 랴자노프David Riazanov(1870~1938)가 이전의 마르크스 엥겔스 전집(MEGA¹) 출간 계획을 결정한 뒤부터 줄곧 이어져 왔다. 랴자노프는 "대략 250개의 발췌 노트가 보존되어 있는데 (…) 마르크스주의 일반에 관한 연구와 마르크스의 개별 저술 각각에 대한 비판적 연구에 매우 중요한 자료로 활용될 수 있을 것"[25]이라고 인식했으면서도 마르크스의 노트를 일부만, 그것도 발췌 노트를 독립 섹션으로 분리하지 않은 채 출간한다는 계획을 수립했다. 다시 말해 랴자노프는 마르크스의 노트가 지닌 가치를 그리 높이 평가하지 않았다. 사실 랴자노프는 마르크스의 노트 대부분이 여러 저술과 논문의 내용 일부를 "그대로" 옮긴 사본에 불과하다고 생각했고 따라서 "마르크스 전기 작가"에게나 유용한 자료가 될 것이라고 생각했다.[26]

1930년 베네딕트 카우츠키Benedikt Kautsky는 "발췌를 발췌하는 것은 아무런 의미가 없다"고 주장하면서 마르크스의 노트를 일부만 출간하기로 한 다비드 랴자노프의 결정을 비판했고,[27] 마르크스 엥겔스 연구소에서 랴자노프와 함께 일한 동료이자 지극히 뛰어난 MEGA 편집자였던 파울 벨러Paul Weller는 훗날 마르크스와 엥겔스의 연구 노트를 15권 분량의 독립 섹션으로 구분해 MEGA¹에 추가로 수록해야 한다고 제안했다. 스탈린의 공포 정치가 시행되고 첫 번째 MEGA 출간 작업이 중단되면서 이와 같은 제안이 결국 실현되지 못했다는 사실은 안타깝기 그지없다. 랴자노프는 1937년 체포되어 이듬해 처형당했고 스탈린의 공포 정치에서 살아남아 『그룬트리세』 편집을 마친 벨러는 동부 전선에서 전투가 시작된 직후 전쟁터에서 사망했다. 마르크스의 노트가 마르크스의 연구 과정을 정확하게 반영하고 있다는 벨러의 통찰력이 옳았다는 사실이 훗날 밝혀지면서 두 번째 MEGA 출간 작업을 담당한 편집부는 벨러의 제안을 수용해 마르크스와 엥겔스의 발췌 전체를 32권 분량으로 출간하기로 결정했다.

따라서 1970년대에 마르크스의 『민족학 노트ethnological notebooks』를 편집했던 한스-페테르 하르스틱Hans-Peter Harstick이 1992년 3월 엑상프로방스에서 열린 컨퍼런스에 참석해 MEGA 4섹션의 중요성을 강조한 것은 올바르다. "발췌, 서지사항 노트와 여백에 기록한 논평으로 구성된 자료는 마르크스와 엥겔스의 지적 세계와 저술의 **물적 토대**를 이룹니다. 한편 이와 같은 자료는 마르크스와 엥겔스의 저술을 연구하고 편집하는 작업에서도 **핵심적인 역할**을 수행합니다. 이와 같은 자료는 마르크스와 엥겔스의 지적 작업으로 향하는 문을 열어 주고 두 사람이 활동했던 시대의 역사적 맥락에 **접근하는 데 유용한 정보를 제공**해 마르크스와 엥겔스의 저술을 출간하려는 편집자들이 두 사람의 저술을 적절하게 재구성할 수 있도록 지원하기 때문입니다."²⁸ 아마 과거 MEGA 편집에 관여한 모든 연구자들이 하르스틱의 말에 동의했을 것이다. MEGA 편집자였던 마르틴 훈트Martin Hundt는 원래 문장의 순서, 약어, 여백에 변화를 준 노트야말로 마르크스가 관심을 가진 내용, 마르크스가 알고자 한 내용, 마르크스가 비판하고자 한 내용을 짐작할 수 있게 하는 수많은 힌트를 제공한다는 점에서 4섹션이 "가장 흥미롭다"고 언급했다.[29] 그러나 기존의 마르크스주의 연구는 하르스틱이 이와 같이 언급하고도 20년이 지나도록 여전히 마르크스의 노트를 등한시해 왔다는 점에서 한계를 보인다.[30] 따라서 MEGA 집대성 작업을 이어 나가는 일의 이루 말할 수 없는 가치를 널리 알리기 위해서라도 이러한 상황을 변화시키는 일이 시급한 실정이다.[31]

마르크스가 작성한 자연과학 노트에 기록된 마르크스의 작업 과정을 재구성함으로써 생태학이 마르크스의 구상에서 지금까지 알려진 것보다 더 큰 비중을 차지하고 있었다는 사실을 파악할 수 있게 되었다. 작업을 진행하는 과정에서 마르크스는 자본주의의 해방적 잠재력에 대한 과거의 낙관적 평가를 의식적으로 폐기했다. 앞서 언급한 바와 같이 마르크스의 역사 유물론은 기술에 대해서 무비판적인 태도를 보였다는 이유로 꾸준하게 비판받아 왔다. 그러나 마르크스의 노트를 세심하게 살펴보면 마르크스가 장차 도래할 사회주의를 생산력이 무한정 증가하고 자연을 마음대로 조작할 수 있게 되는 유토피아로 상정한 것이 아니라는 사실을 알 수 있다. 오히려 마르크스는 자연의 한계를 진지하게 고민하면서 자본과 자연의 복잡하면서도 밀접한 관계를 자본주의의 핵심 모순이라고 생각했다. 사실 마르크스는 『자본』에 수록된 지대 이론의 토대를 준비하면서 다양한 자연과학 저술을 적극적으로 탐독했다.

그 가운데 가장 유명한 저술은 유스투스 폰 리비히Justus von Liebig의 『농화학』, 즉 『유기화학의 농업 및 생리학에 대한 응용Organic Chemistry in Its Application to Agriculture and Physiology』이다. 이 책은 마르크스가 데이비드 리카도의 "수확 체감의 법칙"을 비판하는 과학적 기초가 되었다. 따라서 마르크스는 『자본』에서 인간과 자연 사이에 이루어지는 물질대사를 지속 가능한 방식으로 의식적으로 규제하는 것을 사회주의 사회의 근본적인 과제로 삼아야 한다고 요구하기에 이르게 된다. 이와 관련된 문제는 이 책의 4장에서 다룰 것이다.

이와 같은 맥락에서 볼 때 마르크스의 노트를 제대로 분석하려면 세상의 모든 일을 설명하려는 거창한 유물론적 기획과 연관지어 분석하는 것이 아니라, 마르크스의 정치경제학 비판과 연관지어 분석할 필요가 있다는 점을 강조하는 것이 중요할 것이다. 즉, 노트의 의미를 과학적 세계관을 형성하기 위해 마르크스가 기울인 노력 정도로 환원할 수 없다. 과거 출간된 문헌들은 헤겔과 셸링의 고전 자연철학 전통을 답습한 마르크스가 자연과학에서 이룩한 새로운 발견을 토대로, 세계의 총체성이라는 개념 안에서 모든 현상을 유물론적으로 설명할 수 있는 보편 법칙을 찾으려 했다는 식의 주장을 펴고는 했다.[32] 이 책에서는 마르크스의 자연과학 연구를 총체적인 세계관과는 무관한 것으로 상정하고 마르크스가 남긴 미완의 정치경제학 기획과 연계하여 검토할 것이다.[33] 사실 마르크스의 생태학은 마르크스가 완성하지 못한 정치경제학 기획을 완성하려고 시도할 때 특히 더 중요하다. 마르크스가 자연에 대한 생태학적 비판 속에서, 자연과학에서 이룩한 새로운 발견을 동원하여, 자본의 물상화된 논리가 소재적 세계를 파괴적으로 변형하는 모습을 분석했기 때문이다.

5장에서 논의하게 되겠지만, 1865년과 1866년 사이 유스투스 폰 리비히의 이론을 받아들인 마르크스는 환원론적이고 프로메테우스주의적인 사회 발전 모델을 의식적으로 폐기하고 지속 가능한 인간 발전이라는 전망으로 수렴되는 비판적 이론을 수립했다. 1850년대에 작성되어 마르크스의 낙관론이 반영된 『런던 노트』에서는 근대 농업이 안고 있는 토양 고갈 문제가 소홀히 다루어지고 있는 반면, 1865년과 1866년 사이 작성된 노트에서는 리비히, 제임스 F. W. 존스턴James F. W. Johnston, 레옹스 드 라베르뉴Léonce de Lavergne 같은 다양한 과학자와 경제학자의 입장을 반영해 근대 농업을 보다 정교하게 비판하는 모습이 눈에 띈다. 그 뒤부터 마르크스는 자본주의 생산의 모순을 전 세계적 차원의 자연적 물질대사와 사회적 물질대사의 교란으로 분석하기 시작했다. 특히 데이비드 리카도를 비판한 "아일랜드 문제Ireland question"에서는 마르크스가 자연과학을 지대 이론에만 국한해 적용한 것이 아니라 생태제국주의 분석의 토대를 마련하는 데 사용했다는 사실을 가장 분명하게 확인할 수 있다.

유스투스 폰 리비히의 물질대사 이론이 지닌 중요성에도 불구하고, 리비히의 『유기화학의 농업 및 생리학에 대한 응용』이 마르크스의 자본주의 비판에 절대적인 영향력을 행사한 것은 아니다. 6장에서는 1867년 『자본』 1권을 출간한 직후인 1868년부터 마르크스가 자연과학 저술을 더 많이, 더 집중적으로 탐독하게 된 이유를 제시할 것이다. 널리 알려진대로 이 시기에 마르크스는 토양 고갈과 관련된 리비히의 이론을 강도 높게 비판한 저술을 상당히 많이 읽었다. 그 결과 마르크스는 리비히의 이론에 대한 자신의 평가를 상대화하게 되었을 뿐 아니라 탈자본주의 사회가 도래하면 자연과 합리적인 방식으로 교류해야 한다는 사실을 더 열정적으로 주장하게 되었다. 이 시기에는 리비히를 비판한 독일 농학자 카를 프라스Carl Fraas가 마르크스에게 중요한 영향을 미쳤다. 마르크스는 프라스의 역사적 연구에서 "의식하지 못한 사회주의적 경향"을 엿보기도 했다. 마르크스는 자신이 새롭게 평가한 프라스의 연구를 『자본』에 완벽하게 통합하지 못했다. 그러나 프라스의 저술 내용을 발췌한 마르크스의 노트를 통해 마르크스가 자연과학 연구를 경제 저술에 반영하는 일을 중요하게 생각한 이유를 가늠해 볼 수 있다. 이와 같은 관점에서 1868년을 마르크스가 그 어느 때보다 광범위한 분야를 아우르면서 자신의 정치경제학 비판의 새로운 전기를 마련한 중요한 해였다고 볼 수 있다. 그러나 안타깝게도 그 덕분에 마르크스는 정치경제학 비판을 완성하기 더욱 어렵게 되었다.

미완의 상태임에도 불구하고 마르크스의 정치경제학은 자본이 가치 증식을 무한히 추구함으로써 자본주의 체제 자체의 물적 조건을 침식하고, 결국에는 자연의 한계에 직면하게 된다는 자본주의 체제의 내적 동학을 설명함으로써, 생태 위기를 자본주의의 모순으로 이해하게 만드는 데 크게 기여했다. 이때 자연의 한계라는 말을 자연이 자동적으로 자본주의를 상대로 "복수"에 나서서 자본주의 체제를 끝낼 것이라는 의미로 받아들이지 않는 것이 중요하다. 오히려 자본주의는 자연의 부를 끝없이, 무분별하게 추출해 이윤을 취할 것이고 그 과정에서 자연 환경이 파괴되면서 결국에는 지구상 대부분의 지역이 인간이 거주할 수 없을 정도로 황폐화되고 말 것이다.[34] 그럼에도 마르크스의 물질대사 이론에서 자연은 자본에 저항하는 데 중요한 위상을 차지하고 있다. 그 이유는 자본이 가치 증식을 극대화할 목적으로 임의로 자연을 포섭할 수 없기 때문이다. 다만 자본은 자연을 포섭하려고 시도하는 과정에서 자유로운 인간 발전의 토대를 이루는 근본적인 물적 조건인 자연을 막대한 규모로 파괴할 뿐이다. 마르크스는 이와 같은 비합리적인 환경 파괴와 그 과정에서 자본이 창출한 소외의 경험이 새로운 혁명 주체, 즉 자유롭고 지속 가능한 인간 발전을 실현하기 위해 생산양식의 급진적 변혁을 의식적으로 요구하는 주체를 구축할 계기로 작용할 수 있다고 생각했다. 이와 같은 의미에서 볼 때 마르크스의 생태학은 결정론적인 것도 아니고 종말론적인 것도 아니다. 오히려 마르크스의 물질대사 이론은 자본의 물상화된 힘을 제한하고 인간과 자연의 관계를 전환하여 사회적 물질대사가 보다 지속 가능한 방식으로 이루어질 수 있도록 보장하는 일이 중요한 전략이라는 사실을 강조한다. 바로 이 지점에 21세기에도 여전히 마르크스의 이론으로부터 많은 시사점을 얻고 있는 "적赤"의 구상과 "녹綠"의 구상의 접점이 자리 잡고 있다.

I

생태학과 경제학

1
근대에 등장한 자연의 소외

1843년 예니 폰 베스트팔렌과 결혼하여 파리로 이사한 마르크스는 처음으로 정치경제학을 집중적으로 연구하기 시작했다. 이 시기에 마르크스는 발췌와 메모를 기록한 일련의 노트를 작성했는데, 바로 오늘날 『파리 노트*Paris Notebooks*』라고 알려진 기록이다. 파리 시대에 마르크스는 영어를 읽을 수 없어서 애덤 스미스와 데이비드 리카도의 주요 정치경제학 저술을 프랑스어로 옮긴 번역본으로 탐독했다. 정치경제학 분야에서 공부해야 할 것이 아직 많다는 사실을 잘 알고 있었던 마르크스는 파리 시대에 작성한 노트를 출간하지 않은 채 개인적인 참고 자료로만 활용했다.[1] 파리 시대에 작성된 노트 가운데 1844년 5월에서 8월 사이 작성된 노트가 『경제학 철학 수고』라는 제목(필사본이 아니었으므로 '수고'라는 제목은 부적절하다)으로 20세기에 발간되었다는 사실은 널리 알려져 있다. 일부 마르크스주의자들이 『경제학 철학 수고』에 마음을 빼앗기면서 『경제학 철학 수고』는 논쟁의 중심에 서게 되었다. 이들 자칭 인간주의적 마르크스주의자들은 『경제학 철학 수고』에서 『자본』에 수록된 마르크스의 경제 분석과는 사뭇 다른 청년 마르크스의 철학을 발견했고, 그 내용을 소비에트가 내세운 변증법적 유물론이라는 당 교리에 맞서는 근거로 사용했다.[2] 스탈린의 공포 정치에서 청년 마르크스를 구해 내려는 인간주의적 마르크스주의자들의 시도가 어느 정도 성공을 거두면서 인간주의는 마르크스주의 담론에서 하나의 흐름으로 자리 잡게 되었다. 그러나 인간주의적 마르크스주의자들의 해석이 역사적으로 특수한 정치 상황과 밀접하게 연계되어 있을 뿐 아니라 자신들의 이해관계에 마르크스의 의도를 종속시켰다는 사실은 부인할 수 없다. 따라서 "현실 사회주의"가 붕괴한 오늘날 최근 밝혀진 문헌학적 증거를 토대로 더욱 중립적인 관점에서 『파리 노트』를 분석해 마르크스가 남긴 노트를 정치적 이해관계에 따라 임의로 해석하는 것이 아니라 마르크스 이론의 발전 과정과 관련지어 해석할 필요가 있다.

마르크스가 1844년 작성한 노트, 즉 『경제학 철학 수고』에서 마르크스의 완성된 생태학을 찾으려는 일은 소용없는 일일 뿐 아니라 마르크스의 진의에도 위배될 것이다. 그러나 분명 마르크스는 인간과 자연 사이의 의식적인 "통합"을 재구축하는 일이야말로 공산주의 사회의 핵심 과업으로서 전략적으로 중요한 일임을 일찌감치 인식하고 있었고, 이와 같은 사실이 이 노트에 담겨 있다. 훗날 마르크스가 『자본』에서 생태학적 비판을 통해 환경 파괴를 자본주의에 내재하는 모순으로 개념화할 수 있었던 바탕에는 아마 청년 시절 일찌감치 인식한 근대의 인간-자연 관계의 분리가 자리 잡고 있을 것이다. 마르크스가 경제, 역사, 자연과학과 관련된 막대한 양의 저술을 탐독한 후, 1844년 제시했던 정치경제학 체계보다 훨씬 더 정교한 정치경제학 체계를 제시하고 생태적 비판을 이론화하기까지는 상당히 오랜 세월이 필요했지만, 청년 마르크스가 일찌감치 인식했던 사실이 그것의 바탕을 이룬다는 사실에는 변함이 없다. 청년 마르크스가 인간과 자연이 통합된 미래 사회를 그리면서 정립한 완전히 발전된 "인간주의=자연주의" 개념은 훗날 자신이 제시한 이론을 다각적으로 수정한 이후에도 마르크스의 기본 개념으로 남아 있었다.

1장에서는 "인간주의=자연주의"라는 주제에 초점을 맞추고 마르크스의 **경제학** 비판에 입각해서 "인간주의적" 마르크스주의자와 "과학적" 마르크스주의자가 "소외"라는 철학적 개념을 두고 벌인 과거의 논쟁을 조명하면서 『파리 노트』의 중요성을 재구성할 것이다. 마르크스에 따르면 자본주의 생산에서 소외가 일어나는 근본 원인은 생산자가 객관적인 생산 조건과 맺는 특정한 근대적 관계에 있다. 근대 이전 본래 통합되어 있었던 인간과 땅의 관계가 역사적 과정을 거치면서 붕괴된 이후 생산자들은 낯선 소유물로서의 생산 조건과만 관계를 맺을 수 있게 되었다. 마르크스는 본래 통합되어 있던 인간과 자연의 관계 붕괴가 근대 사회의 패러다임을 구성한다고 주장했다. 이와 같은 마르크스의 주장은 기존 사회관계를 당연한 것으로 기정사실화했던 대부분의 경제학자들의 입장과 결정적으로 다른 주장이었다.

그러나 당시 마르크스는 루트비히 포이어바흐 철학의 그늘에서 벗어나지 못한 상태였다. 그 결과 마르크스는 자신의 역사적 분석을 추상적이고 몰역사적인 "인간 본질"에 연계하려는 경향을 보였다. 게다가 그 당시 자본주의 생산양식에 대한 마르크스의 비판적 이해는 그리 깊은 수준이 아니었다. 그럼에도 마르크스는 포이어바흐가 주장한 본질의 철학이 지닌 이론적 한계를 이내 깨달았다. 결국 마르크스는『포이어바흐에 관한 테제』와『독일 이데올로기』에서 추상적인 소외 비판과 완전히 결별하고 1845년 훗날 수행하게 될 자연과학 연구의 이론적 기반을 수립하기에 이른다.

"소외" - 철학 범주인가?

청년 마르크스는 근대 자본주의 생산의 부정적인 특징을 놀라운 통찰력으로 꿰뚫어보고 이를 "소외Alienation, estrangement"라는 개념으로『경제학 철학 수고』에 기록했다. 그러나 널리 알려진 소외 개념은 20세기에 접어들면서 끝나지 않는 열띤 논쟁을 촉발했다. 한편에서는 인간주의적 마르크스주의자들이 마르크스가 항상 소외된 노동 이론을 기반으로 삼아 자본주의의 핵심 모순을 비판하고 자본주의 이후 인간이 해방된 세계를 그렸다고 주장했고,[3] 다른 편에서는 루이 알튀세르가 마르크스 이론에서 급격한 "인식론적 단절"이 이루어졌다고 주장하면서, 마르크스가『독일 이데올로기』를 저술한 이후부터는 1844년 가졌던 인간학적 입장 및 헤겔주의 도식을 완전히 폐기했고 완전히 다른 "과학적" 문제들로 이동했다고 주장하여 큰 반향을 일으켰다.[4] 알튀세르는『경제학 철학 수고』에 집착하는 인간주의적 마르크스주의자들이 마르크스가 제시한 청년 헤겔학파의 개념인 소외 개념을 역사 유물론의 기초로서 적합한 것으로 착각했다며 날선 비판을 가했다. 그리고 그 근거로 1845년 이후에는 소외 개념이 마르크스의 이론에서 중요한 역할을 수행하지 못하는 "인식론적 단절"이 일어났다는 사실을 제시했다. 전혀 다른 해석을 내보인 두 세력 사이에 벌어진 끝없는 논쟁은 소외 개념을 다양한 측면에서 깊이 있게 연구하는 계기가 되었지만, 동시에 마르크스의 텍스트를 두고 철학적인 측면에 치중한 논쟁을 벌임으로써 이론적 일면성을 드러내는 계기가 되기도 했다.[5]

한 가지 전제 조건이 철학 논쟁에서는 당연한 것으로 받아들여진다. 마르크스 이론의 연속성을 주장하든 단절을 주장하든 두 해석은 모두 해당 텍스트가 완성된 "저술"이라는 가정을 공유한다. 그러나 위르겐 로얀Jürgen Rojahn이 세심한 문헌학적 검토를 통해 『경제학 철학 수고』라고 불린 텍스트 모음이 독립적인 저술을 구성하지 못한다는 사실, 즉 텍스트에 일관성이 없고 텍스트가 체계적이지도 않다는 사실을 확신 있는 태도로 주장하면서, 이와 같은 가정은 더 이상 수용할 수 없게 되었다. 위르겐 로얀에 따르면 해당 텍스트는 『파리 노트』에 포함되어 있는 다른 텍스트와 마찬가지로 발췌Exzerpte를 포함해 자의적으로 기록된 텍스트로, 출간 의도가 전혀 없었던 텍스트였다.

> 요점은 마르크스의 『1844년 경제학 철학 수고』를 비슷한 시기에 기록된 다른 노트와 외따로 존재하는 별개의 실체로 취급해서는 안 된다는 것이다. 당시 기록된 다양한 노트는 선행 연구를 바탕으로 신중하게 계획하여 완성된 "저술"이 아니라 당시 꾸준히 이어졌던 독서를 바탕으로 빠른 속도로 진행되었던 마르크스 사고의 **발전** 과정을 반영하는 기록일 뿐이다. 당시 마르크스는 노트와 수고를 이용해 발췌와 자신의 사고를 기록으로 남겼다. 발췌,

논평, 요약, 성찰, 다시 발췌로 이어지는 이와 같은 메모를 **총체**
적으로 파악해야만 마르크스의 견해가 발전해 나간 과정을 제
대로 파악할 수 있다.[6]

따라서 오늘날 『경제학 철학 수고』라고 알려진 텍스트는 마르크스
자신이 읽은 내용을 발췌하는 과정에서 자의적으로 기록한 것으로, 마
르크스의 공식적인 최종 사상이 담겨 있는 기록이 아니다. 마르크스는
이 노트를 개인적인 용도로 사용하려고 기록했기 때문에 자신이 남긴
메모가 자신이 죽은 뒤 이토록 열띤 논쟁을 촉발하리라고는 생각하지
않았을 것이다. 따라서 인간주의자들이 이와 같은 "연구 노트"의 이론
적 의미를 과장했다고 할 수 있다. 하지만 인간주의자들은 여전히 "수
고"가 독립적인 저술이라는 주장을 굽히지 않으면서 이와 같은 문헌학
적 사실을 인정하려 들지 않는다. 한편 『경제학 철학 수고』를 우선시하
는 인간주의자들은 마르크스가 그 이후 기록한 경제 텍스트, 즉 소외 이
론이 핵심적인 역할을 하지 못하는 텍스트를 등한시하는 경향이 있다.
설혹 인간주의자들이 마르크스의 경제 텍스트를 언급한다 하더라도 마
르크스 사상의 연속성을 주장하기 위해 마르크스의 경제 텍스트에 등
장하는 "낯선alien"과 "소외alienation" 같은 용어만을 피상적으로 언급하는
수준에 그치는 형편이다.[7] 한편 "소외된 노동"이라는 개념을 규범적 이
론으로 확대 해석한다면, 이와 같은 접근법은 소외된 현실에 철학적 관
념을 대립시키는 것을 일체 거부하는 『독일 이데올로기』를 발간한 이후
마르크스가 취한 비철학적 입장과는 모순된다.[8]
반면 루이 알튀세르가 주장하는 "과학적" 해석 역시 마르크스가

1844년에 작성한 노트, 즉 『경제학 철학 수고』에 담겨 있는 마르크스 이론의 고유한 비판적 측면을 등한시하기는 마찬가지이다. 이 해석은 『경제학 철학 수고』의 가치는 전혀 평가하지 않은 채 단절만 과도하게 강조한다. 훗날 마르크스가 청년 헤겔학파 식 접근법을 스스로 폐기했던 만큼 마르크스의 청년 헤겔학파 식 접근법에 문제가 있는 것은 사실이다. 그러나 그렇다고 해서 1845년을 기점으로 그 이전과 그 이후의 마르크스의 이론에 아무런 연속성이 없다고 단정지어 말할 수는 없을 뿐 아니라 『파리 노트』를 일방적으로 무시할 수 있는 것도 아니다. 이와 같이 해석할 경우 마르크스의 풍부한 비판을 청년 헤겔학파의 철학으로 성급하게 환원하게 될 뿐 아니라 마르크스의 정치경제학 비판의 참된 출발점을 놓치게 되어 마르크스의 사상의 형성 과정을 추적할 수 없게 된다. 1844년 이루어진 마르크스의 소외 분석에는 이미 **인간과 자연의 통합과 분리** 같은 자본주의 비판의 핵심 주제들이 포함되어 있다. 과거 이루어진 철학적 논쟁과는 다르게 마르크스의 자연 개념 발전 과정을 마르크스의 정치경제학과 연계하여 체계적으로 검토해야 하는 이유가 바로 여기에 있다. 따라서 1844년 등장한 이론의 유형을 확인하기 위해서는 『경제학 철학 수고』만 다룰 것이 아니라 『파리 노트』 전체를 검토해야 한다.

무엇보다 『파리 노트』에 포함되어 있는 마르크스의 소외 이론을 전체적으로 이해하는 것이 유용하다. 표준적인 해석에 따르면 소외에는 네 가지 유형이 있다. 먼저 마르크스는 "노동의 실현"이 "실현의 상실"로 나타나고 노동의 "대상화"가 "대상의 상실"로 나타나는 사유재산 체제의 현실을 지적한다.[9] 노동자가 자신의 활동을 대상화한 노동의 산물은 노동자 자신의 산물이 아닌 것처럼 보인다. 이와 같은 노동의 산물은 노동자의 필요를 만족시키지도 못하고 노동자의 창조적 능력을 긍정하지도 못한다. 반면 이와 같은 노동의 산물은 생산자로부터 독립해 있는 힘으로, 노동자에게 낯선 대상으로 나타난다. "노동자가 더 많은 시간을 자신에게 할애할수록 노동자가 창조한 낯선 대상의 세계는 그에 맞서 군림하며 더 강해진다. 노동자 자신, 즉 노동자의 내면 세계가 더 빈곤해지며 노동자에게 속한 그 자신의 것은 더 줄어든다. 이것은 종교의 현실과 동일하다. 인간이 신에게 더 많은 것을 투여할수록 인간에게 남는 것은 더 줄어든다. 노동자는 자신의 삶을 대상에 투여한다. 그러나 노동자의 삶은 더 이상 노동자의 것이 아닌 대상의 것으로 변모한다. 따라서 이와 같은 활동의 규모가 더 커질수록 노동자는 대상을 더 많이 잃게 된다."[10] 분명 마르크스는 루트비히 포이어바흐의 종교 소외 비판을 정치경제학에 적용해 전유 활동이 대상의 상실로 나타나게 되는 자본주의의 모순적인 상황을 문제로 부각한다. 목적을 지닌 노동 활동을 통해서는 감각 세계를 전유할 수 없고 오히려 사물로 이루어진 외부 세계가 생산자를 지배하면서 생산자를 빈곤하게 만든다. 노동자는 생산 활동을 통해 오히려 대상을 잃게 되는 것이다.

마르크스는 첫 번째 유형의 소외인 외부 감각 세계의 소외로부터 두 번째 유형의 소외인 노동 소외를 이끌어낸다. 노동의 산물이 소외된 것으로 나타난다면 그것은 생산자의 활동이 생산자에게 속하지 않고 다른 누군가에게 속하여, 자아가 상실되는 결과로 이어지기 때문이라고 마르크스는 지적한다. 즉, 생산 활동은 자신의 자유로운 주체성을 대상화하는 자발적인 활동이 아니라 "강제 노동"인 것이다.

그러므로 노동자는 노동을 통해 자신을 긍정하지 못하고 자신을 부정한다. 만족을 느끼지 못하고 불행을 느낀다. 자신의 신체적 에너지와 정신적 에너지를 자유롭게 개발하지 못하고 자신의 육체를 괴롭히고 자신의 정신을 피폐하게 만든다. (…) 따라서 노동은 자발적인 것이 아니라 강압에 의해 이루어지는 **강제 노동**이다. 그러므로 노동은 필요를 만족시키는 것이 아니라 노동 외부의 필요를 만족시키는 **수단**에 불과하다.[11]

노동이 생계를 유지하기 위한 하나의 "수단"으로 환원된 결과 생산자가 노동을 통해 스스로 자유롭게 자기를 긍정할 여지가 남아 있지 않게 되었다. 자유로운 인간 활동은 먹고 마시고 자식을 낳는 동물적인 기능으로 제한되었다. 이에 따라 노동자의 주요 목적은 신체적 생존을 유지하는 것이 되었다. 그러나 소외된 노동 아래에서는 이와 같은 바람을 실현하는 것조차 보장되지 않는다. 그 결과 노동자는 항상 빈곤과 질병에 노출된다. 마르크스는 근대로 접어들면서 자유롭고 의식적으로 이루어지는 인간의 노동 활동이 비인간적인 활동으로 뒤바뀌는 현상을 문제로 부각했다.

마르크스는 앞서 설명한 두 가지 유형의 소외를 바탕으로 세 번째 유형의 소외를 도출한다. "인간이 (1) 자연으로부터 소외되고 (2) 자기 자신, 자기 활동의 기능, 자기 삶의 활동으로부터 소외됨으로써 소외된 노동은 인간으로부터 인간 **유類**를 소외되게 만든다."[12] 여기에서 마르크스는 루트비히 포이어바흐의 개념을 차용하여 개인은 유한한 존재이더라도 인류는 "유적類的 존재"로서 보편적이고 무한하다고 주장한다.[13] 마르크스는 인간 고유의 자유롭고 의식적인 생산 활동을 통해 유적 존재로서의 인간이 지닌 보편성이 근본적으로 표현된다고 이해했다. 생산자는 노동을 통해 주어진 상황에 반응할 수 있고 객관 세계를 자유롭게 변형함으로써 자신의 주체적인 사고를 펼쳐 객관 세계에서 적극적으로 실현할 수 있다. 이러한 의미에서 인간은 "보편적인" 존재이고 그 밖의 동물과 차별화된다. 마르크스에 따르면 동물은 주어진 특별한 상황에 갇혀 옴짝달싹 못 한 채 특정한 방식으로만 활동하고 소비할 수 있지만 (물론 오늘날에는 이와 같은 주장이 사실과는 거리가 먼 것으로 밝혀졌다) 인간은 목적을 가지고 "비유기적" 신체인 자연과 관계를 맺을 수 있을 뿐 아니라 자신의 필요에 따라 자연의 현재 형태를 변형하여 새로운 기술을 발명하고 완전히 새로운 환경을 창조할 수 있다.[14] 나아가 마르크스는 인간 노동이 당면한 물적 필요의 충족, 즉 단순한 생계의 충족을 위해서만 이루어지는 것이 아니고, 물적 필요와 전혀 무관한 무언가를 생산할 수도 있기 때문에, 인간 노동이 "자유로운" 활동이라고 주장한다. 예를 들어 인간은 "미美의 법칙에 따라" 예술적인 대상을 생산할 수 있고 이와 같은 활동을 통해 자기를 긍정하고 즐거움을 얻을 수 있다.[15] 마르크스는 노동이 이제 단순한 개인적 목적에 종속되어 인간의 생존을 유지하기 위한 수단으로 전락하기 때문에 소외가 유적 존재로서의 인간을 표현하는 이와 같은 창조적 활동을 부정한다는 사실에 유감의 뜻을 표한다. "소외된 노동은 이와 같은 관계를 역전시킨다. 인간은 자신의 **존재의 본질**을 규정하는 삶의 활동을 **생존**을 위한 수단으로 전락시키는 의식적 존재이기 때문이다."[16] 인간 노동의 기능이 타인의 부를 증가시키는 도구로 전락하면서 인간 노동의 보편적 측면은 사라진다.

마지막으로 마르크스는 소외의 네 번째 유형을 덧붙인다. "인간이 노동의 산물, 삶의 활동, 유적 존재로서의 인간으로부터 소외됨으로써 나타난 직접적인 결과는 **인간의 인간으로부터의 소외**이다."[17] 개인이 신체적 생존을 위해 필사적으로 분투해야 한다면 인간의 상호주관적인 사회적 협력과 의사소통은 지극히 해결하기 어려운 문제로 전락할 것이다. 따라서 유적 존재로서의 인간이 협력하여 인간의 물적 차원과 정신적 차원을 함께 풍요롭게 하는 일은 더 이상 가능하지 않다. 자유로운 상호 교류와 협력 대신 개개인이 생존을 위해 적대적 원자론적으로 경쟁하는 현상이 나타나게 되는 것이다.

요약하자면 마르크스는 소외된 노동에 대한 분석을 통해 근대로 접어들면서 자유가 사라진 현실, 즉 노동 자체를 목적으로 삼을 수 없을 뿐 아니라 노동 기능이 현실의 상실, 빈곤, 비인간화, 원자화되는 과정으로 전락하는 현실을 설명한다. 마르크스는 사유재산 체제를 극복해 인간이 노동을 통해 철저하게 의식적이고 자유로우며 보편적이고 협력적인 방식으로 자연과 관계를 맺고, 자신이 만든 대상화된 산물을 포함한 외부 세계의 총체성을 긍정하는 것만이 이와 같이 소외된 현실을 극복할 수 있는 유일한 방법이라고 주장한다. 그럼으로써 유적 존재로서의 인간적 본질을 완전히 실현할 수 있다. 공산주의를 역사 과정의 목적으로 상정한 마르크스는 공산주의 사회에서는 유적 존재로서의 인간이 자신의 이름으로 인간과 자연의 완전한 통합을 실현하는 혁명을 단행해 주체와 객체로 나누어진 소외된 이분법을 극복하게 될 것이라고 생각했다.

루트비히 포이어바흐의 사상이 마르크스가 1844년 작성한 노트, 즉

『경제학 철학 수고』에 깊은 영향을 미쳤다는 사실은 부인할 수 없다. "**참된 유물론**과 **진정한 과학**을 구축"한 인물로 평가받는[18] 포이어바흐는 종교를 비판한 『기독교의 본질』에서 소외 이론을 자세히 설명했다. 유한한 존재인 인간 개인은 무한한 존재(신) 앞에서 자신이 무기력한 존재라는 사실을 깨닫게 된다. 그렇기 때문에 인간 개인은 종교로부터 소외된다. 그러나 사실 이것은 유적 존재로서의 인간적 본질을 신에 투영하는 것에 불과하다. 따라서 포이어바흐는 사람들이 이와 같이 숨어 있는 진실을 깨닫는다면 종교적 소외를 극복할 수 있다고 주장한다. 신은 인간이 상상한 산물에 불과하지만 차츰 강력하고 독립적인 존재가 되어 가면서 인간을 낯선 존재로서 지배하게 되었다. 이와 같이 전도된 세계에 포이어바흐는 "감각", 그중에서도 특히 "사랑"을 대립시키면서 이를 진리에 대한 고유한 유물론적 토대로 삼았다.

> 삼단논법의 중명사에 해당하는 사랑은 단단한 굴레로, 완전한 존재와 불완전한 존재, 죄 없는 존재와 죄 많은 존재, 보편적인 존재와 개별적인 존재, 신성한 존재와 인간을 화해시키는 원리이다. 사랑은 신 그 자체로, 사랑에서 멀어진 곳에는 신이 존재하지 않는다. 사랑은 인간을 신으로, 신을 인간으로 만든다. 사랑은 약한 존재를 강하게, 강한 존재를 약하게 만든다. 사랑은 높은 곳에 위치한 존재를 낮은 곳으로 끌어내리고 낮은 곳에 위치한 존재를 높은 곳으로 끌어올린다. 사랑은 물질을 이상으로, 정신을 물질로 만든다. 사랑을 통해 평범한 자연이 정신으로 승화되고 탁월한 정신이 자연으로 복귀한다.[19]

루트비히 포이어바흐는 상호주관적인 통합을 가능하게 하는 사랑을 통해 인간이 서로 협력하여 외따로 존재하는 상태를 극복할 수 있을 뿐 아니라, 이러한 상호주관적인 통합을 통해 유적 존재로서의 인간적 본질을 깨달을 수 있기 때문에 인간이 사랑의 힘으로 종교적 소외를 극복할 수 있다고 주장한다.

　　루트비히 포이어바흐가 설명한 소외와 소외의 극복은 청년 헤겔학파에게 막대한 영향을 미쳤다. 당시 포이어바흐가 종교를 철저하게 비판해 혁명적인 "미래 철학"의 원리를 제시했다고 확신한 마르크스는 포이어바흐의 소외 이론을 근대 부르주아 사회의 다른 영역으로 확장해야 할 필요성을 느꼈다. "독일에서는 **종교 비판**이 완료되었다. 종교 비판은 모든 비판의 전제이기 때문이다."[20] 『파리 노트』에는 당시 마르크스가 정치경제학 분야에서 최근 깨달은 내용을 활용해 포이어바흐의 소외 이론을 종교 이외의 영역으로 확대 적용하려고 시도했던 내용이 기록되어 있다. 그러나 마르크스는 이 노트를 출간하지 않았고, 『파리 노트』 이후로 마르크스가 소외 개념을 이와 같이 폭넓게 논의하는 일도 없었다.

　　마르크스가 소외 개념을 훗날 작업한 정치경제학으로 확대 적용하려 했는지 여부를 두고 뜨거운 논쟁이 이어져 왔다. 마르크스의 소외 이론은 1932년 『경제학 철학 수고』가 발간된 이후 줄곧 **철학적** 관점에서 해석되어 왔는데, 논쟁에 참여한 사람들은 철학적 관점에서 마르크스의 소외 이론을 해석하는 경향에 대해서는 아무런 의문을 제기하지 않았다. 최근 이루어진 문헌학적 성과를 토대로 생각해 볼 때 이와 같은 경향은 바뀔 필요가 있다. 당시 마르크스는 정치경제학 분야의 다양한 저술을 탐독했다. 마르크스가 소외 이론을 논의의 출발점으로 삼은 것에는 다소 자의적인 측면이 있고, 『파리 노트』에 정치경제학과 관련된 그 밖의 여러 발췌문이 기록되어 있다는 사실로 미루어 보았을 때, 정치경제학이 분명 소외와 관련된 이론적 관심사를 비롯한 마르크스의 이론적 관심사에 영향을 미쳤을 것이다.

　헤르베르트 마르쿠제는 텍스트의 철학적 측면을 강조하고 정치경제학을 무시하는 경향이 나타나는 데 특히 중요한 역할을 수행했다. 1932년 마르쿠제는 새롭게 발간된 수고를 주제로 "역사 유물론의 기초 The Foundation of Historical Materialism"라는 논문을 발표하면서 마르크스의 소외 "비판"에서 "철학적" 측면을 새롭게 부각했다. 마르쿠제는 『경제학 철학 수고』의 제1수고에 중요한 "돌파구"가 존재한다고 주장하면서, 마르크스의 분석이 "처음에는 완전히 전통적인 정치경제학과 그 정리定理를 바탕으로 이루어졌다"고 보았다. 마르쿠제는 "마르크스가 전통적인 정치경제학의 세 가지 개념, 즉 '노동의 임금', '자본의 이윤', '토지의 지대'에서 탐구를 시작했다는 것은 상당한 의미가 있다"고 말한다. 그러나 마르쿠제는 마르크스가 "이 세 가지 개념을 깨뜨리고 폐기[한]" 뒤에야 비로소 "완전히 새로운 방향에서" 소외를 근본적으로 비판[했고] 더 나아가 "노동 문제를 다루는 전통적인 이론 틀을 깨뜨리고 나아갈 수 있는 돌파구로 기능하는 노동 개념을 발전"시켰다고 주장한다.[21] 따라서 근대 부르주아 사회와 그 사회의 주요 이론인 정치경제학에 대한 마르크스의 철학적 비판은 "전통적인 정치경제학의 세 가지 개념"을 대체한 이후부터 시작될 수 있는 것이다." 즉 수고의 경제 부분과 철학 부분 사이를 가르는 근본적인 단절이 존재한다는 것이다.

헤르베르트 마르쿠제가 강조한 것처럼 마르크스가 기록한 노트에서『경제학 철학 수고』로 옮겨진 최초의 발췌 기록은 장바티스트 세Jean-Baptiste Say와 애덤 스미스의 문장이고, 거기에는 관련된 상세한 논평도 함께 기록되었다.[22] 그리고 난 뒤 소외된 노동에 대한 논의는 "제1수고"의 XXII(22)쪽부터 시작된다. 그러나 마르쿠제의 해석이 의미하는 바와는 다르게 이와 같은 사실만으로 세나 스미스 같은 경제학자에 대해 마르크스가 그들의 틀 안에서 제시한 논평이 소외 개념과 관련해 별다른 의미가 없다고 말할 수 없다. 즉, 마르쿠제의 분석은 제1수고의 앞부분 절반가량에 수록되어 있는 마르크스의 경제학 비판을 철저하게 등한시한다.[23] 그러나 제1수고의 경제학 부분을 저평가하는 경향을 보인 마르쿠제의 입장을 그 이후의 마르크스주의자들이 널리 공유하면서 마르쿠제의 해석은 큰 영향력을 행사하게 되었다. 예를 들어 마르쿠제의 입장을 공유한 에리히 프롬은 자신이 편집한『경제학 철학 수고』에서 제1수고의 경제학 부분을 아예 제외해서 소외에 대한 철학적 해석을 강화하는 데 기여했다.[24] 마르쿠제와 프롬은 마르크스가 정치경제학 비판을 다룬 제1수고의 앞부분 절반에 대해서는 깊이 검토하지 않은 채 청년 마르크스가 **철학적**으로 비판한 "소외된 노동"만을 마르크스의 독창적인 이론적 기여로 인식했다.

『경제학 철학 수고』를 편집하는 과정에서 마르크스가 작성한 노트에는 **존재하지 않는** "소외된 노동"이라는 제목이 제1수고의 뒷부분 절반이 시작되는 부분에 붙으면서 마르크스의 "돌파구"와 관련된 인식은 더욱 강화되었다. 그러나 이와 같은 지배적인 경향과는 다르게 마르크스의 독창적인 소외 이론은 정치경제학을 비판하는 과정에서 정립된 것이기 때문에, 마르크스의 노트에 나오는 "이론의 등장"이라는 표현을 마르크스의 정치경제학과 밀접한 관련이 있는 것으로 파악하고 이해하는 것이 올바르다고 생각한다. 제1수고 앞부분 절반에 해당하는 경제학 부분의 중요성을 파악하지 못하고 지나간다면 앞서 소개한 문헌들과 마찬가지로 이론적 어려움에 직면할 수밖에 없을 것이다. 다시 말해 지금까지 청년 마르크스는 **근대에 접어들면서 노동이 소외된 원인**을 설명할 수 없다는 부당한 비판을 받아 온 것이다.

1844년 마르크스는 부르주아 경제학자들이 기정사실로 받아들이는 사유재산과 관련된 "사실"을 분석하려고 시도했다. 사유재산 체제의 역사적 조건을 드러내려 했던 마르크스는 자본주의 사회에서 이루어지는 특정한 노동 형태에서 사유재산 체제의 "본질"을 파악할 수 있다고 주장했다. 이와 같은 관점에 입각해서 마르크스는 사유재산이 소외된 노동의 "산물"이자 "필연적인 결과"라고 언급했다.

> 따라서 **사유재산**은 노동자가 자연과 맺은 그리고 자기 자신과 맺은 외부적 관계의, **소외된 노동**의 산물이자 결과, 즉 필연적인 결과이다. 따라서 **소외된 노동** 즉, **소외된 인간**, 소외된 노동, 소외된 삶이라는 개념을 토대로 분석한 결과 **사유재산**이 등장한다. 한편 **사유재산의 운동으로** 정치경제학에서 **소외된 노동(소외된 삶)** 개념을 얻은 것도 사실이다. 그러나 사유재산이 소외된 노동의 이유이자 원인인 것처럼 나타나는데도, 이러한 소외된 노동 개념 분석을 통해 사유재산이 소외된 노동의 결과라는 사실을 확인할 수 있다. 이와 같은 현상은 신이 **본래** 원인이

라서가 아니라 인간의 지적 혼동에 의한 결과로 등장했음에도, 그후 인간과 신의 관계가 상호적인 것으로 변한 것과 마찬가지 이다.[25]

마르크스는 사유재산과 소외된 노동이 "원인"과 "결과"로 기능하면서 서로를 강화하는 "상호적인" 관계라고 지적한다. 그러나 이와 같은 상호적인 관계는 나중이 되어서야 등장할 뿐이다. 마르크스는 사유재산이 소외된 노동에서 기인한 특정한 역사적 "결과"이자 논리적 "결과"라는 사실을 근거로 사유재산을 처음부터 기정 "사실"이었던 것으로 취급해서는 안 된다는 사실을 명확하게 밝히고자 했다.

그리고 나서 마르크스는 질문을 이어간다. "**노동의 소외**를 하나의 사실로 받아들여 이 사실을 분석했다. 그렇다면 **인간은** 자신의 **노동을** 어떻게 **소외시키는가?** 이와 같은 소외가 인간 발전의 본성에 뿌리내리고 있는가?"[26] 마르크스가 던진 질문을 보면 마르크스가 자본주의 사회에서 노동이 소외되는 궁극적인 원인을 설명할 필요성을 느꼈던 것으로 보인다. 그러나 마르크스는 다음 문장에서 아무런 설명도 제시하지 않는다. 노트에는 이 질문에 대해 탐구한 기록이 없다. 텍스트를 살펴보면 마르크스가 소외된 노동으로부터 사유재산이 등장한다는 개념을 포착하려고 노력하는 과정에서 사유재산 체제로 인해 노동이 소외된다는 순환논리에 빠져 소외의 원인을 밝히는 데 어려움을 겪었던 것으로 보인다. 따라서 라스 투머스Lars Tummers는 다음과 같이 질문했다. "어떻게 사유재산이 소외의 결과이면서 소외의 원인일 수 있는가?" 이러한 질문은 흔히 접할 수 있는 질문이다. 이그나체 포이어리흐트Ignace Feuerlicht 역시 청년 마르크스의 이론적 한계를 라스 투머스와 유사한 방식으로 지적한다. "가장 눈에 띄는 모순 가운데 하나는 청년 마르크스가 사유재산을 때로는 소외의 원인으로, 때로는 소외의 결과 또는 징후로 파악한다는 것이다."[27] 포이어리흐트는 소외된 노동의 정확한 역사적 기원과 논리적 기원이 무엇인지 묻는 질문에 대한 답을 찾는 일은 헛수고에 불과하다고 덧붙였다.

반면 미하엘 크반테Michael Quante는 마르크스가 "국민경제 현상에 대한 철학적 분석"을 "제1수고의 뒷부분 절반에서 소외된 노동 개념과 함께 자세히 설명"했다는 마르쿠제의 전제 조건을 공유하고 있음에도, 마르크스의 순환논리를 해결하려고 시도했다. 제1수고의 앞부분 절반에 수록된 마르크스의 경제 비판을 등한시한 크반테는 자연스럽게 소외의 원인과 관련된 문제에 대한 또 다른 "철학적 해답", 즉 **헤겔주의**에서 주장하는 논리적 진전이자 역사적 진전인 "부정의 부정"에 도달하게 되었다. 즉, 크반테는 소외가 "유적 존재의 의식적인 전유"로 향하는 과정에서 나타나는 "불가피한 중간 단계"로서 등장했다고 설명했다.[28] 그러나 이와 같이 도식적인 유형의 설명으로는 문제를 제대로 해결할 수 있는 납득할 만한 해결책을 제시할 수 없다. 이렇게 헤겔의 논리적 역사적 변증법을 환원론적으로 이해할 경우 결정론이라는 비판을 피할 수 없기 때문이다. 물론 크반테가 이와 같은 결과로부터 마르크스를 옹호하려는 목적을 가지고 있었던 것은 아니다.

앞으로 살펴보겠지만, 이그나체 포이어리흐트와 미하엘 크반테는 마르크스의 본래 의도를 무시하고 "상상 속에서" 비판하는 데 그치고 말았다. 이들의 비판이 "상상"에 불과한 이유는 소외와 관련된 논리적

난점이 존재하지 않기 때문이다. 소외와 관련된 논리적 난점이 존재하는 것처럼 보이는 이유는 오직 과거의 연구들이 노트의 텍스트를 임의로 두 부분으로 나눈 뒤 뒷부분인 "철학적" 부분에만 집중했기 때문이다. 일본의 마르크스주의 학자 후쿠토미 마사미福富正実는 노트의 앞부분인 경제학 부분의 중요성을 특히 "땅과 인간의 친밀한 연계"에 관한 마르크스의 논의를 중심으로 지적했다.[29] 따라서 이 앞부분이야말로 마르크스의 전체 구상을 일관성 있게 이해할 수 있는 굳건한 기반이 될 것이다.

본래 통합되어 있던 인간과 자연의 관계 붕괴

마르크스는『경제학 철학 수고』의 제1수고에 있는 한 단락에서 봉건적 점유 형태와 자본주의적 소유 형태를 비교했다. 지금까지 출간된 철학 문헌 가운데 제1수고의 이 단락에 주목한 것은 없었다. 이 단락이 등한시되었다는 사실은 실로 놀랍다. 바로 이 단락이『파리 노트』에서 마르크스가 처음으로 근대적 생산의 병리학적 현실과 소외된 노동 개념 사이의 관계를 논한 부분이기 때문이다. 토지 재산의 완전한 상품화를 자본주의 관계의 완성으로 설명한 마르크스는 그후 이러한 토지 재산이 상품으로 전환된 현실이 소외된 노동의 등장에 결정적인 영향력을 행사한 이유를 설명한다.

　가장 먼저 마르크스는 과거의 봉건 사회를 이상적인 사회로 생각하면서 자본주의 이전 사회에는 소외된 노동이 존재하지 않았던 것처럼 묘사하는 낭만적 입장과 자신이 수행한 역사적 비교를 혼동해서는 안 된다는 점을 명확히 한다. 마르크스는 그러한 이상화의 원인이 과학적 연구가 부족한 탓이라고 주장한다.

> 우리는 감정에 치우친 낭만주의자들이 흘리는 눈물에 동감하지 않을 것이다. 사유재산의 영역 안에서 토지라는 **사유재산이 매매**됨에 따라 필연적으로 나타나는 바람직하고도 완전히 합리적인 결과를 낭만주의자들은 **토지 매매**라는 부끄러운 행위로 잘못 인식하고 있다. 애당초 봉건적 토지 소유는 이미 그 자체로 매매된 토지, 즉 **인간으로부터 소외된 땅**이다. 따라서 봉건적 토지 소유는 소수의 대영주라는 모습으로만 인간과 대면할 수 있었다.[30]

낭만주의자들은 봉건 지배의 붕괴와 그 결과 등장한 토지의 상품화, 영주의 고귀한 가치가 상인의 탐욕에 굴복했다는 사실을 한탄한다. 그러나 마르크스는 낭만주의자들의 입장에 반박하면서 봉건적 토지 소유 체제에서도 이미 토지 "매매"가 존재했으므로 노동과 토지가 "소수의 대영주"의 지배 아래에서 인간으로부터 이미 **어느 정도** 소외된 상태였다고 주장한다.

나아가 마르크스는 "부끄러움"이란 근대 화폐 귀족의 근본적인 특성이 아니라고 언급한다. 더 폭넓은 역사적 관점에서 보면, 낭만주의적 이상을 옹호하는 사람들로서는 납득할 수 없는 화폐에 대한 한없는 열망이야말로 "필연적"이고 심지어 "바람직한" 결과, 즉 근대 부르주아 사회의 합리성을 체현한 현상 그 자체이기 때문이다. 다시 말해 근대 토지 소유주의 "부끄러운" 행위는 도덕적 결함이 아니라 사회 구조가 급격하게 전환된 뒤 새롭게 등장한 사회적 합리성을 구체화하는 특징인 것이다. 피에르 르 프장 드 부아길베르Pierre le Pesant de Boisguilbert 같은 낭만주의 자들은 이와 같은 사실을 인지하지 못한 채 자본주의 아래 이루어지는 개인의 행동을 부끄러운 것이라고 도덕적으로 비난할 뿐이다.[31] 과거가 이상적이었다고 묘사하는 낭만주의자들의 입장과 자신의 입장 사이에 명확히 선을 그은 마르크스는 과거에도 봉건적 토지 소유를 토대로 한 지배 관계가 존재했고 이와 같은 체제 아래에서 인간이 토지로부터 "소외되어" 토지와 "대면"했다는 사실을 지적한다.[32]

마르크스는 지주와 농노의 상황을 대비해 묘사하면서 봉건적 토지 점유에 대한 분석을 이어간다.

> 낯선 힘으로서의 토지가 인간을 지배하는 현상은 봉건적 토지 소유 체제에 이미 내재된 현상이다. 농노는 토지의 부속물이고 영지의 주인인 세속 영주, 영주의 장남 역시 토지의 소유물이다. 토지가 장남을 물려받는 것이다. 당연하게도 사유재산의 지배는 그것의 근간인 토지 소유에서 시작된다. 그러나 봉건적 토지 소유 체제에서 영주는 적어도 그 영지를 지배하는 왕인 것처럼 **보인다**. 이와 유사하게 봉건 사회에서는 여전히 토지와 그 소유주의 관계가 단순한 **물적** 부의 차원을 넘어서는 친밀한 관계인 것처럼 보인다. 남작이나 공작 같은 영주의 지위, 특권, 관할권, 정치적 입지 등이 고스란히 반영된 영지는 영주의 속성이다. 토지

는 영주의 비유기적인 신체인 것처럼 보인다.[33]

한편 농노는 자신이 소유한 재산으로는 토지와 관계를 맺을 수 없고 영주가 소유한 재산으로만 토지와 관계를 맺을 수 있기 때문에 독립적이고 자유롭게 활동할 능력을 상실한다. 농노의 존재는 물질적 부의 기반인 땅의 "부속물"로 환원된다. 마르크스는 이와 같은 예속으로 인해 봉건적 사회관계에서도 농노가 일정한 수준에서 자연으로부터 그리고 자기 자신의 활동으로부터 소외된다는 사실을 인식했다. 자연은 토지에서 나오는 산물과 농노의 노동을 전유할 수 있는 존재인 영주의 "비유기적 신체"로서만 기능한다. 이와 같은 방식으로 농노는 생산 과정에서 이 비유기적 신체의 일부로 전락한다. 토지는 그 자체로 영주에 의해 "사유화"되고 "개인화"되는데, 마르크스는 이것을 두고 "사유재산의 지배"가 시작되었다고 생각한다.

그러나 마르크스는 봉건 사회 체체에 내재한 계급 대립 현상으로부터 근대의 소외된 노동의 원인을 직접 추론하는 대신에 자본주의 사회의 토지 소유로부터 봉건 사회 체제와의 중요한 질적 차이를 지적한다. 마르크스에 따르면 봉건 사회에서 사회관계는 "인격적"이고 "정치적"인 지배에 토대를 두고 있다. 즉, 영주는 타고난 특권과 폭력의 독점을 활용해 확보한 인격적 정치적 힘을 토대로 농노를 직접 지배하여 토지에서 나오는 산물을 전유한다. 따라서 농노는 이러한 영주의 인격적 지배를 완벽하게 인지하고 있다. 바로 그런 이유로 영주의 "가문의 역사, 영주의 저택의 역사 따위"가 지배 관계를 정당화하는 데 매우 중요한 요소로 자리매김하게 된다. "그와 같은 역사가 영주를 위한 영지의 개별화, 말 그대로 영지를 영주 개인의 집으로 만들며, 그것을 인격화하기 때문이다." 토지의 역사와 영주 가문의 역사는 토지 소유에 영주의 개성을 부여해 주고 영주의 독점적 토지 소유를 정당화한다. 그리고 이와 같은 과정을 통해 토지는 영주의 "비유기적 신체"로 전환된다.[34]

자본주의 이전 사회에서 개인적, 정치적 차원에서 이루어지는 직접 지배와 착취는 노동하는 사람과 땅이 맺는 고유한 관계를 유발하는 전통과 관습에 의존한다. 마르크스는 농노와 일용노동자의 극명한 차이를 강조한다.

> 이와 유사하게 영지에서 일하는 사람들의 위상은 **일용노동자**의 위상과는 전혀 다르다. 영지에서 일하는 농노는 영주가 소유한 재산의 일부이자 일정 정도 존경, 충성, 의무로 영주에게 속박되어 있는 존재이다. 따라서 영주와 농노의 관계에는 직접적으로 정치적이고, 인간적인, 즉 **친밀한[gemüthliche]** 측면이 존재한다. 영지마다 관습과 특징이 다르지만, 농노가 그들이 속한 영지와 하나가 된 것처럼 보인다는 점에서는 매한가지이다. 그러나 나중에는 어떤 사람을 영지와 연결시키는 것은 그의 특징이나 개성이 아니라 오직 그의 지갑이다.[35]

봉건적 지배 아래에서 영주는 토지에서 일하는 이들의 인격적 독립성을 인정하지 않는다. 토지에서 일하는 사람들은 그러한 방식으로 그 존재를 부정당했다. 농노는 영주가 소유한 토지 재산의 일부로 취급되었다. 이와 같은 지배 종속 관계는 근대 부르주아 사회에서 일용노동자가 처한 상황과는 근본적으로 다르다. 근대 부르주아 사회의 일용노동자는 직접적인 정치적 지배에서 자유로운 존재, 즉 "자유롭고 평등한" 법적 주체로 인식되기 때문이다.

그러나 그렇다고 해서 일용노동자가 농노보다 더 자유롭고 더 나은 삶을 누릴 수 있다는 말은 아니다. 사실은 그 반대라고 마르크스는 주장한다. 농노는 권리를 부정당하고 박탈당했기 때문에 객관적인 생산 조건 및 재생산 조건과 통합되어 신체적 생존을 보장받는다. 따라서 후쿠토미 마사미는 농노와 토지가 맺는 고유한 관계가 『파리 노트』에서 마르크스가 수행한 소외 분석에서 결정적인 역할을 수행한다고 지적한 것이다.[36] 앞서 인용한 구절에서 마르크스는 토지와 토지에서 일하는 사람이 적대적인 대립 관계에 놓여 있음에도 불구하고, 봉건 사회에서 이루어지는 인격적 지배에는 "인간적인, 즉 **친밀한** 측면"이 존재한다고 강조한다. 영주마다 관습과 특징이 다르므로 구체적인 상황은 다르지만 봉건제 생산에 공통적으로 나타나는 근본적인 특징은 생산자와 토지의 통합이다. 따라서 농노는 법적 주체로서 독립성을 인정받지 못하지만 신체적 생존과 생산 과정에서의 자유와 독립성은 보장받을 수 있다. 직접적인 인격적 지배가 이루어진 봉건 사회에서는 자본이 자신의 힘을 자율적으로 행사할 수 없으므로 자본에 의해 물상화된 지배가 끼어들 여지가 전혀 없다. 이와 같은 상황에서는 위협과 신체적 강압을 통해서만 생산자들이 잉여 노동과 잉여 생산물을 제공한다. 이로 인해 결과적으로는 생산성 증대가 지연된다. 봉건 영주 역시 토지를 통한 이익의 극대화에 매진하기보다는 "토지에 있는 것들을 소비하기만 하면서 생산에 대한 걱정은 농노와 소작농에게 조용히 떠넘긴다."[37]

낭만주의자들은 온건해 보이는 영주의 행동이 영주의 고귀한 품성을 표현하는 것이라고 높이 평가하지만, 사실 이는 기저에 깔린 객관적인 생산관계가 영주의 행동을 좌우한 것에 불과하다. 이러한 맥락에서 볼 때 봉건 사회에서의 생산은 구체적인 사회적 필요를 만족시킬 목적으로 이루어지므로 안정적이다. 낭만주의자들과는 다르게 마르크스는 영주의 도덕적 특성 때문이 아니라 인간이 땅과 맺은 관계 때문에 영주가 토지 재산과 "고귀한 관계"를 맺을 수 있고, 영주에게 "낭만적 영광"을 돌릴 수 있는 것이라고 결론내린다.[38]

이어 마르크스는 봉건 사회의 인격적 지배가 붕괴되면서 토지 재산이 "매매" 대상으로 완전히 전환된 근대 부르주아 사회에 대해 탐구한다. 이와 같은 변화로 인해 완전히 다른 유형의 지배가 등장하는데, 그것이 바로 특정한 형태의 소외된 노동을 동반하는 자본의 비인격적이면서도 물상화된 지배이다.

> 이러한 겉모습이 철폐될 필요가 있었다. 다시 말해 사유재산의 근원인 토지 재산이 사유재산이 발전하는 과정에 완전히 끌려들어가 상품으로 전락해야 한다. 한편 모든 정치적 제약으로부터 자유로운 소유자의 규칙이 자본이라는 사유재산의 뻔뻔한 규칙으로 등장하고 소유자와 노동자 사이의 관계가 착취자와 피착취자 사이의 경제적 관계로 환원된다. 소유자와 소유자의 재산 사이의 인격적 관계가 모두 사라져 재산이 단순히 **객관적**이고 물질적인 부로 전락한다. 명예가 아니라 편의성이 토지와 결합하고 토지의 지위는 인간처럼 상업적 가치만을 갖는 수준

으로 추락한다.[39]

　　과거에 존재한 인격적 지배 및 인격적 의존 관계가 해체되면서 토지 재산이 상품으로 변모해 사유재산 매매 체제에 통합되면, 한편으로 개개인은 형식적으로 자유롭고 평등한 주체로서 서로를 마주보게 될 수 있고 시민사회 안에서 법적 주체로서 동등하게 인식된다. 다른 한편으로 그들은 땅과의 직접적인 연계를 상실해 이제 노동력을 판매하기 위해 시장에 등장해야만 하는 신세로 전락한다. 정치경제학자들은 근대에 새롭게 등장한 이와 같은 관계가 자유와 평등이라는 이상적이고 조화로운 관계, 즉 지배 관계가 사라진 것처럼 보이는 사회의 토대를 이룬다고 설명했지만, 마르크스는 이와 같은 견해를 거부하고 "자유"와 평등"이라는 부르주아의 이상이 실현된다고 해서 모든 지배 관계가 종식되는 것은 아니라고 주장한다. 마르크스는 자유와 평등이라는 부르주아의 이상은 겉모습에 불과하고 착취자와 피착취자 사이에 인격적 지배 대신 비인격적이고 물상화된 지배 관계가 자리 잡는다고 주장한다. 따라서 일용노동자는 질적으로 다른 근대적 소외 형태에 종속되고, 일용노동자의 노동 조건은 봉건 사회에서의 노동 조건보다 훨씬 더 열악할 뿐 아니라 다양한 측면에서 더 소외된 형태로 나타날 수밖에 없다.

　　자본주의 사회의 지배는 봉건 사회의 지배와 엄격하게 구분되어야 한다. 농노가 토지와 밀접하게 연계되어 있었던 데 반해 근대 사회의 생산자들은 토지가 상품화되면서 땅과 직접적으로 연계되지 못하고 본래의 생산수단과 분리되어 버렸다.[40] 그 결과 근대의 개인은 유일하게 소유한 상품인 자신의 노동력을 타인에게 끊임없이 판매해야만 한다. 따라서 일용노동자는 자신의 활동으로부터 소외된다. 마르크스에 따르면 인간과 땅의 관계가 이와 같이 변화했다는 사실이 자본주의 생산양식의 특수성을 이해하는 데 결정적인 역할을 한다.[41]

근대의 노동자들은 신체적 생존을 보장받지 못한다. 또한 낯선 힘이 노동자들의 활동을 소외시키고, 통제하고, 지배한다. 무소유, 불안정성, 소외, 착취가 긴밀하게 연결된다. 물론 농노도 착취당했고, 영주에게 잉여 노동과 잉여 생산물을 제공해야 했었다. 그러나 농노는 근대 노동자와는 다르게 땅과 관계를 맺고 있었던 덕분에 생산 과정에서 자율성을 누렸고 물적 삶도 보장받았다. 이러한 점에서 볼 때 농노의 노동에는 여전히 "친밀한 측면"이 남아 있었다고 마르크스는 주장한다. 이러한 결과가 나타난 이유는 어이없게도 봉건 사회에서 농노의 인격성을 부정하고 농노를 객관적인 생산수단의 일부로만 취급한 데 있다. 이와 같은 측면에서 볼 때, 마르크스는 봉건제 생산양식의 긍정적 측면을 분명하게 인식하고 있었다.

이 와중에 자본의 자율적인 힘을 규제하려는 시도가 다양한 형태로 나타날 수 있다. 이를테면 "수공업 단체, 길드, 조합 같은 것들이다. 이것들 안에서 노동은 **사회적** 중요성과 **진정한** 공동체의 중요성을 여전히 견지하는 것**처럼 보인다.** 한편 노동은 노동의 내용에는 **무관심한** 단계 즉, 다른 모든 사물을 추상화하는 완전한 대자적對自的 단계에는 이르지 못했다. 그렇기 때문에, 아직 자본은 **해방되지** 않았다."[42] 수공업 단체, 길드, 조합에 인간과 토지 사이의 직접적인 통합이 존재하는 것은 아니지만, 이들은 상호주관적으로 전체 생산을 조정하기 때문에, 생산자와 생산수단은 여전히 안정적인 관계를 유지할 수 있다. 이런 상황은 자본의 힘이 그 관계에 완전히 침투하지 못하도록 방해한다. 따라서 노동자와 객관적인 생산수단 사이의 연계가 완전히 해체되고 나서야 "이중적인 의미"에서 "자유로운" 노동이 처음 등장하게 되고 "해방된 자본"의 비인격적이고 물상화된 지배가 시작된다.

반면 근대 노동자는 토지와의 직접적인 연계를 상실한다. 근대 노동자는 인격적 지배에서 자유로워지는 한편 생산수단에서도 자유로워지므로 "비유기적 신체"인 자연과 관계를 맺을 수 없다. 자본주의 이전 사회에 존재하던 인격적 지배의 붕괴와 더불어 본래 통합되어 있던 토지와의 관계가 사라진다. 그 결과 근대 노동자는 자연, 활동, 유적 존재, 타인으로부터 소외되게 되었다. 즉, 간단하게 말해서 근대의 소외는 생산의 "친밀한 측면"이 완전히 소멸되면서 등장한 것이다. 토지가 상품으로 변모하면서 인간과 토지의 관계는 자본가를 위한 부를 생산하는 방향으로 변형되고 재조직된다. 상품 생산이 사회 전체에 보편화되고 나면 모든 생산은 구체적인 인간의 필요를 만족시키는 것이 아니라 자본의 가치 증식을 일차적인 목표로 삼게 된다. 새롭게 등장한 생산의 합리성에 따라 자본가는 노동자가 자기 마음대로 업무를 수행하도록 내버려두지 않는다. 오히려 자본가는 노동의 자율성과 물질적인 안전 따위는 전혀 고려하지 않은 채 인간 활동을 물상화된 지배에 완벽하게 종속시키는 방식으로 생산 과정 전체를 적극적으로 전환해 "더러운 자기 이익"을 추구한다.[43]

상품 생산의 논리가 지배하는 사회의 근대적 소외는 자본주의 이전 사회에 존재하던 소외와는 완전히 다른 모습으로 나타난다. 자본의 물상화된 지배는 가문의 역사나 개인의 명예를 토대로 정당화할 필요가 없다. 따라서 "해방된 자본"은 온갖 유형의 "존경심, 충성심, 의무감"을 무시할 뿐 아니라 개별 노동자의 구체적인 물질적 삶조차 무시한다. 자본은 끊임없이 이어지는 **노동자들이 경주**가 벌어지는 과정에서 개별 노동자들이 죽어가든지 말든지 그저 무관심할 뿐이다.[44] 노동의 구체적인 내용은 자본에게는 완전히 추상화되고 자본은 노동자의 임금을 다른 도구를 유지하는 비용에 추가되는 "비용"으로만 셈할 뿐이다. 다시 말해 자본에게는 노동자에게 지급되는 임금이나 톱니바퀴에 치는 오일이나 아무런 차이가 없다. 새롭게 등장한 사회관계에 따르면 자본가는 자기 이익과 탐욕에 따라 행동한다. 이와 같은 자본가의 행태는 자본가들이 도덕적으로 부패했기 때문이 아니라 이윤만을 추구하는 경쟁이라는 새로운 합리성에 따른 결과일 뿐이다. "근본적으로 이와 같은 경쟁 상황에서는 자본의 형태를 띤 토지 재산이 노동자 계급뿐 아니라 자본의 발전을 지배하는 법칙에 의해 망하거나 흥하는 소유자에 대한 지배를 드러내기" 때문이다.[45]

따라서 마르크스는 근대적인 노동 소외의 기저에 역사적으로 엄청나게 변화한 인간과 자연의 관계가 자리 잡고 있다고 지적한다. 이와 같은 결과로 노동자의 활동은 자연 안에서, 자연과 더불어 자유롭고 의식적인 능력을 주체적으로 실현하는 방식으로는 더 이상 기능하지 못하게 된다. 인간은 신체적 생존을 위해 자본에 종속된 "임금 노동자"로 환원되고 이에 따라 인간의 모든 활동은 "임금 노동"으로 축소된다. 임금 노동자인 인간은 낯선 자본과의 관계 속에서만 생존할 수 있지만, 자본과 노동의 관계는 "무관심하고 외부적이며 우연한 관계"일 뿐이다. 해방된 자본은 노동자와 그들의 구체적 삶에는 관심이 없기 때문이다.[46]

따라서 근대의 소외된 노동을 특정한 역사적 조건이라는 관점에 입각해서 살펴보면 라스 투머스와 이그나체 포이어리흐트가 제1수고에서 발견했다는 순환논리는 찾아볼 수 없다. 제1수고의 "지대"를 다룬 부분에서 마르크스가 자본주의 생산양식과 소외의 특수성을 봉건 사회의 생산양식과 비교하여 논의하고 있기 때문이다. 근대적 소외가 등장한 이유를 매우 분명하게 인식하고 있었기 때문에 마르크스는 일관성 있는 주장을 편다.[47] 출판할 의사가 전혀 없는 상태에서 개인적인 용도로 기록한 노트였기 때문에 마르크스는 독자를 고려하여 친절한 방식으로 모든 논점을 조목조목 자세히 기록해 두지 않았다. 그렇지만 엥겔스의 「국민경제학 비판 개요」에서 발췌한 마르크스의 기록에 주목하면서 이 노트를 주의 깊게 분석해 보면, 마르크스가 본래 통합되어 있던 생산자와 객관적인 생산 조건 사이의 관계가 사라지고 그 자리에 상품과 화폐의 물상화된 관계의 지배, 즉 사유재산이 등장하게 되었다고 기록하고 있음을 확인할 수 있다.

제1수고의 지대를 다룬 부분을 고려하지 않는다면 마르크스의 주장을 더 크게 곡해할 위험이 있다. 소외의 근본 **원인**을 올바르게 이해하지 못한다면 소외를 극복하고자 하는 마르크스의 전망을 인식할 수 없을 것이다. 자본주의 사회에서 일어나는 소외를 인간이 땅과 본래 맺은 통합된 관계의 붕괴로 인식한다면, 마르크스가 구상한 공산주의 기획이 인간과 자연의 통합을 의식적으로 재건하는 일을 일관적인 목표로 제시한다는 사실이 명확해진다.

마르크스가 "연합"이라는 개념을 사용하여 자유로운 개성의 실현이 장차 도래할 사회의 과업이라는 사실을 이미 인식하고 있었다는 점을 감안하면, 이와 같은 생각이 "인간주의=자연주의"의 핵심을 이룬다는 사실을 확인할 수 있다.

> 연합 개념을 토지에 적용하면 대규모 토지 소유에서 나온 경제적 이점을 공유하여 [토지] 분배에 내재한 본래 경향, 즉 평등을 처음으로 실현하게 된다. 또한 연합은 농노, 대영주, 재산이라는 우스꽝스러운 신비주의에 의해 매개되는 것이 아니라 합리적인 방법에 기초하여 **인간과 땅의 친밀한[gemüthliche] 연계**를 재구축하고, **땅을 매매 대상에서 제외한다.** 연합은 자유롭게 노동하고 즐기면서 인간의 참된 개인적 소유를 재구축한다.[48]

연합이 수행해야 할 실천적인 과업에 대해 언급하면서 마르크스는 이전의 논의로 되돌아가 자본주의가 파괴한 "땅과 인간의 친밀한 연계"를 과거보다 더 높은 수준으로 재구축할 것을 요구한다. 토지를 독점했던 봉건 사회와 다르게 인간과 자연의 통합을 의식적으로 구축하려면 어떠한 인격적, 정치적 예속이나 지배로부터도 자유로워져야 한다. 그리고 연합을 통해 직접 생산자들이 생산수단과 생산물을 사회적으로 전유함으로써 자유롭고 상호주관적인 관계를 실현해야 한다. 이와 같이 완전히 새로운 생산양식을 구축한 결과 토지와의 "합리적인" 관계가 사회적 규모에서 가능해진다. 이 관계는 자본주의 아래에서 이루어지는 무분별한 "매매"와는 전혀 다른 관계이다. 생산자는 사회에서 이루어지는 생산과 그 생산물의 모든 활동을 낯선 대상으로 직면하지 않아도 된다. 오히려 생산자는 "인간의 참된 개인적 소유"인 땅과 더 높은 수준으로 통합된다. 그럼으로써 **모든** 생산자가 "자유롭게 노동하고 즐기는 데" 기여하게 된다. 따라서 장차 도래할 사회에 대한 마르크스의 전망과 근대의 소외된 노동에 대한 마르크스의 비판에 일관성이 있다는 사실에는 의심의 여지가 없다.

1844년 마르크스는 이와 같이 **경제적인** 의미에서 인간과 자연을 완전히 통합하는 일을 공산주의의 중심 과제로 삼아야 한다고 주장한다.

> **공산주의**는 **인간의 자기 소외를 유발하는 사유재산을 능동적인 방식**으로 극복하는 것이자, 인간에 의해 그리고 인간을 위해 **인간적 본질**을 현실적으로 **전유**하는 것이며, **사회적** 존재(예: 인간)로서의 자신에게로 완전히 복귀하는 것이다. 이러한 복귀는 의식적으로 완성되고, 과거의 발전 과정에서 발생한 모든 부를 품에 안는다. 이와 같은 공산주의는 완전히 발전된 자연주의로서 인간주의와 동일한 것이고, 완전히 발전된 인간주의로서 자연주의와 동일한 것이다. 이것은 인간과 자연, 인간과 인간 사이에 벌어지는 갈등을 해결할 수 있는 **진정한** 해결책이자 존재와 본질, 대상화와 자기 긍정, 자유와 필요, 개인과 인류 사이에서 벌어지는 불화를 해결할 수 있는 **참된** 해결책이다.[49]

마르크스는 사유재산 체제에서 나타나는 자기 소외와 대상의 상실을 극복하는 방향으로 나아가는 역사를 인간과 자연이 제대로 화해하는 과정이라고 표현한다. 마르크스는 자기 소외와 대상의 상실을 극복할 수 있는 전제 조건으로 기존 생산양식의 급격한 전환과 사유재산의 폐지를 꼽는다. 새로 탄생할 "사회"는 인간과 자연의 관계를 의식적, 집단적으로 조직하고 규제하는 것에 다름아니다. "따라서 **사회**는 인간과 자연의 완벽한 통합으로, 자연의 참된 부활이며, 인간의 완성된 자연주의이며, 자연의 완성된 인간주의이다."[50] 인간과 자연 사이에 이루어지는 상호작용을 완전히 의식적, 합리적으로 규제할 때에만 인간의 유기적 신체와 비유기적 신체의 통합을 실현할 수 있다. 1844년 마르크스가 수행한 소외 비판은 인간과 자연의 관계를 본질적인 것으로 파악하고 이를 "합리적으로" 재조직하는 것을 필수불가결한 것으로 간주한다. 따라서 마르크스가 그린 공산주의는 "인간주의=자연주의"의 완성이다. 이것은 마르크스의 자본주의 경제 비판과 자본주의 생태 비판의 서막에 불과하다.

이론의 연속성

마르크스가 1844년 처음 품었던 인간과 자연의 통합이라는 근본적인 통찰은 『자본』에 이르는 모든 저술에서 크게 달라지지 않은 상태로 등장한다. 1847년 『철학의 빈곤』에서 마르크스는 일관성 있는 입장을 견지하면서 근대에 접어들며 나타난 토지의 상품화와 토지 매매를 인간을 자연으로부터 분리시키는 것으로 비판했다. "지대는 **인간과 자연을 하나로 묶어 주는** 대신 토지를 경쟁으로 내몰아 착취할 뿐이다."[51]

1858년 『정치경제학 비판을 위하여』 **원문 텍스트**[Urtext]에 있는 더 유명한 단락에서 마르크스는 동일한 용어를 사용하여 통합되어 있던 인

간과 자연의 관계를 해체시킨 것이 근대 사회의 근본적인 조건이라고
언급한다.

> 농민은 토지 소유주를 대면할 때 더 이상 농촌 생산물과 농촌
> 노동을 보유한 소농으로서 대면하지 않고, 화폐 소유자로서 대
> 면한다. (…) 토지 소유주는 농민을 특유한 생활 조건에서 생활
> 수단을 생산하는 상스러운 개인이 아니라 누구나 생산할 수 있
> 는 생산물, 즉 독립적으로, 보편적인 등가물로 화폐로 변해 가
> 는 교환가치를 생산하는 개인으로 취급한다. 따라서 과거 둘
> 사이에 이루어진 거래에서 찾아볼 수 있었던 **친밀한 겉모습[der
> gemühtliche Schein]**은 온데간데없이 사라져 버린다.[52]

봉건 사회의 인격적 지배 관계가 붕괴되고 상품 소유주와 화폐 소유
주가 시장을 통해 관계를 맺는 방식으로 전환되었다는 사실을 다시 한
번 지적하면서 이와 같은 전환을 생산 과정에서 찾아볼 수 있었던 "친
밀한 겉모습"이 사라져 가는 현상으로 묘사하는 이 구절을 통해, 마르
크스의 이론이 1844년 이후에도 연속성을 이어 가고 있다는 사실을 분
명하게 확인할 수 있다. 마르크스는 비슷한 용어를 사용하여 지배 관계
가 순수한 경제적 형태로 전환된 이유를 "부르주아 사회의 승리라고 할
수 있는 인격적 종속 관계의 붕괴"에서 찾는다.[53] 화폐와 상품을 매개로
사회적 관계를 맺게 되면서 사회적 관계가 물상화된 결과, 자본주의 사
회에서 개인은 자본주의 이전 사회와는 다르게 서로에 대해 평등하고
독립적인 존재로서 행동할 수 있는 것처럼 나타난다. 즉, "자유"롭고 "평

등"한 상품 소유자들이 시장에서 거래하는 것처럼 보이는 것이다. 그러나 이는 사실 타인의 부를 전유하고 사회적 부를 소수에게 집중시키는 과정이 확장된 것에 불과하다. 따라서 자본주의 사회에서는 "친밀한 겉모습"조차 사라지고 마는 것이다.

나아가 1860년대에도 마르크스는 생산자가 토지에서 분리되는 현상을 자본주의 생산양식이 등장하는 역사적, 논리적 전제 조건이라고 다시 한 번 지적한다.

> 처음에 모든 제조업자는 고용된 자[stipendiés], 즉 경작 소유주에게 임금을 받는 임금 노동자로서만 등장하는데, 제조업이든 농업이든 관계없이 임금 노동자 계급이 형성되려면 우선 노동 조건과 노동 능력이 분리되어야 한다. 그리고 노동 조건과 노동 능력이 분리되기 위해서는 토지가 사회의 한 부분을 차지하는 사람들의 사유재산이 되어야 한다. 그래야만 사회의 나머지 부분을 차지하는 사람들이 자기 노동의 가치 증식을 위한 이러한 객관적인 조건으로부터 분리되어, 노동의 가치 증식이 실현되기 때문이다.[54]

마르크스는 『자본』에서도 이와 유사한 입장을 취한다.

> 본원적 축적을 다룬 부분에서 이와 같은 생산양식이 전제하는 조건에 대해 살펴보았다. 그것은 한편으로 (예속민, 농노, 노예 등의 형태로) 토양의 단순한 부속물로 취급받던 직접 생산자가

자유로워지는 것이고, 다른 한편으로 토지에 예속되어 있던 많은 사람들을 수탈하는 것이다. 이와 같은 관점에서 볼 때 토지 재산의 독점은 자본주의 생산양식의 **역사적 전제 조건**이자 영구적인 **토대**를 이룬다. 한편 토지 재산의 독점은 이런저런 형태로 대중을 착취하는 데 기반을 둔 과거의 모든 생산양식에서도 전제 조건이었지만, **토지 재산**이 처음부터 자본주의 생산양식에 부합하는 형태를 띠고 있었던 것은 아니다. 자본주의 생산양식에 부합하는 토지 재산 형태는 농업이 자본에 종속되는 과정을 통해 그리고 봉건적 토지 소유, 가문 소유의 토지 재산 또는 소농이 소유한 토지가 자본주의 생산양식에 부합하는 **경제적** 형태로 전환되는 과정을 통해 자본주의 생산양식에 의해서만 생성된다. 물론 토지 재산의 법적 형태는 다양할 수 있다. 농업이 변혁되어 사회에서 가장 **저발전된** 부분에서 수행하는 대대로 전수되어 오던 단순한 경험적 영농 방식이 의식적이고 과학적으로 농학을 적용하여 생산하는 방식으로 전환되었다. 이렇게 바뀐 것이 제아무리 사유재산이라는 조건이 충족된 연후에야 이루어졌다 할지라도 이는 자본주의 생산양식의 위대한 결과물 중 하나다. 한편 자본주의 생산양식은 영주와 농노의 관계를 토지 재산으로부터 완전히 떼어 놓았고 **노동 조건**으로서의 토지도 토지 소유로부터, 토지 소유자로부터 완전히 분리시켰다. 토지 소유주에게 토지는 토지 독점을 통해 산업 자본가, 차지농으로부터 뜯어 낼 수 있는 일정량의 화폐 세금을 의미하는 것에 다름아니다. (…) 따라서 과거 토지 재산에 따라다

넜던 정치적, 사회적 수식어와 미사여구가 모두 사라지면서 토

지 재산은 **순수하게 경제적인 형태**를 부여받는다.[55]

이 단락에서 분명하게 확인할 수 있는 것처럼 마르크스는 토지 재산의 독점이 "역사적 조건"인 자본주의 생산양식의 특수성을 반복해서 설명한다. 사실 토지의 독점은 "이런저런 형태로 대중을 착취하는 데 기반을 둔 과거의 모든 생산양식"의 영구적인 전제 조건이라는 점에서는 동일하지만, 자본주의 이전 사회에서 이루어진 착취가 "영주와 농노의" 정치적 "관계"를 통해 이루어진 반면 자본주의 사회에서의 토지 독점은 "순수하게 경제적인 형태"를 띤다는 점에서 차이를 보인다. 마르크스에 따르면 "농업이 자본에 종속된" 결과 인간과 땅이 맺고 있던 관계에 질적인 변화가 일어난다. 이와 같은 의미에서 볼 때 마르크스가 1844년 품었던 통찰, 즉 자본주의 이전 사회에서는 토지 소유가 독점되어 예속인, 농노, 노예를 착취하는 조건으로 작용했음에도 직접 생산자들이 생산수단에 접근할 수 있었던 반면, 자본과 임금 노동자의 관계가 등장하기 위해서는 객관적인 생산 조건과 인간의 완전한 분리가 전제되어야 한다는 통찰을 여전히 간직하고 있다는 사실을 확인할 수 있다. "본원적 축적" 과정에서 이루어진 토지 재산의 형태 전환을 통해 생산수단이자 생계 수단인 토지에서 쫓겨나면서 토지와 맺고 있던 독립적인 관계를 상실한 수많은 농민은 시장에서 자신의 노동력을 하나의 상품으로 판매할 수밖에 없는 처지로 전락했다. 근대에 접어들면서 등장한 "순전히 경제적인" 토지 소유 "형태", 즉 "토지 매매"가 자본주의 전유 양식의 토대를 이루고 자연으로부터의 소외를 유발한 것이다.

특히 이와 같은 의미에서 마르크스는 『그룬트리세』에서 "소외" 문제를 객관적인 생산 조건으로부터 생산자가 분리된다는 측면에 입각해 자세하게 설명한다. 마르크스는 자본주의 이전 사회에서 "노동하는 주체"와 자연의 관계를 다음과 같이 설명한다. "인간의 노동과 관련된 최초의 객관적인 조건은 자연, 땅으로, 인간의 비유기적 신체로 나타난다. 인간은 유기적 신체인 동시에 비유기적 자연의 주체이다."[56] 마르크스는 생산의 주체적인 측면과 객관적인 측면이 긴밀하게 결합하는 생산 과정 내에서의 통합을 "노동과 노동의 물적 전제 조건의 자연적 통합"이라고 칭한다.[57] 반면 부르주아 사회에서 소외와 빈곤은 "소유, 즉 객관적인 노동 조건과 살아 있는 노동 능력의 완전한 **결별**과 **분리**"의 산물이다. 마르크스는 다음과 같이 논의를 이어간다.

> 이는 소유와 노동, 살아 있는 노동 능력과 노동의 실현 조건들, 대상화된 노동과 살아 있는 노동, 가치와 가치 창출 활동 사이의 완전한 분리를 의미한다. 따라서 노동자는 자신의 노동 내용의 특성을 낯설게 느낀다. 마찬가지로 이러한 분리는 이제 자신의 시간을 대상화하는 노동 자체의 산물인 것처럼 보인다. (…) 노동자는 이와 같은 과정에 진입하기 전보다 더 부유해지기는커녕 더 가난해진다. 노동자가 필요 노동 조건을 자본에 속하게 되는 조건으로 생산했을 뿐 아니라, 가치 창출 가능성, 노동자가 지닌 가능성으로 놓인 가치 증식이 이제 마찬가지로 잉여가치로, 잉여 생산물로, 다른 말로 자본으로, 살아 있는 노동 능력에 대한 주인으로, 그 자체의 힘과 의지를 부여받은 가

치로 존재하면서 추상적이고 객관적이지 않은, 순전히 순수하

게 주관적인 빈곤 속에 놓인 노동자와 대면한다.[58]

이 구절에서 마르크스는 "소외"라는 용어를 사용하지 않는다. 그러나 1844년에 그가 품었던 사고와의 이론적 연속성은 분명하게 확인할 수 있다. "목적이 없으며 순수하게 주관적인" 조건으로 인해 노동력을 실현하는 데 필요한 객관적인 조건을 보유하지 못한 근대의 노동자는 자신의 노동 능력을 실현할 수 없다. 노동자는 오직 노동력, 즉 자신이 지닌 상품을 시장에서 자발적이고 독립적으로 판매해 자본의 낯선 지배에 예속될 때에만 노동 능력을 실현할 수 있다. 자신의 삶의 물적 기초에 대한 통제권이 전혀 없는 "자유로운" 노동자들은 언제나 "사실상의 극빈자"로 남게될 뿐이다.[59] 자본이 조직한 생산 과정에서 노동자의 주제적인 노동 능력이 소외되면서 노동 활동은 필연적으로 낯설어지게 되고 이로 인해 객관적인 세계도 낯설어진다. 노동은 노동 실현의 산물을 소외된 현실로서만 생산할 수 있기 때문이다. 생산자는 노동의 산물을 전유할 수 없다. 물상화된 지배가 이루어지는 공간에서 생산자의 활동은 오직 그들을 예속시키는 낯선 힘으로서만 실현될 수 있다. 이와 같은 빈곤화 과정과 탈脫현실화 과정이 자본 축적 과정과 맞물리면서 인간의 지배를 넘어서는 낯선 세계가 끊임없이 커져 가게 된다.

『그룬트리세』에서 마르크스는 부르주아 이전 사회와 근대의 상황을 다시 한 번 대조한다. 노예나 농노 형태의 노동은 "소 떼 같은 다른 자연적인 존재와 마찬가지로 **비유기적** 생산 **조건**, 즉 땅의 부산물로 분류되기" 때문에 "농노제와 노예제에서는 이와 같은 분리가 일어나지 않는

다."[60] 나아가 마르크스는 "부르주아 이전 사회에서 개인과 객관적인 노동 조건 사이의 관계는" 개인이 "노동하는 주체"로 나타날 수 있는 관계였다고 주장한다.[61] 후쿠토미 마사미는 부르주아 이전 사회에서 노동하는 주체가 지니고 있었던 주체성의 형식에서 노동하는 농노가 직접 생산자로서 자신의 개성을 자유롭게 발전시킬 수 있는 잠재력을 발견했다.[62] 농노가 인격적 지배에 예속되어 있고 농노의 생존이 객관적인 생산 조건으로 환원된 상황이라고 하더라도, 농노는 땅과 통합되어 있었던 덕분에 일정한 수준에서 활동의 독립성과 자유를 누렸다. 따라서 농노는 비록 소규모이더라도 노동의 결실을 전유할 수 있었다. 바로 여기에 "개성을 자유롭게 발전시킬 수 있는" 물질적 기초가 자리 잡고 있었다. 그리고 봉건제가 붕괴한 여파로 생산자들이 인격적 지배로부터 사실상 해방되면서 자본주의적 토지 재산으로의 이행이 이루어지던 시기에는 개인의 자유로운 발전이 실제로 번창했다.

마르크스는 봉건 체제가 붕괴한 직후의 시기를 "속박에서 해방되는 과정에서 노동이 누린 황금기"라고 표현하면서, 14세기와 15세기 상반기 영국의 자작농yeomanry을 예로 든다.[63] 『자본』에서 마르크스는 다음과 같이 언급한다.

> 생산수단으로 기능하는 노동자의 사유재산은 소규모 산업의 기초이다. 그리고 소규모 산업은 사회적 생산을 발전시키고 노동자 자신의 개성을 자유롭게 발전시키는 데 필수적인 조건이다. (…) 그러나 [이와 같은 생산양식이] 번창하여 품고 있는 에너지를 모두 발산하고 적절한 계급적 형태를 획득하려면 노동

자가 자기 노동 조건을 소유한 자유로운 소유주이어야 하고 자기가 소유한 노동 조건을 자기 자신을 위해 사용할 수 있어야 한다. 또한 농민은 자기가 경작하는 토지를 소유해야 하고 장인은 자기가 만드는 상품을 제작하는 데 필요한 도구를 소유해야 한다.[64]

마르크스는 "노동자 자신의 개성을 자유롭게" 발전시킨다는 표현을 일반적으로는 연합된 생산자들이 미래에 구축할 사회라는 맥락에서 사용하지만, 이 표현을 자본주의 이전의 소규모 가족농의 성격을 묘사할 때에도 예외적으로 사용한다. 소규모 가족농의 노동자들은 비록 근대 이전 사회에서 제한된 형태를 띠고 있었음에도 불구하고 "자신의 노동 조건을 소유한 자유로운 소유주"로 행동할 수 있었다. 이와 같은 노동의 자유가 실현될 수 있었던 이유는 인격적 종속 관계가 붕괴된 뒤 노동자들이 생산수단인 땅과 자유롭게 관계를 맺을 수 있었기 때문이다. 그 결과 인간과 자연의 관계가 자유로운 관계로 발전했고 이에 따라 직접 생산자는 영주가 없는 상태에서 과거의 생산이 지니고 있었던 "친밀한" 측면을 누릴 수 있게 되었다. 따라서 기술 발전에 대해 낙관적인 입장을 가지고 있었던 마르크스가 소규모 가족농의 가치를 낮게 평가했다는 널리 퍼져 있는 비판은 실제 마르크스의 입장과 다르다. "**사회적** 노동으로서의 노동과 사회적 노동의 생산력 발전에 부적합한" 소규모 가족농은 자본주의 생산양식이 영국 농업에 도입된 이후 하락 일로를 걸어야 했지만 실제로는 자신의 생계를 적절하게 유지하는 수준을 넘어서는 수준으로 생산을 할 수 있었다고 마르크스는 설명한다. "이런 이유로 노동과 소유의 분리, 파열, 반정립의 필요성이 대두되는 것이다."[65]

토지와 친밀한 연계를 맺은 봉건 사회가 인간이 신체적으로 생존하는 데 필요한 객관적 조건을 계속 제공한다면, 사회 전체에 노동 능력의 보편적 상품화가 스며들 수 없을 터였다. 따라서 자본의 물상화된 지배를 실현하기 위해서는 우선 인간과 땅이 본래 맺은 통합 관계를 분리시키고 이를 자본과 임금 노동의 관계로 대체할 필요가 있었다. 인클로저가 진행되면서 토지, 생산수단, 생계의 분리가 일어난 결과 농촌에서 소규모 가족농을 운영하던 생산자들은 대도시로 쫓겨나 인격적 지배에서 자유로울 뿐 아니라 생산과 재생산 조건에서 자유롭다는 "이중적인 의미에서 자유로운" 프롤레타리아가 되었다. 객관적 생산 능력을 갖추지 못한 근대의 "자유롭기만 하고 권리는 없는[vögelfrei]" 노동자는 자신이 보유한 살아 있는 노동 능력을 소외시켜 최소한의 생계 수단을 확보하기 위해 낯선 자본의 명령에 따라 일할 수밖에 없는 처지가 되었다.[66] 마르크스는 객관적인 생산 가능성을 박탈당한 노동자의 현실을 근대 노동자의 "절대 빈곤"이라고 부른다.

> 노동 수단과 노동 대상으로부터 분리된 노동은 객관성을 완전히 상실한다. 살아 있는 노동은 실제 현실(비가치)의 이러한 계기들로부터 **추상된 상태**로 존재한다. 노동은 객관성을 완전히 상실하고 순수하게 주관적인 노동으로 존재한다. 노동은 **절대 빈곤**에 빠진다. 절대 빈곤이란 결핍이 존재한다는 차원이 아니라 객관적인 부에서 완전히 배제된다는 차원의 빈곤이다.[67]

아무리 많은 급료를 받아도 노동자는 절대 빈곤에서 벗어날 수 없다. 객관적인 부에서 완전히 배제되는 현실이 자본주의 생산양식에서 노동자가 처한 상황의 근본적인 특징이기 때문이다. 그리고 이와 같은 현실이 나타나게 된 근본적인 원인은 자연의 소외이다.

정치경제학 비판을 발전시키는 과정에서 마르크스는 단 한순간도 1844년 품었던 통찰, 즉 인간과 자연의 통합이라는 관점을 포기하지 않았다. 처음부터 마르크스는 인간과 자연 사이의 관계를 역사적으로 부정하는 것이 자본주의 생산양식의 주요 특징이라는 사실을 이해하고 있었고 이를 부정하는 것, 즉 더 높은 수준의 "부정의 부정"을 통해 인간과 자연이 본래 맺은 통합을 적극적으로 재건하는 일이야말로 장차 도래할 사회가 수행해야 할 근본적인 과업이라는 사실을 이해하고 있었다.[68] 따라서 마르크스는 다음과 같이 기록했다. "인간과 자연이 본래 맺은 통합은 자본이 창조한 물적 기초와 자본이 이와 같은 물적 기초를 창조하는 과정에서 노동자 계급과 사회 전체가 겪는 혁명이라는 수단을 통해서만 재건할 수 있다."[69] 마르크스는 "연합"을 통해 소외의 원인에 부합하는 방식으로 인간과 자연이 본래 맺은 통합을 의식적으로 재건할 필요성이 있다고 제시한다. "이러한 노동 속에서 자본가의 소유를 개인이 아닌 독립성을 가지는 특수한 주체, 즉 **연합된 사회적 개인**의 소유로 전환함으로써 자본가의 **낯선 소유**는 폐지될 것이다."[70]

1845년 이전 작성된 마르크스의 텍스트를 간단히 일축한 알튀세르의 해석과는 반대로 1844년 작성된 『파리 노트』에서 마르크스가 평생에 걸쳐 수행한 정치경제학 비판 작업의 근본적인 성격을 규정하는 중요한 통찰을 얻을 수 있다. 그러나 『파리 노트』는 마르크스의 공식적인 최종 사상을 담고 있는 텍스트가 아니라 출판할 의사가 전혀 없는 상태에서 개인적인 용도로 기록한 노트이다. 따라서 『경제학 철학 수고』에 대한 인간주의자들의 해석이 일면적인 해석이라는 사실을 알 수 있다. 마르크스가 루트비히 포이어바흐와 모제스 헤스Moses Hess로부터 빌려온 소외라는 **철학적** 개념과 빠르게 결별하는 한편 1844년에 얻은 **경제학** 관련 통찰을 보존했기 때문이다. 마르크스가 포이어바흐의 인간학적 철학과 결별했다는 사실은 마르크스의 생태학에서 중대한 의미를 지닌다. 마르크스가 『포이어바흐에 관한 테제』와 『독일 이데올로기』에서 철학에 대한 비판을 새롭게 전개하면서 인간과 자연이 맺은 관계가 역사적으로 변형되는 과정을 더 적절하게 이해할 수 있는 이론적 기반을 마련했기 때문이다. 그렇다면 마르크스가 경제학과 관련된 통찰은 유지한 상태에서 포이어바흐의 철학적 도식을 버려야 했던 이유는 무엇이고 인간과 자연의 관계에 대한 개념을 재정립한 방법은 무엇일까?

철학을 등지다

『포이어바흐에 관한 테제』뿐 아니라 『독일 이데올로기』에서도 비철학적 차원에서 인간과 자연의 통합 개념에 접근하면서 철학과 단호하게 거리를 두는 마르크스의 모습을 확인할 수 있다. 루트비히 포이어바흐는 유적 존재로서의 인간에 대한 진실을 대중에게 일깨우려는 목적으로 추상적인 철학을 펼쳤다. 이 시기에 마르크스는 사회주의 운동에 실천적으로 관여하려 하지 않는 포이어바흐의 입장이 그와 같은 추상적인 철학의 필연적인 결과라는 사실을 깨닫고, 그에 대한 평가를 급격하게 바꿨다. 그 결과 마르크스는 헤겔의 관념론을 거부하게 되었을 뿐 아니라 "감각"이라는 수단을 활용해 소외된 신비화 아래에 숨어 있는 진실을 드러냈다고 주장하는 포이어바흐의 유물론도 거부하게 되었다. 포이어바흐의 철학과 결별하면서 마르크스의 이론 전반에 중대한 발전이 이루어졌다. 1844년 부르주아 사회를 비판한 마르크스는 "사랑", "감각", "유적 존재" 같은 포이어바흐의 개념을 소외된 현실에 대비시키면서 역사적 진보를 인간적 본질의 재전유 과정으로 묘사했지만,『독일 이데올로기』에서는 실천praxis을 우선시하면서 사회적 관계 안에 사로잡힌 개인의 전도된 의식과 행동의 구조를 결정하는 구체적인 사회적 관계 그 자체를 분석한다.

그러나 철학적 질문을 거부한 일과 과거의 패러다임에서 완전히 벗어나는 "인식론적 단절"을 혼동하는 우를 범해서는 안 된다. 위에서 언급한 것처럼 마르크스가 1844년 품었던 핵심적인 경제적 통찰은 말년까지 그대로 이어지기 때문이다. 따라서 질문을 다음과 같이 바꿀 필요가 있다. **이러한 이론적 연속성에도 불구하고** 마르크스가 루트비히 포이어바흐의 유물론에 대한 평가를 바꾼 이유는 무엇인가? 마르크스가 포이어바흐의 철학과 거리를 두면서 인간과 자연의 관계에 대한 진정한 유물론적 분석이라고 생각했던 "인간주의=자연주의"라는 기존의 전망을 재개념화한 방법은 무엇인가? 이러한 질문에 답하려면 마르크스의 "유물론적 방법"의 형성에 주목할 필요가 있다.[71]

『독일 이데올로기』에서 마르크스는 루트비히 포이어바흐와 그 밖의 청년 헤겔학파를 비판한다. 마르크스의 주요 논점은 그들이 소외된 걸

모습에 객관적인 현실을 부여하는 특정한 사회적 관계는 검토하지 않은 채 숨어 있는 "본질"을 소외된 "겉모습"에 단순 대비시킨다는 것이다. 예를 들어 포이어바흐는 인간이 신 앞에서 경험하는 종교적 소외를 인간의 머릿속에서 탄생한 "환상"이라고 주장한다. 포이어바흐에 따르면 이와 같은 환상은 인간이 자신의 유적 존재를 그릇되게 인식하면서 발생했고, 그 결과 전도된 본질이 인간의 의식과 활동을 지배하게 되었다. 『파리 노트』에서 마르크스는 포이어바흐의 도식을 부르주아 사회의 노동 소외에 적용하여 사유재산의 사회적 폐지를 유적 존재로서의 인간을 재전유하고 실현하는 방법으로 상정할 수 있다고 생각했으며, 그러한 이유로 청년 헤겔학파의 담론을 열렬히 지지했다.[72] 그러나 이제 마르크스는 포이어바흐의 비판이 "순수하게 **스콜라적**"이어서 급격한 사회 변화를 이끌어낼 수 없다고 주장한다.[73] 즉, 포이어바흐의 방법론을 활용할 경우 "**철학자**의 '안경'을 통해" 종교적 전도와 관련된 인식론적 변화의 필요성만을 확인할 수 있을 뿐 실질적인 실천으로는 연결되지 않는다는 것이다.[74] 다시 말해 마르크스는 포이어바흐가 문제의 근원에 자리 잡고 있는 소외된 사회관계에는 손대지 않은 채 신의 본질이 진정한 인간적 본질이라는 자신의 철학을 바탕으로 대중을 손쉽게 일깨울 수 있다고 무비판적으로 (그리고 잘못) 생각했다고 비판한다.

1845년 이후 "실천praxis"과 관련된 마르크스의 다양한 용법을 뒤쫓다 보면 마르크스의 관점과 루트비히 포이어바흐의 관점 사이의 차이가 더욱 명확해진다. 이론적 수준에서만 모순을 극복하려 했던 헤겔의 관념론 철학과는 반대로 마르크스는 현실에서 철학적 이원론을 뛰어넘을 필요성을 처음부터 일관성 있게 요구했다.

1843년 9월 마르크스는 아르놀트 루게Arnold Ruge에게 보낸 편지에서 이미 "존재하는 모든 것에 대한 가차 없는 비판"을 요구했다.

> 의식의 개혁은 **오직** 세계가 자신의 의식을 인지하도록 만들고
> 세계를 스스로에 대한 꿈에서 깨어나게 하며 세계 자신의 행동
> 이 가지는 의미를 세계에 **설명**할 때에**만** 이루어진다. 루트비히
> 포이어바흐의 종교 비판에서도 그러하듯이 온전한 목표는 오
> 직 스스로를 의식하게 된 인간에게 걸맞은 형식을 종교적 문제
> 와 철학적 문제에 부여하는 것에 불과할 수 있다.[75]

여기에서 마르크스는 루트비히 포이어바흐의 종교 비판을 따라 "의식의 개혁"을 주요 목표로 삼았다. 마르크스에 따르면 가장 중요한 과제는 가차 없는 비판을 통해 환상으로부터 인식론적으로 해방되는 것이다. 바로 이 과제로부터 급진적 실천praxis이 등장해야 한다. 또한 이와 같은 철학적인 접근법은 마르크스의 정치적 해결책에도 반영된다. 1843년 3월에서 8월 사이 저술한 『헤겔 법철학 비판을 위하여』에서 마르크스는 국가와 시민의 이원론적 대립을 근대 세계의 모순으로 규정했다. 이와 같은 "소외"를 극복하기 위해 소외된 현실을 "민주주의"라는 철학 사상에 대비시킨 마르크스는 모든 사적 개인이 공적 영역에 참여할 수 있어야만 하는 민주주의 아래에서라면 사적 영역과 공적 영역을 분리하는 이원론을 극복할 수 있다고 보았다.[76]

그러나 "정치적 해방"이 지니고 있는 한계를 인식하고 난 뒤 저술한 『유대인 문제에 관하여』에서 마르크스는 이와 같은 유형의 민주주의를

비판한다. 마르크스는 민주주의를 통한 정치적 해방이 근대 세계를 뛰어넘는 것이 아니라 근대 세계를 완성하는 데 기여한다는 사실을 깨달았다. 마르크스는 부르주아 사회의 존재를 기정사실로 여기는 한 민주주의만으로는 급진적인 정치적 행동을 유발할 수 없다고 주장했다. "**이기적이고 독립적인 개인**"의 이익을 보호하기 위해 정치적 영역은 **탈정치화된** 상태로 남는다.[77] 이와 같은 맥락에서 마르크스는 "민주주의"라는 추상적인 관념은 **오직** 근대 사회의 정치적 국가라는 추상적인 관념만을 반영할 뿐이라는 사실을 인정했다. 민주주의를 비판하는 입장으로 돌아선 마르크스는 부르주아 사회 자체를 근대 세계의 실질적인 모순으로 부각하기 시작했다. 사실상 적대적인 관계인 국가와 부르주아 사회의 이원론이 민주주의라는 철학적 관념을 통해 단일한 실체로 통합될 수 없다는 사실을 깨달은 이 무렵에 이미 마르크스는 루트비히 포이어바흐의 도식을 부분적으로 극복하기 시작하고 있었다.

이와 같은 발전에도 불구하고 마르크스의 이론 한편에는 여전히 루트비히 포이어바흐 철학의 또 다른 측면이 간직되어 있었다. 끝없는 화폐 획득을 열망하는 부르주아 사회의 이기주의에 맞서 마르크스는 인간 존재의 구체적인 "감각"을 인간 해방의 진정한 원리로 제시한다. 따라서『독불연보Deutsch-Französische Jahrbücher』에 발표된『헤겔 법철학 비판을 위하여』서설에서 마르크스는 부르주아 사회의 급격한 전환은 정치적 이상이 아니라 "수동적인 요소"(감각)를 통해 가능하다고 주장했다. 즉, 소외된 노동자가 노동자의 "보편적 고통"을 깨닫고 이를 행동의 토대로 삼을 수 있을 때만이 부르주아 사회의 급격한 전환이 가능하다고 주장했다.[78] 바로 이것이 마르크스가 노동자의 구체적이고 지각 있는 열망에 토대를 둔 실천praxis의 힘을 근대의 모순을 해결할 수 있는 유일한 수단으로 강조한 이유이다. "**독일** 정치 의식의 기존 형태에 확고하게 대항하는 사변적인 법철학 비판은 자기 자신을 향해 움직이는 것이 아니라 **오직 실천**이라는 수단을 통해서만 해결될 수 있는 **문제**를 향해서 움직인다."[79] 이와 같은 마르크스의 주장에는 모호한 부분이 있다. 한편으로 마르크스는 추상적인 철학적 관념을 수단으로 삼아 객관적이고 소외된 현실에 단순히 맞서는 상황의 한계를 인식하고 포이어바흐보다 더 강한 어조로 실천의 우선성을 강조하지만, 다른 한편으로는 여전히 포이어바흐를 따라 "감각" 개념을 혁명적 실천의 구체적이고 유물론적인 기초로 인정한다.

『파리 노트』의 다음 문장에서도 이와 유사한 모호한 부분을 확인할 수 있다. 언뜻 보면 이 주장에서 이미 마르크스가 루트비히 포이어바흐의 철학적 입장에 맞서 실천을 우선시하고 있다는 인상을 받을 수 있다.

> **이론적** 반정립이라는 해결책이 인간의 실천적 에너지 덕분에 **유일하게** 가능한 **실천적** 방법으로 자리 잡는 과정을 이해하게 되었다. 따라서 그들의 해결책은 단순한 이해의 문제가 아니라 **현실적** 삶의 문제이다. **철학**으로는 이 문제를 해결할 수 없다. 그 이유는 철학이 이 문제를 **단순한** 이론의 문제로 치부하기 때문이다.[80]

사실 마르크스는 구체적이고 객관적인 모순에 실천적으로 관여하지 않는 관념론 철학을 비판하고 모순적인 현실을 반영하는 "이론적 반정립"을 뛰어넘기 위해 실천의 필요성을 거침없이 인정했다. 그러나 루트비히 포이어바흐가 내세운 개념인 "감각적 지각"을 통해 "주관성과 객관성, 정신적인 것과 물질적인 것, 능동과 피동" 사이에 존재하는 반정립을 극복할 것을 요구했다는 측면으로 미루어 보면, 마르크스의 주장에 여전히 포이어바흐의 도식이 자리 잡고 있다는 사실을 확인할 수 있다.[81] 감각적 지각이라는 입장을 바탕으로 관념론 철학의 추상적인 본질만을 집중적으로 비판한 마르크스는 포이어바흐와 마찬가지로 구체적이고 감각적인 실천praxis, 보다 정확하게는 구체적이고 객관적인 세계 속에 존재하는 인간의 자유롭고 보편적인 주관성을 실현할 수 있는 "노동"을 통해 이와 같은 철학적 반정립을 극복할 것을 조언했다. 따라서 1844년 작성한 노트, 즉 『경제학 철학 수고』에서 마르크스는 급진 유물론의 진정한 **원리**인 노동에서 구체적이고 "감각적인 지각"으로 복귀하게 되는 상황을 문제로 부각시킨다. 그리고 이와 같은 맥락에서 마르크스는 우선 인간이 자신의 유적 존재를 올바르게 **인식**해야 하고 **그런 뒤에** 자본주의 아래에서 소외된 현실에 대항하는 혁명적 실천praxis에 참여해야 한다고 주장했다.

마르크스가 유적 존재라는 루트비히 포이어바흐의 개념을 높이 평가한 이유를 이해하기란 어렵지 않다. 마르크스가 헤겔의 "정신"과 브루노 바우어Bruno Bauer의 "자의식"과는 반대로, 포이어바흐가 개념화한 인간 주체가 역사의 발전을 이루는 데 실질적이고 진정한 토대로 기능하는 동시에 소외를 초월할 수 있는 방법을 알려 줄 수 있는 존재라고 확신했기 때문이다. 1844년에 마르크스가 수행한 철학 비판의 본래 목표는 진정한 철학 원리에 대한 기존의 **그릇된 인식**을 바로잡는 것이었다. 이는 포이어바흐가 유적 존재라는 개념을 토대로 헤겔이 역사의 진정한 주체로 내세운 정신에 맞섰던 것과 유사하다. 이와 같은 의미에서 볼 때 1844년 마르크스가 실천praxis을 요구하면서 내세운 주장은 청년 헤겔학파 철학의 패러다임 안에 머물러 있었던 것이 분명하다.

그러나 『독일 이데올로기』에서 마르크스는 이와 반대로 철학 **안에서** 이루어지는 모든 반정립을 거부한다.

> 청년 헤겔학파의 환상에 따르면 인간의 관계, 인간의 모든 활동, 인간의 활동을 가로막는 족쇄, 인간의 한계는 모두 인간 의식의 산물이기 때문에, 청년 헤겔학파의 논리는 현재의 인간 의식을 비판적이거나 이기적인 인간 의식으로 교체하여 인간의 한계를 제거해야 한다는 도덕적인 가정으로 귀결된다. 의식의 변화를 요구하는 청년 헤겔학파의 주장은 기존 세계를 다른 방식으로 해석할 것을 요구하는 것이다. 예를 들면 다른 해석을 토대로 기존 세계를 인식해야 한다는 것이다. (…) 이와 같은 철학적 비판은 종교사의 관점에서 기독교를 설명하는 약간의 (그리고 일면적인) 설명을 얻는 데 그치고 말았다.[82]

이전과 마찬가지로 확실히 마르크스는 기존의 사회적 모순을 급격하게 전환하는 데 실천praxis이 중요하다는 사실을 강조한다. 그러나 여기에서 분명하게 달라진 점은 마르크스가 설명과 교육을 통해 "의식의 변화를 요구하는 일"은 이루어야 할 결과에 대한 "도덕적 가정"을 수립하는 데 그칠 뿐 현실적 문제에 대한 실질적인 변화는 이끌어내지 못한다는 사실도 함께 지적한다는 것이다. 마르크스는 청년 헤겔주의자들 사이에서 벌어진 이전의 논쟁이 쓸모없는 논쟁이었다고 주장한다. 그 이유로 마르크스는 청년 헤겔학파가 "자의식"이든 "유적 존재"든 "자아"든 그 무엇이든 역사의 주체를 그려 볼 수 있는 "참된" 철학적 원리를 찾는 데에만 급급했다는 점을 들었다.[83] 따라서 세계에 대한 또 다른 해석을 요구하는 것만으로는 급격한 사회적 전환을 이루어 낼 수 없다는 사실을 깨달은 뒤부터 마르크스는 청년 헤겔학파 사이에서 벌어진 논쟁 전체를 문제로 부각시키면서 거부하게 되었다.

마르크스에 따르면 루트비히 포이어바흐의 종교 비판은 신이 단순한 환상에 불과한 존재라는 사실, 즉 신을 서술하는 말이 사실상 유적 존재로서의 인간에 대한 말이라는 사실을 대중에게 일깨울지도 모른다. 문제는 포이어바흐의 비판이 더 실질적인 문제를 제기하지 못한 상태에서 끝나 버린다는 것이다. "사람들의 '머릿속에' 이와 같은 환상이 '자리 잡게' 된 이유는 무엇인가?"[84] 다시 말해 신은 신이 허위라는 사실을 사람들이 인식한다고 해서 쉽게 사라져 버리는 단순한 환상이 아니다. 오히려 신이라는 환상은 사회적 관계가 만들어 낸 객관적인 겉모습을 지닌다. 따라서 마르크스는 "현행 물적 전제 자체"를 이해하는 것이 가장 근본적인 일이라는 포이어바흐의 낙관론을 비판한다. 사회적 관계의 급격한 전환이 이루어지지 않는다면 종교적 "환상"은 사회적 실천을 통해 객관적 힘으로 재생산되기를 반복할 것이다. 철학적 관점에서 객관적 세계가 소외되고 전도되었다는 사실을 지적하는 것만으로는 소외된 현실을 뛰어넘을 수 없다. 진정한 문제는 세계의 진실에 대한 그릇된 인식이 아니라 객관적인 사회적 관계와 사회적 실천을 토대로 세계의 진실이 전도되는 것이다.[85] 개인은 항상 자신의 의지와는 무관하게 사회적 관계에 의해 이미 조건지어지는 존재이기 때문에, 포이어바흐의 종교 비판이 아무리 옳다고 해도 포이어바흐가 요구하는 "의식의 변화"만으로는 급진적인 실천praxis을 이끌어 낼 수 없다. 이와 같은 의미에서 볼 때 마르크스는 포이어바흐의 "감각적 지각" 개념이 여전히 추상적인 철학 논쟁 안에 머물러 있다고 인식한다. 소외된 현실 아래 숨어 있는 인간적 "본질"을 밝혀내는 또 다른 "진정한" 기초를 찾으려고 시도하는 포이어바흐의 문제 제기 방식이 단순히 인식론적인 것에 불과하기 때문이다.

한편 루트비히 포이어바흐의 가정에도 불구하고 철학자에게 "본질"에 직접 접근할 수 있는 특권이 보장되는 것은 아니다. 마르크스는 세 번째 테제에서 다음과 같이 기록한다.

> 환경 변화와 양육에 관련된 내용을 다루는 유물론적 교의는 인간이 환경을 변화시킨다는 사실과 교육자가 스스로를 교육해야 한다는 사실을 인지하지 못한다. 따라서 이 교의는 사회를 두 부분으로 나누어야만 하고 그중 하나는 다른 하나보다 우월한 것으로 상정해야 한다.[86]

기존의 객관적인 사회적 관계와 무관한 본질에 접근하도록 보장하는 순수한 감각적 지각이란 존재하지 않기 때문에 마르크스는 (포이어바흐를 염두에 둔) "교육자"라는 전제 조건을 문제로 부각시킨다. 철학자의 직관은 세계 외부에 존재하는 것이 아니라 이미 항상 전도된 세계 내부에 존재한다. 따라서 철학자의 직관은 세계에 의해 좌우된다. 그러므로

"감각적 지각"과 "사랑"이라는 포이어바흐의 철학적 사고는 포이어바흐가 전도된 세계 내부의 사회적 조건을 진지하게 고려하지 않는 한 추상적인 사고로 남을 수밖에 없다. 철학자가 "본질"을 발견하는 것에 만족한다면 철학은 소외된 현실에 또 다른 표현을 부여하고 소외된 현실이 변화되지 않은 채로 남아 있게 만듦으로써 급진적 실천praxis을 가로막을 뿐이다. 따라서 마르크스는 사회 자체에 존재하는 기존의 진정한 모순을 극복하기 위한 저항의 가능성을 이해하려면 객관적인 사회적 관계에 대한 비판적인 탐구가 필요하다고 말한다.

이와는 반대로 루트비히 포이어바흐의 사고는 구체적인 사회적 분석이 결여된 추상적인 테제에 불과하다. 포이어바흐는 철학적 직관을 통해 도출한 대안만으로 소외된 현실을 간단하게 전환할 수 있다는 듯한 태도를 보이면서 전도된 세계의 객관적인 힘을 진지하고 충분하게 고려하지 않는다. 그 결과 이론적인 차원에서 현실과 진지하게 직면하지 않는 포이어바흐의 철학은 소외된 세계의 현재 상황을 보존하고야 마는 모순에 빠진다. 마르크스의 입장에서는 기존에 존재하는 사물의 질서에 현실적으로 직면하면서 그 질서를 급격하게 변화시키는 것이 훨씬 더 중요하다. 마르크스는 인간의 통제를 넘어선 객관적으로 전도된 세계가 사회적 실천으로부터 등장하는 **방식**과 **이유**를 사회적, 역사적으로 탐구하여 전도된 세계를 뛰어넘을 수 있는 물적 조건을 이해하는 일이 중요하다고 강조한다.

철학으로부터 거리를 두게 된 마르크스는 과거 1844년에 자신이 제시한 도식의 한계를 인정하게 되었다. 인간이 노동을 매개로 자연과 항상 연계된다는 사실과 근대적 소외가 인간과 자연의 관계를 변형시킨다는 사실을 인식했음에도, 1844년 마르크스가 구상한 공산주의 기획은 "인간주의=자연주의"라는 철학적으로 개념화된 사고를 바탕으로 도출된 것이었다. 당시 마르크스가 제기한 소외 비판에서는 여전히 "자본주의"와 "사유재산 체제"를 대체로 동일시하고 있었다. 그렇기 때문에 마르크스는 역사를 결정론적으로 이해할 수밖에 없었고, 자본주의 생산양식의 역사적 특수성을 세심하게 분석할 수 없었다.

마르크스가 1844년 제시한 기획에서 "낭만적인" 느낌이 물씬 풍기는 이유를 바로 여기에서 찾을 수 있다. 당시 마르크스는 인간과 자연이 아무런 매개 없이 절대적으로 통합되는 것을 실현하는 존재로 상정된 유적 존재라는 철학적 관념을 소외된 현실에 대립시킬 수밖에 없었다.[87] 마르크스가 "유적 존재"라는 루트비히 포이어바흐의 개념을 "인간주의=자연주의"의 실현을 주장하는 근거로 삼을수록 근대 자본주의에 대한 마르크스의 분석은 점점 더 추상적인 분석이 되어 갔다. 이와 같은 이유로 마르크스는 "열정", "감각", "보편성" 같은 추상적이고 몰역사적인 서술어를 사용하여 유적 존재의 내용을 존재론적 측면에서 구상할 수밖에 없었다.[88] 따라서 근대 사회의 특수성을 드러내고자 했던 마르크스의 정치경제학 비판은 청년 헤겔학파의 초역사적인 철학 담론 아래에 묻혀 보이지 않게 되었다.

그러는 사이에도 마르크스는 상품과 화폐 문제를 집중적으로 연구하고 그 내용을 『파리 노트』의 「제임스 밀에 대한 메모Notes on James Mill」에 기록했다. 그리고 그 덕분에 인간의 역사라는 세밀하지 않은 도식에 빠지는 대신 자본주의 체제의 특수성에 대한 탐구를 지속해 나갈 수 있었다. 『독일 이데올로기』에서 마르크스는 루트비히 포이어바흐의 추상적인 철학에 내재한 위험성을 완벽하게 인지하게 되었다. "인간 사이의 관계에 관한 포이어바흐의 모든 연역은, 오로지 인간은 서로를 필요로 하는 존재이자 **과거로부터 지금까지 항상** 서로를 **필요로 해 온** 존재였다는 사실을 입증하는 것을 목표로 삼는다."[89] 즉, 포이어바흐의 철학에는 사회의 고유한 역사성에 대한 실질적인 검토가 누락되어 있다. 과거 자신이 제시한 기획에서 거리를 두게 된 마르크스에 따르면 포이어바흐가 주장하는 "본질" 즉, "실제" 자연과 "실제" 인간은 존재하지 않는다. 자연과 인간은 이미 사회적 관계에 의해 철저하게 구성되고 조건지어지는 존재이기 때문이다. 이제 역사적으로 고유한 매개 과정에 대한 비판적인 이해가 마르크스의 과학적 분석의 핵심으로 자리 잡게 되었다.

> 여전히 이론의 영역에 머무르면서 인간을 사회적으로 연결된 존재로, 인간의 **존재**를 형성하는 기존 삶의 조건 아래 놓여 있는 존재로 고려하지 않는 루트비히 포이어바흐는 실제 존재하는 활동 주체로서의 인간에 절대로 도달할 수 없다. 즉, 추상적인 "인간" 이상으로 나아갈 수 없고 "실제적이고 개인적이며 신체를 지닌 인간"을 감각적으로 지각하는 수준 이상으로 나아갈 수 없다. 포이어바흐는 사랑과 우정을 넘어서는 "인간 관계"를 이해하지 못한 채 사랑과 우정을 이상화한다. 포이어바흐는 현재의 삶의 조건을 비판하지 않는다. 따라서 포이어바흐는 감각의 세계가 세계를 구성하는 개인의 살아 있는 감각적인 **활동**으로 구성된다는 사실을 절대로 인식하지 못한다. 그러므로 (…) 포이어바흐는 "더 높은 인식"이라는 개념과 "유 안에서의 보상"이라는 이상화된 개념에서 피난처를 찾을 수밖에 없다. 그리고

이와 같은 도피는 공산주의 유물론이 산업과 사회 구조의 변혁의 필요성과 변혁이 가능한 조건을 확인하는 바로 그 지점에서 다시 관념론으로 빠져드는 악순환으로 이어진다.[90]

마르크스는 루트비히 포이어바흐의 철학에서 실천의 우선성을 높이 평가하는 대신 이론과 실천이 분리된 포이어바흐의 철학을 통렬하게 비판한다. 포이어바흐에게 "인간"은 "인간 관계", "사랑", "우정" 같은 몰역사적이고 보편적인 속성만을 지닐 수밖에 없는 추상적인 존재에 그친다. 포이어바흐는 현실의 사회적 관계를 실제 개인의 활동과 의식의 전제 조건으로 치부함으로써 이를 소홀히했다. 그 덕분에 포이어바흐는 근대 사회에서 객관적인 세계의 전도가 생겨나고 계속 반복되는 **이유**와 **방식**을 설명할 수 없었다. 포이어바흐에게 "인간"은 오직 "실천과 외따로 존재하는 생각" 속에만 존재하는 것이다.[91]

"자연"을 대하는 루트비히 포이어바흐의 태도에서도 이와 동일한 이론적 한계가 드러난다. 마르크스는 포이어바흐가 추구한 "자연 그 자체"가 어디에도 존재하지 않는다는 이유로 포이어바흐의 철학을 비판한다. 인간과 완전히 동떨어져 있는 자연 그 자체는 생각 속에만 존재하는 순수한 환상 속 구성물이다. "(최근 생겨난 호주의 일부 산호섬이라면 모를까) 오늘날 어디에도 자연 그 자체는 존재하지 않는다. 따라서 포이어바흐에게도 존재하지 않는다."[92] 포이어바흐는 자연에 대해 언급할 때면 항상 자연을 기존의 사회적 관계와 동떨어진 존재로 추상화하면서 자신의 철학적 직관이 투영된 "영원"의 세계로 도망친다. 그 결과 포이어바흐는 인간의 생산 활동을 통해 자연이 형성되어 가는 역사적 과정을 간과하게 되었다.

사실 1844년 마르크스는 자연과 인간을 상호 관계하는 존재로 다룰 필요성을 인식했다. "그러나 추상화된 자연, 즉 인간으로부터 동떨어져 있는 고정된 자연 역시 인간에게는 **아무 의미가 없다**."[93] 그러나 마르크스의 이 언급도 그저 추상적인 존재론적 진술에 불과한 수준이다. 그에 따르면 역사를 노동을 매개로 이루어지는 자연의 인간화와 인간 존재의 자연화 과정으로 이해할 필요가 있다는 것이다. 이와 같은 초기 사상과 반대로 『독일 이데올로기』에서 마르크스는 "자연"으로 고려될 수 있는 존재의 역사적 형성 과정을 강조한다. 자연은 그저 그대로 있는 것이 아니라 인간과 자연이 서로에게 작용하고 서로를 구성하는 사회적 생산을 통해서 끊임없이 변형된다. 물론 이와 같은 상호적인 관계를 배제하면 인간과 자연이 존재하지 않는다는 진술은 여전히 추상적이고 진부하게 들린다. 이와 같은 추상성을 피하기 위해 마르크스는 노동을 매개로 인간과 자연 사이에 이루어지는 특정한 역사적 상호작용에 특히 주목하면서, "유물론적 방법"을 이용해 자본주의에서 사회가 형성되는 과정과 자연이 형성되는 과정을 분석할 필요가 있었다. 『독일 이데올로기』에서 이와 같은 상황을 분명하게 인식한 마르크스는 인간과 자연 사이에 벌어진 역사적이고 상호적인 과정을 "물질대사"[Stoffwechsel]라는 개념을 바탕으로 훨씬 더 세밀하게 분석했는데, 그 내용은 다음 장에서 살펴볼 것이다.

『독일 이데올로기』에 제시된 마르크스의 이론은 인간과 자연이 상호적인 관계를 형성하는 과정을 상세하게 다루는 수준에는 이르지 못했다. 그러나 루트비히 포이어바흐와 반대로 마르크스는 인간과 자연의 적대적인 관계가 자본주의 산업화가 유발한 결과, 즉 근대 특유의 산물이라는 사실을 이해한다. 게다가 마르크스는 이와 같은 역사적 발전을 포이어바흐를 비판하는 데 의식적으로 활용했다.

> 물고기의 "본질"은 물고기의 "존재" 즉 물이다. 이 명제 이상은 없다. 민물고기의 "본질"은 강물이다. 그러나 산업이 강을 활용하고 강이 증기선이 다니는 경로나 운하로 변모해서 물길이 바뀌어서 물고기의 생존에 필요한 매개체인 물을 단지 배수를 위해 빼앗거나 강물이 염료와 그 밖의 폐기물로 인해 오염되는 순간, 강물은 더 이상 물고기의 "본질"이 아니게 되고 물고기의 생존에 적합한 매개체로서 기능하지 못한다.[94]

마르크스는 루트비히 포이어바흐가 『미래 철학의 근본 원리』에서 언급한 내용을 비판한다. "**나의 본질이 나의 존재이다.** 물고기의 존재는 물에 존재하는 것이다. 누구든 존재로부터 그 본질을 분리할 수 없다. 언어는 이미 존재와 본질을 동일시하고 있다. 오직 인간의 삶 속에서만 존재와 본질의 분리가 일어나지만, 인간의 삶 속에서도 비정상적이고 운이 없는 사례에 한해서만 존재와 본질의 분리가 일어난다."[95] 마르크스는 본질로 복귀하는 것만이 바로 그 본질의 상실에 맞서는 대책이라고 주장하는 포이어바흐의 낭만인 어투를 거부한다. "물"이 항상 "민물고기의 본질"이라면 물의 오염을 비판할 여지가 있을 수 없다. 물고기의 본질인 "자연적" 민물에 오염된 물을 대비시킨다고 하여도 포이어바흐는 현재의 물의 조건이 "비정상적"이라는 사실만을 보여 줄 수 있을 뿐이다. 그러나 단순히 비정상성을 지적하는 것만으로는 물의 오염을 유발한 사회적 원인을 충분히 분석하고 규명할 수 없을 뿐 아니라 물을 정화하는 조건도 이해할 수 없다. 포이어바흐가 보여 준 것은 "본질"(물)이 상실되면 "존재"(물고기)가 사라져야만 한다는 것이다. 이와 같은 진술은 올바른 진술이지만 진부하기 짝이 없다. 다시 말해 포이어바흐의 분석은 근대 사회에서 왜곡되어 버린 인간과 자연 사이의 관계에 대해 단 한마디도 전할 수 없고, 그저 이와 같은 상황을 "조용히 감내해야 하는 피할 수 없는 불운"이라고 생각하면서 한탄하고 말 뿐이다.[96] 마르크스는 급진적인 철학임을 자처하면서도 근대적인 생산 체계가 유발한 부정적인 결과에 대해서는 실천적으로 관여하기를 꺼리는 포이어바흐 철학은 이와 같이 반어적 방법으로 소외를 확언하는 데 그칠 수밖에 없다고 주장한다.

자연을 몰역사적인 것으로 전제한 루트비히 포이어바흐의 입장에 반대하는 마르크스는 인간과 자연 사이에 이루어지는 구체적인 상호작용을 바탕으로 인간과 자연 문제를 다룰 필요가 있다고 항상 주장한다. 따라서 마르크스는 자연을 적대적이고 소외된 방식으로 다양하게 변형하는 사회적 관계의 유형이 무엇인지 묻는 한편 역사적으로 특정한 사회적 생산과 재생산 과정을 재구성하려고 시도한다. 이와 같은 내용을 밝히는 것이 마르크스가 수행한 과학적 역사 탐구의 과제이다.

> 인간 역사의 첫 번째 전제는 당연하게도 살아 있는 인간 개인의 생존이다. 따라서 가장 먼저 수립되는 사실은 이와 같은 개인들의 신체적 조직이고, 그로부터 나오는 개인들이 그 밖의 자연과 맺는 관계이다. 물론 여기에서는 인간의 실질적인 신체적 본성이나 인간이 자신을 발견하는 자연 조건(지리적 조건, 산과 바다

의 조건, 기후 조건 등)으로 나아갈 수 없다. 모든 역사 서술은 이
와 같은 자연적 토대와 역사 과정에서 인간의 행동을 통해 이루
어진 자연적 토대의 변형을 기반으로 이루어져야 한다.[97]

인간은 살아가기 위해 생산해야만 한다. 이와 같은 생산 활동으로서
의 노동은 다양한 자연적 요인과 물적 요인에 의해 좌우될 수밖에 없다.
이와 같은 조건 아래 인간은 자신이 처한 환경을 변화시킨다. 마르크스
에 따르면 과학적 탐구라면 마땅히 노동을 매개로 이루어지는 자연의
역사적 변형에 관심을 기울여야 한다. 다시 말해 청년 헤겔학파의 철학
과 결별한 이후 인간과 자연의 소외 문제에 대한 마르크스의 접근법에
근본적인 변화가 일어난 것이다. 마르크스는 더 이상 자본의 소외된 지
배를 "인간주의=자연주의"라는 철학적 사고와 대비하지 않는다. 대신
에 마르크스는 인간과 자연이 분리되어 적대적인 관계로 돌아서고 자
본주의 생산양식 아래에서 그 분리가 더욱 심화된 **이유**와 **과정**에 대해
묻는다.

『독일 이데올로기』에서 정립된 유물론적 지향은 이후 마르크스가 수
행한 연구의 새로운 장을 여는 출발점에 불과했다.『독일 이데올로기』
이후에 이루어진 정치경제학과 자연과학에 대한 심도 깊은 연구를 통
해, 역사를 관통하는 생산 활동이 자본주의 아래에서 역사적으로 특정
한 방식으로 매개되는 것을 검토하려는 마르크스의 구상이 발전해 나가
는 모습을 확인할 수 있다. 그리고 인간과 자연 사이의 관계를 검토하는
마르크스의 연구에서 "물질대사"라는 자연과학적 개념이 중심 개념으로
떠오른다.

2
정치경제학에서의 물질대사

모든 살아 있는 생물은 지구에서 살아가기 위해 자신이 처해 있는 환경과 끊임없이 상호작용하는 과정을 거쳐야만 한다. 이와 같이 끊임없는 과정은 총체적인 과정으로, 모두 정적인 과정이 아니라 동적인 과정이자 끝이 보이지 않는 자연의 과정이다. 에른스트 헤켈이 자연의 경제를 "생태학Ökologie"이라고 칭하기 전에는 식물, 동물, 인간으로 구성된 이러한 유기적인 과정을 "물질대사"[Stoffwechsel]라는 개념을 바탕으로 분석하곤 했다.[1] 물질대사라는 생리학 개념이 널리 알려지면서 19세기에는 철학과 정치경제학에서도 물질대사 개념을 활용하게 되었다. 철학과 정치경제학으로 넘어온 물질대사 개념은 본래의 의미를 넘어 개인적 차원과 생물종의 차원 모두에서 생산, 소비, 소화 과정을 통해 유기물과 비유기물이 전환되고 교환되는 과정을 묘사하는 용어로 사용되었다.

    1850년대에 화학과 생리학에서 새롭게 사용하게 된 물질대사 개념에 흥미를 느낀 마르크스는 물질대사 개념을 활용해 노동이 매개하는 동적으로 상호작용하는 인간과 자연의 관계를 이해했고, 물질대사 개념은 마르크스의 정치경제학에서 핵심적인 역할을 수행하게 되었다. 다른 모든 살아 있는 생물과 마찬가지로 인간은 자연법칙에 좌우되는 존재이자 숨쉬고 먹고 배설할 때마다 생산, 소비, 배설을 반복하는 생리 주기에서 벗어날 수 없는 존재이다. 그러나 마르크스는 인간이 다른 동물과 결정적으로 다른 존재라고 주장한다. 인간은 고유한 생산 활동을 하는 존재, 즉 **노동**하는 존재이기 때문이다. 노동은 인간이 외부의 감각 세계를 존중하면서 "목적을 가지고 의식적으로" 활동할 수 있게 만드는 활동이다. 무에서 생산수단과 생계 수단을 만들어 내지 못하는 한 인간은 자연과 자연법칙에 의존할 수밖에 없는 존재이지만, 외부의 감각 세계가 존재하는 덕분에 인간은 자연을 "자유롭게" 변형할 수 있다.

사실 인간과 자연 사이에 이루어지는 끊임없는 물질대사는 인간의 역사 전체를 관통하고 있을 뿐 아니라 사라질 수도 없고 사라져서도 안 되는 과정이다. 그러나 마르크스는 사회 발전의 모든 단계에서 인간 노동의 구체적인 성과가 다양한 경제적 "형태"를 취하고 있으므로 인간과 자연 사이에 이루어지는 역사를 관통하는 물질대사의 내용이 크게 달라진다는 점을 강조한다. 즉, 근대 산업사회의 소외된 노동이 인간과 환경 사이에 이루어지는 물질대사 상호작용을 매개하는 방식은 자본주의 이전 사회에서 이루어진 방식과 동일하지 않다. 이전과의 차이는 무엇이고, 기계와 기술의 급속한 발전에 따른 자본주의 생산 혁명이 물질대사 상호작용을 과거 그 어느 때보다 더 크게 왜곡한 결과 사막화, 지구 온난화, 멸종, 오존층 파괴, 핵 재앙을 유발해 인간 문명과 생태계 전체의 생존을 위협하는 지경에 이른 이유는 무엇인가? 마르크스의 주장에 따르면 이 문제는 단순히 20세기에 접어들면서 이루어진 생산력의 급속한 **양적** 발전의 필연적인 결과로 환원할 수 없는 문제이다. 마르크스의 비판은 자본주의 생산양식과 자본주의 이전에 존재한 모든 사회의 생산양식 사이의 **질적** 차이에 대한 통찰력을 제공한다. 마르크스는 근대의 생태계 위기가 자본주의에 내재하는 모순의 표현이며, 사회적 물질대사와 자연적 물질대사를 자본주의적으로 조직하는 특정한 방식이 낳은 필연적인 결과라는 사실을 입증한다. 이와 같은 의미에서 볼 때 마르크스의 생태학적 자본주의 비판은 우리 시대와도 이론적으로 맞닿아 있다고 할 수 있다. 마르크스를 프로메테우스주의자라고 비판하는 틀에 박힌 주장이 널리 퍼져 있음에도, 자본주의를 통해서 이루어진 생산력의 해방에 대한 마르크스의 분석을 통해 지속 불가능한 생산 체계인 근대 부르주아 사회의 기본 구조와 동학을 이해할 수 있기 때문이다. 나아가 마르크스는 자연을 완전히 지배하려는 근대의 노력을 이상적인 것으로 그리지 않는다. 그렇기 때문에 마르크스의 이론은 오늘날의 생태 문제를 자본주의에 특정한 생태 문제로 규정하고 비판하는 방법론적 기초가 될 수 있다.

따라서 인간과 자연 사이에 이루어지는 물질대사 상호작용 개념은 마르크스의 생태학적인 자본주의 탐구를 이해하려고 할 때 핵심적인 연결고리가 된다. 그럼에도 물질대사 개념은 완전히 무시되거나 자본주의에 특정한 사회관계에 대한 마르크스의 분석에 종속되는 것으로 취급되어 왔을 뿐 아니라, 간혹 물질대사 개념이 논의되더라도 그 의미가 올바르게 이해되지 못했던 것이 현실이다. 이와 같은 상황에서 마르크스의 정치경제학 비판에서 복합적인 의미로 사용된 물질대사 개념을 혼동하지 않으려면 19세기에 이루어진 자연과학 담론에서 사용된 물질대사 개념을 살펴보는 것이 유용할 것이다. 따라서 이어지는 논의에서는 특히 알프레트 슈미트Alfred Schmidt와 에이미 E. 웬들링Amy E. Wendling의 그릇된 해석과는 반대로, 마르크스의 물질대사 개념이 야코프 몰레스호트Jacob Moleschott, 카를 포크트Karl Vogt, 루트비히 뷔흐너Ludwig Büchner 같은 "자연과학 유물론자"와 전혀 무관할 뿐 아니라 물질대사라는 생리학적 개념의 발전에 크게 기여한 유스투스 폰 리비히의 저술과도 무관한 독자적인 이론이라는 사실을 입증할 것이다. 더불어 이렇게 이해함으로써 "형태" 개념과 "소재" 개념을 특징으로 하는 마르크스 고유의 방법론적 접근법을 제대로 이해할 수 있다는 사실도 입증할 것이다.

모든 부의 소재인 자연

마르크스에 대한 일반적인 비판은 마르크스가 "자본주의 분석에서 인간 노동을 절대화"함으로써 "자연이 창출하는 가치를 체계적으로 배제"했다는 것이다.[2] 1장에서 설명한 것처럼, 그리고 다른 마르크스주의 학자들이 지적하는 것처럼, 1844년 마르크스는 분명히 자연을 노동을 실현하는 데 근본적인 요소로 취급했다.[3] 심지어 모든 생산과정에서 외부 자연이 인간의 "비유기적 신체"로 기능한다고 주장했던 1844년에도 마르크스는 기술의 도움을 받은 인간이 자연을 임의로 강탈하거나 조작한다고 주장하는 대신 모든 생산의 근본적인 구성 요소로서 자연이 수행하는 역할을 강조했다. "인간은 자연에서 **살아간다. 자연,** 즉 **외부의**

감각 세계가 존재하지 않는다면 노동자는 아무 것도 창조할 수 없기 때문이다." 마르크스는 자연을 "바탕으로 인간의 노동이 실현되고, 자연 안에서 인간이 노동하며, 자연을 통해 그리고 자연을 수단으로 인간의 노동이 생산"한다고 언급했다.[4] 따라서 자연 전체를 인간의 생산으로부터 외따로 존재하는 대상으로 취급해서는 안 될 뿐 아니라 인간도 "자연의 일부"로 취급해야 한다. 마르크스는 생리학적 비유를 사용해 인간과 자연 사이의 관계가 노동을 매개로 통합된다고 논의하면서 인간이 그 관계 속에서 무언가를 생산하려면 오직 유기적인 신체와 비유기적인 신체를 결합하는 방식을 활용할 수밖에 없다고 덧붙였다. "자연은 인간의 **비유기적인 신체**이다. 즉, 자연 그 자체가 인간의 신체인 것은 아니다. (⋯) 자연은 인간의 **신체**이다. 인간은 자연을 통해 지속적으로 상호 교환해야만 죽지 않고 생명을 이어 갈 수 있기 때문이다. 인간의 신체적인 삶과 정신적인 삶이 자연과 연관되어 있다는 사실은 자연이 자연 자체에 연결되어 있다는 말과 같다. 왜냐하면 인간은 자연의 일부이기 때문이다."[5] 따라서 인간은 자연을 초월할 수 없다. 마르크스는 인간과 자연이 노동을 매개로 통합된다고 이해했다.

이와 같은 노동의 매개 활동은 인간 활동에 고유한 것이다. 바로 이 지점에서 인간은 다른 동물과 차별화된다. 노동을 통해 인간은 자연 안에서 "목적을 가지고 자유롭게" 생산할 수 있고 자신이 처한 환경을 자신의 의지에 따라 변형할 수 있다. 동물의 본능적인 활동이 주어진 환경에 의해 그리고 생각과 무관한 신체적 필요에 의해 좌우되는 반면, 인간은 본능을 넘어서는 목적을 가지고 감각 세계를 변형할 수 있다. 청년 마르크스는 노동을 통한 인간의 대상화 행위를 아무런 매개 없이 오로지 신체적 필요를 만족시키기 위한 단순한 과정으로 환원해서는 안 된다고 주장하면서, 이와 같은 환원은 오직 근대의 소외된 노동의 경우에만 적용되는 것이라고 덧붙였다. 즉, 마르크스는 인간만이 특별하게 누리는 보편적인 자유는 자연의 인간화와 인간의 자연화라는 역사적인 과정으로 표현된다고 주장했다.

그러나 통합되어 있던 인간과 자연의 관계가 붕괴되면서 인간과 자연 사이에 이루어지는 상호작용에도 큰 전환이 이루어진다. 그 결과 인간과 자연의 통합 관계 자체가 바람직하지 않은 상태로 변형되며, 이에 따라 자유의 상실, 비인간화, 인간이 인간 노동의 산물의 노예가 되는 현상이 나타난다. "자연이 인간으로부터 소외되면서" 비유기적인 신체를 상실한 인간은 아무 것도 생산할 수 없게 된다. 따라서 자연으로부터의 소외가 근대 사회의 첫 번째 소외이자 근본적인 소외로 규정된 까닭에는 마르크스의 임의가 작용한 것이 아니다. 객관적인 생산 조건으로부터의 분리가 인간과 지구가 관계를 맺는 방식에 결정적인 변화를 유발했기 때문이다. 마르크스는 인간이 자연으로부터 소외된 결과 노동자에게 미친 다양한 부정적인 영향(예: 심각한 빈곤, 삶의 의미 상실)을 다뤘다. 이와 같은 기본적인 통찰을 지니고 있었음에도 마르크스가 『파리 노트』에서 수행한 초기 분석에는 의미 있는 수준의 생태학적인 자본주의 비판이 들어 있지 않다. 그 이후에야 마르크스가 이와 같은 이론적 맹점을 조금씩 인식하기 시작했기 때문이다.

1844년 마르크스가 품었던 이와 같은 통찰력은 마르크스가 정치경제학과 다른 학문 분야를 연구하는 과정에서 더욱 깊이 있게 발전했고 마르크스 말년의 경제학 저술에서도 계속 유지되었다.『그룬트리세』에서 마르크스는 생산자가 자연으로부터 "분리"되는 과정이야말로 근대 부르주아 사회의 등장으로 이어지는 결정적인 단계라고 언급한다. 다음 단락에서 확인할 수 있는 것처럼 마르크스는 포이어바흐의 용어가 아니라 생리학 개념을 활용해 이와 같은 현상을 자세히 설명한다. 이제 마르크스는 생산자가 자연으로부터 "분리"되는 현상을 인간과 "자연 사이에 이루어지는 물질대사 상호작용"에 필요한 자연적이고 객관적인 조건에 인간이 접근하지 못하게 되는 현상으로 정의한다.

> 살아서 활동하는 인간은 인간과 자연 사이에 이루어지는 물질대사 상호작용의 자연적이고 비유기적 조건과 **통합**되지 않는다. 따라서 필연적이지 않은 역사적 과정의 결과로서 인간이 자연을 전유하는 것이 아니라, 활동하는 존재인 인간과 인간 생존의 비유기적 조건인 자연이 **분리**된다. 그리고 이와 같은 분리는 임금 노동과 자본의 관계 속에서만 완벽하게 실현된다.[6]

사실 마르크스는 노동 과정이 자본주의에 포섭된 뒤부터 인간과 자연 사이에 이루어지는 끊임없는 상호작용이 붕괴되는 현상이 나타났으며, 이것이 자본주의 생산의 핵심적인 특징이라는 입장을 계속 유지한다. 그러나 기억해야 할 점은 이제 마르크스가 "활동하는 존재인 인간과 인간 생존의 비유기적 조건인 자연이 분리"되는 현상을 "인간과 **자연 사이에 이루어지는 물질대사 상호작용**에 필요한 자연적이고 비유기적인 조건"에 인간이 접근하지 못하게 되는 현상으로 정의한다는 것이다. 물론 인간이 생존을 위해 자연과 상호작용할 필요성이 존재하는 한 "물질대사 상호작용"이 완전히 중단되는 것은 아니다. 그럼에도 인간과 자연이 노동 과정에서 상호작용하면서 이루어지는 물질 교환 과정은 "노동과 자본의 관계" 속에서 상정되는 급격한 분리를 바탕으로만 이루어질 수 있는 모습, 즉 자본주의 이전 사회에서 이루어진 물질 교환 과정의 모습과 전혀 다른 모습을 취한다. 이와 같은 근대의 특정한 "분리", 즉 "인간과 자연의 통합"의 완벽한 파괴와 그로 인해 자본주의 사회에 나타난 역사적인 결과를 설명하기 위해 마르크스는 과학적 학문인 정치경제학에 집중하게 된다.

『자본』 집필을 준비하면서 마르크스는 이 문제를 집중적으로 탐구했다. 마르크스는 더 이상 "인간주의=자연주의"라는 철학적 사고의 실현에 집착하지 않았으며, 그 대신 연합된 생산자들을 통해 인간과 자연 사이에 이루어지는 **생리학적** 물질대사 교환을 의식적으로 규제하는 일을 장차 도래할 사회가 수행해야 할 핵심 과업으로 그리는 데 더욱 몰두하는 경향을 보였다. 이와 같은 개념적 변화는 주목할 만한 것이다.

이와 같은 맥락에서 미하엘 크반테는 "마르크스가 인간과 자연 사이의 관계를 인간학적이고 철학적인 범주가 아니라 '물질대사'라는 자연과학적인 범주로 묘사하게 되었지만" 그럼에도 인간과 자연 사이의 관계에 대한 마르크스의 **철학적** 개념이 완전히 사라진 것은 아니라고 주장한다.[7] 크반테는 마르크스가 철학과 자연과학 사이에서 "모호한 태도"를 보인다는 점과 이와 같은 개념 이동의 결과 『자본』이 "반反철학적 경향"을 보이게 되었다는 점을 모두 비판한다.[8] 그러나 이와 같이 주장하면서도 크반테는 마르크스의 자연과학 분석에서 보이는 새로운 측면들을 상세하게 검토하지 않는다. 따라서 크반테가 마르크스 말년의 경제학 저술에서 기본적인 철학적 동기를 재발견하고자 하는 바람을 바탕으로 도출한 자신만의 마르크스 해석을 가지고 마르크스를 비판하고 있는 것이 분명하다. 마르크스가 사용하는 용어가 "철학" 용어에서 "자연과학" 용어로 전환된 것은 마르크스 개인의 선호가 변했기 때문이 아니라 마르크스가 『독일 이데올로기』에서 발전시킨 "유물론적 방법"을 인간과 자연 사이에 이루어지는 물질대사의 역사적인 전환을 이해하는 지침으로 삼았기 때문이다. 이와 같은 관점에서 볼 때 "반철학적 경향"이 존재한다고 하더라도 마르크스 말년의 저술이 "모호"하다고 할 수는 없다.

소외된 현실에 대한 사고를 단순 적용한 초기의 철학 도식과는 다르게 마르크스는 인간과 자연 사이에 이루어지는 구체적인 과정을 "영원히 필요한 과정"으로 역사를 관통하는 과정으로 분석하는 한편, 철저하게 사회적으로 매개되어 각각의 생산양식마다 노동의 경제적 기능이 사뭇 달라지는 과정으로 분석하게 되었다. 『독일 이데올로기』에서 마르크스는 물질대사 상호작용이 역사적인 측면과 역사를 관통하는 측면 모두와 복잡하게 얽히면서 이루어진다는 사실을 완벽하게 인식하게 되었다. 인간과 자연 사이에 이루어지는 물질대사 상호작용의 "분리"를 뛰어넘을 수 있는 물적 조건을 이해하기 위해 마르크스는 자연에서 이루어지는 이와 같은 역동적인 사회적 과정을 세심하게 분석했다.

이후 몇 년 동안 이루어진 연구를 통해 마르크스는 이와 같은 고유한 이중성의 특징을 자세하게 파악하게 되었다. 마르크스는 경제 범주를 **사회적** 형태로 분석하는 학문인 정치경제학을 연구하는 동시에 물적 영역의 **소재적** 특성과 관련된 과학적 기초를 정립하기 위해 자연과학을 연구했다. 다음 장에서 강조하겠지만 마르크스의 생태학은 사회적 물질대사의 역사적 측면과 역사를 관통하는 측면을 종합하여 "자연의 보편적 물질대사"의 물적 및 소재적 측면과 "인간과 자연 사이에 이루어지는 물질대사"가 자본의 가치 증식에 의해 변형되고 결국에는 붕괴되는 방식을 설명한다. 마르크스는 분석을 통해 자본이 자연을 포섭하는 방식으로 자연을 전유하는 데에는 한계가 있다는 사실을 드러내고자 한다.

이와 같은 방대한 구상으로 인해 상당한 시간과 에너지를 소모하게 된 마르크스는 결국 자신의 대표작인 『자본』을 마무리하지 못하고 말았다. 그렇다고 해서 마르크스의 구상이 실패로 돌아간 것은 아니었다. 마르크스가 『자본』을 비롯한 다양한 경제 저술을 통해 물질대사 이론을 자세히 설명했기 때문이다. 나아가 마르크스의 발췌 노트를 통해 마르크스가 지금까지 알려진 것 이상으로 이론적인 발전을 이뤘다는 사실을 확인할 수 있다. 마르크스의 발췌 노트를 분석하기에 앞서 마르크스가 자연과학적 차원과 정치경제학적 차원에서 "물질대사"라는 용어를 묘사한 방식을 추적해 보는 것이 유용할 것이다.

물질대사 개념의 계보학

"물질대사" 개념은 19세기가 시작될 무렵 생리학에서 처음 사용되었다. 일반적으로는 유스투스 폰 리비히가 『유기화학의 생리학 및 병리학에 대한 응용*Organic Chemistry in Its Application to Physiology and Pathology*』(1842, 짧게 줄여서 『동물 화학*Animal Chemistry*』)에서 처음으로 '물질대사'[Stoffwechsel]라는 개념을 공식적으로 사용한 것으로 본다.[9] 오늘날 "유기화학의 아버지"로 널리 알려진 독일 화학자 리비히는 프리드리히 뷜러Friedrich Wöhler 와 함께 화학 원소를 분석하는 일련의 실험을 수행해 동일한 분자식을 가진 두 개의 분자가 서로 다른 속성을 지닐 수 있다는 사실(이성질체異 性質體)을 밝혀냈을 뿐 아니라, 단순하고 자명하며 변경이 불가능한 유 기 화합물 구조를 다양하게 조합함으로써 수백만 가지의 서로 다른 유 기적 구성물을 조성할 수 있다는 사실을 밝혀냈다. 물론 변경이 불가능 하다는 가정은 훗날 그릇된 것으로 밝혀졌다.[10] 1837년 이후 리비히는 생화학 연구를 수행하고 『유기화학의 농업 및 생리학에 대한 응용』(짧 게 줄여서 『농화학』)을 발간했다. 이 두 저술에서 리비히는 자신이 밝혀 낸 새로운 화학 지식을 적용해 식물과 동물의 유기적 과정을 분석했다. 식물, 동물, 인간이 맺고 있는 상호 호혜적 관계를 유기물과 비유기물의 화학적 상호작용으로 탐구한 리비히는 "동물 유기체는 식물 유기체보 다 서열이 더 높은 존재"라고 주장하기도 했다.[11] 리비히는 새롭게 밝혀 진 에너지 보존 법칙에 완벽하게 부합하는 물질대사의 화학적 분석이 라는 새로운 분야를 개척했다.[12] 리비히는 "식물계와 동물계" 사이에는 명백한 차이가 존재한다고 상정한 저명한 생기론자인 장바티스트 앙드 레 뒤마Jean-Baptiste André Dumas와 장바티스트 부생고Jean-Baptiste Boussingault의 이원론을 강하게 비판했다.[13]

초기에 유스투스 폰 리비히는 물질대사라는 용어를 유기체 내에서 다양한 화합물이 형성되고 변환되며 배출되는 끊임없는 상호작용 과정 으로 묘사했다.

물질대사는 기존의 각 기관의 구성 요소를 지방, 근섬유, 그리고 뇌, 신경, 뼈, 머리카락의 물질로 전환하고 음식을 혈액으로 전환하는 과정을 통해 기존의 각 기관의 물질이 변화하는 것으로, 배설기관을 통해 신체에서 제거되어야 할 새로운 화합물이 동시에 형성되지 않은 상태에서는 혈액의 물질대사가 이루어질 수 있다고 가정할 수 없다. (…) 모든 움직임, 모든 유기적 속성의 표현, 모든 유기적 활동에는 물질대사와 그 구성 요소에 의해 형성되는 새로운 형태가 동반된다.[14]

물질대사는 조합, 흡수, 배설을 통해 과거의 화합물과 새로운 화합물 사이에 끊임없이 이루어지는 유기적 교환 과정이다. 따라서 모든 유기적 활동은 꾸준히 이어질 수 있다. 또한 유스투스 폰 리비히는 조합과 배설 과정에서 이루어지는 화학 반응이 전류의 궁극적인 원천이자 온기 및 힘의 궁극적인 원천이라는 입장을 고수했다. 물질대사에 관한 리비히의 이론은 살아 있는 유기체를 순수한 화학적 과정으로서 과학적으로 분석하는 토대를 마련했다.[15]

유스투스 폰 리비히의 영향을 받은 물질대사 개념은 이내 개별 식물, 동물, 인간에 양분을 제공하는 것 이상의 개념으로 발전해 특정 환경에서 식물, 동물, 인간 사이에 이루어지는 상호작용을 분석하는 데 사용되었다. 오늘날 물질대사 개념은 "산업적 물질대사"든 "사회적 물질대사"든 관계없이 유기적 신체뿐 아니라 전 세계적 차원에서 하나 또는 복합적인 생태계의 다양한 상호작용에도 적용될 수 있다.[16] 자연에 존재하는 광범위한 유기적 존재에 적용되는 이와 같은 생리학적, 화학적 개념은 폭넓게 받아들여졌고 자연과학을 넘어 철학 및 정치경제학에서도 사용하게 되었는데, 주로 비유의 방식으로 사회적 물질대사를 묘사하는 데 사용되었다. 마르크스 역시 이와 같은 방식으로 물질대사 개념을 활용했다. 그러나 물질대사 개념이 철학 및 정치경제학으로 확대 적용되는 과정에서 복합적인 의미를 지니게 되면서 모호성이 생겨났다. 따라서 별도의 설명을 통해 물질대사 개념이 지닌 복합적인 의미를 하나하나 구분해서 밝혀낼 필요가 있다.

마르크스가 물질대사 개념을 정치경제학에 통합한 방법에 대한 논쟁이 기존 문헌을 통해 상당히 많이 이루어졌으므로, 마르크스의 저술에 등장하는 물질대사의 개념적 차이를 세심하게 살펴보는 것이 중요하다.[17] 마르크스가 자신의 분석 목적에 부합하게 물질대사 개념을 적극적으로 수정했다는 사실을 감안할 때 마르크스가 지녔던 영감이 유래한 하나의 자료를 특정하기가 어려운 것이 사실이지만, 그렇다고 해서 마르크스에 대한 특정한 해석을 정당화할 목적으로 아무 자료나 임의로 사용해서는 안 된다. 특히 존 벨러미 포스터는 유스투스 폰 리비히가 가장 중요한 지적 자료 가운데 하나라고 확신한다.[18] 그리고 리비히의 지적 유산은 『자본』에서 가장 먼저 찾아볼 수 있다. 마르크스는 리비히의 『농화학』에 딱 두 차례 등장하는 물질대사 개념을 단순히 차용한 것이 아니라 다양한 화학 저술과 생리학 저술을 연구하여 수정하고 발전시켜 사용했다.

따라서 마르크스가 처음 사용한 물질대사 개념에 대해 논의할 필요가 있다. 이 개념은 마르크스의 생태학적 관점을 둘러싸고 이루어진 과거의 논쟁에서 한 번도 언급되지 않은 개념이다. 이와 관련된 텍스트는 1851년 3월 작성된 『런던 노트』 중 하나로 「성찰Reflection」이라는 제목이 달려 있고 MEGA²로 발간되었다.¹⁹ 1851년 3월이라는 날짜를 감안해 보면, 마르크스는 1851년 7월 유스투스 폰 리비히의 저술을 탐독하기 **이전에 이미** 물질대사 개념을 접했던 것이 틀림없다.

MEGA² 4섹션은 거의 주목받지 못했기 때문에 물질대사와 관련된 「성찰」의 주요 구절 역시 그동안 이루어진 논쟁에서 거의 고려되지 않았다. 그러나 「성찰」은 마르크스가 받아들인 생리학 개념을 파악하는 데 도움이 되는 유용한 텍스트이다. 당시는 마르크스가 자연과학을 집중적으로 연구하던 시기가 아니었으므로, 「성찰」을 기록하기 직전에 마르크스가 물질대사 개념을 받아들였다고 가정하는 것이 안전하기 때문이다.

「성찰」에는 "물질대사 상호작용-[Stoffwechsel]"이라는 용어가 세 차례 등장한다.

> 특권을 가진 사람들만이 이것[물건] 또는 저것[물건]을 교환할 수 있었던 고대 사회와 달리 [자본주의 사회에서는] 누구나 무엇이든 소유할 수 있다. 누구나 **물질대사 상호작용**도 수행할 수 있는데, 상호작용의 수준은 무엇으로든 전환할 수 있는 화폐, 즉 소득을 통해 벌어들인 화폐의 양에 따라 달라진다. 매춘부, 과학, 보호, 훈장, 하인, 노비 등 모든 것은 커피, 설탕, 청어 같이 교환을 위한 상품[으로 변모한다]. [사회적] 지위를 고려할 경우 개인이 수행하는 **물질대사 상호작용**은 해당 개인을 포섭하는 노동의 부문에 따라 달라진다. 계급을 고려할 경우 [물질대사 상호작용은] 개인이 전유할 수 있는 보편적인 교환 수단에 의

해서만 [달라진다]. (…) 직업 유형에 따라 소득 수준이 결정되는 사회, 즉 오늘날처럼 보편적 교환 수단에 의해 소득 수준이 결정되는 것이 아니라 직업의 특성에 따라 소득 수준이 결정되는 사회에서는 노동자가 사회로 진입해 [대상을] 전유할 수 있는 관계가 지극히 제한될 뿐 아니라 사회의 물적 및 정신적 산물과 **물질대사 상호작용**을 수행할 수 있는 사회적 기관이 처음부터 특정한 방식과 특별한 내용으로만 국한된다.[20]

「성찰」에서 마르크스는 여러 형태의 사회에서 운영한 화폐 체계를 비교하는 방법을 활용해 화폐 체계를 다시 한 번 비판함으로써 형식적으로는 자유롭고 평등한 부르주아 사회의 사회관계 아래 숨어 있는 계급 대립을 드러낸다. 화폐 체계 아래 숨어 있는 전유 양식의 특수성을 부각하기 위해 자본주의 사회에서 이루어지는 상품의 전유 양식을 자본주의 이전 사회에서 이루어지는 상품의 전유 양식과 대비시킨 마르크스는 "물질대사 상호작용"을 조직하는 상이한 양식이라는 측면에서 이 문제를 이해한다. 이와 같은 관점에서 볼 때 마르크스가 사회적 생산을 조직할 필요성이 역사를 관통하는 특성을 지닌다는 사실을 밝히기 위해 "물질대사 상호작용" 개념을 활용했음에 틀림없다.

자본주의 이전 사회에서는 상품의 전유가 전통, 타고난 특권, 폭력에 의해 정당화된 직접적인 인격적 지배 및 정치적 지배를 바탕으로 이루어졌다. 그렇기 때문에 노동의 변동성은 특정 "지위" 내로 제한되었다. 따라서 "사회의 물적 및 정신적 산물과 물질대사 상호작용을 수행할 수 있는 사회적 기관"의 폭은 자본주의 사회에서보다 훨씬 협소한 상태였다. 자본주의 사회에서는 상품의 전유와 이전이 형식적으로는 자유롭고 평등한 상품 및 화폐 소유자 사이에서 훨씬 더 큰 규모로 이루어진다. 따라서 상품 교환은 계급 갈등과 전혀 무관한 것처럼 보이고 "물질대사 상호작용"은 화폐의 양이 증가함에 따라 확대되는 것처럼 보인다. 그러나 평등과 자유가 "계급의 특성과는 무관"하다는 생각은 이내 "환상"이었다는 사실이 드러난다.[21] 사실 "개인이 수행하는 물질대사 상호작용"을 결정하는 것은 화폐의 양적 규모로, 이는 실제적이고 구체적인 필요와는 전적으로 무관하다. 마르크스는 화폐 체계 아래에서 이루어지는 형식적이고 추상적인 평등이 자유와 평등의 제한으로 반전된다는 잔혹한 사실을 지적한다. 즉, 「성찰」에서 마르크스는 자본주의 전유 양식에서 개인과 사회의 "물질대사 상호작용"은 지극히 제한될 수밖에 없다고 주장한다. 특히 그 이유는 화폐에 계급 특성이 숨어 있기 때문인데, 그 결과 개인은 철저한 빈곤에 빠지고 개인의 구체적인 필요와는 무관하게 화폐의 소외된 힘에 예속되고 만다.

『런던 노트』의 앞부분에서는 물질대사 개념을 사용하지 않았던 마르크스는 「성찰」 부분에서부터 물질대사 개념을 사용하기 시작했다. 그렇다고 해서 「성찰」에서 마르크스가 사용한 물질대사 개념이 유래한 자료를 확인할 수 없는 것은 아니다. 마르크스의 물질대사 개념을 분석한 게르트 파벨치히Gerd Pawelzig가 1851년 2월 마르크스의 친구 롤란트 다니엘스Roland Daniels가 마르크스에게 자신이 작성한 『소우주: 생리 인류학 초안Mikrokosmos: Entwurf einer physiologischen Anthropologie』이라는 제목의 책 수고를 건넸다는 사실을 밝혀냈기 때문이다.[22] 마르크스와 엥겔스가 "과학 지식이 풍부한 유능한 의사"라고 평가한 다니엘스는 공산주의 동맹Communist League의 일원이었다.[23] 지적 교류를 통해 깊은 우정을 쌓은 다니엘스에게 마르크스는 『철학의 빈곤』을 헌정했다.

1851년 2월 8일 마르크스에게 보낸 편지에서 롤란트 다니엘스는 자신이 작성한 수고를 "날카롭고 솔직하게" 평가해 달라고 부탁했다.[24] 그 다음 보낸 편지에서 다니엘스는 『소우주』를 집필한 기본적인 목적을 "**활동**에 대한 **생리학적** 설명"을 바탕으로 유심론이 아닌 "유물론적 관점에서 인간 사회를"를 이해할 수 있는 "**가능성**"의 기초를 놓는 것이라고 소개했다.[25] 다니엘스는 개인적인 차원과 사회적인 차원 모두에서 이루어지는 인간의 물적 및 정신적 활동을 (유물론에 입각한) 과학적인 탐구 대상으로 삼기 위해 최신 생리학 지식을 적용해 보고 있다고 마르크스에게 설명했다. 이러한 맥락에서 물질대사라는 용어는 중요한 역할을 수행했다. 마르크스에게 보낸 첫 번째 편지에서 다니엘스는 물질대사라는 용어를 다음과 같이 사용했다. "유기적 물질대사라는 개념을 정신적 물질대사라는 개념에 과감하게 대비해 보는 중이네. 수많은 것들을 소화하고 흡수해서 평범한 무언가를 재생산할 역량이 나에게 있는지 잘 모르겠어."[26]

롤란트 다니엘스의 요청을 받은 마르크스는 『소우주』를 면밀하게 검토한 뒤 3월 20일에 보낸 편지에서 비판적으로 논평했다.[27] 「성찰」에서 처음 사용한 "물질대사" 개념은 다니엘스의 『소우주』에 대한 마르크스의 비판과 밀접하게 관련되어 있는 것임에 틀림없다. 다니엘스의 『소우주』에 대한 마르크스의 비판과 「성찰」이 같은 달에 작성되었기 때문이다. 그럼에도 불구하고 게르트 파벨치히는 1851년 경 작성된 「성찰」에 물질대사와 관련된 단락이 포함되어 있다는 사실을 인식하지 못한 채 마르크스와 엥겔스가 메모와 편지에서 물질대사 개념을 사용하지 않았다고 쉽게 단정지었다.[28] 그러나 이러한 파벨치히의 주장은 잘못된 것이다.

롤란트 다니엘스의 『소우주』에는 "유기적 물질대사"라는 개념이 여러 차례 등장한다. 예를 들어 다니엘스는 유기적 물질대사를 **"신체가 각자의 개성을 끊임없이 그리고 새롭게 생산함으로써 각자의 개성을 유지하는 과정에서 파괴와 재생이 동시에 일어나는 현상"**이라고 정의하고 **"이와 같은 비유는 비유기적 신체에서는 찾아볼 수 없는 고유한 현상"**이라고 덧붙인다.[29] 물질대사에 관한 다니엘스와 유스투스 폰 리비히의 입장에서 약간의 관련성을 찾아 볼 수 있는 것은 사실이지만, 다니엘스가 "유기적 물질대사"와 "동물의 물질대사 및 정신적 물질대사"를 구분하면서 근거 없는 "생기" 가설을 비판한다는 점에 입각해 볼 때, 다니엘스의 논의가 독창적인 것이라는 사실을 알 수 있다.[30] 다니엘스는 정신적 물질대사를 유물론적으로 이해함으로써 "신체"와 "정신"을 구분하는 철학적 이원론에 맞섰을 뿐 아니라 "절대정신"이라는 헤겔의 사변철학과도 맞섰다.[31] 그럼에도 인간의 사고, 자유, 역사를 순수한 "신경생리학적" 현상으로 해석했다는 사실에서 다니엘스의 유물론적 지향이 무비판적 유물론에 가깝다는 사실을 알 수 있다.[32] "생활에 필요한 물적 생산의 각 유형"을 분석하여 역사적으로 설명할 필요가 있다고 요구했다는 점에서 다니엘스가 마르크스의 『독일 이데올로기』와 궤를 같이한다고도 볼 수도 있다. 그러나 다니엘스는 인간 활동의 모든 측면을 순수하게 생리학적인, 따라서 역사적 산물과 무관하게 기능하는 완전히 몰역사적인 "반사 운동"의 복합체로 환원하는 경향을 보인다. 그 결과 다니엘스의 이론은 기계론적이고 결정론적인 성격을 띠게 되었다. 다니엘스의 『소우주』를 흡족하게 생각하지 않았던 마르크스는 엥겔스에게 다음과 같이 언급했다. "다니엘스의 편지에는 알맹이가 없는 것 같아."[33]

마르크스가 롤란트 다니엘스의 입장을 비판한 것은 사실이지만, 다니엘스가 작성한 수고의 중요성을 전적으로 부정한 것은 아니다. 마르크스의 비판에 대한 다니엘스의 응답을 통해 마르크스가 다니엘스에게 비판적 논평을 제공했을 뿐 아니라 다니엘스의 질문에 성실하게 답해 주었다는 사실을 확인할 수 있다. 심지어 마르크스는 다니엘스의 유물론적 구상이 지향하는 전반적인 방향을 인정하지 않았음에도 다니엘스와 집중적인 토론을 벌였고, 1851년 7월 이후 작성된 『런던 노트』에 수록된 「성찰」에 기록되어 있는 개인 메모에 따르면, 그 결과로 물질대사 개념을 사용하게 되었으며 생리학에 더 많은 관심을 기울이게 되었다. 그중에서도 유스투스 폰 리비히의 저술에서 발췌한 기록이 가장 널리 알려져 있다. 마르크스는 새롭게 등장한 생리학 개념인 물질대사 개념이 사회 분석에 유용하게 적용될 수 있다는 의견을 다니엘스와 공유했다. 이와 같은 맥락에서 볼 때 마르크스는 물질대사 개념을 "개인적 차원에서 이루어지는" 소비와 소화라는 의미로 사용했을 뿐 아니라 사회적 차원에서 이루어지는 "물적 및 정신적 생산"이라는 맥락에서도 사용했다. 생리학적 물질대사 비유를 사용해서 마르크스는 근대 사회의 생산 및 소비의 동학이 노동의 사회적 분업이라는 특별한 형태를 통해 개인을 "물적" 및 "정신적" 생산을 위한 기관으로 취급함으로써 그들을 소외시키고 빈곤에 빠뜨려 파멸에 이르게 하는 과정을 이해하고자 했다. 「성찰」에서 마르크스는 다니엘스가 구상한 프로그램의 취지를 따라 물질대사라는 새로운 개념을 국민경제에 적용했다. "인간 유기체 이론과 인간 유기체가 사회 및 자연과 맺는 관계에 대한 이론은 공동체 조직의 개혁, 즉 사회 개혁을 위한 **유일하게 안정적인 기초**이다."[34]

안타깝게도 1851년 6월 롤란트 다니엘스가 정치 활동을 했다는 이유로 쾰른에서 체포되면서 마르크스와 다니엘스의 지적인 만남은 중단되었다. 투옥 당시 감옥의 끔찍한 생활 조건과 석방 이후 열악한 생활 조건에 시달리던 다니엘스는 1855년 8월 29일 사망했다. 1855년 9월 6일 마르크스는 미망인이 된 아말리에 다니엘스Amalie Daniels에게 편지를 보냈다.

> 부군의 사망 소식에 슬픔을 가눌 수가 없습니다. 다니엘스는 오래도록 제 기억 속에 남아 있을 것입니다. (…) 쾰른에서 다니엘스는 야만인 무리에 둘러싸여 옴짝달싹 못하는 그리스 신의 조각상과 같았습니다. 다니엘스가 젊은 나이에 세상을 등지게 된 것은 가족과 친구들의 슬픔일 뿐 아니라 앞으로 다니엘스가 이룩할 성취를 볼 수 없게 된 과학 분야와 다니엘스를 존경해 온 고통받고 있는 인류에게도 치명적인 손실이 아닐 수 없습니다. (…) 다니엘스의 생명을 이토록 빨리 앗아 간 주범에게 부고 기사보다도 더 준엄하게 복수할 날이 오기만을 고대할 따름입니다.[35]

「성찰」에서 마르크스는 물질대사 개념을 자세히 다루지 않았다. 그러나 롤란트 다니엘스의 『소우주』를 탐독한 마르크스가 유스투스 폰 리비히의 『농화학』에서 발췌한 내용을 기록으로 남기기 전에 이미 자연과학을 정치경제학에 통합하는 기초를 마련하게 되었음은 틀림없다.

그 뒤 마르크스는 『그룬트리세』에서 물질대사라는 용어를 보다 일반적이고도 체계적으로 사용하게 되었다. 앞서 인용한 『그룬트리세』의 한 구절[본문 106쪽 인용문, 편집자]에서 마르크스는 자연을 인간의 비유기적 신체로 취급하는 생리학적 비유를 들어 인간과 자연 사이에 이루어지는 끊임없는 상호작용에 대해 설명한다. 이와 같은 맥락에서 마르크스는 노동 과정을 인간과 "자연 사이에 이루어지는 물질대사 상호작용", 즉, 세 가지 생산 조건(원료, 생산수단, 인간 노동)이 자연 안에서 물질적으로 상호작용하는 과정이라고 논의한다. 마르크스에 따르면 이와 같은 "일반적인 생산 과정은" 인간이 자연 안에서 생산하는 한 "사회 조건을 막론하고 공통적으로 나타난다."[36] 인간은 자연으로부터 원료를 얻고 자연을 변형하여 다양한 생산수단과 생계 수단을 창조하며 폐기물을 발생시켜 자연에 돌려주는 과정을 끊임없이 반복하면서 노동하고 생산해야 한다. 이러한 과정에서 근본적인 조건으로 등장하는 노동은 역사를 관통해서 자연 속에서 이루어지는 활동이자 물적인 활동으로, 마르크스는 노동을 "자연력"이라고 부르기도 한다.[37] 이와 같은 세 가지 조건을 이해하게 된 마르크스는 인간과 자연 사이에 이루어지는 끊임없는 물질교환이 자본주의 아래에서 "자본의 가치 증식 과정"이라는 자본주의에 특정한 기능을 부여받는 순간 전환되는 방식에 대해 분석한다. 가장 중요한 측면인 이 주제에 대해서는 다음 장에서 다시 한 번 다룰 것이다.

『그룬트리세』에서 마르크스는 물질대사 개념을 다른 의미로도 사용하는데, 『자본』에서도 이와 동일한 의미의 물질대사 개념을 사용한다. "소재의 변화(Stoffwechsel=물질대사)는 "형태의 변화[Formwechsel]"와 대비를 이룬다. "형태의 변화"는 순환 과정("C-M-C"와 "M-C-M")에서 화폐와 상품 사이에서 이루어지는 경제적 형태의 교환을 의미하고 "소재의 변화"는 자본주의 사회에서 사용가치 사이에 이루어지는 끊임없는 변화와 관련된다.

> 단순 순환은 수많은 동시 또는 연속 교환으로 이루어진다. (…) 교환 체계는 사용가치에 입각해 보면 교환 체계, 소재의 변화[Stoffwechsel]이다. 가치에 입각해 보면 형태의 변화[Formwechsel]이다.[38]

이와 같은 의미에서 볼 때 서로 다른 상품의 교환으로 소재의 변화가 일어나고 이와 동시에 화폐와 상품 사이에 형태의 변화도 일어난다. 필요한 양분을 담은 혈액이 각각의 장기로 분배되는 것처럼 필요한 사용가치가 개인 생산자 사이에 분배되면 순환 영역 내에서 소재의 변화가 이루어진다. 이때 마르크스는 보통 "사회적"이라는 수식어를 덧붙인다. "교환 과정을 통해 상품이 사용가치가 없는 사람에게서 사용가치가 있는 사람에게로 넘어가는 과정은 사회적 물질대사 과정이다. (…) 따라서 형태 측면에서 이루어지는 과정 전체, 즉 사회적 물질대사를 매개로 해서 이루어지는 상품의 탈바꿈 또는 형태의 변화에 대해 고려해야 한다."[39] 『자본』에서 형태 변화와 소재 변화를 나란히 배치했다는 사실은 마르크스가 원래 취한 방법론적 접근법이 "소재적"[stofflich] 측면과 "형태적"[formell] 측면을 모두 탐구할 목적을 지니고 있었다는 것을 의미한다.
　소재의 변화와 형태의 변화라는 개념을 사용한 마르크스의 이론은 마르크스의 『그룬트리세』가 발간되기 전에 이미 이와 동일한 범주를 채택했던 빌헬름 로셔Wilhelm Roscher의 이론과 차별화된다. 마르크스와 로셔를 비교하는 일은 흥미롭다. 마르크스가 『그룬트리세』를 집필하기 전, 1854년 출간된 빌헬름 로셔의 『정치경제학 원리』 1권을 탐독한 뒤 개인적으로 소장한 사본의 관련 구절 여백에다가 기록을 남겼기 때문이다.[40] 또한 로셔는 생리학이 밝혀낸 새로운 사실을 통합하고 "관념론적" 방법론에 맞서 "역사적이고 생리학적인 방법"으로 국민경제를 분석했다. 따라서 마르크스는 로셔의 저술을 통해 다양한 생리학적 비유를 접하게 되었다.[41] 나아가 로셔는 국민경제의 "물질대사"라는 생리학적 비유를 공공연하게 언급한다.

> 국민 자본의 대부분은 끊임없는 전환 상태에 놓여 있다. 국민 자본의 대부분은 지속적으로 파괴되고 재생산되고 있다. 그러나 민간 경제와 국가 전체의 경제 관점에 입각해 보면 자본은 보존되거나 증가되거나 감소된다고 말할 수 있다. 따라서 그 가치 역시 보존되거나 증가되거나 감소된다.

마지막 문장의 각주에서 빌헬름 로셔는 자신의 주장을 다음과 같이 이어간다. "장바티스트 세의 『정치경제학 개론Traite d'Economie Politique』 1권 10장을 보면 생리학 개념으로 널리 알려진 물질대사[Stoffwechsel] 원리가 떠오른다!"[42] 안타깝게도 마르크스가 개인적으로 소장한 사본의 관련 쪽들이 소실되었으므로 마르크스가 이와 같은 구절에 어떤 반응을 보였는지 확인할 수 없다.

장바티스트 세의 『정치경제학 개론』을 언급한 빌헬름 로셔는 생산 과정에서 이루어지는 자본의 형태 변화[Formwechsel]에 대해서도 다루는데, 생산 과정에서 자본은 소비되는 동시에 다른 모습으로 전환된다. 로셔는 형태 변화[Formwechsel]라는 용어를 마르크스가 주장하는 것처럼 화폐와 상품 사이에 이루어지는 경제적 형태 변화라는 의미로 사용하지 않고, 물적 모습의 변화라는 의미로 사용한다. 세는 『정치경제학 개론』 1권 10장에 등장하는 이와 관련된 구절에서 다음과 같이 언급한다. "농업과 마찬가지로 제조업에서도 몇 년 동안 지속되는 자본 부문이 존재한다. 예를 들면 건물, 고정 시설, 기계, 도구 같은 것들이다. 반면 그 형태를 완전히 잃어버리는 자본도 존재한다. 예를 들면 비누 제조업자가 사용하는 석유와 탄산칼륨 같은 원료는 비누가 되고 나면 완전히 소비되어 사라지는 자본이다."[43] 로셔는 사회에서 끝없이 이어지는 생산 과정과 소비 과정에서 이루어지는 다양한 소재들의 끊임없는 전환을 물질대사[Stoffwechsel]라고 부른다. 이와 같은 견해는 생산, 소비, 흡수, 배설이라는 끊임없는 변화를 겪으면서도 평형을 유지하는 기관의 생리학적 과정에 대한 유스투스 폰 리비히의 이해와 유사하다. 그럼에도 이 비유는 로셔의 이론적 한계를 드러낸다. 로셔는 "소재"와 "형태"을 구분했음에도 상품과 화폐 사이에 이루어지는 순수하게 경제적인 형태 교환을 추상화하지 못한 채 형태 교환이 수행하는 역할과 소재의 전환이 수행하는 역할을 혼동하기 때문이다. 마르크스와 로셔 사이의 이러한 결정적인 차이에도 불구하고, 로셔의 주장은 마르크스 당대의 경제학자들 역시 생리학적 개념을 각자의 근대 경제 분석에 사용할 의지를 가지고 있었다는 사실을 잘 드러내 준다.

당시에는 생리학의 물질대사[Stoffwechsel]와 정치경제학의 물질대사

[Stoffwechsel] 사이의 연관성에 대한 이야기가 자주 회자되었다. 심지어 유스투스 폰 리비히 본인조차도 『화학에 관한 친근한 편지Familiar Letters on Chemistry』에서 유기체와 국민경제를 비유적으로 언급했다.

> 개인의 신체에서와 마찬가지로 국가를 구성하는 모든 개인의 총합에서도 개인의 삶과 사회적 삶의 모든 조건을 소비하는 과정에서 물질의 변화가 이어진다. 국가라는 유기체에서 활동하는 금과 은은 인간이라는 유기체에서 활동하는 혈구와 같은 역할을 수행한다. 둥근 원반 모양의 혈구가 양분을 전달하는 과정에서 직접적인 역할을 수행하지는 않지만 매개체로, 물질 변화의 근본적인 조건으로, 체온을 유지하고 혈액과 체액의 움직임을 결정하는 열과 힘을 생산하는 근본적인 조건으로 작용하는 것과 마찬가지로 금 역시 국가에서 이루어지는 모든 활동을 매개하는 매개체가 된다.[44]

국가유기체론을 바탕으로 한 유스투스 폰 리비히의 비유는 조악할 뿐 아니라 자본주의 사회의 화폐 분석이 빠져 있다는 한계가 있지만, 물질대사 개념을 옹호하는 리비히 같은 사람이 생리학과 정치경제학을 연계하려고 시도했다는 사실 자체는 여전히 흥미로운 일로 남아 있다. 그리고 그와 같은 구상을 이내 빌헬름 로셔와 마르크스가 이어받았다.

1868년 마르크스가 집중적으로 연구했던 뮌헨의 농학자인 카를 프라스도 "물질대사"가 정치경제학에서 가지는 중요성을 강조했다. "유기체와 물질대사. 따라서 국민경제에서의 물질대사 역시 마찬가지이다!

단순한 수학을 토대로 발전해 온 경제학은 국민경제의 자연과학적 기초를 이루는 물질대사를 철저하게 등한시해 왔다. 그러나 그와 같은 국민경제는 자료를 탐구하고 결합하는 수준에 그칠 뿐, 원인은 파악하지 못한다!"[45] 마르크스가 유스투스 폰 리비히의 『화학에 관한 친근한 편지』나 프라스의 논문을 읽어 보았다는 직접적인 증거는 없다. 그러나 당시의 과학 담론을 감안해 볼 때 마르크스가 이와 같이 새로운 생리학 개념을 자신의 정치경제학 체계에 적용하게 되었으리라는 점은 충분히 납득할 만한 일이다.[46]

『그룬트리세』에는 물질대사의 또 다른 용법이 등장한다. 바로 인간의 개입과 무관하게 진행되는 "자연적 물질대사"이다. 사용가치는 "실제로 사용되지 않을 경우 자연의 단순한 물질대사에 의해 소멸한다."[47] 이와 같은 "자연적 물질대사[natürlicher Stoffwechsel]"의 예로는 산화酸化를 통한 화학적인 소멸이나 분해를 통한 물질의 실체 변형을 꼽을 수 있다. 마르크스는 『자본』에서 이와 같은 현상을 다시 한 번 언급한다. "노동 과정에 사용되지 않는 기계는 쓸모가 없을 뿐 아니라 자연적 물질대사의 파괴적인 힘에 고스란히 노출된다."[48] 노동만으로는 자연 소재를 창조할 수 없다. 노동은 다양한 목적에 따라 자연 소재의 모습을 변경할 뿐이다. 노동은 "자연 소재"에 **외적 형태**를 부여한다.[49]

예를 들어 노동이 목재라는 "자연 소재"에 부여한 책상이라는 형태는 "재생산의 내적 법칙"을 따르지 않으므로 원래 물체의 "외부" 형태라고 할 수 있다. 목재에는 나무의 특정한 형태가 내재되어 있지만 책상이라는 새로운 형태가 나무에서 목재로 변환되는 것과 동일한 방식으로 목재라는 소재를 재생산할 수 있는 것은 아니므로, 책상이 된 뒤에는 분해라는 자연력에 고스란히 노출될 뿐이다. 자연적 물질대사의 힘으로부터 노동의 산물을 보호하기 위해서는 생산적 소비를 통해 목적을 가지고 물질대사를 규제할 필요가 있다. 물론 그렇다고 해서 자연력을 극복할 수 있는 것은 아니다. 마르크스는 목적을 가지고 자연을 의식적으로 변형하는 인간의 능력, 즉 노동을 강조하는 한편 자연적 물질대사를 통제하는 인간의 능력에 자연이 부과하는 불가피한 한계와 제한에 대해서도 인식한다. 마르크스는 자연의 내적 법칙과 노동에 의해 인위적으로 창조된 자연의 외부 형태 사이에 특정한 긴장이 흐르고 있다는 사실을 인식한다. 즉, 이와 같은 물질적인 필요를 등한시할 경우 자연법칙과 자연력에 의해 생산물이 부패하고 파괴되고 마는 것이다.

한마디로 마르크스는 『그룬트리세』에서 서로 다른 의미를 지닌 세 가지 물질대사 개념을 정치경제학에 채택한 뒤 그 개념을 『자본』에서도 활용하였다. "인간과 자연 사이에 이루어지는 물질대사 상호작용", "사회적 물질대사", "자연적 물질대사"가 바로 그것이다. 마르크스가 롤란트 다니엘스와 빌헬름 로셔의 저술을 탐독한 것은 사실이지만 마르크스에게 영감을 부여한 자료가 정확히 무엇인지를 분명하게 밝히기는 어렵다. 그 이유는 마르크스가 자신의 정치경제학 체계를 발전시킬 목적으로 개념 자체를 일반화했을 뿐 아니라 수정했기 때문이다. 물질대사 개념을 일반화한 탓에 마르크스의 물질대사 개념은 그의 물질대사 이론과는 사실상 아무런 관련이 없는 이론가들에 의해 논의되고 임의로 해석될 위험에 처하게 되었다. 앞서 이루어진 논쟁에서도 이와 같은 사실을 확인할 수 있다. 이와 같은 논쟁에서는 다니엘스와 유스투스 폰 리비히의 영향은 철저하게 무시하고 오직 야코프 몰레스호트, 카를 포크트, 루트비히 뷔흐너 같은 "자연과학 유물론자"(또는 마르크스가 입버릇처럼 했던 표현대로 "천박한 유물론자")의 영향에만 집중했다. 마르크스가 이러한 저자들을 개인적인 편지에서만 언급할 뿐 아니라 경멸적인 어조로 부정적으로 표현했다는 사실을 감안하면, 이와 같은 주장은 매우 의심스러운 주장으로 여겨지지 않을 수 없다.[50] 이러한 그릇된 해석을 통해 마르크스가 루트비히 포이어바흐의 인간학적 유물론과 결별했다는 사실과 마르크스의 물질대사 이론의 독창성을 올바르게 인식하는 것이 중요한 이유를 가늠해 볼 수 있다. 따라서 마르크스의 물질대사 이론을 철학적인 측면에서만 조명해서는 안 되며 반드시 마르크스의 정치경제학 체계와 밀접한 연관성을 가지는 것으로 이해해야 한다.

인간학적 유물론의 한계

자연과학 유물론을 과대평가하는 사람들은 마르크스의 물질대사 이론뿐 아니라 마르크스의 구상 전체를 그릇되게 해석한다. 루트비히 포이어바흐의 이론과 이와 같은 자연과학 유물론자들의 이론 사이에 밀접한 관련성이 존재하는 탓에 『독일 이데올로기』를 기점으로 시작된 마르크스의 비철학적이고 실천적인 입장이 가려져 잘 드러나지 않는다. 포이어바흐의 유물론과 자연과학 유물론의 관점에서 마르크스의 구상을 그릇되게 이해한 전형적인 사례는 널리 알려진 알프레트 슈미트의 『마르크스의 자연 개념』에 나오는 다음 구절에서도 찾아볼 수 있다. "마르크스가 야코프 몰레스호트의 물질대사 이론을 당연히, 수정하여 활용했다고 결론지을 수 있을 것이다."[51] 슈미트의 견해가 광범위하게 받아들여진 것은 사실이지만, 텍스트를 세심하게 검토해 보면 슈미트의 주장을 수용할 수는 없다는 사실이 이내 드러난다. 슈미트의 주장에는 아무런 철학적 증거가 없기 때문이다. 슈미트와 그를 추종하는 사람들은『생명의 순환Cycle of Life』(Kreislauf des Lebens, 1852)에서 몰레스호트가 설명한 견해가 유스투스 폰 리비히의 견해를 반영한 마르크스의 견해와 양립할 수 없다는 사실을 직시할 필요가 있다.[52]

따라서 알프레트 슈미트가 확실한 이유를 제시하지 않은 채 유스투스 폰 리비히가 마르크스에 미친 영향을 저평가한 것은 다분히 의식적인 것으로 보인다. 슈미트는 단 하나의 각주에서 리비히에 대해 짤막하게 언급한다. "마르크스에게 영향을 미친 화학자 리비히(참고:『자본』Vol. I, p. 506, n. 1)는『화학 편지Chemische Briefe』(Heidelberg, 1851, p. 622 et seq.)라는 저서에서 자연적 물질대사를 국가의 물질대사와 비교했다."[53]『마르크스의 자연 개념』에서 슈미트는 리비히의『농화학』에 대해서는 다루지 않는데, 마르크스가 "과학 용어인 '물질대사'를 사변적인 성격으로 사용"했다고 생각했기 때문이다.[54] 진실을 외면한 채 청년 마르크스가 사용한 철학적인 자연 개념에만 매달려 있는 슈미트에게는 몰레스호트가 리비히보다 훨씬 더 "자연과학적"인 인물이다. 그러나 그것이 마르크스가 물질대사 개념을 "사변적인" 방식으로 해석하게 된 근거가 될 수는 없다. 또한 슈미트의 언급은 마르크스가 헤겔 및 셸링과 마찬가지로 확실한 자연철학적 프로그램에 따라 자연과학의 다양한 분야를 탐구하지 않았다는 사실과 모순된다.

자신의 주장을 뒷받침하기 위해 알프레트 슈미트는『생명의 순환』

에 등장하는 야코프 몰레스호트의 물질대사 이론을 인용한다.

> 인간의 배설물은 식물에게 양분을 제공한다. 식물은 공기를 고체로 변화시키고 동물에게 양분을 제공한다. 육식동물은 초식동물을 먹고 살아간다. 초식동물의 사체를 섭취한 육식동물의 배설물은 널리 퍼져 식물 세계에서 새롭게 탄생한다. "물질대사"라는 표현은 이와 같은 물질의 교환을 지칭하는 말이다.[55]

모든 물질의 실체 중에서도 "영혼의 재생"을 표현한 야코프 몰레스호트의 물질대사 설명은 일반적일 뿐 아니라 추상적이어서 언뜻 보아서는 몰레스호트가 마르크스의 이론에 영향을 미쳤다는 사실을 포착하기 어렵다.[56] 따라서 마르크스가 몰레스호트의 이론을 "당연히, 수정하여 활용"할 의사가 있었는지 여부를 판단하기 위해서는 몰레스호트의 물질대사 이론을 보다 자세하게 살펴볼 필요가 있다.

야코프 몰레스호트는 네덜란드의 의사 겸 생리학자로, 루트비히 뷔흐너, 카를 포크트와 함께 1850년대에 벌어진 "유물론 논쟁"을 주도한 인물이다. 몰레스호트는 급진 유물론적 견해를 옹호하면서 모든 정신적 활동은 "오로지 뇌의 물질이 기능하는 것"이고 "생각과 뇌의 관계는 담즙과 간 또는 소변과 콩팥의 관계와 같다"고 주장했다.[57] 또한 몰레스호트는 생각을 뇌의 물질이 운동함으로써 생성되는 산물로 환원했다. "생각은 물질[Stoff]의 운동이다."[58] 유스투스 폰 리비히가『농화학』에서 인산燐酸이 식물의 충분한 성장에 미치는 중요성을 강조한 반면, 몰레스호트는 인산이 인간에게 미치는 중요성을 도발적인 방식으로 주장했다.

"인이 없으면 생각도 없다."[59] 뇌의 기능에 대한 추가적인 연구가 필요하다는 점을 인정하면서도 몰레스호트는 유물론적 생리학이 발전하면 물질의 흡수와 배설을 측정하여 신체적 활동과 정신적 활동 및 재능을 판단할 수 있을 것이라는 견해를 제시했다. 이와 같은 맥락에서 몰레스호트는 양분이 신체적 활동과 정신적 활동을 결정하는 데 중요한 역할을 수행한다고 주장했다. 몰레스호트는 영국의 노동자와 이탈리아의 부랑자를 대비하여 설명했다. "잘 모르는 사람들은 영국의 노동자가 이탈리아의 부랑자보다 우월한 이유를 게으름이라는 기질에서 찾는다. 그러나 중요한 것은 영국의 노동자는 구운 소고기로 배를 채우는 반면 이탈리아 부랑자는 채소 위주로 식사를 한다는 사실이다."[60]

정신적 및 신체적 특징과 양분 섭취 사이의 관계에 대한 기계론적 이해는 야코프 몰레스호트의 물질대사 이론에도 반영되어 있다. 몰레스호트는 위트레흐트의 헤라르뒤스 뮐더Gerardus Mulder의 "부엽토 이론"을 지지하면서 유스투스 폰 리비히의 "무기질 이론"을 비판했다. 리비히는 다양한 화학 실험의 결과를 바탕으로 (식물이 썩으면서 토양의 최상층에 생성되는 검은 물질인) 부엽토가 식물의 성장에 미치는 직접적인 영향은 부엽토가 분해되어 물과 탄산으로 변화된 결과 나타나는 것이라고 주장했다. 반면 몰레스호트와 뮐더는 알브레히트 태어Albrecht Thaer와 마찬가지로 부엽토에 포함되어 있는 이른바 담산Damm酸, Dammsäure이라는 토양의 양분이 식물의 성장에 직접적이고 근본적으로 기여한다고 주장했다. "[리비히]와 달리 비그만Wiegmann과 뮐더는 실험을 통해 탄산과 암모니아가 담산의 영향을 대체할 수 없다는 사실을 입증했고 이는 의심의 여지가 없다."[61]

담산이라는 암모니움 화합물을 "양분 가운데 가장 중요한 물질"이라고 생각한 야코프 몰레스호트는 비유기물이 식물 성장에 미치는 영향에 관한 유스투스 폰 리비히의 이론(오늘날에도 유효한 이론)을 저평가하면서 동시에 다양한 유기물 및 비유기물이 공기, 토양, 식물에서 결합되고 용해되면서 일어나는 구체적인 화학 반응을 무시했다.[62] 리비히가 토양의 구성 요소를 화학적으로 분석하는 것이 중요하다고 주장했던 반면, 몰레스호트는 식물 성장의 화학적 과정과 생리학적 과정을 추상적이고 과도하게 일반화된 "영혼의 재생"으로 환원하면서 구체적인 탐구를 포기했다.

모든 것을 포섭하는 영혼의 재생이라는 용어를 사용함으로써 야코프 몰레스호트는 사회적 물질대사와 자연적 물질대사 속에서 노동을 매개로 이루어지는 인간의 역사성과 기능을 무시하게 되었다. 몰레스호트는 필멸의 존재인 인간이 죽으면 토양 속에서 "담산과 암모니아"로 분해되므로 식물의 성장으로 인해 토양에서 담산이 고갈되는 일은 일어나지 않는다고 설명했다.

> 식물이 탄산, 담산, 암모니아에서 섭취하는 탄소와 질소는 잔디, 토끼풀, 밀이 되고 다시 동물과 인간이 된다. 그리고 이와 같은 존재는 결국 탄산과 물, 담산과 암모니아로 되돌아간다. 바로 이 것이 기적과도 같은 자연의 순환이다. (…) 이와 같은 기적이 일어날 수 있는 이유는 하나의 형태에서 다른 형태로 변화하는 물질의 형태 변화[Wechsel der Form], 물질의 변화[Wechsel des Stoffs], 지구에서 생활하는 모든 생명의 궁극적인 토대인 물질대사[Stoff-

wechsel]를 거치는 물질의 영원성 덕분이다.[63]

야코프 몰레스호트의 일원론적 이해에 따르면 인간은 물질의 영원한 순환 과정에서 하나의 요소로서만 기능할 뿐이다. 따라서 몰레스호트는 "인간과 자연 사이에 이루어지는 물질대사"에는 별다른 이론적 실천적 관심을 보이지 않았다. 몰레스호트는 지구에서 생활하는 다양한 유기체 사이에 이루어지는 상호작용의 물질적 기초를 유지하는 조건이 파괴할 수 없는 물질의 순환이라고 추상적이고 몰역사적으로 설명했다. 몰레스호트가 설명하는 물질의 순환 속에서 모든 동물과 인간은 죽은 뒤 새로운 식물에게 양분을 제공하기 위해 토양으로 돌아간다.

따라서 1856년 유스투스 폰 리비히가 어느 강연을 통해 야코프 몰레스호트를 "자연과학의 언저리를 맴돌면서 자연법칙에 대한 지식을 습득한 어린아이"마냥 행동하는 "호사가" 가운데 한 명으로 지목한 것은 전적으로 올바르다.[64] 마르크스도 동일한 반응을 보였을 것이라는 점은 충분히 예상할 수 있다. 1850년대 초 롤란트 다니엘스와 집중적인 토론을 벌인 뒤 리비히의 『농화학』과 제임스 F. W. 존스턴의 『농화학 강의*Lectures on Agricultural Chemistry*』를 접한 마르크스는 두 저술이 모두 부엽토 이론에 매우 비판적이라는 사실을 파악했다. 이와 같은 사실을 감안할 때 몰레스호트가 마르크스의 물질대사 이론에 영향을 미쳤다는 알프레트 슈미트의 주장은 타당성이 떨어진다. 나아가 몰레스호트의 유물론적 세계관에는 롤란트 다니엘스의 『소우주』에 표현된 내용과 중첩되는 부분이 있다.[65] 이와 같은 점을 감안할 때 다니엘스의 설명이 "지나치게 기계적인 한편 지나치게 해부학적"이라는 마르크스의 비판적인 언급을 몰레스호트의 유물론에도 적용할 수 있을 것으로 보인다.[66] 몰레스호트는 생산 과정에서 노동이 수행하는 매개적인 역할을 등한시하고 물질과 힘의 초역사적인 운동이라는 관점에서만 세계의 총체성을 설명한다. 이러한 설명에는 마르크스가 자신의 정치경제학 비판의 중심 과제로 생각한 특정역사적 "경제적 형태 규정"[ökonomische Formbestimmung] 분석이 빠져 있다.

카를 포크트, 루트비히 뷔흐너와 마찬가지로 루트비히 포이어바흐가 내세운 본질의 철학과 밀접한 관계를 맺고 있는 야코프 몰레스호트는 포이어바흐와 같은 입장을 보이는 경우가 많았을 뿐 아니라 포이어바흐를 부추겨 새롭게 등장한 생리학과 의학을 공부하게 만들었다. 훗날 몰레스호트는 포이어바흐의 인간학이 "자신에게 평생의 과제"였다는 생각을 밝히기도 했다.[67] 특히 몰레스호트는 포이어바흐의 인간학 구상을 신체와 정신, 물질과 혼, 신과 세계라는 이원론적 대립을 극복하려는 유물론적 시도라고 평가하면서 호감을 표시했다.

> **인간**이 모든 직관과 모든 사고의 기초라는 사실을 명확하게 인식하는 것이 루트비히 포이어바흐의 출발점이다. 포이어바흐는 인간의 과학, 즉 인간학의 기치를 높이 들었다. 인간학이라는 깃발은 물질과 물질의 운동에 대한 연구를 통해 승리를 거머쥔다. (…) 오늘날의 세계에서 인정받는 지혜 중에서도 으뜸은 물질대사 이론이다.[68]

자신의 생리학적 물질대사 이론이 루트비히 포이어바흐가 구상한 프로그램의 연속선상에 있다고 생각한 야코프 몰레스호트는 세계에서 볼 수 있는 모든 것을 진정한 유물론적 본질의 원칙, 즉 "물질"로 환원했다.

자신의 추종자들이 자연과학 분야에서 새롭게 발견한 사실에 고무된 루트비히 포이어바흐는 "자연과학에 보편적이고 혁명적인 의의"를 가지는 작업이라고 주장하면서 야코프 몰레스호트의 작업을 높이 평가했다.[69] "자연과학과 종교Natural Science and Religion"에서 몰레스호트의 『영양 이론Lehre der Nahrungsmittel』을 검토한 포이어바흐는 "생명은 물질대사"라는 몰레스호트의 언급을 인정하는 어투로 인용했다. 심지어 포이어바흐는 인간의 기능을 양분으로 환원한 몰레스호트의 주장을 올바른 것으로 이해했다. "식품의 원칙은 윤리적으로, 정치적으로 매우 중요하다. 식품은 혈액이 되고, 혈액은 심장과 뇌가 되며, 생각과 정신을 이루는 물질이 된다. (…) 사람이 섭취한 것이 곧 그 사람을 이룬다Der Mensch ist, was er isst."[70] 1848년에서 1849년의 혁명이 실패로 돌아가면서 청년 헤겔학파의 "급진" 철학은 실천적인 측면에서 한계가 있다는 사실이 드러났을 뿐 아니라 그 매력 또한 크게 약화되었다. 그럼에도 포이어바흐는 자연과학이 의식의 역사적 개혁이라는 자신의 철학적 프로그램을 뒷받침하는 새로운 토대를 이룬다고 생각했다.[71] 포이어바흐는 몰레스호트의 물질대사 이론이 기독교적 세계관을 부인하는 것처럼 보일 수 있다는 이유로 몰레스호트의 급진적 유물론 이론이 유발할 수 있는 정치적 결과에 대해 거듭 지적했다. 따라서 몰레스호트의 물질대사 이론은 순수한 인식론적 문제에 그칠 수 있는 성질의 것이 아니다. 그럼에도 포이어바흐는 신과 같은 초월적인 존재가 아니라 "양분"이 모든 신체적 정신적 활동의 기초라고 주장하는 몰레스호트의 새로운 범신론("Hen kai pan" 또는 "하나이자 전부")을 높이 평가했다. 이와 같은 사실에서 혁명이 끝난 이후에도 포이어바흐가 『기독교의 본질』에서 주장한 이론을 이어 나갔다는 사실을 확인할 수 있다.[72]

1845년 이후 마르크스가 자연과학 유물론을 받아들이지도, 높이 평가하지도 않았다는 사실에서도 루트비히 포이어바흐와 야코프 몰레스호트의 유사성을 유추해 볼 수 있다. 포이어바흐와 마찬가지로 몰레스호트는 철학적 이원론과 자신의 급진 유물론적 세계관을 대립시키기 위해 모든 인식과 겉모습을 "본질", 즉 "물질"과 "힘"으로 환원하는 수준에서 쉽게 만족했다. 이와 같은 조악한 유물론을 펼친 결과 몰레스호트는 현실에 존재하는 모든 것을 물질과 힘으로 파악하는 무비판적인 유물론으로 빠지고 말았을 뿐 아니라 물질과 힘의 존재와 정확한 기능을 입증하지 못한 채 교조주의로 빠지고 말았다. 몰레스호트는 물질은 영원성과 파괴할 수 없는 속성을 지니고 있기 때문에 역사를 거치면서 그 모습이 변형되어 왔을지라도 본질은 변함없는 상태로 남아 있어야만 한다고 처음부터 전제했다. 그렇기에 몰레스호트는 역사 속에서 전환되어 온 인간과 자연의 구체적인 관계에 대해서는 관심을 가질 수 없다. 반면 『독일 이데올로기』에서 마르크스는 숨어 있는 진실과 본질을 인식론적 수준에서 지적하는 방식으로는 객관적으로 전도된 세계를 극복할 수 없기 때문에 현상을 곧바로 "본질"로 환원하기를 거부하고 객관적인 "겉모습"이 전도된 세계를 끊임없이 생산하고 재생산하는 역사적이고 사회적인 관계를 탐구하려고 시도했다. 포이어바흐는 1848년의 혁명이 실패로 돌아간 뒤에도 여전히 급진적인 사회 변화를 이루는 토대로 본질의 철학이라는 도식에 매달려 있었을 뿐 아니라 자연과학 유물론자들의 주장에 공감을 표시했다. 반면에 마르크스는 철학과 단호하게 결별하고 정치경제학과 자연과학 연구에 온 힘을 기울였다.

마르크스와 루트비히 포이어바흐가 양립할 수 없는 존재였음에도 알프레트 슈미트는 야코프 몰레스호트의 물질대사 이론이 마르크스에게 중요한 영향을 미쳤다고 주장했다. 그 이유는 슈미트가 마르크스의 이론과는 전혀 무관하게 자연을 존재론적으로 이해했기 때문이다. 슈미트는 마르크스의 사상에서 자연에 대한 "부정否定 존재론", 즉 자연이 자연과 사회를 아우르는 총체적인 상태로 존재할 뿐 아니라 사회 안에 침투해 있다는 이론을 찾아냈다고 주장한다. "자연 전체는 사회적으로 매개되고 사회는 완전한 현실의 구성 요소인 자연을 통해 매개된다."[73] 자연에는 임의로 변형할 수 없는 "소재적 측면[stoffliche Seite]"이 존재하기 때문에 슈미트는 총체적인 자연을 "이차 자연"으로 완벽하게 환원할 수 없다고 생각한다. "직접적인 노동 과정, 예를 들어 인간과 자연적 물질대사에서는 **소재적 측면**이 역사적으로 결정된 형태보다 우위에 있다."[74]

그러나 알프레트 슈미트는 사회적 결정과 대립하는 "소재적 측면"이 무엇인지 정확하게 설명하지 않음으로써 혼란만 가중시킨다. 이와 같은 결과는 우연이 아니다. 루트비히 포이어바흐와 야코프 몰레스호트가 인간과 자연의 관계를 초역사적인 존재론으로 환원했기 때문이다. 슈미트는 자신의 철학적 관심사에 부합하는 두 사람의 자연 개념에 공감을 표시한다. 결과적으로 슈미트는 "자연이 부과하는 영원한 필요"라는 단순한 인식에 결부된 "'존재론적' 존엄"에 입각해서 몰레스호트의 방식과 비슷한 방식으로 마르크스의 물질대사 이론을 단순화한다.[75] 모든 구체적인 맥락으로부터 분리되어 추상화된 자연의 환원 불가능성은 너무나도 명백하고 진부해서 "부정 존재론" 같은 기이한 철학 용어가 필요하지 않을 정도이다.

알프레트 슈미트의 스승인 테오도르 아도르노는 마르크스가 자연 법칙을 폐지할 가능성을 지나치게 낙관적으로 생각했다며 마르크스를 비판했다. "자연법칙이라는 가정을 문자 그대로 받아들여서는 안 된다. 즉, 자연법칙은 그 유형에 관계없이 이른바 인간의 설계라는 관점에서 존재론화된 것이 아니다. 모든 마르크스주의 이론 이면에서 가장 강력하게 작용하는 동기, 즉 자연법칙은 폐지될 수 있다는 동기가 이를 뒷받침한다."[76] 슈미트가 자연의 "부정 존재론"을 제시한 이유는 마르크스가 자연법칙을 초월하려고 하지 않았다는 사실을 보여 주어 아도르노의 비판에 맞서기 위한 것이라고 해석할 수도 있다. 하지만 이와 같은 방식으로 마르크스를 방어하는 일은 마르크스가 구상한 기획과는 아무런 상관이 없다. 아도르노는 처음부터 마르크스의 논점을 제대로 짚지 못했다. 사실 마르크스는 역사적인 동학 속에서 인간과 자연 사이에 이루어지는 물질대사의 "형태적" 측면과 "소재적" 측면 사이의 관계를 슈미트보다 훨씬 더 미묘한 방식으로 다루었기 때문이다.

알프레트 슈미트의 물질대사 이론이 자본주의 생산양식의 역사적 동학 속에서 변형된 자연을 구체적으로 검토하지 않은 상태에서 자연의 존재론적 측면만을 다루고 있다는 사실은 루트비히 포이어바흐의 철학을 "인간학적 유물론"이라고 부르면서 높이 평가하는 슈미트의 철학적 입장과 밀접하게 결부되어 있다.[77] 슈미트의 이론적 한계는 독일어로 출판된 『마르크스의 자연 개념』 4판에서 새로 작성한 서론에 드러나 있다. "생태적 유물론"을 발전시키려고 시도한 『마르크스의 자연 개념』 4판 서론에서 슈미트는 마르크스의 자연 개념을 다룬 과거의 저술에서 생태적 측면을 충분히 다루지 못했다는 사실을 인정하면서 마르크스의 이론에 대한 생태학적 비판 가능성을 재고하지만, 마르크스가 자연을 기술을 동원해 활용하고 조작할 수 있는 대상으로 취급했기 때문에 마르크스의 "인간중심주의"는 반反생태주의라고 비판한 과거의 입장을 강화하는 데 그치고 만다.[78] 슈미트는 다음과 같이 기록한다. "분명한 것은 마르크스의 성숙한 이론 역시 자연이 역사적으로 선험적인 관리, 지배, 억압 아래 놓여 있다는 사실을 잘 드러낸다는 점이다."[79] 자연의 도구화를 피하고 "생태적 유물론"에 대한 진정한 유물론적 입장의 토대를 구축하기 위해 슈미트는 부정 존재론이라는 자신의 철학에 걸맞게 포이어바흐의 『기독교의 본질』로 되돌아간다. 슈미트는 "아름다운 대상"에서 실현되는 인간과 환경의 조화를 발견하고자 했던 그리스인들의 세계관에 대한 포이어바흐의 설명에 의존한다.

> 루트비히 포이어바흐가 기술이 발전하기 이전 시대의 터무니 없는 세계관을 간직하고 있는 그리스인에게 의지한 것은 단순히 낭만적인 열망에서 비롯된 것이 아니다. 포이어바흐는 자신의 시대에 존재하는 여러 겹의 층 아래에 묻혀 있는 가능성, 즉 자연을 과학의 대상 또는 원료로서만 대하는 것이 아니라 예술에서와 마찬가지로 감각적이고 수용적인 의미에서 "미학적으로" 경험할 가능성을 일깨운다.[80]

알프레트 슈미트의 "유물론적 생태학"에서 중요한 것은 의식을 전환함으로써 근대에 이르러 지배적으로 이루어진 자연의 도구화를 뛰어

넘어 인간과 통합된 자연이라는 새로운 인식에 도달하는 것이다. 그러나 『독일 이데올로기』에서 루트비히 포이어바흐를 비판하면서 마르크스가 지적한 주요 논점은 사회적 조건과 물적 조건을 변화시키지 않은 상태에서 의식만을 변화시키려는 시도는 무의미하다는 사실이다. 마르크스는 추상적이고 감각적인 지각 또는 직관 자체에는 현실 세계의 조건을 전환할 수 있는 힘이 없다는 점을 지적한다. 그리고 이와 같은 관점은 슈미트의 "유물론적 생태학"과 양립할 수 없다.

"자연과학 유물론"을 넘어서

2009년 출간한 『카를 마르크스: 기술과 소외*Karl Marx on Technology and Alienation*』에서 에이미 E. 웬들링은 이른바 마르크스의 "자연과학 유물론"을 지지하면서 마르크스의 물질대사 이론에 대한 또 하나의 해석을 제시했다. 루트비히 뷔흐너의 『물질과 힘*Matter and Force*』(1855)이 마르크스에게 영향을 미쳤다고 주장하는 웬들링의 입장은 언뜻 보기에는 믿을 만한 것처럼 보인다. 그렇지만 마르크스와 자연과학 유물론자들이 양립할 수 없는 관계라는 점을 중심으로 웬들링의 해석을 검토해 볼 필요가 있다.

에이미 E. 웬들링은 마르크스가 자연과학과 자연과학 유물론을 접하게 되면서 마르크스의 "노동" 개념에 주요한 전환이 이루어졌다고 지적한다. 1840년대에는 아리스토텔레스, 존 로크, 애덤 스미스, 헤겔의 영향을 받은 마르크스가 노동 개념을 여전히 "존재론적"으로 이해했던 반면 『그룬트리세』 이후에는 루트비히 뷔흐너, 야코프 몰레스호트의 입장을 따르면서 유스투스 폰 리비히와는 반대로 "열역학" 가치론을 강조하기 시작했다는 것이다. 1840년대와 1850년대에 마르크스가 열역학을 진지하게 연구했다는 사실을 입증하는 직접적인 증거가 하나도 없는데도, 웬들링은 마르크스의 텍스트에서 그 흔적을 찾을 수 있다고 주장한다. 웬들링은 개별 자본의 탈바꿈을 유기적 신체에 비유하여 논의한 『그룬트리세』의 한 구절을 인용한다.

> 이와 같은 [자본의] 형태와 소재의 변화[Form und Stoffwechsel]는 유기적 신체의 형태와 물질의 변화와 같다. 예를 들어 24시간 안에 스스로 재생하는 신체가 있다면 그 신체는 단번에 다른 형태로 탈바꿈하는 것이 아니라 하나의 형태에서 다른 형태로 조금씩 전환되는 과정을 거치면서 새로워지는 것이다. 한편 신체에 존재하는 뼈는 고정자본으로, 뼈의 재생 시간은 살과 혈액이 재생되는 시간과 동일하지 않다.[81]

이 구절에서 마르크스는 물질대사 과정을 통해 생산되고 재생산되는 신체의 다양한 기관들이 교체와 파괴를 겪는 시간은 각자의 소재적 속성에 따라 다양하다고 주장한다. 에이미 E. 웬들링은 "고정자본"이 "유동자본"보다 생산 과정에 더 오래 존속하므로 정치경제학을 생리학에 비유하는 이러한 비유가 적절하다고 말한다. 마르크스가 이 인용문의 출처를 밝히지는 않았지만, 이 시기에 자연과학의 개념을 정치경제학에 적용할 만큼 자연과학에 매우 익숙해져 있었다는 것이다.

위 인용문과 관련된 자료를 찾아냈다고 주장한 에이미 E. 웬들링은 『그룬트리세』에서 마르크스가 "열역학" 패러다임으로 전환했다는 자신의 주장을 뒷받침하는 근거로 1855년 루트비히 뷔흐너가 출간한 『물질과 힘』의 한 구절을 인용한다. 웬들링이 인용한 구절의 출처는 『물질과 힘』의 영어 번역본이다.

> 사람은 입술을 통해 숨을 내쉬면서 섭취한 음식과 마신 물의 일부를 내뱉는다. 이와 같은 변화는 매우 빠르게 일어난다. 따라서 4주에서 6주가 지난 뒤에야 비로소 사람이 물질적으로 전혀 다른, 새로운 존재가 되었다고 말할 수 있다. **신체 기관 중 뼈는 예외인데, 더 단단하기 때문에 변화가 더 느리기 때문이다.**[82]

이 구절은 신체 내에서 이루어지는 끊임없는 물질대사 과정에서 뼈와 다른 기관을 명확하게 구분한다. 뼈는 다른 기관보다 더 단단하기 때문에 더 오랜 시간을 견딜 수 있다. 따라서 뼈는 유동자본에 비해 더 오래 지속되는 고정자본을 비유하는 데 사용된다.[83]

에이미 E. 웬들링의 책을 무심코 읽는다면 루크비히 뷔흐너가 마르크스에게 중요한 역할을 수행했다는 웬들링의 주장이 그럴듯하게 보일 것이다. 위 구절을 통해 마르크스가 "고정" 자본과 "유동" 자본이라는 핵심 범주를 구축하려고 노력한 흔적을 찾을 수 있기 때문이다. 한편 마르크스의 노동 개념이 뷔흐너의 책을 읽고 난 이후 열역학 패러다임으로 전환되었다는 웬들링의 주장 역시 믿을 만한 것처럼 보인다.

그러나 루트비히 뷔흐너의 저서를 독일어 원본으로 읽고 나면 에이미 E. 웬들링의 주장에 의심을 품게 된다. 독일어 원본에서 뷔흐너는 동일한 구절을 완전히 다른 방식으로 논의하고 있기 때문이다.

> 사람은 입술을 통해 숨을 내쉬면서 섭취한 음식과 마신 물의 일부를 내뱉는다. 이와 같은 변화는 매우 빠르게 일어난다. 따라서 4주에서 6주가 지난 뒤에야 비로소 사람이 물질적으로 전혀 다른, 새로운 존재가 되었다고 말할 수 있다. **원자는 교환되지만 그 조합 유형은 변함 없는 상태로 남는다.**[84]

위 구절에서 명확하게 알 수 있는 것처럼 루트비히 뷔흐너는 뼈를 다른 신체 기관과 비교하지 않는다. 뷔흐너는 유기적인 각 기관 요소의 "조합"에 대해 다룬다. 즉, 뷔흐너는 각 기관의 일반적인 생리학적 특성, 즉 물질대사 과정을 거치는 과정에서 요소는 끊임없이 변화하지만 각 기관의 "조합"은 그대로 남는다는 특성에 대해 언급한다. 숨을 쉬고 음식을 섭취하는 과정을 통해 유기적 신체는 지속적으로 교체되고 새로워진다. 그럼에도 불구하고 화학 분석을 통해 혈액이든 근육이든 뼈이든 관계없이 신체 각 기관의 유기 화합물 구성은 동일한 상태로 남아 있다는 사실을 확인할 수 있다. 끊임없이 이루어지는 흡수와 배설 사이에 등가관계가 성립하는 덕분에 각 기관의 조합이 일정하게 유지될 수 있다. 그리고 바로 이것이 뷔흐너가 물질대사를 "물질의 미세 분자가 영원히 그리고 지속적으로 순환되는 과정"이라고 표현한 이유이다.[85]

안타깝게도 에이미 E. 웬들링이 참고한 영어 번역본은 번역자가 원래 독일어 텍스트를 수정해 번역한 것이었다. 그러나 이와 같은 실수는 단순한 부주의에서 비롯된 것이 아니다. 거기에는 분명한 이유가 있다. 웬들링은 마르크스가 물질대사 개념을 사용한 『그룬트리세』에서 한 구절을 선택했다. 마르크스를 유스투스 폰 리비히와 관련해 논의할 때 일반적으로 등장하는 이 구절에는 자연과학 유물론을 혹독하게 비판하는 내용이 담겨 있다. 그러나 웬들링은 마르크스의 정치경제학에서 자연과학 유물론이 지니는 중요성을 강조하려는 의도로 이 구절을 인용했다. 웬들링에게는 1850년대에 마르크스가 "열역학" 패러다임으로 전환했다는 자신의 주장을 입증하기 위해 이 구절이 꼭 필요했던 것이다.[86]

루트비히 뷔흐너와 야코프 몰레스호트와 마찬가지로 에이미 E. 웬들링은 유스투스 폰 리비히의 이론을 그릇된 "생기론"이라고 비판하면서 리비히의 이론이 마르크스에게 미친 영향의 중요성을 부인한다. 심지어 웬들링은 "리비히의 계몽주의적 이상"으로부터 멀어졌기 때문에 마르크스가 열역학 패러다임으로 전환할 수 있었다고 주장한다.[87] 리비히의 생리학이 "생기" 가정으로 되돌아가기도 했던 것은 사실이다. 그러나 그렇다고 해서 리비히의 화학 분석과 화학적 방법을 생기론으로 완전히 환원할 수 있는 것은 아니다.[88] 웬들링은 리비히의 생리학 이론이 발전해 나가는 과정을 무시하는 한편 뷔흐너의 입장을 옹호하면서 리비히의 물질대사 이론에 마르크스가 강한 관심을 보였다는 사실을 등한시한다. 그 덕분에 웬들링은 매우 일면적인 입장을 가지게 되었다. 따라서 리비히의 이론을 거부하고 자연과학 유물론을 지지한 웬들링이 마르크스의 자연과학 탐구와 관련해 제시한 해석은 마르크스의 생태학적 관심을 제대로 설명하지 못한다. 물질의 몰역사적이고 영원한 순환을 옹호하는 이론은 리비히가 인정한 것처럼 인간과 자연 사이에 이루어지는 물질대사 상호작용이 교란된 결과 나타난 자연 자원의 고갈 같은 역사적 문제를 적절하게 추적할 수 없기 때문이다. "강탈 농업"이라는 리비히의 생태학적 비판은 생기론과 무관하다. 그리고 리비히의 농화학 가운데서도 바로 이와 같은 측면 덕분에 마르크스의 정치경제학 비판이 생태학적 측면에서 발전해 나갈 수 있었다.

다양한 기관의 다양한 재생산 시간을 제대로 강조하는 텍스트 자료라는 측면에서 살펴보면 독일 생리학자 겸 자연철학자인 카를 구스타프 카루스Carl Gustav Carus의 텍스트가 떠오른다. 롤란트 다니엘스가 마르크스에게 보낸 편지뿐 아니라 다니엘스의 저서인 『소우주』에도 카루스의 이름이 언급되므로 마르크스는 카루스의 저술에 대해 인지하고 있었을 것이다.[89] 『생리학의 체계System of Physiology』에서 카루스는 마르크스가 『그룬트리세』에서 지적한 것과 동일한 내용을 설명한다.

> 유기체의 기본 기관이 전환되는 시간 비율에 대해 언급할 필요가 있다. (…) 1) 실질 유체流體의 구성 요소가 가장 빠르게 변한다. 그 이유는 실질 유체가 모든 고체 기본 기관의 변화를 이끄는 조건이기 때문이다. 또한 모든 살아 있는 존재와 마찬가지로 실질 유체가 사멸과 발생이라는 지속적인 과정에 관여해야만 하기 때문이다. (…) 2) 고체 기본 기관 중에서는 부드러운 기관의 물질이 완전히 단단한 기관의 물질보다 더 빠르게 변화한다. 이와 같은 경향이 생기는 이유는 실질 유체의 경우와 마찬가지로 기관을 형성하는 유체가 단단한 기본 기관보다 부드러운 기본 기관에 더 많이 침투하므로 물질대사가 더 빠르게 일

어나기 때문이다. 다만 부드러운 기본 기관의 경우 실험을 통해 이와 같은 사실을 입증하는 것이 단단한 기본 기관에 비해 더 어려울 뿐이다.[90]

이와 같은 물질대사 개념을 바탕으로 카를 구스타프 카루스는 다양한 기관이 파괴되는 시간과 새로운 기관으로 교체되는 시간을 설명했다. 카루스가 말하는 유체, 즉 혈액이 가장 빠른 시간 안에 파괴와 교체가 이루어지는 기관이고, 그 뒤를 근육과 피부가 잇는다. 가장 느린 속도로 파괴와 교체가 이루어지는 기관은 뼈이다. 마르크스가 카루스의 논의에 대해 알고 있었을 가능성이 높은데, 만일 몰랐다고 하더라도 당시 활동한 다른 생리학자들 역시 동일한 내용을 강조했다. 마르크스는 카를 프라스가 『농업의 본질*Nature of Agriculture*』에서 설명한 내용을 발췌해 기록으로 남겼다.

> 물질대사가 어디에서나 이루어진다는 것은 사실이다. 그러나 완전한 교체를 의미하는 배설에 크게 기여하지 않는 것이 틀림없는 조직에서는 물질대사가 혈액, 혈액의 세포(과립), 혈장 같은 유체에서 이루어지는 물질대사보다 훨씬 약하게 이루어진다.[91]

따라서 루트비히 뷔흐너의 유물론이 『그룬트리세』에 중요한 역할을 수행했다는 에이미 E. 웬들링의 주장을 입증할 만한 확실한 증거는 존재하지 않는다. 게다가 뷔흐너의 철학적 견해와 생리학적 견해는 당시 활동한 다른 자연과학자들의 견해보다 설득력이 떨어진다.

다양한 기관의 다양한 재생산 시간에 대한 마르크스의 논의는 유스투스 폰 리비히의 물질대사 이론으로 완벽하게 환원될 수 없는 마르크스의 이론적 독창성을 잘 드러낸다. 마르크스는 리비히의 저술을 읽기 전에 이미 「성찰」에서 물질대사 개념을 활용했을 뿐 아니라 생리학 담론의 다양한 측면을 『그룬트리세』에 담았다. 리비히가 각 기관에서 이루어지는 흡수와 배설이 등가관계를 이루어야 한다는 사실을 강조한 것은 분명하다.

> 손가락을 아주 조금만 움직여도 힘이 소모된다는 사실을 생각해 보면 힘을 소모한 만큼 근육량이 줄어든다는 사실을 알 수 있다. (살아 있는 조직에서) **물질의 공급과 물질의 소모 사이에 등가관계**가 성립하려면 생명이 없는 형태에서 분리되거나 떨어져 나간 부분이 발생하는 경우와 생명 유지에 필수적인 조건을 상실하는 경우 해당 부분이 또 다른 기관에서 복원되어야만 한다.[92]

유스투스 폰 리비히는 끊임없는 물질대사 과정이 이루어지는 동안 "물질의 공급과 소모 사이에 등가관계"가 성립해야 한다는 사실을 인식하고 있었다. 그렇지 않으면 어린이와 노인에게서 나타나는 현상처럼 각 기관은 지속적으로 증가하거나 지속적으로 줄어들게 될 터였다. 카를 구스타프 카루스와 카를 프라스 같은 다른 생리학자들이 지적한 내용을 감안하면 리비히가 재생에 필요한 시간이 각 기관별로 상이하다는 사실을 추가하는 것은 그리 어려운 일이 아니었을 것이다. 그러나 리비히는 다양한 기관의 물질적 차이점을 지적하는 데까지는 나아가지 못한 채 단순히 등가관계의 필요성을 지적하는 데 그치고 말았다.

마르크스가 물질대사 이론을 발전시켜 나가는 데 유스투스 폰 리비히가 기여했다는 사실을 부인할 수는 없지만 『그룬트리세』를 통해 마르크스가 리비히의 물질대사 개념을 그대로 차용한 것은 아니라는 사실을 확인할 수 있다. 마르크스는 여러 저자들의 저술에서 물질대사의 다양한 측면을 받아들였다. 마르크스가 물질대사 개념을 비교적 독자적인 방식으로 활용했다는 사실은 이후 마르크스가 리비히의 입장을 공격하는 다양한 저술을 읽기 시작하면서 그 중요성이 더욱 커진다. 물론 그 이후에도 마르크스는 리비히의 토양 고갈 이론을 극찬했다. 물질대사에 관련된 다양한 저술을 탐독한 마르크스는 1868년부터 자신만의 생태학적 물질대사 이론을 발전시키게 되었다.

마르크스는 자연과학 유물론자들이 다양한 기관의 다양한 재생산 기간에 대해 관심을 기울이지 않는다는 사실과 그로 인해 발생하는 이론적 결함을 분명하게 인식하고 있었다. 『그룬트리세』를 집필하던 시기인 1858년 3월 5일 엥겔스에게 보낸 편지에서 마르크스는 다음과 같은 견해를 피력했다. "**유동자본**과 구분되는 기계의 재생산에 대해 생각해 볼 때 뼈의 재생산 시간을 인간의 신체가 스스로를 완벽하게 교체하는 데 소요되는 평균 시간과 대비하여 충분히 고려하지 않은 야코프 몰레스호트 같은 부류의 학자들을 떠올리지 않을 수 없네. 그들은 그런 상황에서도 경제학자들마냥 스스로 만족하고 말더군."[93] "야코프 몰레스호트 같은 부류의 학자들"에는 몰레스호트뿐 아니라 루트비히 뷔흐너와 카를 포크트도 포함된다. 이 구절에서 마르크스는 에이미 E. 웬들링이 뷔흐너를 높이 평가했던 바로 그 측면에 입각해서 뷔흐너의 생리학 분석을 비판한다. 그 이유는 뷔흐너가 물질대사의 전체 과정에서 구체적인 소재적 속성의 관계를 고려하지 않았기 때문이다. 자연과학 유물론자들은 대체로 뼈 속에 함유된 인의 양이나 변함없이 유지되는 기관의 원자 균형 같은 유물론적 "본질"을 인식하려고 했다. 마르크스가 고정자본과 유동자본의 관계를 분석하면서 사용한 생리학적 비유에서 파악할 수 있듯이 마르크스는 뷔흐너와 다르게 경제적 형태와 관련된 소재적 차이에 특별한 주의를 기울였다.

『그룬트리세』에서 생리학의 역할

지금까지 논의한 내용을 통해 마르크스의 물질대사 이론이 루트비히 포이어바흐가 내세운 본질의 철학에 더 가까웠던 야코프 몰레스호트와 루트비히 뷔흐너의 분석과 다르다는 사실과 마르크스의 물질대사 이론을 마르크스 자신의 정치경제학과 관련지어 검토해야 할 필요성이 있다는 사실을 이해하게 되었다. 앞서 살펴본 것처럼 몰레스호트와 뷔흐너는 포이어바흐와 마찬가지로 역사적 관계와 사회적 관계를 몰역사적인 본질로 환원했을 뿐 아니라 세계 전체를 영원불변한 물질의 다양한 조합으로 분해하기에 이르렀다. 알프레트 슈미트는 자연의 "소재적 측면"을 자본주의 사회에서 이루어진 역사적 변형과 결부시켜 이해함으로써 몰레스호트를 넘어서고자 했지만 성공하지는 못했다. 슈미트가 내세운 "부정존재론"이 여전히 포이어바흐가 내세운 본질의 철학에 사로잡혀 있기 때문이다. 1845년 이후 마르크스는 사용가치, 자연, 인간의 필요 같은 정치경제학의 "소재적 측면"을 분석하기 시작했다.

『그룬트리세』에서 마르크스는 "소재[Stoff]"와 "경제적 형태 규정" 사이의 관계를 다루는 자신의 정치경제학 방법론을 고찰했다. 우선 마르크스는 자신의 탐구 대상은 경제적 형태라고 지목하면서도 소재의 중요성에 대한 인식도 놓치지 않는다.

> 무엇보다 경제와 경제적 형태 외부에 존재하는 것으로 전제된
> 소재로서의 사용가치가 존재하는 범위와 사용가치가 경제와
> 경제적 형태 내부로 진입한 범위는 각각을 다루는 장을 발전시
> 켜 나가는 과정에서 분명해질 것이고 분명해져야 한다.[94]

『그룬트리세』에서 처음 분석을 수행하면서 마르크스는 "상품", "가치", "화폐", "자본" 같은 순수한 경제 범주를 체계적으로 발전시킬 목적으로 사용가치를 정치경제학의 대상에서 제외할 뿐 아니라 이미 주어진 조건으로 단순하게 취급한다. 예를 들어 광범위한 사용가치에 결부된 서로 다른 다양한 사물은 모두 "상품"이 될 수 있고 서로 다른 유형의 노동은 "가치"를 생산할 수 있다. 마르크스의 우선적인 목표는 "상품이란 무엇인가?", "가치란 무엇인가?" 같은 일반적인 질문에 답하는 동시에 이와 같은 범주에 객관적인 타당성을 부여하는 사회적 관계를 명확히 밝히는 것이다. 이와 같은 분석을 수행하는 과정에서 마르크스는 특별한 소재적 속성이나 특별한 사용가치에 대해 언급하지 않는다.

그러나 마르크스는 여기에서 그치지 않고 경제적 형태가 "전제된

소재"를 변형하는 범위와 전제된 소재가 현실에서 여전히 독립적인 존재를 유지하는 범위에 대해 묻는다. 경제 범주에 대한 마르크스의 체계적인 분석에는 자본에 의한 경제적 형태 규정이 세계의 소재적 측면을 적극적으로 변형하는 동시에 다양한 한계에 반복적으로 직면하는 과정이 포함된다.

이러한 맥락에서 볼 때 자연과학은 마르크스가 구상한 기획에 유용하다. 경제 분석의 소재적 측면을 이해하는 데 도움을 주기 때문이다. 이 사실은 마르크스가 엥겔스에게 보낸 편지에서도 확인할 수 있다. 편지에서 마르크스는 생리학 개념을 활용해 "고정" 자본과 "유동" 자본을 구분하여 설명한다. 『그룬트리세』를 집필하던 시점에는 자연과학 연구가 끝나지 않은 상태였지만 그럼에도 마르크스는 자연과학을 자신의 정치경제학 비판에 통합하려고 애썼다. 『그룬트리세』에서 마르크스는 동일한 생리학적 비유를 다시 한 번 강조한다.

> 자본과 마찬가지로 인간의 신체에서는 서로 다른 요소가 동일한 재생산 속도로 교환되지 않는다. 혈액이 스스로를 재생하는 속도는 근육이 스스로를 재생하는 속도보다 빠르고, 근육이 스스로를 재생하는 속도는 뼈가 스스로를 재생하는 속도보다 빠르다. 그리고 이와 같은 측면에서 볼 때 뼈는 인간의 신체에서 고정 자본에 해당한다.[95]

자본의 소모와 재생에 소요되는 서로 다른 재생산 시간을 결정하는 요인은 인간 신체의 재생산에서와 마찬가지로 각 소재의 자연적 속성이다. 노동 과정에서 석유, 수지, 목재, 석탄 같은 원료와 보조재는 한 번 사용되고 나면 다시 사용할 수 없으므로 모든 노동 과정마다 매번 다시 투입되어야만 하는 반면에, 건물과 기계 같은 다른 생산수단은 몇 년 이상 사용할 수 있으므로 노동 과정에 여러 차례 투입될 수 있다. 노동 과정에 투입되는 각 요소의 노화라는 측면에서 나타나는 이와 같은 차이는 우선 **순수하게 소재적**이다. 따라서 "경제 외부에" 존재한다.

마르크스는 첫 단계에서는 우선 "고정자본"과 "유동자본"의 구분을 "단순히 형태적인 구분"으로만 취급해야 한다고 주장한다. 고정자본과 유동자본이라는 자본의 두 가지 형태는 가치가 만들어 내는 서로 다른 수익 유형을 기준으로 구분할 수 있기 때문이다.[96] 따라서 마르크스는 동일한 소재가 고정자본과 유동자본 모두로 기능할 수 있다고 언급한다. 건물을 짓거나 기계를 제작하기 위해 생산자들이 구입하는 원료는 생산자들에게는 유동자본이지만, 원료를 복합적인 생산 과정에 투입하는 생산자들에게는 동일한 소재가 고정자본으로 기능할 수 있다. 따라서 동일한 원료라도 자본의 가치 증식 과정에서 수행하는 순수한 경제적 기능에 따라 서로 다른 경제적 형태를 부여받는다. 이와 같은 관점에서 마르크스는 다음과 같이 기록한다. "가치로서의" 자본은 "사용가치의 모든 특정한 형태와 무관하다."[97]

그러나 마르크스는 경제적 형태 규정이 사용가치의 모든 특유한 형태와 무관하다고 해서 경제적 형태를 담지하고 있는 것의 소재적 특징과도 완전히 무관한 것은 아니라고 곧바로 덧붙인다. 소재적 특성은 경제적 형태를 "규정하는" 요인으로 작용할 수 있다. 고정자본으로서 존재하는 실제 소재의 경우 더디게 노화되어 복합적인 생산 과정에서 계속 존재할 수 있기 때문이다. 소재의 내구성이 서로 다른 탓에 각각의 소재는 생산 과정에서 경제적 형태를 부여받는다. 이전에는 자본을 자본의 가치 증식이라는 관점, 즉 사용가치의 차이를 형태[Formbestimmung]로서의 "자본의 특수한 성격 외부에" 위치시키는 관점에서 "순수하게 형태적으로" "가변" 자본과 "불변" 자본으로 구분했다면, "순환 자본(원료와 생산물)과 **고정자본**(노동 수단)을 구분하는" 자본주의 생산 분석에서는 "요소를 자본의 형태[Formbestimmung]적인 측면에서 사용가치로서 구분하는 일과 자본 내에서 자본으로서 구분하는 일이 동시에 상정된다."[98] 또한 마르크스는 생산 과정에서 나타나는 소재적 차이가 과거에는 경제 분석 외부에 존재했다면, "이제는 자본 자체 내의 질적 구분으로서 그리고 자본의 전체 운동(회전율)을 결정하는 요인으로서 드러난다"고 언급한다.[99] 이제 자본을 담지하고 있는 소재는 유동자본과 고정자본의 범주적 차이를 결정하는 물적 근거로서 적극적이고 결정적인 역할을 수행한다. 사용가치의 소재적 본질은 자본의 조건을 결정하는 필연적인 요인이다. "가치가 존재하는 또는 이제 자본의 신체로 나타나는 **사용가치의 특별한 본질**은 그 자체로 자본의 **형태**와 자본의 활동을 **결정하는 요인**으로 나타난다."[100]

이와 같은 사용가치의 소재적 본질은 자본 축적에 막대한 영향력을 행사한다. 내구성이 더 높은 고정자본의 비중이 더 높을수록 가치 증식 과정에 매차례 투입되는 고정자본의 양은 더 적어지므로 고정자본의 회전율이 더 낮아지기 때문이다. 자본의 회전율이 더 낮아지는 이유는 기계의 도입과 도입된 기계의 발전이 수반되는 과정이 이윤율에 영향을 미치면서 자본의 회전율을 낮추는 자본주의의 역사적 경향에서 비롯된다. 마르크스는 순수한 경제적 형태 규정이 특정한 소재적 담지자에 의해 구현될 수밖에 없는 이유와 특정한 소재적 담지자가 자본 축적의 조건을 결정할 수 있는 요인으로 작용하는 방식을 분석한다.

이후 마르크스는 재생산 수준에서 자본의 가치 증식에 부과되는 이와 같은 소재적 한계를 고정자본과 유동자본의 차이에 입각해서 보다 자세하게 논의한다. 생리학적 비유를 통해 언급한 것처럼 유동자본은 고정자본보다 더 빠르게 제공되어야 하고 대체되어야 한다. 그렇지 않으면 생산 과정을 중단 없이 이어 갈 수 없다. 자본은 노동력과 기계뿐 아니라 필요한 원료와 보조재가 모두 존재하는 경우에만 스스로의 가치를 증식할 수 있다. 따라서 자본은 필연적으로 풍부하고 저렴한 원료와 보조재를 확보할 수 있는 방법을 찾는 데 관심을 가진다. 그렇게 할 경우 이윤율을 높일 수 있기 때문이다. 유동자본의 소비와 유동자본의 재생 사이에 이루어지는 균형은 변화하는 자연 조건에 따라 생산량이 달라지고는 하는 원료와 보조재의 부족으로 인해 갑작스레 기울어지거나 심지어 붕괴될 수 있다. 생산력이 더 커질수록 재생에 필요한 원료(목재와 철)와 보조재(석유와 석탄)의 양도 더 커진다. 그럴수록 생산은 자연 조건에 더 많이 의존하게 되므로 전체 생산의 불안정성도 더 커지게 된다. 작물 재배가 실패하거나 토양 및 광산이 고갈될 경우 자본 축적에 타격을 주어 생산 과정이 완전히 중단될 수 있다.

> 원료의 재생산이 재생산을 위해 투입된 노동에만 의존하는 것이
> 아니라 **자연 조건**에 결부되어 있는 노동의 생산성에도 의존하기
> 때문에 **동일한** 양의 노동이 생산한 산물의 **양**, 즉 규모는 (**적합치**

않은 **계절**적 요인의 영향으로 인해) 줄어들 수 있다. **따라서 원료의 가치가 상승한다.** (…) **원료**에 더 많은 노력을 기울이면 **노동**에 기울일 수 있는 노력은 줄어든다. 따라서 이전과 동일한 양의 노동을 흡수할 수 없다. 이전과 동일한 양의 노동을 흡수하는 일은 첫째, 원료가 부족하므로 **물리적으로 불가능하다.** 둘째, **생산물 가치**에서 더 많은 **부분**을 원료에 투입해야 하고 **가변자본**으로 전환할 수 있는 생산물 가치의 비중이 줄어들게 되므로 불가능하다. 동일한 규모로 재생산을 **반복**할 수 없다. **고정자본**의 일부를 놀리게 되고 노동자의 일부는 거리에 나앉게 된다.[101]

마르크스는 부분적으로는 자연 조건이 생산 과정에 비우호적인 요인으로 작용하기 때문에 그리고 부분적으로는 축적을 향한 자본의 규제되지 않는 열망 때문에 경제 위기가 발생할 가능성이 있다고 지적한다. 자본의 회전율은 순수하게 형식적인 가치의 운동인 반면 현실에서 실제로 이루어지는 가치 증식에는 소재적 측면이 필연적으로 부과된다. 따라서 고정자본과 유동자본 사이에 적절한 소재적 배분이 이루어지지 않는다면 자본의 가치 증식은 "물리적으로 불가능하게" 된다. 이와 같이 기록한 것으로 미루어 볼 때 자연을 완전히 지배할 능력을 갖추지 못한 자본에 위기가 발생할 가능성이 있다는 점을 마르크스가 인지하고 있었다는 사실을 확인할 수 있다. 이러한 위기는 사회적 물질대사와 자연적 물질대사 사이에 존재하는 균형의 교란과 다름없다.[102]

물론 축적을 향한 끝없는 열망을 가로막는 이러한 소재적 장애물을 자본이 수동적으로 수용할 리 만무하다. 한계에 부딪힐 때마다 자본은 한계를 극복하기 위한 노력에 즉시 착수한다. 이러한 의미에서 볼 때, 마르크스의 "재생산 도식"을 분석하면서 도식 내에서의 균형의 교란이 자본주의의 치명적 위기로 직접 귀결될 수 있다고 주장한 로자 룩셈부르크의 주장은 그릇된 것이다.[103] 룩셈부르크는 굽힐 줄 모르는 자본주의의 특성을 저평가한다. 마르크스가 여러 차례 강조한 것처럼 "자본은 탄력적"이어서 사회적 물질대사와 자연적 물질대사가 이상적인 균형에서 벗어나는 경우 반응할 수 있다. 마르크스는 다음과 같이 주장한다.

> 자본의 규모는 고정되어 있지 않다. 사회적 부의 일부인 자본은 탄력적이어서 잉여가치를 수익 자본과 추가 자본으로 분배하면서 끊임없이 등락을 거듭한다. 기능하고 있는 자본의 규모를 감안할 때 자본에 포함되어 있는 노동력, 과학, 지력地力(즉, 간단히 말해 인간의 개입 없이 자연이 제공하는 노동의 모든 대상)은 자본의 탄력을 구성한다. 덕분에 자본은 자체적인 규모와 무관하게 일정한 한계 내에서 활동할 수 있다.[104]

자본은 운송 체계와 교환 체계를 발전시킬 뿐 아니라 무상으로 또는 저렴하게 활용할 수 있는 새로운 자연 자원과 노동력을 찾기 위해 항상 노력한다. 이와 같은 의미에서 볼 때 "자본의 탄력"은 사실상 자본의 필요에 따라 집약적으로 그리고 광범위하게 활용될 수 있는 소재적 세계의 다양한 탄력적 특징에 기반을 두고 있다고 해도 과언이 아니다.

자본주의의 역사를 통해 확인할 수 있는 것처럼 자본은 다양한 대응 방법을 개발해 자본 축적을 가로막는 모든 한계를 극복하려고 한다. 그 결과 자본은 "자연과 인간의 질적 특성을 활용하는 일반 체계"와 "일반 효용 체계"를 구축하는 경향을 지니게 된다.

> 따라서 자연의 모든 측면을 활용해 사물에서 새롭고 유용한 질
> 적 특성을 찾아내려 하고, 모든 낯선 기후와 토지의 산물을 보
> 편적으로 교환하며, 자연적 대상을 새로운 (인위적인) 방식으
> 로 처리하여 새로운 사용가치를 부여하려고 한다. 모든 방향에
> 서 지구를 활용하여 사용할 수 있는 새로운 사물을 찾아내는
> 동시에 기존의 사물에서 유용한 새로운 특성(예: 원료 등의 새
> 로운 특성)을 찾아내려고 한다.[105]

자본은 새롭고 유용하며 저렴한 원료, 신기술, 새로운 사용가치, 새로운 시장을 찾아내기 위해 세계 전체를 활용하고 새로운 자연과학을 발전시켜 우호적이지 않은 계절적 요인이나 자원 부족으로 인해 자본 축적에 어려움이 발생하는 일을 방지하려고 애쓴다. 이 과정에서 자본은 자연과학과 기술을 동원해 자연을 지배함으로써 자연에 존재하는 모든 소재적 한계를 초월하려고 한다. 자본의 막대한 탄력은 세계를 무대로 활용할 수 있는 모든 것을 활용하는 능력에 기반을 두고 있다. 그리고 자본주의 역사에서 자본은 항상 크고 작은 생산 및 순환의 교란을 견뎌냈을 뿐 아니라 이를 극복하는 과정에서 더 발전해 왔다. 자본이 세계 전체를 활용하는 과정에서 자연은 사상 처음으로 "인간의 대상, 순수한 효용 대상으로서의 소재"로 전환된다. 마르크스가 이와 같은 현상을 "자본이 막대한 영향력을 행사한 문명화 과정"이라고 불렀다는 사실

은 널리 알려져 있다. 그리고 그 과정에서 기존의 생활 방식과 자연 자체는 끊임없이 파괴되어 왔다.[106]

그러나 마르크스는 자본이 자연을 지배하여 모든 한계를 초월한다는 것은 "이상"에 불과할 뿐 실제로는 달성될 수 없다고 지적한다. "자본이 모든 한계를 장애물로 상정하고, 이상적으로는 그 한계를 넘어설 수 있다는 말은 실제로는 자본이 그 한계를 극복하지 못한다는 말에 다름아니다. 자본이 직면하고 있는 모든 장애물은 자본의 성격과는 모순된다. 그렇기 때문에 자본의 생산은 한계가 극복되어야만 한다는 사실을 끊임없이 상정해야 하는 모순 안에서 운동할 뿐이다."[107] 소재들의 탄력성은 무한하지 않다. 그렇기 때문에 특정한 소재적 한계를 피할 수 없다. 이러한 이유로 자본이 소재적 한계를 극복하기란 불가능하다. 다만 자본이 직면하는 한계는 선험적으로 고정된 것이 아니라 변경될 수 있는 것이다. 따라서 자본은 신기술을 활용해 새로운 자원 매장지를 발견하거나 대체할 수 있는 다른 자원을 찾아내어 자연 자원의 고갈 문제를 해결하고, 가용 자연력을 더 낮은 비용이나 심지어 무상으로 활용하여 확장하는 방식으로 자신이 직면한 한계를 변경한다. 마르크스는 이와 같은 현상을 대립 경향의 통합이라고 부르면서 자본주의의 "살아 있는 모순"의 일부로 규정한다.[108] 이와 같은 모순의 징후를 확인하려면 구체적인 역사적 분석이 필요하다. 그러한 분석은 이 책의 탐구 범위를 벗어나는 것이지만, 그럼에도 자본주의의 일반적인 역사적 경향을 정립하는 데에는 어려움이 없다. 즉, 자본은 항상 생산력, 신기술, 국제 무역을 발전시킴으로써 그 자체가 직면한 한계를 극복하려고 노력하지만, 자본의 규모를 확장하려는 지속적인 노력의 결과로 인해 전 지구를 무대로 더 저렴한 원료와 보조재, 식품, 에너지를 찾아나섬으로써 (인간의 노동력을 포함한) 자연력을 활용하려는 경향을 강화한다. 그리고 이와 같은 과정은 자본주의 자체의 모순을 심화시켜 아마존 지역의 숲을 대규모로 벌목하고, 중국의 광산업을 통해 물, 토양, 공기를 오염시키며, 멕시코만의 석유 유출 사고를 일으키고, 후쿠시마 원전 사고를 유발하는 결과로 이어진다.

창의적이고 다양한 혁신과 급속한 기술 진보를 이룩했음에도 자본은 인간과 자연 사이에 이루어지는 물질대사 상호작용을 더욱더 많이 교란시켜 인간이 자신의 개성을 자유롭고 지속 가능한 방식으로 발전시키지 못하도록 방해한다. 그러나 이와 같은 생태 위기가 자본주의의 붕괴로 곧장 이어지는 것은 아니다. 이와 관련한 폴 버켓의 언급은 올바르다. "단도직입적으로 말해 인간이 절멸하지 않는 한 원칙적으로 자본은 악화된 자연 조건 아래에서도 축적을 지속할 수 있다."[109] "자본주의의 이차 모순"이라는 개념으로 널리 알려진 것처럼 세계의 생태계가 악화되어 인간 문명이 더 이상 존속할 수 없게 된 뒤에도 자본은 한동안 축적을 이어 나갈 가능성이 높다.[110] 그리고 바로 이것이 **인간의 지속 가능한 발전이라는 관점에서 볼 때** 자본주의 체제가 비합리적인 체제임을 판단할 수 있는 근거이다.[111]

마르크스의 가치론과 물상화론을 제외하고 설명했기 때문에 2장에서 제시한 설명만으로는 마르크스의 생태학과 위기 이론을 체계적으로 설명할 수 없다. 그럼에도 위의 논의를 통해 자연적 생산 조건이 자본 축적을 방해할 수 있다는 기본적인 개념을 확인할 수 있다. 마르크스는 자연과 자본 사이에 긴장이 존재한다는 사실을 인식하고 자신의 경제 분석에 물적 세계와 자연 세계의 관점을 포함시켜 순수하게 형식적인 경제 범주의 비합리성을 드러낸다. 이러한 맥락에서 볼 때 마르크스는 자연과학을 진지하게 탐구하여 자본의 효과적인 가치 증식을 위해 활용될 수 있는 "소재적 측면"과 자본의 효과적인 가치 증식을 가로막는 "소재적 측면"을 이해함으로써 "부정 존재론" 같은 추상적인 이론에 빠져들지 않을 수 있었다. 마르크스는 소재로서의 세계라는 관점에서 자본에 저항할 가능성을 충분히 이해하려고 시도한다.

결국 마르크스의 물질대사 개념이 『파리 노트』에서 마르크스가 제시한 추상적인 인간과 자연의 변증법 수준을 넘어섰다는 점을 다시 한 번 강조하는 것이 중요하겠다. 소재들을 인간의 개입과 무관하게 존재하는 것으로 상정한 루트비히 포이어바흐와 다르게 마르크스는 "소재" [Stoff]를 단순히 낭만적인 개념으로 사용하지 않는다. 『독일 이데올로기』 이후 마르크스의 비판은 인간과 자연의 관계를 초역사적으로 다루려고 하는 모든 유형의 시도를 거부한다. 오히려 마르크스는 인간과 자연 사이에 끊임없는 물질대사가 이루어지는 과정인 구체적인 노동 과정이 자본의 논리에 의해 급격하게 변형되는 방식을 분석한다. 따라서 마르크스는 다음과 같은 독창적인 질문을 던진다. "자본의 논리에 포섭됨으로써 (…) 노동 과정의 특성은 어느 정도로 변화하는가?"[112] 자본의 물상화된 지배로 인해 노동 과정에서 노동의 특성이 전환되었다면 인간과 자연 사이에 이루어지는 물질대사 전체도 급격하게 교란되었을 것이다. 그리고 이와 같은 모순이 성립되는 방식은 마르크스의 『자본』을 바탕으로 분석되어야 한다.

3
물질대사 이론으로서의 『자본』

최근 "마르크스의 생태학"과 관련된 논의가 활발하게 이루어지고 있지만, 그럼에도 마르크스의 생태학은 체계적으로 설명할 수 있는 것이 아니라는 비판적인 견해가 여전한 실정이다. 마르크스의 생태학을 비판하는 사람들은 마르크스가 남긴 저술에서 생태학과 관련된 언급이 산발적으로 등장한다는 사실로 미루어 보았을 때 마르크스가 생태학에 대해 진정 깊은 수준의 관심을 가지지 않았다는 사실을 확인할 수 있고, 따라서 마르크스의 생태학에 관련된 이론은 치명적인 결함을 안고 있다고 주장한다.[1] 이와 같은 관점에서 제이슨 W. 무어Jason W. Moore는 존 벨러미 포스터가 내세우는 "물질대사 균열" 이론은 "막다른 골목에 다다를" 수밖에 없다고 주장한다.[2] 1세대 생태사회주의자들이 고전파 마르크스주의자들이 채택한 접근법이 지니고 있는 잠재력을 지나치게 저평가한 덕분에, 자본주의에 대한 생태적 비판을 마르크스가 사용한 방법과 마르크스 자신의 체계에 부응하는 방식으로 발전시켜 나가야 한다는 중요한 과제가 수면 위로 떠오르게 되었다. 마르크스의 물질대사 이론이『자본』에 등장하는 마르크스의 가치론과 체계적으로 연관되지 않다는 1세대 생태사회주의자들의 생각은 잘못되었다. 이러한 잘못된 생각을 가진 사람들은 존 벨러미 포스터와 폴 버켓이 외따로 그리고 산발적으로 등장하는 생태학에 대한 마르크스의 언급을 그러모으는 일에만 급급하다고 비판하면서, 두 사람의 분석을 생태적 파국에 대한 "종말론적" 경고로 오해한다.[3]

마르크스의 물질대사 이론을 **체계적으로** 분석하여 마르크스의 물질대사 이론이 마르크스의 정치경제학 비판에 통합되어 있다는 사실을 밝히지 않으면, 마르크스의 생태학을 비판하는 사람들에게 자본주의 생산양식이 만족할 줄 모르는 자본 축적의 열망으로 인해 다양한 유형의 생태 문제를 야기하는 방식을 납득시킬 수 없을 것이다. 그뿐 아니라 인류가 자연적 물질대사와 사회적 물질대사를 지속 가능하게 규제하려면 전 지구적 차원에서 급격한 사회 변화를 이끌어야 하고, 비자본주의적이고 협력적인 경제 구조를 의식적으로 조성해야 한다는 사실도 납득시킬 수 없을 것이다.

『자본』에 대한 체계적인 해석을 제시하는 3장에서는 마르크스의 물질대사 균열 비판이 마르크스의 가치론으로부터 발전된 일관성 있는 주장이라는 사실을 제시할 것이다. 추상적인 노동에 대한 마르크스의 분석은 물상화된 상품 생산과 자연과의 지속 가능한 교류 사이에 자리 잡고 있는 근본적인 긴장을 잘 드러낸다. 마르크스의『자본』은 이와 같은 긴장을 분석해 자본이 자본의 논리에 따라 추상적인 노동을 쥐어짜 자본주의적 형태의 부를 창출하는 유일한 원천으로 삼는 한, 가치의 "주체화[Versubjektivierung]"로서의 자본은 자연과 일방적인 방식으로만 상호작용할 수 있다는 사실을 드러낸다. 『자본』에서 마르크스는 이와 같은 통찰력을 바탕으로 자본의 논리가 인간과 자연 사이에 이루어지는 끊임없는 소재들의 상호작용을 급격하게 변형하고 재조직하여 결국에는 인간과 자연 사이에 이루어지는 끊임없는 소재들의 상호작용을 파괴하고야 마는, 역사적으로 특정한 자본주의 생산의 동학을 추가 분석하기 위한 이론적 기초를 준비한다. 이와 같은 맥락에서 가장 중요한 것은 마르크스의 "물상화론"이다. 물상화론이야말로 자본이 가치 증식의 극대화를 위해 인간의 열망을 변형하고 나아가 자연조차 변형하는 방식을 설명할 수 있는 이론이기 때문이다.

"생태학"과 "물상화" 사이의 관계를 검토함으로써 정치경제학 비판의 초점이 사회적 "형태"와 경제적 "형태"에서 세계의 "소재적"[stofflich] 측면으로 옮겨지게 되었다. 경제적 형태가 규정된 결과 때문에 소재적 측면은 다양한 불일치와 부조화를 겪는다. 『자본』과 『자본』을 저술하기에 앞서 준비한 예비 수고에서 마르크스가 "소재"[Stoff]의 중요성을 자주 지적하고 있음에도 마르크스가 수행한 비판의 소재적 측면은 최근 서구 마르크스주의자들 사이에서 이루어진 논쟁에서 대체로 저평가되어 왔다. 그 대표적인 예로는 한스-게오르크 바크하우스와 헬무트 라이헬트의 "자본의 논리 Kapitallogik", 미하엘 하인리히와 잉고 엘베의 "새로운 마르크스 읽기", 크리스 아서Chris Arthur와 토니 스미스Tony Smith의 "새변증법New Dialectics"을 꼽을 수 있다.[4]

따라서 3장에서는 역사를 관통하는 물질대사로서의 노동 과정을 논의한 뒤, 서구에는 거의 소개되지 않았던 "구루마 학파"를 중심으로 일본에서 이루어진 마르크스 해석을 소개하고자 한다. 논의가 곁길로 새는 것 같아 보이지만, 일본에서 이루어진『자본』해석을 통해 마르크스가 노동력과 토양의 고갈을 자본주의의 모순의 표현으로 생각했을 뿐만 아니라, 자본에 저항할 수 있는 공간으로 생각했던 방식을 추가로 분석할 수 있는 안정적인 이론적 기초를 구성할 수 있을 것이다.

역사를 관통하는 물질대사로서의 노동 과정

인간과 자연 사이에 이루어지는 물질대사 상호작용이 자본의 경제적 논리에 따라 역사적으로 변형되어 왔다는 사실을 드러내기 위해서는 우선 생산이 가진 **역사를 관통하는** 보편적인 측면을 구체적인 사회적 측면으로부터 추상화해야 한다. 마르크스는 인간과 자연 사이에 이루어지는 물질대사 상호작용을 "특정한 사회적 형태와 무관한" 사용가치의 생산으로 규정한『자본』1권 5장[독일어판, 편집자] "노동 과정과 가치 증식 과정"에서 이와 같은 유형의 추상화를 수행한다.『자본』1권 5장에서 마르크스는 노동을 "인간과 자연 사이에서 이루어지는 과정, 즉 인간이 자신의 활동을 통해 인간과 자연 사이에서 이루어지는 물질대사를 매개하고 규제하며 통제하는 과정"이라고 규정한다.[5] 나아가 마르크스는 노동의 성격을 동물의 본능적인 활동(예: 거미가 거미줄을 치는 활동 또는 벌이 벌집을 만드는 활동)과 대비되는 **인간**의 특정한 활동으로 규정한다. 인간은 자연을 대상으로, 즉 외부 세계를 대상으로 현실화하고 **목적의식을 가지고** 작업할 수 있다. 그럼으로써 인간은 자신의 머릿속에 들어 있는 생각을 실현한다. 노동은 목적을 가지고 의식적으로 수행되는 생산 활동이자 인간과 자연 사이에 이루어지는 물질대사 상호작용을 매개하거나 규제하는 활동이다.

물질대사를 매개하는 활동으로서 노동은 근본적으로 자연에 의존하고 자연에 의해 조건화된다. 인간의 생산은 자연의 속성과 힘을 무시할 수 없다. 인간은 노동 과정에서 자연의 도움을 받을 수밖에 없다. 따라서 노동은 자연을 대상으로 임의로 작업할 수 없다. 즉, 인간의 노동이 자연을 변형할 수 있는 범위에는 특정한 소재적 한계가 있다.

> 생산을 시작한 인간은 오직 자연이 수행하는 방식으로만 생산할 수 있다. 즉, 인간은 소재의 형태만을 바꿀 수 있을 뿐이다. 나아가 인간은 이와 같은 변형 작업에서조차 끊임없이 자연의 힘에 도움을 받는다. 따라서 노동은 물적 부, 즉 노동이 생산하는 사용 가치의 유일한 원천이 아니다. 윌리엄 페티의 말대로 노동은 물적 부의 아버지이고 자연은 물적 부의 어머니이다.[6]

물적 부의 "어머니"인 자연은 노동 과정에서 노동의 대상을 제공할 뿐 아니라 생산자와 함께 적극적으로 작업한다. 『자본』에서 마르크스는 물적 부를 생산하는 데 자연이 담당하는 근본적인 기능을 인식하는 동시에 자본주의 이후 사회에서도 자연이 근본적인 기능으로 작용하게 될 것이라는 사실을 인식한다. 인간과 자연 사이에서 이루어지는 영구적인 물질대사 상호작용을 규제하는 구체적인 노동은 자연으로부터 소재를 가져와 사용하기도 하지만 폐기물을 비롯한 노동의 산물을 감각 세계에 되돌려 주기도 한다. 이와 같은 방식으로 이루어지는 순환 과정은 초월할 수 없는 물적 조건으로서 인간의 삶에서 꾸준히 이어진다.

마르크스는 물적 과정인 노동 과정을 다음과 같이 요약한다.

> 노동 과정은 (…) 사용가치를 생산할 목적으로 이루어지는 합목
> 적적 활동이다. 노동 과정은 인간의 필요를 위해 자연에 존재하
> 는 것을 전유한다. 노동 과정은 인간과 자연 사이에 이루어지는
> 물질대사 상호작용[Stoffwechsel]의 보편적인 조건이다. 즉, **자연
> 이 끊임없이 부과하는 인간 생존의 조건이다.** 따라서 노동 과정은
> 존재하는 모든 형태와는 독립적이며 인간이 살아가는 모든 사회
> 적 형태에 보편적인 것이다.[7]

이와 같은 노동의 정의는 생리학적인 사실이면서도 역사를 관통하
는 사실, 즉 인간의 생산과 재생산이 예외 없이 자신이 처한 환경과 끊
임없이 상호작용하는 가운데 일어날 수밖에 없다는 사실을 명확하게
보여 준다. 다시 말해 인간이 생산하고 재생산할 수 있으려면, 즉 지구
상에서 살아가려면 인간은 자연과 끊임없이 교류하는 수밖에 없다.

이와 같은 정의는 마르크스의 물질대사 이론의 출발점에 불과하다.
따라서 여기에서는 노동 과정이 "가장 단순하고 추상적인 요소"로 제시
될 뿐이다.[8] 인간 생산이 필연적으로 자연에만 의존한다는 언급은 진부
하게 느껴질 수 있다. 마르크스는 이러한 진술을 과대평가하지 말 것을
여러 차례 당부한다. 이러한 유형의 역사를 관통하는 조건은 "모든 생산
의 근본적인 계기에 지나지 않을" 뿐 아니라 "생산의 모든 단계에 공통적
으로 적용되는 특징이자 생각 속에서만 일반화될 수 있는 특징으로, 이

른바 모든 생산의 **일반 조건**은 진정한 생산의 역사적 단계를 파악할 수 없는 추상적인 계기에 지나지 않기" 때문이다. "동어반복에 불과한 아주 단순한 몇 가지 특징"을 토대로 마르크스의 생태학적 자본주의 비판을 온전하게 발전시킬 수 없다는 것은 분명하다.[9] 노동 과정에 대한 마르크스의 논의 하나만을 토대로 생태학적 측면을 찾아내려는 시도는 추상적인 시도에 그치는 무용지물에 불과할 뿐이다. 마르크스의 이론에서 생태학적 측면을 찾아내기 위해서는 자연을 통해서 인간이 생존하고 있기 때문에 자연을 존중해야 한다는 투의 단순한 도덕적인 비판을 지양해야 한다. 마르크스의 생태학이 마르크스의 경제 체계의 일환이라는 사실을 밝히기 위해서는 근대에 접어들어 이루어진 환경 파괴를 인간의 생산 측면에서 살펴볼 때, 역사적으로 특정한 단계인 자본주의 생산양식과 연계해서 이해해야 한다. 바로 이와 같은 작업이 『자본』에서 마르크스가 가치론과 물상화론을 통해 수행하려고 했던 작업이다. 마르크스는 인간과 자연 사이에 이루어지는 이러한 역사를 관통하는 과정이 자본주의에서 역사적으로 이루어지는 특정한 노동 형태를 통해 **일방적인 방식**으로 매개될 수밖에 없는 이유를 설명한다.

마르크스 이론의 핵심으로서의 물상화

마르크스는 자본주의 생산양식의 "근본 형태"인 "상품" 분석으로 『자본』을 시작한다. 상품은 "가치"와 "사용가치"라는 두 가지 측면을 지닌다. 그리고 상품을 생산하는 노동 역시 "추상적인 인간 노동"과 "구체적인 유용 노동"을 비롯한 여러가지 특징을 지닌다. 구체적인 유용 노동에는 제직製織, 재봉 같은 질적으로 서로 다른 일련의 노동 유형이 포함되고, 이 노동은 마직물과 코트 같은 질적으로 다양한 사용가치를 생산한다. 소재를 변형해서 다양한 사용가치를 생산하는 구체적 활동으로서의 인간 노동은 인간과 환경 사이에 물질대사 상호작용이 이루어지는 역사를 관통하는 생리학적, 소재적 계기를 표현한다. 마르크스가 규정한 구체적인 노동의 특성에 대해서는 논란이 없는 반면 추상적인 노동 역시 **소재적**이라는 마르크스의 주장은 뜨거운 논쟁의 대상이 되어 왔다.

마르크스의 정의에 따르면 상품 생산을 통해 사회 내에서 상품의 가치를 창출하는 추상적인 인간 노동은 모든 구체적인 특징으로부터 추상화되어 보이지 않고 만질 수 없다. 나아가 마르크스는 이와 같은 가치는 순수하게 사회적으로 만들어진 것이라고 명확하게 언급한다. 그러나 마르크스는 추상적인 노동이 생리학적이면서도 역사를 관통하는 것이라는 주장도 확고하게 유지한다. "모든 노동은 **생리학적인 의미에서 인간의 노동력을 소모**한다. 이와 같은 특성을 고려할 때 상품의 가치를 형성하는 것은 동등한 또는 추상적인 인간 노동이다."[10] 한편 마르크스는 다음과 같이 덧붙인다. "유용 노동의 유형 또는 생산적인 활동의 유형이 아무리 다양하더라도 이 모두가 인간 유기체의 기능이라는 사실은 부인할 수 없는 생리학적인 사실이다. 한편 이러한 기능이 어떤 본질 또는 어떤 형태를 취하든 관계없이 근본적으로 인간의 뇌, 신경, 근육, 감각 기관을 소모한다는 것 역시 부인할 수 없는 생리학적인 사실이다."[11] 이와 같은 "생리학적인 사실"은 노동력의 소모가 일어나는 모든 경우에 적용된다. 그리고 이러한 의미에서 추상적인 노동 역시 구체적인 노동과 마찬가지로 소재적이고 역사 관통적이다.

이와 같은 『자본』의 주장과는 반대되는 아이작 일리치 루빈의 해석은 광범위한 지지를 받았다. 오늘날에도 미하엘 하인리히, 리카도 벨로피오레Riccardo Bellofiore, 베르너 보네펠트 같은 마르크스주의자들은 추상적인 노동이 소재적이거나 역사를 관통하는 것이 아니라 자본주의 생산양식에 고유한 노동의 특성과 관련된 순수한 사회적인 형태라고 주장한다.[12] 이러한 지배적인 흐름에 맞서 『자본』 1권 1장에 등장하는 마르크스의 이론적 목적이 올바르게 이해되지 못하고 있다는 사실을 밝히고, 이러한 잘못된 이해로 인해 마르크스의 이론이 근본적으로 "양면적"이라는 주장이 등장하게 되었다는 사실을 강조할 필요가 있다.[13] 사실 추상적인 노동에 대한 마르크스의 설명은 일관성 있게 해석할 수 있다. 이는 이 책의 논의를 이어 나가는 데 무척이나 중요하다. 그 이유는 추상적인 노동에 대한 마르크스의 설명이 마르크스의 생태학에 대한 체계적인 분석의 이론적 기초를 이루기 때문이다. 앞으로 논의하게 되겠지만 생태학은 추상적인 노동의 소재적 특성에 초점을 맞춤으로써 마르크스의 가치론을 이목을 끄는 생산적인 방식으로 해석할 수 있다는 사실을 잘 드러내 주는 훌륭한 사례이다. 이러한 맥락에서 일본의 구루마 사메조久留間鮫造와 오타니 데이노스케가 제시한 마르크스 해석을 살펴보는 것도 가치 있는 일일 것이다.[14]

일본에서도 『자본』 1권 1~3장과 관련된 뜨거운 논쟁이 벌어졌다. 가장 일관성 있는 해석을 제시하는 학파는 구루마 학파로, 이 책에서는 구루마 학파의 해석을 토대로 마르크스의 생태학에 대한 탐구를 이어 갈 것이다. 구루마 사메조가 마르크스 연구에 기여한 바는 널리 알려지지 못했다. 다만 15권에 달하는『마르크스 정치경제학 사전Marx-Lexikon zur politischen Ökonomie』을 출간한 독일에서 예외적으로 구루마뿐 아니라 공동 편집자로 참여한 오타니 데이노스케를 비롯한 여러 제자들의 이름이 알려지게 되었는데, 구루마의 주요 저술인『화폐의 기원에 관한 마르크스의 이론: 상품 화폐의 정의, 등장 방식과 이유』는 독일에서조차 큰 주목을 받지 못했다.[15] 따라서 3장을 통해 지금까지 묻혀 있던 구루마의 유산을 일본 이외 지역의 독자들에게 소개할 기회를 가지고자 한다.

『자본』에서 상품 범주부터 분석을 시작한 마르크스는 가장 먼저 단순 상품 생산의 특징을 다룬다.[16] 상품 생산은 역사적으로 특정한 노동 분업을 토대로 이루어지는 사회적 생산 형태이다.『경제학사』에서 구루마 사메조(와 공동 저자인 타마노이 요시로玉野井芳郎)는 "사적 노동"이 근대 생산관계를 이해하는 데 핵심적인 개념이라고 지적하면서 상품 생산의 특징을 설명한다.[17] 구루마는 마르크스가『자본』에서 "사적 노동"을 토대로 노동의 사회적 분업에 대해 제시한 설명을 이어 간다. 마르크스는 다음과 같이 기록한다.

> 효용의 대상은 서로 독립적으로 작업하는 사적 개인의 노동의 산물인 경우에만 상품이 된다. 이와 같은 사적 개인이 수행한 노동의 총합은 사회의 노동의 총합을 이룬다. 노동의 산물을 교환하기 이전에는 생산자들이 사회적으로 접촉하지 않기 때문에, 생산자들이 수행하는 사적 노동의 사회적 특성은 오직 교환이 이루어지는 경우에만 등장한다. 즉, 사적 개인의 노동은 생산자들 사이에서 생산물을 매개하는 과정에서 그리고 생산물을 교환

하는 활동에서 맺어지는 관계를 통해서만 사회의 총노동의 요소
로서 그 모습을 드러낸다.[18]

마르크스는 "사적 개인"이 수행하는 "사적 노동"을 통해서 만들어진
노동의 산물만이 상품이 된다고 명확하게 주장한다. 이때 "사적 노동"
의 개념을 개인이 개인적 즐거움이나 취미의 일환으로 수행하는 노동,
즉 사회적 생산으로부터 분리된 노동과 혼동해서는 안 된다. 사적 노
동 개념은 노동의 사회적 분업(다른 생산자의 산물과 무관한 노동)의 일환
으로 이루어지지만, 그럼에도 사회적 고려가 전혀 없는 상태에서 "서로
독립적으로" 이루어지는 성격을 갖는 노동을 지칭한다. 따라서 생산자
는 다른 사람이 실제로 무엇을 원하는지 알지 못하는 상태에서 생산해
야만 한다.

구루마 사메조는 사적 노동을 토대로 한 "노동의 사회적 분업"이 성
공적으로 이루어지는 방식에 대해 설명한다. 한 사회에서 활용할 수 있
는 모든 가용 노동의 총합은 예외 없이 유한하다. 사회 구성원이 1년 동
안 일할 수 있는 시간이 한정되어 있기 때문이다. 이와 같은 사실은 단
순한 생리학적인 사실이다. 개인이 자신의 필요를 스스로 만족시킬 수
없고 다른 사람에게 의존하여 만족시킬 수 있는 사회라면 어느 사회에
서든 생산의 각 부문에 공급되는 모든 노동을 적절하게 "할당"하고 이
를 실현해야만 한다. 그렇지 않으면 사실상 사회의 재생산이 이루어질
수 없기 때문이다. 필요한 생산물 중 일부는 과잉 공급되는 반면 일부
는 과소 공급된다면 개인의 필요를 만족시킬 수 없고, 추가 생산이 이루
어진다고 하여도 이와 같은 사실은 바뀌지 않는다. 게다가 사회에서 재

생산이 성공적으로 이루어지려면 사회 구성원에게 생산물을 적절하게 "분배"할 수 있는 양식이 필요하다. 따라서 노동의 총합을 할당하는 일과 생산물의 총합을 분배하는 일은 사회가 존속하는 데 모든 역사를 관통해서 필요한 본질적인 물적 조건이다.[19]

비자본주의적 형태의 사회적 생산과 자본주의적 형태의 사회적 생산을 비교해 보면 근대에 이루어진 노동의 사회적 분업의 특수성을 쉽게 이해할 수 있다. 사적 노동을 바탕으로 하지 않는 노동의 사회적 분업 형태에서는 노동 활동이 실제로 이루어지기 **이전**에 특정한 개인의 의지에 의해 할당과 분배가 규제된다. 이때 규제의 방법은 독재적일 수도 전통적일 수도 민주적일 수도 있다. 그 결과 사회에서 이루어지는 노동의 총합은 각각의 구체적인 노동에 할당될 수 있고 생산물 역시 사회 구성원 사이에서 분배될 수 있다. 이와 같은 유형의 사회적 생산이 가능한 이유는 사회적 필요가 언제나 생산 활동이 이루어지기 이전에 파악되기 때문이다. 모든 생산이 사회의 필요에 대한 지식을 바탕으로 이루어지는 경우 각 개인의 노동은 사회의 재생산에 기여하게 되므로 **직접적인** 사회적 성격을 띠게 된다.

다른 사회 형태와 마찬가지로 상품 생산 사회 역시 이와 같은 역사를 관통하는 물적 조건의 지배를 받으므로 노동을 할당하고 생산물을 분배하는 체계가 필요하다. 상품 생산 사회에서 나타나는 노동의 사회적 분업은 개인이 수행하는 노동 활동이 **사적 활동으로** 조직되고, 노동이 수행되는 순간에는 전체 사회적 노동의 일부가 되지 않는다는 점에서, 다른 사회 형태에서 나타나는 노동의 사회적 분업과 상당히 다르다. 따라서 노동이 수행되기 전이 아니라 노동이 수행된 **이후**에야 비로소 적절한 "할당"과 "분배"가 실현될 수 있다. 그러므로 이러한 사적 노동은 사회적 성격을 띠지 않을 뿐 아니라 전체 사회적 노동의 일부를 구성하지도 않는다. 생산이 이루어지는 순간 수행되는 노동은 언제나 헛되이 수행될 가능성이 존재한다. 생산물을 필요로 하는 사람이 없을 가능성이 있기 때문이다. 상품 생산 사회의 **진정한 모순**은 모든 생산자가 물적으로 상호 의존하고 있고 이에 따라 모든 사람이 자신의 필요를 만족시키기 위해 다른 사람과 사회적으로 접촉할 수밖에 없음에도, 개인의 노동은 완전히 사적인 계산과 판단에 의해 수행되어야만 한다는 것이다. 구루마 사메조는 이와 같은 모순이 존재하는 탓에 사적 노동을 통해 사회적 생산과 재생산을 지속해 나가기 위해서는 "우회"하지 않으면 안 된다고 주장한다.[20]

구루마 사메조는 사적 생산자가 자신이 생산한 산물을 매개로 다른 사적 생산자와 관계를 맺는 순간 이와 같은 우회가 이루어진다고 주장한다. 사적 생산자의 노동 활동은 사회적 성격을 지니지만, 그럼에도 사적 생산자는 서로 직접적인 관계를 맺을 수 없다. 그렇기 때문에 사적 생산자들이 서로 처음으로 접촉하기 위해서는 "생산물을 교환하는 활동"을 통해 물상화된 관계를 맺어야 한다. 상품 교환을 통해 사적 생산자의 생산물이 다른 사람의 필요를 실제로 충족하여 사용가치로서의 사회적 특징을 입증한다면, 사적 노동은 그제서야 사회적으로 유용한 노동으로 간주되고 확장된 형태의 사적 노동으로서 그 사회적 성격을 **소급하여** 확인받을 수 있다. 할당의 측면에서 볼 때 상품 교환이 성공적으로 이루어졌다는 사실은 생산물이 사람들의 필요를 실제로 충족했다는 것을 의미하기에, 이와 같은 노동은 사회에 필요하지 않은 것을 생산하는 데 할당되어 낭비된 것이 아니라 쓸모 있게 할당되었다고 볼 수 있다. 생산물의 분배의 측면에서 볼 때 상품의 교환을 통해 사회 구성원에게 생산물이 동시에 분배된다. 상품 생산 사회에서 생산과 재생산의 물적 조건은 이와 같이 특정한 방식으로 조직된다.

사적 생산자 사이에 이와 같은 방식의 사회적 관계가 가능한 이유는 노동의 산물이 지니는 특정한 소재적 조건 때문이다. 즉, 생산물이 매개하는 사회적 접촉이 가능한 이유는 소재적 사용가치가 다른 사람의 열망의 대상일 수 있기 때문이다. 사적 생산자가 다른 생산자의 생산물을 필요로 하기 때문에 사용가치의 사회화가 일어나 생산자가 상호 접촉할 수 있게 되는 것이다. 이와 같은 사용가치의 사회화는 생산물이 (사회적으로 조건화된) 인간의 특정 필요를 만족시킬 수 있는지 여부에도 달려 있지만 본질적으로는 각 생산물의 소재적 특징을 토대로 결정된다.

그렇더라도 모든 어려움이 사라지는 것은 아니다. 다양한 생산물의 교환에 활용할 **기준**으로 기능하는 것이 무엇인지 이해할 필요가 있기 때문이다. 각 생산물의 사용가치는 모두 다르기 때문에 교환에 적용할 수 있는 공통의 척도가 존재하지 않는 것처럼 보인다. 그러나 마르크스가 주장한 것처럼 이와 같은 공통의 척도는 존재할 뿐 아니라 상품 교환의 특징을 잘 드러내는 존재로 기능한다. 상품 교환은 다른 교환 형태와 다르게 **가치 관계**를 특징으로 한다. 마르크스는 다음과 같이 기록한다. "노동의 산물은 교환을 통해서만 가치라는 사회적으로 단일한 객관성을 획득한다. 이때 가치는 감각적으로 다양화된 객관성, 즉 효용의 규칙과는 완전히 다른 것이다."[21] 질적으로 다른 사용가치를 지니는 상품들이 상품 교환 과정을 통해 등가 가치 관계에 들어선다. "가치"는 다양한 생산물을 비교할 수 있게 만드는 공통의 기준으로 기능한다. 사적 노동은 다양한 상품 사이의 가치 관계를 통해 매개됨으로써 사회적 노동으로서 그 모습을 드러내 서로 관계를 맺을 수 있다. 사적 노동의 특성 때문에 가치가 필요한 것이므로, 가치는 소재의 자연적 속성이 아닐 뿐더러, 다른 사회적 생산 형태에서는 등장하지 않는 존재이다. 가치는 소재적 특징과는 무관한 존재로, 상품 생산이라는 역사적으로 특정한 사회적 관계 아래에서만 존재하는 사물의 "순수하게 사회적인" 성격이다.

마르크스는 가치의 "실체"가 추상적인 노동이라고 주장했다. 마르크스는 노동의 구체적인 특징을 추상화한 결과 사적 노동이 생산물로 대상화되는데, 이때 생산물은 생리학적인 의미에서 인간 노동력의 소모를 의미한다고 언급했다. "가치"와 "추상적인 노동"의 관계라는 측면에서 생각해 볼 때 무엇보다 분명한 사실은 가치라는 범주가 근대의 특정한 사회적 노동 분업과 근본적으로 연계된다는 것이다. 상품 생산 사회에서는 추상적인 노동이 가치로서 대상화되는 현상이 필연적으로 등장할 수밖에 없다. 그 이유는 사적 노동 시장이 존재함에도 불구하고 모든 가용 노동의 총합은 사회적으로 할당되어야만 하기 때문이다. 사적 생산자들이 가치를 매개로 사회적으로 접촉할 수 있으므로, 추상적인 노동이 대상화된 존재인 가치는 순수하게 사회적인 소재의 속성이다. 순수하게 사회적인 구성물인 가치는 만질 수 있거나 냄새를 맡을 수 있는 사용가치와 다르게 감각적인 형태를 지니지 않는다. 따라서 마르크스가 가치를 "환영 같은 대상화"라고 지적한 것은 올바르다. 모든 구체적인 측면을 추상화한 뒤에는 추상적인 노동을 소재적으로 대상화할 수 없기 때문이다. 따라서 추상적인 노동은 오직 "환영 같은" 모습으로

만 자신을 드러낸다.[22]

그러나 추상적인 노동 또한 "순수하게 사회적"인 것은 아니다. 오히려 "가치"와 "추상적인 노동"은 엄격하게 구분되어야 한다. 많은 사람들이 추상적인 노동이 가치를 창출하는 노동이기 때문에, 가치가 순수하게 사회적이라면 추상적인 노동 역시 순수하게 사회적이라고 주장한다. 이와 같은 설명은 언뜻 보아도 납득하기 어렵다. 이와 같은 주장은 "가치를 창출하는 노동이 가치를 창출한다"는 동어반복에 지나지 않기 때문이다. 즉, 이러한 주장은 그저 순환논리에 그칠 뿐이다.

따라서 가치와 추상적인 노동을 구분하고 추상적인 노동의 내용을 확인하는 방법이 보다 유용하다. 앞서 언급한 것처럼 가치는 순수하게 사회적이다. 상품 생산을 특징으로 하는 특정한 사회에서는 사적 생산자 사이의 사회적 접촉이 생산물을 매개로 해서만 이루어질 수 있기 때문에, 인간 노동의 한 측면인 추상적인 노동이 가치로서 대상화되어야만 한다. 즉, 추상적인 노동의 대상화는 사적 생산자들이 무의식적으로 어쩔 수 없이 수행하는 특정한 사회적 행동을 통해서만 일어난다.

반면 추상적인 노동은 생리학적이기도 하다. 모든 사회에서 추상적인 노동은 역사를 관통해서 형성되어 사회적 역할을 수행하기 때문이다. 주어진 시간이 유한할 경우 인간 노동력의 소모를 의미하는 노동의 총량은 제한적일 수밖에 없기에, 사회 재생산을 목적으로 노동력을 적절하게 할당하는 일은, 사회를 재생산할 때 언제나 큰 의미를 지닐 수밖에 없다. 구체적인 노동으로 살펴봤을 때에 노동은 다양하고 서로 대체할 수 없지만, 사회에서 유한한 노동의 합의 일부를 소비한다는 측면에서 볼 때에는 예외 없이 **생리학적**으로 동일할 뿐 아니라 서로 비교할 수 있다. 이러한 추상적인 노동의 측면은 모든 사회의 노동 분업에 근본적인 것이므로 역사를 관통해서 역할을 수행한다. 마르크스는 다음과 같이 주장한다. "발전 단계에 따라 그 정도가 다르기는 하지만 모든 상황에서 생활 수단을 생산하는 데 투입되는 노동시간은 인류의 필연적인 관심사이다."[23] 모든 사회는 노동의 총합에 관심을 기울여야 한다. 노동의 총합을 신중하게 사용하지 않으면 일상생활에 반드시 필요한 생산물을 얻을 수 없기 때문이다.

정리하면 상품 생산 사회에서는 노동의 사적 성격으로 인해 사회적 접촉이 소재의 사회적 성격, 즉 다른 사람의 열망의 대상이 되는 사용가치를 통해서만 실현될 수 있다. 다양한 사용가치 사이에 교환이 이루어지기 위해서는 가치라는 공통의 기준이 필요하다. 이와 같은 공통의 기준인 가치를 토대로 인간 노동의 한 측면인 추상적인 노동은 사회적 실천praxis을 통해 소재의 순수하게 사회적인 성격으로 대상화된다. 이와 같은 방식으로 사회적 노동은 가치를 통해 무의식적으로 할당되고 생산물 역시 상품 교환을 통해 분배된다.

이제 상품 생산 사회에서 추상적인 노동 또한 사적 노동의 특정한 사회적 형태로 기능한다는 사실을 이해하게 되었다. 다른 유형의 사회에서는 구체적인 노동의 내용물이 아무리 다양하더라도 구체적인 노동을 수행하기 직전에 모든 노동이 할당되기 때문에 구체적인 노동이 직접적인 사회적 노동이 된다. 즉, 다른 유형의 사회에는 노동 시장이 존재하지 않는다. 앞서 살펴본 것처럼 사적 노동은 이와 반대로 그 자체로 사회적 성격을 지니지 않는다. 따라서 구체적인 노동을 수행한다고 해서 노동의 총합을 적절하게 할당할 수 있는 것이 아니다. 상품 생산 사회에서는 구체적인 노동 대신 추상적인 노동이 교환되는 순간에 역사적으로 특정한 노동의 사회적 형태로서 기능한다. 그리고 이에 따라 사적 노동은 사회적으로 비교할 수 있고 서로 관계를 맺을 수 있게 된다. 즉, 사적 노동은 다양성을 제거한 추상적인 노동으로 "일반화"되지 않으면 사회적으로 의미 있는 형식을 획득할 수 없다. 노동의 순수한 생리학적 소모가 자본주의적인 방식으로 구성된 사회적 관계 속에서 특정한 경제적 형태와 새로운 사회적 기능을 얻게 되는 경우를 통해 마르크스는 인간 활동의 특정한 소재적 측면을 지적한다.

이와 같은 방식으로 자본주의적 사회관계는 인간과 자연 사이에 이루어지는 역사를 관통하는 물질대사 상호작용에 새로운 사회적 특징을 부여한다. 상품 생산 사회에서 전체 노동의 할당과 전체 생산물의 분배는 "가치", 즉 대상화된 추상적인 노동을 매개로 이루어진다. 생산자들 사이에 일반적인 생산에 대한 의식적인 합의는 존재하지 않는다. 생산자들이 그저 시장의 가격 변동을 따를 뿐이기 때문이다. 생산자들이 생산해야 할 품목을 결정할 때 본질적인 신호는 가치이다. 사회적 생산이 인간과 자연 사이에 이루어지는 물질대사 상호작용을 규제하는 것 이상의 역할을 수행하지 못하기 때문에 이제는 물질대사 과정에서 **추상적인 노동의 소모**를 일차적으로 고려하는 가치가 매개자로 등장한다. 구체적인 노동과 자연의 상호작용 같은 물질대사 상호작용의 다른 요인은 이차적인 역할만 수행할 뿐이다. 그러므로 구체적인 노동과 자연 같은 요인들이 노동 과정에서 근본적으로 소재적인 요인으로 지속적으로 기능한다 하더라도, 이러한 요인들은 가치와 관련되는 경우에만 고려 대상이 된다. 추상적인 노동이 노동 과정의 소재적인 요인으로 등장하는 한, 추상적인 노동의 소모 역시 추상적인 노동과 함께 작용하는 다른 소재적 요인들을 완전히 무시할 수 없다. 그러나 구체적인 노동과 자연 같은 요인들이 지닌 소재적 탄력성 덕분에 이러한 요인들은 추상적인 노동에 종속될 수 있다. 자연과 인간 사이에 자리 잡고 있는 모순적인 관계의 싹은 자본주의 생산이 발전함에 따라 점점 자라나 자연과 사회가 대립하는 수준으로 발전한다. 바로 이와 같은 사실이 마르크스의 생태학을 체계적으로 설명하는 데 결정적으로 작용한다. 이제 이와 같은 이론이 현실에서 구체적으로 구현되는 모습을 살펴보기 위해『자본』에서 마르크스가 논의한 **물상화론**을 살펴보고자 한다.

사적 생산자들은 상품 교환을 매개로 해서만 서로 관계를 맺을 수 있다. 그렇기 때문에 사적 생산자들은 자신의 노동의 산물이 고유한 사회적 속성을 획득할 수 있는 방향으로 행동할 필요가 있다. 그래야 단일한 공통의 기준, 즉 "가치"를 통해 다양한 사용가치를 교환할 수 있기 때문이다. 즉, 가치는 사적 생산자들이 사회적 연계를 맺기 위해 사적 노동을 통해 생산한 생산물에 무의식적으로 부여하는 사회적 힘이다. 이와 같은 사회적 실천이 의식적인 활동이 아니라 무의식적인 활동이라는 사실을 강조한 마르크스의 언급은 널리 알려져 있다.

> 그러므로 인간은 가치로서의 노동의 산물을 통해 관계를 맺는
> 것이 아니다. 이와 같은 대상[Sachen]을 단순히 동종 인간 노동
> 의 물적[sachliche] 외피로 간주하기 때문이다. 그 반대가 진실이
> 다. 교환하는 순간 인간의 서로 다른 생산물을 가치와 동등하
> 다고 간주함으로써, 서로 다른 유형의 노동은 인간 노동과 동
> 등한 것으로 간주된다. 그리고 이와 같은 행위는 인식하지 못

한 상태에서 일어난다.[24]

시장에 등장한 생산물이 가치와 동등한 것으로 간주되지 않는다면 사회적 생산과 재생산에 필요한 사회적 접촉이 이루어질 수 없다는 것은 객관적인 현실이다. 따라서 사회 구성원은 사회의 물적 존속에 필요한 사회적 실천을 무의식적으로 **실행할 수밖에** 없다. 즉, "교환 대상인 서로 다른 생산물을 가치"와 동등하다고 간주할 수밖에 없다.

구루마 사메조의 제자인 오타니 데이노스케는 마르크스의 물상화론에 특히 주목하면서『자본』1권 1~3장의 이론적 구조를 탐구해 상품 생산 사회의 본질적인 특징을 드러낸다. 마르크스의 묘사에 따르면 상품 생산의 기본적인 특징은 물상화이다.

> 그러므로 생산자들에게는 사적 노동 사이의 사회적 관계가 생산자 자신인 것처럼 보인다. 즉, 사적 노동 사이의 사회적 관계는 작업을 하는 개인 사이에 이루어지는 직접적인 사회적 관계가 아니라 개인 사이의 물적 관계 그리고 사물 사이의 사회적 관계로 보인다.[25]

오타니 데이노스케는 근대 사회에서 나타나는 이와 같은 전도의 특징을 "개인의 물상화", 즉 인간의 의식과 무관하게 영향력을 행사하는 낯선 사물의 지배로 규정한다. 생산자들의 사회적 관계가 개인 사이에 이루어지는 직접적인 관계로 보이지 않고 사물 사이의 관계로만 보이는 객관적인 사회 구조에서 세계는 전도된다. 따라서 "노동의 사회적 성격"은

"노동의 산물이 지니는 가치의 성격"으로, "노동의 연속성"은 "노동의 산물이 지니는 가치량"으로, "사회적 관계"는 "노동의 산물이 맺는 교환 관계"로 전환된다.[26] 이와 같은 전도는 "본질" 또는 근본적인 인간 관계를 숨기고 혼란스럽게 만든다는 의미를 내포하는 단순한 인식론적 오류가 아니며, 현실적이고 객관적인 현상이다. 시장에서 가치를 매개로 이루어지는 상품 교환을 거치지 않고서는 현실에 존재하는 사적 생산자가 서로 관계를 맺을 수 없기 때문이다. 인간의 실천은 노동 산물의 운동으로 전도되고 노동 산물에 의해 지배받는다. 이것은 인간의 머릿속에서 나온 생각이 아니라 현실이다. 마르크스는 다음과 같이 기록한다. "사회 내에서 생산자 자신의 운동은 사물이 운동하는 형태를 취한다. 그리고 이와 같은 사물은 생산자의 통제에서 벗어나 사실상 생산자를 통제한다."[27]

생산자들은 자신의 필요를 효과적으로 만족시키기 위해 다른 상품과의 교환 비율에 관심을 가지지만 교환 비율을 통제할 수는 없다. 교환 비율은 끊임없이 변화하므로 계산을 통해 예상했던 것과는 갑작스레 달라질 수 있다. 오히려 가치의 운동이 생산자들을 통제한다. 이때 생산자의 생산물을 생산자가 원하는 다른 사용가치와 실제로 교환할 수 있는지 여부는 보장되지 않는다. 심지어 생산자는 자신의 생산물을 교환할 수 있는지 여부조차 알지 못한다. 생산자는 상품과 화폐의 운동을 낯선 것으로 대면한다. 상품과 화폐의 운동은 생산자의 행동을 결정하지만 그 반대의 경우는 성립하지 않기 때문이다. 주체와 객체 사이의 관계가 현실에서 전도되는 현상을 마르크스는 종교에 빗대어 설명한다. "주체와 객체가 전도되고 객체와 주체가 전도되는 관계는 실제 사회적 삶의 과정에 존재하는 물적 생산의 영역에서 나타나는 관계와 정확하게

동일한 관계로 (…) 이데올로기의 영역인 **종교**에서도 나타나는 관계이다."[28] 이와 같은 객관적인 전도는 가치가 "화폐" 및 "자본"으로 발전해 나감에 따라 전체 사회로 확장된다.

물상화된 운동이 생산자의 의지와 무관하게 보임에도, 상품이 독립적인 "주체"로 시장에 진입할 수 없다는 것은 분명하다. 상품에게는 자신을 시장으로 데려다주고 소비를 위해 교환을 실행해 줄 "담지자Träger"로서의 인간이 필요하다. 물론 이와 같은 상품 교환은 가치에 의해 규제된다. 가치의 논리가 독립적으로 인간에게 침투하여 인간을 "상품의 담지자"로 전락시킴에 따라 물상화는 인간의 행동과 열망을 수정하고 그 결과 현실 세계의 전도가 심화된다. 상품 교환을 실현하기 위해서는 상품의 소유자가 시장에서 다른 소유자와 관계를 맺어야만 하는데, 이때 두 소유자는 서로를 상품의 "소유자"로 인식해야 한다. 교환 과정에서 두 소유자의 기능은 추상화될 뿐 아니라, 이들은 자신의 산물을 상품으로서 담지하는 단순한 "담지자"로 환원된다. 이와 같은 현상을 오타니 데이노스케는 마르크스를 따라 "사물의 인격화"라고 부른다.[29] 상품, 화폐, 자본의 사회적 힘이 더 커지면서 전 세계로 확장될수록 인간의 기능은 가치의 논리에 따라 물상화된 경제적 관계에 더 종속되고 더 통합된다. 또한 이와 같은 수정을 통해 전도된 세계의 "합리성"을 내면화하는 근대의 주체 모델이 등장한다. 따라서 마르크스가 신랄한 어조로 표현한 자본주의 시장의 성격, 즉 "자유, 평등, 소유, 벤담Bentham(공리주의)"은 전도된 사회의 본질적인 구조를 고려하지 않는 상태에서 보편적 규범으로서 절대화된다. 이를 오타니는 "호모 이코노미쿠스의 환상"이라고 부른다.[30]

앞서 언급한 것처럼 이와 같은 "호모 이코노미쿠스의 환상", 즉 자본의 옹호자들이 미화하는 독립적이면서도 가차 없는 이기적인 개인이 가진 그릇된 견해는 사적 노동을 토대로 하는 사회에서 객관적인 구조로 이해되는 구조가 사실상 전도되어 있음을 반영한다. 심지어 사회적 전도는 이와 같은 환상에 힘입어 더욱 강화된다. 그 이유는 개인이 세계의 표면을 관찰할 뿐 아니라 "가치", "상품" 같은 경제 범주를 생산하는 전도된 사회적 구조에 대한 인식 없이 이와 같은 경제 범주를 수용하기 때문이고, 이와 같은 환상에 순응하여 "자유", "평등", "소유" 같은 부르주아의 공리주의적 이상에 **의식적으로** 복종함으로써 일련의 행동 규범과 판단 규범을 동반하는 새로운 주체성을 점차 내면화하기 때문이다. 많은 경우 세계에 대한 이와 같은 새로운 열망과 견해는 객관적인 힘으로서 행동 양식을 결정한다. 전도된 세계에서 작동하는 특정 유형의 사회적 합리성에 순응하지 않는 개인은 이와 같은 사회관계에서 생존할 수 없기 때문이다. 현존하는 사회 체제 및 경제 체제에서 살아가고자 하는 개인에게는 규칙을 따르는 것 외에 선택할 수 있는 대안이 없는 경우가 많다. 이와 같이 전도된 세계의 사회적 관계는 사회적 실천을 통해 끊임없이 재생산되고 결국에는 정착된다. 주체성을 경제적으로 환원하는 데 동의함으로써 개인은 자발적으로 화폐와 상품의 담지자로서 기능한다. 그 결과 개인은 일련의 규범, 규칙, 그 밖의 가치 기준을 인간 "합리성"의 유일한 표식으로 이해한다.

사회적 구조가 물상화됨에 따라 자본가들은 한편에서는 체제의 논리에 따라 노동자의 위생, 건강, 안전 같은 "불필요한" 비용은 줄이면서 노동력에 최대한 압력을 가해 자본의 가치 증식을 추구하고, 한편에서는 자연 자원의 지속 가능한 재생산은 염두에 두지 않은 채 생산성을 높일 방법을 끊임없이 궁리한다. 다른 편에서는 노동자들이 그 어느 때보다 더 열심히 일하도록 강요받고, 자본가들의 지도에 따라 규율화되며, 열악한 노동 조건을 감내해야 하는 상황에 처한다. 그렇게 하지 않으면 노동자는 노동력을 판매하지 못할 것이기 때문이다. 원하는 것이 무엇이든 관계없이 노동자들은 일자리를 잃을 수 있다는 위협만으로도 열악한 상황을 감수하게 된다. 그렇게 해야만 생계 수단을 구입하는 데 필요한 임금을 받을 수 있기 때문이다. 그리고 이와 같은 모든 행동은 사회의 객관적인 전도를 재생산하는 한편 노동자를 상품과 화폐에 더 깊이 종속시킨다.

"상품"을 다루는 『자본』 1권 1장은 "가치" 범주가 등장하면서 소재적 세계가 변형되기 시작했다는 사실을 보여 준다. 개인 사이의 관계가 사물 사이의 관계로 전도되면서 개인의 활동에 대한 낯설고 물상화된 지배("개인의 물상화")가 나타났을 뿐 아니라 인간의 필요와 합리성이 수정되는 "사물의 인격화"가 등장했다. 세계의 물상화는 경제 범주를 추가로 연역하는 과정에서 심화된다. 맨 처음에는 가치가 독립적인 존재인 "화폐"로 변모했고 다음에는 "자본"이라는 확고한 주체로 변모하면서 더 강해졌다. 그리고 전체 세계를 적극적으로 전환하기 시작했다.

"형태"와 "소재"

마르크스는 『자본』에서 상품 분석을 통해 전도되고 소외된 경제적 형태 규정이 세계에 대한 일반적인 판단을 전환할 뿐 아니라 열망, 의지, 행동 같은 인간의 소재적 차원에도 영향을 미친다는 사실을 보여 주었다. 그러나 이와 같은 변경에 영향을 받는 것이 비단 인간뿐만은 아니어서 마르크스는 다양한 영역에서 이루어지는 소재적 세계의 자본주의적 전환을 분석했다. 앞으로 살펴보게 될 것처럼 이와 같은 방법으로 접근함으로써 "형태"와 "소재"를 구분하는 고전파 정치경제학의 이원론을 극복하고 혼동을 피할 수 있다. 이러한 의미에서 볼 때 마르크스의 정치경제학 비판은 소재적 영역의 변증법을 아우르는 것으로 이해될 수 있다. 일반적으로 마르크스주의자들은 마르크스가 구상한 기획의 핵심이 경제적 형태의 역사성과 사회성에 있다고 생각하지만, 이 책에서는 한 발 더 나아가 마르크스의 정치경제학에서 이차적인 것으로 여겨져 소홀히 취급되고는 했던 "소재"의 차원까지 다루고자 한다.

『그룬트리세』에서 마르크스는 사물의 자연적 속성과 사회적 특징을 동일시함에 따라 야기되는 "맹목적인" 오해를 비판했다.

> 사물의 **자연적인 속성**을 사람 사이에서 이루어지는 생산의 사
> 회적 관계로 간주하고, 생산이 사회적 관계에 포섭되어 있다는
> 이유로 이를 사물이 획득하는 특성으로 간주하는 경제학자의
> 조악한 유물론은 조악한 관념론, 나아가 맹목적인 숭배에 지나
> 지 않는다. 사물에 대한 사회적 관계를 내재적인 특징으로 이
> 해하여 혼란을 야기하기 때문이다.[31]

예를 들어 데이비드 리카도는 자본을 "새로운 노동을 위한 수단으

로 기능하는 축적된(실현된) 노동(소유, 대상화된 노동)"이라고 정의했다. 마르크스는 리카도가 자본의 경제적 "형태"를 추상화함으로써 "내용물"만을 강조하거나 자본의 소재들을 **"모든 인간 생산에 필요한 조건"**으로 단순화하여 강조하고 말았다고 주장한다.[32] 리카도의 경제적 형태 분석에서 자본의 형태 규정은 사물의 소재적 속성으로 전환되고 뒤이어 역사를 관통하는 생산의 조건으로 정착된다. 마르크스는 고전파 정치경제학자들이 내세우는 이와 같이 어설픈 "형태"와 "소재"의 분리를 가장 먼저 비판하면서, 이 정치경제학자들의 물신성은 경제적 형태를 경제적 형태를 담지하고 있는 소재의 자연적 속성과 아무런 매개 없이 동일시하는 과정에서 기인한다고 혹평한다.

그럼에도 마르크스는 "형태"와 "소재"를 분리한 결과 고전파 정치경제학자들이 경제 범주를 정확하게 구축하면서 조금씩 발전해 나가고 있다는 사실도 인식하고 있었다. 바로 여기에서 마르크스는 고전파 정치경제학자들에 대한 두 번째 비판을 편다. 마르크스는 "형태"와 "소재"를 분리하는 것만으로는 과학으로 인정받을 수 없다고 주장하면서, 경제적 "형태"뿐 아니라 "소재" 자체까지 아우르는 경제 범주 분석이 필요하다고 지적했다. "고정" 자본과 "유동" 자본의 사례에서 살펴본 것처럼 자본주의적 범주가 발전한 결과 소재적 속성이 특정한 사회적 관계 속에서 특정한 경제적 역할을 수행하기 때문이다.

『그룬트리세』에서 마르크스는 자본주의의 특수성을 드러내려면, 소재적 속성 역시 경제 범주로서 이론적으로 분석해야 할 필요가 있다는 사실을 명시적으로 언급한다.『그룬트리세』말미에 자신의 정치경제학 비판의 첫 번째 범주로 상품을 고른 마르크스는 다음과 같이 기록했다.

상품 자체에는 두 가지 측면이 통합되어 있는 것으로 보인다. 상품은 **사용가치**, 즉 인간의 모든 필요를 만족시키는 대상이다. 사용가치는 상품의 소재적 측면으로, 가장 이질적인 생산 시기에서도 공통적으로 갖추고 있는 것이므로, 사용가치를 탐구하는 일은 정치경제학의 영역을 넘어선다.[33]

이와 같은 언급은 마르크스의 정치경제학 비판에 대한 전통적인 해석을 확인해 주는 것처럼 보이지만 다음 문장에서 마르크스는 다음과 같이 주장한다.

사용가치는 근대적 생산관계에 의해 변형되는 순간 또는 반대로 근대적 생산관계를 변형하기 위해 사용가치가 개입하는 순간 정치경제학의 영역 안에 포함된다. 일반적인 용어를 사용해 사용가치에 대해 언급하는 형식적이고 관례적인 언급은 진부하다. 이는 과학이 처음으로 시작되는 시기, 즉 부르주아 생산의 사회적 형태를 공들여 소재와 분리하고 애써 독립적인 탐구 대상으로 구축하려는 시기에나 역사적 가치를 지녔던 것이다.[34]

고전파 정치경제학은 "애써" 경제적 "형태"과 "소재"를 점진적으로 분리하면서 경제적 형태를 "독립적인 탐구 대상"으로 취급할 수 있게 되었다. 이와 같은 형태와 소재의 분리는 정치경제학의 큰 진전으로 볼 수 있지만, 이것이 지닌 가치는 오직 "과학이 처음으로 시작되는 시기"에만 국한되었다. 고전파 정치경제학이 범주들을 오직 추상적인 형태로만 이해할 수 있게 되면서 단순한 "상투적인 언급"으로 빠르게 전락했기 때문이다. 정치경제학이 이와 같은 진부함에 빠지지 않도록 하기 위해 마르크스는 "형태"와 "소재"를 보다 미묘하게 취급할 수 있는 방법을 제안했다. 애덤 스미스와 데이비드 리카도 같은 마르크스 이전의 정치경제학자들과 비교해 볼 때 바로 이와 같은 방법에서 마르크스의 독창성이 명확하게 드러난다.

마르크스의 분석에서 부의 소재적인 측면은 생산의 모든 단계에 공통적인 것으로, 일단은 정치경제학의 탐구 범위에서 벗어나 있다. 정치경제학은 "사회적 형태"를 분석하여 자본주의적 부와 그 부의 생산이 지니는 특별한 성격을 드러내는 학문이기 때문이다. 그렇지만 다른 생산양식과 마찬가지로 자본주의 상품 생산도 노동력, 생산수단, 원료 같은 소재적 요소를 배제한 상태로 존재할 수 없기 때문에, 마르크스는 생산 과정의 소재적 측면을 "전제 조건, 즉 특정한 경제 관계가 자신을 드러내는 소재적 기초"로 취급했다.[35]

그러나 소재적 측면을 전제 조건으로 삼는다고 해서 경제적 관계 분석에서 소재적 측면을 고려하지 말아야 한다는 것은 아니다. 인용한 구절에서 마르크스는 그와는 반대되는 의견을 피력했다. 사용가치는 근대적 경제 관계에 의해 "변형되고", 심지어 "근대적 경제 관계를 변형하기 위해 사용가치가 개입"하기 때문에 과학적 탐구의 대상이 된다.『그룬트리세』에서 마르크스는 경제적 형태에 대한 묘사에 더해 경제적 형태 규정을 통한 사용가치의 자본주의적 변형이 정치경제학의 중요한 탐구 대상이라는 점을 강조했다.

이와 같은 언급은 사소한 내용이 아닐 뿐더러『그룬트리세』에서만 외따로 등장하는 언급도 아니다. 다른 곳에서도 마르크스는 특정한 경제적 관계 아래에서 사용가치가 경제 범주로 기능한다는 사실을 강조했다.

> 그러므로 이미 여러 사례에서 살펴본 것처럼 단순 순환에서 특징적인 경제적 형태 외부에 존재하는 사용가치와 교환가치 사이의 구분이 (…) 일반적으로 경제적 형태 외부에 존재한다는 주장만큼 잘못된 주장도 또 없다. 오히려 경제 관계의 서로 다른 발전 단계에서 사용가치와 교환가치가 서로 다른 관계로 결정된다는 사실과 이와 같은 결정 자체는 그와 같은 가치의 서로 다른 결정으로 나타난다는 사실을 확인할 수 있다. 사용가치 자체는 경제 범주로서 기능하는데, 사용가치가 경제 범주로서 기능하는 경우는 사용가치 자체의 발전에 따라 달라진다.[36]

마르크스는 형태와 소재의 대립을 절대화하는 입장을 다시 한 번 비판했다. 형태와 소재의 다양한 관계가 경제적 관계를 드러내기 때문이다. 사실 "소재적 기초"를 배제한 상태에서는 경제적 형태가 존재할 수 없다. 여러 곳에서 마르크스는 다음과 같이 언급했다. "사용가치는 그 자체로 경제 범주로서 기능한다." 사용가치는 탁월한 "담지자"로, 사용가치의 소재적 속성에는 경제적 관계가 침투해 있다. "사물의 인격화"와 마찬가지로 전도된 세계에서 나타나는 경제적 형태 규정의 객관적 사물화 역시 인식론적 전도가 아니다. 경제적 관계의 "사물화" [Verdinglichung]는 생산의 사회적 관계의 "경직화"로, 사용가치의 소재적 속성이 가장 심도 깊게 변경된 상태로 이해되어 한다.[37]

마르크스가 말년에도 이와 같은 주제에 대한 관심을 놓지 않았다는 사실은 널리 알려져 있다. 1881년 마르크스는『아돌프 바그너의 정치경제학 교과서에 대한 주석Notes on Adolph Wagner's Lehrbuch der politischen Ökonomie』에서 다음과 같이 기록했다. "사용가치는 지금까지 경제학에서 다뤄 온 것과는 전혀 다르게 중요한 역할을 수행한다. 그러나 사용가치가 고려의 대상이 되려면 이것이 '사용가치'와 '가치' 같은 개념 또는 단어에 대한 논의에서 비롯된 것이 아니라 경제적 형태와 관련된 분석에서 비롯된 개념이어야만 한다는 점에 주의해야 한다."[38] 여기에서 다시 한 번 마르크스는 특정 조건에서 자본주의 체제의 특수성을 이해하는 데 기여하는 사용가치가 지닌 소재적 측면의 경제적 역할을 분명하게 강조한다.

마르크스가 제기하는 주장의 핵심은 소재적 특징들의 자본주의적 변경이 인간의 열망과 행동에 국한되는 것이 아니라 사물의 속성 자체로 확장된다는 것이다. 이와 같은 변경은 "경제적 관계의 서로 다른 발전 단계에서" 증가하는데, 추상적인 범주에 대한 분석에서 구체적인 범주에 대한 분석으로 넘어갈수록 이에 대한 마르크스의 언급은 더 많아진다. 마르크스에 따르면 사회적 관계 아래 놓여 있는 사물은 주어진 자연적 속성 그대로 단순하게 존재하는 것이 아니라 자본주의적으로 구성된 경제적 관계에 의해 역사적으로 변형된 상태로 존재한다. 따라서 이제 경제적 규정은 사물로 굳어진다. 경제적 규정은 궁극적으로 **사물로 보인다.** 이는 마치 가치가 사물의 특성으로 보이고 **상품**으로서의 사물을 **경제적**으로 **규정**하는 것이 사물로서의 상품의 특성으로 보이는 것과 마찬가지이고, 화폐를 통해 노동의 형태를 취하고 있는 사회적 형태가 스스로를 **사물의 특성**으로 표현하는 것과 마찬가지이다."[39] 자본주의 생산의 발전과 함께 이루어지는 이와 같은 "사물화"[Verdinglichung] 과정, 즉 자본의 논리에 맞춰 물적 속성을 수정함에 따라 다양한 소재적 측면이 점진적으로 변형되는 과정을 통해, 좀 더 우호적인 조건에서 자본의 가치 증식이 진행될 수 있다. 마르크스의 형태 및 소재 분석은 역사적으로 특유한 자본주의적 관계의 특징과 모순을 지적한다. 나아가 이와 같은 전환 과정은 자본의 관점에서만 분석되는 것이 아니라 소재적 측면에서도 분석되어야 한다. 이때에는 특히 인간과 자연 사이에 이루어지는 물질대사 상호작용 전체를 고려해야 한다. 고전파 정치경제학자들과 다르게 마르크스의 정치경제학 비판은 이와 같은 이중적인 이론적 과제를 충족한다.[40]

마르크스가 "소재적 기초"의 경제적 역할에 대해 명확하게 언급했음에도 마르크스주의자들은 소재적 기초의 중요성을 형태 분석에 비해 저평가하고는 했다. 이와 같은 경향은 우연이 아니다. 그동안 마르크스주의자들이 순수하게 사회적인 추상적 노동 개념을 토대로 마르크스 해석을 발전시켜 왔기 때문이다.[41]

이와 같은 맥락에서 전형적인 해석 가운데 하나로 알프레트 존-레텔Alfred Sohn-Rethel의 해석을 꼽을 수 있다. 존-레텔은 이렇게 주장했다. "사실 '물질의 원자는' 교환됨으로써 사회적인 효과를 불러오는 객관적인 상품 가치에는 '전혀 포함되지 않는다.' 여기에서 사회적인 효과는 인간과 자연 사이에 이루어지는 물질대사와는 전혀 무관하다. 사회적인 효과는 순전히 인간 구성 요소에 국한된 문제이다."[42] 존-레텔은 형태 분석을 통해 가치의 객관성이 지니는 순수하게 사회적인 성격을 명확하게 인식하지만, 가치를 상품 교환에 존재하는 단순한 사회적 관계로 환원하고 추상적인 노동을 순수하게 사회적인 구성물로 환원한다. 그 결과 존-레텔의 설명 체계에서 가치는 인간과 자연 사이에 이루어지는 물질대사와 분리된다.

가치를 순수하게 사회적인 성격으로만 파악하면서 "가치" 범주에서 소재적 측면을 완벽하게 제거한 덕분에 알프레트 존-레텔은 "일차 자연"과 "이차 자연"이라는 이원론에 빠지고 말았다.

> 상품 교환의 형식적인 측면은 **이차 자연**이라는 표현에 모두 포함된다. **일차 자연 또는 기본 자연과 다르게** 이차 자연은 순수하게 사회적이고 추상적이며 기능적인 현실로 이해되어야 한다. 일차 자연 또는 기본 자연에서는 인간도 동물과 같은 수준에 놓인 존재이다. 화폐 형태로서의 이차 자연이라는 표현 속에서 인간은 역사상 처음으로 객관적이고 차별화된 진정한 존재로 특정하게 표현된다. 인간은 사회화되어야 할 필요성 때문에 존재한다. 즉, 인간의 존재는 **인간과 자연 사이에 이루어지는 물적 물질대사의 운영 양식과 전혀 무관하다.**[43]

알프레트 존-레텔은 일차 자연(동물 같은 자연적 자연)과 이차 자연(인간에 특정한 사회적 자연)을 대립시킨다. 상품은 사회적 실천praxis의 산물이기 때문에 가치의 사회적 힘에 상품의 "소재의 내용물"이 포함되지 않는 것은 사실이다. 그러나 그렇다고 해서 가치의 객관성이 인간과 자연 사이에 이루어지는 역사를 관통하는 물질대사의 필요성과 무관하다는 것을 의미하는 것은 아니다.

마르크스는 사실상 이와 반대로 언급한다. 앞서 살펴본 것처럼 『자본』에서 마르크스는 자본주의에서 순수하게 사회적인 가치 범주가 등장할 필요성이 있는 이유가 무엇인지 일관성 있게 묻는다. 그 해답으로 마르크스는 노동의 사적 성격에도 불구하고 인간과 자연 사이에 이루어지는 역사를 관통하는 물질대사 상호작용이 조직되어야만 하기 때문이고, 이와 같은 물질대사는 오직 순수하게 사회적인 가치에 의해서만 매개될 수 있기 때문이라고 주장한다. 따라서 가치가 존재하는 가장 근본적인 이유는 인간과 자연 사이에 이루어지는 물질대사를 규제할 역사를 관통하는 물적 필요성이다. 이와 같은 설명은 상품 생산 사회에서 추상적인 노동이 가치로서의 상품으로 대상화되어야만 하는 이유를 설득력 있게 제시하지 못하는 알프레트 존-레텔의 이해와는 상반되는 것임에 틀림없다. 오히려 존-레텔은 추상적인 노동도 순수하게 사회적인 구성물이라고 단순하게 가정한다. "이차 자연"인 추상적인 노동이 역사 관통적이며 자연적인 물질대사와 아무런 관련을 가지지 못하기 때문에 존-레텔의 이원론은 "가치"를 "인간과 자연 사이에 이루어지는 물질대사"와 분리한다.

『정신노동과 육체노동』에서 초역사적인 것과 역사적인 것을 대립시키면서 가치를 역사를 관통하는 생산의 영역과 무관한 것으로 상정한 알프레트 존-레텔의 이론은 일면성을 띠게 될 위험을 안게 되었다. 만일 마르크스의 정치경제학 비판을 기본적으로 "형태 분석"으로 이해한다면, 소재적 측면에 대한 탐구는 **일단** "정치경제학을 넘어서는 것"이 된다. 이런 경우 소재적 측면을 소홀히 취급하는 것은 그다지 큰 문제로 인식되지 않을 것이다. 그러나 마르크스가 자연과학에 대해 상세하게 기록한 노트를 읽어 본 뒤 마르크스의 노트가 『자본』의 구상에 어떻게 통합될 수 있을 것인지 자문해 본다면, "가치"와 "인간과 자연 사이에 이루어지는 물질대사"를 완전히 분리하는 일이 얼마나 큰 문제인지 알 수 있다. 그동안 마르크스는 "이차 자연" 분야를 주요 탐구 대상으로 삼은 것으로 오해 받아 왔다. 존-레텔의 설명은 "일차 자연"에 대한 마르크스의 자연과학적 탐구가 마르크스의 정치경제학 비판에 어떻게 기여했는지 이해하는 데 핵심이 되는 내용을 제공하지 못한다.

추상적인 노동의 소재적 성격에 대한 논쟁은 마르크스의 생태학이라는 주제와 아무런 관련이 없는 문제가 아니다. "순수하게 사회적인" 범주로서의 추상적 노동 개념은 심각한 결과를 야기한다. 순수하게 사회적인 범주로서의 추상적 노동 개념은 아무런 소재적 속성을 지니지 않은 추상적인 노동에 대한 자본주의적 지배가 자연의 보편적인 물질대사의 다양한 측면을 그 어느 때보다도 철저하게 파괴하는 이유를 설명하기 어렵게 만든다. 사회적 추상성의 영역이 자연을 파괴한다는 모호한 언급을 피하기 위해서는 가치를 사회와 자연 사이에 이루어지는 물질대사의 "영원한 필요성"과 연관지어 이해함으로써, 추상적인 노동과 사회와 자연 사이에 이루어지는 물질대사, 이 둘 사이의 연관성을 설명할 필요가 있다. "자연"과 "사회"를 엄격하게 대립시키는 일은 소재적 측면에 영향을 미치는 경제적 결정론을 배제한다. 반면 마르크스는 소재적이고 자연적인 속성이 사회적 변경을 거치면서 사물과 같은 속성으로서 내부화되는 방식을 드러내고, 특히 소재적 속성과 사회적 속성이 복잡하게 얽혀 있다는 이유 때문에 진정한 모순이 등장하게 되는 방식을 드러내려 한다. 즉, 소재적이고 자연적인 속성은 자본에 완전하게 포섭될 수 없다. 자본이 지니는 이와 같은 한계로 인해 다양한 "살아 있는 모순"이 등장한다. 물론 "자본의 탄력성" 덕분에 이러한 모순이 표현되는 정확한 방식은 사전에 결정되지 않으며, 기술과 자연과학의 발전에 크게 의존한다. 마르크스의 가치 증식 이론은 소재적 세계의 자본화라는 모순적인 과정과 이를 초월할 수 있는 조건의 의미를 이해한다.

따라서 마르크스의 구상을 분석하는 일은 보다 초기에 이루어진 해석을 뛰어넘어야 한다. 더 나아가서는 소재적 세계에 대한 분석을 연구의 핵심 대상으로 포함시킬 필요가 있다. 이 분석은 우선 자본주의 생산 양식이 지속 가능한 물적 조건을 훼손하는 경향을 가지게 되는 방식을 다룬다. 즉, 가치 증식의 논리에 따라 생산이 사회적 실천을 점점 더 자연에 적대적인 방식으로 조직하여 지속 가능한 인간 발전에 위기를 초래하는 방식을 다룬다.

『자본』의 1~3장에서는 일반화된 상품 생산이라는 추상적 수준에서 자본주의의 소재적 모순을 보여 준다. 그러나 이것만으로는 충분하지 않다. "형태"와 "소재" 사이의 긴장은 "자본" 범주의 발전 과정에서 보다 명확해지기 때문이다. 따라서 마르크스는 자동적으로 움직이는 주체인 자본이 인간과 자연 사이에 이루어지는 물질대사 상호작용을 급격하게 재조직하여 마침내 파괴하고 마는 방식을 분석한다.

자본주의 아래에서 물질대사의 변형

마르크스가 『자본』에서 설명한 전도된 세계라는 개념은 자본주의 아래에서 소재적 세계가 필연적으로 교란될 수밖에 없다는 사실을 이해하는 데 기여한다. 그러나 자본주의 생산양식에 내재한 동학을 설명하지 않는 다면 마르크스의 생태학은 자본주의가 환경의 지속 가능성에 대해서는 신경 쓰지 않은 채, 이윤 추구에만 열을 올리기 때문에 생태계를 파괴할 수밖에 없다는 단순한 명제로 환원될 수밖에 없다. 이와 같은 단순한 명제는 마르크스의 "유물론적 방법"과는 상충한다. 친환경의 올바름을 내세우면서 새로운 "도덕적" 가치 또는 "올바른" 가치를 도입하려는 단순한 목적을 지닌 접근법들과는 배치背馳되는 마르크스의 방법론에는 객관적인 사회 구조에 대한 탐구가 깃들어 있다. 마르크스는 인간과 자연 사이에 이루어지는 사회적 상호작용과 자연적 상호작용이 가치 증식이라는 자본의 논리에 의해 매개되면서 인간과 자연 사이에 이루어지는 물질대사 상호 교환 방식이 교란되고야 마는 과정을 상세하게 검토했다. 자본주의 생산양식은 인간과 자연 사이에 이루어지는 특별한 물질대사의 구조를 국가적 수준과 전 세계적 수준에서 결정한다. 그 반면에 자연력은 탄력성을 지니고 있음에도 항상 다양한 방식으로 한계에 부딪히게 된다. 그렇기에 다양한 영역에서 생태 위기가 초래될 수밖에 없다.

자본주의에서는 가치를 매개로 노동의 총합을 할당하고 생산물의 총합을 분배하기 때문에, 인간과 자연 사이에 이루어지는 물질대사 상호작용은 필연적으로 추상적인 노동을 우선시하는 가운데 이루어질 수밖에 없다. 앞서 언급한 것처럼 이와 같은 매개 양식에는 특정한 긴장이 존재한다. 그 이유는 인간과 자연 사이에 이루어지는 상호작용이 지닌 구체적인 소재적 측면을 매우 제한적이고 부족한 방식으로 표현되는 가치 내에서만 고려하기 때문이다. 이러한 자본주의 생산양식의 특성은 일반적으로 사회적 노동을 "할당하는" 순간과 생산물을 "분배하는" 순간에 다양한 소재적 (및 심지어 생태적인) 측면이 포함되는 다른 사회적 생산 형태와는 차별화되는 중요한 특성이다.[44]

인간이 가치를 우선시하면서 자연과 상호작용한다는 사실만으로는 자본주의 생산양식이 생태적으로 친화적이지 않다는 사실이 잘 드러나지 않을 가능성이 높다. 이와 같은 물상화된 매개의 문제는 특히 완전히 발전된 "자본"의 등장과 더불어 나타난다. 그 이유는 자본이 완전히 발전하고 나면 가치가 사회적 생산을 "매개"할 뿐 아니라 생산의 "목적"으로 자리 잡기 때문이다. 자본은 추상적인 노동을 최대한 쥐어짠다는 관점에 입각해서 인간과 자연 사이에 이루어지는 물질대사를 급격하게 재조직함으로써 인간과 자연 사이에 이루어지는 물질대사의 연속성을 위협한다.

일반화된 상품 생산 사회에서는 "가치" 범주가 인간과 자연 사이에서 이루어지는 물질대사 재생산의 물적 조건과 근본적인 연계를 드러내는 경제 범주라고 마르크스는 주장한다. 이 주장을 여기에서 다시 한 번 새겨야 한다. 자본주의는 "사적 노동"과 "물상화" 때문에 가치를 매개로 해야만 사회의 생산과 재생산이 이루어질 수 있다는 점에서 특별하다. 사적 생산자들은 가치의 도움을 받아야만 서로 사회적인 관계를 맺을 수 있고 그럼으로써 사회를 (어느 정도!) 존속시킬 수 있다.

물상화의 힘은 "화폐"와 더불어 증가한다. 마르크스가 설명한 것처럼 가치는 스스로를 독립적인 대상인 화폐로 구현한다. 화폐는 상품, 즉 금에 특정한 사회적 사용가치를 부여하고, 금은 "다른 상품과 직접 교환할 수 있는 일반적 등가물"로 기능한다. 금이 직접 교환할 수 있는 사회적 힘이라는 사실은 곧 금을 소유하면 열망하는 모든 대상을 획득할 수 있다는 것을 의미한다. 여기에서 화폐를 "사실상 한없이" 비축하고 자 하는 새로운 열망이 생겨난다.[45]

그러나 추상적인 노동의 대상화를 극대화하는 것이 생산의 유일한 목적이 되는 순간 그보다 더 급격한 변화가 일어나고, 가치를 "자본"으로 주체화하는 순간 세계는 그보다 더 철저하게 전환된다.

> 한편 M-C-M[화폐-상품-화폐] 순환에서 화폐와 상품은 모두 가치 자체의 서로 다른 존재 양식으로서만 기능한다. 화폐는 일반적인 존재 양식으로 그리고 상품은 특별한 존재 양식으로 또는 이른바 위장된 양식으로서만 기능한다. 화폐는 M-C-M 순환 과정에서 사라지지 않고 한 형태에서 다른 형태로 끊임없이 모습을 바꾼다. 따라서 화폐는 자동적으로 움직이는 주체로 전환된다. 가치가 살아 있는 동안 스스로 증식하면서 가지는 특정한 겉모습의 형태를 정의한다면 다음과 같이 설명할 수 있다. 자본은 화폐이고 자본은 상품이다. 그러나 사실 여기에서 가치는 화폐 형태와 상품 형태를 끊임없이 번갈아 가며 오가는 가운데 자신의 규모를 변화시키고, 본래 가치로 고려되는 스스로로부터 잉여가치를 떼어냄으로써 스스로의 가치를 독립적으로 증식하는 과정에서 주체로 자리매김하는 존재이다.[46]

C-M-C[상품-화폐-상품] 순환에서 순환 과정은 시장에서 이루어지는 상품 교환을 통해서만 획득할 수 있는 사용가치라는 최종 목표를 향한

다. 여기에서 가치는 주로 다양한 사적 노동의 산물을 판별하는 일반적인 척도로 기능한다. 따라서 C-M-C 순환 과정의 마지막에서 가치는 열망했던 사용가치를 소비하는 동시에 사라진다. 즉, 사회적 물질대사의 매개자로서 단순하게 기능하는 가치는 금과 더불어 화폐로서 독립적인 대상이 된다. 따라서 가치는 사물로서 소유될 수 있고 화폐는 비축될 수 있다. 그러나 화폐가 화폐로서 기능하려면 또 다른 사용가치와 교환되어야만 한다.

"자본"으로서의 가치의 경제적 규정은 완전히 다른 상황을 야기한다. 자본으로서의 가치는 "자동적으로 움직이는 주체"로 자본으로서의 규정을 잃지 않은 상태에서, 심지어 그보다 더 규모를 늘리면서 M-C-M'[M'에는 잉여가치가 포함된다] 과정을 반복하는 주체이다. 가치의 순수한 사회성은 무한한 운동으로 변모한다. 그 이유는 순수한 양적 증가가 유일한 목표이기 때문이다. 가치 그 자체, 좀 더 정확하게는 가치의 증식은 생산의 최종 목표가 된다. 독립적인 가치로서의 화폐는 분명 M-C-M' 순환 과정의 시작과 마지막에 자리 잡고 있지만, 심지어 이 화폐조차 자본의 일시적인 모습일 뿐이다. 그 이유는 바로 화폐의 가치 증식이 오직 상품과 화폐의 끊임없는 형태 변화[Formwechsel]를 통해서만 일어날 수 있기 때문이다. 따라서 마르크스가 언급한 것처럼 가치는 M-C-M' 순환 과정을 "아우르는 주체"이다. M-C-M' 순환 과정에서 "가치는 화폐 형태와 상품 형태 사이를 오가는 변화를 통해 스스로를 보존하고 확장한다."[47] 전체 생산 과정은 여전히 자본의 담지자로서의 사용가치에 의존하지만, 이와 같은 생산의 소재적 구성 요소는 이제 순수하게 양적인 자본의 운동에 종속된다. 그리고 자본으로서의 가치가 지니는 이러한 새로운 경제적 성격에 걸맞게 역사를 관통하는 "노동 과정"은 자본의 "자기 가치 증식" 과정에 따라 근본적으로 재조직되어야만 한다.

인간과 자연 사이에 이루어지는 물질대사 상호작용이 노동에 의해 매개된다는 진술에서 모든 사회의 "영원한 자연적 필요성"이 추상적이라는 사실을 확인할 수 있다. 자본이 자본의 가치 증식 논리에 따라 수행하는 전환과 관련해 사회적 생산 과정 전체를 분석한 마르크스에 따르면 이제 사회적 생산 과정 전체는 보다 구체적인 모습을 띤다. 생산 과정에 이와 같은 새로운 목표가 결부되면서 추상적인 노동 역시 특정한 경제적 기능, 이른바 자본주의적 부를 증가시키는 유일한 원천이라는 기능을 추가로 부여받는다.

자본은 노동을 끝없는 자기 가치 증식의 수단으로서만 취급하고, 그 과정에서 구체적인 노동보다 추상적인 노동을 우선시한다. 자본주의 생산은 더 이상 사회적 필요를 만족시키는 일을 중요한 문제로 여기지 않는다. 사회적 필요는 오직 자본주의적 경쟁이라는 무정부 상태에서만 우연히 만족될 뿐이다. 자본을 축적하려는 열망은 질적인 특성을 지니는 특정한 사용가치로는 절대로 만족될 수 없다. 자본을 축적하려는 열망을 만족시킬 수 있는 것은 끊임없이 양을 증가시키는 "끝없는" 운동이다.[48] 그 결과 자본주의 아래에서 이루어지는 모든 생산은 추상적인 노동을 쥐어짜는 방향으로 향한다. 그리고 이와 같은 인간 노동력의 일방적인 소모는 인간과 자연의 관계를 왜곡할 수밖에 없다. 자본은 노동력과 자연 모두를 **오직** 가치의 "담지자"로서**만** 중요하게 여기기 때문에, 생산을 할 때 근본적인 요인인 노동력과 자연의 다양한 측면을 소홀히 하고 심지어 고갈시킨다. 마르크스는 『자본』에서 자본이 노동 과정에서 소재적 측면을 소홀히 한 결과 인간의 삶과 환경이 침식되고 파괴되는 과정을 상세하게 묘사한다.

가치는 "자본"의 형태를 취하면서 주체가 된다. 이와 같은 새로운 주체는 "만족할 줄 모르고 잉여 노동을 추구"하는, "맹목적이고 한없는 추진력"을 바탕으로 추상적인 노동을 최대한 아우르는 동시에 이를 최대한 효과적으로 상품으로 전환해 대상화하려는 목표를 추구한다.[49] 자본주의 사회에서는 이와 같은 목표가 사회적 생산의 주요 목적이 된다. 반면 이러한 특정한 추진력은 자본주의 이전 사회에서는 찾아볼 수 없다. 그 이유는 외부의 강요가 있을 경우에만 잉여 노동이 발생하기 때문이다. 자본주의 이전 사회의 경우 기본적인 필요가 충족된 뒤에는 추가 노동을 해야 하는 동기가 존재하지 않았고 따라서 사용가치의 범위도 비교적 작았다. 개인적이고 정치적인 착취와 지배 관계가 존재하지 않았던 것은 아니지만 그럼에도 자본주의 이전 사회에서는 생산자들이 지구와 "친밀하게 연계"되어 있었다.

자본주의 사회에서는 상황이 완전히 달라진다. 마르크스는『자본』1권의 "노동일"과 "기계와 대규모 산업"에서 자본주의 생산의 고유한 파괴적인 성격을 상세하게 묘사한다. 의회 보고서와 공장 조사관 및 조사위원이 작성한 조사 결과를 참고한 마르크스는 근대에 접어들면서 노동 과정이 자본에 "형태적 및 실질적으로 포섭된" 결과 노동 과정이 전환되었다고 언급한다. "노동일"과 "기계와 대규모 산업"은 방대한 분량인데도 자본주의의 경제 범주를 변증법적으로 발전시키는 중요한 주제에서 벗어난 지루하고 부수적인 내용으로 치부되어 이론가들에게 주목받지 못하고는 했다. 자본이 주체화되면서 나타나는 전도 현상은 머릿속에 들어 있는 생각이 아니라 사회적 생산 속에 객관적으로 존재하는 현상이므로, 자본의 우세는 실제로 진행되는 과정이다. 마르크스는 노동자들의 구체적인 생활을 신중하게 다루면서 이를 통해서 도덕적, 사회적, 신체적, 지적인 삶의 영역에서 노동자들의 생활 조건을 노예와 같은 조건으로 전락시키는 전환에 강한 관심을 가지고 있음을 드러낸다. 어떻게 보면 마르크스는 헤겔의 관념론 철학을 극복할 목적으로『자본』을 구상한 것이 아니라 노동자 계급이 처한 실제 상황을 보고 연민을 느껴서『자본』을 구상한 것처럼 보인다.[50]

『자본』의 주제가 부르주아 사회의 경제 범주를 변증법적으로 발전시키는 것으로 환원될 수 있다면, 마르크스의 구상은 주로 자본주의의 총체성을 **개념적으로** 재건하는 데 집중되었을 것이다. 그런데 이와는 반대로 마르크스는 자본주의 사회를 탐구하는 과정에서 경험적인 자료를 신중하게 분석했다. 이 점을 강조할 필요가 있다. 이 맥락에서 "노동일"과 "기계와 대규모 산업"은 이러한 사실을 입증하는 사례로 볼 수 있다. "노동일"과 "기계와 대규모 산업"에서는 자본의 논리에 의해 소재적 세계가 파괴되는 과정을 다룰 뿐 아니라 자본의 한계를 드러내는 징후에 대해서도 다루기 때문이다. 다시 말해 "노동일"과 "기계와 대규모 산업"은 전도된 세계의 사회 편제가 일련의 모순을 야기하는 방식을 드러낸다. 심지어 자본이 기술 발전과 자연과학에서의 발견을 바탕으로 이와 같은 모순을 극복하려고 끊임없이 시도하더라도, 자본은 소재적 세계를 완전히 지배할 수 없을 뿐 아니라 사회적 물질대사와 자연적 물질대사를 파괴하여 결국 자본주의 체제에 대한 저항을 불러오고야 말 것이다.

우선 마르크스는 인간 측에 특별한 관심을 기울이면서 인간과 자연 사이에 이루어지는 물질대사 상호작용의 부조화에 대해 묘사한다. 추상적인 노동의 소모를 우선시하는 자본은 구체적인 노동의 실행이 추상적인 노동에 종속되어 있는 동안 자본의 효과적인 가치 증식을 위해 노동일을 확대하고 노동 강도를 높인다. "절대적 잉여가치" 생산과 "상대적 잉여가치" 생산이 노동자의 삶을 소외시키고 고통을 야기하는 것임은 분명하다. 심지어 자본을 가로막는 "노동력의 신체적 한계"와 "도덕적 장애물"이 존재함에도 불구하고, 이 두 가지 제한점은 "매우 탄력적인 성격"을 지니고 있다.[51] "잉여 노동을 끝없이 갈망하는" 자본은 인간 노동력이 지닌 탄력적인 특성을 활용해 노동의 한계를 넘어서는 수준, 심지어 24시간 종일 일하는 수준까지 잉여 노동을 전유하면서 이윤을 추구한다.[52] 기본적으로 노동 과정에서 잉여가치가 생산되므로 자본은 자신의 형식적인 논리에 따라 개별 노동자의 생활은 돌보지 않은 채 노동력을 착취한다. 그 결과 빈곤화 경향이 강화된다. 노동일이 길어짐에 따라 자유 시간이 줄어든 노동자들은 노동으로 인해 고갈된 신체적 능력을 회복하고 정신을 함양하는 데 활용할 가용 시간조차 얻지 못하게 된다.

노동력은 탄력적인 성격을 가지기에 노동일을 확대하고 노동 강도를 높이는 일이 불가능한 것은 아니지만 거기에는 분명 신체적 한계가 존재한다.[53] 따라서 자본의 끝없는 열망은 필연적으로 노동력의 "고갈"에 직면하게 된다.

> 그러므로 노동일을 확대함으로써 잉여 노동을 흡수해 근본적으로 잉여가치를 생산하는 자본주의 생산은 노동자에게서 스

스로를 개발하고 생활을 이어 갈 수 있는 정상적인 도덕적 신
체적 조건을 빼앗아 인간의 노동력을 저하시킬 뿐 아니라 노동
력 자체가 성숙하기도 전에 노동력을 소모하여 심지어 노동력
자체를 상실하게 만든다. 한편 특정한 기간 동안 노동자의 생
산 시간을 확대하기도 하는데, 그럼으로써 노동자가 자유롭게
생활할 시간은 더욱 줄어든다.[54]

자본주의 생산은 노동일을 "믿을 수 없을 정도로 잔인하게 확장할
것을" 요구한다. 그 이유는 노동일의 확장이 잉여 노동과 잉여가치를 절
대적으로 증가시킬 수 있는 가장 직접적인 방법이기 때문일 뿐 아니라
공장을 끊임없이 운영할 수 있어서 노동자의 도덕적 신체적 가치 저하
를 피하는 동시에 불변자본을 보다 효과적으로 활용하고 시간을 절약
하는 방법이기 때문이다. 예를 들면 아침마다 기계를 예열하지 않아도
되는 것이다. 자본은 노동자의 복지와 안전을 희생하여 가치를 증식한
다. "의회법에 따라 청결하고 건강에 좋은 환경을 유지하는 데 필요한
최소한의 도구를 구비해야만 한다는 사실에서 자본주의 생산양식의 특
성을 무엇보다도 제대로 확인할 수 있지 않은가?"[55] 마르크스가 세심하
게 설명한 것처럼 노동자 계급은 건강에 해로운 노동을 위험할 만큼 많
이 함으로써 신체적 기형, 도덕적 타락, 조기 사망 같은 다양한 고통을
겪는다. 초과 노동, 야간 노동, 일요일 노동은 사실상 고문과도 같은 것
이다. 또한 마르크스가 탐독한 일련의 의회 보고서에 명확하게 기록된
대로 법으로 규제하기 전까지는 아동 노동도 일반적인 것으로 자리 잡
고 있었다. 일고여덟 살 먹은 아동이 아침 6시부터 밤 10시까지 일해야

한다면 정신 질환과 신체 질환이 만연할 것이다. 이와 같은 위중한 상황에서도 개별 자본가는 법에 의해 강제되기 전까지는 이와 같은 상황에 대한 대책을 전혀 고려하지 않는다. 다른 자본가가 이러한 상황에 대한 대책을 마련하지 않는 상황에서 홀로 대책을 마련하는 친절한 자본가가 있다면 이윤 감소를 감수해야만 할 것이다.

그러므로 "맹목적이고 한없는 추진력" 또는 "잉여 노동에 대한 끝없는 갈망"은 개별 자본가의 도덕적 결함이 아니다. 개별 자본가는 그렇게 행동할 수밖에 없다. 다른 자본가와 경쟁하여 자본가로서 살아남아야 하기 때문이다. 개별 자본가에게는 맹목적인 추진력을 따라 행동하기로 결정하는 것이 합리적으로 보인다. 거기에서 다시 노동력을 더 효율적으로 착취하고자 하는 사회적 인식과 사회적 실천이 등장한다. 개별 자본가에게는 노동자의 생활에 관심을 보이는 일이 불필요한 일처럼 보인다. 따라서 자본가가 가장 우선시하는 좌우명은 다음과 같다. "내일의 걱정은 내일 하라!Après nous le déluge (…) 그러므로 자본은 사회가 강요하지 않는 한 노동자의 건강이나 수명 따위는 고려하지 않는다."[56]

"인격화된 자본"으로서 행동하는 개별 자본가의 눈에는 이와 같은 유형의 의사결정이 합리적인 것으로 보인다.[57] 그러나 이러한 행동 양식을 수정하도록 강제하는 사회 체제의 시선으로는 이와 같은 유형의 의사결정이 완전히 비합리적인 것으로 보인다. 장기적인 관점에서 볼 때 노동자 계급의 지속 가능한 재생산을 불가능하게 만들기 때문이다. 자본의 논리는 잉여가치의 한계를 알지 못한다. 그 이유는 가치 증식이라는 순수하게 양적인 운동이 노동력의 소재적 측면을 인식하지 못하기 때문이다. "지극히 탄력적인 규제가 이루어지는 경우를 제외하고 상품 교환 그 자체의 본질은 노동일이나 잉여 노동에 제한을 가하지 않는다."[58] 따라서 노동일의 제한은 자본의 형식논리만으로는 도출될 수 없다. 바로 이것이 외부의 강요를 통해서만 물상화의 힘을 규제할 수 있는 이유이자 "한없는 추진력"에 맞선 노동자의 의식적인 저항이 등장하는 이유이다. 그리고 마르크스는 이와 같은 과정을 "정규 노동일을 쟁취하기 위한 투쟁"이라고 묘사한다.

노동일의 잔혹한 확장이라는 맥락에서 보면, 노동자들은 자신의 생존을 보호하기 위해 정규 노동일의 강제 시행과 아동 노동 금지를 요구한다. 다른 자본가들이 과거와 동일한 방법을 활용하여 이윤을 내고 있는 상황에서, 개별 자본가에게 이와 같은 규제를 받아들일 준비가 되어 있을 리 만무하므로, 8시간 또는 10시간이라는 정규 노동일은 법을 통해 강제로 시행되어야만 한다. 『자본』에서 마르크스는 입법 과정에서 자본가와 노동자 사이에 실제로 벌어지는 투쟁을 조심스럽게 재현한다. 정규 노동일의 길이는 노동자 계급과 자본가 계급 사이에 존재하는 힘의 균형에 따라 사회마다 다양하게 존재한다. 그럼에도 공장법 같은 규제는 "대규모 산업에는 반드시 필요하다." 그렇지 않으면 노동자 계급의 재생산이 불가능할 것이기 때문이다. 여기서 주목할 것은 마르크스가 공장법을 "생산 과정의 임의적인 발전 형식에 사회 최초로 제동을 가한 의식적이고 계획적인[planmäßig] 반응"이라고 높이 평가했다는 점이다.[59] "정규 노동일 쟁취를 위한 투쟁"은 물상화가 일어나도록 힘을 부여하는 무의식적인 사회적 실천을 의식적으로 변혁하는 투쟁이기에, 마르크스에게는 전략적으로 매우 중요한 의미를 지닌다. 생산 전체는 여전히 자본의 가치 증식과 노동자의 착취를 지향하지만 노동일의 규제와 그에 상응하는 노동 조건의 개선은 건강, 위생, 임금, 교육에 관한 법 조항과 더불어 초기 노동운동에 상당한 진전을 이끌었다.

마르크스가 사회민주주의 정책이라서, 개혁 정책이라고 생각해서 정규 노동일 법을 거부했다고 생각한다면 마르크스의 논점을 놓치는 것이다. 오히려 마르크스는 자본의 물상화된 힘을 규제하려는 사회적 시도를 열정적으로 지원했다. 노동일 규제 입법은 물상화된 사회적 실천을 의식적으로 전환한 **결과**이기 때문이다. 따라서 국제노동자동맹 International Workingmen's Association에 적극적으로 참여한 마르크스는 제네바에서 개최된 국제노동자동맹 총회 연설문에『자본』의 한 구절을 직접 인용했다. "우리는 노동일의 제한이 **예비 조건**임을 선언한다. **노동일 제한을 쟁취하지 못하면 개선 및 해방을 목표로 하는 어떠한 시도도 수포로 돌아가고 말 것이다.** (⋯) 이에 본 총회는 노동일을 8시간으로 제한하는 법을 제정할 것을 제안한다."[60] 노동일을 규제하면 노동자들이 자유롭게 사용할 수 있는 가용 시간이 창출되어 노동자들이 자본의 소외된 힘에 저항하는 투쟁을 확대해 나갈 준비를 하는 데 활용할 수 있을 것이다. 노동일 규제 입법은 노동력의 소재적인 특성에 입각해 자본의 물상화된 힘에 제동을 가한 최초의 의식적인 규제이다.

노동이 자본에 실질적으로 포섭된다는 측면과 관련해 마르크스는 "기계와 대규모 산업"에서 노동 과정의 물적 조건이 상대적인 잉여가치의 생산을 위해 급격하게 재조직되는 방식에 대해 자세히 묘사한다. 자본주의 생산양식은 개인을 한정된 활동만을 수행할 수 있도록 "특화된" 노동자로 환원한다. 기계의 발전 덕분에 자본은 숙련 노동자를 비숙련 노동자로 대체할 수 있고, 노동자는 생산 과정에서 독립성과 자율성을 상실한다. 해리 브레이버만Harry Braverman이 『노동과 독점자본』에서 훌륭하게 설명한 것처럼 자본의 지배는 단지 생산수단의 독점을 바탕으로만 이루어지는 것이 아니라 기술과 지식에 대한 독점을 통해서도 이루어진다. 자본에 실질적으로 포섭된 결과 노동 과정은 노동자의 기술, 전통, 지식과는 무관하게 조직된다. 이를 두고 브레이버만은 자본주의 생산양식의 "제1 원칙", 즉 "노동자의 기술로부터 노동 과정을 분리하는 것"이라고 주장한다. 노동자의 능력과 무관하게 이루어질 수 있게 된 자본주의 생산은 노동자를 관리한다. 노동자는 더 이상 자신의 개념을 토대로 노동을 수행할 수 없다. 브레이버만이 근대 테일러주의의 "제2 원칙"이라고 부른 "개념과 실행의 분리"는 자본의 지배를 강화한다.[61] 마르크스는 목적을 지니고 의식적으로 이루어지며, 이상적인 인간성 개념을 노동의 실행을 통해 대상화할 수 있기 때문에, 노동을 인간에게 고유한 활동이라고 정의한다. 이와 같은 본래의 노동에서는 개념과 실행이 통합되어 있다. 그러나 선진 자본주의의 노동 분업에서 노동자는 기계에 딸린 부속에 불과하다. 노동자는 노동 과정에서 자신의 의지를 발휘할 수 없고 오히려 노동 과정이 노동자를 좌우한다. 브레이버만은 자본의 지배의 뿌리가 일반적인 생각보다 훨씬 더 깊은 차원에 자리 잡고 있다는 사실을 보여 준다. 자본에 실질적으로 포섭된 결과 자율적인 생산의 기초 소재가 되는 기술과 지식에 접근할 수 없게 된 노동자는 객관적인 생산수단을 박탈당할 뿐 아니라 주체적인 역량도 박탈당한다. 기술과 지식의 결여는 대상의 상실뿐 아니라 주체의 상실에서도 분명하게 나타난다. 바로 이와 같은 이유로 노동자가 무언가를 생산할 수 있으려면 자본의 명령에 철저하게 예속되어야만 하는 것이다. 노동자의 지위 하락과 교화는 대규모 기계화의 결과이다.

그러나 이러한 논리를 토대로 이루어지는 생산 과정의 끊임없는 혁신은 노동자가 자신에게 요구되는 다양한 작업 유형에 적응할 수 있도록 지원하는 전방위적이고 다양하며 유연한 **조건**을 변증법적으로 창출한다. 이와 같은 노동자를 마르크스는 "완벽하게 발전한 개인"이라고 부른다. 자본은 전체 생산 과정을 기계적으로 화학적으로 끊임없이 혁신하면서 새로운 생산 영역을 창조하기 때문에 노동자가 변화하는 조건에 빠르게 적응할 수 있는지 여부는 자본주의의 "생사가 달린 문제"가 된다.

> 그러나 강력한 자연법칙의 활동 방식에 따라 그리고 어디에서나 장애물에 부응하는 자연법칙의 맹목적이고 파괴적인 활동으로 인해 노동이 다양화됨에 따라, 대규모 산업은 자신이 처한 어려운 여건을 통해 노동의 다양성을 인식하게 되고, 극도로 다양화된 노동에 부합하는 노동자가 자신의 생사를 가르는 문제라는 사실을 인식하게 된다. 노동이 다양화될 가능성은 사회적 생산의 일반 법칙이 되어야만 하고, 기존의 관계는 사실상 노동의 다양화를 허용하는 방향에 부응해야만 한다. 불행하게도 자본주의적 착취의 요건이 변화할 때를 대비해 예비 인력으로 비축되어 있는 이 거대한 가용 노동 인구는, 요구되는 다른 유형의 노동에 절대적으로 가용한 개별 노동자에 의해 대체되어야만 한다. 부분적인 발전을 이뤄 특정한 사회적 기능만을 담지하고 있는 개인은 완벽한 발전을 이뤄 다른 사회적 기능과 다른 유형의 활동

을 수행할 수 있는 개인에 의해 대체되어야만 한다.[62]

이와 같은 자본주의 생산양식의 발전으로 인해 공공자금으로 운영되면서 노동자에게 기술과 지식을 전수하는 사회적인 기관이 필요하게 된다. 사사키 류지는 마르크스가 정규 노동일 쟁취를 위한 투쟁과 더불어 "기술 및 농업 학교" 및 "전문학교"를 설립해 노동자의 자녀가 일정한 수준의 기술 교육을 받고 다양한 노동 상황에서 실습할 수 있도록 하는 일의 전략적 중요성을 강조했다는 사실을 강조하는데, 이는 올바른 주장이다.[63] 마르크스가 공립학교를 통해 기술을 교육하는 일의 가치를 그토록 높이 평가한 이유는 명백하다. 공립학교는 그 범위가 아주 작다고 하더라도 자본주의 기술이 독점하고 있는 노동 과정에 필요한 지식과 기술을 의식적으로 재전유할 수 있는 토대를 제공한다. 마르크스는 이와 같은 재전유 가능성을 "혁명의 촉매"라고 부른다.[64] 자본에 실질적으로 포섭되면서 노동 과정이 일방적으로 전환되는 상황에서, 마르크스는 지식과 기술을 재전유함으로써 생산 과정에서 노동자가 누리는 자유와 자율성을 재건할 수 있는 근본적인 물적 조건을 구축하려 한 것이다.

요컨대 마르크스는 노동 과정의 순수한 경제적 규정의 파괴적인 결과를 분석한 뒤, **노동력의 소재적 측면이라는 관점을 토대로** 가치 증식이라는 자본의 형식논리를 규제할 가능성과 필요성을 설명하면서 이를 노동운동의 해방적 진전으로 인식한다. 이와 같은 분석은 2단계로 이루어진다. 우선 마르크스는 순수한 경제적 형태 규정에 대해 자세히 설명한 뒤, 그것이 생산 과정에 포섭되고 전환되어 다양한 저항을 유발하는 과정을 탐구한다. 『자본』에서 형식적인 포섭과 실질적인 포섭에 대해 논의한 마르크스는 자본의 물상화된 힘을 규제함으로써 노동력의 파괴에 맞서려는 의식적인 투쟁 같은 구체적인 시도를 명백하게 지지한다. 이러한 마르크스의 입장은 보다 지속 가능하고 보다 자율적인 사회적 생산을 지향하는 것이다. 노동일 단축과 기술 교육만으로는 분명 자본주의 생산양식을 초월할 수 없다. 그러나 이를 통해 잉여가치를 향한 자본의 맹목적이고 한없는 추진력으로부터 노동자의 삶을 보호함으로써 자본에 대항하는 투쟁을 이어 나갈 근본적인 기초를 창출할 수 있을 것이다.

언뜻 보면 노동일에 대한 논의는 마르크스의 생태학과 아무런 관련이 없는 것처럼 보인다. 그러나 노동일에 대한 논의는 소재적이고 자연적인 영역에 미치는 자본의 영향에 대한 통찰력을 제공한다. 마르크스에 따르면 자연이야말로 물상화의 모순이 확고해지는 또 하나의 공간이기 때문이다.

자연 안에서 자본의 모순

마르크스가 설명하는 노동 과정에는 자연이 인간과 함께 작용한다는 사실이 포함되어 있다. 마르크스는 노동과 지구가 인간과 자연 사이에 이루어지는 물질대사 상호작용의 두 가지 "본래 요인"이라는 사실을 명확하게 밝힌다.[65] 노동의 힘과 자연의 힘은 모든 생산 유형에서 역사를 관통해서 공통 요소로 기능한다. 따라서 앞서 살펴본 것처럼 생산 전체가 추상적인 노동을 우선시하면서 일방적인 방식으로 조직된다면, 자본주의 생산이 노동력 고갈뿐 아니라 자연력의 고갈까지 유발할 것이라는 사실을 추론하기란 어렵지 않다. 자연 자원을 허비하는 행태를 노동력을 잔인하게 착취하는 행태만큼 자세하게 설명한 것은 아니지만, 마르크스는 다양한 곳에서 자연 자원과 노동력을 낭비하듯이 사용하는 행태를 문제 삼으면서 이 두 가지 본래 요인이 서로 밀접하게 연계되어 있다고 지적했다. 이와 같은 사실은 마르크스가『자본』3권 "지대"에서 자연력의 문제를 다루려고 계획했다는 사실로 미루어 볼 때 충분히 납득할 만한 일이지만 이와 관련된 수고手稿는 미완성으로 남고 말았다. 그럼에도 마르크스가 인간과 자연 사이에 이루어지는 물질대사 상호작용의 변형 문제를 자본주의 생산의 부정적이고 파괴적인 경향에 특히 주목해 다루려고 했다는 사실에는 의심의 여지가 없다.[66]

마르크스가 자연의 비옥도를 파괴하는 일을 노동자의 삶을 파괴하는 일에 결부시켜 설명한다는 사실에서도 이와 같은 해석이 올바르다는 사실을 확인할 수 있다.

> 자본은 노동력의 수명이 얼마나 되는지 궁금해 하지 않는다. 자본은 순전히 그리고 단순하게 노동일에 투입할 수 있는 노동력의 극대화에만 관심을 가진다. 자본이 그 목적을 달성하게 되면 노동력의 수명은 짧아진다. 농민은 이와 같은 방식으로 토양에서 비옥도를 빼앗아 생산량을 증대한다.[67]

마르크스가 임의로 "노동력"과 토양의 "비옥도"를 병치한 것은 아니다. 노동은 인간이 지닌 자연력을 실현하는 것과 다름없기 때문이다. 마르크스는 두 경우 모두를 자본주의 생산양식 아래에서의 자연력의 고갈과 결부시켜 설명했다. 마르크스는 단순히 생산의 주관적 요인에만 집중한 것이 아니라 생산의 객관적 요인의 사회적 전환에 대해서도 분석했다. 앞서 살펴본 바와 같이 가치 증식이라는 논리를 내재하고 있는 자본은 추상적인 노동을 최대한 짧은 기간 안에 최대한 많은 상품으로 대상화하는 일에만 관심을 가진다. "탐욕스러운 농민"이 "토양의 비옥도를 강탈하는" 과정에서도 마찬가지로 농민이 토양의 비옥도에는 무관심하다는 사실을 확인할 수 있다. 따라서 토양 비옥도의 강탈은 물상화론과 결부시켜 이해해야만 한다. 토양 비옥도의 강탈은 인간과 자연 사이에 이루어지는 물질대사 상호작용을 일방적으로 매개하는 모순의 또 다른 표현이나 마찬가지이기 때문이다.[68]

모든 생산이 이와 같은 가치 증식을 위해 조직되면 자연에 가해지는 파괴적인 힘은 생산력이 발전할수록 더 강해진다. 『1861~1863 경제학 수고』에서 마르크스는 자본주의 생산이 자연을 필연적으로 그리고 한없이 착취할 수밖에 없는 이유를 설명한다. 이와 같은 맥락에서 볼 때 생산 과정의 "형태적인" 측면과 "소재적인" 측면을 차별화하는 일이 결정적으로 중요하다는 사실을 확인할 수 있다. 마르크스는 자연의 힘이 "가치 증식 과정"이 아니라 "노동 과정"에 투입된다고 주장한다.

> 그러나 고정자본과 별개로 비용이 **전혀 들지 않는** 이와 같은 모든 생산력, 즉 노동, 협동, (수력과 풍력 같은 동력을 사용하는 기계와 작업장의 사회적 배열에서 비롯된 이점을 이용하는 기계처

럼 비용이 전혀 들지 않는 경우의) 기계의 분업에서 창출되는 생
산력과 아무런 비용이 발생하지 않으면서 적용할 수 있는 (또는
아무런 비용이 발생하지 않는 수준에서 적용하는) 자연의 힘은
가치 증식 과정에 투입되지 않고 노동 과정에 투입된다.[69]

"노동, 협동, 기계의 분업"을 통해 증대된 생산성은 생산의 형태 측
면(즉, 가치 증식 과정)에 투입되지 않은 상태에서 생산의 소재 측면(즉,
노동 과정)에만 변화를 일으킨다. 새롭게 증대된 사회적 생산력에는 추
가 비용이 필요하지 않기 때문이다. 이와 같이 증대된 생산성은 "자본의
생산력"으로서의 생산수단을 독점한 상황에서 등장하고 그 덕분에 자
본가는 더 많은 잉여 생산물을 획득할 수 있다. 따라서 생산물이 사회적
평균보다 낮은 수준의 노동량을 투입해 생산되었을 경우 생산물의 가
격 하락은 "상대적인 잉여가치"를 증대시킬 뿐 아니라 "추가 잉여가치"
를 제공한다. 그리고 이와 같은 "추가 잉여가치"는 생산 과정을 지속적
으로 혁신하고자 하는 자본가들의 주요 동기로 작용한다.
　마르크스는 자연과학과 기술의 도움을 받아 무상으로 또는 최저 비
용으로 전유되어 총생산비용을 낮추는 자연력을 생산 과정에 적용하게
되면, 자연력은 "노동, 협동, 기계의 분업"을 통해 획득되는 자본의 사회
적 힘과 동일한 방식으로 기능한다고 주장한다. 자연의 힘은 노동 과정
에 투입되어 인간 노동력과 함께 작용한다. 자연력의 전유는 자본의 생
산력으로 등장한다. 자연력을 적용하는 지식과 수단을 자본이 독점하
고 있기 때문이다. "일반적으로 자본가는 과학에 비용을 지불하지 않는
다. 따라서 자본가가 과학을 활용하지 않을 이유가 없다. 자본은 '낯선'

노동과 마찬가지로 '낯선' 과학을 포함한다."[70] 심지어 기계를 설치하거나 추가 노동을 투입해야 할 필요로 인해 과학을 무상으로 사용할 수 없다고 하더라도 새로운 원료와 보조재를 활용해 유동자본의 불변 부분을 줄임으로써 더 낮은 비용으로 동일한 양의 사용가치를 생산할 수 있다. "자본이 무상으로 사용할 수 있는 자연의 힘"(지력, 풍력, 수력)과 저렴하게 사용할 수 있는 원료와 에너지(목재, 석탄, 석유)는 잉여가치 극대화에 막대한 영향력을 행사한다.[71] 따라서 이는 "본래 경제 관계의 소재적 기층基層으로서만 등장하는 **사용가치**가 그 자체로 경제적 범주 규정에 개입하는 방식"의 또 다른 사례라고 할 수 있다.[72]

이러한 상황은 부정적인 의미를 지닌다. 자연을 도구적으로 대하는 행동이 지배적인 행동이 되면서 과학은 자본에 대한 효용의 관점에 입각해서 발전하게 된다. 이와 더불어 무상으로 사용할 수 있는 자연력을 잔혹하게 착취하려는 자본의 경향이 등장해 더 저렴한 자연 자원을 확보하려는 전 지구적 차원의 경쟁이 불붙는다. 자본은 물과 공기의 오염, 사막화, 자연 자원의 고갈 같은 문제를 등한시하거나 단순한 외부 효과로 치부하면서 더 저렴한 자연 자원에 접근하기 위해 분투한다. 기술과 자연과학은 비용을 최소화하는 가운데, 노동력과 자연 자원을 더 효율적으로 활용할 수 있는 방법을 찾는 것을 주요 원칙으로 삼아 발전한다. 근대의 대규모 산업과 농업이 기술을 적용하는 목적은 자연과의 지속 가능한 교류가 아니라 이윤을 낼 수 있는 방식으로 자연을 활용하려는 것이다. 더 큰 잉여가치를 얻기 위해 생산 강도를 높이고 생산을 확장함에 따라 노동력이 고갈되고 파괴되면 자연력도 같은 운명에 처하게 되고 마는 것이다.

자본이 세계의 소재적 측면과 연결되어 있다는 사실에는 의심의 여지가 없다. 가치 증식 과정에 투입되는 자연 자원은 경제적으로 주의 깊게 취급된다. 자연 자원의 가치를 아무런 손실 없이 새로운 생산물로 전환해야 하기 때문이다.[73] 이와 같은 의미에서 볼 때 불변자본의 "절약"은 자본주의 생산양식에 내재하는 경향이다. 여기에는 폐기물을 줄이고 재활용을 늘린다는 개념을 토대로 오늘날 인기를 얻고 있는 녹색 자본주의라는 생각도 포함된다. 자본주의 경제는 **"폐기물을 발생시키는 경제이다. 자본주의 경제는 폐기물 최소화를 거부하고 생산 과정에 투입되는 모든 원료와 보조재의** 직접적 **착취**의 극대화를 추구한다."[74] 그러나 이와 같은 묘사를 토대로 결론을 이끌어내서는 안 된다. 마르크스에 따르면 "이와 같은 강력한 힘은 부산물을 전혀 발생시키지 않음으로써 궁극적으로는 폐기물 발생을 줄이기" 때문이다.[75] 그러나 마르크스가 이와 같은 자본의 경향이 진정으로 생태적인 경향이라고 생각할 만큼 고지식하지는 않다. 재활용은 생산비용을 낮추는 경우에만 이루어진다. 지속 가능한 생산은 자본 투하 과정에서 이루어지는 절약의 목적이 아니다. 따라서 자본주의 체제 아래 대량 상품 생산과 무상으로 사용할 수 있는 자연력의 소모가 지속되는 한 자본주의 생산이 불변자본의 절약을 통해 지속 가능해질 날이 올 것이라고 생각할 만한 근거는 전혀 없다. 오히려 자본주의 아래에서는 생산력이 발전함에 따라 자본은 더 낮은 비용으로 "일반 효용 체계"를 구축하려고 애쓰게 될 것이고, 자연력을 낭비적으로 활용하는 추세는 더 확대될 것이다.

마르크스의 생태학 비판을 통해 가치 증식을 추구하는 자본주의 아래에서 자연이 보유한 특정 사용가치가 심하게 변형된다는 사실과 자연의 탄력성 덕분에 자본이 자연을 집약적이고 광범위하게 착취할 수 있다는 사실을 확인할 수 있다. 수많은 반反마르크스주의자들은 마르크스가 자연을 충분히 지배하지 못하는 인간의 무능력으로 인해 생태 위기가 야기되었다고 생각했고, 생산력이 발전하면 생태 위기를 극복할 수 있을 것이라고 생각했다고 주장한다. 따라서 반마르크스주의자들은 자연을 완전히 지배해야 한다는 마르크스의 인간 중심적이고 프로메테우스주의적인 요구야말로 필연적으로 반反생태적인 요구라고 주장하면서 이를 거부한다.[76] 이러한 유형의 비판은 마르크스의 물상화론을 놓치고 있다. 근대의 생태 위기를 유발한 원인은 불충분한 기술 발전 수준 때문이 아니라 **가치 증식 과정의 결과로 이루어지는 역사를 관통하는 인간과 자연 사이의 모든 교환 과정의 경제적 형태 규정** 때문이다.

따라서 생산력을 증대하는 방식으로는 자본주의가 자연의 물질대사를 교란하는 문제를 해결할 수 없다. 오히려 생산력 증대로 인해 문제가 더욱 악화되는 경우가 많다. 자본주의가 더 많은 이윤을 획득할 목적으로 기술 형태와 자연과학 형태를 발전시켜 나감에 따라 자연의 보편적인 물질대사가 소홀히 취급되는 상황이 지속될 것이기 때문이다. 자연력을 활용하려는 자본의 추진력에는 "한계가 없다." 자연력이 생산에서 무상으로 사용할 수 있는 요인 또는 비용을 최소화하는 요인으로 기능하기 때문이다. 그러나 자연력과 자연 자원에는 "한계가 있다." 따라서 자연과 자본의 모순에서 생태계 교란이 등장한다. 이와 같은 맥락에서 마르크스는 인류가 환경을 파괴한다고 단순하게 주장하기보다 "유물론적 방법"을 통해 자본의 물상화된 운동이 인간과 자연 사이에 이루어지는 역사를 관통하는 물질대사를 재조직하고 지속 가능한 인간 발전에 근본적인 물적 조건을 부정하는 방식을 탐구한다. 따라서 마르크스가 구상한 사회주의 기획은 물상화라는 낯선 힘을 제한하고 궁극적으로는 초월함으로써 인간과 자연의 관계를 재건할 것을 요구한다.

자연을 소모하는 자본주의적 경향은 상품 교환 법칙에서 도출된 것이다. 자본은 사회적 힘과 자연적 힘이 생산하는 잉여 생산물을 완전히 전유하면서도 추상적인 노동이 대상화된 가치에만 대가를 지불할 뿐 가치 증식 과정에 투입되지 않는 사회적 힘과 자연적 힘에는 대가를 지불하지 않는다. 나아가 자본은 노동력과 자연력을 사용하면서도 노동력과 자연력이 회복하는 데 필요한 비용을 무시한다. 자연력의 소재적 특성으로 인해 발생하는 이와 같은 회복 비용은 상품의 가치에 반영되지 않는다. 가치가 오직 추상적인 인간 노동 비용으로만 표현되기 때문이다. 자본은 등가 상품 교환의 논리를 따르면서 자신의 행동을 정당화한다. "상품 가치"와 "자연의 속성" 사이에 자리 잡은 이와 같은 불일치는 가치에 의해 매개되는 사회적 생산의 반생태적인 성격을 명확하게 드러낸다.[77] 강제로 규제되지 않는 자본은 노동자의 삶이 파괴되지 않도록 방지하는 행동에 나서지 않을 뿐 아니라 자연에 나타나는 다양한 파괴적인 결과에도 무관심하다. 등가 상품 교환의 논리에 따르면 모든 단일한 가치에 대가를 지불하는 것만으로 모든 절차가 정당화되기 때문이다. 이와 같은 사실은 가치가 지속 가능한 생산에 효과적인 기준이 될 수 없다는 사실을 명확하게 보여 준다.

자연 자원을 낭비적으로 사용해서 자연 자원을 본래 조건으로 회복하기 위해 미래에 더 많은 비용을 지불하게 된다고 하더라도 자본은 당장 무임승차를 포기하지 않는다. "자본의 탄력성"이 자연의 탄력성에 의존하기 때문이다. 심지어 자본이 자연 자원을 유지하는 데 소요되는 비용조차 지불하지 않더라도 자연 자원이 즉시 고갈되는 것도 아니다. 물이 오염되거나 이산화탄소 배출이 대량으로 이루어지더라도 자본주의의 위기를 초래하는 직접적인 원인이 되는 것은 아니다. 오히려 자본은 이와 같은 상황을 이용해 이윤을 창출한다. 자연을 집약적이고 광범위하게 착취함으로써, 자본은 생산력을 증대할 뿐 아니라 이윤율 하락 경향에 대응한다. 자본은 더 저렴한 상품을 대량 생산하고 더 저렴한 자연 자원을 사용함으로써 이윤율 하락 경향을 보상받으려고 시도한다. 그러나 이와 같은 대응 조치는 자연에 더 많은 부담을 부과할 뿐이므로 영원히 유지될 수 없다. 노동일을 과도하게 늘렸을 때, 노동자가 신체적으로 정신적으로 빠르게 고갈되는 현상을 막을 수 없는 것과 마찬가지로 자본주의가 자연력을 쥐어짜는 데에는 소재적 한계가 존재한다.

이후 기록한 경제학 수고에서 마르크스가 자연력이 고갈되어 가치 증식 과정에서 더 이상 "무상으로" 사용될 수 없게 되는 경우를 지적했다는 사실에 주목할 필요가 있다.

> 동일한 생산물 또는 심지어 더 적은 생산물을 얻기 위해 노동 생산력의 양을 증가시켜야 하는 경우가 발생할 수 있다. 이때 증가한 노동 생산력은 오로지 감소한 자연의 생산성 조건을 보상하기 위해 사용되는 것이다. 심지어 농업 및 광산업 등의 특정한 사례에서 확인할 수 있는 것처럼 노동 생산력의 양을 증가시키고도 감소한 자연의 생산성 조건을 완전히 보상하지 못하는 경우도 있다.[78]

마르크스는 불변자본의 유동 부분의 비용이 증가한 결과 이윤율이 낮아지는 사례에 대해 인식하고 있었다. 그 결과 자본주의 생산은 전 지구적 차원에서 새로운 자원과 기술적 방법을 필사적으로 발굴해 이윤율 하락을 막으려고 애쓰거나 더 대량으로 상품을 생산해 이윤의 **규모**를 더 높임으로써 이윤율 하락을 보상하려고 애쓰게 된다. 이에 따라 자본은 자신의 소재적 기초를 심지어 더 빠르게 훼손하게 된다. 개별 자본가는 축적의 속도를 최대한 높여 이윤의 규모를 증가시킬 수밖에 없기 때문이다.[79]

채산성 경쟁에 내몰린 자본은 여전히 생태계에 부과되는 추가적인 부담에 대해서는 고려하지 않은 채 자연을 더 집약적이고 광범위하게 활용하기를 주저하지 않는다. 이와 같은 방식으로 이윤을 추구하는 사회에서 개별 자본가는 자연의 파괴를 멈출 수 없다. 개별 자본가는 내일의 걱정은 내일 하라는 널리 알려진 격언에 따라 행동해야 한다. 이러한 상황에 맞서 마르크스가 구상한 사회주의는 자본에 저항하는 생태계의 투쟁을 그린다. 생태사회주의 전략은 물상화를 제한하여 인간과 자연의 지속 가능한 관계를 구축하는 것을 목표로 삼아야 한다. 그렇지 않으면 자본주의의 생산력 발전으로 인해 근본적인 모순이 규모를 키우면서 더 심화되고 말 것이다.

> 노동의 생산성이 더 높아질수록 노동일은 더 짧아질 수 있다. 그리고 노동일이 더 짧아질수록 노동의 강도는 더 높아질 수 있다. 사회의 관점에서 보면 노동을 활용하여 구축되는 경제에서는 노동의 생산성도 높아진다. 이는 생산수단을 절약한다는 의미일

뿐 아니라 쓸모없는 노동을 피한다는 의미이기도 하다. 자본주의 생산양식은 개별 기업에게 절약을 강요하는 동시에 경쟁이라는 무정부적인 체계를 통해 노동력과 사회적 생산수단을 그 어느 때보다 강도 높게 그리고 낭비적으로 사용한다. 이때 본래 필요하지는 않았지만 지금은 반드시 필요한 많은 기능이 함께 창출된다.[80]

마르크스가 자본주의가 지닌 진보적인 성격을 지나치게 낙관적으로 평가했다는 주장이 널리 퍼져 있지만, 사실 마르크스는 자본주의 생산이 생산수단과 노동을 절약하는 상황을 높이 평가하지 않았다. 이러한 절약이 더 큰 이윤을 획득하기 위해서만 이루어지기 때문이다. 반대로 마르크스는 자본주의 생산이 발전할수록 "경쟁이라는 무정부적인 체계"를 통해 노동의 힘과 자연의 힘이 낭비적으로 사용될 수밖에 없다는 사실을 강조했다.[81] 생산성이 증가한 결과 필요 노동시간이 줄어드는데도 자본주의 아래에서 총노동시간은 줄어들지 않을 것이다. 오히려 더 많은 잉여가치를 생산하기 위해 노동 강도가 높아지고 심지어 노동시간이 확대될 것이다. 게다가 조직화되지 않은 생산 체계는 회계사와 투자자 같은 "필요 이상의" 다양한 매개 비용에 노동력과 자연 자원을 추가로 소비해야 한다. 경쟁이라는 무정부주의적인 체계로 인해 자본주의 생산은 유효 수요를 찾을 수 없는 생산물을 대량 생산하는 경우도 많다. 따라서 막대한 양의 상품이 쓰레기로 전락해 즉시 폐기되고 만다. 사회적 수준에서 보면 이와 같은 생산성의 무정부적 발전 앞에 개별 자본가가 시도하는 사소한 절약 노력은 무효로 돌아가고 말 뿐이다.

자본주의 생산양식은 끊임없이 생산성을 증대하면서 막대한 양의 사용가치를 생산해야만 한다. 그래야만 그 사용가치를 낭비적으로 사용하여 한없는 것으로 전제된 잉여가치를 실현하고자 하는 열망에 부응할 수 있기 때문이다. 대량 생산 아래 사회적 사용가치는 다양한 영역에서 크게 증가하고, 인간의 필요를 만족시키는 일은 상품 교환에 점점 더 의존하게 된다. 그런데도 자본 축적은 또 다른 소재적 한계에 직면한다. 아무리 빠르게 확산된다 하더라도 인간의 열망이 무한한 것은 아니다. "자연적 물질대사" 교란이라는 이와 같은 소재적 한계에 "사회적 물질대사" 교란의 가능성, 즉 과잉생산으로 인한 경제 위기의 가능성이 추가된다. 경제 위기는 경제적 형태 규정의 의한 사회의 물적 흐름이 교란된 것에 다름아니다.

마르크스의 가치론을 살펴보면 마르크스가 자본주의의 지속 가능한 발전을 낙관하지 않았다는 사실을 확인할 수 있다. 오히려 마르크스는 추상적인 노동을 통해 인간과 자연 사이에 이루어지는 물질대사 상호작용을 일방적으로 매개함으로써 노동력과 자연력이 고갈되고 황폐해지는 과정을 비판한다. 자본주의가 유발하는 생태 위기의 주요 문제는 낭비적인 대량 생산의 결과 자본주의가 **장차** 원료 부족 및 가격 상승으로 인해 (이윤율이 하락하는) 어려움을 겪게 된다든가, 인간의 필요를 효과적으로 만족시킬 수 없게 된다든가 하는 것이 아니다. 오히려 문제는 소외라는 주관적인 경험에 자리 잡고 있다. 이로 인해 자본주의 생산양식이 물질대사 균열을 일으켜 지속 가능한 인간 발전의 소재적 기초를 훼손하게 될 것이기 때문이다. 생산력 증대라는 자본주의의 역사적 소명이 실현되고 나면 역사는 인간의 자유와 재능을 추가로 발전시키기 위해 또 다른 단계로 전환되어야 한다. 그러나 마르크스는 이와 같은 전환이 자동적으로 이루어지지는 않는다고 주장했다. 즉, 이러한 전환을 이루기 위해서는 사회주의 이론과 실천praxis이 필요하다.

이제 마르크스주의에 남아 있는 문제, 즉 마르크스가 자연과학을 그토록 강도 높게 연구한 이유가 무엇인가?를 해명할 수 있는 가정을 도출할 수 있게 되었다. 즉, 자본이 변형한 결과 등장한 소재적 세계의 모순을 분석하기 위해서, 마르크스가 광범위한 자연과학 분야를 아우르는 저술들을 진지하게 탐구했다고 생각해 볼 수 있다. II부에서는 이러한 가정을 입증하기 위해 농화학, 지질학, 식물학에 초점을 맞추면서 농업에 대한 마르크스의 입장을 탐구할 것이다. 이 맥락에서 독일 농화학자 유스투스 폰 리비히의 이론을 중요하게 다룰 것이다.

II

마르크스의 생태학과
마르크스 엥겔스 전집MEGA

4
유스투스 폰 리비히와 『자본』

"인간이 사용할 수 있는 생산력은 측정할 수 없는 수준이다. 토양의 생산성 역시 자본, 노동, 과학을 적용하면 **무한정** 늘어날 수 있다."[1] 오늘날에는 그 유효성을 상실한 이 진술은 마르크스의 텍스트가 아니라 엥겔스의 「국민경제학 비판 개요」에 등장하는 것이다. 그러나 이 진술에는 19세기에 널리 퍼져 있던 기술과학과 자연과학의 발전에 관한 견해, 즉 산업과 농업 부문에서 자연의 한계를 뛰어넘는 극적인 생산성 증가가 이루어질 수 있다는 가정이 일정 부분 반영되어 있다.[2]

그리고 바로 이 진술이 마르크스를 향한 비판의 화살, 즉 마르크스의 이데올로기에는 낙관론이라는 치명적인 단점이 있다는 비판의 근거가 되었다. 초기 생태사회주의자 가운데 한 명인 테드 벤턴은 마르크스가 "'자연의 한계'를 전혀 인식하지 못했다"며 마르크스를 비판했다. "자연의 한계에 대한 인식이 반영되어 있지 않은 산업 이데올로기의 문제는 원료, 노동 **또는** 생산물의 구체적인 성격을 따져 보지 않은 채 의식적인 구조를 우선시하는 과정에서 더욱 강화되고 악화된다."[3] 4장에서는 이와 같은 벤턴의 주장에 이의를 제기한다. 벤턴은 "자연"과 "토양"을 직접적으로 다루고 있는 마르크스의 지대 이론을 철저하게 외면했다. 그러나 이 책에서는 마르크스의 지대 이론을 분석하여 마르크스가 "자연의 한계" 문제와 그 문제가 자본주의의 모순과 연관된다는 사실을 명확하게 재개념화했을 뿐 아니라 그에 따라 인간과 자연 사이에 이루어지는 상호작용이 지속 가능하도록 만드는 일을 장차 도래할 사회주의 사회의 핵심 과제로 구상하게 되었다는 사실을 입증하고자 한다. 자신의 이론을 발전시키는 과정에서 마르크스는 사실상 "원료, 노동 **또는** 생산물의 구체적인 성격"에 특별한 주의를 기울이기 시작했던 것이다.

마르크스가 자연의 한계를 다룬 방식을 재구성하는 과정은 어렵기 그지없다. 마르크스가 생전에 『자본』3권을 마무리짓지 못한 탓에 마르크스가 남긴 수고手稿에 담긴 농업 분석 중 어느 것이 최종 분석인지 가릴 수 없게 되었기 때문이다. 이와 같은 맥락을 감안할 때 MEGA[2]의 2섹션을 통해 온전하게 활용할 수 있게 된 마르크스의 경제학 수고를 주의 깊게 연구할 필요가 있다. 한편 4섹션으로 출간된 마르크스의 발췌 노트 역시 경제학 수고만큼이나 중요한 자료라고 할 수 있다. 이 노트에는 마르크스가 경제학 수고에서 자세히 설명하지 않은 여러 측면에 대한 기록이 담겨 있기 때문이다. 『자본』3권에는 제목이나 논평만을 기록하고 세부사항을 다루지 않은 단락과 각주가 많아 마르크스의 의도를 정확하게 파악하기가 어렵다. 이때 『자본』을 다룬 과거 문헌들이 소홀하게 취급했던 마르크스의 발췌 노트는 마르크스가 『자본』의 최종 초고를 완성했다면 거기에 들어 있었을 만한 내용이 무엇인지 이해하는 데 도움이 된다.[4] 한편 마르크스의 발췌 노트를 감안하면 마르크스의 지대 이론에서도 새로운 맥락을 찾을 수 있는데, 특히 생태적 관점에서의 자본주의 비판이 **싹텄다는** 점에서 그러하다.

이와 같은 탐구의 중심에 서 있는 인물은 마르크스의 이론에 커다란 영향을 미친 『유기화학의 농업 및 생리학에 대한 응용』(1862, 7판)을 저술한 유스투스 폰 리비히이다. 마르크스와 리비히의 지적 관계에 대한 연구를 통해 두 사람 모두 생태적 관점에서 근대 농업을 비판했다는 사실이 분명하게 드러났지만, 마르크스가 리비히의 저술을 읽게 된 계기가 **경제학**적인 측면에 대한 관심에서 비롯되었다는 점을 밝혀 둘 필요가 있다.[5] 마르크스가 처음부터 생태적인 측면에 관심을 가졌다고 한다면 과장일 것이다. 마르크스의 초기 텍스트에는 프로메테우스주의를 무비판적으로 수용하는 듯한 면모가 자주 보이기 때문이다. 이와 같은 경향은 엥겔스의 텍스트를 인용한 대목에서도 쉽게 확인할 수 있다. 따라서 마르크스가 자본주의 생산양식이 환경적인 측면에서 지속 불가능할 뿐 아니라 **바로 그것이** 자본주의의 모순이라는 사실을 인식하고 장차 도래할 사회에서는 지속 가능한 생산을 실현해야 한다고 촉구하게 된 과정을 탐구할 필요가 있다.

자연에 대한 마르크스의 견해가 발전해 나가는 과정을 재구성하는 이 탐구에는 마르크스가 다양한 시기에 수행한 "수확 체감의 법칙" 분석이 유용한 자료가 된다. 자연과학에 대한 지식이 풍부해진 마르크스가 농업 생산성의 진보는 무한하다는 청년 엥겔스의 근거 없는 믿음과 결별하고 농업의 자연적 조건에는 극복할 수 없는 한계가 존재한다는 사실을 인식하게 되었을 뿐 아니라, 자본주의 이후 도래할 사회에서는 이와 같은 사실을 존중해야 한다고 생각하게 되었다는 사실을 그가 여러 차례에 걸쳐 수행한 수확 체감의 법칙 분석을 통해 확인할 수 있기 때문이다.[6] 그러나 자연의 한계를 인식했음에도 마르크스는 종말론적 비관론으로 빠지지 않았다. 오히려 마르크스는 구체화된 자본의 힘을 뛰어넘어 자연과 합리적으로 상호작용해야 한다는 주장을 더 열정적으로 펴기 시작했다.

1865년 이전 마르크스의 지대 이론

마르크스의 지대 이론이 어느날 갑자기 『자본』에 등장한 것은 아니다. 피에르조제프 프루동Pierre-Joseph Proudhon을 비판하는 내용을 담은 『철학의 빈곤』에서 데이비드 리카도의 지대 이론을 받아들이면서 처음으로 언급된 마르크스의 지대 이론은 『자본』에 등장하기까지 꾸준히 발전해 나갔다. 우선 여기에서는 특히 "수확 체감의 법칙"에 주목해 리카도의 영향력 있는 주장을 소개하고, 마르크스가 리카도의 지대 이론을 받아들였다는 사실의 중요성을 보이고자 한다.

데이비드 리카도의 지대 이론은 1815년 출간된 『정치경제학 및 과세의 원리』에 등장한다. 리카도는 획기적인 이 저서에서 구체적인 현실을 추상화한 뒤 문명화 과정에서 토지 개간이 직선적인 과정을 거쳐 왔다고 전제한다. 즉, 인구가 증가하고 식량 수요가 증가함에 따라 농민은 비옥도가 더 낮은 토지를 경작할 수밖에 없는 처지에 놓이게 된다는 것이다. 리카도는 사용할 수 있는 토지가 풍부할 경우 인간은 가장 비옥한 토지를 가장 먼저 경작해 노동과 자본을 절감할 것이라고 가정한다. 문명이 발전하면서 인구가 지속적으로 증가함에 따라 가장 먼저 경작되는 가장 비옥한 토지의 규모를 늘리는 데 한계가 나타난다. 모든 생산물의 가치는 비옥도가 가장 낮은 조건의 토지에서 생산된 생산물이 결정한다고 가정한 리카도는 사회가 발전함에 따라 농업 생산물의 가격이 필연적으로 상승하므로, 더 적은 노동과 더 적은 자본으로 생산할 수 있는 더 비옥한 토지의 소유주는 절감한 노동과 자본 비용을 차액지대로 받을 수 있다고 주장한다.[7]

데이비드 리카도에 따르면 생산물은 자본을 추가로 투자한 만큼 비례해서 증가하지 않을 뿐 아니라, 생산물의 증가율 자체가 감소하므로 동일한 토지에 자본을 추가 투자하더라도 자연적인 비옥도 차이는 극복할 수 없다. 결국 곡식의 가격은 필연적으로 상승한다.

> 두 번째, 세 번째, 네 번째, 다섯 번째 비옥한 토지나 그 이하의 토지를 경작하기 전에 먼저 경작되고 있는 토지, 즉 가장 비옥한 토지에 투입된 자본의 생산성이 비옥도가 더 낮은 토지에 투입된 자본의 생산성보다 더 높은 것이 사실이다. 한편 가장 비옥한 토지에 투입된 최초 자본을 두 배 늘리면 생산물이 두 배, 즉 100쿼터 증가하는 것이 아니라 85쿼터 정도 증가할 수 있다. 그렇더라도 이 85쿼터는 세 번째 비옥한 토지에 동일한 자본을 투입했을 때 얻을 수 있는 생산물의 양보다 많은 것이다.[8]

차액지대를 이론화한 최초의 경제학자 가운데 한 명으로 마르크스가 인정한 에드워드 웨스트Edward West도 1815년 출간된 『토지에 투입하는 자본의 적용에 관하여Essay on the Application of Capital to Land』에서 동일한 주장을 편다.

> 따라서 100*l*.[100 영국 파운드]의 자본을 투입한 토지가 있다고 가정해 보면 그 토지는 120*l*.를 생산해 20퍼센트의 이윤을 남길 수 있다. 자본을 두 배 즉, 200*l*. 투입하면 240*l*. 또는 20퍼센트의 이윤을 내지는 못하지만 240*l*.에 조금 못 미치는 230*l*. 정도는 생산할 수 있을 것이다. 이윤이 증가하는 것은 사실이지만 자본 대비 이윤율은 감소할 것이다.[9]

데이비드 리카도와 에드워드 웨스트는 수확 체감의 법칙을 토양의 생산이 자본을 연이어 투자한 만큼 비례해서 증가하지는 않는다는 것으로 이해한다. 자본 투자를 두 배 늘리면 곡식, 육류, 우유 등의 생산이 더 늘어나는 것은 사실이지만 그렇다고 수확이 두 배 증가하는 것은 아니다.[10]

수확 체감의 법칙은 농민이 비옥도가 더 낮은 토지를 경작할 수밖에 없다고 가정하는 한편 동일한 토지에 자본을 연이어 투자한 결과 토지에서 생산되는 생산물의 양이 감소한다고 가정한다. 이 두 가지 요인 덕분에 더 비옥한 토지의 소유주는 동일한 생산비용으로 생산한 생산물을 더 높은 값에 판매할 수 있으므로 더 많은 차액지대를 받을 수 있다. 당시 데이비드 리카도와 에드워드 웨스트의 견해는 널리 인정받았을 뿐 아니라 자본에 대한 자연의 한계가 존재하고, 이는 산업이 발전한다고 해서 극복할 수 있는 것이 아니라는 "부르주아 경제학"을 형성하는 데 기여했다.[11] "자연의 한계"와 추상 수준의 "법칙"이라는 전제 조건이 자본주의 사회에서 발생하는 지대를 설명하는 데 적절한 전제 조건인지 여부와 적절하다면 어느 수준까지 인정할 수 있는지 여부에 대해서는 지금도 논란이 분분한 형편이다. 마르크스는 이 문제를 두고 상당히 오랫동안 씨름했다.

1847년 출간된 『철학의 빈곤』에서 마르크스는 비옥한 토양을 소유해 생산물을 얻는 토지 소유주는 비옥도가 더 낮은 토지에서 생산물을 생산하는 소유주보다 낮은 비용으로 생산할 수 있기 때문에 잉여를 얻을 수 있다고 주장하며 데이비드 리카도의 차액지대 이론의 기제를 원칙적으로 받아들였다. 그러나 마르크스는 리카도의 주장을 다음과 같이 요약하면서 리카도가 주장한 법칙과 차별화를 시도한다.

> 더 저렴하고 생산성이 더 높은 기계를 지속적으로 도입할 수 있는 제조업처럼 비옥도가 항상 동일한 토지를 소유할 수 있거나 또는 추가 투입한 자본이 최초 자본 투입 시 생산된 양과 동일한 양의 생산물을 추가 생산할 수 있다면, 제조된 상품의 가격과 마찬가지로 농산물 가격 역시 가장 좋은 생산도구가 생산하는 상품의 비용가격에 의해 결정될 것이다. 그렇게 되면 지대 역시 사라질 것이다.[12]

마르크스는 사용할 수 있는 비옥한 토지와 연이은 자본 투자를 통한 농업 생산력의 증대에는 현실적인 한계가 있으므로 극복할 수 없는 토양 비옥도의 차이가 "지대"라는 범주의 기초를 이룬다는 데이비드 리카도의 전제 조건을 올바르게 요약한다.

그러나 마르크스는 데이비드 리카도의 이론 가운데 지대가 발생하는 기제라는 측면에만 동의할 뿐 수확 체감이라는 가정에는 동의하지 않는다. 마르크스의 "부르주아 경제학 비판"은 지대 같은 경제학 범주를 몰역사적으로 해석하고 맹목적으로 숭배하는 부르주아 경제학을 거부한다. 지대를 다룬 부분의 말미에서 마르크스는 토양 생산성을 크게 향상할 수 있다는 가능성을 지적하면서 수확 체감이라는 리카도의 전제 조건과 결별한다.

> 농업이나 제조업은 동일한 노동으로 더 많이 생산하고 더 적은 노동으로 동일하게 또는 더 많이 생산하는 방향으로 향상되어 왔다. 이와 같은 향상이 이루어진 덕분에 농민은 더 많은 노동을 투입하고도 더 적은 생산물을 얻는 상황에서 벗어나게 되었다. 따라서 농민은 비옥도가 더 낮은 토지에 의존할 필요가 없고 동일한 토지에 연이어 투입한 자본으로도 처음 투입한 자본으로 얻은 생산물의 양과 동일한 양의 생산물을 얻을 수 있다.[13]

데이비드 리카도의 가정과는 반대로 문명이 발전하는 과정에서 농업도 발전하기 때문에 지대는 **감소**해야 한다. 만일 사유재산 제도가 폐지되고 문명이 "더 발전"하여 화학 및 지질학 같은 근대 자연과학과 기술을 자유롭게 적용해 농업 생산성을 **그만큼** 증가시킬 수 있다면 심지어 미래에는 지대의 소재적 기반조차 사라져 버릴 가능성도 있다. 나아가 다양한 토지의 비옥도 차이가 사라지게 된다면 농업 생산성도 그만큼 증가할 수 있을 것이고 결국 지대는 지속적으로 감소하는 경향을 보일 것이다.

"동일한 토양에 연이어 투입된 자본의 생산성은 동일"하다는 마르크스의 언급은 농업 생산성의 무한한 개선 가능성에 대한 청년 엥겔스의 낙관적인 견해를 공유한다. "비옥도가 더 낮은 토지에 의존할" 필요 없이 증가한 토양 비옥도**만큼** 지대를 받을 수 있다.

1851년 1월 7일 엥겔스에게 보낸 편지에서 마르크스는 데이비드 리카도의 지대 이론에 대한 비판을 정교하게 다듬어 다시 언급한다. 마르크스는 리카도의 지대 이론을 완전히 거부해서는 안 된다고 주장하면서도 리카도가 주장한 차액지대 이론을 수정하여 **더 나은 이론**으로 개선할 필요성을 제기한다. 마르크스가 반론을 이어 가는 이유는 수확 체감의 법칙이 "역사적 사실"과 모순되기 때문이다. "여기에서 주요 쟁점은 농업에서 일반적으로 이루어지고 있는 비옥도 향상에 부합하도록 지대 이론을 수정하는 것이네. 이와 같은 방법이야말로 역사적 사실을 설명할 수 있는 유일한 방법이기 때문이지."[14] 리카도의 몰역사적인 추상화와는 반대로 마르크스는 분석을 통해 실제 이루어지고 있는 농업의 "향상"을 잘 드러내는 경험적인 근거를 찾으려고 시도한다. 마르크스는 리카도의 이론이 비옥도가 더 낮은 토양을 경작하게 되었으면서도 농업 생산물이 증가했던 지난 50년 동안 지대가 꾸준히 상승했던 현실을 설명할 수 있다고 언급하면서도, 토양의 비옥도가 낮아진다는 리카도의 가정이 차액지대가 증가하는 현상을 설명하는 데 꼭 필요한 가정은 아니라고 주장한다. 지대가 증가하는 현상은 농업 생산물의 가격이 더 낮아지더라도 나타날 수 있다. 기술의 발전 덕분에 농업 생산물이 더 많이 생산되고 지대의 총액이 그 이전보다 더 커지기 때문이다.[15] 한편 토지가 전반적으로 개선되면 지대를 받을 목적으로 더 많은 토지가 경작될 수 있다. 따라서 리카도의 주장과는 **반대로** 기술의 발전으로 곡식 가격은 지속적으로 하락하는 동시에 지대의 총액이 증가한다.

엥겔스에게 보낸 편지 말미에서 마르크스는 다음과 같이 기록한다.

> 잘 알고 있겠지만 생산비용이 서로 다르다는 사실을 바탕으로 결정된 최종 가격을 균등화하는 과정에서 지대가 발생한다는 말은 웃기는 소리에 불과하네. 이와 같은 시장가격의 법칙은 부르주아들 사이에 벌어지는 경쟁의 법칙에 다름없기 때문이야. 부르주아적 생산이 중단되면 비옥도가 가장 낮은 토지에서 생산되는 생산물의 양조차도 부르주아가 지배하는 사회의 가장 비옥한 토지에서 생산되는 생산물의 양보다 많아질 테지. 그러나 부르주아적 생산이 중단되더라도 토양의 비옥도가 상대적으로 떨어지게 될 가능성이나 동일한 노동을 투입하더라도 연속적으로 얻게 되는 생산물이 더 줄어들 가능성이 완전히 사라지지는 않는다는 세간의 이의가 존재한다는 것이 문제일세. 하지만 위에서 말한 내용이 이와 같은 세간의 이의를 일소할 수 있다고 생각하네.[16]

마르크스는 엥겔스에게 데이비드 리카도의 수확 체감의 법칙을 거부해야 하는 이유를 설명한다. 즉, 마르크스는 리카도의 전제 조건이 올바르다면 장차 사회주의 사회가 도래하더라도 생계 수단을 충분히 확보할 수 없는 문제에 직면할 터이고, 절대과잉인구라는 토머스 맬서스의 이론이 올바르다는 사실이 입증되고 말 것이라는 점을 우려했다. 마르크스는 지대의 상승이 연이은 자본 투자를 통한 토지의 일반적인 향상이라는 역사적 경향으로부터 도출되는 것임을 입증하여 이와 같은 우려를 불식하는 데 성공했다고 생각했다. 그러나 "토양의 비옥도가 상대적으로 떨어지게 될 가능성이나 동일한 노동을 투입하더라도 연속적으로 얻게 되는 생산물이 더 줄어들 가능성이 완전히 사라지지는 않는다"는 세간의 이의를 반박했다고 주장하면서도, 마르크스가 제시한 근거는 수확 체감의 법칙을 직접 반박하지는 못한다. 그럼에도 여전히 마르크스는 연속적으로 자본의 투자가 이루어지면 농업 생산성이 **그만큼** 증가해야 한다고 가정한다. 엥겔스는 마르크스가 보낸 편지에 긍정적인 반응을 보였고 이와 같은 엥겔스의 반응에 마르크스는 안도했다.

앞서 살펴본 바와 같이 이미 1850년대에 마르크스의 차액지대 이론의 주요 측면 중 일부가 등장했다. 그러나 『1861~1863 경제학 수고』를 통해 데이비드 리카도의 지대 이론에 다시 한 번 집중적인 관심을 보인 1860년대 초부터 마르크스에게서 또 다른 이론이 발전하기 시작했다. 우선 리카도의 이론과는 반대로 마르크스는 역사에서 찾아볼 수 있는 농업 발전의 증가 경향과 감소 경향을 **하나의** 법칙으로 모두 분석할 수 있는 방식의 지대 이론을 제시했다. 마르크스는 "차액지대가 노동생산성 감소 현상 및 생산성이 더 높은 광산이나 토지에서 생산성이 더 낮은 광산이나 토지로 이동하는 현상에 **의존한다는** 리카도의 개념이 부정확하다는 사실을 입증할" 증거를 제시하려고 시도했다. "오히려 차액지대는 **그 반대의** 현상, 즉 노동생산성 증가에 부합한다."[17] 따라서 마르크스는 조심스럽게 차액지대에 대한 구체적인 계산에 돌입했다. 이를 통해 자신의 이론을 비옥도가 더 낮은 토양에서 시작해 노동생산성이 더 높은 더 비옥한 토지로 나아가는 사례로 유연하게 확장해 일반화할 수 있을 터였기 때문이다.

나아가 마르크스는 데이비드 리카도가 전혀 다루지 않았던 "절대지대"의 가능성을 이론화했다. 마르크스는 리카도가 지대가 발생하는 원천으로 토양 비옥도의 차이만을 고려했다고 비판했다. 마르크스는 또 다른 원천이 있다고 주장했다. 농업의 낙후성과 농업과 관련된 자연 조건으로 인해 자본의 기술적 구성에 의해 결정되는 불변자본 대 가변자본의 비율(c/v)을 의미하는 "자본의 유기적 구성"은 산업 부문에 비해 농업 부문에서 더 낮게 나타난다. 따라서 농업 생산물을 판매함으로써 사회적 평균보다 더 높은 이윤("초과 이윤")을 획득할 가능성이 존재한다. 사용할 수 있는 토지의 양은 자연적으로 제한되기 때문에 더 높은 이윤을 추구하는 자본은 다른 생산 부문에서 농업 부문으로 자유롭게 이동할 수 없다. 따라서 농업에서는 경쟁이 제한되므로 토지 소유주는 일반적으로 생산가격에 대해 이루어지는 조정을 염려할 필요 없이 잉여가치의 일부를 지속적으로 전유할 수 있다. 마르크스는 가치의 차이와 생산가격의 차이에서 비롯되는 잉여 이윤이 절대지대의 원천이라고 주장했다.[18]

지대의 두 가지 형태에 대한 논의를 마친 마르크스는 3섹션 "자본과 이윤" 집필 계획의 윤곽을 잡았는데, 3섹션 "자본과 이윤"은 『자본』 3권의 순서와 대체로 부합한다.

1) 잉여가치의 이윤으로의 전환. 이윤율과 잉여가치율 구분. 2) 이윤의 평균 이윤으로의 전환. 일반 이윤율의 형성. 가치의 생산물 가격으로의 전환. 3) 이윤 및 생산물 가격에 대한 애덤 스미스의 이론과 데이비드 리카도의 이론. 4) **지대.** (가치와 생산물 가격 사이의 차이 설명.) 5) 이른바 리카도의 지대 법칙의 역사. 6) 이윤율 하락의 법칙. 스미스, 리카도, 캐리 (…)[19]

이 메모를 통해 마르크스가 지대 이론을 통해 해결하려고 했던 과제를 명확하게 이해할 수 있다. 마르크스는 "가치와 생산물 가격 사이의 차이를 설명"하고자 했다. 이때 지대 이론은 "이윤율" 범주처럼 독립적인 범주로 기능하는 것이 아니라 데이비드 리카도는 인식하지 못한 "가치"와 "생산물 가격" 사이의 차이를 설명하는 하나의 사례로서 이차적인 역할만을 수행한다. 따라서 마르크스는 "절대지대"를 일차적인 범주로 사용했다. 1861년에서 1863년 사이에 마르크스가 『자본』 3권을 집필하기 위해 세운 계획에 따르면 마르크스는 절대지대 이론을 경제 범주의 "역사"로서만 다룰 계획이었으므로 이론적으로 볼 때 차액지대 이론은 절대지대에 포함된다. 절대지대 이론이 차액지대 이론보다 이론적인 우위를 차지한다는 사실은 충분히 이해할 만한 일이다. 리카도와 다르게 "잉여가치"를 "이윤"과, "가치"를 "생산물 가격"과 구분함으로써 마르크스가 원래 품었던 통찰력을 잘 드러내는 범주가 절대지대 범주이기 때문이다.

그러나 이와 같은 계획은 1864년에서 1865년 사이 작성한 수고에 기록된 계획과 다르다. 1864년에서 1865년 사이 작성한 수고에는 지대를 다루는 장의 내용이 사뭇 다른 모습을 보인다.

A1. **차액지대 개념**. 예: 용수 사용권. 그 뒤 농업 지대로 전환하는 것이 적절함.

A2. **차액지대 I**. 다양한 토지의 다양한 비옥도로부터 비롯된 차액지대.

A3. **차액지대 II**. 동일한 토지에 연이은 자본 투자로부터 비롯된 차액지대. 이 부분은 다음과 같이 **구분해** 다뤄야 한다.

 (a) **생산가격이 동일한 경우**의 차액지대

 (b) **생산가격이 하락하는 경우**의 차액지대

 (c) **생산가격이 상승하는 경우**의 차액지대

 (d) **잉여 이윤의 지대로의 전환**

A4. 이와 같은 지대가 **이윤율**에 미치는 영향.

B. **절대지대**

C. **토지 가격**

D. **지대에 대한 최종 의견**[20]

잘 알려져 있는 것처럼 1864년에서 1865년 사이 작성한 수고에서 지대 이론은 "이윤"과 마찬가지로 하나의 독립적인 장을 이루게 된다. 지대 이론은 더 이상 이윤 이론을 "설명"할 목적의 예로 수록되는 것이 아니게 되었다. 1864년에서 1865년 사이에 작성한 수고에서 마르크스는 절대지대 섹션을 우선 집필한 뒤 차액지대 섹션을 집필했는데, 결과적으로는 차액지대 섹션이 상당히 많은 분량을 차지하게 된다(MEGA² 인쇄 쪽수 기준 80쪽). 따라서 새로운 탐구를 진행한 이후 마르크스는 『자본』 3권을 집필하기 위한 수고에서 절대지대 이론보다 차액지대 이론에 더 중요한 위상을 부여한 것으로 보인다.

이렇게 나중에 수립된 지대 이론 계획도 최종 계획은 아니었기 때문에 마르크스가 이 계획에 따라 『자본』 3권을 집필했을 것인지 여부는 확실하지 않다. 그러나 적어도 엥겔스는 『자본』 3권을 편집하면서 이와 같은 집필 계획을 어느 정도 반영했다. 이렇게 나중에 수립된 새로운 계획은 당시 마르크스가 차액지대 이론을 훨씬 더 자세하게 발전시키려고 했으며, 이에 따라 절대지대의 중요성은 이차적인 것으로 낮아졌다는 사실을 보여 준다. 이렇게 수정이 이루어진 이유는 1864년에서 1865년 사이에 작성한 수고 자체에서 찾아볼 수 있다. 그리고 1861년에서 1863년 사이에 작성한 수고와 1864년에서 1865년 사이에 작성한 수고를 비교해 보면, 마르크스가 차액지대를 다룬 장에 "차액지대 II. 동일한 토지에 연이은 자본 투자로부터 비롯된 차액지대"라는 새로운 하위 섹션을 추가했다는 사실을 확인할 수 있다. 물론 1864년에서 1865년 사이에 작성한 수고에는 "수확 체감의 법칙"에 대한 새로운 논의와 자연적 비옥도를 다룬 새로운 내용도 포함되어 있다. 이와 같은 결과는 마르크스가 유스투스 폰 리비히의 이론을 받아들이면서 나타난 것이다.

앞서 살펴본 것처럼 "동일한 토지에 자본을 연이어 투자"했다는 측면에서 볼 때, 마르크스는 1840년대와 1850년대에 엥겔스가 가졌던 견해 및 자신이 집필한 『철학의 빈곤』과 직접 작성한 편지의 내용과 마찬가지로, 자본을 연이어 투자한 만큼 그에 비래해 농업 생산성이 증가하는 것으로 가정했다. 자본 투자를 두 배 늘린 데 비례해 작물의 양이 증가하는 A와 B의 두 가지 사례를 다룬 표에서 확인할 수 있는 것처럼 더 이른 시기에 정립된 이와 같은 가정은 1860년대 마르크스가 작성한 경제학 수고에서도 여전히 찾아볼 수 있다. 이 책에서는 관련된 수치와 함께 해당 표를 간략하게 줄여 재수록하였다(243쪽 상단 표 1 참고).[21]

토지 "II"는 자본을 연이어 투자한 만큼 생산한다. 마르크스는 『1861~1863 경제학 수고』에서 다양한 계산을 수행했지만 자본을 연이어 투자하는 상황에서의 수확 체감은 다루지 않았다. 그러나 『1864~1865 경제학 수고』에서는 이와 같은 이론적인 맹점에 대해 성찰했다.

나아가 마르크스는 『1861~1863 경제학 수고』에서 장차 사회주의로 전환하는 과정에서 농업 부문에 자본이 집약됨에 따라 농업 생산이 훨씬 더 빠른 속도로 증가할 것이고, 산업 발전과 농업 발전의 불균형이 해소될 것이라고 예상했다.

> 나아가 [마르크스가 수정한 데이비드 리카도의 지대 이론은] 상부구조를 타파한다. 상부구조는 리카도 본인의 말대로 다소 임의적일 뿐 아니라 농업 생산성이 점차 하락한다는 주장을 펴는 데 반드시 필요한 것도 아니다. 오히려 농업 생산성은 더 높아진다. 산업 생산성보다 농업 생산성이 **상대적으로 낮아지거나** 산업에서보다 농업에서 노동 생산력의 발전 속도가 더뎌지는 현상은 오직 부르주아 농업에서만 일어나는 현상이다.[22]

마르크스는 다음과 같이 덧붙인다.

표 1

A	자본	톤	총가치	톤당 시장 가치
I	100	60	120	2
II	100	65	130	2
III	100	75	150	
계	300	200	400	

B	자본	톤	총가치	톤당 시장 가치
II	50	32 1/2	60	1=1*l* 16 12/13s.
III	100	75	138 6/13	1=1*l* 16 12/13s.
IV	100	95 1/2	170 10/13	1=1*l* 16 12/13s.
계	250	200	369	

그러나 산업이 일정한 수준에 도달하면 불균형은 감소해야만 한다. 즉, 농업 생산성이 산업 생산성에 비해 상대적으로 더 빠르게 증가해야만 한다. 그러기 위해서는 다음이 선결되어야 한다. 1) 안이한 태도를 지닌 농민을 기업가, 즉 농업 자본가로 대체. 농부를 순수한 임금 노동자로 전환. 자본 집약적인 대규모 농업. 2) 그러나 특히 대규모 산업의 진정한 과학적 기반인 기계학이 18세기를 거치는 동안 완벽한 수준에 도달한 반면 산업보다는 농업의 구체적인 기반과 **직결된** 화학, 지질학, 생리학 같은 과학은 19세기, 그것도 후반이 되어서야 비로소 발전하기 시작했다.[23]

자본을 연이어 투자하고 자연과학을 적용해 집약화함으로써 농업 생산성이 빠르게 증가하면 농업 부문에서의 자본의 유기적 구성이 산업 부문에서의 자본의 유기적 구성 수준으로 증가할 것이다. 그렇게 되면 미래에는 절대지대가 사라질 수 있다.[24] 마르크스의 주장은 농업 부문과 산업 부문의 소재적 속성의 조건이 다른데도 근대 자연과학과 기술을 적용함으로써 농업 생산의 생산성이 산업 생산의 생산성과 큰 차이 없이 증가할 수 있다는 말처럼 들린다. 마르크스가 농업 생산성이 자본을 연이어 투자한 만큼 그에 비례해 증가할 가능성에 대해 어느 정도 확신하고 있었는지는 분명하게 확인할 수 없다. 그럼에도 마르크스가 장차 도래할 사회에서는 데이비드 리카도의 몰역사적이고 추상적인 수확 체감의 법칙에는 부합하지 않는 방식으로 일반적인 농업 생산성이 빠르게 개선될 수 있다고 명확하게 제시한 것은 사실이다. 이와 같은 의미에서 볼 때 마르크스의 비판에는 아직 토양 고갈 문제, 농업 및 광산업에서의 자연 자원 부족 문제가 충분히 진지하게 고려되지 않은 것으로 보인다. 그 이유는 마르크스가 이와 같은 문제들을 오직 자본주의 사회에서만 발생하는 문제로 가정하고 있기 때문이다. 마르크스는 **장차 도래할** 사회주의 사회에서는 **생산성의 자유로운 발전을 통해** 이와 같은 문제들을 극복할 수 있을 것이라고 생각했다.[25]

마르크스 이론과 관련된 자연의 한계 문제에 대해 마이클 페렐만은 1863년 면화 위기를 겪은 이후 마르크스가 고정자본과 유동자본의 수요가 동시에 증가하는 상황에 따른 자연 자원 부족 문제의 중요성을 인식하게 되었지만, 자신의 주요 이론적 적수 가운데 한 명인 토머스 맬서스와 동일한 이론을 펼치는 것으로 인식될 가능성을 우려해 이와 같은 인식을 명시적으로 강조하지 않았다고 주장한다.[26] 페렐만의 가정은 흥미롭지만 이는 자칫 마르크스가 자연 자원 부족 문제를 의식적으로 외면하면서 자신의 정치경제학 비판에 포함시키지 않았다는 오해를 불러올 수 있다. 사실 마르크스는 1865년에서 1866년 사이 유스투스 폰 리비히의 농화학을 연구한 이후 수확 체감의 법칙에 대한 이해를 달리하게 되었다. 마르크스가 자신의 지대 이론의 전반적인 이론적 타당성에 대해 확신하고 있었던 것은 분명하다. 다만 더 새로운 자연과학을 받아들인 결과 마르크스는 사실무근인 고전파 정치경제학의 가정에 대해 새로운 관점으로 반론을 제기하는 동시에 자연의 한계 문제를 보다 미묘하게 취급하기 시작하게 되었다.

자연의 한계에 대한 유스투스 폰 리비히의 인식

1865년 마르크스는 보다 최신의 과학적 지식을 토대로 지대 탐구를 수행하기 위해 다시 한 번 자연과학 연구에 몰두했다. 다양한 저술을 탐독하고 『자본』 3권을 집필하기 위한 수고를 작성한 마르크스는 1866년 2월 13일 엥겔스에게 보낸 편지에서 화학의 급격한 발전 속도에 대한 놀라움을 토로했다.

> "망할 놈의" 책[『자본』]에 관해 말하자면 12월 말에 **준비를 마쳤**
> **네.** 끝에서 두 번째 장인 지대 편으로 말할 것 같으면 그 자체로
> 책 한 권을 엮을 수 있을 만큼의 분량이 되었지. 낮에는 박물관

에 가고 밤에는 글을 쓰는 데 몰두했네. 독일에서 등장한 새로운 농화학을 집중 탐구했는데, 특히 유스투스 폰 리비히와 크리스티안 쇤바인에게 주목했네. 지대 문제에 관한 한 지금까지 이 문제를 탐구하면서 내가 접한 모든 경제학자들을 통틀어 그리고 프랑스 학자들이 내놓은 막대한 규모의 연구 결과물을 통틀어 보아도 이 두 사람이 더 중요한 인물이라고 할 수 있어. 지대에 대한 이론적 탐구는 이미 2년 전에 결론이 나왔는데 그 이후 2년 사이 많은 성과가 새롭게 등장했더군. 하지만 모두 내이론의 올바름을 입증하고 있네.[27]

"모든 경제학자들을 통틀어 (…) 더 중요한 인물"이라는 언급에서 마르크스가 유스투스 폰 리비히와 크리스티안 쇤바인을 얼마나 긍정적으로 평가했는지 알 수 있다. 이 편지에서 마르크스는 이미 2년 전 『1861~1863 경제학 수고』에서 지대에 대한 이론적 탐구의 "결론이 나왔다"고 언급했지만 이후 2년 동안 "많은 성과가 새롭게 등장"했다는 사실도 인정했다. 게다가 이와 같은 새로운 성과는 모두 마르크스의 이론을 "입증"하는 긍정적인 성과였다. 이에 지금부터 마르크스의 노트를 검토하여 농화학에서 새롭게 등장한 성과가 마르크스의 지대 이론을 입증하고 심화하는 방식에 대해 살펴보려고 한다.

마르크스가 유스투스 폰 리비히의 이론을 수용했다는 사실과 관련해 중요한 점은 화학에서 새롭게 이루어진 성과가 자신의 이론을 "입증"한다고 언급했음에도, 마르크스가 『자본』 3권을 집필하기 위해 적은 경제학 수고에서 기존의 주장을 수정한 것처럼 보인다는 점이다. 다음 구절에서 마르크스는 리비히를 참고할 필요성을 언급하면서 연이은 자본 투자에 대해 과거와는 다른 방식으로 다룰 필요성을 스스로에게 일깨우고 있다. **"자본 투자가 연이어 이루어지는데도 토양의 생산성이 하락하는 문제와 관련해** 리비히를 참고해야 한다. 잉여 생산성이 연이어 하락하는 경우 생산비용이 일정한 상태에서, 심지어 생산비용이 하락하더라도 에이커당 지대는 항상 상승한다는 것을 확인한 바 있다."[28] 이 언급을 보면 마르크스가 기존의 입장과 반대되는 입장, 즉 자본 투자가 연이어 이루어지는 경우 산업에서와 마찬가지로 농업에서도 생산이 꾸준히 증가하는 것이 아니라 **하락**한다는 입장을 갑작스레 수용하는 것처럼 보인다. 그렇다면 마르크스가 수확 체감의 법칙을 받아들인 것일까?

이와 같은 언급은 (혼란을 야기함에도) 정말 흥미롭다. 『자본』 1권에 등장하는 또 다른 구절에서는 마르크스가 수확 체감의 법칙을 옹호한다는 이유로 유스투스 폰 리비히를 비판하는 것처럼 보이기 때문이다. 마르크스는 리비히가 농화학에서 이룩한 "영원히 사라지지 않을 업적"에 대해 찬사를 보낸 뒤 다음과 같은 의구심을 피력한다.

그러나 유감스럽게도 리비히는 그와 같은 주장을 매우 임의적으로 편다. "쟁기질을 더 자주 하고 토양을 갈아 더 곱게 만들면 공기가 토양 사이로 스며들어 원활하게 순환하는 데 도움이 될 뿐아니라 토양 표면이 공기의 활동에 노출되는 횟수와 빈도도 증가한다. 그러나 토지의 생산량은 토지에 투입된 노동에 비례해서 증가하는 것이 아니라 훨씬 더 적은 비율로 증가한다는 사실을 쉽게 확인할 수 있다. 이와 같은 법칙은 존 스튜어트 밀의 『정치경제학 원리*Principles of Political Economy*』(Vol. 1, p. 17)에 처음
등장한다. '모든 조건이 동일하다면, 투입된 노동력의 증가 비율
보다 토지의 생산 증가 비율이 낮다는 법칙은 (여기에서 밀은 리
카도 학파가 수립한 법칙을 그릇되게 되풀이하고 있다. 왜냐하
면 영국의 농업은 '투입된 노동력이 감소'하면서 발전했기 때문
이다. 따라서 이 법칙은 영국에서 밝혀졌고 영국에 적용되었음
에도 영국에는 전혀 응용할 수 없는 법칙이다.) 농업의 보편적인
법칙이다.' 이와 같은 언급에 주목해야 하는데, 밀은 이와 같은 법
칙의 근거를 전혀 모르는 상태였기 때문이다." (리비히, op. cit., Vol.
1, p. 143 및 주).[29]

화학자인 유스투스 폰 리비히는 정치경제학의 발전 과정에 그리 밝
지 못했다. 마르크스가 언급한대로 리비히가 존 스튜어트 밀을 수확 체
감의 법칙을 밝혀낸 인물로 인식하고 있다는 사실은 "정말 우스운 일
이 아닐 수 없다."[30] 사실 마르크스가 유감을 표한 이유는 리비히가 "임
의적으로" 한 언급으로 인해 리카도 학파가 제시한 법칙, 즉 노동과 토
양의 산물이 비례적인 관계가 아니라는 주장을 리비히가 인정하는 듯
한 잘못된 인상을 심어 줄 우려가 있었기 때문이다. 데이비드 리카도의
관점을 수용한 리비히를 비판했다는 점을 감안하면 마르크스가 여전히
수확 체감의 법칙을 수용하지 않고 있는 것으로 보인다.
　『자본』1권과 3권에 각각 등장해 모순을 일으키는 것처럼 보이는 두
구절을 접한 학자들 중 일부는 마르크스가 자신의 견해를 바꾼 것이
라고 지적했다. 즉,『자본』1권에서 제시한 견해를 수정해『자본』3권에

서 최종적으로 수확 체감의 법칙을 수용했다는 것이다. 요제프 에슬렌 Joseph Esslen은 다음과 같이 주장했다. "그러나 마르크스는 이후 자신의 견해를 바꾼 것으로 보인다."[31]『자본』의 집필 과정을 보다 자세히 들여다보면 에슬렌의 견해가 타당하지 않다는 사실을 확인할 수 있다.『자본』 3권을 집필하기 위한 수고 작성을 마친 마르크스가『자본』1권을 출판하기 위해 원고를 재검토하면서 "대규모 산업과 근대 농업" 섹션을 추가했고 유스투스 폰 리비히를 참조하면서 얻게 된 자신의 최신의 통찰을 출판된『자본』1권에 포함시켰기 때문이다. 따라서『자본』내부적으로 이론적인 수정이 이루어졌다고 지적하는 것은 그릇된 견해이다. 마르크스는 자신의 이론에서 일관성을 확보하기 위해 동일한 주제에 대해 리비히를 두 차례 언급한 것이다.

이와 같은 맥락에서 볼 때 유스투스 폰 리비히의 "보충의 법칙"[Gesetz des Ersatzes]은 중요한 역할을 수행한다. 리비히는『농화학』을 통해 토양의 유기적 구성 요소와 비유기적 구성 요소의 역할을 처음으로 체계적으로 분석해 식물의 건강한 성장을 촉진하는 조건을 밝히는 데 기여했다. 리비히는 토양에 필수적인 다른 양분이 부족한 상태에서 유기물 또는 질소만을 일방적으로 투입할 경우 작물의 생산량을 극대화할 수 없다고 확신에 찬 어조로 설명한다. 따라서 리비히는 비유기물을 비롯해 토양에 필수적인 **모든** 양분이 최소한도 이상 토양에 함유되어 있어야만 한다는 "최소량의 법칙"을 주장한다. 리비히가 주장한 "무기질 양분 이론"은 비유기물의 중요성을 특히 강조한다. 식물은 공기와 비를 통해 유기물을 직접, 지속적으로 흡수할 수 있지만 비유기물은 토양을 통해 제한적인 양만이 식물에 공급되기 때문이다. 따라서 토양에서 비유기물이 손실되지 않도록 강력하게 제한을 해야 한다. 작물을 지속 가능하게 성공적으로 재배하려면 식물이 토양으로부터 빼앗아 흡수한 무기질 양분을 반드시 토양에 지속적으로 되돌려 주어, 토양에서 손실되는 무기질 양분의 양을 최소화해야 한다. 리비히는 "보충의 법칙"에 따라 토양에 양분을 되돌려 주어야 할 필요성이 있다는 사실을 밝히고 "작물을 수확함으로써 토양으로부터 빼앗은 모든 식물 구성 요소를 완벽하게 보충"하는 일을 합리적 농업이 해결해야 할 주요 과제로 제시한다.[32] 이와 같은 방식으로 리비히는 유기물과 비유기물의 끊임없는 순환이야말로 지속 가능한 생산의 기본 원리라고 주장한다.

그러나 수확 체감의 법칙에 대해 유스투스 폰 리비히는 모호한 태도를 보인다. 흥미롭게도 마르크스의 노트에는 이와 같은 사실이 반영되어 있지 **않다**. 그 이유는 마르크스가 특정 측면에 의식적으로 주의를 기울이고 그 밖의 측면은 소홀히 했기 때문이다. 마르크스가 리비히의 『농화학』에서 발췌한 내용을 살펴보면 마르크스의 이론적 관심사가 무엇이었는지 확인할 수 있다.

유스투스 폰 리비히가 보충의 법칙을 무시하는 "강탈적인" 농업 "체계"를 비판했다는 이유로 최근 리비히에 대한 관심이 되살아나고 있지만, 적어도 1850년대까지는 리비히도 농업이 급격하고 제한 없이 발전할 수 있다는 당시의 낙관적인 사고를 공유했다. 기계와 화학비료가 도입되면서 그러한 발전이 가능할 것으로 보였기 때문이다. 농업 발전이라는 이상을 옹호하고 차액지대 이론의 기초를 놓으면서 마르크스에게 영향을 미친 제임스 앤더슨James Anderson은 리비히보다 앞서 농업 생산성이 "비례해서" 발전할 수 있다는 낙관적인 견해를 피력했다.

토양은 토양의 생산성을 증대할 목적으로 사용된 수단에 비례해서 개선되어야 한다. (…) 능숙하게 관리되는 토양의 경우에는 토양에 투입된 노동에 **비례해서** 개선의 수준이 결정될 것이다. (…) 즉, 토양의 생산성은 토양에 투입된 노동자의 수와 투입된 경제적 자원에 **비례해서** 이루어질 것이다.[33]

농업 생산성이 "산술적"으로 증가할 것이라는 토머스 맬서스의 유명한 가정과는 다르게, 제임스 앤더슨은 이른바 "기하급수적" 모델을 제안했다. 농민뿐 아니라 학자들 사이에서도 지배적이었던 농업 혁명에 대한 이와 같은 낙관적인 평가는 실제 농업의 발전을 반영하는 것처럼 보였기에, 청년 마르크스와 엥겔스가 농업 생산성이 비례해서 증가할 것이라는 가능성을 근거로 수확 체감의 법칙을 반박하려고 시도했던 것도 무리는 아니다.

제임스 앤더슨의 근대적 정신에 공감한 유스투스 폰 리비히는 토양에 함유된 무기질 양분이 비례해서 증가할 가능성을 강조했다. 예를 들어 리비히는『농화학』6판(1846)에서 다음과 같이 주장했다.

따라서 농화학 분야에서 분명한 것은 작물에 포함된 질소의 양이 비료를 통해 공급되는 양에 비례하지 않는다는 것이다. (…) 경작지에서 자라는 작물은 거름에 포함되어 있는 무기질 양분의 감소 또는 증가와 정확하게 비례한다.[34]

유스투스 폰 리비히의 "무기질 양분 이론"과 반대로 질소가 식물의 풍부한 성장에 일차적으로 중요한 영향을 미치는 요소라고 강조한 "질소 이론"의 주창자 존 베넷 로스John Bennet Lawes 역시 농업 생산성이 토양에 추가되는 질소의 양에 정확하게 비례해 증가할 것이라는 사실을 의심하지 않았다.

> 밀에 무기질 비료를 투입한 뒤 얻은 서로 상충하는 다양한 결과들을 철저하게 고려해 보면 토양에 함유되어 있는 **활용 가능한 질소화 물질에 비례해** 생산량이 증가한다는 사실을 확인할 수 있다.[35]

유스투스 폰 리비히가 존 베넷 로스와 벌인 유명한 논쟁에서도, 두 사람이 내세운 무기질 이론과 질소 이론의 주요 차이는 작물이 그에 "비례해서" 증가하도록 만드는 토양의 구성 요소에 관한 것이었지 작물이 비례해서 증가할 수 있는 것인지 여부에 관한 것이 아니었다.

그러나 1862년 출간된『농화학』7판에서 유스투스 폰 리비히는 다른 견해를 제시한다. 리비히는 토양에 함유되어 활용할 수 있는 무기질 양분의 양에 한계가 있을 뿐 아니라 특히 식물의 뿌리와 잎이 토양에 함유되어 있는 무기질 양분을 빼앗아 흡수할 수 있는 양에는 한계가 있다는 이유로 농업의 향상에 자연적인 한계가 있다는 사실을 인식했다. 발췌 노트에서 확인할 수 있듯이, 식물의 흡수 능력의 한계는 마르크스의 흥미를 끈 주제 가운데에서도 가장 중요한 주제이다. 리비히는『농화학』에서 농업의 집약화와 작물 생산 감소 사이의 관계를 설명한다. 마르크스가 위에서 인용한『자본』의 각주에서 언급한 구절에서 리비히는 다음과 같이 기록한다.

> **노동량을 두 배** 투입한다고 해서 일반적인 경작지가 주어진 시
> 간 안에 제공할 수 있는 **물질이 되는 양분이 두 배** 증가하는 것은
> 아니다. 한편 경작지마다 토양에 함유되어 있는 **물질이 되는 구**
> **성 요소의 양이 다를** 뿐 아니라 **물질이 되는 구성 요소가 충분하**
> **게 공급되는 경작지에서조차** 이러한 구성 요소가 작물에 즉시 효
> 과를 미치는 형태로 전환되는 일은 노동과는 직접적인 관련이
> 없으며, 공기 중에 존재하는 **산소와 탄산의 부족** 같은 외부적인
> 작용 요인에 의존한다. 또한 물질적 구성 요소가 노동의 증가에
> 비례해 증가하지 않으면 생산물이 노동의 증가에 **비례해** 증가하
> 는 결과를 얻을 수 없다.[36]

마르크스는 자본을 연이어 투자해서 농업이 집약화되더라도 작물
생산이 그에 비례해 증가하는 것은 아니라는 유스투스 폰 리비히의 주
장을 노트에 기록했다. 화학 반응의 속도와 토양에 함유되어 있는 활용
가능한 양분의 총량이 자연적인 이유로 항상 제한되기 때문이다. 리비
히는 노동이 두 배 증가한다고 해서 작물 생산량이 두 배 증가하지는 않
는다는 사실을 인정했다. 그러나 리비히는 그 이유를 추상적이고 보편
적인 법칙인 수확 체감의 법칙이 아니라 화학비료나 토양 관개를 통해
서도 극복할 수 없는 생리학적인 한계에서 찾았다.

토양 개선을 위한 다양한 시도가 이루어졌음에도 농업 생산성 증가
의 한계가 감지될 수 있다. 농업 생산에서는 인간 노동뿐 아니라 공기,

빛, 온기 같은 "환경"이 토양과 식물에 영향을 미치기 때문이다. 유스투스 폰 리비히가 비판가들에게 대응하면서 암묵적으로 인정한 것처럼 이와 같은 자연의 영향은 토양에 함유되어 있는 비유기물만큼이나 중요하다. 관개, 배수, 그 밖의 소재들의 개선을 통해 토양층에서의 공기 순환을 활성화함으로써 이산화탄소와 산소가 토양에 함유된 구성 요소와 더 효과적으로 상호작용할 수 있으므로 작물 생산이 증대된다. 작물이 화학적 무기질이나 질소화 비료의 양에 비례해 증가한다면 물질적 측면 역시 이에 비례해서 증가될 필요가 있다. 화학적 요소와 물질적 요소가 식물 성장의 필수적인 조건을 구성하기 때문이다. 그러나 노동과 자본이 증가한 만큼 필요한 양분을 항상 제공할 수 있는 것은 아니다. 토양이 풍화될 뿐 아니라 식물의 뿌리와 잎이 토양에 함유된 구성 요소를 빼앗아 흡수할 수 있는 양이 생리학적으로 제한되기 때문이다.

마르크스가 『농화학』에 등장하는 위 구절을 노트에 기록하고 『자본』에 반영한 일은 우연이 아니다. 사실 1865년에서 1866년 사이 유스투스 폰 리비히의 저술을 탐독하는 동안 마르크스가 주목했던 측면이 바로 이와 같은 측면이기 때문이다. 이때 마르크스의 노트에서 중요한 구절을 강조 표시한 여백의 기록이야말로 매우 유용한 자료가 아닐 수 없다. 1,000쪽이 넘는 리비히의 『농화학』으로부터 발췌할 내용을 주의 깊게 선정하여 기록한 마르크스는 여백에 연필로 자신이 발췌를 분류한 목적과 해당 발췌를 사용할 용도를 기록했다. 여백에 기록된 주제에서 공통점을 찾아보면 마르크스가 토양의 생산성이 **비례해서** 증가하지 **않는다는** 사실을 확인한 실험 결과에 관심을 보였다는 놀라운 사실을 확인할 수 있다.

『농화학』2권에서 유스투스 폰 리비히는 식물 뿌리가 용해성 물질을 흡수함으로서 나타나는 효과를 보일 목적으로 내겔리Nägeli 및 쵤러Zoeller와 함께 뮌헨의 식물원에서 수행한 실험을 소개했다. 이 세 사람은 다양한 토탄土炭 가루를 섞은 뒤 여러 단지에 채워 넣고 서로 다른 양의 영양염營養鹽을 각각의 단지에 첨가했다. 이 실험을 통해 인위적으로 조성한 이와 같은 토양에 무기염無機鹽(토탄 가루에 영양염을 첨가한 뒤 물에 용해한 것으로 식물이 양분으로 흡수할 수 있다)을 첨가하면 비옥도가 높아진다는 사실이 밝혀졌다.[37] 마르크스는 이 실험에 대해 리비히가 내린 결론을 기록하고 이러한 결론의 중요성을 여백에 강조해서 기록했다.

> 상대적으로 비옥도가 떨어지는 토양에서도 상당한 규모의 작물
> 을 재배한다는 사실을 통해 토양 표면에 함유되어 있는 양분이
> 유효하다는 사실과 토양의 생산력이 화학적 분석을 통해 확인된
> 양분의 양에 비례하는 것은 아니라는 사실을 확인할 수 있다.[38]

풍부한 양분을 함유한 토양에서 생산량이 더 많은 것은 사실이다. 그러나 유스투스 폰 리비히는 작물의 생산량이 토양에 함유되어 있는 무기질 양분의 양과 정확하게 비례하는 것은 아니라는 사실을 인정했다. 오히려 무기질 양분을 더 적게 함유한 토양이 화학 분석을 통해 예상했던 것보다 더 많은 작물을 생산하는 것으로 확인되었다.

마르크스는 또 다른 구절에 주목하고 이번에도 역시 그 중요성을 여백에 강조해 두었다.

토양에 양분이 풍부하거나 부족하면 생산되는 작물의 양과 무게에 영향을 미친다. 그러나 **토양에 함유되어 있는 요소의 상대적 비율**이 작물의 양과 무게에 영향을 미치는 것은 아니다. (…) 모든 종류의 식물에서 (…) 탄산칼륨, 석회, 산화마그네슘의 비율 편차가 확인되고는 하기 때문이다. 한편 담배, 포도, 토끼풀 같은 작물처럼 석회를 탄산칼륨으로 또는 그 반대로 대체할 수 있는 경우도 있다. 예를 들어 이번 사례에서는 탄산칼륨의 양을 줄이는 대신 (…) 석회의 양을 그에 비례해 늘리거나 그 반대로 적용했다.[39]

여기에서 마르크스는 다시 한 번 토양 생산성이 토양의 양분에 **비례해서** 증가하지 **않는다는** 사실을 확인하는 일에 큰 흥미를 드러낸다. 바로 이 구절이 이후 『자본』 3권에서 마르크스가 자본 투자가 연이어 이루어질 경우의 수확 체감을 자세한 설명 없이 언급하면서 염두에 두었던 구절이다.

수확 체감의 법칙이라는 맥락에서 보면 마르크스가 구상한 기획에서 유스투스 폰 리비히의 『농화학』이 매우 중요한 비중을 차지하는 이유를 확인할 수 있다. (골분骨粉, 구아노, 화학비료 같은) 비유기 양분을 인위적으로 도입하고 기계를 활용해 토양을 갈아 공기와 온기를 통한 풍화 과정을 촉진하면 분명 작물 생산은 증가할 수 있다. 그러나 리비히가 주장한 것처럼 동일한 토지에서 작물 생산이 무한대로 증가할 수 있는 것은 아니어서, 어느 시점이 되면 해당 토지의 토양은 더 이상 생산할 수 없게 될 것이다. 그렇더라도 다른 토지의 토양에는 여전히 투입에 비례해서 생산할 가능성이 남아 있을 것이다. 이와 같은 자연의 한계는 토양의 특성에 따라 달라진다. 그리고 바로 이러한 이유로 리비히는 자신이 제시한 토양에 대한 화학적 분석 이론이 농업 활동에 매우 중대한 의미를 (가진다고) 주장했다.

이와 같은 주장에 초점을 맞추는 마르크스의 태도가 더욱 놀라운 이유는 유스투스 폰 리비히가 『농화학』을 통해 밝힌 입장, 즉 작물 생산이 비례해서 증가하지 않는다는 진술이 그 이전에 출간된 『농화학』의 다른 판본에 비해 모호할 뿐 아니라 심지어 "일관성도 없기" 때문이다.[40] 따라서 리비히는 자신이 앞서 피력했던 견해를 바꿨다는 사실을 애써 강조하지 않았다. 그러나 마르크스는 리비히가 조심스럽게 숨긴 수정 사항을 간과하지 않고 노트에 기록하면서 이 주제를 매우 흥미롭게 여기고 있다는 태도를 드러냈다. 심지어 리비히가 이 문제에 대해 아주 약간만 다루었을 뿐인데도, 마르크스는 리비히가 제시한 핵심 사항을 자신의 정치경제학에 신중하게 통합해, 과학적 근거가 전혀 없는 리카도 학파의 추정을 자연과학적으로 반박하는 근거로 삼았다.

존 스튜어트 밀이 "근거를 전혀 모르는 상태"였다는 사실을 유스투스 폰 리비히가 알고 있었음이 틀림없는데도, 리비히가 자신의 이론과 밀의 사상 사이에 연관성이 있다고 생각했다는 점에 마르크스가 "유감"을 표했다는 사실에서, 『자본』 1권에서 마르크스가 문제시했던 내용이 무엇인지 더욱 명확하게 파악할 수 있다. 리비히와 밀 사이의 차이점은 명확하다. 『정치경제학의 원리』에서 밀은 리카도 학파가 널리 전파하고 아버지인 제임스 밀이 "속류로 전락시킨" 수확 체감이라는 "신조어"를 단순하게 반복하고 있다. 마르크스는 다음과 같이 언급한다.

"노동"이라는 용어를 정치경제학에서 채택한 의미와 사뭇 다른 의미로 사용하는 유스투스 폰 리비히의 그릇된 해석과 다르게 리비히가 애덤 스미스 시대에 제임스 앤더슨이 최초로 소개했고 19세기 초까지 다양한 저술에서 반복적으로 등장했던 이론의 옹호자로 제임스 스튜어트 밀을 꼽은 일은 "매우 주목할 만하다." 에드워드 웨스트가 앤더슨과 동시에 그러나 독자적으로 발전시킨 이 이론은 표절의 대가인 토머스 맬서스(맬서스의 인구 이론은 후안무치한 표절이다)가 1815년 도용한 바 있다. 한편 1817년 데이비드 리카도가 이 이론을 일반 가치론에 결부시킨 뒤로 리카도의 이론이 전 세계로 퍼져 나갔다. 1820년 존 스튜어트 밀의 아버지인 제임스 밀은 이 이론을 속류로 전락시켰고, 존 스튜어트 밀과 그 밖의 여러 사람들이 속류로 전락한 이론을 최종적으로 재생산해 신조로 삼으면서, 이 이론은 학교에서 가르치는 것이 되었다. 따라서 존 스튜어트 밀은 잘못된 기여를 근거로 "주목할 만한" 권위를 부여받았다고 할 수 있다.[41]

마르크스는 산업화 시대에 농업에 종사하는 인구가 증가할 수 있다고 전제한 존 스튜어트 밀의 주장이 기존의 법칙을 왜곡한 잘못된 진술에 불과하다고 주장했다. 밀의 논지는 수확 체감 현상을 뒷받침할 과학적인 근거가 될 수 없고, 데이비드 리카도가 주장한 "신조"를 당연한 것으로 가정하고 있을 뿐이다. 유스투스 폰 리비히가 정치경제학 영역을 잘못 이해하고 있는 것은 안타까운 일이다. 리비히의 자연과학적 분석의 토대가 리카도의 이론과 전혀 무관할 뿐 아니라 농업 생산성이 감소하는 물적 기제를 드러내기 때문이다. 바로 여기에서 근대의 다른 정치경제학자들에게서는 찾을 수 없는 리비히만의 장점이 드러난다.[42]

유스투스 폰 리비히의『농화학』덕분에 수확 체감의 법칙을 둘러싼 담론이 새로운 방향으로 나아가게 되었다. 리비히는 "당시의 농화학이 낙후된 상태였기 때문에 차액지대에 대한 글을 남긴 경제학자 중 **누구도** 알지 못했던 토지의 고갈을 유발하는 자연의 실질적인 원인"을 자연과학적으로 설명했다.[43] 따라서 그 이전의 논쟁에서는 수확 체감의 법칙을 옹호하는 학자뿐 아니라 수확 체감의 법칙을 비판하는 학자도 지금까지의 농업 발전이 역사적 경향이라고 전제하는 경향을 보였다. 데이비드 리카도, 에드워드 웨스트, 심지어 토머스 맬서스조차도 자본 투자가 연이어 이루어지는데도 작물의 생산이 점진적으로 줄어드는 이유에 대한 화학적 증거 및 생리학적 증거를 제시하지 못했다. 청년 마르크스와 헨리 찰스 캐리를 비롯한 수확 체감의 법칙을 비판하는 학자들 역시 제임스 앤더슨과 아서 영Arthur Young에 의존해 기술이 충분히 빠른 속도로 진보한다면 동일한 토지에서 추가 생산이 "비례해서" 이루어질 수 있다고 막연하게 주장했다. 리비히는 수확 체감의 법칙을 옹호하는 학자와 비판하는 학자들이 내세우는 주장이 **가설**에 불과할 뿐 아니라 과학적 근거가 없다는 사실을 입증했다.[44]

1865년 마르크스는 농업 생산성의 한계에 대한 논쟁이 지닌 단점을 명확하게 인식했다. 자본이 연이어 증가하더라도 작물 생산이 체감하는 이유를 과학적으로 설명한 유스투스 폰 리비히의 설명에 수긍한 마르크스는 마이클 페렐만이 맬서스주의에 대한 마르크스의 공포라고 명명한 문제에 발목을 잡히지 않으면서 자신의 지대 이론에서 생산성 체감 문제를 자세하게 다룰 수 있게 되었다. 이와 같은 이론적 발전은 새로운 과학적 발견에 힘입은 것으로 마르크스에게는 결정적인 영향을 미쳤다. 덕분에 마르크스가 농업에서 생산성이 체감하는 서로 다른 이유를 탐구하는 것이 중요하다는 사실을 인식하게 되었기 때문이다. 그리고 바로 거기에서부터 마르크스는 자본주의적 형태의 농업이 안고 있는 주요 문제를 확인하게 되었다.

이와 같은 쟁점이 일반 이론적인 측면에서 정치경제학 비판과 어떤 관련성을 가지는지 살펴볼 필요가 있다. 1865년 마르크스는 기술이 발전하더라도 자연을 마음대로 종속시키거나 조작할 수 없다는 자신의 통찰을 심화시켰다. 즉, 인간이 극복할 수 없는 자연의 한계가 존재한다는 사실을 인식했던 것이다. 이와 같은 사실은 마르크스가 자연의 한계를 완전히 무시했다는 널리 알려진 비판에 반反한다. 예를 들어 레셰크 코와코프스키Leszek Kołakowski는 마르크스의 "유토피아적" 사고를 다음과 같이 비난한다.

> 마르크스는 인간이 자신의 신체뿐 아니라 지리학적 조건에 의해서도 제약을 받는 존재라는 사실을 거의 인정하지 않았다. 토머스 맬서스에 대한 마르크스의 논의에서도 확인할 수 있는 것처럼 마르크스는 지구의 면적과 자연 자원으로 인해 발생하는 절대적인 인구 과잉의 가능성을 인정하지 않았다. (…) 인간의 삶과 죽음, 성적 본능 및 공격 본능, 지리학과 인간의 생식 능력 문제를 무시하고 인간을 순수한 사회적 실재로 인식했다는 사실은 마르크스의 가장 중요한 특징 가운데 하나이자 마르크스가 구상

한 유토피아와 관련해 가장 소홀하게 취급되었던 특징이다.[45]

마르크스는 데이비드 리카도 및 토머스 맬서스를 비판하는 과정에서 농업 부문의 기술 개선 가능성과 자연적 비옥도의 변형 가능성을 강조했다. 그러나 마르크스가 "지리적" 조건을 비롯한 그 밖의 자연 조건을 부정한 것은 아니었다. 오히려 마르크스는 노트에 기록한대로 토양의 비옥도 같은 자연 조건에 주목하면서 유스투스 폰 리비히의 저술을 탐독했다. 마르크스는 자신의 정치경제학에서는 토양의 소재적 속성을 하나의 경제적 범주로 취급한다. 토양의 소재적 속성이 지대 범주의 물적 기초를 이루기 때문이다. 따라서 마르크스는 농화학, 생리학, 지질학을 주의 깊게 연구해야 했다. 1865년 마르크스가 수확 체감 문제에 대해 탐구했다는 사실은 마르크스가 소재적 세계에 존재하는 다양하고 극복할 수 없는 한계를 명확하게 인식했다는 사실을 드러내는 동시에 레셰크 코와코프스키가 주장한 기술에 대한 낙관론과 단호하게 결별했다는 사실을 드러낸다. 마르크스는 장차 도래할 사회주의 사회에서도 이와 같은 생산의 한계를 극복할 수 없다는 사실을 이해했다. 따라서 코와코프스키의 비판은 환원론적이며 그릇된 것이다.

3장에서 논의한 것처럼 마르크스는 자본주의가 일으켰으며 궁극적으로는 노동자와 지구를 고갈시키게 될 기술 발전의 한 단면만을 수용하지 않았다. 그보다 더 중요한 것은 마르크스가 사회주의 사회에서 기술을 활용하면 무조건 긍정적인 효과가 나타나고, 자연의 모든 한계를 극복할 수 있을 것이라고 무비판적으로 생각하지 않았다는 것이다. 오히려 마르크스는 자연의 한계를 무시한 결과 발생하는 자본주의 생산양식의 부정적인 결과를 자본주의의 모순의 표현으로 여기고 여기에 더 많은 관심을 보였다.

따라서 인간과 자연 사이에 이루어지는 물질대사 상호작용을 의식적으로 규제해야 한다는 마르크스의 요구는 자연에는 한계가 존재하므로 인간과 환경 사이에 이루어지는 상호작용에 특별한 관심을 기울이면서 사회적 생산을 급격하게 재조직해야 한다는 마르크스의 통찰에 포함되어 있다. 마르크스는 장차 도래할 사회의 토대를 놓을 근본적인 물적 조건으로서 근대의 자연과학과 기술의 발전이 지니고 있는 장점을 분명하게 인식한다. 그러나 근대 자연과학과 기술을 생산과정에 적용하는 방식은 자본주의 사회에서 이루어지는 방식과는 근본적으로 달라야 할 터였다. 그리고 그 이유는 자연의 한계를 극복하는 데 있는 것이 아니라 인간과 자연 사이에 이루어지는 물질대사 상호작용을 지속 가능하도록 만드는 데 있다. 자본주의에서는 인간과 자연이 합리적인 방식으로 교류할 수 없다. 사회적 생산이 사적 노동을 통해 조직되는 탓에 사회적 물질대사 상호작용이 가치에 의해 매개되기 때문이다. 마르크스는 인간과 자연 사이에 이루어지는 물질대사 상호작용을 민주적이고 지속 가능한 방식으로 관리할 필요가 있다고 주장한다. 인간의 통제를 넘어서는 독립적인 힘을 자본에 부여하는 사회적 실천을 전환하기 위해 필요하기 때문이다. 마르크스의 접근법을 유스투스 폰 리비히의 이론을 받아들인 빌헬름 로셔의 접근법과 비교해 보면, 이 접근법이 얼마나 고유한지 더욱 명확하게 확인할 수 있다.

유스투스 폰 리비히의 이론을 수용한 빌헬름 로셔

유스투스 폰 리비히가 혼동한 부분이 없는 것은 아니지만 리비히의 이론은 리카도 학파가 단순하게 전제하여 제시한 주장을 과학적으로 설명함으로써 리카도 학파가 제시한 이론을 비판하는 데 기여한다. 리비히가 토양을 처리하는 데 사용한 과학적인 방법 덕분에 토지 생산성의 감소를 일으키는 다양한 원인에 대해서 엄격한 분석이 이루어지게 되었다. 이와 같은 맥락에서 볼 때 수확 체감이라는 특별한 문제는 마르크스의 이론에서 특히 중요한 비중을 차지하게 된다. 이것은 바로 **근대 사회에서 집약화된 농업의 문제**이다.

이러한 맥락에서 마르크스와 동시대에 독일에서 활동한 정치경제학자 가운데 중요한 인물은 바로 빌헬름 로셔이다. 로셔가 농업의 집약화를 목격한 인물일 뿐 아니라 마르크스보다도 먼저 유스투스 폰 리비히의『농화학』을 언급한 인물이기 때문이다. 독일 이론가인 로셔가 1865년에서 1866년 사이 마르크스가 수행한 농업 연구에 미친 영향에 대해서는 카를-에리히 폴그라프Carl-Erich Vollgraf가 이미 지적한 바 있다.[46] 언뜻 볼 때 로셔가 마르크스에게 영향력을 행사했다는 주장은 의심스럽다.『1861~1863 경제학 수고』에서 마르크스가 로셔의 사고에서 단 하나의 장점도 인식하지 못한 채 그의 이론을 거부했기 때문이다. 심지어 마르크스는 지대 이론에 대해 논의하면서 로셔의 "주장에는 잘못된 것이 많이 포함되어 있다"고 언급하기도 했다.[47] 놀라운 사실은 마르크스가 다른 맥락에서는 로셔를 계속 무시했음에도,『자본』3권을 집필하기 위한 수고에서는 그를 부정적으로 언급하지는 않는다는 점이다.

『국민경제 체계』의 2권 『농업을 비롯한 기본 생산물의 국민경제

Nationalökonomie des Ackerbaues und der verwandten Urproductionen』 4판의 서

문을 새로 작성한 빌헬름 로셔는 "유스투스 폰 리비히가 농화학과 관련

해 최근 수행한 연구 결과를 (…) 국민경제 이론에 통합하려고 노력했

다"고 언급했다.[48] 새로 추가된 구절과 주에서도 로셔는 리비히가 새롭

게 밝혀낸 연구 결과의 중요성을 여러 차례 다시 강조한다. "심지어 리

비히의 역사적 주장 가운데 대부분이 상당한 논란을 불러일으키고 있

다고 하더라도, (…) 심지어 리비히가 국민경제의 중요한 사실들을 놓치

고 있다고 하더라도, 국민경제의 역사에서 위대한 자연과학자인 리비

히의 이름은 알렉산더 훔볼트의 이름에 비견될 정도의 영예로운 위상

을 항상 차지하고 있을 것이다."[49] 『자본』 1권에서 마르크스도 리비히에

대해 긍정적으로 평가했다. 바로 여기에서 로셔와 마르크스의 명백한

유사성을 찾을 수 있다. "리비히가 자연과학적 관점에서 파악한 부정적

인 측면(예: 근대 농업의 파괴적인 측면)은 영원히 사라지지 않을 업적 가

운데 하나이다. 리비히는 역사적 관점을 가지고 농업의 역사를 개관했

는데, 중대한 오류를 전혀 범하지 않은 것은 아니지만 근대 정치경제학

자들의 저술을 모두 통틀어 보더라도 리비히가 제시한 번뜩이는 통찰

을 찾아보기 어려울 정도이다."[50] 나아가 마르크스가 탐독했고 소장했

던 도서 목록에는 로셔 역시 논의했던 저자들의 도서가 다수 포함되어

있다. 그 예로는 요한 하인리히 폰 튀넨Johann Heinrich von Thünen, 헤르만 마

론Hermann Maron, 프란츠 사비에르 폰 훌루벡Franz Xavier von Hlubek, 카를 프

라스를 꼽을 수 있다. 심지어 카를-에리히 폴그라프는 로셔의 저술을 탐

독한 것이 마르크스가 1865년 리비히의 『농화학』을 탐독하게 된 계기

가 되었다고 주장한다. 사실 로셔의 저술은 1865년 출간되었다. 이는 앞서 인용한 1866년 2월 13일 마르크스가 엥겔스에게 보낸 편지에서 언급한 내용과 일맥상통한다. "지대에 대한 이론적 탐구는 이미 2년 전에 결론이 나왔는데 그 이후 2년 사이 많은 성과가 새롭게 등장했더군. 하지만 모두 내 이론의 올바름을 입증하고 있네."

안타깝게도 마르크스의 노트에는 빌헬름 로셔의 저술에서 발췌한 내용이 들어 있지 않다. 마르크스가 개인적으로 소장한 로셔의 『농업을 비롯한 기본 생산물의 국민경제』 4판 사본은 사라진 것이 틀림없다.[51] 그러나 마르크스가 농업 집약화를 "농업의 자연법칙"으로 취급했다는 사실은 마르크스가 로셔와 공통점을 지니고 있다는 사실을 시사한다. 마르크스는 『자본』 3권을 집필하기 위한 수고에 다음과 같이 기록해 두었다.

> 게다가 기존의 농업 수준과 그에 따른 토양의 품질, 즉 농업에서는 이미 생산된 생산수단과 동일한 의미를 가지는 자본이나 다름없는 토양의 고갈 수준이 토양 경작에서 결정적인 요소가 된다는 사실은 **농업의 자연법칙**이다.[52]

마르크스가 농업의 역사적 발전, 즉 조방농업에서 집약적 농업으로 전환되는 과정에서 "농업의 자연법칙"을 언급했다는 사실은 매우 놀라운 일이다. 빌헬름 로셔 역시 "조방농업에서 집약적 농업으로의 전환"을 "가장 중요한 세 가지 자연법칙" 가운데 하나로 언급한다.[53] 따라서 이와 같은 농업의 전환을 로셔의 논지에 따라 추적해 볼 필요가 있다.

마르크스와 유사하게 빌헬름 로셔는 조방농업이 토양을 "고갈시키기" 때문에 조방농업에서 집약적 농업으로의 전환이 이루어진다고 주장한다. 로셔는 다음과 같이 기록한다. "야만인들이 발전되지 않은 경작 기법, 단순한 기계, 비루한 가축을 투입해 수행하는 매우 조방적인 농업에서는, 토양이 자연적으로 제공하는 식물 양분을 확보할 수 있는지 여부에 농업의 성패가 달려 있다. 따라서 [야만인들이 유일하게 경작하는] 경토耕土의 대부분은 이내 고갈되고 자연 초지로 변한다."[54] 로셔는 토양 고갈과 인구 증가로 인해 삼포식 농업과 윤작에서 볼 수 있는 것처럼 토끼풀, 배수, 비료를 활용하는 경작법을 도입해 보다 집약적인 농업으로 전환할 필요가 생겨나기 때문에 토지에 더 많은 자본과 노동이 투입되어야 한다고 주장한다. 로셔는 인구 증가로 인해 야기되는 식량 수요 증가에 부응하기 위해 목초지를 경작지로 전환할 필요가 있었다고 지적한다. 토양 사용 가능성을 경작으로 제한한 경작지는 더 많은 식량을 생산할 수 있다. 훗날 빌헬름 아벨Wilhelm Abel은 로셔를 따라 이와 같은 역사적 전환을 "비축분 방출"[Depekoration]이라고 명명했다.[55]

빌헬름 로셔는 집약화 과정에서 아무런 모순을 찾아내지 못했다. 로셔가 유스투스 폰 리비히의 토양 고갈 이론을 높이 평가했다는 점을 감안해 보면, 로셔가 집약화라는 역사적 발전을 자연스러운 현상으로 파악했다는 사실은 더욱 놀라운 일이 아닐 수 없다. 4판에 수록된 구절에서 로셔는 "조방" 농업과 "집약적" 농업의 차이를 설명한다. 로셔는 리비히의 『농화학』을 통해 얻은 새로운 관점을 덧붙이면서 **"농업의 정역학statics"**의 중요성을 강조한다. 로셔는 "토양의 힘을 소모하는 활동과 토양의 힘을 보충하는 활동 사이의 평형"이 지속 가능한 농업의 기본 조건이라고 주장한다.[56] 리비히의 무기질 이론을 언급한 로셔는 식물이 흡수한 토양의 무기질 양분을 보충하지 않으면 토양이 이내 고갈되고 만다는 사실을 인식하기에 이른다.

그런 다음 빌헬름 로셔는 농업 생산에 소요되는 비용이 증가하는 문제를 농업 집약화의 결과라고 언급한다. "자연 재원에서 공급이 줄어들수록 이에 대응하는 조치를 취해야 할 필요성은 더욱 시급해지고 거기에 소요되는 비용은 증가한다."[57] 로셔는 집약적 농업이 이루어지면 더 많은 노동과 자본을 투입해야 하므로 토양의 양분을 대체하는 비용 역시 증가한다는 점을 지적한다. 이와 같은 맥락에서 로셔는 다음과 같이 언급한다. "자연과학의 관점에서 볼 때 강탈 농업을 토양에 거름을 주는 일(…)과 심토subsoil에 쟁기질하는 일로 위장할 수 있다고 언급한 유스투스 폰 리비히의 견해는 올바르다."[58] 자본의 집약화(거름 주기)와 노동의 집약화(쟁기질하기)로 작물 생산을 늘릴 수 있는 기간은 단기간에 불과하다. 문명이 발전한 결과 토양의 구성 요소를 집약적으로 흡수할 필요가 발생한다. 그러나 토양으로부터 구성 요소를 "강탈하는" 강도가 높아질수록 토양의 고갈 속도는 더욱 빨라지게 되고 이에 대응하는 데 소요되는 비용도 증가하게 된다. 리비히는 "강탈 농업"에 대한 분석을 통해 근대의 집약적 농업이 처한 어려움을 제기한다.

강탈 농업의 위험성을 인식하고 있었음에도 결국 빌헬름 로셔는 유스투스 폰 리비히의 분석과 결별하고 만다. 심지어 로셔는 강탈 농업 체계가 정당화될 수도 있다고 주장한다. "리비히는 단순한 자연과학의 관점에서 토양에서 빼앗아 사용한 양분을 완벽하게 보충하지 못하는 농업을 **강탈 농업**이라고 부른다. 그의 입장은 전적으로 올바르다. 그러나 경제학의 관점에서 보면 그와 같은 강탈 농업이야말로 오랜 시간에 걸쳐 이루어진 올바른 선택이었다고 할 수 있다."[59] 따라서 리비히의 보충의 법칙을 따를 필요는 없다. 토양의 양분을 보충하는 데 소요되는 비용이 높아지면 생산을 통해 이윤을 낼 수 없기 때문이다. 로셔는 토양의 양분을 완벽하게 보충하지 않은 상태에서 자연력을 쥐어짜는 다양한 사례를 자연과학적 관점이 아니라 "경제적" 관점에서 충분히 이해할 수 있다고 주장한다. 자연력을 강탈하는 일이 지속되더라도 이는 시장가격의 논리, 즉 생산이 줄어들면 시장가격이 올라가는 원리에 의해 제지될 것이다. 로셔는 시장가격이 올라가면 더 많은 자본 투자가 촉진될 것이고 기술 혁신이 일어나 생산비용이 다시 낮아지게 될 것이라고 예견한다.

이와 같은 의미에서 볼 때 빌헬름 로셔는 시장가격의 전능한 규제 능력이라는 널리 퍼진 근거 없는 믿음을 공유하고 있다. 생산비용이 등락을 거듭하면 자동적으로 토양 고갈 문제에 대한 해결책이 도출될 것이다. 그렇지 않으면 농업 생산을 통해 이윤을 낼 수 없거나 식량 가격의 상승으로 인해 농업의 이윤율이 하락할 터였다. 로셔에 따르면 더 조방적인 농업에서 나타나는 토양 고갈 문제는 자연법칙에 따라 더 집약적이고 효과적인 체계로 자동적으로 대체될 것이다. 그 이유는 농업 부문에서 수요가 증가할 뿐 아니라 토양을 고갈시키는 조방농업에 비해 집약적 농업에서 얻을 수 있는 이윤이 더 높기 때문이다. 이와 같은 맥락에서 로셔는 유스투스 폰 리비히의 이론에 집약적 농업으로의 전환에 유용한 "개혁 정신"이 있다고 생각했다. 그렇게 생각한 이유는 리비히의 이론이 토양의 양분을 지속적으로 보충하는 일의 중요성을 대중에게 알린다고 생각했기 때문이다. 토양 고갈에 대처하는 더 실질적인 해결책은 미래 세대가 해결할 문제로 남기면 그만일 뿐이다.[60] 그 결과로서는 리비히가 근대 농업의 비합리성에 대해 경고하고 있다는 사실을 명시적으로 언급했음에도 근대 농업을 진지하게 비판하지 않는다.

유스투스 폰 리비히의 이론을 받아들인 마르크스는 농업의 집약화라는 역사적 경향을 무비판적으로 높이 평가한 빌헬름 로셔와는 근본적으로 다른 입장을 드러낸다. 자연의 "영구적인 조건"과 자본주의 생산양식의 법칙 사이에 존재하는 모순을 인식한 마르크스는 로셔와는 명확하게 대조적으로 지속 가능한 농업을 실현하는 데 걸림돌은 다름 아닌 시장가격에 의존하기 때문이라고 주장한다.

> 그러나 특별한 작물을 경작하는 일이 시장가격의 등락에 의존하는 방식, 작물 경작이 이와 같은 가격의 등락에 결부되면서 나타나는 끊임없는 변화, **지금 당장** 금전적인 이윤을 내는 일에만 급급한 자본주의 생산양식의 정신은 상호 연관되어 있어서, 여러 세대에 걸쳐 인간에게 필요한 영구적인 생활 조건이라는 전체적인 영역에 관심을 가질 수밖에 없는 농업과는 모순을 이룬다.[61]

마르크스는 빌헬름 로셔의 낙관론을 공유하지 않는다. 오히려 마르크스는 시장가격을 통한 규제만으로는 농업이 절대로 지속 가능할 수 없다고 경고한다. 마르크스가 제시한 주장의 요점은 쉽게 이해할 수 있다. 가격은 가치보다도 더 일방적인 방식으로 인간과 자연 사이에 이루어지는 물질대사 상호작용을 빼앗아 갈 수 있기 때문이다. 반면 토양을 지속 가능하게 유지, 보존, 개선하기 위해서는 소재적 세계의 기제에 대한 의식적이고 신중한 접근이 필요하다. 자본주의에서 이루어지는 토양의 개선은 장기적인 관점으로 지속 가능한 생산을 목표로 하는 것이 아니라, 이윤을 낼 수 있는 토지에만 자본과 노동을 투입하여 오직 "**지금 당장** 금전적인 이윤을 내는 일"만을 목적으로 삼는다. 따라서 사용되는 토지는 과도한 부담을 안게 되어 토양이 빠르게 고갈되는 한편, 개선될 수 있고 경작될 수 있지만 사용하지 않는 토지는 충분한 자본 투자가 이루어지지 않아 휴한지로 남고 만다. 한편 이윤을 낼 수 없는 토지에서는 장기적인 관점에서 이루어지는 배수와 관개를 통한 개선도 이루어지지 않는다. 지금 당장의 이윤을 추구하기 때문에 지속 가능한 농업과는 "모순을 이루는" 자본주의 생산양식과는 반대로, 마르크스는 농업이 가치에 의해서 매개되는 것이 아니라 "상호 연관된 여러 세대의 인간"이라는 관점에서 수행되어야 한다고 명시적으로 주장한다.

농업의 지속 불가능한 집약화를 거부한 마르크스의 입장은 영국의 농업과 농업 실천을 열렬하게 지지한 레옹스 드 라베르뉴에 대해 비판적으로 언급한 『자본』 3권에서도 나타난다. 라베르뉴는 17세기 말 영국 동부 노포크에 처음으로 도입되었던 윤작 덕분에 농업의 진전이 이루어졌다고 높이 평가한다. 4년에 걸쳐 밀, 순무, 보리, 토끼풀을 독보리와 함께 경작하는 "노포크 윤작" 덕분에 휴경이 사라졌다. 독보리와 함께 재배되는 밀, 순무, 보리, 토끼풀은 토양에서 각기 다른 양분을 흡수하므로 토양에 양분을 보충할 시간이 생기는 것이다. 사료 작물은 배설물을 통해 풍부한 거름을 제공할 수 있는 소 떼와 양 떼에게 더 풍부한 영양을 공급하고 토끼풀은 공기 중에 존재하는 질소를 토양에 고정시키는 역할을 수행한다. 라베르뉴는 영국에서 운영하는 이와 같은 효율적인 체계를 높이 평가한다. 반면 마르크스는 이 문제를 괄호 안의 짧은 의견을 포함해 다음과 같이 기록한다.

> (프랑스 혁명기 무렵) **노포크 윤작**이 등장했다. [레옹스 드 라베르뉴에 따르면 자신뿐 아니라 "모든 사람이" 인식한 이론이라고 하는 이론은 다음과 같다.] **사료 작물**은 공기로부터 식물의 성장에 필요한 기본 요소를 흡수하는 **동시에 자신이 토양으로부터 빼앗아 흡수한 것보다 많은 양분을 토양에 되돌려 준다.** 따라서 사료 작물은 곡류를 비롯해 일반적으로 토양을 고갈시키는 작물이 빼앗아 간 양분을 직접, 또는 거름으로 전환시키는 두 가지 방법을 통해 보충하는 역할을 수행한다. 그러므로 사료 작물과 곡류를 비롯해 일반적으로 토양을 고갈시키는 작물을 **최소한 번갈아 심어야 한다.** 바로 이것이 노포크 윤작이다.[62]

마르크스는 레옹스 드 라베르뉴의 설명을 "동화童話"라고 표현한다.[63] 당시 유스투스 폰 리비히와 마르크스 모두 토끼풀이 질소를 고정시키는 기능을 하는지에 대해서 정확하게 알지 못한 것이 사실이다. 토양 내 암모니아의 원천에 대한 리비히와 크리스티안 쇤바인의 가설은 이후 그릇된 것으로 판명되었고, 콩과 식물의 근류균根瘤菌이 질소를 고정시키는 정확한 기제는 1866년 헤르만 헬리겔Hermann Hellriegel과 헤르만 빌파르트Hermann Wilfarth에 의해 발견되었다. 나중에 질소 고정 기제가 밝혀지기는 했지만, 그렇다고 해서 리비히의 "최소의 법칙"과 "보충의 법칙"의 타당성을 반박할 수 있는 것은 아니다. 따라서 이와 같은 측면 하나만으로 리비히와 마르크스를 비판하는 것은 섣부른 판단이다.[64] 윤작만으로는 최소의 법칙을 충족할 수 없을 뿐 아니라 토양 고갈을 피하지도 못한다. 보다 집약적인 경작이 질소뿐 아니라 다른 무기질 양분을 토양으로부터 빼앗아 가기 때문이다. 이와 같은 무기질 양분이 적절한 방식으로 보충되지 않는다면, 윤작을 하더라도 토양 고갈은 가속화될 것이다. 그러나 라베르뉴는 토양의 급속한 고갈을 유발하는 원인에 불과한 단기적인 작물 생산의 증가에만 관심을 보인다. 바로 이것이 마르크스가 라베르뉴의 입장을 "동화"로 치부하면서 받아들이지 않는 까닭이다.

반면 빌헬름 로셔는 레옹스 드 라베르뉴의 입장에 동의할 것이다. 질소를 끊임없이 투입해서 휴경지가 사라지면 자연력에서 더 큰 이윤을 쥐어짤 수 있기 때문이다. 로셔의 저술을 탐독한 마르크스는 조방농업과 집약적 농업의 측면에 집중하면서, 농화학을 다시 연구하기 시작했고, 이내 자본주의적 농업에 대한 비판을 발전시켰다. 마르크스는 기계를 도입하고, 화학비료를 사용하며, 윤작을 실천한 결과로 나타난 근대 농업에서 일어나는 수확 체감의 역사적 특수성을 이해하기 시작했다. 마르크스는 유스투스 폰 리비히의 『농화학』을 통해 농업의 자본주의적 집약화와 농업 생산성의 연이은 감소 사이의 자연과학적 관계를 인식했다. 따라서 마르크스는 맬서스주의라는 오해를 받을 염려 없이, 『자본』에서 처음으로 자신의 지대 이론을 자본의 가치 증식 논리가 작동한 결과 소재적 세계가 왜곡된 현상으로 명확하게 이론화할 수 있게 되었다.

근대적인 농업 집약화의 부정적인 측면

분명 마르크스는 『자본』에서 농업 생산성이 하락하는 문제를 금전적인 이윤 창출만을 유일한 목표로 삼는 근대적 농업 운영 양식의 모순으로 분석한다. 마르크스는 토양을 혹사시킴으로써 토양이 고갈될 가능성을 1860년대 초에 이미 인식했지만, 당시에는 그 원인을 조방농업의 탓으로 돌렸다. 마르크스는 그 사례를 노예 소유주들이 수출용 면화를 생산하면서 토양을 고갈시키고 있었던 미국 남부의 여러 주에서 나타난 모순에서 발견했다. 1861년 10월 25일 빈에서 발간되는 신문 〈디 프레세 *Die Presse*〉에 게재된 기사에서 마르크스는 다음과 같이 언급했다.

> 남부에서 수출하는 품목, 즉 면화, 담배, 설탕 등은 노예를 투입해 재배된다. 노예를 대규모로 투입하고, 자연적으로 비옥해서 단순 노동만 투입해도 되는 토양을 광범위하게 희생시키는 동안에는 이윤이 보장된다. 자본, 지식, 노동력 투자에 대한 의존도보다 토양 비옥도에 대한 의존도가 비교적 낮은 집약적 경작의 성격은 노예를 투입해 이루어지는 경작의 성격과 반대된다. (…) 심지어 인구의 7분의 4가 노예인 사우스캐롤라이나주에서는 토양 고갈로 인해 지난 몇 년 사이 면화 경작이 거의 정체된 상태이다.[65]

마르크스는 미국 남부의 여러 주에서 나타난 토양 고갈 문제를 노예 노동을 토대로 조방농업 방식을 동원해 면화를 생산한 결과로 인식했다. 마르크스는 이와 같은 토양의 고갈이 "새로운 영토를 획득하도록 (…) 부추긴" 원인이 되었다고 주장했다. 한편 북부의 여러 주들에서 생산해 유럽으로 수출했던 곡식 역시 토양 고갈을 야기했음에도 마르크스는 이를 문제삼지 않았다. 이와 같은 마르크스의 분석은 마르크스가 미국 남북전쟁에서 북부의 여러 주를 지지했다는 정치적 맥락에서 이해되어야 한다. 제임스 F. W. 존스턴이 『북아메리카에 대한 기록Notes on North America』에서 경고한 것처럼 서부로의 끊임없는 확장이 필요했던 뉴잉글랜드의 경우도 역시 그 원인은 토양의 급속한 고갈에 있었다.

『1861~1863 경제학 수고』에서도 마르크스는 동일한 관점에서 논의를 이어 갔다.

> 생산력은 고르게 발전하지 않는다. 자본주의 생산에서는 농업보다 산업이 더욱 급속하게 발전한다. 이와 같은 현상은 토지의 본질 때문에 나타나는 것이 아니라 토지의 본질에 따라 토지를 사용하려면 토지가 상이한 사회적 관계를 맺어야 한다는 사실 때문에 나타난다. 자본주의 생산은 토지에 영향력을 행사해 토지를 고갈시킴으로써 토지의 자연적 특성이 황폐해진 뒤에야 비로소 토지에 관심을 보인다.[66]

마르크스는 토양이 고갈되는 현실을 분명하게 인식했다. 그러나 놀라운 것은 그 원인이다. 자본주의 생산 자체는 토양이 고갈된 **뒤에야** 비로소 "토지에 관심을 보인다." 따라서 그제야 기계가 도입되고 자연과학이 적용된다. 여기에서 마르크스는 다시 한 번 미국의 사례를 언급했다. 반면 집약적 경작의 결과로 나타난 토양 고갈 문제는 엄청난 분량으로 작성된 『1861~1863 경제학 수고』에 등장하지 않는다. 이 시기에 마르크스는 자본주의 생산의 도입으로 "생산력 발전"이 가능하리라고 생각했던 것으로 보인다.

자본주의적 농업의 긍정적인 측면을 강조한 마르크스의 입장은 유스투스 폰 리비히의 『농화학』을 탐독한 후에 기록한 『자본』에서 피력한 입장과는 상당히 다른 것처럼 보인다. 데이비드 리카도와 대조를 이루는 강탈 농업 체계에 대한 리비히의 비판 덕분에 마르크스는 수확 체감의 원인을 농업 영역에 존재하는 소재적 한계에 대한 근대의 특정한 표현으로서 탐구하게 되었다. 근대적 강탈 체계가 작동한 결과 토양 고갈 문제는 보다 급격한 모습radical shape으로 나타나게 되고, 토양 고갈 문제에 대한 분석은 자본주의 생산의 핵심 모순을 드러내게 된다.

우선 유스투스 폰 리비히는 추가적인 자본 투자를 통해 이루어지는 집약적 경작이 생산 과정에서 토양을 비롯한 자연 요소의 소재적 속성이라는 조건에 영향을 받는다는 사실을 지적한다. 기계적 경작이나 화학적 경작으로도 생산성을 무제한으로 증가시킬 수는 없다. 그 이유는 생산성이 토양의 유기 양분과 비유기 양분 및 공기, 온기, 빛, 최종적으로는 식물의 생리학적 기능에 의해 제한되기 때문이다. 모든 생산양식의 근본적인 조건을 이루는 이와 같은 요소들은 식물이 성장할 때 **모든 역사를 관통하는 소재적 측면**을 구성한다.

또한 유스투스 폰 리비히는 토지의 비옥도 자체가 "지대"의 원천이 되는 자본주의 아래에서 농업 생산의 자연 조건이 특정한 형태를 취한다고 주장한다. 즉, 리비히는 집약적 경작이 항상 작물의 생산 증가로 이어질 수는 없다는 사실을 경고한다. 오히려 집약적 경작은 "보충의 법칙"을 위반함으로써 생산성을 떨어뜨릴 수 있다. 리비히에 따르면 근대 산업화는 도시와 시골 사이의 새로운 노동 분업을 창출했다. 따라서 이제 식량은 상품으로서 생산되고 대도시의 노동자 계급이 소비하게 되었다. 이제 식량 같은 생산물은 더 이상 원래의 토양으로 되돌아가 토양을 회복시키지 않는다. 대신 아무런 쓸모를 가지지 못한 채 수세식 화장실을 통해 강으로 흘러들어가고 만다. 게다가 농업 생산물과 비료의 상품화를 통해 농업의 목적이 지속 가능성이 아니라 이윤의 극대화로 변모하면서, 토양의 양분을 최대한 빠른 시간 안에 쥐어짜 작물로 이전하게 된다. 도시와 시골의 거리가 멀어짐에 따라 이제 양분의 순환을 유지하는 일은 훨씬 더 어려워진다. 한편으로는 노동의 사회적 분업이 역사적으로 발전함에 따라 도시에서 판매할 농업 생산물의 급격한 증가가 요구되고, 다른 한편으로는 도시에서 상품 교환이 이루어짐에 따라 기계와 화학비료를 받아들인 시골에서 농업의 집약화가 촉진되면서 생산성이 증가하는 것처럼 보인다. 그러나 리비히에 따르면 이때 생산력이 진정으로 발전하는 것은 아니다. 그 이유는 농부가 이와 같은 과정을 통해 기존의 토양이 함유하고 있던 양분을 쥐어짜 식물이 흡수하게 하지만 양분을 보충하지는 않기 때문이다. 결국 대도시에서 더 많은 생산물이 판매될수록 강탈 농업의 경향은 강화되기만 할 뿐이다. 리비히는 비용을 더 많이 들여도 동일한 양의 곡식을 생산하기가 더 어려워지는 현실을 안타까워한다. 자연력과 협력하여 생산하는 방식이 점점 그 힘을 잃어 가면서 화학비료를 대규모로 투입해야만 하는 일이 불가피해지기 때문이다.

마르크스가 유스투스 폰 리비히의 이론에 큰 흥미를 보인 이유를 이해하기란 어렵지 않다. 마르크스는 리비히의 저술에서 『독일 이데올로기』에서부터 시작된 자신의 중요한 관심사인 "도시와 시골의 대립"이라는 주제에 대한 자연과학적인 입장을 찾았던 것이다.

> 육체 노동과 정신 노동의 분업이라는 중요한 문제는 도시와 시골의 분리와 결부된다. (…) 도시와 시골 사이의 모순은 사유재산이라는 틀 안에서만 존재할 수 있다. 노동 분업을 통해 개인에게 특정한 활동이 강요되면서 개인은 종속된다. 이와 같이 종속된 개인은 규제를 받는 도시 동물이나 시골 동물로 전환되고 이 두 존재의 이해관계는 하루가 멀다하고 갈등을 일으킨다. 여기에서 다시 한 번 노동은 개인을 **짓누르는** 가장 큰 힘이 된다. 이와 같은 힘이 존재하는 한 사유재산은 반드시 존재한다.[67]

『자본』에 수록된 "대규모 산업과 농업"이라는 유명한 장에서 유스투스 폰 리비히의 토양 고갈 이론을 언급한 마르크스는 도시와 농촌이 분리된 결과 나타난 자연적 물질대사와 사회적 물질대사의 돌이킬 수 없는 교란을 비판했다.

> 자본주의 생산은 대규모 중심지로 인구를 끌어모으고, 도시 인구는 그 수가 더욱 늘어난다. 그 결과 한편에서는 역사적으로 사회의 원동력을 집중시키고 다른 한편에서는 인간과 지구 사이에 이루어지는 물질대사 상호작용을 교란한다. 예를 들어 식량과

의복의 형태로 인간이 소비한 토양의 구성 요소를 토양에 되돌려 주지 못한다. 따라서 토양의 비옥도를 지속시킬 수 있는 영원한 자연적 조건의 작동을 방해하는 동시에 도시 노동자의 신체적 건강과 농촌 노동자의 정신적 삶을 파괴한다.[68]

유스투스 폰 리비히의 『농화학』을 근거로 마르크스는 자연적 물질대사의 교란(토양의 비옥도 강탈)과 사회적 물질대사의 교란(도시 노동자와 농촌 노동자의 삶 파괴)을 지적했다. 이와 같은 방식으로 자본주의는 자연력과 노동력을 고갈시킨다.

식물의 자연적 양분 순환이 붕괴된 탓에 농산물의 "가격 상승" 가능성은 더 높아진다. "무상으로 사용할 수 있는 자연력"을 전유하여 생산하는 것이 아니라 "인간 노동"을 투입하여야만 생산할 수 있기 때문이다.[69] 바로 이와 같은 맥락에서 마르크스는 **"자본 투자가 연이어 이루어지는데도 토양의 생산성이 하락하는 문제"**를 설명하기 위해 유스투스 폰 리비히의 저술을 참고할 필요성을 인식했던 것이다. 마르크스에 따르면 이와 같은 현상은 자본주의 아래에서 이루어지는 농업 집약화의 절대적인 경향이 아니다. 그러나 농업 집약화 문제에 대해 낙관적으로 인식했던 이전의 입장에 대한 자기 비판을 거친 마르크스는 농업 집약화에 따르는 부정적인 측면을 자신의 지대 이론에 의식적으로 통합하게 된다. 마르크스가 제시한 새로운 주장에는 자본주의적 관계 아래에서 이윤을 지향하는 농업은 토양의 장기적이고 지속 가능한 향상을 불가능하게 만드는 한편으로, 토양 고갈에 대처하기 위한 자본 투자가 증가함에 따라 생산비용이 상승하게 된다는 새롭고 비판적인 통찰이 포함되어 있다. 마르크스는 근대의 "농업 혁명"을 통해 농업 생산성이 무한히 증가할 수 있게 되었다는 착각을 공유하지 않는다. 오히려 마르크스는 자본주의 아래에서 농업 생산성이 본래 발휘될 수 있는 농업 생산성에 비해 낮아질 가능성을 인식했다. 그리고 그 이유를 농업의 소재적이고 자연적인 한계에서 찾은 것이 아니라 자본주의 생산양식의 경제적인 한계에서 찾았다.

자본주의 사회에서 일어나는 토양 고갈의 수준 및 유형은 자본주의 이전 사회의 생산양식에서 나타나는 토양 고갈의 수준 및 유형과 그 모습이 사뭇 다르다. 근대의 대규모 농업은 토양을 고갈시킨다. 기술이 부족하고 자연과학에 대한 지식이 부족해서 그런 것이 아니라 자연력을 쥐어짜는 것이 절대적인 목표이기 때문에 그런 것이다.

> 두 가지 형태 모두 토지를 영구적인 공동 소유로서 그리고 인간의 생존과 세대 간 재생산의 고리를 유지하는 데 필요한 빼앗을 수 없는 조건으로서 의식적이고 합리적으로 취급하는 대신, 지구의 힘을 착취하고 낭비적으로 사용한다. (착취가 사회적 발전 수준에 따라 이루어지는 것이 아니라 개별 생산자들이 처한 우연하고 불평등한 조건에 따라 이루어진다는 것은 말할 것도 없다.) 소규모 소유주의 경우에는 노동의 사회적 생산력을 적용하는 데 필요한 자원이 부족하고 과학적 지식이 부족한 탓에 이와 같은 현상이 유발되며, 대규모 토지 자산을 소유한 경우에는 농민과 소유주의 부를 가장 빠른 속도로 축적하기 위해 자연을 착취하기 때문이 이와 같은 현상이 유발된다.[70]

대규모 농업은 토양을 점점 더 극단적인 방식으로 고갈시킨다. 기계와 비료에 대한 의존도가 높아지면서 토양을 낭비적으로 사용하는 수준이 더 높아지는 한편으로 이윤 창출을 위해 무상으로 사용할 수 있는 자연력의 사용을 극대화하는 방향으로 생산하기 때문이다. 인간과 자연의 관계는 공동체가 전통적으로 유지해 온 한계를 벗어날 뿐 아니라, 심지어 지구를 이윤과 지대의 창출을 위한 수단으로 취급하면서 지구를 경제적으로 몰수하는 일을 가로막을 수 있는 당장의 자연적 한계마저 벗어난 것처럼 보인다. 그 결과 순수한 상품 경제가 "토지를 영구적인 공동 소유로서 그리고 인간의 생존과 세대 간 재생산의 고리를 유지하는 데 필요한 빼앗을 수 없는 조건으로서" 합리적으로 취급할 능력이 없다는 사실이 입증된다.

여기서 문제는 토양의 자연적 비옥도가 파괴되는 현상이 인간이 자유를 상실하고 소외되는 현상으로 이어진다는 것이다. 마르크스는 자연적 비옥도를 강탈하는 일은 산업의 생산력을 증가시킴으로써 인간의 삶을 파괴하는 과정과 필연적으로 연결된다고 주장한다.

> 대규모 산업과 산업적인 방식으로 이루어지는 농업은 밀접하게 연관되어 있다. 원래 이 둘은 대규모 산업이 노동력, 즉 인간의 자연력을 낭비하고 폐기물을 양산한다면, 산업적인 방식으로 이루어지는 농업은 토양의 자연력을 낭비하고 폐기물을 양산한다는 점에서 서로 구별되었다. 발전이 진행될수록 대규모 산업과 산업적인 방식으로 이루어지는 농업은 서로 연계된다. 산업 체계가 농업에 적용된 결과, 농업에 종사하는 노동자의

심신을 약화시키는 한편 산업과 무역이 농업에 토양을 고갈시
킬 수 있는 수단을 제공하기 때문이다.[71]

도시에서 살아가는 사람들의 삶과 마찬가지로 시골에서 살아가는
사람들의 삶도 자본의 논리에 의해 근본적으로 전환되고 파괴된다. 자
본주의 아래에서 생산력과 운송 수단이 발전하면서 자본주의가 생산수
단을 "노동자를 노예화하고 착취해 빈곤하게 만드는 수단"으로 활용하
게 되었을 때, 도시 노동자들의 신체적 건강이 악화된 것과 마찬가지로
농촌 노동자들 역시 "개인의 생기, 자유, 자율성"을 상실하게 된다.[72]

이와 같은 근시안적 형태의 농업에 반대하는 입장을 표명한 마르크
스는 다음 세대를 위해 토양을 지속 가능한 방식으로 경작할 필요성이
있다고 끊임없이 주장한다. 지구가 개인의 소유물이나 사회의 소유물
이 아니라고 주장한 마르크스는 개인과 사회가 지구를 "점유"하고 있을
뿐이므로 개인과 사회에게는 토양의 비옥도를 유지할 책임이 있다고
주장한다.

> 더 높은 차원의 사회경제 체제에 입각해서 살펴보면 지구상에
> 존재하는 특별한 개인이 지구를 사유재산으로 소유한다는 것은
> 한 개인이 다른 개인을 사유재산으로 소유한다는 것만큼이나 비
> 합리적인 것처럼 보일 것이다. 심지어 사회 전체, 국가 전체 또
> 는 현존하는 모든 사회를 한데 합친다고 하더라도 이들은 지구
> 의 **소유주**가 될 수 없다. 그들은 단지 **점유자, 수혜자**에 불과하다.
> 따라서 가족을 이끄는 인자한 아버지가 그러하듯 지구의 상태를

개선하여 다음 세대에게 물려주어야 한다.[73]

자본주의 생산관계는 토지에 대한 순수하게 경제적인 "소유권"을 창출해 사실상 독점 부동산으로 전환한다. 사유재산 체제에서는 이윤을 창출하기 위해 토양의 비옥도를 제멋대로 사용하는 것이 적법한 활동인 것처럼 보인다. 개인이 소유한 사유재산을 사용하는 것은 개인의 자유를 구성하는 필수적인 측면으로서 하나의 권리로 여겨지기 때문이다. 그러나 사유재산은 지속 가능한 생산의 실현이라는 물적 전제 조건과는 양립할 수 없는 것으로 분명하게 판명되었다. 시장 경쟁이 존재하는 상황에서 미래 세대의 이익을 위해 더 많은 이윤을 낼 수 있는 소중한 기회를 포기할 사람은 없기 때문이다. 특히 이와 같은 이타적 행동을 보상받을 길이 전혀 없다면 더욱 그러할 것이다!

자본주의 생산관계와 사유재산 체제를 폐지함으로써 인간과 지구의 관계를 변경해 자연 자원을 단기적인 이윤 창출을 목적으로 사용하는 것이 아니라 미래 세대를 위해 사용할 수 있도록 조직할 필요가 있다. 즉, "유적 존재로서의 인간"을 위해 자연을 보살펴야 하고 자연 조건의 재생산, 지속 가능성, 개선을 위해 그 소재가 되는 자연이 필요하다는 사실을 염두에 두어야 한다. 마르크스는 단순히 인간의 도덕적 관점을 변화시킬 것을 요구하는 것이 아니라 물상화된 사회관계를 자유로운 생산자들의 연합을 통해 실현되는 의식적인 생산으로 바꾸는 급격한 변화가 필요하다고 요구한다. 자본의 물상화된 힘으로부터 해방된 인간만이 지금과는 다른 방식으로 자연과 관계를 맺을 수 있을 것이다.

테드 벤턴 같은 환경사회학자에게는, 인간이 지구라는 "가족을 이끄는 인자한 아버지"와 같이 행동할 것을 요구하는 마르크스의 입장은 자연을 지배하려는 희망을 품고 있는 프로메테우스주의처럼 보일 것이다.[74] 그러나 마르크스가 자연을 소외되고 물상화된 형태로 지배하고 나아가 자연과의 보편적이고 의식적인 상호작용을 조직할 수 있는 인간의 능력을 가로막는 자본주의를 비판한다는 것은 분명하다. 따라서 장차 도래할 사회주의 사회에서는 인간과 자연 사이에 이루어지는 물질대사 교환을 **의식적**으로 규제할 필요성이 중요한 문제로 떠오른다. 이와 같은 요구는 충분히 이해할 수 있는 요구이다. 생태계 전체에서 인간이 행하는 보편적 생산 활동이 다른 어떤 동물보다도 영향력이 훨씬 더 크기 때문이기도 하거니와 인간이 자연적 물질대사 과정과 사회적 물질대사 과정을 거치면서 자연과 의식적으로 상호작용할 수 있는 **유일한** 존재이기 때문이다.

소재적 측면을 인간과 자연 사이에 이루어지는 물질대사의 핵심 구성 요소로 인정할 때에만이 유적 존재라는 관점에서 지구와 교류하는 새로운 사회적 관계가 실현될 수 있다는 마르크스의 관점에서 볼 때, 자본이 인간과 자연 사이에 이루어지는 물질대사를 고려하는 방식에는 심각한 결함이 있다는 것을 알 수 있다. 마르크스가 유스투스 폰 리비히의 이론을 받아들였다는 사실과 마르크스의 사회주의 기획을 연계하여 이해해야 하는 이유가 무엇인지 이제 분명해졌다. 자연과학을 탐구하면서 마르크스가 생산의 자연적 조건이 악화되는 것을 자본주의의 근본 모순이라고 인식하면 할수록, 마르크스의 사회주의 기획에서 자연과 인간 사이에 이루어지는 사회적 교류를 전환하는 일의 전략적 중요성은 더 커진다. 따라서 마르크스의 정치경제학에는 생태적인 측면이 명확하게 존재한다. 마르크스가 이렇게 요구하게 된 배경에는 특히 소재적 변형에는 한계가 있다는 인식이 자리 잡고 있다. 자본은 이와 같은 한계를 인식하지 못한 채 그 한계를 극복하려고 애쓰기만 할 뿐이다.

유스투스 폰 리비히의 저술을 접한 덕분에 마르크스는 『자본』을 통해 수확 체감의 법칙이 단순하게 전제된 자연의 한계라는 추상적인 개념에 구체적인 내용을 부여할 수 있게 되었다. 마르크스는 수확 체감을 리카도 학파가 제시하는 추상적인 전제 조건으로 받아들이는 대신 자본주의의 모순을 드러내는 특정한 현상으로 이해한다.[75] 여기에서 자본으로 인해 인간과 지구의 관계가 낯선 대립 관계로 전환되는 과정에 대한 마르크스의 통찰이 더 깊어져 가는 것을 확인할 수 있다. 자본이 가치 증식을 위해 자연을 적극적으로 변형하는 사이 토양 고갈에서 확인할 수 있는 것처럼 자연력 역시 "규정적인" 방식으로 대응한다. 생산비용의 증가 하나만으로는 자본 축적 체제를 당장 위협할 수 없다. 토양이 소재적 탄력성을 지니고 있기 때문에 기계를 도입하고 화학비료를 투입함으로써 토양을 집약적으로 광범위하게 착취할 수 있기 때문이다. 그러나 토양의 탄력성만으로는 인간과 자연 사이의 관계에서 나타나는 자본주의의 모순을 초월하지 못한다. 삶의 다양한 영역에서 소재적 불안정성이 나타나면서, 인간은 물상화를 초월함으로써 자연과 완전히 상이한 관계를 구축할 필요성을 인식할 수밖에 없다.

마르크스가 자연의 한계를 애써 외면했다는 테드 벤턴의 주장은 마르크스의 이론을 자세히 검토한 결과 그릇된 것으로 판명되었다. 마르크스가 생산력의 발전을 통해 자연의 한계를 극복할 수 있다는 가능성을 인정하지 않기 때문이다. 오히려 마르크스는 자연의 한계 문제를 자본의 모순과 관련지어 강도 높게 분석한다. 마르크스가 맬서스주의자로 오해 받을 것을 두려워했다는 마이클 페렐만의 주장 역시 핵심을 벗어난 주장이다. 왜냐하면 마르크스가 환경 파괴라는 대가를 치르더라도 더 많은 이윤을 내기 위해 자원을 낭비적으로 사용하는 방식으로 체계적인 강탈을 자행하는 자본주의를 비판하면서, 그 일환으로 자연 자원의 희소성 문제를 다루고 있기 때문이다. 이와 같은 의미에서 볼 때 가치를 통해 사회적 물질대사와 자연적 물질대사를 시장에서 규제할 수 있다는 낙관적인 희망을 피력한 빌헬름 로셔의 입장은 지속 가능한 생산을 실현하기에 충분치 않다. 마르크스가 사회주의로 이행하기만 하면 생태 문제가 자동적으로 해결될 것이라고 생각하지 않았다는 것은 분명하다. 오히려 미래 세대를 위해 지대한 관심을 가지고 유한한 자원을 관리해야 한다는 바로 그 이유 때문에, 마르크스는 가치를 토대로 한 사회적 생산 체계를 폐지해 자연의 소재적 한계를 의식적으로 이해해 나가면서 자연과 상호작용하는 현실을 실현해야 한다고 주장한다.

5
비료는 강탈 농업을 방해하는 요소인가?

바로 앞선 장에서 검토한 것처럼 마르크스는『자본』집필을 준비하는 과정에서 자연과학을 강도 높게 탐구해 데이비드 리카도의 지대 이론에 대한 비판을 심화했다. 이 과정에서 자연의 소재적 한계 문제가 1860년대 마르크스의 정치경제학의 전면에 서게 되었다. 이와 같은 과정에서 근본적인 역할을 수행한 인물은 유스투스 폰 리비히였다. 물론 마르크스가 농화학을 강도 높게 탐구한 것은 이번이 처음은 아니었다. 이미 1850년대에 다양한 자연과학 저술을 탐독한 바 있기 때문이다.

1850년대와 1860년대 마르크스의 비판이 발전해 나간 과정을 보다 정확하게 추적하면서 특히 관심을 기울여야 하는 인물이 두 명 있다. 바로 유스투스 폰 리비히와 제임스 F. W. 존스턴이다.『런던 노트』(1850~1853)를 기록한 1850년대 초와『자본』을 집필하기 위한 수고를 준비한 1860년대 중반 마르크스는 리비히와 존스턴의 다양한 저술을 주의 깊게 탐독했다. 따라서 마르크스의 정치경제학 비판이 등장하는 과정에서 리비히와 존스턴이 매우 중요한 역할을 수행하게 되었다.[1] 마르크스의 발췌 기록을 탐구해 보면 마르크스의 관심사와 초점이 시간의 흐름에 따라 변화했다는 사실을 명확하게 확인할 수 있다. "물질대사"와 "강탈 경작"에 대한 리비히의 이론이 새롭게 발전하면서 마르크스는 인간과 자연의 통합을 의식적으로 재건할 필요성이 있다는 사실을 인식하게 되었고, 이는 마르크스가 구상한 사회주의 기획에 중요한 전환점을 만드는 계기로 작용했다.

마르크스가 유스투스 폰 리비히의 『농화학』을 바탕으로 물질대사 개념을 발전시키면서 근대 자본주의 농업을 비판하게 되었다는 것은 분명하다.[2] 리비히의 저술을 탐독한 1865년에 마르크스는 인간과 자연이 맺는 역사를 관통하는 관계에 깊은 균열을 일으키는 근대 농업의 부정적인 결과를 상세하게 연구하기 시작했다. 이와 같은 맥락에서 마르크스는 1851년 리비히의 『농화학』 4판을 탐독한 뒤 신중한 발췌 기록을 남겼고, 1863년에는 리비히의 또 다른 저술인 『농업의 이론과 실천에 관하여Ueber Theorie und Praxis in der Landwirtschaft』(1856년 출간)를 탐독했다. 그럼에도 마르크스는 1865년 『자본』 3권 "지대" 장을 집필하기 위한 수고를 작성한 이후에야 비로소 리비히의 이론을 심각하게 받아들이기 시작했다. 즉, 마르크스는 비교적 늦은 시기에 리비히의 입장을 따라 근대 농업을 강탈 체계라고 비판하기 시작했던 것이다. 이와 반대로 마르크스가 그보다 더 이른 시기에 농화학에 관해 작성한 발췌 노트를 보면, 그가 리비히의 저술에서 사실상 낙관적인 구절에 더 큰 관심을 기울였다는 사실을 확인할 수 있다. 예를 들면 화학비료의 도입을 통해 농업 생산성을 막대하게 증가시키는 방법에 관한 설명 같은 내용이다.

결국 자본주의적 농업에 대한 비판의 강도를 높여 간 유스투스 폰 리비히는『농화학』7판(1862), 그중에서도 특히 서론에서 강탈 농업 체계를 강하게 비판한다. 이와 같은 리비히의 입장이 마르크스의 물질대사 균열 비판에 결정적인 영향을 미쳤음에 틀림없다.[3] 그러나 그렇다고 해서 1865년 이전에 마르크스가 자본주의적 농업에 대해 비판적인 입장을 피력한 저술을 전혀 탐독하지 않았다는 의미는 아니다. 오히려 이와 반대로 마르크스는 1850년대 초에 이미 근대 농업에 대해 비판적인 입장을 표방하는 저술과 논문을 접했다. 놀랍게도 당시 마르크스는 근대 농업에 대한 비판적인 입장에는 거의 주목하지 않았다. 게다가 마르크스는 여러 경제학 수고와『자본』에서 자신의 노트를 반복적으로 참고했음에도, 리비히의 저술에서 발췌하여『런던 노트』에 기록한 내용은 전혀 활용하지 않았다(아래 내용을 참조하라). 이와 같은 사실을 토대로 마르크스가 농화학과 관련해 노트에 기록한 내용이 자본주의를 비판적으로 탐구하는 자신의 작업에 어울리지 않는다는 사실을 뒤늦게 깨달았다는 가정을 세워 볼 수 있다. 왜냐하면 농화학과 관련해 마르크스가 기록한 노트에는 근대에 발전한 농화학의 **긍정적** 측면만이 담겨 있기 때문이다.『런던 노트』에는 여전히 마르크스의 프로메테우스주의가 남아 있다. 그러나 1860년대의 마르크스는 리비히의 비판을 통합하면서 그보다 더 이른 시기에 자신이 표방했던 농업 혁명의 잠재력에 대한 낙관적인 입장을 수정했다.

지난 15년 사이 마르크스의 생태학적 사고에 대한 혁신적인 연구들이 쏟아졌음에도,『자본』을 완성하려고 시도한 약 10여 년 사이에 마르크스가 발전시켰던 근대 농업 비판을 충분하게 조명한 연구는 단 하나도 없었다. 따라서 노동을 매개로 인간과 자연 사이에 이루어지는 물질 대사 상호작용이라는 유물론적 개념을 발전시키는 과정에서 근대 농업에 대한 마르크스의 태도가 변화한 과정을 정확하게 파악할 수 있도록 지원하는 자료가 된다는 점에서 농업에 대한 마르크스의 노트가 지닌 중요성은 결코 작지 않다. 마르크스의 노트를 통해 마르크스가 유스투스 폰 리비히의 이론을 단순히 "복제"한 것이 아니라는 사실을 확인할 수 있다. 오히려 마르크스는 리비히의 이론을 "아일랜드 문제"에 적용함으로써 데이비드 리카도의 정치-경제적 세계관을 뛰어넘는 새로운 생태적 패러다임을 열었다.

낙관론인가 아니면 비관론인가?

1849년 런던으로 망명한 마르크스는 극심한 재정적 어려움을 겪는 와중에도 하루도 빠짐없이 영국 박물관에 나가 오늘날 『런던 노트』로 알려지게 되는 24권의 노트를 남겼다. 『런던 노트』에는 농화학에 관한 발췌가 상당히 많이 포함되어 있다.[4] 바로 앞 장에서 살펴본 것처럼 마르크스가 자연과학을 연구한 주요 목적은 "수확 체감의 법칙"이라는 널리 알려진 가정을 거부하기 위해서였다. 마르크스는 배수와 화학비료를 도입해 농업을 개선할 수 있다는 가능성을 지적하면서 토머스 맬서스와 데이비드 리카도의 전제 조건이 근거가 없다는 사실을 입증할 만한 자료들을 수집했다. 토양의 자연적 비옥도를 고정 조건으로 취급하면서 비관적인 예측을 내놓은 고전파 정치경제학자들은 토양이 개선될 가능성이 존재한다는 사실을 무시했다.

1845년 일찍이 마르크스는 토양이 개선될 가능성을 받아들였다. 『맨체스터 노트*Manchester Notebooks*』에서 마르크스는 제임스 앤더슨의 『영국이 직면한 곡물 부족 현상을 유발하는 환경에 대한 차분한 탐구 *A Calm Investigation of the Circumstances That Have Led to the Present Scarcity of Grain in Britain*』(1801)에서 발췌한 내용을 토대로 토양의 자연적 비옥도를 대폭 증진할 수 있는 가능성에 대해 기록했다. 스코틀랜드 출신 농학자이자 농부인 앤더슨은 농업 혁명을 열렬히 지지했다. 『맨체스터 노트』에서 마르크스는 토머스 맬서스에 대한 앤더슨의 비판을 요약하면서 앤더슨이 "인구 이론을 가장 위험한 '편견'이라고 명시적으로 기록하고 있다"고 지적했다. 그리고 나서 마르크스는 다음 내용을 인용했다. "생계 수단은 인구 증가로 인해 감소하는 것이 아니라 오히려 증가한다. 그리고 그 반대의 경우에도 그러하다. 55쪽."[5] 나아가 마르크스는 앤더슨의 낙관적인 주장을 다음과 같이 요약했다. "화학적인 방법을 동원하여 영향을 미치면 지구를 **언제나 더 나아지게** 만들 수 있다. 38쪽."[6] 결국 앤더슨은 "인간의 노력"을 통해 토양이 더욱 개선될 가능성이 있다고 주장했다.

> 관리 체계를 신중하게 운영하면 생산성이 매년 증대될 수 있다. 생산성이 증대되는 기한에는 끝이 없으므로 **오늘날의 사람들은 상상조차 하지 못할 수준까지 생산성이** 증대될 것이다.[7]

이와 같은 인용문을 통해 명확하게 드러나는 것처럼 제임스 앤더슨은 농업 생산성이 막대하게 증가할 수 있다는 생각을 널리 퍼뜨렸다. 그리고 이러한 생각은 영국의 농업 혁명을 통해 사실상 입증된 것처럼 보였다.

제임스 앤더슨은 토양을 합리적으로 관리하려고 애쓰는 농민이라면 어느 누구나 사용하는 동물 배설물과 인간 배설물이 생산성 증가를 위한 수단으로 효용성이 있다는 사실을 인식했다. "거름을 경제성이 없는 폐기물로 취급하고 토양에 활용하지 않는 경향을 보이는 분위기는 비난받아 마땅하다는 사실을 명확하게 인식해야 한다."[8] 마르크스가 노트에 기록한 것처럼 이와 같은 맥락에서 앤더슨은 도시와 시골이 분리됨에 따라 "대규모의 거름이 그냥 폐기되고 마는 영국의 현실"을 문제시했다. **"런던에 거주하는 막대한 인구가 직접 배출하는 거름이 농업적 목적에 사용되지 못한 채 모두 사라지고 있다. 73쪽."**[9] 앤더슨은 "거름의 이로운 효과를 전혀 누리지 못한 채 (…) 거름을" 비효율적으로 "낭비하는" 현실을 비판하면서 합리적인 경작을 실현해야 한다고 요구했다. "대영 제국에서 아무렇지 않게 버려지는 **배설물**을 제대로 관리한다면 앞으로 100년 동안 현존하는 인구의 네 배에 달하는 인구를 지원할 수 있다. 77쪽."[10] 마지막 문장에서 앤더슨은 토머스 맬서스의 **인구 이론**에 대한 비판을 잊지 않았다. 장차 농업 생산성이 증가하리라는 사실을 믿어 의심하지 않았던 앤더슨은 합리적인 농업의 장점을 대중에게 계몽하는 일에 앞장섰다. 앤더슨은 농업이 낙후되는 원인 중 하나로 "인간의 지혜의 영역에 속하는 도덕적인" 요인을 지목했다.[11]

이와 같은 맥락에서 볼 때 1851년 제임스 앤더슨의 저술을 다시 한 번 검토한 마르크스가, 수확 체감의 법칙을 비판하는 유사한 내용의 문장을 다시 한 번 인용했다는 사실은 그리 놀라운 일이 아니다. 이때 마르크스가 탐독한 저술은 앤더슨의 『지금까지 유럽의 농업 발전을 저해해 온 원인에 관한 탐구An Inquiry into the Causes That Have Hitherto Retarded the Advancement of Agriculture in Europe』(1779)로, 이 저술에서 앤더슨은 다음과 같이 지적했다. "무한히 다양한 토양은 (…) 기존의 경작 양식, 거름 등을 통해 원래 상태에서 큰 폭으로 변할 수 있다 (…) (5)."[12] 마르크스가 이 문장에 관심을 가진 이유는 나중에 작성된 『1861~1863 경제학 수고』에서 분명히 드러난다. 이 수고에서 마르크스는 데이비드 리카도의 차액지대 이론의 전제 조건을 폐기하는 데 활용할 요량으로 자신이 작성해 둔 노트에서 이 구절을 인용했다.[13] 리카도의 차액지대 이론에 반대한 마르크스는 배수와 거름을 활용해 토양 생산성을 향상함으로써 증가하는 인구를 충분히 감당하면서도, 작물의 가격이 동일하거나 심지어 낮아질 수 있다는 앤더슨의 생각을 높이 평가했다.

그러나 마르크스는 제임스 앤더슨이 "농부" 신분이기 때문에, 농업 생산의 근본적인 기제와 토양 비옥도 개선의 근본적인 기제를 "전문가적 입장에서" 다루기보다는 "당장 실천적인 논쟁을 일으킬 만한 주장"만을 제기했다는 이유로 앤더슨에 대한 입장을 유보했다.[14] 1851년 앤더슨의 저술을 접한 이후 마르크스는 특히 합성 비료와 토양 비옥도 사이의 관계에 주목하면서, 농화학자가 최근 출간한 과학 저술을 더 많이 탐독해서 농업 생산성을 증진하는 방법에 대한 세부적인 지식을 확보해야 할 필요성을 인식했다. 그리고 『런던 노트』에서 마르크스는 이와 같은 목적을 충족할 수 있는 주요 자료를 저술한 두 사람, 즉 유스투스 폰 리비히와 제임스 F. W. 존스턴에 대한 기록을 남겼다.

마르크스는 〈이코노미스트*The Economist*〉에 게재된 두 건의 기사를 통해 제임스 F. W. 존스턴의 『북아메리카에 대한 기록』(1851)을 접하게 된 것으로 보인다. 1851년 5월 3일과 24일 〈이코노미스트〉에 각각 수록된 두 건의 기사는 존스턴의 『북아메리카에 대한 기록』이 미국 농업의 현재 상태를 과학적으로 분석하는 데 기여했다고 긍정적으로 평가하면서, 그 내용을 요약했다. 〈이코노미스트〉의 기사를 접한 마르크스는 농화학과 지질학에 대한 존스턴의 이론서를 더 많이 연구할 필요성을 느꼈을 것이다. 두 건의 기사 중 하나에서는 영국과 북아메리카 사이에 상업적 교류와 문화적 교류가 꾸준히 증가하고 있음에도 신세계의 농업 역량에 대한 정보는 불충분한 상태라고 지적했다. 이런 상태에서 영국의 독자들 사이에서는 아무도 손대지 않았던 토양에 막대한 개선이 이루어졌을 것이고, 북아메리카의 토양은 고갈되지 않을 것이라는 근거 없는 믿음이 만연해 있었다. 이러한 근거 없는 믿음이 오류라는 사실을 밝힐 목적으로 〈이코노미스트〉에 기사를 게재한 필자는 존스턴의 『북아메리카에 대한 기록』을 높이 평가했다. "저자는 자신이 지닌 과학지식과 농업 현장과 맺은 관계를 바탕으로 매우 명확하고 정확한 견해를 가지게 되었다." 이 기사에 따르면 "이와 같은 결론에서 가장 중요하게 여겨야 할 한 가지"는 바로 "북아메리카의 밀 수출 능력이 매우 과장되어 왔을 뿐 아니라 사실상 결코 느리지 않은 속도로 감소하고" 있거나 심지어 "고갈되고 있다는 것이다." 나아가 존스턴은 토지를 훌륭하게 관리해 토지의 비옥도를 유지하는 것이 농민의 관심사가 아니라고 주장했다. 왜냐하면 농업을 통해 얻을 수 있는 이윤이 줄어들게 되면 농민은 기존의 토지를 판매하고 더 서쪽에 자리 잡은 새로운 토지에 정착하는, 비용이 더 저렴한 방법을 선택했기 때문이다. 따라서 "많은 자치구에서 확인할 수 있듯이, 지난 50년 동안 밀을 경작한 토지에서 **1년 동안 농장 전체에 사용한 석고**gypsum**가 1톤**에 불과했다는 사실을 알고 나면" 작물 생산이 감소한다는 사실이 그리 놀랍지 않을 것이다.[15] 존스턴의 저술을 간결하게 요약하면서 미국의 농업에 대해 널리 퍼져 있는 착각을 거부한 〈이코노미스트〉의 기사는 미국 농업의 상태가 적절한 투자 또는 관리가 이루어지지 않은 채 토양을 빠르게 고갈시키고 마는 "매우 원시적인 상태"라는 결론을 내린다.[16]

이와 같은 기사를 접했음에도 마르크스는 북아메리카의 토양 고갈에 관한 문장을 단 하나만 인용했다. "대서양에 면한 북부의 주들과 뉴욕 서부의 토양에서는 한때 밀이 풍부하게 생산되었지만, 이 땅들은 이제는 거의 고갈되었고 오하이오의 토양 역시 유사한 과정을 거치고 있다."[17] 마르크스가 인용한 이 단 하나의 문장에는 토양 고갈의 이유나 토양 고갈의 심각성에 대한 설명이 전혀 없다. 그와 반대로 마르크스는 토지가 풍부하여 저렴한 값에 거래되는 탓에 북아메리카에 배수를 도입하기가 어렵다는 사실과 대규모 농업에서 배수를 시행할 경우 "이윤을 내기 어려워 배수가 인기를 얻지 못하는" 이유를 자세하게 설명하는 부분에 훨씬 더 많은 주의를 기울였다.

이 나라에서는 배수를 반대한다. 배수를 통해 개선하는 비용이 아무리 저렴하다고 해도 1에이커에 4*l.* 또는 20달러에 달하기 때문이다. 이와 같은 비용은 **풍요로운 자치구인 뉴욕 서부에 자리 잡고 있는 최고의 토지**를 대규모로 **구입하는 비용**과 [맞먹는다.]

토지가 너무 풍부하기 때문에 노동력과 기술을 투입하지 않아도 매년 적절한 양의 작물을 수확할 수 있다.

북아메리카에서는 자본가들이 농장을 운영하는 경우가 없다. (…) 대규모 농업으로는 이윤을 낼 수 없기 때문이다. 자신이 사용할 목적으로 농장을 구입하는 것을 제외하고는 토지와 관련된 경제적 활동이 없는 것이 현실인데, 토지 임대가 거의 이루어지지 않기 때문이다. 사실상 북아메리카의 경제적 조건은 관리 양식이 필요하거나 관리 양식 도입이 바람직한 수준에 이르지 못한 상태이다.[18]

여기에서 마르크스는 농민이 지식과 자본을 보유하지 못한 탓에 기계적 수단과 화학적 수단을 활용해 토양을 개선하려고 시도하지 않는다는 묘사에 더욱 매력을 느낀 것으로 보인다. 마르크스가 발췌한 구절을 보면, 그가 북아메리카의 농업이 원시적인 상태라거나 자본주의 이전 사회에서 이루어지던 농업의 상태이므로, 앞으로 토지 생산성을 증대할 수 있는 가능성이 존재한다는 의미를 함축하고 있는 제임스 F. W. 존스턴의 보고에는 큰 관심을 표명한 반면, 북아메리카의 고갈된 토양의 상태에 대해서는 큰 관심을 가지지 않았다는 사실을 확인할 수 있다.

당시 마르크스의 관심사를 보다 세밀하게 검토하기 위해 『런던 노트』에 수록된 다른 발췌에 대해서도 검토할 필요가 있다. 『런던 노트』 8권에서 마르크스는 토지의 지질학적 구성과 생산성 사이의 관계를 다룬 최초의 연구 가운데 하나인 존 모턴John Morton의 『토양의 본질과 속성에 대하여On the Nature and Property of Soil』(1838)에 대해 연구했다.

화학에 대한 적절한 지식을 갖추지 못했던 모턴은 비유기 물질의 역할을 올바르게 파악하지 못한 상태에서 단순히 토양의 "질감"을 변화시키는 것만으로 생산성을 증대할 수 있다고 생각했고, 식물이 수분, 공기, 열, 유기물을 효과적으로 흡수할 수 있도록 개선함으로써 생산성을 높일 수 있다고 생각했다.

> 석회, 백악白堊, 이회암泥灰岩, 모래, 자갈 같은 모든 무기질 거름은 토양의 구성을 변화시키고 토양의 질감을 개선함으로써 물, 공기, 유기물을 흡수하고 분해하는 능력을 개선하는 하나의 대안으로 토양에 작용한다.[19]

무기질의 기능에 관심을 기울이지 않은 상태에서 식물의 근본적인 분해 기능만을 강조한 존 모턴은 "주의 깊게 연구하면" 누구나 **채소를 생산하는 것만으로 토지가 고갈되지는 않을 것**"이라는 사실을 파악할 수 있을 것이라는 낙관적인 입장을 피력했다.[20] 모턴은 "개별 토양의 특성은 저마다 다르고 개별 토양의 경작 수준에 따라 가치가 증가한다"고 주장하면서 다음과 같이 덧붙인다. 토양은 "새로운 자본이 분별력 있게 투입될 때마다 지속적으로 개선될 수 있다. 221쪽."[21] 제임스 앤더슨과 마찬가지로 모턴은 지속적인 경작을 통해 토양 비옥도가 개선될 수 있다고 지적했다. 바로 이러한 주장이 모턴의 저술에서 중요한 측면이다. 이러한 이유로 마르크스가 모턴의 저술 가운데 일부를 발췌했을 것으로 보인다.

토양 고갈 문제에는 관심을 기울이지 않았던 것처럼 보이는 존 모턴의 낙관적인 입장은 차치하고라도, 그가 토양의 비옥도가 지속적으로 유지될 것이라는 생각을 무비판적으로 받아들인 이유에 대해서 관심을 기울일 필요가 있다. 모턴은 "작물이 부패하면 다음 작물의 양분이 되기" 때문에 "채소를 생산하는 자연의 힘은 감소하지 않는 것처럼 보인다"고 주장했다.[22] 모턴의 통찰은 당대의 이론적 지식 및 실천적 지식의 제약을 받았지만, 이러한 제약 덕분에 모턴은 앞서 생산된 식물과 새로 생산될 식물 사이에 이루어지는 양분 순환을 지속 가능한 농업을 실현할 수 있는 조건으로 손쉽게 전제할 수 있었다.

이와 같은 맥락에서 마르크스가 헨리 찰스 캐리의 저술인 『과거, 현재, 미래 The Past, the Present, and the Future』(1848)에서 발췌해 『런던 노트』 10권에 기록한 구절을 검토할 필요가 있다. 제임스 F. W. 존스턴이 『북아메리카에 대한 기록』에서 주장한 것과 마찬가지로 캐리 역시 『과거, 현재, 미래』에서 북아메리카에서는 토양의 고갈을 제대로 관리하지 않은 탓에 양분 순환에 문제가 발생했다고 지적하면서 존 모턴의 가설에 명시적으로 반론을 제기한다. 캐리의 경고는 토양을 합리적으로 관리하려면 토양 구성 요소를 보충해 양분이 순환하도록 보장해야 한다는 통찰을 토대로 도출된 것이다. 생산자와 소비자가 가까운 거리에 위치하고 있고, 장거리 무역을 포기한다면, 토양 비옥도를 유지하기 위한 필요 조건이 쉽게 충족될 것이다. 폐기물과 배설물을 토양에 효과적으로 되돌려 줌으로써 일반적인 비옥도가 증가할 수 있기 때문이다. "소비자와 생산자가 같은 공간에 머무르면 풍요로운 토양이 자신이 지닌 힘을 충분히 발휘하도록 만들어 막대한 식량을 확보하는 동시에 폐기물을 토양에 되돌려 줄 수 있다."[23] 캐리는 영국의 경제적 지배를 받으면서 무역에 나서는 미국 농업의 실상을 지적한다. "미국의 체계는 광활한 대지에서 생산할 수 있는 모든 것을 가져오지만, 대지에는 아무것도 되돌려 주지 않는 경향을 보인다."[24] 정착민들이 드넓은 토지에 넓게 퍼져서 생활하기 때문에, 사람들 사이의 사회적 상호작용이 지연될 뿐 아니라, 산업과 농업의 사회적 분업으로 인해 토양에 양분을 되돌려 줄 수 없는 것이 미국의 현실이다. 이러한 상황은 미국 경제가 영국으로 수출하는 곡식에 지나치게 의존하는 탓에 더욱 악화된다. 캐리는 생산자와 소비자가 멀리 떨어져 있는 상태에서 곡식 무역에 대한 의존도가 높아지면, 이러한 낭비가 더욱 확산될 것이라고 미국에 경고한다.

헨리 찰스 캐리는 북아메리카에서 거름 사용을 중단하면서 양분 순환이 교란된 몇 가지 사례를 제시한다.

> 뉴욕의 농부는 밀 재배로 토양을 고갈시킨다. 뉴욕의 농부가 밀을 판매하면 곡물과 짚이 모두 사라진다. 원래 20부셸이었던 에이커당 평균 생산량은 3분의 1로 줄어든다.
> 켄터키에서는 대마 재배로 토양이 고갈된다. 시장에서 판매하기 위해 대마를 운반하는 동안 거름으로 쓰일 부산물은 길에 버려진다.
> 버지니아에서는 담배 재배로 토양이 고갈된다. 그러면 사람들은 집을 버리고 서쪽에 자리 잡고 있는 새로운 토지를 찾아 나서고, 새로 정착한 토양을 다시 고갈시킨다. 따라서 노동과 거름은 낭비되는 한편 광활한 대지는 척박해진다. 그 결과 인간은 토지에 심은 막대한 작물을 모두 식량으로 수확하지는 못하게 된다. (…)

사우스캐롤라이나는 토지 수백만 에이커에서 다양한 식물이 무성하게 자라는 놀라운 곳으로, 여기서 생산된 거름을 활용하면 면화 재배지의 비옥도를 높일 수 있다. 그러나 쌀과 면화를 수출하면서 모든 거름이 버려지는 형편이다.[25]

도시와 시골이 대립하는 가운데 "분산"을 바탕으로 이루어지는 노동의 사회적 분업에는 농산물의 장거리 운송이 반드시 필요하고, 그 결과 막대한 양의 노동과 거름이 낭비된다. 헨리 찰스 캐리는 수출로 인한 토양 고갈을 방지하고 한정된 자원을 보다 효과적으로 활용하기 위한 방법으로 "집중화"를 제안한다. 도시와 시골 사이의 대립을 종식시키고 생산자와 소비자가 한데 모여서 자립형 경제를 구축하는 도시-공동체를 건설해야 한다는 것이다.

미국의 토양 고갈 문제를 다룬 〈이코노미스트〉 기사에서 마르크스가 찾아낸 내용과 유사한 내용을 헨리 찰스 캐리가 명시적으로 언급했음에도, 마르크스가 이와 같은 언급에 특별히 관심을 기울인 것으로는 보이지 않는다. 마르크스는 이 문장 전후에 등장하는 다양한 구절은 발췌했지만, 이 문장은 전혀 인용하지 않았다. 이는 근대의 강탈 농업을 비판한 유스투스 폰 리비히가 캐리의 저술을 직접적으로 언급하고 있다는 사실을 감안하면 매우 놀라운 일이다.[26] 마르크스가 이와 같은 구절에 관심을 기울이지 않았다는 사실은 마르크스가 토양 고갈 문제에 무관심했다는 사실을 시사한다.

그러나 마르크스의 발췌를 살펴보면 또 다른 초점을 발견할 수 있다. 마르크스는 활용 가능한 비옥한 토양이 부족하다는 자연적 제약 조건으로 인해 농업 발전이 제한되는 상황을 반박하려는 헨리 찰스 캐리의 시도에 주목한다. 구체적인 역사적 분석을 하지 않은 상태에서 캐리는 사회가 발전함에 따라 더 나은 토양을 경작할 수 있다고 주장한다. "인구밀도가 더 높아질수록 더 많은 부가 생겨나고, 더 좋은 토양을 경작하게 된다는 것은 변함없는 사실이다."[27] 캐리는 이와 같은 역사적인 경향을 수확 체감의 법칙 비판에 활용한다. 마르크스는 이러한 사실을 분명하게 인식하고 고전파 정치경제학자이자 리카도 학파의 일원으로, 최상의 토지가 부족하기 때문에 농업 발전에는 극복할 수 없는 자연적 "한계"가 존재한다고 주장한 맥컬록J. R. McCulloch의 입장에 반대하면서 캐리가 주장한 내용을 기록한다. "인간은 언제나 비옥도가 더 낮은 토양에서 비옥도가 더 높은 토양으로 이동한다. 그러고 나서 비옥도가 더 낮은 원래 토양으로 되돌아가면 이회암이나 석회에 의존하게 되고 이와 같은 상황이 꾸준히 반복된다. (…) 그리고 이와 같은 과정을 반복하면서 더 나은 토지를 얻게 된다. (129)."[28] 캐리는 사회가 발전함에 따라 농업 생산성은 성장 일로를 걸을 것이라고 주장한다.

마르크스 역시 헨리 찰스 캐리의 저술에서 수확 체감의 법칙에 반대하면서 인구가 증가하고 농업이 발전하면 서로 상호작용을 일으켜 문명의 "조화로운" 진보가 실현될 것이라는 내용을 발췌한 뒤 여백에 강조 표시를 남겼다.

> 조합의 힘이 증대된 모든 곳에서 토지에 대해 행사하는 힘이
> 증가한다는 사실을 확인할 수 있고, 새로운 토양을 경작에 사
> 용하고 더 많은 수확을 거둘 수 있는 모든 곳에서 인구가 보다

빠르게 증가한다는 사실을 확인할 수 있다. 개별 노동자의 노동력이 세 배가량 증가하면서 토양에 행사할 수 있는 힘 역시 증가하는 경향을 보인다. (48, 49).[29]

헨리 찰스 캐리는 수확 체감의 법칙이라는 가정을 토대로 하는 "리카도 체계"를 "불협화음"의 체계라고 부르면서 거부한다. 심지어는 데이비드 리카도의 저술을 "토지 균분론, 전쟁, 약탈을 발판으로 삼아 권력을 추구하는 진정한 선동 정치가의 자료집. (74, 5)."이라고 폄하한다.[30] 마르크스는 이 구절을 (수직으로 기록해) 특별하게 표현한다.

영국과 관련된 모든 것에 대한 헨리 찰스 캐리의 적대감은 주변부에 자리 잡은 식민지에서 제기하는 영국 제국주의 비판으로 해석될 수 있다. 마르크스는 이와 같은 캐리의 비판을 받아들이지 않는다. 캐리가 조화로운 소규모-도시 공동체라는 착각에 빠져 북아메리카에서 이루어진 자본주의 생산양식에서 나타나는 계급 대립을 희석하기 때문이다. 이러한 차이에도 마르크스는 리카도와 맬서스의 수확 체감의 법칙에 반대하는 근거 자료를 수집하는 과정에서 농업 생산성의 증가에 대한 캐리의 역사적 이해를 받아들인다.

아치발드 앨리슨Archibald Alison은 마르크스가 탐독한 『인구 원리 Principles of Population』(1840)에서 1640년 이후 미국의 인구가 33년 6개월마다 두 배씩 증가했다고 지적하면서, 토머스 맬서스의 가정을 논박한다. "장장 2세기에 걸쳐 이루어진 이와 같은 놀라운 인구 증가는 지구 역사에서 그 유례를 찾아볼 수 없는 것이다. 이는 인류의 숫자가 가장 빠른 속도로 증가하더라도 증가한 인구에 걸맞게 인간 노동도 증가하므로, 증가한 인구를 얼마든지 유지할 수 있다는 사실을 입증한 사례로 선명한 자취를 남긴다. (39, 40)."³¹ 당시에는 인구 증가가 미국의 농업 발전을 이끈다는 견해가 여전히 지배적이었다. 물론 이와 같은 대중적인 견해에는 현실이 일부 반영되어 있었다. 이러한 상황에서 헨리 찰스 캐리와 앨리슨의 저술을 탐독한 마르크스가 사실상 리카도와 맬서스의 이론의 타당성을 강화하는 것처럼 보이는 현상인 북아메리카의 토양 고갈 문제에 특별한 관심을 기울이지 않았다는 사실은 그리 놀랍지 않다.

『런던 노트』에는 농학에 관한 다양한 저술에서 발췌한 기록이 담겨 있다. 주안점은 토양을 의식적으로 관리하는 방법만이 농업 생산성을 크게 증진할 수 있는 방법이라는 사실을 강조하는 것이었다. 그리고 토양을 의식적으로 관리할 수 있는 가능성은 자연과학과 화학비료, 배수, 윤작 같은 기술 덕분에 사상 처음으로 생겨난 것이었다. 이러한 의미에서 볼 때, 18세기와 19세기에 일어난 농업 혁명에 대한 마르크스의 연구가 리카도와 맬서스를 비판하는 마르크스 자신의 입장을 강화하는 데 긍정적인 역할을 한 것이 분명하다. 한편 마르크스는 토양 비옥도가 급속하게 감소하고 있을 뿐 아니라 토양 양분의 지속적인 순환을 토대로 한 이상적이고 합리적인 경작을 실현하기에는 요원한 농업의 현재 상황에 대해서는 진지하게 비판하지 않았다.

그 결과 마르크스 역시 토양 고갈 문제를 자본주의 이전 사회와 원시 사회의 문제로 돌리는 낙관적인 입장을 피력한 것처럼 보이게 되었다. 마르크스는 토양 고갈 문제를 근대 자본주의 생산에 특정한 문제로 분석하지 않았다. 따라서 마르크스는 1851년 8월 14일 엥겔스에게 보낸 편지에서 다가올 혁명을 통해 더 진보하게 될 농업의 전략적 중요성을 강조했다. "더 많은 자료를 접하면 접할수록 농업 개혁에 대해 더 큰 확신을 가지게 되네. 따라서 농업 개혁을 토대로 한 소유의 문제는 다가오는 혁명의 알파와 오메가라고 할 수 있어. 농업 혁명을 이루지 못한다면 교구 목사 맬서스의 주장이 올바르다는 사실을 입증하게 되고 말 것일세."[32] 마르크스는 농업의 진보를 통해 맬서스 이론의 오류를 극복해야 한다고 주장한다.

19세기의 낙관적인 화학자들

유스투스 폰 리비히와 제임스 F. W. 존스턴의 저술을 검토하고 신중하게 발췌한 내용을 기록한 『런던 노트』 12~14권에서도 마르크스의 낙관적인 경향이 이어진다. 이러한 발췌 기록을 통해 미래의 농업 발전과 관련해서 많은 유럽 화학자들 사이에 광범위하게 퍼져 있던 낙관적인 전망을 분명하게 확인할 수 있다.

19세기 독일에서 가장 유명한 화학자 가운데 한 명인 유스투스 폰 리비히는 "농화학의 창시자"라고도 불린다. 마르크스는 『런던 노트』 12권을 준비하면서 리비히의 획기적인 저술인 『유기화학의 농업 및 생리학에 대한 응용』 4판을 탐독했다. 이 책에서 리비히는 자신의 깊이 있는 화학 지식과 생리학 지식을 농업에 적용한 뒤 화학과 생리학이 "농업의 일반적인 목표"를 달성하는 데 매우 유용하다고 주장한다. 화학과 생리학을 활용해 토양과 식물의 구성 요소, 토양과 식물이 기능하는 방식,

토양과 식물을 효율적인 방식으로 소비하고 보충하는 방식을 결정할 수 있기 때문이다. 마르크스가 기록한 구절은 다음과 같다.

> 농업의 일반적인 목적은 식물의 특정 속성을 가장 유리한 방식으로 생산하거나 특별한 식물의 일부나 기관의 크기를 극대화해 생산하는 것이다. 이제 이와 같은 목적은 식물의 일부 혹은 기관이 발달하는 데 필수불가결한 것으로 알려진 물질을 적용함으로써만, 또는 바람직한 속성을 생산하는 데 필요한 조건을 공급함으로써만 달성될 수 있다.[33]

화학과 식물 생리학을 적절하게 이해하지 못하면 요한 하인리히 폰 튀넨이 옹호한 것으로 유명한 이른바 부엽토 이론으로 빠져드는 오류를 범하게 된다. 부엽토 이론은 잘 썩은 식물의 부산물이 식물의 뿌리를 통해 흡수되는 식물 양분의 직접적인 원천이라는 그릇된 가정을 바탕으로 한 이론이다. 유스투스 폰 리비히는 자신이 수행한 화학 실험을 바탕으로, 부엽토가 썩는 과정에서 탄소와 질소를 제공함으로써 식물 성장에 간접적으로만 기여한다는 사실을 설득력 있게 설명한다. 따라서 관찰을 토대로 리비히는 부엽토의 중요성이 매우 제한적이거나 심지어 아예 존재하지 않는다고 결론내린다(앞서 출간한『농화학』이전 판에서 리비히는 부엽토가 "식물에 필요한 극소량의 양분조차 제공하지 못한다"고 언급한 바 있다). 그 이유는 식물이 광합성을 통해 공기 중에 존재하는 탄소 가스로부터 탄소를 충분히 흡수할 수 있기 때문이고, 토양으로부터 암모니아의 형태로 질소를 흡수할 수 있기 때문이다.

유기물을 강조하는 부엽토 이론과 다르게 유스투스 폰 리비히의 "무기질 이론"은 토양에 함유되어 있는 비유기물이 식물의 충분한 성장에 근본적인 역할을 수행한다고 강조한다. 리비히에 따르면 비유기물은 경작을 통해 고갈될 수 있다. 공기나 빗물은 식물이 흡수하는 데 필요한 비유기물을 충분히 제공할 수 없기 때문이다. 따라서 비유기물의 손실을 최대한 줄여 토양이 원래의 비옥도를 장기적으로 유지할 수 있도록 지원해야 한다. 리비히는 토양을 합리적으로 취급하는 방법으로 휴한, 윤작, 토끼풀 재배 같은 다양한 방법을 제시한다. 휴한을 하게 되면 토양은 풍화 과정을 통해 식물이 사용할 수 있는 새로운 비유기물을 축적할 수 있는 시간을 벌게 된다. 윤작의 목적은 동일한 토지에 서로 다른 유형의 식물을 재배함으로써 식물이 흡수할 수 있는 무기질 양분의 종류를 다양화하여 보다 지속 가능한 생산을 실현하는 것이다. 토끼풀은 토양의 심층부에 함유된 사용되지 않는 양분을 흡수하여 다른 식물이 사용할 수 있게 만드는 한편 (나중에 밝혀진 바에 따르면 공기 중에 존재하는 질소를 고정하는 역할도 한다) 배설물을 통해 거름을 제공할 수 있는 소 떼와 양 떼에게 먹일 사료가 된다. 그럼에도 토양이 고갈 상태가 되지 않도록 방지하거나 토양의 생산성을 높이기 위해서는, 토양에 일정한 양의 무기질 양분을 직접 공급할 필요가 있다. "토양으로부터 빼앗은 물질을 토양에 보충하지 않는다면 토양의 비옥도를 손상되지 않은 상태로 유지할 수 없다. 지금은 거름을 통해 토양이 빼앗긴 물질을 보충하고 있다."[34] 리비히에 따르면 인간과 동물의 배설물이나 골분을 토양에 제공함으로써 토양의 비옥도를 높일 수 있다.

따라서 유스투스 폰 리비히는 거름을 통해 무기질 양분을 보충하는 일이 토양 고갈을 방지하는 데 얼마나 중요한 일인지 인식하고 있었다고 할 수 있다. 토양에 공급한 거름의 화학 반응을 분석한 리비히는 당시 풍미하고 있던 생기론과 반대되는 도발적인 결론을 내린다. 즉, 배설물과 골분을 화학적으로 동일하거나 유사한 구성을 가지는 다른 물질로 대체할 수 있다는 것이다. "배설물의 경우 배설물의 근본적인 구성 성분을 포함하고 있는 다른 물질로 대체할 수 있다."[35] 식물에 대한 화학적 생리학적 분석을 통해 식물에 필요한 무기질 양분의 종류를 밝힐 수 있기 때문에, 리비히는 미래에는 어렵게 수집한 배설물과 골분을 경작지에서 활용하는 대신 공장에서 대량으로 생산할 수 있는 화학비료를 사용할 수 있을 것이라는 희망을 피력한다. 마르크스는 노트에 다음과 같이 기록한다.

> 그동안 배설물, 재 또는 골분을 활용해 경작지를 복원하는 일
> 에 대해서는 대체로 무관심했다. 그러나 앞으로는 짚을 태운
> 재 및 인산염과 함께 **화학 공장에서 준비한** (탄산칼륨 규산염)
> 용액 한 병을 활용해 경작지에 거름을 줄 수 있을 것이다.[36]

이 구절을 통해 유스투스 폰 리비히가 미래에는 자연과학이 발전해서 공장에서 화학비료를 대규모로 생산할 수 있을 것이라는 매우 낙관적인 입장을 가지고 있었다는 사실을 명확하게 파악할 수 있다. 마르크스에게는 유명한 화학자가 제시하는 이러한 가능성이 데이비드 리카도의 수확 체감의 법칙에 맞서 반론을 펼칠 수 있는 강력한 근거로 보였을 것이다.

유스투스 폰 리비히는 비유기물이 한정되어 있는 상태에서 지속적인 경작이 이루어질 경우, 농업으로 인한 토양 고갈이 일어날 수 있다는 사실을 분명하게 인식하고 있다.『농화학』 4판에 수록된 일부 구절에서 리비히가 유럽과 미국의 토양이 고갈된 상태라는 사실을 사실상 인정하고 있기 때문이다. 그러나 비판의 강도는 여전히 낮은 수준이어서, 리비히는 부엽토 이론에 맞서 무기질의 근본적인 역할을 강조할 때에만 토양이 고갈된 사실을 언급한다.[37] 결국 리비히는 합성 비료를 통해 고갈된 토양을 치료할 수 있다고 가정한다. 마르크스는 농업으로 인해 고갈된 토지의 상태에 관심이 있어서가 아니라 유기물과 비유기물이 식물과 관련해 수행하는 기능과 그 기제를 이해하고, 화학비료를 비롯해 작물을 증대할 수 있는 다양한 방법을 이해하기 위해 리비히의 저술을 주의 깊게 연구했다.

제임스 F. W. 존스턴의 저술에서 발췌한『런던 노트』의 기록을 통해 유스투스 폰 리비히의 저술을 연구한 마르크스의 의도가 무엇인지 더욱 분명하게 확인할 수 있다. 1851년 10월 13일 엥겔스에게 보낸 편지에서 "최소한의 입장을 확립하기 위해 주로 기술, 기술의 역사, 농학을 심도 깊게 연구해 왔다"고 언급한 마르크스는 존스턴의『북아메리카에 대한 기록』(1851)을 긍정적으로 평가하면서 (스코틀랜드 출신인) 존스턴을 "영국의 리비히"라고 치켜세웠다.[38] 마르크스는『런던 노트』 13권과 14권에서 이미 존스턴의『농화학 및 지질학 강의Lectures on Agricultural Chemistry and Geology』(1847)와『농화학 및 지질학 교리문답Catechism of Agricultural Chemistry and Geology』(1849)을 탐독하고, 심도 깊게 연구했다. 마르크스가 존스턴을 리비히와 동일시했기 때문에, 마르크스가 기록한 발췌 텍스트를 살펴보면 그가 리비히의 저술을 탐독한 방식과 저명한 농화학자인 리비히와 존스턴에게서 무엇을 배우고자 했던 것인지 보다 분명하게 확인할 수 있을 것이다.

스코틀랜드 화학자이자 지질학자인 제임스 F. W. 존스턴은 유럽과 북아메리카의 여러 곳을 여행하면서 습득한 화학 지식과 지질학 지식을 적용해 농업 실천praxis의 발전에 기여했다. 유스투스 폰 리비히와 유사하게 존스턴은 유기물만으로는 식물이 풍성하게 성장하기에 충분하지 않다는 사실과 토양에 함유된 비유기물을 식물이 흡수하고 나면, 흡수된 비유기물을 토양으로 되돌려 주어야 한다는 사실을 인식했다.[39] 더 나은 자연 조건을 가진 토양에서 경작하는 것이 바람직하다는 것은 분명한 사실이었다. 따라서 장기적인 "지질학적 형성" 기제를 탐구해 풍화에 의한 토양의 형성 과정을 밝힌 존스턴은 지질학 조사를 수행해 비옥한 토양이 부각되어 있는 지질학 "지도"를 완성할 것을 제안했다.[40]

게다가 제임스 F. W. 존스턴이 밝힌 농업에 대한 견해에는 데이비드 리카도와 토머스 맬서스가 직접적으로 언급되어 있지 않았지만, 존스턴은 리카도와 맬서스의 이론과는 분명 반대되는 견해를 가지고 있었다. 또한 리카도와 반대로 존스턴은 "자연적 성격과 구성"을 기계적 및 화학적으로 개선할 수 있다고 생각했다. 마르크스는 이와 같은 사실을 분명하게 인식하고 다음과 같이 논평했다. "자연의 차이는 매우 크다. 그러나 인간은 자신이 창조한 환경을 통제할 수 있으므로 이와 같은 차이를 줄일 수 있다."[41] 존스턴은 토양의 비옥도를 인위적으로 변경함으로써 누릴 수 있는 이익을 널리 알렸다. "농부는 **토지 자체의 성격**을 바꿀 수 있다. 농부는 물적 특성과 화학적 구성 모두를 변경해 자연적으로 자라는 식물과 다른 종류의 식물을 재배할 수 있다. 자연적으로 자라는 식물과 동일한 식물을 선택할 경우 농부는 더 풍성하게 증가한 결실을 거둘 수 있다."⁴² 따라서 존스턴에 따르자면, 토양 비옥도를 변경함으로써 차액지대의 역사적 형성 과정이 훨씬 더 복잡해질 것이기 때문에, 리카도의 가정은 사실상 유효하지 않게 된다. 이와 같은 존스턴의 견해는 『1861~1863 경제학 수고』에 수록된 마르크스의 견해와도 일치하는 것이다.

토양의 일반적인 비옥도 증가 가능성은 제임스 F. W. 존스턴에게 중요한 역할을 수행한다. 바로 이 주장으로 인해 존스턴이 전개하는 논의 전반에 낙관적인 분위기가 감돌기 때문이다. 존스턴은 토양을 비합리적으로 취급할 경우 토양이 고갈될 위험성이 있다는 사실을 분명하게 인식하고 있었지만, 미래의 농업이 화학과 지질학의 도움을 받아 개선될 것이라는 사실을 믿어 의심하지 않았다. 마르크스가 존스턴의『농화학 및 지질학 교리문답』에서 발췌한 구절은 다음과 같다.

> 작물이 토양으로부터 빼앗아 간 특별한 물질을 토양에 되돌려 줌으로써 특별하게 일어나는 고갈을 방지[할 수 있다.] 예를 들어 인산은 골분이나 구아노 또는 인산석회를 활용해 복구할 수 있다. (…) 그러나 농부가 토양에 적절한 물질을 적절한 시기에 적절한 양으로 투입한다면 토양의 비옥도를 어쩌면 영원히 유지할 수 있을 것이다. 농부는 적어도 식물이 빼앗아 간 양만큼의 양분을 토지에 되돌려 주어야 하고, 더 나은 토지를 만들기 위해서는 식물이 빼앗아 간 것보다 더 많은 양의 양분을 토지

에 되돌려 주어야 한다.[43]

여기에서는 비유기물을 공급함으로써 토양 고갈을 방지할 수 있을 뿐 아니라 심지어 토양 비옥도를 향상시킬 수 있다는 유스투스 폰 리비히의 낙관론과 동일한 낙관론을 찾아볼 수 있다. 토양 고갈을 경험하지 않으면서 농업의 목적인 이윤을 꾸준히 얻고 극대화하기 위해 제임스 F. W. 존스턴은 기계적 수단과 화학적 수단을 통해 토양의 화학적 속성을 변화시켜서 생산성을 증진할 것을 주장한다.[44] 또한 이와 같은 목적을 달성하기 위해 존스턴은 해외에서 무기질 양분이 풍부한 "구아노"와 "골분"을 수입할 것을 제안했다. 이 두 가지 물질이 장거리 운송에 적합했기 때문이다. 나중에 다시 보게 될 것이지만 리비히의 영향을 받은 1860년대 마르크스는 바로 이러한 견해에 의문을 제기했다.[45]

이제 마르크스가 제임스 F. W. 존스턴을 "영국의 리비히"라고 부른 이유를 보다 잘 이해할 수 있게 되었다. 리비히와 존스턴 모두 식물이 성장할 때 무기질이 수행하는 근본적인 역할을 이해하고 있었다. 그러나 더 중요한 것은 두 사람 모두 자연과학과 기술을 적용함으로써 농업 생산성을 대폭 개선할 수 있다는 낙관론을 공유하고 있었다는 것이다. 리카도 학파의 수확 체감의 법칙을 비판한다는 맥락에서 볼 때, 리비히와 존스턴이 제기한 주장은 마르크스에게 자연과학에서 이루어진 최신 발견을 토대로 근대 농업 생산을 증진할 가능성에 대한 과학적 기초를 제공한다. 개별 토양의 생산성을 개선하는 데에는 엄격한 자연의 한계가 존재한다고 가정한 리카도와 반대로 마르크스는 장차 농업이 크게 개선될 것이라고 생각했다.

그렇다고 해서 자연의 한계가 농업 생산에 아무런 영향을 미치지 못한다거나, 그에 따라 토양의 비옥도가 무한하게 증대될 수 있다는 의미는 아닐 것이다. 그러나 합성 비료, 구아노, 골분을 이용해 고갈된 토양을 치료할 수 있다고 확신하는 사람이라면, 토양을 고갈시키는 경작 방식과 토양에 작용하는 자연의 한계 사이의 관계를 구체적으로 분석하려고 애쓰기 쉽지 않은 법이다. 바로 여기에서 1851년 이후 작성된 마르크스의 노트에 흐르는 일반적인 어조가 지나치게 낙관적인 이유를 찾을 수 있다. 마르크스는 토양 고갈 문제를 "원시적" 농업 실천 때문에 나타나는 기술적 낙후성과 도덕적 낙후성 탓으로 돌렸다. 토양의 자연적 성격에 대한 데이비드 리카도와 토머스 맬서스의 **몰역사적** 이해를 비판하면서, 마르크스는 마치 농업에 자연의 한계란 사실상 존재하지 않는다는 듯 농업 생산성의 **사회성**을 지나치게 강한 어조로 강조한다. 그럼으로써 마르크스의 이론적 틀은 자연성과 사회성이라는 두 가지 요인을 암암리에 고정된 한 쌍으로 가정하게 된다. 그 이유는 마르크스가 자연적인 소재적 세계의 내적 논리와 그 논리가 자본주의 아래에서 사회적 역사적으로 수정되는 현상이 복잡하게 얽혀 들어가는 역동성을 적절하게 고려하지 못했기 때문이다. 그러나 정치경제학 비판 덕분에 이후에 마르크스는 자본주의에서 일어나는 토양 고갈 문제를 다루게 되었고, 자본주의에서 일어난 토양 고갈 문제를 근대 사회의 모순으로 이해하게 된다.

유스투스 폰 리비히가 제기한 비판의 문제점

1860년대 『자본』 집필을 준비하면서 마르크스는 자연과학을 다시 한 번 집중적으로 연구했다. 마르크스는 이때 적어도 유스투스 폰 리비히의 저술을 두 차례 이상 탐독했다. 마르크스는 『농업의 이론과 실천에 관하여』(1856)와 『농화학』 7판(1862)에서 발췌한 내용을 1863년 6월과 1865년에서 1866년에 각각 기록했다. 두 발췌 기록은 매우 중요한 의미를 지닌다. 이 기록들은 리비히의 이론에 중대한 변화가 생기면서, 마르크스가 구상한 기획 역시 다른 방향으로 발전해 나갔던 과정을 드러내는 기록이나 다름없기 때문이다.[46] 앞서 살펴본 것처럼 『농화학』 4판에서 리비히는 공장에서 생산한 비유기물을 포함한 화학비료를 활용해 토양 비옥도에 거의 무한하게 영향을 미칠 수 있다는 이론을 펼치면서 여전히 낙관적인 입장을 고수했다. 하지만 비유기 무기질 이론과 특허 받은 상업 비료의 효과를 과장한 데 따른 가혹한 비판이 이어지자 리비히는 입장을 바꾸기 시작했고, 이와 같은 입장의 변화를 『농업의 이론과 실천에 관하여』에 반영했다. 이제 리비히는 토양 고갈에 대해 경고하면서 동시에 화학비료의 무한한 힘을 그 어느 때보다 강한 어조로 강조하게 되었다. 이러한 모호한 태도는 암모니아를 인공적으로 도입할 필요가 없다고 주장한 리비히가 "무기질 이론"을 내세우면서 "질소 이론"과 맞서는 과정에서 벌인 논쟁에서도 확인할 수 있다.

유스투스 폰 리비히는 1843년 출간된 『농화학』 5판에서 식물의 성장을 위해 공급하는 질소의 원천과 관련된 입장을 바꿨다. 이제 리비히는 암모니아를 충분하게 함유한 빗물을 통해 (질소의 주요 원천인) 암모니아를 토양에 공급해 식물 양분으로 사용해야 한다고 주장하게 되었다.[47] 리비히는 이와 동일한 견해를 『농업의 이론과 실천에 관하여』에서 명시적으로 되풀이했고 마르크스는 이러한 새로운 견해를 인식하고 다음과 같이 기록했다. "비옥한 토양은 밀과 같은 작물 수확에 필요한 양보다 또는 거름을 풍부하게 투입한 토양보다 500배에서 1,000배가량 많은 질소를 함유하고 있다." 따라서 리비히는 암모니아가 공기를 통해 토양에 "항상 그리고 영원히" 공급될 수 있으므로 "토양이 고갈되지 않는다"고 주장했다.[48]

『농화학』 4판에서 유스투스 폰 리비히가 암모니아와 관련해 밝힌 견해와 비교해 보면 그가 암모니아에 대한 견해를 얼마나 극적으로 바꿨는지 이해할 수 있다. 마르크스는 『런던 노트』의 여백에 『농화학』 4판에서 리비히가 암모니아와 관련해 밝힌 견해를 다음과 같이 기록했다. "경작되는 식물은 나무, 관목, 그 밖의 야생 식물과 마찬가지로 공기로부터 동일한 양의 질소를 받아들인다. 그러나 공기로부터 받아들이는 질소는 농업 용도로는 충분하지 **않다**."[49] 『농화학』 4판에서 리비히는 더 많은 양의 작물을 수확하려면 암모니아염을 추가 공급할 필요성이 있다고 여전히 가정하고 있지만, 1년 뒤 출간한 『농화학』 5판에서는 다음과 같이 입장을 바꿔 놀라움을 자아냈다. "경작되는 식물은 나무, 관목, 그 밖의 야생 식물과 마찬가지로 공기로부터 동일한 양의 질소를 받아들인다. 그리고 **공기로부터 받아들이는 질소는 농업 용도로는 매우 충분하다**."[50] 리비히는 『농업의 이론과 실천에 관하여』에서 이와 같은 새로운 견해를 되풀이해 기록했다. "경작되는 식물 대부분에는 암모니아의 공급이 불필요하다."[51]

유스투스 폰 리비히가 영국 전역을 여행하면서 연구를 수행한 뒤 이와 같이 갑작스럽게 입장을 바꾸자, 작물 경작에서 질소가 수행하는 역할의 중요성을 저평가했다면서 그를 질책하는 수많은 혹평이 쏟아졌다. 영국 최초로 화학비료를 산업적으로 생산해 성공을 거둔 존 베넷 로즈는 리비히의 무기질 이론을 맹렬하게 비판했다. 로담스테드Rothamsted 연구소의 조셉 헨리 길버트Joseph Henry Gilbert와 공동으로 수행한 일련의 실험을 통해 로즈는 암모니아염을 공급하면 작물 생산이 증대한다는 사실을 입증했다. 리비히가 특허를 받은 거름 제품이 철저하게 외면받으면서, 로즈는 토양에 자연적으로 함유되어 있는 기존의 질소량이 경작되는 작물을 풍성하게 성장시키기에 충분하지 않다는 이유로, 무기질 양분만으로는 작물의 증대를 이룰 수 없다는 사실에 더 큰 확신을 가지게 되었다.[52] 로즈는 농부라면 토양에 질소가 고갈되는지 여부를 특별히 주의를 기울여 살펴야 한다고 결론내렸다. "그러나 당부하고 싶은 것은 일반적인 농업 실천 방법으로는 어떠한 토양에서도 판매하기에 충분한 곡물과 고기를 얻을 수 없다는 것이다. 곡물 생산자에게 중요한 토양의 고갈 특성은 질소이다. 곡물 생산 과정에서 무기질 구성 요소는 질소에 비해 과도하기 마련이다."[53] 이와 같은 비판은 무기질 이론과 질소 이론 사이에 벌어진 뜨거운 (되돌아보면 과열된) 논쟁을 불러왔다.

유스투스 폰 리비히는 『농업의 이론과 실천에 관하여』에서 질소만이 더 많은 작물 생산을 보장한다는 존 베넷 로즈와 조셉 헨리 길버트의 주장에 맞서면서 자신이 주장하는 무기질 이론을 방어했다. 특정 기간 동안 암모니아염을 추가로 공급하면 작물 생산이 증가한다는 사실을 인정한 리비히는 이와 같은 작물 생산 증가는 일시적인 현상일 뿐 장기적인 측면에서 작물의 총량을 변화시키는 것은 아니라고 주장했다. 마르크스는 로즈와 길버트의 주장에 맞선 리비히의 대응을 다음과 같이 기록했다.

> 만일 지금 암모니아와 탄산을 추가 공급하거나 암모니아만을 추가 공급할 경우 1년 동안 토양의 생산은 두 배 증가할 것이다. 암모니아와 탄산 또는 암모니아만을 추가 공급한 토양은 향후 50년 동안 암모니아를 추가 공급하지 않은 토양에서 100년 동안 생산하게 될 작물의 양과 동일한 양의 작물을 생산할 것이다. 그러나 그 50년 동안 암모니아와 탄산 또는 암모니아만을 추가 공급한 토양에서는 암모니아를 추가 공급하지 않는 토양에서 사라지는 무기질 양분의 양과 동일한 양의 무기질 양분이 사라질 것이다. 전체적으로 볼 때 암모니아를 공급한 경작지가 암모니아를 공급하지 않은 경작지보다 더 많은 밀을 생산하는 것은 아니다. 그저 **동일한 기간**에 생산하는 곡물의 양이 더 많을 뿐이다.[54]

자연이 토양의 풍화를 통해 무기질 양분을 보충하는 데에는 상당한 시간이 소요되기 때문에 거름을 추가로 투입해야 할 필요성은 절대적이다. 암모니아만 공급하는 것으로는 토양 비옥도를 유지하는 데 충분하지 않다.

암모니아염을 추가 공급하면 토양은 더 급속하게 고갈된다. 식물이 증가한 암모니아의 양에 비례해 다른 무기질 양분을 더 많이 빼앗아 흡수하기 때문이다. 따라서 암모니아 거름은 식물이 두 배, 세 배, 심지어 네 배의 질소를 흡수하는 동시에 질소에 비해 훨씬 더 제한적인 양으로 토양에 함유되어 있는 무기질 양분을 질소의 양에 비례한 양만큼 흡수하게 만든다. "이와 같은 경우 생산량은 토양에 함유되어 있는 무기질 양분의 양에 비례해 증가한다. 경작으로 인한 토양의 고갈은 토양에 함유되어 있는 무기질 양분의 양에 비례하거나 토양에서 재배하는 작물의 연간 생산량에 비례한다."[55] 필요한 양분이 모두 충분한 상태에서만 작물 생산이 증가할 수 있다. 식물이 토양으로부터 질소와 함께 무기질 양분을 흡수한다면, 토양에는 질소와 함께 무기질 양분까지 되돌려 주어야 한다. 바로 이것이 유스투스 폰 리비히가 주장한 "최소량의 법칙"의 핵심이다. 즉, 식물의 성장은 토양에 함유되어 있는 양이 가장 적은 양분, 즉 비유기물에 의해 제약을 받는다.

『농화학』 4판에서 유스투스 폰 리비히는 토양을 구성하고 있는 무기질이 부족해져 토양이 고갈될 가능성에 대해 언급했다. 그러나 『농화학』 4판에서 언급한 토양 고갈 가능성은 리비히가 근대 농업에 대한 입장을 바꾼 일과는 무관하다. 『농화학』 4판에서 언급한 토양 고갈 가능성은 질소 이론에 비해 무기질 양분의 중요성을 부각하고자 하는 전략적인 목표를 이루기 위한 언급이었기 때문이다. 이와 같은 언급을 "전략적인" 언급이라고 평가하는 이유는 리비히가 자신의 무기질 이론을 적용하면 토양 고갈의 위험성을 쉽게 극복할 수 있다고 생각했기 때문이다. 리비히는 화학 거름manure을 활용해 동물의 배설물을 보다 효과적으로 대체해야 한다고 요구하면서 화학이 농업에 새로운 가능성을 열어 주어야 한다고 주장했다. 리비히는 당시의 화학 지식으로는 이상적인 화학비료를 대량 생산하는 일이 어렵다는 사실을 인식하고 있었지만, 자신의 농화학을 통해 "농업의 새로운 시대가 열려야 한다"고 생각했다.[56] 결국 리비히는 화학자일 뿐 아니라 (특허 받은 거름인) 화학비료를 생산하는 자본가였다. 리비히의 무기질 이론의 영향력이 커질수록 그의 부도 따라서 증가할 터였다.

따라서 『농업의 이론과 실천에 관하여』에서 주장한 내용을 고려할 때에는 유스투스 폰 리비히가 누릴 수 있는 이익이 있었다는 점을 염두에 두어야 한다.

> 이와 같은 견해에서 제시한 대상은 농업에는 완전히 혁명적이다. 농장에서 나오는 거름은 완전히 배제될 것이고 작물이 흡수해 사라진 모든 무기질 구성 요소는 무기질 거름으로 복구될 것이다. 일반적으로 시행되고 있는 윤작은 사라질 것이다. (…) 거름은 하나의 동일한 경작지에서 토양을 고갈시키지 않으면서 토끼풀, 밀, 그 밖에 농부가 재배하고자 하거나 재배해야 하는 작물을 비롯한 동일한 작물을 중단 없이 재배하는 데 활용되는 수단이 될 것이다.[57]

유스투스 폰 리비히는 1855년 출간한 『농화학의 원리*Principles of Agricultural Chemistry*』에서도 이와 유사한 미래를 예견한다.

> 우리 시대에 농학자들이 관심을 가질 만한 문제 가운데 하나는 적절한 거름을 사용하여 윤작을 대체하는 것이다. 그렇게 해서

농부는 경작지마다 개별 작물을 재배할 수 있게 되고, 주변 지역에 자신의 특별한 목적에 따라 작물을 판매하여 가장 많은 이윤을 남길 수 있게 된다. 토양을 훼손하지 않으면서 동일한 규모의 토지에 동일한 작물을 중단 없이 재배할 수 있다면 농부가 농업에 투입하던 노동력이 얼마나 줄어들지 생각해 보라![58]

19세기 농업 혁명에 대한 유스투스 폰 리비히의 전망에 따르면 화학 비료를 사용함으로써 휴경도 필요 없고 윤작도 필요 없는 세상이 도래할 터였다.[59] 심지어 리비히는 존 베넷 로즈와 조셉 헨리 길버트의 주장에 맞서 자신이 개발한 무기질 거름의 장점을 강조하는 주장을 더욱 날카롭게 다듬는다. 리비히가 로즈와 길버트의 주장에 맞서면서 제기한 이와 같은 비판에서 무기질 거름을 과대평가했다는 사실을 놓치고 지나가서는 안 된다. 미래의 화학적 거름은 농업의 유연성을 극대화할 것이므로, 자본가 농부는 휴경하거나 윤작하지 않고도 토양의 자연적 속성과 무관하게 시장의 수요에 부응할 수 있을 것이다. 농업 생산에 영향을 미치는 자연의 한계를 무비판적인 태도로 소홀히 하는 리비히의 입장은 자연적 특징과 자연적 속성을 인간이 임의로 변형할 수 있는 수동적인 매개체로만 여기는 근대 과학의 오만함을 반영하고 있다. 새로운 기술이 이런 식으로 수동적인 자연을 마음대로 전환해 인간의 필요에 부응하도록 만들 수 있다면 생태 문제에 대해 진지하게 탐구할 필요가 없을 것이다.

그렇기에 유스투스 폰 리비히는 일찌감치 토양 고갈에 대해 경고했었음에도 1850년대 말이 되어서야 비로소 강탈적인 방식으로 이루어지는 근대 농업을 비판하기 시작했다. 따라서 리비히의 저술을 탐독한 결과로 마르크스가 근대 농업의 부정적인 결과를 인식할 수 있었으리라고 보기는 어렵다. 화학비료를 대규모로 사용함으로써 자연의 한계를 초월할 수 있다는 주장이 『농업의 이론과 실천에 관하여』를 지배하는 어조였기 때문이다. 1860년대 초에 마르크스가 『1861~1863 경제학 수고』에서 토양 고갈 문제를 기록했다고 하더라도, 이 수고는 대체로 자본의 진보적 힘에 대해 낙관적인 입장을 취하고 있다. 마르크스가 자연과학을 통해 자연의 한계를 마음대로 조작할 수 있다는 리비히의 낙관적인 입장을 담은 저술을 탐독한 상태에서 작성한 경제학 수고에는 자본주의 생산의 파괴적인 효과에 대한 상세한 성찰이 담겨 있지 않다. 따라서 1863년 이전에, 리비히의 저술을 탐독한 마르크스가 근대 농업에 대해 진정으로 비판적인 태도를 취한 것은 아니었다고 결론내리는 것이 안전할 것이다. 그러나 이러한 마르크스의 입장은 『자본』에 이르러 변화를 보인다. 이 변화는 마르크스가 물질대사 균열 비판을 발전시킬 때 『농화학』 7판이 수행한 역할의 중요성을 시사한다.

근대 농업에 대한 비판의 등장

1865년에서 1866년 사이 『자본』 3권의 "지대" 장 집필을 준비하는 과정에서 농화학에 관한 더 새로운 텍스트를 연구한 마르크스는 "[마르크스 자신이 제시한] 이론의 올바름을 입증하는" 유스투스 폰 리비히의 발견을 자신이 발전시킨 정치경제학에 통합할 수 있었다.[60] 분명 마르크스는 『런던 노트』를 통해 수확 체감의 법칙을 성공적으로 비판했다고 생각했다. 앞서 살펴본 것처럼 마르크스는 토양이 고갈되는 구체적인 현실에 대해 인식하고 있었지만, 이를 완전히 특정하지는 않았다. 오히려 마르크스는 미래의 농업 발전에 대한 낙관적인 견해를 유지하는 경향을 보였다. 마르크스는 리카도의 법칙의 타당성을 뒷받침하는 것처럼 보이는 토양 고갈의 사회성, 즉 토양 고갈을 결정하는 사회적 관계와 기술적 관계의 집합 전체에 대해서는 탐구하지 않았다. "지대" 장을 집필할 당시 마르크스는 이와 같은 문제에 더욱 주의를 기울였다. 우선 마르크스는 자본주의에서의 농업 형태를 다루었다. 즉, 자본의 소외된 논리가 근본적인 생산의 조건인 인간과 자연 사이에서 이루어지는 역사를 관통하는 보편적인 물질대사를 변형하고, 심지어 파괴하는 방식으로 인간과 인간이 생존하는 데 필요한 자연 조건 사이를 매개한다고 마르크스는 언급했다. 인간은 명백하게 사회적인 존재이자 유적 존재인 인간을 재생산하기 위해 자연을 활용하여 일하고 자연을 전환할 필요가 있다. 그러나 단순히 역사 관통적인 측면에서만 살펴보는 것이 아니라 구체적인 현실에 입각해서 살펴보면, 노동 과정은 언제나 특별한 생산관계 집합과 관련된 **역사적으로** 확정적인 **경제적** 형태[Formbestimmung]를 취한다. 이러한 사실은 자본주의적으로 구성된 사회관계 속에서 인간이 자신이 처한 환경과 특별한 방식으로 주고받는 물질대사 상호작용을 반영한다.

마르크스의 『자본』은 자본주의 노동 형태, 즉 "임금 노동"이 노동의 소재적 측면을 가치 증식의 논리에 따라 급격하게 전환하고 재조직한다는 사실을 드러낸다. 자본주의에서는 추상적인 노동의 지배가 가치의 유일한 원천으로 등장한다. 따라서 현실의 근본적이고 구체적인 서로 다른 측면으로부터 노동을 폭력적으로 추상화하여 인간을 형식적이고 실질적으로 자본에 포섭된 존재, 즉 물상화된 사물의 화신에 불과한 존재로 전락시킨다. 인간 활동을 자본의 논리에 적응시키는 과정은 노동자의 삶에 초과 노동, 정신적 및 신체적 장애, 아동 노동 같은 다양한 부조화를 유발한다. 마르크스는 "노동일"과 "기계와 대규모 산업"에서 이 문제를 다뤘다. 상품화의 영역이 농업을 포섭하는 수준으로 확대되면서 이러한 자본의 지배는 공장에서의 노동을 재조직하는 수준을 넘어선다. 그 결과 인간과 자연 사이에 이루어지는 자연적 물질대사 상호작용이 교란되면서 소재적 세계에 다양한 부조화가 발생한다. 따라서 농화학에 대한 마르크스의 노트에서 그의 관심사가 변화하는 모습이 발견되는 것은 우연이 아니다. 이제 마르크스는 자본주의 아래에서 물적 세계가 파괴적으로 전환되는 문제를 다루기 위해 다시 한 번 농화학을 연구하게 된다.

1856년에서 1866년 사이 마르크스가 작성한 발췌 기록을 살펴보면 『농화학』 7판이 마르크스의 연구 목적에 특히 많은 통찰을 제공하는 이유를 확인할 수 있다. 그 이유는 바로 유스투스 폰 리비히 역시 『농화학』 7판에서 새로 작성한 서론을 통해 그동안 자신이 펼쳐 온 주장을 변경하고, 근대의 강탈 농업 체계에 대한 비판을 강화했기 때문이다. 리비히는 기존에 지니고 있었던 과장된 낙관론을 포기하면서 유럽 문명의 쇠퇴를 경고했다. 앞서 살펴본 것처럼 리비히의 농화학은 식물이 토양으로부터 빼앗아 흡수한 모든 양분을 보충할 필요성을 제기하는 것이 특징이다. 매년 막대한 양의 양분이 토양에서 사라지면 자연만 가지고서는 비유기물을 충분히 제공할 수 없다. 그렇기 때문에 리비히는 화학적 무기질 비료를 사용해야 한다고 주장했다. 1840년대에 리비히는 미래에 화학비료를 공장에서 대량 생산할 수 있을 것이라는 낙관론을 지니고 있었지만, 1860년대에는 자신이 기존에 제기한 주장을 객관적으로 평가하면서 "보충의 법칙"을 소홀히 여기는 광범위한 풍조를 냉혹하게 비판한다.

마르크스의 발췌 기록은 토양 고갈 기제에 대한 유스투스 폰 리비히의 설명과 자본주의 생산양식으로 인해 인간과 자연 사이에 이루어지는 물질대사가 교란되는 구체적인 현실에 대한 기록을 추적한다. 리비히는 근시안적인 관점에서 생산의 증가만을 추구하는 행태가 토양을 강탈하는 행위에 불과하다고 주장했다.

> 따라서 **배수와 배설물** 투입 같은 수단을 활용해 토양의 개선함
> 으로써 **작물을 늘리는 일**은 자연법칙으로 인해 오랫동안 유지
> 될 수 없다는 사실을 이해해야 한다. 막대한 양의 작물을 생산
> 할 수 있는 이유는 토양이 함유하고 있는 양분이 증가했기 때
> 문이 아니라 토양을 더 빠른 속도로 고갈시키는 기법을 도입했
> 기 때문이다.[61]

농부가 이윤과 지대를 극대화할 목적으로 토양을 착취할수록 토양 비옥도를 유지하는 일은 더 어려워진다. 근대 농업은 토양으로부터 최대한 많은 양분을 빼앗아 가는 한편 보충은 하지 않는다. 유스투스 폰 리비히는 기존에 자신이 제시한 예견을 뒤집어 자연법칙인 보충의 법

칙을 침해하는 행위를 인류를 상대로 한 범죄라고 냉혹하게 비판했다. "오늘날을 살아가는 세대가 자연을 파괴할 권리가 있다고 생각한다면, 가장 합리적인 자연법칙 가운데 하나를 침해하는 것이다. 현재 순환되는 것은 현재 세대의 몫으로 정해진 것이지만, 토양이 그 자궁에 품고 있는 것은 오늘날을 살아가는 세대의 몫으로 정해진 부가 아니라 다음 세대가 누려야 할 몫이기 때문이다."[62]

유스투스 폰 리비히가 경고한대로 근대 노동의 사회적 분업은 식물의 양분 순환을 교란한다. "필연적으로 각 토지의 비옥도가 떨어진다. 작물을 지속적으로 수출할 뿐 아니라 대도시로 모여드는 물질대사 [Stoffwechsel]의 산물을 무의미하게 낭비하기 때문이다. 이러한 노동으로 인해 토양의 비옥도가 점진적이지만 지속적으로 떨어지다가 결국에는 고갈되고 말 것이라는 사실은 누구나 분명하게 알 수 있다."[63] 『자본』 1권에 수록된, 인간과 자연 사이에서 이루어지는 물질대사 상호작용의 교란에 대한 마르크스의 비판은 바로 이러한 구절을 토대로 한 것이다. 리비히에 따르면 도시에서 일어나는 인구 증가는 산업화의 결과물로, 시골에서 생산하는 농업 생산물의 증가를 요구한다. 그러나 도시에서는 식품에 함유되어 있는 무기질 양분을 원래의 토양으로 되돌려 주는 대신 하수로 강에 흘려보낸다. 리비히는 "대영제국이 2,900만 명에 달하는 인구를 먹이는 데 필요한 식량을 생산하지 못하고 있다는 끔찍한 사실"을 지적하면서 다음과 같이 주장한다. "영국 대부분의 지역에 화장실을 도입한 결과 매년 350만 명이 먹을 수 있는 양의 식량을 생산할 수 있는 물질을 상실하는, 돌이킬 수 없는 결과가 나타났다."[64] 리비히는 다음과 같이 덧붙인다. "경작과 문명의 진보"는 도시에 설치된 화장실

의 문제에 달려 있다.[64]

양분 순환이 교란되는 바람에 거름을 추가로 투입하여 토양 비옥도를 단기적으로 유지하거나 증대할 필요성도 생겨난다. 대규모 생산자가 더 높아진 생산비용을 감당할 수 있다면, 영국은 해외에서 구아노와 골분 형태의 거름을 수입할 것이다. 문제는 장거리 운송을 통해 비료를 수입함으로써 자연적 물질대사와 사회적 물질대사의 균열이 더 심화된다는 것이다. 이러한 현실은 영국이 해외에서 거름을 수입함에 따라 해외의 지속 가능한 농업 조건이 파괴되었다는 사실에서 확인할 수 있다.

> 대영제국은 모든 나라에서 비옥도를 유지할 수 있는 조건을 강탈한다. 대영제국은 골분을 얻기 위해 이미 라이프치히, 워털루, 크림반도의 전쟁터를 쑥대밭으로 만든 바 있다. 대영제국은 시칠리아의 지하 묘지에 잠들어 있던 수 세대에 걸쳐 매장된 시신을 파헤쳐 골분을 갈취했다. 그러고도 모자라 대영제국은 미래 세대 350만 명이 먹을 수 있는 식량을 매년 꾸준히 파괴하고 있다. 대영제국은 마치 뱀파이어처럼 유럽, 나아가 전 세계의 목덜미를 꽉 붙잡은 채 자신에게 꼭 필요한 것도 아니고 영원히 소유하지도 못하는 생명과도 같은 타인의 피를 빨아들이고 있다.[66]

유스투스 폰 리비히는 영국의 제국주의적인 강탈 경작 체계를 근대의 특정한 현상으로 정의하고 문제를 제기하면서, 인류 전체를 위해 해결책을 찾아야 한다고 주장한다.

유스투스 폰 리비히의 어조가 기존에 견지했던 낙관론과는 사뭇 달라진 것이 분명하다. 이제 리비히는 근대 농업의 발전 과정에 작용한 생산 체계의 파괴적인 성격을 인식하게 되었다. 놀라운 사실은 리비히가 수확 체감의 위험에 대해 경고하면서도, 수확이 줄어드는 현상을 몰역사적인 법칙으로써 분석하는 것이 아니라 근대에 특정한 현상으로서 분석하여 비판함으로써, 데이비드 리카도가 제시한 명제와 차별화된다는 점이다. 바로 이러한 측면으로 인해 마르크스가 리비히의 이론에 매력을 느꼈던 것이다. 이제 마르크스는 기술과 자연과학을 적용함으로써 생산력을 발전시킬 수 있다는 낙관적인 예견을 토대로 리카도와 맬서스를 비판하지 않는다. 오히려 마르크스는 자신의 정치경제학 비판에 따라 리카도의 "수확 체감의 법칙"의 타당성을 입증하는 것처럼 보이는 역사적으로 특정한 관계를 드러낸다. 마르크스는 자연과학을 토대로 자본주의에서 이윤 지향적으로 발전한 기술이 토양 고갈이나 자연 자원 부족 같은 예상하지 못한 파괴적인 결과를 유발하고 마는 과정을 정확하게 탐구한다.

나아가 1865년에 마르크스는 제임스 F. W. 존스턴의 『북아메리카에 대한 기록』에서 유스투스 폰 리비히의 저술에서 발췌한 내용과 동일한 어조를 지닌 내용을 발췌하여 기록했다. 앞서 살펴본 것처럼 1851년 〈이코노미스트〉에 게재된 기사 두 건과 헨리 찰스 캐리의 저술을 탐독한 뒤에도, 마르크스는 북아메리카의 토양 고갈 문제에 대해 특별한 주의를 기울이지 않았다. 그러나 1865년 마르크스는 리비히의 『농화학』에서 북아메리카의 토양 고갈 문제를 "북아메리카에서 가장 큰 규모로 이루어진 **강탈 농업**의 자연적 과정"이라고 언급한 문장을 인용했다. 캐리와 마찬가지로 리비히는 북아메리카의 토양 고갈 문제에 대해 다음과 같이 기록한다.

북아메리카 농업의 역사를 살펴보면 경작을 중단하지 않거나 거름을 주지 않은 상태로는 농작물이나 상업 생산 작물을 획득할 수 있는 기간이 비교적 짧다는 것을 입증하는 무수한 사실을 확인할 수 있다. 수천 년에 걸쳐 토양에 축적되어 온 풍부한 식물 양분이 불과 몇 세대만에 고갈되고 나면 이윤을 낼 수 있는 작물을 획득하기 위해 거름에 의존할 수밖에 없다. 워싱턴에서 열린 하원에 버몬트 대표로 참석한 모렐은 **코네티컷, 매사추세츠, 로드아일랜드, 뉴햄프셔, 메인, 버몬트**의 10년(1840~1850)간의 통계 수치를 제시하면서 밀 생산이 그 이전 10년 대비 절반으로, 감자 생산이 3분의 1 줄어들었다는 사실을 지적했다. 테네시, 켄터키, 조지아, 앨라배마, 뉴욕에서는 농작물 생산이 절반으로 감소했다.[67]

유스투스 폰 리비히의 주장을 접한 마르크스는 여행 기록을 기피하는 개인적인 성향에도, 북아메리카 농업의 실제 상태를 연구하기 위해 제임스 F. W. 존스턴의 『북아메리카에 대한 기록』을 다시 탐독했다. 강탈 농업으로 인해 토양 생산성이 감소했다는 사실을 묘사한 구절에 집중하면서 『북아메리카에 대한 기록』을 다시 탐독한 마르크스는, 강탈 농업을 "북아메리카의 [토양] 고갈 체계"라고 언급했다. "사실 북아메리카의 일반적인 체계는 시장에서 수용할 수 있는 것[건초, 곡식, 감자 등]이라면 무엇이든 판매하면서 그에 대한 대가를 토양에 되돌리는 일은 하지 않는 체계이다."[68]

헨리 찰스 캐리의 저술에도 이와 유사한 구절이 있었지만, 1850년 대의 마르크스는 그 내용을 발췌해 『런던 노트』에 기록하지 않았다. 대신 마르크스는 제임스 F. W. 존스턴의 보고를 신중하게 채택했다. "그러나 좀 더 적정선에서 농업을 수행하고, 이윤만을 추구하는 미국 농부들에게는 토양을 훌륭하게 관리할 동기가 없었다. 따라서 부주의하고 앞날을 안배하지 않는 농업 관행이 (…) 도입되었다. (…) 기존의 토지를 재생하는 것보다 새로운 토지를 개간하여 경작하는 비용이 더 저렴할 뿐아니라 이윤도 더 많이 났기 때문이다."[69] 그 결과 농부에게는 자녀들에게 물려줄 토지의 비옥도를 보존하거나 개선하는 데 관심을 가질 이유가 없었다. "토지 소유주는 이미 판매 (…) 가격을 정해 두었다. 그의 마음속에는 그 돈으로 더 서쪽으로 나아가 자신을 비롯한 가족이 더 나은 삶을 살 것이라는 희망이 자리 잡고 있다."[70] 이와 같은 상황에서는 장기적인 관점에서 토양을 개선하려는 노력을 기울일 이유가 없다. 따라서 농부들 사이에서는 게으름과 무지가 만연했다.

> 유럽 정착자들이 오랫동안 경작해 온 동북 아메리카의 다른 지역과 마찬가지로 캐나다에서도 동일한 변화가 [일어나고 있다.] "경작자들이 있는 곳이라면 어디에서나 찾아볼 수 있는 게으름, 무지, **탐욕**으로 인해 밀을 생산하는 토양의 역량이 감소하거나 성질이 변화하는 결과가 나타나고 있다. (…) 비옥도가 높은 토지는 폭력적인 유럽의 산업을 피해 매년 서쪽 더 먼 곳으로 밀려나고 있다."[71]

제임스 F. W. 존스턴은 북아메리카의 농업 체계가 이러한 상태로 유지된다면 머지않아 북아메리카의 토양이 "완전히 고갈"될 것이라고 결론내린다.[72] 존스턴의 저술을 언급한 마르크스는 훗날 수고에 급속한 토양 고갈 경향에 대해 기록한다. "**진지함과는 거리가 먼 가벼운 태도로** 경작함으로써 토양이 다소 빠른 속도로 고갈될 수 있다. 이때 고갈 속도는 새로운 토양의 비옥도에 반비례하고 생산물 수출에는 정비례한다."[73]

농업이 "사유재산 독점" 체제 아래에서 이윤 계산을 바탕으로 이루어지는 한 사회 전반에 강탈 농업이 만연할 것이다. 이러한 현상은 노동자의 정신적 신체적 조건을 돌보지 않은 채 노동력을 광범위하고 강도 높게 착취하는 이유와 동일한 이유에서 비롯된다. 토지를 단기간에 낭비적으로 착취하는 방법이 더 많은 이윤을 낼 수 있는 방법이기 때문이다. 노동력이 예상보다 일찍 고갈되어 노동자의 수명이 줄어든다고 하여도 자본이 이에 대해 보상하지 않는 것처럼, 토양의 자연적 비옥도를 무상으로 사용할 수 있는 것으로 이해하는 자본은 토양 비옥도가 파괴되고 토양 오염이 일어나도 이에 대한 보상을 불필요한 것으로 간주한다. 따라서 자본은 미래에 나타날 결과에 대해서는 고려하지 않은 채 노동력과 자연력을 최대한 빠르게 착취하려는 경향을 내재하고 있다. 자본은 자연 세계의 한계를 무시한 채 지속 가능한 생산에 필요한 물적 조건을 훼손할 뿐이다.

그럼에도 마르크스는 제임스 F. W. 존스턴과 결정적인 면에서 차이를 보인다. 자본주의 농업 형태의 깊은 모순에 직면한 "예를 들어 존스턴(!) 같은 매우 보수적인 농화학자는 사유재산이 진정 합리적인 농업으로 향하는 모든 길을 가로막는 넘을 수 없는 장벽이라는 사실을 인정한다."[74] 마르크스는 합리적인 농업을 실현하지 못하도록 가로막는 장벽이 무엇인지 인식했다는 점에서 존스턴의 저술을 높이 평가했다. 그러나 마르크스는 그 원인을 자본주의 생산양식에 내재하는 모순의 표현으로 이해하지 않고, 농부 개개인의 주관적인 무능력과 교육의 부재에서 찾았다는 점에서 존스턴을 "보수적인" 농화학자라고 평가했다. 존스턴은 현재의 상황을 필요악으로 받아들이고 정당화하려고 노력했다. "야생을 개간하고 새롭게 얻은 토지를 고갈시키는 농부 집단의 이주는 새로 건국된 나라에서 농촌 진보를 이끄는 데 필요한 활동이다. 따라서 뉴브런즈윅에 자리 잡고 있는 내 친구들처럼 안타까워하기보다는 기뻐해야 한다."[75] 자본주의 생산양식의 폐지를 제외하고 나면 강탈적인 실천에 대한 그 밖의 다른 해결책은 모든 토지를 국가의 주관 아래 관리하는 것이다. 그러나 강탈 농업 체계로 인해 토양이 고갈되어 가는 상황을 묘사하는 데 집중하면서도 마르크스는 위에 인용한 구절 **바로 앞에서** 발췌를 중단하여 보수적인 농화학자 존스턴이 기록한 다른 구절, 즉 자본주의 아래에서 교육이 이루어지고 기술이 발전하면 보다 합리적인 농업 체계를 도입할 수 있을 것이라는 내용을 담은 구절을 무시한다. 이렇게 마르크스는 존스턴이 애써 강조한 내용을 무의미하게 만들었다.

1850년대 유스투스 폰 리비히와 제임스 F. W. 존스턴으로부터 접한 "합리적인 경작"이라는 사고의 중요성을 마르크스가 여전히 인식하고 있었다는 것은 분명하다. 또한 마르크스는 미국의 농부들이 충분한 이윤을 얻을 수 없게 된 토지를 버리고 더 서쪽을 향해 나아가도록 부추겨 합리적인 농업 형태가 정착되지 못하도록 가로막는 요인은 **자본주의** 생산관계이지 북아메리카 농업의 원시적인 상태가 아니라는 사실도 명확하게 이해하고 있다. 사실상 자본은 자연의 생산력을 무상으로 착취하는 "기법"을 토대로 강탈 경제를 구성한다. 이와 관련해 리비히는 다음과 같이 기록한다. "조악한 수준에서 시작한 강탈은 점차 하나의 기법으로 발전한다." 북아메리카의 토지가 고갈된 이유의 근원은 존스턴의 인식을 토대로 작성되어 〈이코노미스트〉에 게재된 기사에서 언급된 것처럼 자본주의 이전 사회 농업의 낙후성에 기인한 것이 아니다. 북아메리카의 토지가 고갈된 이유의 근원은 바로 자본주의의 발전에 자리 잡고 있다. 『자본』에서 마르크스는 다음과 같이 분명하게 언급한다. "일정한 시간 동안 토양 비옥도가 증가함에 따라 이루어지는 진보는 토양의 비옥도를 장기적으로 유지하는 데 필요한 원천을 망치는 원인이다." 따라서 널리 이루어지는 강탈적인 실천은 **근대의 특정한 산물**이나 다름없다. 마르크스는 북아메리카의 사례를 자본주의 생산의 파괴적인 측면의 표현으로 인식한다. "미국의 경우처럼 발전의 기초를 이루는 대규모 산업으로 진행하면 할수록 파괴의 속도도 빨라진다. 따라서 자본주의 생산은 모든 부의 원천, 즉 **노동자와 토양**을 동시에 훼손함으로써 기술과 생산의 사회적 결합 수준을 발전시킬 뿐이다."[76] 이러한 파괴적인 과정은 자본 축적을 전 지구적 규모로 확대한다.[77]

생태제국주의와 전 지구적 차원의 생태 위기

『자본』에서 마르크스는 자연력의 고갈을 방지하기 위한 조치에 대해 다음과 같이 기록한다.

나날이 진전해 위협적으로 변해 가는 노동자 계급 운동과는 별개의 이유로도 공장 노동을 제한해야 할 필요가 있다. 그래야만 하는 이유는 경작지에 구아노 거름을 주지 않으면 경작이 불가능하게 된 영국의 현실에서 찾아볼 수 있다. 이윤만을 추구하는 열망은 한편으로는 토양을 고갈시키고 다른 한편으로는 국가의 생명력을 그 근간부터 움켜쥔다. 전염병이 주기적으로 발병하면서 군인의 신장 기준을 하향 조정한 프랑스와 독일의 사례를 통해 이러한 사실을 명확하게 확인할 수 있다.[78]

마르크스는 정규 노동일을 법제화함으로써 노동자들의 가용 시간이 확대된 것을 노동자들이 얻어 낸 중요한 성과라고 생각한다. 자본가들은 자신들의 계급적 이해관계 때문에 이와 같은 규제를 받아들일 수밖에 없다. 그렇지 않으면 노동자 계급의 재생산과 자본 축적이 모두 불가능해질 것이기 때문이다. 이와 유사한 방식으로 영국 농부는 비용이 추가로 소요되더라도 토양의 비옥도를 유지하기 위해 구아노를 사용하지 않으면 안 되는 처지에 놓여 있다. 그러나 구아노 거름을 주는 것은 진정한 진보라고 할 수 없다. 이러한 행위는 자본주의 농업의 모순을 심화시킬 뿐이기 때문이다. 비록 자본주의가 효율적이고 원활한 자본 축적이라는 자신의 목적을 가로막는 다양한 어려움을 항상 극복하는 것처럼 보일지라도, 바로 여기에서 자본주의 생산의 한계는 분명하게 그 모습을 드러낸다. 유스투스 폰 리비히의 강탈 농업 비판은 이와 같은 방식으로 마르크스가 정치경제학 비판을 이론화하는 데 기여했다.

구아노는 남아메리카가 원산지인 바닷새의 배설물이다. 1802년 페루에 잠시 머무는 동안 알렉산더 훔볼트는 페루에서는 구아노를 농업에 활용한다는 사실을 알게 되었다. 그는 구아노가 영국의 토양을 개선해 줄 것이라는 희망을 품고 친차Chincha 군도에서 구아노 샘플을 채취해 영국으로 가져왔다. 그 이후 인산, 질소, 탄산칼륨을 풍부하게 함유한 구아노는 토양 고갈을 방지하는 우수한 보호막으로 취급되었다. 19세기에는 이른바 구아노 섬으로 불린 여러 섬에서 대량으로 채취한 구아노가 유럽으로 수출되었다. 이 체계는 쌓여 있던 구아노가 완전히 바닥을 드러내기 전까지는 훌륭하게 작동했다.

『농화학』7판에서 근대 농업을 보다 비판적인 방식으로 이해하게 된 유스투스 폰 리비히는 새롭게 등장한 자연 거름의 효과를 높게 평가하지 않는다. 이제 리비히는 구아노에 의존하더라도 토양 비옥도를 유지하는 데에는 별다른 효과가 없을 것이라고 주장하기에 이른다. 리비히는 오히려 구아노에 의존함으로써 인간과 자연 사이에 이루어지는 물질대사 상호작용을 더 거대한 규모로 교란하게 될 것이라고 경고한다. 리비히는『농화학』4판에서는 여전히 구아노와 골분을 사용하는 방법이 식물에 필요한 양분을 공급하는 효과적인 방법이라고 주장했다. 제임스 F. W. 존스턴이 장거리 수입이 수월하다는 이유로 구아노와 골분을 농업 개혁에 활용할 만한 수단으로 추천했던 것과 마찬가지로, 리비히 역시 매장된 구아노가 거름으로 효용성이 있다고 기록했다. 마르크스는『런던 노트』에 다음과 같이 기록했다.

모래와 진흙으로만 구성된 토양에 적은 양의 구아노를 추가하는 것만으로도 농작물을 충분히 풍부하게 수확할 수 있다. (페루 해안의) 토양 자체는 유기물을 거의 함유하고 있지 않다. **오직 토양에 적용된 거름이 적은 양의 염분과 함께 요산염, 인산염, 수산염, 암모니아 탄산염을 형성한다.**[79]

유스투스 폰 리비히가 구아노를 높이 평가한 일은 이해할 만한 일이다. 구아노가 발휘하는 탁월한 효과는 비유기물로부터 나오는 것이었고, 이것이 리비히의 무기질 이론이 옳다는 것을 입증하는 증거로 작용했기 때문이다. 사람들은 구세주나 다름없는 구아노를 페루 해안에서 열심히 채취하여 유럽의 토지에 뿌렸다. 영국으로 수출되는 구아노의 양은 빠른 속도로 증가해 1859년에는 연간 28만 6,000톤에 달했다. 그러나 이와 같은 양의 구아노로도 농업으로 인해 토양에서 사라진 무기질 양분을 보충하기에는 역부족이었다.

1850년대에는 구아노의 비축량이 부족한 문제가 민감하게 떠올랐다. 마르크스는 『농화학』 7판을 토대로 다음과 같이 기록했다.

> 1853년 페루 해안에 주둔하고 있던 모르즈비 제독Admiral Moresby은 자신이 조사하고 기록한 내용을 토대로 당시 친차 군도를 포함한 페루 해안의 구아노 비축량이 860만 톤 또는 1억 7,200만cwt[백 중량]라고 영국 정부에 보고했다. (푸세이Pusey에 따르면) 그 이후 구아노는 영국에만 매년 300만cwt(15만 톤)이 수출되었고 미국으로의 수출량은 그보다 더 많았다. (⋯) 따라서 친차 군도에서 수출된 구아노의 양을 가늠해 본 모르즈비 제독은 8년에서 9년쯤 지나면 영국 시장에서 품질 좋은 구아노

를 찾기가 어려워질 것이라고 예상했다.[80]

유스투스 폰 리비히가 『농화학』 7판에서 새로 작성한 서론은 모르즈비 제독이 보고서를 작성하고 정확히 7년 뒤에 출간되었다. 따라서 리비히가 구아노에 과도하게 의존하는 현상을 경고하는 구절을 새로 추가한 것은 충분히 이해할 만한 일이다. 도시와 시골의 대립으로 인해 식물 양분 순환이라는 물질대사에 깊은 균열이 존재하게 되었기 때문에 수입한 거름은 토양 고갈 문제를 해결하는 것이 아니라 토양이 고갈되는 속도를 지연하는 역할을 하는 것에 불과하다. 영국 농업은 점점 더 많은 자연 자원을 점점 더 큰 규모로 희생하면서 밀을 재배한다. 따라서 결국 구아노 수입은 궁극적으로 인간과 자연 사이에 이루어지는 물질대사의 균열을 강화하고 말 터였다.

토양이 고갈될 위협을 받게 된 영국과 미국은 구아노와 초석硝石이 매장되어 있는 새로운 장소를 필사적으로 찾아나섰다. 새로운 매장지 탐색은 친차 군도 주변에서 시작해 남아메리카 일대의 모든 섬을 대상으로 확장되었다. 1856년 미국 의회는 구아노가 풍부하게 매장된 수십여 개 섬의 합병을 승인하는 "구아노 섬 법Guano Islands Act"을 통과시켰다. 구아노를 강탈하는 이와 같은 행위로 인해 주변부에 자리 잡은 섬에 대한 강도 높은 경제적 착취가 일어났다. 여기에는 이른바 구아노 전쟁이라고 불리는 친차 군도 전쟁Chincha Islands War과 태평양 전쟁War of the Pacific이 포함되어 있었다. 나아가 주변부에서 규제받지 않는 자본주의적 생산이 이루어지면서, 구아노를 채취하는 인간 노동에 대한 대규모 착취와 그 밖의 여러 식민지의 원주민 민족에 대한 폭력적인 억압도 자행되었다. 식민 지배가 이루어지는 곳에서는 원주민뿐 아니라 중국인 연한年限 계약 노동자도 노예화되어 잔인한 노동 조건과 생활 조건을 감내해야 했다.[81] 원래 자리 잡고 있던 생태계 역시 크게 변형되었다. 예를 들어 구아노 언덕 사면에 둥지를 짓는 훔볼트 펭귄은 구아노 매장지에서 구아노를 신속하게 채취할 목적을 달성하는 데 방해가 되는 존재라는 이유로 멸종 위기에 처하게 되었다. 전체적인 측면에서 볼 때 구아노를 강탈하는 체계는 기나긴 역사에서 비교적 짧은 기간 동안 존속했지만, 그 짧은 기간 동안 구아노 매장지에 둥지를 튼 바닷새의 수가 급격하게 감소하면서 결국 구아노의 재생산 자체가 불가능하게 되었다.

구아노의 사례를 통해 명확하게 확인할 수 있는 것처럼 자연 자원 부족 문제를 시급히 해결해야 할 필요성이 커질수록 제국주의 정책의 폭력성도 그 정도를 더해 간다. 제국주의 지배가 확대됨에 따라 자연 자원의 착취 규모가 더욱 확대되고, 그것이 다시 더 많은 자연적 부를 고갈시키는 악순환이 지속된다. 이와 같은 생태제국주의로 인해 물질대사에 일어난 깊은 균열이 지구 전체로 확장된다.

주변부 국가에서 벌어지는 자연 자원과 노동자를 폭력적으로 착취하는 행위는 자본주의 경쟁에서 고유한 것으로, 이는 영국과 미국에서 자행한 "구아노 제국주의"로 인해 페루의 구아노가 낭비적으로 사용되고 말았다는 사실을 통해 명확하게 확인할 수 있다. 구아노를 완전히 고갈시켰음에도, 영국과 미국은 토양 비옥도가 하락하는 사태를 막지 못했다. 강탈 체계는 양분 순환을 교란함으로써 생산의 보편적인 물적 조건의 황폐화를 야기할 뿐이다. 헨리 찰스 캐리와 제임스 F. W. 존스턴은 남아메리카에서 채취한 구아노를 막대한 규모로 수입한 북아메리카에서 토양이 완전히 고갈되면서 영국으로의 밀 수출을 중단했다고 보고했다. 영국으로 수출되어 식물에 흡수된 비유기물은 아메리카의 토양이나 영국의 토양으로 되돌려지는 대신 하수가 되어 템스강으로 흘러들어가 런던 시민의 삶의 질에 극적인 영향을 미쳤다. 장거리 운송 수단이 급속하게 발전함에 따라 영국 자본주의가 더 많은 구아노, 골분, 밀, 육류를 수입할 수 있게 된다고 하더라도, 장기적인 측면에서 볼 때 자원을 낭비적으로 사용하는 기존 체계는 존속될 수 없다.[82] 전 지구적 자본주의가 발전함에 따라 토양의 사막화만 가속화될 뿐이다.

이러한 맥락에서 "생태제국주의"의 문제가 남아메리카에만 국한되지 않는다는 사실을 강조할 필요가 있다. 마르크스는 자본주의에서 이루어지는 국제 곡물 무역이 직면한 일반적인 위험성을 토양 비옥도 파괴라는 측면에서 논의할 계획을 세웠다. 마르크스는 유스투스 폰 리비히를 참조해 『자본』 3권을 집필하기 위한 수고에 다음과 같이 기록했다.

> 다른 한편으로 대규모 토지 소유는 농업 인구를 감소시켜 농업
> 인구를 최저 수준을 유지하게 만듦으로써 대도시로 모여드는
> 산업 인구를 꾸준히 증가시킨다. 이와 같은 방식으로 토양의
> 자연법칙에 따라 상호 의존적으로 이루어지는 사회적 물질대
> 사와 자연적 물질대사 과정에서 돌이킬 수 없는 균열이 일어나
> 는 조건이 형성된다. 그 결과 토양의 생기가 낭비적으로 사용
> 된다. 한편 **무역은 이와 같은 파괴를 개별 국가의 범위를 넘어 전
> 세계로 확대한다.** (유스투스 폰 리비히)[83]

마르크스가 이와 관련해서 제목만 기록하고 세부사항을 기록하지 않았기 때문에 이러한 구절은 추가적인 검토가 필요하다.

마르크스는 국제 무역이 이루어진 결과 대도시에 인구가 집중되는 현상이 나타나는 동시에 토양이 사막화되는 현상이 일어난다는 사실도 지적했다. 마르크스는 제한적인 자원을 국제적으로 착취하는 것이 자본주의의 정상적인 궤적이라는 사실을 인식했다. 이와 같은 마르크스의 통찰에서 마르크스의 생태학에 중요한 발전이 이루어졌다는 사실을 확인할 수 있다. 즉, 이 구절을 처음 농화학을 받아들였던 『런던 노트』시기와 비교해 보면, 마르크스의 비판이 수확 체감의 법칙이라는 데이비드 리카도의 추상적인 가정뿐 아니라 수확 체감의 법칙을 지지하는 사람들이 이 문제를 해결하기 위해 제시하는 **정치경제학적 해결책**까지 문제시하면서 더욱 깊어졌다는 사실을 확인할 수 있다.

수확 체감의 법칙에 따라 리카도와 맬서스는 인구 증가로 인해 비옥도가 더 낮은 토지까지 경작할 수밖에 없게 된다고 주장한다. 비옥도가 더 낮은 토지를 경작하게 되면 동일한 양의 작물을 생산하기 위해 더 많은 노동력을 투입해야 한다. 덕분에 일반적으로 밀 가격이 상승하는 한편 지대와 임금 역시 꾸준히 상승한다. 한편 이러한 비용 상승으로 이윤율은 하락한다. 자본 축적을 방해하는 이러한 장애물을 제거하기 위해 리카도는 곡물법 폐지를 지지하면서, 인구 증가로 인해 더 많은 식량을 제공해야 하는 압력이 높아질수록 비옥도가 더 낮은 영국의 토지에서 작물을 재배하는 대신 해외로부터 더 저렴한 작물을 수입하고, 영국 내에서는 산업 발전에 집중해야 한다고 주장한다. 한편 토지 소유주의 이익을 옹호하는 이데올로기를 전파하는 맬서스는 곡물법 폐지에 반대하면서 수확 체감의 법칙을 활용해 과잉인구의 원인을 제공하는 노동자 계급의 빈곤을 문명의 자연적 발전의 필연적 결과로 정당화한다. 리카도와 맬서스가 제시하는 이와 같은 가정은 모두 문제가 있다. 두 사람 모두 비옥도가 더 낮은 토지를 사용한 경작만을 고려할 뿐 자본주의에서 이루어지는 토양 고갈의 고유한 동학에 대해서는 고려하지 않기 때문이다. 리카도와 맬서스 모두 토양 비옥도를 본래 주어진 조건으로만 취급한다. 리카도가 언급한 것처럼 토양 비옥도는 "토양이 **본래** 지니고 있는 **파괴할 수 없는 힘**"의 문제에 불과한 것이다.[84]

데이비드 리카도는 자연적 생산력의 차이라는 측면에서 토지에 부과되어 있는 일반적인 자연의 한계에 대해서 인식하고 있지만 지구상에 비옥도가 높고 고갈되지 않은 토지가 존재한다고, 적어도 영국 자본주의를 발전시켜 나가기에 충분한 토지가 존재한다고 생각한다. 이와 같은 방식으로 리카도는 식민 지배의 문제와 전 지구적인 차원에서 이루어지는 사회적 물질대사와 자연적 물질대사의 교란 문제를 소홀히 취급한다. 마르크스는 리카도의 자민족중심주의적ethnocentric 가정을 분명하게 거부하면서, 유적 존재로서의 인간이라는 측면에서 볼 때 북아메리카, 아일랜드, 인도로부터 생산물을 수입하는 행위가 문제를 악화시킬 뿐이라고 주장한다. 즉, "무역은 이와 같은 파괴를 개별 국가의 범위를 넘어 전 세계로 확대한다." 영국의 자본주의가 번창하는 한 전 세계의 자연력은 감소한다.

따라서 점점 더 많은 농산물과 원료를 자본주의의 중심부로 수출해야 하는 자본주의 주변부에서 생태 문제가 더 분명하게 모습을 드러내는 것은 우연이 아니다. 『자본』에서 마르크스는 영국이 아일랜드를 식민화하면서 아일랜드에 등장한 토양 고갈 문제를 예로 언급한다. "에이커당 생산물이 상대적으로 감소한다면 지난 150년 동안 영국이 간접적인 방식으로 아일랜드의 토양을 반출해 왔다는 사실을 잊어서는 안 될 것이다. 그 결과 아일랜드의 경작자들은 고갈된 토양의 구성 요소를 대체할 수단마저 상실하게 되었기 때문이다."[85] 마르크스는 유스투스 폰 리비히의 이론을 수동적인 방식이 아니라 적극적인 방식으로 자신의 정치 분석에 통합했다. 영국은 식민화된 아일랜드의 토지를 아일랜드 사람들의 필요와 무관하게 몰수했다. 영국은 "토지 개간"을 통해 아일랜드의 토지를 "양과 소 떼를 기르는 목초지"로 전환하고 지대와 임대료를 높였다. 이와 같은 토지 소유의 합병에도 불구하고 경작지에서 목초지로 전환된 많은 토지에서 급속한 인구 감소가 일어났다.[86] 19세기 아일랜드에서 일어난 "농업 혁명" 덕분에 아일랜드 사람들은 견딜 수 없을 만큼 심한 고통을 겪어야만 했다.

> 농업 혁명이 자행한 첫 번째 활동은 노동 현장에 자리 잡고 있던 오두막을 제거하는 일이었다. 마치 드높은 하늘의 뜻에 복종하기라도 하는 듯 광범위한 지역에서 오두막이 사라졌다. 따라서 많은 노동자들이 머물 곳을 찾아 마을과 도시로 떠나게 되었다. 갈 곳을 잃은 노동자들은 마치 폐기물처럼 마을과 도시에서 가장 빈곤한 구역의 다락, 폐가, 지하 저장고, 판잣집 같은 곳으로 내몰렸다. (…) 이제 사람들은 이웃한 농부에게서 일당을 받는, 가장 불안정한 형태의 임금 노동 일자리를 찾아야 하는 처지에 놓이게 되었다.[87]

5 비료는 강탈 농업을 방해하는 요소인가?

마르크스는 아일랜드에서 농업 혁명이 일어나면서 이루어진 농업의 "진보"가 인간의 삶을 개선한 것이 아니라 오히려 파괴했다는 사실을 다양한 통계를 바탕으로 입증했다. 아일랜드 사람들은 빈곤과 기아에 시달렸다. "1841년 8,222,664명에 달했던 아일랜드 인구는 1851년 6,623,985명, 1861년 5,850,309명, 1866년 550만 명을 기록해 1801년 수준으로 되돌아갔다." 인구가 감소한 것과 대조적으로 같은 시기 소와 양의 수는 증가했다.[88] 이러한 전환 과정은 수많은 사람들이 아일랜드를 떠나 대도시로 유입되어 새로운 노동력을 공급하는 결과를 야기했을 뿐 아니라 아일랜드 사람들의 신체에 급격한 변화를 가져와 청각장애, 시각장애, 심리적 문제를 유발했다. 지대가 높아지고 농부의 이윤이 증가했기 때문에, 자본가의 관점에서는 "농업 혁명"은 매우 성공적이었다. 이와 같은 결과가 나타난 이유는 간단하다. "경작지로 사용되었던 소규모 토지를 합병하고 목초지로 전환하면서 전체 생산의 대부분이 잉여 생산으로 전환되었다."[89]

아일랜드로부터 토양을 수출하는 사례가 증가하면서 인구가 감소하자 지속 가능한 생산에 필요한 아일랜드의 물적 조건이 악화되었다.[90] 소규모 토지 소유주를 병합하여 경작지를 목초지로 전환하고 토양을 훌륭하게 돌보던 임차인이 이주하면서 양분 순환이 교란되었다. 이와 같은 상황에서도 경작과 목축은 더 집약적으로 수행되었다.[91] 마르크스는 다음과 같이 기록한다. "그 결과는 원주민의 점진적 축출과 국민의 삶의 원천인 토양의 점진적인 악화와 고갈로 나타난다."[92] 마르크스는 자본주의 생산양식의 주변부에 자리 잡은 아일랜드 사람들이 겪은 신체적 질병과 토양 고갈 사례를 통해 "사회적 물질대사"에 나타난 부조화뿐 아니라 "자연적 물질대사"가 겪는 생태 위기를 부각한다. 영국 농업이 전환되는 모습을 "아일랜드에서 고스란히" 찾아볼 수 있는 것이다.[93] 아일랜드는 산업화의 이점을 누리지 못한 채 "근대화"되었다.

이와 같은 맥락에서, 레옹스 드 라베르뉴가 저술한 『영국, 스코틀랜드, 아일랜드의 농촌 경제*Rural Economy of England, Scotland and Ireland*』(1855)에서 마르크스가 발췌한 내용은 매우 흥미롭다. 프랑스 학자인 라베르뉴는 모국 프랑스의 농업과 영국 농업을 비교하면서 영국 농업의 우월성에 대해 묘사한다. 마르크스는 유스투스 폰 리비히의 저술로부터 발췌한 내용을 기록한 노트에 라베르뉴가 1865년 출간한 저술에서 영국이 더 짧은 기간에 더 많은 육류를 생산할 목적으로 양과 소를 인위적으로 변형한 방식을 묘사한 내용을 주의 깊게 기록했다. 『자본』 2권을 집필하기 위한 수고에서 라베르뉴와 관련해 마르크스가 언급한 이와 같은 "개선" 사례는 18세기에 이루어진 농업 발전에서 가장 중요한 인물 가운데 하나로 손꼽히는 영국 육종가 로버트 베이크웰Robert Bakewell의 이름을 딴 베이크웰 품종에 관한 것이다. 마르크스는 라베르뉴가 베이크웰 품종으로 인해 일어난 농업의 진보를 영국 농업의 우월성을 입증하는 증거로서 흥미롭게 여기고 있다고 기록한다.

베이크웰 품종. 과거에 영국에서 길렀으며, 현재 프랑스에서 기르고 있는 품종은 4~5년이 지나야 도축에 적합할 만큼 성장한다. 그러나 베이크웰 품종은 1년이면 살이 찌고 2년이 채 지나기 전에 완전히 성장한다. 『선별 체계*System of Selection*』(19) (**디쉴리 농가** 출신 농학자 **로버트 베이크웰**.) (양의 몸집을 줄여 생존에 꼭 필요한 뼈만 남긴) 베이크웰 품종은 "새로운 레스터 품종"으로 불린다. "이제 목축 농가는 과거 양 한 마리를 키우는 데 소요되었던 시간 동안에 양 세 마리를 길러 시장에 판매할 수 있다. 게다가 더 넓고 더 둥글고 더 큰 몸집 덕분에 고기도 더 많이 얻을 수 있다. (…) 몸무게가 모두 순수한 고기로 이루어져 있다고 해도 과언이 아니다."[94]

레옹스 드 라베르뉴는 로버트 베이크웰의 "선별 체계" 덕분에 가축의 성숙 기간이 단축되었을 뿐 아니라 더 많은 고기를 얻을 수 있게 되었다는 사실에 열광한다.

19세기가 시작될 무렵부터 로버트 베이크웰이 선보인 "새로운 레스터 품종"이 아일랜드에 도입되었고 아일랜드 고유 품종의 양과 교배되면서 "로스코몬"과 "골웨이"라고 알려진 새로운 품종이 탄생했다.[95] 원래 있던 아일랜드의 생태계는 이윤과 지대의 극대화를 위해 전환되었다. 바로 이것이 생태제국주의의 또 다른 사례이다. 이때 가축의 건강과 복리는 주요 관심사가 아니다. 중요한 것은 오직 가축이 자본에 대해 가지는 효용이다. 잘 알려져 있듯이 마르크스는 이와 같은 유형의 진보에 별다른 감흥을 느끼지 못했다. 따라서 마르크스는 자신의 개인 노트에 주저하지 않고 다음과 같이 기록했다. "조숙, 병약, 부족한 뼈, 지방과 고기의 상당한 증가 등이 특징. 인위적으로 이루어진 이 모든 것이 역겨울 뿐이다!"[96]

마르크스가 빌헬름 함Wilhelm Hamm이 저술한『영국의 농업 도구 및 기계Die landwirthschaftlchen Gerathe und Maschinen Englands』에서 발췌한 내

용에서도 유사한 언급을 확인할 수 있다. 함이 영국의 집약적 농업을 높이 평가한 대목을 발췌한 마르크스는 "마구간에서 먹이를 주어 기르는 행위"를 "감옥 체계"에 비유하면서 다음과 같이 자문한다.

> 감옥에서 태어난 가축이 감옥에서 머물다가 생을 마감한다. 가축은 과거(1848년 이전)에는 되도록 넓은 공간에서 자유롭게 지내는 능동적인 존재였다. 그러나 오늘날의 육종 체계는 가축으로부터 더 많은 고기와 지방을 얻기 위해 인위적으로 가축의 뼈를 제거하는 비정상적인 방식으로 운영되고 있다. 문제는 이와 같은 체계가 결과적으로 생명력의 심각한 저하를 유발하는 것은 아닌가 하는 것이다.[97]

마르크스가 모든 유형의 기술 발전을 무비판적으로 옹호하는 인간중심주의자라고 비판하는 사람들이 이와 같은 언급을 접한다면 아마 깜짝 놀랄 것이다. 마르크스의 노트에는 가축의 복리를 희생하면서 이루어지는 자본주의 발전 형태에 대한 그의 솔직한 반응이 기록되어 있다.

한편 인도에서도 근대화 과정을 거치면서 전통적인 공동체가 별다른 이유 없이 파괴되었다.

> 자급자족하는 인도 공동체의 형성 사례에서 가장 눈에 띄는 현상은 소규모 농업과 가내 산업이 어우러지는 방식으로 광범위한 생산양식의 기반이 형성되었다는 것이다. 그러나 인도의 지배자이자 영주로 군림한 영국은 인도에 정치적 경제적 힘을 직접 행

사하여 이와 같은 소규모 경제 공동체를 파괴했다. 영국 무역은 인도의 생산양식에 혁명적인 영향을 미쳤다. 영국과의 무역으로 인해 저렴한 영국 상품이 (부당 염매되면서) 산업 생산과 농업 생산이 통합되어 있는 인도의 경제 체계에서 오랫동안 떼려야 뗄 수 없는 관계를 유지해 왔던 방적과 제직이 자취를 감췄다.[98]

자본으로 인해 과거의 체계가 해체되었음에도 근대화의 긍정적인 효과를 누리지 못한 아일랜드 식민지와 마찬가지로, 이와 같은 "경제 실험"을 겪은 인도에도 "영국의 대규모 토지 소유 체제가 고스란히" 자리 잡았다.[99] 이와 같은 "경제 실험"은 우선 전통적인 형태의 공동체를 해체한 뒤 통합되어 있던 농업과 산업을 분리해 서로 대립하는 존재로 전환하여 결국 전체 국민의 삶을 파괴한다. 과거 인도에서는 저수와 배수가 국민의 삶에서 차지하는 중요성을 인식하고 이 문제를 국가에서 통제했지만, 인도를 식민지로 삼은 영국인들은 저수와 배수의 중요성을 인식하지 못해 이 문제를 통제하지 않았다. 따라서 1866년 인도 오리사에 심한 가뭄이 들어 재앙이나 다름없는 기근을 겪게 된 것도 우연이 아니었다.[100] 예를 들어 쌀 생산을 위한 다양한 권고가 내려졌음에도 영국 정부는 기근을 해결하기 위한 적절한 조치를 취하지 않았다. 마르크스는 영국의 식민지로 전락한 인도가 겪은 부정적인 결과를 다음과 같이 기록한다. "1866년 벵골 지역에 자리 잡은 오리사 지구에서 100만 명이 넘는 힌두인의 목숨을 앗아 간 기근을 떠올리는 것만으로도 충분하다."[101]

곡식 수입을 권장한 데이비드 리카도의 주장에 반대할 뿐 아니라 대중의 빈곤을 있는 그대로 받아들이라는 토머스 맬서스의 입장에도 반대하는 마르크스는 유스투스 폰 리비히의 강탈 경작을 참고하면서 자본주의 농업의 부정적인 결과를 야기하는 역사적인 원인과 자본주의 "진보"와 긴밀하게 연결되어 있는 제국주의의 야만성을 동시에 탐구한다. 마르크스는 더 저렴한 원료와 농산물 수입에 대한 수요가 증가하면서 사회적 물질대사와 자연적 물질대사에 일어나는 균열이 지구 전역으로 확산되는 과정을 분석한다. 마르크스는 자본 축적에 대한 무한한 열망이 인간과 자연의 관계를 조직하는 한, 자본주의 내에서 생산 재앙을 피할 수 있는 유효한 방법은 없다는 사실에 확신을 가지게 되었다. 자본은 항상 이와 같은 모순을 극복하기 위해 노력하지만 자본의 확장을 가로막는 장벽만을 양산하고 말 뿐이다. "자본주의 생산을 가로막는 진정한 장벽은 자본 그 자체이다."

생태적인 측면에서 볼 때, 주변화된 식민지 국가에 대한 마르크스의 분석에서는 초산업주의에 대한 무비판적인 신념의 흔적을 전혀 찾아볼 수 없다. 1850년대 〈뉴욕 데일리 트리뷴New York Daily Tribune〉에 기고한 기사들에서 인도를 식민 지배하는 영국 자본의 진보적인 힘과 문명화 능력에 대해 언급했음에도, 마르크스는 『자본』에서 식민지에 나타난 부정적이고 파괴적인 결과를 강조하여 기존의 견해와 다른 견해를 피력했다.[102] 마르크스는 "문명화라는 자본의 위대한 영향력"은 찾아볼 수 없고 전통적인 공동체의 해체, 나아지리라는 기대를 품을 수 없는 빈곤과 고통의 확산만이 존재한다고 주장했다. 이러한 관점의 변화 이면에는 마르크스의 물질대사 이론의 발전이 자리 잡고 있다.

아일랜드와 인도 같은 식민지에 영국이 "고스란히" 이식한 근대화 과정은 전통적이고 지속 가능한 농업을 파괴하고 말았다. 마르크스의 주장은 소규모 농업의 해체를 비판적으로 언급하고, 문명의 쇠퇴를 경고한 유스투스 폰 리비히의 언급과 일맥상통한다. 마르크스는 다음과 같이 주의 깊게 기록한다.

> 농사를 지으면서 생활하는 사람들이 모여 사는 비교적 소규모 지역과 회사를 운영하면서 지역에서 토지를 소유하고 경작하는 시민과 장인이 같이 모여 사는 소규모 도시에서는 수천 년 동안 경작지의 토양 비옥도가 훼손되지 않은 상태로 유지되었다. 예를 들어 1제곱마일의 공간에서 3천 내지 4천 명가량이 생활하는 경우에는 거주하는 사람들이 먹을 식량을 생산할 토지[만] 필요하다. 이와 같은 토지는 [비옥도를 유지하는 데 필요한] 조건이 정상적으로 순환될 수 있으므로 비옥도가 유지된다. (…) 한편 열 명의 대규모 토지 소유주가 토지를 소유하고 있는 경우에는 강탈이 보충을 대체한다. 소규모 토지 소유주는 토양으로부터 빼앗은 것을 거의 완벽하게 토양에 되돌려 주지만, 대규모 토지 소유주는 곡식과 육류를 대규모 소비 중심지에 수출하면서 재생산을 위한 조건을 상실한다. (…) 바로 이것이 경작을 하면 할수록 토지가 궁핍화되는 필연적인 이유이다.[103]

마르크스는 자본주의 이전 사회의 생산양식을 이상적인 것으로 그리지 않는다. 그렇지만 유스투스 폰 리비히의 물질대사 이론에서 마르크스는 "인간과 지구가 친밀한 관계"를 유지해야만 하는 과학적인 근거를 발견한다. 리비히가 농업 생산물이 공동체 내에서 소비되는 전통적인 생산양식에 비해 근대 농업이 토양을 더 빠른 속도로 고갈시키는 이유를 설명했기 때문이다. 자본은 인간과 자연 사이에 이루어지는 전통적이면서도 더욱 지속 가능한 관계를 고려하지 않은 채 자본을 "마음대로" 축적할 목적으로 자연을 급격하게 파괴하기 때문에 소재 차원에서 다양한 모순이 그 어느 때보다 큰 규모로 나타난다.[104] 마르크스의 근대성 비판은 1865년 자연과학을 탐구하면서 더욱 깊어졌다. 나아가 자본주의 이전 사회의 지속 가능성에 대한 마르크스의 관심은 1868년 이후 민족 문제 및 농업 문제를 연구하는 데에도 영향을 미친 것으로 보인다.

낭비적인 행태를 버리고 지속 가능한 생산으로

화학비료를 강도 높게 사용하더라도 장기적인 관점에서 볼 때 자본주의 농업은 토양을 고갈시킬 수밖에 없다. 따라서 공산주의 기획은 인간과 자연의 관계를 급격하게 전환해야 한다. 데이비드 리카도, 토머스 맬서스와는 반대로 마르크스가 구상한 기획은 "합리적인 농업" 운영을 통해 농업 생산을 지속 가능하게 개선할 수 있다고 일관성 있게 주장한다. 이러한 의미에서 보았을 때 마르크스의 사상에서 "비관론"은 찾아볼 수가 없다.

마르크스는 자본주의의 대안이 될 미래의 전망을 수립하는 데 반드시 필요한 분석을 자연과학을 토대로 수행하면서 소재적 세계의 한계에 훨씬 조심스럽게 접근한다. 자연이 한계를 가진다는 바로 그 이유 때문에 사회는 자연과 사회 사이에 이루어지는 상호작용을 의식적으로 규제해야 한다. 마르크스의 주장은 자본주의의 물상화된 사회적 관계를 통해서는 이와 같은 요구를 충족할 수 없다는 통찰에서 출발한다. 마르크스가 구상한 정치경제학 기획은 생산관계를 급격하게 전환해 "연합된 생산자들"이 자연과 사회 사이에 이루어지는 물질대사를 의식적이고 합리적으로 관리할 필요성을 여러 차례 강조한다.

> 농업에 관련된 다른 논의에서도 도출할 수 있는 도덕적 교훈은
> 부르주아 체계가 합리적인 농업과 반대된다는 것이다. 즉, 합리
> 적 농업과 부르주아 체계는 양립할 수 없다. 심지어 기술적인 측
> 면에서 자본주의가 소규모 사적 경작자나 연합된 생산자들의 손
> 에 맡기는 방식으로 농업을 발전시킨다고 하더라도 그러하다.[105]

농업의 물적 특징과 조건으로 인해 지속 가능한 농업은 소재적 한계를 인식하지 못하는 자본주의 운영 양식과 양립할 수 없다. 따라서 농업 개혁은 장차 이루어질 혁명의 중심 과업이 되어야 한다. 그러나 『런던 노트』와 다르게 『자본』에 수록된 마르크스의 기획은 토양 비옥도의 무한한 증가를 목적으로 삼지 않는다. 소규모 자영농은 기존의 전통에 따라 토양 비옥도를 유지했고 주어진 자연 조건에 따라 기본적으로 자신의 구체적인 필요를 만족시킬 만큼만 생산했다. "개인적인 독립의 발전"을 기초로 토지 소유가 이루어졌던 것이다.[106] 그러나 자본주의적 농업 생산은 가족농이 수행해 온 이와 같은 기존의 실천을 해체하고 자본주의의 가치 증식이라는 관점에만 입각하여 생산과정과 생산과정에 관

련된 소재적이고 기술적인 조건을 재조직한다. 그럼에도 자본주의는 소재적 세계에 다양한 부조화를 야기한다. 그렇기 때문에 소재적 세계의 부조화를 해결하기 위해서 생산관계를 변혁해야 할 필요성이 대두된다.

일면적인 자본주의 생산과정과 다르게 공산주의 사회는 자연과의 교류를 의식적으로 실현해야 한다. 널리 알려진 "자유의 왕국"에 대한 구절에서 마르크스는 장차 도래할 사회에서는 자연과의 물질대사를 의식적으로 규제할 수 있는 조건을 조성해야 한다고 강조한다.

> 사실 자유의 왕국은 필요와 외부의 사리 추구에 의해 결정되는 노동이 종말을 맞는 순간에 비로소 시작된다. 자유의 왕국은 그 본질상 엄밀한 의미에서 물적 생산의 영역 너머에 자리 잡고 있다. 야만인이 자신의 필요를 만족시킬 뿐 아니라 자신의 생명을 유지하고 재생산하기 위해 자연을 상대로 분투해야 하는 것처럼 사회 형태나 생산양식의 유형에 관계없이 모든 문명인 역시 자연을 상대로 분투해야 한다. 이와 같은 자연적 필연의 왕국은 인간의 발전에 따라 확장되는데, 인간이 발전하면 인간의 필요도 함께 발전하기 때문이다. 그러나 이와 동시에 생산력도 함께 발전해 이와 같이 확장된 필요를 만족시켜야 한다. 이와 같은 자유의 왕국은 사회화된 인간 즉, 연합된 생산자들이 눈먼 권력으로서의 물질대사 상호작용에 지배를 받는 것이 아니라 인간과 자연 사이에 이루어지는 물질대사 상호작용을 합리적으로 지배함으로써 물질대사 상호작용을 인간의 집합적 통제 아래 둘 수 있

는 경우에만, 그리고 이와 같은 물질대사를 인간 본성에 가장 가치 있고 가장 적합한 조건에서 가장 적은 에너지를 소모해 달성할 수 있는 경우에만 실현된다. 그러나 인간과 자연 사이에 이루어지는 물질대사는 항상 필연의 왕국에 남아 있다. 따라서 진정한 자유의 왕국, 즉 인간의 힘의 발전 그 자체를 목표로 삼는 왕국은 필연의 왕국을 토대로 해야만 번성할 수 있고, 필연의 왕국을 넘어서는 데에서 시작된다. 그리고 그 기본적인 전제 조건은 바로 노동일의 단축이다.[107]

마르크스가 인간이 더 짧은 시간 안에 다양한 생산물을 생산할 수 있도록 만듦으로써 "자유의 왕국"을 구축하는 물적 조건을 준비하는 근대 기술과 자연과학의 긍정적인 측면을 인식하고 있었다는 사실에는 의심의 여지가 없다. 장차 도래할 사회의 생산자는 기술의 도움을 받아 더 자유롭게 자신의 환경을 수정할 수 있을 것이다. 그러나 그렇다고 해서 자연법칙이 폐지되는 것은 아니다. 자연은 여전히 자신만의 동학을 유지한다.

또한 장차 도래할 공산주의 사회에서는 모든 사회적 생산이 사적 생산자의 상품 생산에 의해 조직되지 않고, 연합된 생산자들의 사회적 생산에 의해 조직될 것이다. 그럼에도 "필연의 왕국"은 여전히 남아 있을 것이다. 필연의 왕국이 존속할 수 있는 이유는 어느 사회에서든 물적 생산이 절대적으로 필요하기 때문이다. 그러나 다른 사회와 다르게 장차 도래할 공산주의 사회에서는 연합된 생산자들이 "인간과 자연 사이에 이루어지는 물질대사 상호작용을 합리적으로 지배"한다. 이와 같은 물질대사 상호작용은 간단하게 폐지될 수 없으므로, 물질대사 상호작용을 의식적으로 규제하는 일은 영원히 필요한 일로서 지속적으로 이루어져야 한다. 그렇지 않으면 인간은 자연의 힘을 무시하게 될 것이다. 따라서 규제는 자유로운 인간 발전을 촉진할 "자유의 왕국"을 구축하기 위한 근본적인 물적 조건을 구성한다. 마르크스는 노동의 실행만으로는 자유로운 인간 발전을 이루는 데 충분하지 않다는 사실을 인식하고, 진정 자유로운 활동은 "필연의 왕국"을 넘어서는 데에서 시작된다고 언급한다. 그러기 위해서는 우선 인간과 자연 사이에 이루어지는 합리적인 상호작용을 실현하고 노동일을 단축할 필요가 있다. 여기에서 마르크스가 강조하는 것처럼 자유의 왕국은 "필연의 왕국을 토대로 해야만 번성"할 수 있다. 이러한 의미에서 보면, 자유의 왕국과 필연의 왕국이 분리된 유토피아는 존재하지 않는다. 자유의 왕국에서 이루어지는 인간 활동은 여전히 인간과 자연 사이에 이루어지는 역사를 관통하는 물질대사의 일부를 이루며, 그렇기에 인간의 활동이 소재적 기초를 임의로 훼손해서는 안 된다. 따라서 인간과 자연을 의식적으로 통합하는 일의 목표는 외부의 감각 세계를 일방적으로 지배하고 조작하는 것이 아니라 자연의 한계를 존중하는 가운데 지속 가능하게 생산하는 것이다. 마르크스가 이른바 프로메테우스주의를 무비판적으로 수용했다는 비판은 그릇된 것이다. 마르크스는 미래에 이루어질 생산력 발전의 잠재력을 과대평가하지 않았을 뿐 아니라 자본주의가 야기하는 부정적인 결과를 과소평가하지도 않는다.[108]

마르크스는 『자본』에서 자연의 한계를 극복할 수 없다는 사실과 모든 생산이 근본적으로 자연에 의존하기 때문에 인간은 이러한 사실을 반드시 유의해야 한다고 되풀이해 언급한다. 더 많이 생산할 수 있다는 객관적인 가능성과 더불어 인간과 환경의 상호작용이 자연의 한계 내에서 이루어지도록 주의를 기울일 수 있는 주관적인 역량은 생산력 발전에 근본이 되는 요인이다. 반면 자본주의는 더 많은 기술 혁신이라는 근거 없는 믿음에만 의존한다. 기술 혁신 외에는 일련의 심각한 생태 문제를 해결할 방법을 제공할 수 없기 때문이다.[109] 마르크스는 가치 지향적 생산 체계는 진정한 생산력 발전을 실현할 수 없다는 사실을 보여 준다. 이와 같은 의미에서 볼 때 마르크스가 새로운 생산력을 무비판적으로 높이 평가했다고는 볼 수 없다. 자본주의에서는 새로운 생산력의 소재적 성격이 "자본의 생산력"을 통해 이미 근본적으로 변형되었기 때문이다. 새로운 생산력이 자본 축적에만 기여할 뿐 지속 가능성에 기여하지 않는다면 이와 같은 혁신은 생산력의 "발전"이 아니라 단순한 "강탈"에 불과하다. "생산력" 범주의 이와 같은 질적 측면이 등한시되는 경우가 많은 것은 사실이지만, 그렇다고 해서 생산력 범주의 질적 측면의 성격을 물적 생산의 객관적인 요인으로 치부하는 것은 부적절하다. 오히려 더 넓고 더 합리적인 관점에서 보면 생산을 의식적으로 지속 가능하게 통제하는 주관적인 역량의 개발이야말로 생산력 개념에 근본적인 요인이다. 자유롭게 사용할 수 있는 가용 시간의 확대는 감수성을 더 확대하는 데 반드시 필요하다.

마르크스는 자연을 자본의 가치 증식이라는 목적을 위한 수단으로만 대하는 태도를 경고한다. 자연을 수단으로만 대하게 될 경우 "토지를 영구적인 공동의 소유로서 그리고 인간의 생존과 세대 간 재생산의 고리를 유지하는 데 필요한 빼앗을 수 없는 조건으로서 의식적이고 합리적으로 취급하는 대신 지구의 힘을 착취하고 낭비적으로 사용"하게 되기 때문이다.[110] 그러나 삶의 토대가 되는 물적 조건에 심각한 위기가 발생해 자본주의 체제의 정당성이 문제시되면 "거대한 [새로운] 의식"을 지닌 사람들이 주관적이고 의식적으로 자본의 논리에 저항하면서 자연에 대한 새로운 태도를 구축할 수 있다고 마르크스는 내다본다.[111] 다양한 생태 위기가 발생하면 인간은 자연으로부터의 소외를 극복하고 문명의 쇠퇴를 막기 위해 지속 가능성 문제를 해결하려고 의식적으로 나설 것이다. "그러나 자연적이고 자발적인 방식에서 기원한 물질대사를 둘러싼 환경이 파괴되면 인간은 사회적 생산을 규제하는 법을 통해 인류의 완벽한 발전에 적합한 형태로 환경을 체계적으로 복원하기 위해 나선다."[112] 사회적 물질대사와 자연적 물질대사의 심각한 붕괴에 직면하면 전체 사회적 생산을 의식적으로 규제할 수 있는 근본적인 토대가 마련된다. 자본주의 생산양식이 "새로우면서도 더 높은 종합, 즉 농업과 산업의 통합이라는 물적 조건"[113]을 창출한다는 진술은 "[생태적] 교란 문제가 터무니없는 방식으로 사라질 것이라는" 마르크스의 희망을 담은 유토피아에 대한 예언이 아니라 사회운동에 나설 것을 촉구하는 실천적인 요구이다.[114] 오히려 마르크스는 지구의 대부분이 인간의 삶에 적합하지 않게 되더라도 자본의 가치 증식이 가능한 동안에는 자본의 지배가 지속될 것이라는 사실을 인식한다.[115] 따라서 마르크스는 전 지구적 생태 위기에 대해 진지하고 실천적인 방식으로 개입해야 할 필요성을 인식한다. 그렇지 않으면 자본은 이와 같은 위기를 멈추는 것이 아니라 그 속도를 더하기만 할 것이기 때문이다.[116]

유스투스 폰 리비히의 강탈 농업 비판을 통합함으로써 마르크스는 자신의 생태적인 자본주의 비판을 심화했다. 『자본』 1권이 출간된 이후 마르크스가 이와 같은 주제에 대해서 저술을 남기지 않은 것은 사실이다. 그렇다고 해서 자본주의 형태를 결정하는 형식논리와 대립하는 자연의 한계에 대해 집중적으로 연구한 마르크스가 『자본』 1권이 출간된 이후 생태 문제에 대한 연구를 갑작스레 중단했다고 생각할 필요는 없다. 마르크스의 노트를 세심하게 연구해 보면 그렇지 않다는 사실을 이내 확인할 수 있기 때문이다. 1868년 이후에도 마르크스는 자연과학에 대한 진지한 연구를 이어 갔다. 그러나 마르크스의 자연과학 연구가 그가 구상한 정치경제학 기획을 완성하는 데 실질적으로 지니는 이론적 의미는 오늘날까지도 검토되지 않은 상태로 남아 있다. 1868년 마르크스가 기록한 발췌 노트를 보면, 마르크스가 농학을 계속해서 강도 높게 연구했을 뿐 아니라 심지어 연구를 지속하면서 리비히의 이론에 대한 자신의 판단에도 영향을 미쳤다는 사실을 확인할 수 있다.

6

1868년 이후 마르크스의 생태학

앞선 두 장에서 1867년 이전에 마르크스가 기록한 노트를 검토해 유스투스 폰 리비히의 『농화학』과 제임스 F. W. 존스턴의 『북아메리카에 대한 기록』이 생태학적 측면에서 마르크스가 구상한 정치경제학 기획에 어떤 영향을 미쳤는지 살펴보았다. 초기의 저술과는 반대로 자연의 한계를 분명하게 인식하게 된 마르크스는 기술을 토대로 생산이 무한히 증가할 수 있다는 근거 없는 믿음과 결별하게 되었다. 또한 마르크스는 자연 자원과 자연적 비옥도의 고갈 및 황폐화를 자연과 자본주의 사이에 자리 잡은 모순으로 취급했다. 이와 같은 모순은 노동력과 자연적 부를 끝없이 전유하려고 아무리 노력하더라도 자본이 절대로 완벽하게 극복할 수 없는 모순이다. 『자본』 1권의 "노동일"과 "기계와 대규모 산업"뿐 아니라 출간되지 않은 수고와 노트에서도 자본의 형식논리와 자연의 소재적 속성 사이에서 일어나는 다양한 긴장을 설명하려는 마르크스의 의도를 엿볼 수 있다. 그 구체적인 예로는 『자본』 2권에 나오는

"자본의 회전"과 『자본』 3권에 나오는 "지대"를 꼽을 수 있다. 이와 같은 의미에서 볼 때 1868년 이후에도 마르크스가 『자본』을 완성하기 위해 자연과학 연구를 지속적으로 그리고 그 어느 때보다 강도 높게 수행한 이유를 충분히 이해할 수 있다. 『자본』 1권이 출간된 이후 마르크스는 이와 같은 주제에 대해서는 글을 거의 남기지 않았다. 그렇지만 마르크스의 자연과학 연구의 새로운 출발점을 재구성하는 일은 그만한 가치가 있다.

안타깝게도 1868년 이후 마르크스가 기록한 발췌 노트를 완벽하게 연구하기 위해서는 MEGA²의 4섹션이 모두 출간되기를 기다려야 한다.[1] 따라서 이 장에서는 1868년 마르크스가 기록한 노트만을 검토하여, 1868년 이후 이루어진 마르크스의 자연과학 탐구가 "『자본』과 무관한 것"이 아니라 마르크스의 물질대사 이론을 발전시키는 데 기여했다는 사실을 확인하고자 한다.[2]

1868년 겨울 기록된 노트를 통해, 유스투스 폰 리비히의 토양 고갈 이론의 타당성을 둘러싼 뜨거운 논쟁을 접한 마르크스가 자신의 이론적 지평을 확대해 나갔다는 사실을 확인할 수 있다. 마르크스는 토양 고갈 이론을 둘러싼 논쟁 덕분에 화학, 식물학, 지질학, 광물학 같은 자연과학 분야에 대한 연구를 시작하게 되었다. 이러한 주제와 관련해서 중요하지만 주목받지 못한 인물은 19세기 중반 뮌헨에서 활동한 농학자 카를 니콜라우스 프라스이다. 마르크스가 기록한 노트에서 프라스의 저술은 고유한 위상을 차지하고 있다. 『자본』 1판에서 긍정적으로 인용한 리비히의 『농화학』을 독일 과학자 프라스가 신랄하게 비판했음에도 마르크스는 프라스의 기여를 높이 평가했으며, 프라스의 저술에서 "사회주의적 경향"을 발견하기에 이르렀다.

앞서 발간된 연구 문헌들은 카를 니콜라우스 프라스와 그가 마르크스에게 미친 이론적 영향에는 거의 주목하지 않았다.[3] 이 책에서는 프라스의 저술과 마르크스의 발췌 노트를 검토해 유스투스 폰 리비히의 "농화학"과는 반대로 인간 문명과 식생에 미치는 "기후의 영향"을 강조한 프라스의 "농업물리학"이 마르크스가 구상한 정치경제학 기획에서 중요한 위상을 차지하는 이유를 살펴볼 것이다. 프라스의 이론은 마르크스의 물질대사 이론과 농업 이론 발전에 중요한 영향을 미쳤다. 심지어 프라스의 영향을 받은 마르크스는 『자본』 2판에서 리비히에 대한 평가를 변경하기도 했다. 이와 같은 변화에는 마르크스가 새로운 분야를 연구하기 시작했다는 사실이 반영되어 있다. 1868년 마르크스가 기록한 노트에서 또 다른 "이론이 등장"했다는 사실을 확인할 수 있다.

유스투스 폰 리비히에 대한 의구심?

『자본』 1권에서 마르크스는 자본주의 농업이 미래 세대의 필요는 무시한 채 토양을 근시안적으로 관리함으로써 "인간과 지구 사이에 이루어지는 물질대사 상호작용"을 심각하게 교란한다고 주장했다. 이와 같은 구절에서 마르크스는 유스투스 폰 리비히의 『농화학』, 그중에서도 특히 서론을 언급하면서 리비히의 이 저술이 생태학에 기여한 업적을 다음과 같이 강조했다. "리비히가 자연과학적 관점에서 파악한 부정적인 측면(예: 농업의 파괴적인 측면)은 영원히 사라지지 않을 업적 가운데 하나이다."[4] 이어서 마르크스는 "리비히는 역사적 관점을 가지고 농업의 역사를 개관했는데, 중대한 오류를 전혀 범하지 않은 것은 아니지만 근대 정치경제학자들의 저술을 모두 통틀어 보더라도 리비히가 제시한 번뜩이는 통찰을 찾아보기 어려울 정도이다."라고 강조한다.[5] 리비히의 이론에 대한 놀라울 정도로 높은 평가는 무심코 나온 언급이 아니다. 마르크스는 엥겔스에게 보낸 편지에서 이미 동일한 의견을 표현한 바 있었다. 마르크스는 리비히의 책을 마지막으로 근대 농업의 "부정적"이고 "파괴적인" 측면에 대한 검토를 끝마쳤지만 1868년부터 새로운 연구를 재개했다. 리비히의 『농화학』7판이 출간된 이후 리비히의 무기질 비료 이론과 토양 고갈 이론에 대한 논쟁이 벌어졌다는 사실을 감안해 보면 마르크스가 연구를 재개했다는 사실은 그리 놀라운 일이 아니다. 1868년 마르크스가 탐독한 저술들을 살펴보면 마르크스가 이와 같은 논쟁을 주의 깊게 검토했다는 사실을 확인할 수 있다.[6]

MEGA를 편집한 독일인 카를-에리히 폴그라프가 최근에 들어서야 지적했지만, 앞서 인용한 유스투스 폰 리비히에 대한 평가를 주의 깊게 탐독한 독자라면 『자본』1판과 그 이후 판본 사이의 차이를 즉시 깨달았을지도 모르겠다.[7] 마르크스는 1872~1873년에 출간된 『자본』2판에서 앞서 인용한 리비히에 대한 평가를 수정했다. 따라서 보통은 다음과 같은 구절을 탐독할 수 있을 뿐이다. "유스투스 폰 리비히는 역사적 관점을 가지고 농업의 역사를 개관했는데, 중대한 오류를 전혀 범하지 않은 것은 아니지만 **번뜩이는 통찰도 찾아볼 수 있다.**"[8] 마르크스는 "근대 정치경제학자들의 저술을 모두 통틀어 보더라도 리비히가 제시한 번뜩이는 통찰을 찾아보기 어려울 정도"라는 진술을 삭제했다. 마르크스가 리비히의 업적을 여전히 높이 평가하고 있는 것은 사실이지만 그 어조는 확연하게 냉정해졌다. 그렇다면 왜 마르크스는 고전파 정치경제학에 대한 리비히의 업적을 전보다 낮게 평가하게 되었을까?

마르크스가 모든 경제학자를 통틀어 보아도 농업 분석에서는 유스투스 폰 리비히가 더 중요한 인물이라는 기존의 주장을 철회한 것을 두고 사소한 변경에 불과하다고 주장하는 사람도 있을 것이다. 즉, 리비히가 농화학 분야에 기여한 원래의 업적을 명확하게 밝히고, 위대한 화학자도 "중대한 오류를 범할 수 있는" 정치경제학 분야와 분리하고자 하는 의도로 수정한 것에 불과하다고 보는 것이다. 또한 마르크스는 토양 문제와 관련해 특별한 정치경제학자 한 명, 즉 다른 정치경제학자들과 다르게 토양 파괴 문제를 검토한 제임스 앤더슨의 이해를 높이 평가했다. 따라서 마르크스가 『자본』 1판에 수록된 리비히에 대한 평가가 다소 과장되어 있다고 생각했을 수 있다.

그럼에도 당시 수많은 정치경제학자들이 유스투스 폰 리비히의 『농화학』을 두고, 특히 지대 이론과 인구 이론을 중심으로 열띤 논쟁을 벌였다는 사실을 언급할 필요가 있다. 빌헬름 로셔는 『국민경제 체계』에서 이 문제를 다뤘다. 리비히는 『농화학』 서론의 "국민경제와 농업" 섹션에서 애덤 스미스가 농업에는 산업과 다른 고유한 측면이 존재한다는 사실을 인식했다고 높이 평가했다. 따라서 생산성이 더 높은 토양을 활용하는 데에서 시작해 생산성이 더 낮은 토양을 활용하는 방향으로 나아간다고 주장하든(토머스 맬서스, 데이비드 리카도, 존 스튜어트 밀) 또는 생산성이 더 낮은 토양을 활용하기 시작해 생산성이 더 높은 토양을 활용하는 방향으로 나아간다고 주장하든(헨리 찰스 캐리, 훗날 오이겐 뒤링) 관계없이, 농업의 발전이 몰역사적이고 직선적으로 이루어진다고 가정하는 정치경제학자들과 리비히를 마르크스가『자본』1판에서 의식적으로 비교했다고 가정하는 것이 합리적이다. 농업의 "강탈 체계"를 비판한 리비히는 **근대적** 농업 **형태**와 근대적 농업 형태가 토양을 비합리적이고 파괴적인 방식으로 사용한 결과 생산성이 점점 줄어드는 현실을 맹렬하게 비판한다. 즉, 리비히는 근대 농업을 역사화함으로써 농업이 추상적이고 직선적인 방식으로 발전한다는 주장을 거부하는 데 활용할 수 있는 유용한 자연과학적 기초를 마르크스에게 제공했다. 그런 가운데 1867년과 1872~1873년 사이에 마르크스는 리비히가 정치경제학에 기여한 업적에 대해 내렸던 높은 평가를 약간 수정했다. 이를 두고 마르크스가 리비히가 경제학적 오류를 범할 수 있다고 생각했던 것처럼 화학에서도 오류를 범할 수 있다는 의구심을 품었다고 해석할 수 있는 것일까? 이러한 맥락에서 볼 때 마르크스가 보낸 편지와 마르크스가 작성한 노트를 면밀하게 연구하여, 1868년 이후 마르크스가 수행한 연구의 더 너른 목적과 방법론을 이해할 필요가 있다고 생각한다.

이 시기에 마르크스가 보낸 편지와 작성한 노트를 살펴보면,『자본』 2판에서 마르크스가 유스투스 폰 리비히의 업적에 대한 평가를 달리하게 된 것이 단순한 수정 이상의 의미를 지니고 있을 가능성이 더 높다는 사실을 알 수 있다. 마르크스는 리비히의『농화학』을 둘러싼 뜨거운 논쟁을 제대로 인식하고 있었으므로,『자본』1판을 출간한 이후 리비히가 내세우는 이론의 타당성을 조심스럽게 검증했다. 1868년 1월 3일 엥겔스에게 보낸 편지에서 마르크스는 엥겔스의 오랜 친구인 화학자 카를 숄레머Carl Schorlemmer의 조언을 얻을 수 있도록 도와달라고 부탁했다.

농화학에 관해 가장 최근 출간된 (독일어) 서적 중 최고의 서적이 무엇인지 카를 숄레머의 추천을 받고 싶네. 더불어 무기질 비료 옹호론자와 질소 비료 옹호론자 사이에 벌어진 논쟁의 현재 진행 상황에 대한 설명도 들을 수 있으면 좋겠어. (독일어 서적이 필요한 이유는 이 주제를 마지막으로 탐구했을 당시 새로운 논쟁은 모두 독일 내에서 일어나고 있었기 때문이네.) 숄레머가 (뮌헨대학교 교수인) 농학자 카를 프라스의 충적토 이론에 대해 파악하고 있는지도 궁금하네. 아주 조금이라도 이 문제의 최근 상황을 파악해 지대를 다룬 장에 반영하고자 하네.[9]

엥겔스에게 보낸 편지에서 언급한 내용을 통해서, 마르크스가 농업에 대한 서적을 연구한 이유를 명확하게 파악할 수 있다. 마르크스는 단순히 농업 일반을 다룬 최신 문헌을 탐독하고자 한 것이 아니라 유스투스 폰 리비히의 『농화학』을 둘러싼 논쟁과 비판에 특별히 주목하고 있었다. 『자본』 3권을 집필하기 위한 수고에서 마르크스는 리비히가 행한 분석의 중요성을 무미건조하게 지적하면서 앞으로 이 부분을 채워 나갈 필요가 있다고 덧붙였다. 즉, 리비히의 『농화학』을 둘러싼 논쟁과 비판에 대한 탐구는 마르크스가 꾸준히 연구해 온 주제의 일환으로 이루어진 것으로, 마르크스는 "토양의 생산성 하락"이라는 기본적인 영역을 이윤율 하락 논의와 연관지어 검토했다.

앞선 장에서 살펴본 것처럼 유스투스 폰 리비히는 근대에 접어들면서 사람들의 생활 방식이 전환된 결과 "보충의 법칙"이 지켜지지 않게 되었고 그 결과 나타난 토양 고갈로 인해 유럽 문명 전체가 위협받을 수 있다고 주장했다. 논란의 소지를 안고 있었던 리비히의 주장은 즉시 거대한 논쟁을 불러일으켰다. 이에 대해 리비히와 동시대 인물인 율리우스 아우Julius Au는 다음과 같이 언급했다. "리비히가 제기한 문제는 이 분야에 지식을 갖춘 모든 사람들이 매일 입에 올리는 주제가 되었다. 이 문제는 농업과 관련된 거의 모든 모임에서 토론 주제로 부상하는 동시에 문헌 및 저술에 필요한 풍부한 자료를 제공하는 원천이 되었다."[10]

토양 고갈이라는 유스투스 폰 리비히의 주장에 많은 정치경제학자들이 긍정적인 반응을 보였다. 헨리 찰스 캐리는 미국 농학자 조지 E. 워링George E. Waring의 언급을 인용하면서 영국으로 곡식을 수출하는 미국의 농업 생산이 낭비적인 방식으로 이루어지고 있다고 언급한 바 있다. "지구가 축적해 둔 토양을 비옥하게 만드는 재고 자본capital stock을 강탈하기 위해 동원된 노동은 쓰고 버려지는 노동보다 더 나쁘다. (…) 인간은 토양을 임차해 사용하는 것에 불과하므로, 자신의 뒤를 이어 토양을 임차하게 될 다른 임차인이 사용할 수 있는 가치를 줄어들게 만드는 일은 범죄나 다름없다."[11] 캐리는 생산자와 소비자가 서로 가까운 곳에 거주한다면 토양의 비옥도를 떨어뜨리지 않으면서 인간과 자연 사이에 이루어지는 물질대사 상호작용을 유지할 수 있다고 생각했다. 그러나 캐리가 직면한 현실은 사뭇 달랐다. 즉, 광활한 미국 대륙 이곳저곳에 거주지가 흩어져 있는 관계로 식물이 토양에서 빼앗아 흡수한 토양의 양분을 되돌리는 일이 거의 불가능했던 것이다.

헨리 찰스 캐리의 강탈 농업 이론은 그가 전개한 영국 제국주의 비판과 밀접하게 연계된다. 이러한 맥락에서 캐리는 『정치경제학 원리』라는 책을 저술해 마르크스와 마찬가지로 영국 식민지인 아일랜드와 인도의 조건에 대해 논의했다.

> 아일랜드 전역에 걸친 운송 시설은 방금 경과한 반세기만에 크
> 게 증가했다. 그러나 한 단계 더 높은 개선이 이루어질 때마다
> 기근과 전염병이 발생하는 빈도와 강도도 높아졌다. (…) 단계
> 가 한층 더 높아질 때마다 연합의 힘은 줄어들었고, 토양의 질
> 은 더 급속하게 저하되었다. 오늘날 농촌의 젊은이들은 고향
> 을 등지고 노동자로 전락하고 있다. (…) 이제 철도는 인도인들
> 에 **의해** 건설되는 것이 아니라 인도인들을 **위해** 건설된다. 그러
> 나 그 효과는 아일랜드에서 나타난 효과와 동일할 것이다. 철
> 도 건설의 목적은 토양에서 생산되는 원료 생산물의 수출을 더
> 욱 촉진하고 중앙집중화된 무역의 힘을 더욱 확장하는 것이다.
> 그 결과 토지가 더욱 고갈되고 토지 사용자 사이의 연합의 힘
> 이 더 줄어들었을 뿐 아니라 상업의 쇠퇴 속도가 더 빨라졌다.[12]

헨리 찰스 캐리는 영국으로 향하는 철도와 선박 같은 운송 수단이
발전하여 운송 비용이 더 저렴해짐에 따라 인도와 아일랜드로부터 수
출되는 원료의 규모가 그 어느 때보다 커졌다고 주장한다. 이런 식으로
새로운 경제가 부상하면 토양이 급격하게 고갈되고 인구와 생산력이
줄어든다. 그 결과 인도와 아일랜드를 위해 제조업을 발전시킬 가능성
은 사라지고 만다. 마르크스와 캐리의 제국주의 비판에서 유사성이 엿
보이는 이유는 두 사람이 펼치는 제국주의 비판의 중심에 유스투스 폰
리비히의 이론이 자리 잡고 있기 때문이다. 캐리는 주변부에 대한 식민

지배를 "범죄 이상으로 나쁜 행위"라고 지적하면서 그 비합리성을 다시 한 번 강도 높게 비판한다.[13]

헨리 찰스 캐리 역시 (무엇보다도) 영국 자본주의에 유리하게 작용하는 국제 무역을 통해서 전 세계로 퍼져 나가고 있을 뿐 아니라 주변부 국가의 조건을 악화시키는 도시와 시골의 "분리" 또는 "대립"을 인간과 자연 사이에 이루어지는 물질대사를 교란하는 근본 원인으로 이해한다. 생산자와 소비자 사이의 "연합"의 힘을 증대시킴으로써 이 문제에 대응하기 위해 캐리는 "보호관세" 도입을 제안한다. 그렇게 해서 보호관세가 없었다면 성장할 기회를 얻을 수 없었을 주변부에 자리 잡은 새로운 제조업체들이 효과적으로 활성화될 수 있을 터였다. 캐리는 국내 제조업체가 성장하면 더 나은 토양을 경작할 수 있는 새로운 수단을 제공할 것이므로, 국내 제조업체의 성장과 함께 농업 생산성도 증가할 것이라고 설명한다. 캐리는 보호주의 정책을 활용하면 한 국가 안에서 자립형 경제를 표방하는 여러 소규모 공동체들을 토대로 사회가 발전할 것이고, 발전된 산업으로 인해 유발되는 폐기물이 그 주변의 토양으로 효과적으로 되돌려질 수 있을 것이라고 생각했다.

헨리 찰스 캐리의 보호주의 정책을 가장 먼저 받아들인 학자는 프랑스의 프레데릭 바스티아Frédéric Bastiat였다. 하지만 바스티아는 토양 고갈 문제에 큰 관심을 보이지 않았다. 캐리는 마르크스에게 노예제에 관한 자신의 저서를 보냈는데, 거기에는 토양 고갈에 대한 주장도 포함되어 있었다. 마르크스는 캐리와 서신으로 교류하면서 그의 경제 저술을 연구했다. 그러나 당시에는 마르크스 역시 토양 고갈 문제에 관심을 보이지 않았다. 토양을 둘러싼 논쟁과 관련해 캐리가 수행한 역할은 마르크스가 오이겐 뒤링의 저술을 접하면서 더욱 분명해졌다. 루트비히 쿠 겔만으로부터 1867년 12월 발간된 『지식 보충 자료Ergänzungsblätter zur Erkenntniß』에 수록된 뒤링의 『자본』에 대한 논평(『자본』에 대한 최초의 논 평)을 받아 본 마르크스는 1868년 1월부터 뒤링의 저술을 연구하기 시 작했다.

베를린대학교 강사로 활동한 오이겐 뒤링은 헨리 찰스 캐리의 경제 체계를 열렬하게 옹호한 인물로, 유스투스 폰 리비히와 캐리의 공통점 을 명확하게 지적했다. 뒤링은 리비히의 이론을 자신의 경제 분석에 통 합하여 한 국가 안에 자립형 경제를 표방하는 여러 소규모 공동체들을 구축하면 식물 양분이 폐기물이 되어 사라지지 않을 것이므로, 토양이 고갈되지 않을 것이라는 캐리의 제안을 입증하는 수단으로 삼았다. 뒤 링은 자신의 저서 『캐리의 국민경제 및 사회과학 혁명Carey's Umwälzung der Volkswirthschaftslehre und Socialwissenschaft』에서 "리비히가 입증한 토양 고갈" 이론이 "[캐리의] 체계를 떠받치는 기둥을 이룬다"고 주장하면서 리비히의 토양 고갈 이론이 캐리의 경제 체계에 가지는 의미를 강조했 다.[14] 뒤링은 다음과 같이 주장했다.

> 또한 예를 들어 이미 북아메리카를 심각하게 위협하고 있는 토
> 양 고갈 문제를 (…) 멈추기 위한 장기적인 방법은 국내 노동을
> 보호하고 국내 노동자를 육성하는 상업 정책뿐이다. 한 국가에
> 존재하는 다양한 시설이 조화롭게 발전한 결과 지역 경제 활동
> 이 안정화될 것이다. 그 결과 자연스러운 물질의 순환[Kreislauf
> der Stoffe]이 촉진되고 식물이 토양에서 빼앗아 흡수한 식물 양

분이 다시 토양으로 되돌아갈 수 있을 것이다.[15]

오이겐 뒤링의 보호주의가 토양 고갈 문제를 소홀하게 취급하는 정치경제학을 명백하게 겨냥하고 있다는 사실은 우연이 아니다. 토양 고갈 문제에 대해 진지하게 관심을 보였다면, 애덤 스미스 이래로 고전파 정치경제학의 주요 구성 요소로 자리매김해 온 "자유방임 원칙을 필연적으로 포기할 수밖에 없기" 때문이다. 뒤링은 "물질 분배를 의식적으로 규제할 것"bewusste Regulirung der Stoffverteilung을 요구한다. 그 방법만이 낭비적인 생산을 제어하고 도시와 시골의 분리를 극복할 수 있는 "유일한 대책"이기 때문이다.[16]

『자본』 3권을 집필하기 위해 기록한 수고에서 마르크스는 미래 사회에서는 "연합된 생산자들이 인간과 자연 사이에 이루어지는 물질대사 상호작용을 합리적으로 지배함으로써" 도시와 시골의 대립을 극복할 수 있을 것이라고 생각한다. 마르크스가 오이겐 뒤링이 유스투스 폰 리비히의 토양 고갈 이론을 활용하여 이와 유사한 요구를 촉구했다는 사실을 알았다면 분명 놀랐을 것이다. 즉, 뒤링의 주장과 마찬가지로 마르크스의 주장은 "리비히 학파"의 일반적인 경향을 반영하는 것이었다. 그 이후 뒤링이 자신이 주장하는 체계가 사회민주주의의 진정한 기초라고 주장하기 시작함에 따라 뒤링에 대한 마르크스의 입장은 비판적으로 변해 갔다. 이러한 상황으로 인해 리비히 이론의 유용성을 인식하고 있었음에도, 토양 고갈 문제와 토양 고갈 이론을 지지하는 사람들에 대한 뒤링의 해석을 둘러싸고 마르크스의 의심이 깊어졌을 가능성이 높다. 어찌 되었든 1868년 무렵 이루어지고 있던 담론의 흐름에 영향을 받은 마르크스는 카를 아른트, 프란츠 사비에르 폰 흘루벡, 카를 프라스, 프리드리히 알베르트 랑게Friedrich Albert Lange 같은 "리비히의 토양 고갈 이론에 대립하는" 학자들의 저술을 집중적으로 연구하게 되었다.[17]

토머스 맬서스의 망령

1860년대에 접어들면서 유스투스 폰 리비히의 이론이 정치경제학자들 사이에서 주목받기 시작했다. 그 이유는 토양 고갈이 심각한 사회문제로 대두되었을 뿐 아니라 토머스 맬서스의 과잉인구 이론이 여전히 강한 영향력을 발휘하고 있었기 때문이다. 강탈 농업이 이루어진 결과 농업 생산성이 감소하는 문제에 새로운 자연과학적 기초를 제공한 리비히의 경고 덕분에 오이겐 뒤링의 표현에 따르면 "토머스 맬서스의 망령"이 되살아났다. 리비히는 『농화학』 7판에서 새롭게 제기한 비판을 통해 농민과 과학에 입각한 농학자 사이에 상당한 논쟁을 불러일으켰고, 이를 통해서 자신의 영향력을 높이고자 했다. 이러한 측면에서 과잉인구라는 맬서스의 주장은 매우 유용한 것이었다.[18]

1840년대에서 1850년대 중반까지 낙관적인 주장을 폈던 유스투스 폰 리비히는 1850년대 말부터 1860년대로 접어들면서 매우 비관적인 입장으로 돌아섰다. 영국의 산업적 농업을 신랄하게 비판한 리비히는 앞으로도 계속 "보충의 법칙"을 무시할 경우 유럽 사회는 전쟁과 배고픔으로 가득한 암담한 미래를 맞이하게 될 것이라고 예견했다.

불과 몇 넌이 지나면 매장되어 있는 구아노가 고갈될 것이다. 그러면 이른바 과학적 논쟁 및 이론적 논쟁을 통해 자신의 생활 조건을 보존하는 데 관심을 가질 것을 요구하는 자연의 법칙을 입증할 필요가 사라질 것이다. (…) 스스로를 보호하려는 국가들은 균형을 회복할 목적으로 서로를 전멸시키기 위해 끝없는 전쟁을 치르면서 학살을 자행하지 않을 수 없게 될 것이고, 1816년과 1817년에 일어났던 2년 간의 기근이 다시 한 번 발생한다면 생존자들은 수십만 명이 거리에서 목숨을 잃어 가는 모습을 지켜보아야 할 것이다.[19]

이 구절에서 확인할 수 있는 유스투스 폰 리비히의 비관론은 토머스 맬서스의 절대과잉인구 이론에 가깝다. 근대 농업을 "강탈 농업"으로 파악하는 리비히의 견해는 널리 알려진 몰역사적인 수확 체감의 법칙보다 뛰어나다. 그러나 리비히가 내린 결론 덕분에 그가 맬서스가 주장한 내용과 모종의 관련을 가지는 것처럼 보이는 모호성 또한 피할 수 없게 되었다. 사실 많은 사람들이 리비히가 통계 수치를 무시하면서 문명이 쇠퇴하리라는 위험을 과도하게 강조했다고 주장하면서 그의 "비관적인 견해"를 비판했다.[20]

그러나 이와 동시에 유스투스 폰 리비히가 기존에 지니고 있었던 낙관론도 여전히 사라지지 않은 것으로 보인다. 적어도 강탈 농업에 대한 리비히의 경고는 장차 양분 순환 체계를 복원할 경우 다시 한 번 농업 생산성이 증가할 수 있다는 의미로 이해할 수 있다.[21] 헨리 찰스 캐리와 오이겐 뒤링은 리비히의 이론을 지지하는 동시에 토머스 맬서스를 날

카롭게 비판했다. 따라서 리비히에게서 확인할 수 있는 모호성을 수확 체감의 법칙에 맞서 농업 생산성이 증가한다는 낙관적인 견해를 열렬하게 반대하는 일에 유용하게 활용할 수 있었다. 뒤링에 따르면 문명의 조화로운 발전 과정에서 나타나는 "집중화" 경향을 발견한 것은 캐리가 기여한 부분이다. 따라서 "맬서스의 망령은 사라져 버린다."[22] 비옥도가 가장 높은 토양이 가장 먼저 경작될 것이라고 생각한 데이비드 리카도의 견해와는 반대로, 원시 농업은 우선 비옥도가 더 낮은 토양과 씨름해야 한다. 문명화 과정이 진행되면 산업이 제공하는 더 나은 도구와 기계를 활용하여 비옥도가 더 높은 토양을 경작하게 될 것이므로 농업 생산성은 증가할 것이다.[23] 영국이 지배하고 있는 북아메리카의 상황은 이와 같은 주장을 뒷받침하지 않는 것처럼 보였지만, 캐리와 뒤링은 자신들이 주장하는 보호주의 정책을 활용하면 생산자와 소비자가 분리되는 상황을 극복하는 동시에 리비히가 제기한 비관적인 예견을 해결할 수 있다고 생각했다.

보호관세를 도입하라는 요구 및 생산자와 소비자가 가까운 곳에 거주하도록 조치해야 한다는 요구는 유스투스 폰 리비히가 주장하는 보충의 이론을 자의적으로 적용한 것이 아니다. 소규모 공동체가 폐기물을 낭비하지 않는 양분 순환 체계를 조직하는 데 더 적합한 것이 확실하기 때문이다. 마르크스가 헨리 찰스 캐리 및 오이겐 뒤링과 마찬가지로 리비히의 이론을 이론적 기초로 삼은 것은 사실이지만, 마르크스는 보호관세만으로 자본주의 생산양식에서 등장하는 토양 고갈 문제 및 그밖의 물질대사 균열 문제를 해결할 수 있다고 생각하지 않았다. 또한 마르크스는 비옥도가 더 낮은 토양을 경작하기 시작해서 비옥도가 더 높은 토양을 경작하는 방향으로만 꾸준히 나아가는 보편적인 법칙을 가정한 캐리와 뒤링의 견해에도 동의하지 않았다.[24]

헨리 찰스 캐리와 오이겐 뒤링은 근대 농업에 대한 유스투스 폰 리비히의 견해를 극복할 수 있는 낙관적인 해결책을 가정했지만, 리비히와 캐리 양자를 경제적인 관점에서 비판하는 저술이 대거 등장했다. 『자본』 1권을 출간한 뒤 마르크스는 이런 저술들을 탐독했다.[25] 이 맥락에서 보면 마르크스의 노트와 마르크스가 개인 서재에 소장하고 있던 도서에 관심을 가지지 않을 수 없다.

독일 사회민주주의자인 프리드리히 알베르트 랑게는 『캐리가 제기한 사회 문제와 이른바 캐리의 사회과학 혁명에 관한 밀의 견해*J. St. Mill's Ansichten über die sociale Frage und die angebliche Umwälzung der Socialwissenschaft durch Carey*』에서 리비히 학파를 비판한다. 얄궂게도 랑게의 책 제목은 오이겐 뒤링의 책 제목을 본뜬 것이다. 이 책의 사본을 개인 서재에 소장하고 있던 마르크스는 1868년이 시작될 무렵 이 책에서 발췌한 내용을 기록했다.[26] 마르크스의 발췌 기록이 중요한 이유는 이 기록이 랑게가 캐리 및 뒤링의 농업에 대한 견해를 비판한 4장에 집중되어 있기 때문이다. 마르크스는 랑게가 조화로운 발전, 특히 "보호관세"를 "만병통치약"으로 취급하면서, 보호관세만 도입되면 자립형 경제를 표방하는 공동체가 자동으로 구축될 것이라고 내다보는 캐리의 입장을 거부하는 내용을 담은 구절을 발췌한다. 마르크스는 캐리를 비판하는 랑게의 주장을 추적해 사회 진보로 향하는 이상적인 경로를 제시한 캐리의 입장을 요약한 내용을 발췌하여 기록한다.

반면 신중하게 선택한 보호관세를 도입하면 공장이 경작지 인근에 자리 잡게 될 것이다. 산업과 증가하는 인구가 유발하는 폐기물을 활용한 풍부한 거름 덕분에 토양 비옥도가 높아질 것이고 장기적으로 유지될 것이다. 합리적인 농업이 발전하는 한편 농업은 숲을 개간하고 습지를 배수하는 데 사용할 수단, 즉 풍부한 수확을 거둘 수 있는 저지대의 비옥도가 높은 토양을 정복할 수 단을 확보할 수 있다.[27]

프리드리히 알베르트 랑게는 보호관세만으로 국내 산업을 촉진할 수 있다는 생각을 거부한다. 랑게는 헨리 찰스 캐리가 구상하는 사회에서는 국내 "산업"이 "무역"과 완전히 유사하게 발전하면서 "중앙집중화 경향"을 유발해 경제적 불평등이 발생하고 말 것이라고 지적한다. 그 결과 소수의 기업만 부유해지고 대중은 "토지로부터 멀어져" 빈곤에 빠지고 말 것이다.[28] 결국 캐리가 주장하는 조화로운 체계가 제공할 수 있는 유일한 해결책은 보호관세이지만, 그 밖의 모든 측면에 대해서는 "자유 방임의 원칙"이 확고하게 고수되기 때문에, 시장경제로 인해 노동자 계급이 빈곤화되는 사회문제는 소홀하게 취급될 수밖에 없다고 랑게는 주장한다. 랑게는 다음과 같이 결론내린다. **"산업의 중앙집중화와 무역의 중앙집중화**를 방지할 새로운 방법을 찾을 수 없다면 보호 체계는 상황을 개선하는 것이 아니라 오히려 더 악화시키고 말 것이다."[29] 랑게는 캐리가 보호주의 정책을 정당화하기 위해 유스투스 폰 리비히의 이론을 채택했을 뿐이라고 주장하면서 캐리가 자연의 한계를 진지하게 받아들이지 않은 탓에 연합의 힘이 증가함에 따라 농업 생산이 무한히 증가할 수 있을 것처럼 인식했다고 주장한다. 랑게는 빌헬름 로셔와 유사한 태도로 다음과 같이 주장한다. "리비히 이론의 자연과학적 정정에도" 강탈 경작은 "국민경제"라는 관점에서 정당화될 수 있다.[30]

독일 경제학자인 율리우스 아우는 유스투스 폰 리비히의 견해에 반대하는 근거를 보다 상세하게 제시한다. 마르크스는 1869년 아우가 출간한 『보충 비료와 보충 비료가 국가 경제 및 민간 경제에 가지는 의미 *Hilfsdüngermittel in ihrer volks-und privatwirthschaftlichen Bedeutung*』의 사본을 개인적으로 소장했으며 여백에 다양한 논평을 남겼다.[31] 아우는 기존의 부엽토 이론을 받아들이지 않은 리비히의 주장은 올바른 것이라며 동의하지만, 리비히의 주장에서 도출되는 "경제적인" 결론은 인정하지 않는다. 아우에 따르면 리비히의 토양 고갈 이론은 리비히의 비관적인 주장과 다르게 "자연법칙"이 아니다. 즉, 토양 고갈 이론은 "절대적인" 타당성을 지니는 것이 아니라 특정 조건에서 "상대적으로"만 타당성을 지닌다.[32] 러시아, 폴란드, 소아시아 같이 조방농업을 통해 여러 해 동안 토양 고갈을 경험하지 않고 작물을 생산할 수 있는 국가에서는 리비히가 말하는 무기질 필요조건을 충족하는 일이 경제적인 관점에서 별다른 의미를 지니지 않는 경우가 많다.

율리우스 아우의 비판은 강탈 농업이 비합리적이라는 유스투스 폰 리비히의 주장을 약화시키기에 이른다. "비옥도가 실제로 감소하여 토양 고갈을 인식할 수 있는 수준이 될 때까지 그리고 경제 관계가 용인할 수 없는 수준에 이르기 전까지 [토양 양분의] 보충을 지연해도 괜찮다는 주장은 (…) '내일의 걱정은 내일 하라'는 격언과는 전혀 다른 말이다."[33] 아우에 따르면 경제적인 관점에서 볼 때 더 이상 강탈이 이루어져서는 안 되는 특정한 수준이 존재한다. 토양 고갈이 그 수준을 넘어서면 더 이상 이윤을 낼 수 없기 때문이다. 빌헬름 로셔 및 프리드리히 알베르트 랑게처럼 아우 역시 이윤을 추구하는 농부는 시장의 논리에 따라 토양 강탈을 멈추게 될 것이라고 주장한다. 따라서 "리비히가 주장하는 보충의 법칙을 준수하지 않는다 하더라도 공공 복리를 위협하는 일은 일어나지 않는다."[34]

마르크스는 1870년 6월 27일 루트비히 쿠겔만에게 보낸 편지에서 프리드리히 알베르트 랑게에 대해 "어리석다!"고 논평하는 한편 개인적으로 소장하고 있던 율리우스 아우의 저술 사본에 수많은 물음표를 남겼다. 이를 통해 유스투스 폰 리비히가 주장하는 이론을 논박하려는 랑게와 아우의 시도에 대해 마르크스가 확신을 가지지 못했다는 사실을 확인할 수 있다.[35] 랑게와 아우는 빌헬름 로셔와 마찬가지로 시장가격의 변동을 통해 지속 가능한 농업을 실현할 수 있다는 국민경제의 근거 없는 믿음에 사로잡혀 있었다. 아울러 헨리 찰스 캐리와 오이겐 뒤링의 견해를 지지할 의사도 없었으므로, 마르크스는 근대 강탈 체계를 보다 정교하게 비판하기 위해 토양 고갈 문제에 대한 추가 연구에 착수했다.

정리하면 다음과 같다. 맨 처음에 마르크스는 근대 농업의 파괴적인 효과를 묘사한 유스투스 폰 리비히의 주장을 데이비드 리카도와 토머스 맬서스의 추상적인 수확 체감의 법칙에 맞설 강력한 논거로 사용할 수 있다고 생각했다. 그러나 1868년 이후 리비히가 주장한 토양 고갈에 대한 논쟁이 점점 더 맬서스주의적 어조를 띠게 됨에 따라 마르크스는 리비히의 이론에 의문을 제기하기 시작했다. 따라서 마르크스는 리비히의 분석이 "근대 정치경제학자들의 저술을 모두 통틀어 보더라도 리비히가 제시한 번뜩이는 통찰을 찾아보기 어려울 정도"라고 했던 다소 무비판적이고 과장된 주장에서 한 발 물러나, 『자본』 2권과 3권의 집필을 목적으로 토양 고갈 문제에 대해 보다 광범위한 연구를 준비하게 되었다.

1868년 2월 카를 숄레머는 마르크스에게 다음과 같이 회신했다.

> 지난 몇 년 사이 농화학에서 이루어진 진전을 따라잡기가 어려웠습니다. 문헌에 접근할 수 없었기 때문입니다. 1866년 판 『화학 발전 연례 보고서 The Annual Report on the Progresses of Chemistry』의 완성본이 아직 온전히 발간되지 않았기 때문에 다음 달이 되어야 농화학의 현황을 파악할 수 있는 도서를 입수할 수 있을 것이라고 생각합니다. 카를 프라스의 충적토 이론에 대해 제가 파악한 내용은 귀하가 파악한 내용과 다르지 않습니다. (…) 존 베넷 로즈와 조셉 헨리 길버트가 작성한 다양한 논문을 [살펴 보십시오.] 지난해 왕립학회는 두 사람에게 상을 주었습니다. 보다 자세한 내용은 두 사람의 저술 목록이 수록된 『왕립학회 회보』 v. 16 no. 96에서 확인할 수 있습니다.[36]

카를 숄레머는 존 베넷 로즈와 조셉 헨리 길버트가 유스투스 폰 리비히의 이론에 대해 제기한 비판을 알고 있었다. 그러나 리비히의 『농업의 이론과 실천에 관하여』를 탐독한 마르크스는 이미 1863년 제기된 논쟁에 대해 검토한 상태였다. 나아가 숄레머가 카를 프라스의 "충적토 이론"에 대해서는 구체적으로 언급하지 않았기 때문에 마르크스가 숄레머의 회신에 실망감을 느꼈을 가능성이 높다. 그럼에도 이후 몇 달 동안 마르크스는 프라스의 저술을 비롯한 다른 자연과학 서적을 계속해서 탐독했다.

"농업물리학"과의 조우

유스투스 폰 리비히에게서 나타난 맬서스주의적 경향은 마르크스에게 부정적인 영향을 미쳐 마르크스가 『자본』 2권에서 리비히에 대해 평가한 문장을 변경하는 계기가 되었지만, 여기에서 긍정적인 측면을 찾아볼 수 없는 것은 아니다. 이를 계기로 마르크스가 생태주의적 자본주의 비판에서 리비히만큼이나 중요하게 작용할 그 밖의 여러 저술가들을 접하게 되었기 때문이다. 카를 프라스도 그 가운데 한 명이었다.

　카를 프라스의 이름은 1867년 12월에서 1868년 1월 사이에 마르크스의 노트에서 처음 등장했다. 마르크스는 유스투스 폰 리비히의 토양 고갈 이론을 비판하는 내용을 담은 프라스의 저술 제목을 기록해 두었다. 바로 『농업 위기와 그 해결책*Die Ackerbaukrisen und ihre Heilmittel*』 (1866)이다.[37] 마르크스는 1868년 1월 엥겔스에게 보낸 편지에서 "마지막으로 이 주제를 탐구한 후에, 독일에서 새로운 유형의 논의가 등장"했다고 기록했다. 이때 염두에 둔 저술이 바로 프라스의 저술일 가능성이 높다. 마르크스가 프라스의 저술인 『농업 위기와 그 해결책』에서 발췌한 기록이 남아 있지 않고, 마르크스가 개인적으로 소장한 사본도 소실되고 없지만, 마르크스가 다음을 비롯한 프라스의 여러 저술을 탐독했던 것은 사실이다. 『기후와 식물계, 둘의 역사에 관한 기고문*Klima und Pflanzenwelt in der Zeit, ein Beitrag zur Geschichte beider*』(Landshut, 1847), 『농업사*Die Geschichte der Landwirtschaft*』(Prague, 1852), 『농업의 본질*Die Natur der Landwirtschaft*』(Munich, 1857). 그 밖에도 마르크스가 개인 서재에 소장하고 있던 프라스의 도서는 다음과 같다. 『농업 이론사*Historisch-enzyklopädischer Grundriss der Landwirtschaftslehre*』(Stuttgart, 1848)와 『재배 식물의 생명의 근원과 수확 증가*Das Wurzelleben der Kulturpflanzen und die Ertragssteigerung*』(Leipzig, 1872).[38]

1868년 3월 25일 엥겔스에게 보낸 편지에서 마르크스가 언급한 내용을 통해 이와 같은 사실을 확인할 수 있다.

> 카를 프라스가 발간한 『기후와 식물계, 둘의 역사에 관한 기고문』(1847)은 **역사**를 거치면서 기후와 식물군이 변화해 왔다는 사실을 입증하는 내용으로 매우 흥미롭네. 프라스는 찰스 다윈보다도 먼저 다윈주의를 주장한 인물이라고 볼 수 있는데, 심지어 **종種**이 역사를 거치면서 발전했다는 사실을 인정하더군. 프라스는 농학자이기도 하네. 그래서 경작의 정도에 따라 농부들이 매우 중요하게 여기는 "수분水分"이 사라지고 (따라서 식물이 남쪽에서 북쪽으로 이동하고) 결국 스텝이 형성된다고 주장하고 있네. 처음에는 경작의 효과가 유용하지만 결국에는 벌목 등으로 인해 황폐화되고 만다는 주장이지. 한편 프라스는 훌륭한 문헌학자(그는 그리스어로 집필했네)이자 화학자이자 농학자야. 결론을 말하자면 경작이 자연적으로 발전하도록 내버려두고 **의식**

적으로 통제하지 않을 경우(부르주아인 프라스는 여기까지 생각하지 않았지만) 페르시아, 메소포타미아, 그 밖에 그리스 등지처럼 결국에는 사막만이 남게 된다는 것이네. 여기에서 다시 한 번 의식하지 못한 사회주의적 경향을 발견할 수 있네! (…) 프라스가 제기하는 농업사 역시 중요하네. 프라스는 푸리에를 "독실하고 재미난 사회주의자"라고 부른다네. (…) 농업의 최근 및 최신 동향을 주의 깊게 살펴봐야 하네. 농업물리학파가 농화학파와 겨루고 있으니 말일세.[39]

이 구절은 마르크스가 카를 프라스의 저술 내용을 언급한 유일한 구절이다. 마르크스가 프라스에게서 "의식하지 못한 사회주의적 경향"을 엿보았다는 사실은 매우 놀랍다. 마르크스가 발췌한 기록과 여백에 남긴 내용은 마르크스가 프라스의 이론에 그토록 강한 관심을 보인 이유와 프라스의 저술을 탐독한 것이 『자본』 2판에서 마르크스가 유스투스 폰 리비히에 대한 평가를 변경하게 된 계기가 되었을 가능성을 이해하는 데 도움이 된다. 마르크스가 프라스의 이론을 받아들이게 되는 과정을 조심스럽게 분석해 보면, 1868년 이후 마르크스의 물질대사 이론에 새로운 지평이 등장한다는 사실을 확인할 수 있다.

엥겔스에게 보낸 편지에서 마르크스는 카를 프라스가 제기하는 "농업사" 역시 중요하다고 명확하게 언급한다. 그러나 단지 이러한 표현 하나만으로는 "근대 정치경제학자들의 저술을 모두 통틀어 보더라도 유스투스 폰 리비히가 제시한 번뜩이는 통찰을 찾아보기 어려울 정도"라고 언급할 정도인 리비히의 "농업사에 대한 역사적 개관"보다 프라스의 농업사 이해가 더 중요한지 여부를 가릴 수는 없다. 그러나 마르크스의 언급이 흥미로운 이유는 무엇보다도 마지막 문장을 통해 리비히의 무기질 이론을 비판한 프라스의 주장을 마르크스가 명확하게 인식하고 있었다는 사실을 확인할 수 있기 때문이다. 마르크스는 "농업물리학파"와 "농화학파" 사이에 벌어진 논쟁을 지적한다. 분명한 것은 여기에서 "농업물리학파"는 프라스의 충적토 이론과 기후 이론을 의미하는 것이고, "농화학파"에는 리비히의 무기질 이론뿐 아니라 존 베넷 로즈와 조셉 헨리 길버트의 질소 이론이 포함된다는 것이다.

1868년 1월 3일 엥겔스에게 보낸 편지에서 마르크스는 "무기질 비료를 내세우는 학자와 질소 비료를 내세우는 학자 사이에 벌어진 논쟁", 즉 유스투스 폰 리비히와 존 베넷 로즈 및 조셉 헨리 길버트 사이에서 벌어진 논쟁에 관심이 있다고 언급했다. 두 달간 농학을 연구한 끝에, 특히 카를 프라스의 저술을 탐독한 덕분에 마르크스의 관심은 "농업물리학"파와 "농화학"파 사이의 의견 충돌로 이동하게 되었다. 처음에 마르크스는 리비히의『농화학』을 둘러싼 최근 논쟁을 "약간" 연구할 필요가 있다고 생각했지만, 두 달 뒤에는 "농업의 최근 및 최신 동향을 주의 깊게 살펴봐야 한다"고 생각하게 되었다. 토양 고갈과 관련된 최신 논쟁이 무기질 이론과 질소 이론 사이의 논쟁에 국한되지 않는다는 사실을 깨달았기 때문에 추가 연구가 시급하게 필요하다는 사실을 인정했던 것이다.

농업물리학파와 농화학파 사이에서 벌어진 논쟁에 대해 언급했다는 사실에서 마르크스가 이미 1866년 출간된 카를 프라스의『농업 위기와 그 해결책』을 탐독했다는 사실을 파악할 수 있다. 프라스가 처음부터 유스투스 폰 리비히의 농화학에 비판적인 입장을 지녔던 것은 아니었다. 오히려 프라스는 리비히를 재능 있는 화학자로 높이 평가하면서 1855년에 자신이 책임자로 일하는 바이에른 소재 실험실 세 곳에 리비히를 전문 자문위원으로 초청했다. 그러나 리비히가 1862년 발간한 논문에서 바이에른의 농학 교육자와 농부 들에게는 과학적 지식이 부족하다고 토로하면서 리비히와 프라스의 관계가 급속히 악화되었고 결국 두 사람 사이에 열띤 논쟁이 불붙게 되었다.[40] "따라서 1850년대에도 프라스가 농화학에 과도하게 의존하는 현상의 위험성을 우려하면서 농업 발전에 "농업물리학"이 가지는 중요성을 피력한 것은 사실이지만, 프라스가 리비히의 이론을 명시적으로 비판하기 시작한 것은 1862년 이후부터라고 할 수 있다.[41] 1862년 이후 리비히의 농화학에 대한 프라스의 입장이 변화하는 과정을 검토해 보면, 독일 농학자인 프라스와 리비히 사이에서 1868년 벌어진 논쟁으로부터 마르크스가 얻은 교훈이 무엇인지 확인할 수 있다.

『농업의 본질』(1857) 서문에서 카를 프라스는 농업의 진보라는 목적을 달성하기 위해 "과학이 협업"해야 한다고 주장한다. 프라스는 "자연을 농업적 관점에서 연구하는 일"은 단순히 경작 과정 또는 경작 수단의 "개선"을 의미하는 것이 아니라 실험을 통해 나타나는 현상을 "탐구"하여 그 현상의 기능을 이해하는 일이라고 생각한다. 이 구절에서 프라스는 자신이 과학적 농업 연구의 방향을 정하는 데 "유스투스 폰 리비히"의 저술이 결정적인 영향을 미쳤다고 언급하면서 리비히를 긍정적으로 평가한다.[42] 이와 같은 맥락에서 보면, 프라스가 리비히가 구상한 프로그램의 연속선상에서 농업 체계에 대한 전망을 구상했다고 할 수 있다. 프라스는 토양에서 무기질 양분이 가지는 중요성과 토양에 대한 화학적 분석을 높이 평가하면서 주요 텍스트에서 리비히를 여러 차례 긍정적으로 언급했다. 그렇다고 해서 프라스가 리비히의 농화학을 단순히 답습했다는 의미는 아니다. 반대로 프라스는 『농업사』에서 리비히의 분석에는 토양과 거름의 **물리적** 측면이 반영되지 않은 경우가 많다는 점을 지적했다.[43] 프라스의 "농업물리학"은 유명한 화학자이자 화학비료의 열렬한 지지자인 리비히가 저평가한 내용, 즉 기상과 기후가 토양 형성 및 식물 성장에 미치는 영향에 관한 내용을 보완할 수 있는 방법을 모색한다. 마르크스는 발췌 기록에서 바로 이와 같은 측면에 주목했다.

제임스 F. W. 존스턴이 "지질학적 형성"을 탐구하고 유스투스 폰 리비히가 토양의 유기적 구성을 식물의 성장과 관련지어 분석한 반면 카를 프라스는 기후와 식물 성장 사이의 관계를 상세하게 탐구하는 데 관심을 기울였다. 프라스에 따르면 양분이 토양에 용해된 형태로 함유되어 있을 경우에만 식물이 뿌리를 통해 토양의 양분을 흡수할 수 있다. 암석이 점진적으로 풍화되어 잘 부서지는 토양으로 변화하는 것이 토양 형성의 근본적인 과정이다. 이 과정에서 화학적 및 기계적으로 mechanically 중요한 것은 예를 들면 "더위와 추위 및 습함과 건조함이 번갈아 찾아오는 일", "공기 중에 존재하는 산소", "암모니아와 탄산을 함유한 물", "살아 있는 유기체"이다.[44] 마르크스는 토양을 구성하는 화학적 요소만 탐구해서는 실천적으로는 유용성이 없다는 프라스의 주장을 기록했다. 그 이유는 "매년 경작되는 특정 토양에서 활용할 수 있는 염분의 종류와 양, 활용할 수 있는 시기, 염분의 용해 수준을 이해하는 것이 중요하기" 때문이다. "이와 같은 질문에 답을 한 뒤에야 [추가] 공급의 필요성과 관련된 문제를 결정할 수 있다."[45] 심지어 토양을 화학적으로 분석해서 무기질 양분이 다량 함유되어 있다는 사실이 확인되더라도, 풍화가 느리게 진행될 경우 거름을 추가로 투입하지 않으면 해당 토양의 비옥도가 떨어질 수 있다. 반면 온기와 습도 같은 기후 조건이 적합한 경우 풍화가 빠르게 진행되므로 거름을 추가하지 않더라도 무기질 양분이 보충될 수 있다. 마르크스는 다음과 같이 기록한다. "덥고 따뜻한 나라에서는 거름을 주지 않거나 거름을 이따금 조금씩 추가하더라도 토양의 비옥도를 더 높게 유지할 수 있다. 이는 암석, 암석의 무기질 성분, 토양의 풍화가 더 빠르게 진행되기 때문이다."[46]

마르크스는 토양의 구성 요소를 화학적으로 분석하는 것만으로는 식물의 건강한 성장을 위한 조건을 완벽하게 드러낼 수 없다는 카를 프라스의 주장을 분명하게 인식하고 있다. "식물이 토양의 화학적 구성 요소에 의존하므로 토양의 화학적 구성 요소가 식물의 존재에 매우 중요하다는 주장이 있다. 이 주장을 **반박하는** 증거 가운데 카르파티아산맥의 석회질 토양에서 자라는 식물군을 라플란드의 화강암 토양에서 자라는 식물군에서도 발견할 수 있고, 스위스의 석회질 토양에서 자라는 식물군을 카르파티아산맥의 화강암 토양에서도 일부 발견할 수 있다는 식물 지리학자와 농부들의 증언만큼 더 명확한 증거는 없다."[47] 프라스에 따르면 기후의 영향으로 식물이 존재하는 물적 조건이 크게 변화될 수 있다. 따라서 일반적으로 특정 유형의 토양[bodenhold]을 필요로 하는 식물은 적합한 기후 조건[bodenvag]에서 성장하는 경우가 많다. "특히 주목할 것은 경작되는 **모든** 식물이 적합한 기후 조건[bodenvag]을 필요로 하고, 소수의 식물만이 특정 유형의 토양[bodenhold]을 필요로 한다는 것이다. 이와 같은 변화는 기후, 대부분 지리학적 차원의 기후에 의존한다."[48] 따라서 예를 들어 여름에 충분히 높은 습도가 유지된다면 보통 양토壤土에서 자라는 붉은 토끼풀을 백악질 토양에서도 재배할 수 있다.

카를 프라스는 합리적인 농업이라면 반드시 기후 요소를 진지하게 고려해야 한다고 여러 차례 주장한다. 따라서 토양의 비유기적 구성 요소가 "절대적으로 필요"하더라도, 화학비료를 인위적으로 공급함으로써 식물이 충분히 성장하는 데 필요한 필수 요소를 제공할 수 있는 것은 아니다. 인위적으로 공급한 화학비료는 "기후에 적응시키는" 기능을 수행할 뿐이다.

> 경작되는 식물에게 적합한 기후 조건을 제공할 수 없고, 식물에게 적합한 기후 조건으로 경작지를 대체할 수도 **없는** 경우 토양 양분의 원천, 예를 들면 배설물을 제공해야 한다. [그 이유는] 곡물이 목초지에서 자라는 식물보다 (무기질 구성 요소인) 재를 더 많이 소비하기 때문이 아니라, 곡물이 낯선 기후에서 재배되는 탓에 식생의 자연적 생장 기간 및 인위적 재배 기간 안에 토양의 염분과 공기 중에 존재하는 기체를 흡수해 인간이 원하는 수준의 유기물로 전환하는 데 필요한 온기를 충분히 얻을 수 없기 때문이다.[49]

그럼에도 카를 프라스는 유스투스 폰 리비히의 이론을 완전히 거부하지는 않는다. 프라스는 리비히와 마찬가지로 인산의 특별한 역할을 인정하면서 식물 성장에 인산이 미치는 중요성을 발견한 일을 농화학이 남긴 주요 업적으로 높이 평가한다.[50] 그러나 이와 동시에 프라스는 농화학을 지나치게 강조해서는 안 된다는 입장을 고수한다. 토양을 구성하는 요소의 흡수와 확산은 "기후 조건과의 관계 속에서 이루어지기" 때문이다.[51] 식생에 기후가 미치는 영향은 농업 생산의 증대에도 중요한 영향을 미치기 때문에, 이는 농학이 과학적으로 탐구해야 하는 근본적인 대상이 된다.

카를 프라스에게 토양 고갈 문제는 기후 요소와도 관련이 있는 문제였다. 따라서 프라스는 기후 요소도 고려하여 토양 고갈 문제를 변형해야 한다고 생각했다. 사실 거름을 주지 않은 토양이라도 특정 기후 조건에서 장기간의 시간을 거치면 작물을 생산할 수 있다. 이와 관련해 마르크스는 노트에 다음과 같이 기록했다.

> 남유럽에서는 윤작하지 않고 거름을 주지 않더라도, 그리고 동일한 토지를 여러 해 동안 매년 경작하더라도 곡물(보리)을 수확할 수 있다. 옥수수와 면화는 아닐지 모르지만 최소한 멜론은 그렇다고 할 수 있다. (…) 따라서 반드시 적합한 기후가 필요한 **곡물을 기온이 낮은 지역에서 경작할 경우 그 곡물은 토양을 고갈시킨다.** 특히 옥수수, 수수durra, 밀, 보리, 호밀, 귀리, 콩, 메밀은 토양 고갈 정도가 덜하고 토끼풀, 독일의 목초지, 아스파라거스 등은 토양을 전혀 고갈시키지 않는다. **기온이 높고 적당한** 지역에서는 곡물과 콩이 토양을 고갈시키는 식물에 속하지 않는다. 옥수수, 쌀, 수수는 예외이다. 한편 이미 거름을 주지 않고 경작하던 담배는 토양을 고갈시키는 식물에 속하지 않는다.[52]

카를 프라스는 적합한 기후 조건에서 경작할 경우, 식물이 토양으로부터 빼앗아 흡수했던 토양 양분을 인위적으로 되돌려 주지 않더라도 토양 고갈이 일어나지 않는다고 주장한다. 바로 이것이 열대 또는 아열대 기후 조건에서 이루어지는 전통적인 농업이 지속 가능한 이유이다. 유스투스 폰 리비히가 일본과 중국에서 이루어지는 전통적인 농업이 인간 배설물을 효과적으로 수집하여 토양 양분 순환을 성공적으로 관리함으로써 지속 가능한 경작을 이루었다고 힘주어 설명한 반면, 프라스는 자연의 힘이 토양 양분의 보충을 주도한 유럽의 전통적인 농업 역시 지속 가능한 경작을 유지해 왔다고 주장한다. 리비히가 인위적으로 무기질 양분을 공급할 필요가 있다고 생각한 반면, 프라스는 자연의 힘과 자연의 힘을 토대로 이루어지는 물질대사 순환을 지속 가능한 농업의 조건이라고 강조한다.

토양 고갈 이론에 대한 비판을 전개하면서 카를 프라스가 유스투스 폰 리비히의 『화학 편지』에 대해 직접적으로 언급한 것은 마르크스가 기록한 『농업의 본질』 2권의 마지막 두 쪽뿐이다. 무엇보다 우선 프라스는 "그리스와 소아시아 같은 고대 문명 사회"에서는 "거름을 **주지 않고도**" 지속 가능한 농업을 실현했다고 주장한다. 즉, 문명 사회라고 해서 반드시 강탈 농업이 이루어진 것은 아니었다. 둘째, 농부가 생산물을 시장에 판매하더라도 "맥주 양조장, 증류 양조장, 석회 가마" 같은 곳에서 토양 양분을 보충하는 데 유용하게 쓰일 수 있는 다양한 물질을 얻을 수 있었다. 셋째, 숲에 대한 강탈은 이루어지지 않았다. 넷째, 프라스는 휴경은 풍화가 진행됨을 의미하므로 휴경을 통해 식물이 사용할 수 있는 더 많은 양분이 토양에 쌓인다고 강조한다. 반면 리비히는 휴경의 중요성을 저평가한다. 마지막으로 중국의 농업에 대해 언급하면서 프라스는 심지어 리비히조차 인구 증가에 따라 농업 생산성을 증가시킬 수 있다는 가능성을 인정한다고 지적한다. 즉, 맬서스주의적 비관론은 리비히가 주장하는 무기질 이론의 필연적인 결론이 아니라는 것이다.[53] 이러한 구절을 조심스럽게 발췌한 마르크스는 리비히의 토양 고갈 이론에 과장이 존재한다는 프라스의 비판에서 교훈을 얻었다. 프라스는 자연적 및 인위적으로 식물에 양분이 보충되는 다양한 장소를 예로 들어, 토양을 고갈시키지 않으면서 집약적 농업이 이루어질 가능성을 강조하면서 리비히와는 다른 의견을 개진한다. 프라스는 토양 고갈을 자연법칙으로 성급하게 일반화하는 데 따르는 위험성을 경고한다.

『농화학』 7판이 아직 발간되기 전이었음에도 카를 프라스와 유스투스 폰 리비히 사이에 흐르는 긴장을 확인할 수 있다. 그럼에도 프라스는 『농업의 본질』에서 리비히에 대해서 가차 없는 비판을 전개하지 않는다. (1860년대에 접어들면 비판의 강도가 높아진다.) 오히려 프라스는 자신의 구상이 리비히의 무기질 이론을 "보충"한다고 주장하면서 이와 같은 방식으로 "농업물리학"의 장래 과제를 정의한다.

> 최근 농화학은 지금까지 알려지지 않았던 토양의 **부**를 상당히 많이 밝혀냄으로써 농업을 계몽했다. 그러나 토양의 **활동**으로 정의되어야 하는 영역에 대한 연구는 여전히 부족한 상태이다. 이 영역은 농업물리학이 해결해야 하는 영역으로 보인다. 농업물리학이 모든 연구를 아우를 수는 없지만, 적어도 농업 과학이 장차 기울여야 할 노력의 토대를 마련할 수는 있을 것이다.[54]

카를 프라스는 농업물리학으로 농화학을 완전히 대체하겠다고 생각하지 않는다. 오히려 농업물리학과 농화학이 서로를 보완해야 한다고 생각한다.

> 농화학, 농업물리학, 물리학이 농업 과학의 미래를 위해 수행해
> 야 하는 과제는 식물 양분 공급 이론뿐 아니라 풍부한 [식물 양분
> 의] 적절한 사용을 위한 준비 작업을 지원하는 것이다.[55]

카를 프라스의 견해에 따르면 농화학은 농학의 하위 학문이다. 농화학이 농업의 발전에 근본적인 역할을 수행한 것은 사실이지만 토양의 화학적 구성 요소를 공급하는 일을 절대화하는 일은 없어야 한다. 마르크스가 이러한 구절을 기록하지는 않았지만, 텍스트를 통해 프라스의 의도를 명확하게 확인할 수 있다.

유스투스 폰 리비히와 카를 프라스의 관계는 갈등으로 끝나고 말았다. 1862년 이후 빚어진 두 사람 사이의 갈등이야말로 1868년 초 마르크스가 언급한 "농업의 최근 및 최신 동향"이었다. 농학자인 리비히와 프라스 사이에서 벌어진 논쟁을 세부적으로 정확하게 검토하는 일은 중요하다. 기본적으로 프라스는 독일의 농업 문제에 대해서 과학적인 개입을 시도했다. 다만 이 책에서 논의하는 주제와 관련해서 가장 흥미로운 사실은 프라스가 리비히의 토양 고갈 이론을 반박하려고 했다는 점이다.

카를 프라스의 충적토 이론과 경작의 힘

앞서 출간한 저술과 반대로 1866년 카를 프라스가 출간한 『농업 위기와 그 해결책』에는 유스투스 폰 리비히에 대한 비판으로 가득차 있다. 얄궂게도 프라스는 리비히의 토양 고갈 이론을 일종의 "현상유지주의quietism"라고 불렀다. 독일의 곡물 가격 하락을 일시적인 현상으로 간주해 아무런 대책도 요구하지 않았다는 것이다. 리비히의 토양 고갈 이론을 "현상유지주의"라고 간주한 프라스는 다음과 같이 요약한다. "고갈 및 보충 이론에 대한 오해를 토대로 (…) '강탈 농업' 이론이 입증한 바에 따르면, 심지어 [현재의] 낮은 곡물 가격의 진정한 궁극적인 원인인 과잉 생산은 곧 끝나야만 한다."[56] 프라스는 리비히의 경고가 착각을 토대로 한 주장이며, 서유럽 농업이 직면한 더 시급한 문제에는 사실상 관심을 기울이지 않은 채 그릇된 예측을 활성화한다고 주장하면서 리비히가 내린 결론을 거부한다.

강탈 농업 체계로 인해 "언젠가는" 전 세계의 토양이 고갈되고 말 것이고, 증가하는 인구에 충분한 식량을 제공할 수 없게 될 것이라는 유스투스 폰 리비히의 예견이 올바른 주장으로 입증된다고 하더라도, 카를 프라스는 리비히의 예견이 실현되려면, 즉 도나우 강변 저지대의 비옥한 토양이나 폴란드 및 갈리시아 지역에 자리 잡은 광활한 평원의 비옥한 토양이 완전히 고갈되려면 상당히 오랜 시간이 소요될 것이라고 생각했다.[57] 나아가 북아메리카와 러시아 남부의 막대한 토지의 토양이 고갈되는 문제까지 감안한다면, 전 세계의 토양이 고갈되기 전까지는 가격이 지속적으로 낮아질 것으로 예상되는 국제 곡물 시장의 경쟁에서 독일과 그 밖의 서유럽 농부들은 살아남을 수 없을 것이다. 과거에는 물리적으로 먼 곳에 위치해 있다는 지리적 이점이 유럽 생산자들을 "보호하는 장벽"으로 작용했다. 즉, 더 적합한 기후 조건을 갖추고 있어 작물의 생산비용을 더 저렴하게 유지할 수 있는 지역에서 유럽 시장으로 진입하려고 시도하는 경우에도, 더 높은 운송 비용을 치러야 했기 때문에 균형이 유지될 수 있었다. 그러나 장거리 운송 수단이 발전하면서, 특히 철도의 발전으로 농업 생산물을 서유럽으로 더 저렴하면서도 더 빠르게 운송할 수 있게 되면서 "보호 장벽"은 사실상 무너지고 말았다.

따라서 근대 농업의 위기는 유스투스 폰 리비히가 우려하는 것처럼 과소생산으로 인해 발생하는 것이 아니라 **과잉생산**으로 인해 발생한다. "[농업의] 감소 위기는 더 비옥한 토양을 보유하고 있어 더 저렴한 비용으로 생산할 수 있는 국가로부터 작물을 대량으로 수입하는 현상을 유발한다."[58] 더 저렴한 작물을 수입하는 것이 서유럽 국가에서 점점 증가하는 산업의 필요에 부응하는 방법이기 때문에, 자본주의 사회에서는 곡식 가격이 "만성적으로" 저렴하게 유지될 것이다. "저렴한 작물을 수입하는 기간이 늘어날 수밖에 없을 터인데, 그렇게 되면 생산자들은 심각한 타격을 입을 것이다."[59] 기본적으로 카를 프라스는 독일 농부의 경제적 상황을 염두에 두고, 이들이 파산하는 상황을 막기 위해 농업 개혁이 시급히 필요하다고 주장한다. 자연적으로 형성된 보호 장벽이 무너지고 나면 국제적인 경쟁에서 독일 농부들이 생존할 수 있는 길은 오로지 "더 저렴하게 생산하는 방법!" 하나뿐이기 때문이다.[60] 프라스는 장차 곡물 가격이 높아지리라는 희망, 즉 리비히의 "현상유지주의"가 전파하는 희망이 근본적인 개혁의 필요성을 가로막는 상황을 개탄한다.

유스투스 폰 리비히를 비판하면서도 카를 프라스가 토양이 고갈될 가능성이나 무기질 비료의 효용을 부정하지 않았다는 사실에 주목할 필요가 있다. 프라스가 문제시하는 점은 리비히가 "인구가 증가할 수밖에 없는 상황에서 토지가 그 힘을 유지하려면, 작물이 토양으로부터 빼앗아 흡수한 모든 무기질 양분을 토양으로 되돌려 주어야 하고, 그렇지 않으면 토양이 고갈될 것이라는 **가정을 그 자체로 올바르다고 과장**"한 점이다.[61] 리비히의 보충의 법칙은 토양을 주의 깊게 관리하지 않을 경우 식물의 성장에 반드시 필요한 토양의 무기질 양분이 빠르게 고갈될 수 있다는 점에서 올바르다. 그렇지만 프라스는 리비히의 가정에는 **모든** 무기질 양분을 인위적인 방식, 특히 화학비료를 활용하는 방식으로만 되돌려 줄 수 있다는 의미가 내포되어 있다고 생각한다. 『농화학』 7판에서 리비히의 과거 저술에서 엿볼 수 있는 낙관론이 사라지고 화학적 거름의 무한한 힘을 높이 평가하지 않게 되었다는 점을 감안해 보면, 리비히가 갑작스레 맬서스주의적인 비관론으로 돌아선 것처럼 보인다. 특히 무기질 양분을 효과적으로 보충할 대안적인 방법을 찾지 않았다는 점에서 더욱 그러하다. 프라스에 따르면 이와 같은 결론은 지나치게 성급한 결론일 뿐 아니라 잘못된 결론이다.

유스투스 폰 리비히의 과장된 주장에는 **자연 자체에 존재하는** 끊임없는 보충의 힘, 즉 토양에 함유된 양분을 완벽하게 보충하는 데 활용할 수 있는 힘에 대한 탐구가 누락되어 있다.

그러나, 유스투스 폰 리비히가 언급한 것처럼 자연은 풍화, 충적, 관개, 비와 운석 먼지에 포함된 운석 물질, 거름과 모든 배설물에

포함된 폐기물을 활용하여 손실을 완벽하게 보충한다.[62]

그러나 "토양 고갈이라는 전제 조건을 일단 수용하고 나면 나머지 주장은 자동으로 따라온다. 따라서 아무도 이 광신도들의 전제 조건에 반론을 제기하지 못하는 것이다."[63] 물론 앞선 장에서 살펴본 것처럼 유스투스 폰 리비히가 처음 토양 고갈 이론을 제기한 이유는 무기질 화학 비료의 필요성을 강조하기 위함이었다. 따라서 리비히의 이론에서 풍부한 무기물 양분을 제공하는 자연의 힘이나 농부의 세심한 토지 관리는 주목받지 못했다. 카를 프라스는 유명한 화학자인 리비히가 자신의 무기질 비료 이론을 대중에게 널리 알릴 요량으로 토양 고갈의 위험을 전략적으로 과장하고 있다고 주장한다.[64]

즉, 카를 프라스는 강탈 농업을 우려하는 유스투스 폰 리비히의 경고를 인정하면서도 토양 비옥도를 개선할 수 있는 다른 가능성이 있다고 주장한다. 리비히의 보충의 법칙이 널리 받아들여지고 있기 때문에, 맬서스주의적 비관론으로 빠지는 대신 한 걸음 더 앞으로 나아갈 필요가 있었다. "식물 양분에 관한 새로운 이론이 유발한 결과 중 가장 중요한 것은 예로부터 지금까지 널리 받아들여지고 있는 확신, 즉 경작되는 식물이 토양으로부터 빼앗아 흡수한 토양 구성 요소를 보충해야 할 필요성을 확신하는 것이 아니라, 경작되는 식물이 토양으로부터 빼앗아 흡수한 토양 구성 요소를 증대할 수 있는 다양한 원천을 찾아내는 일이다."[65] 기후가 식생에 미치는 영향을 연구한 프라스는 지속 가능한 생산이 가능하도록 만들고 이를 유지할 수 있는 완전히 새로운 방법을 활용할 수 있는 길을 열었다. 프라스는 기존 농업을 토대로 하여 "경작의 힘"

[Kraftkultur]을 증대해야 한다고 주장한다. 마르크스가 엥겔스에게 보낸 편지에 기록한 대로, 프라스의 "충적토 이론"은 경작의 힘을 증진하는 가장 효과적인 방법으로, 화학비료 사용을 권장하는 리비히의 이론과 선명한 대조를 이룬다. 그 결과 마르크스는 인간과 자연 사이에 이루어지는 물질대사 상호작용을 의식적으로 규제할 수 있는 또 다른 방법을 발견하게 되었다.

저명한 지질학자인 찰스 라이엘Charles Lyell은 충적토를 다음과 같이 정의한다. "강물, 홍수, 그 밖의 원인에 의해 쓸려내려간 흙, 모래, 자갈, 돌, 그 밖의 운반 가능한 물질이 쌓여 이루어진 토지로 호수의 물이나 바닷물 아래에 간헐적으로 잠기는 토지."[66] 충적토는 무기질 양분을 풍부하게 함유하고 있는 토사로 구성된 지질학적 형성물이다. 도나우 강변에 자리 잡은 충적평야, 미시시피강 주변의 토지, 조진파tidal bore, 潮津波가 생성한 나일강과 포강 유역의 삼각주를 구성하는 충적토는 거름을 주지 않아도 수 년 넘게 작물을 대규모로 생산할 수 있다. 강물이 충분한 양의 무기질 양분을 실어 나르면서 작물이 토양으로부터 빼앗아 흡수한 식물 양분을 보충하기 때문이다. 예를 들어 충적평야는 풍부한 무기질을 토대로 키아나 계곡과 토스카나강 주변에 자리 잡은 "7~10피트" 높이의 비옥한 표토를 구성한다.[67] 이와 같은 사례에 고무된 카를 프라스는 『농업의 본질』에서 충적토를 인위적으로 구성하여 "경작에 가장 급격한 변화를 몰고 올 수단으로" 삼아야 한다고 주장한다. 마르크스는 이 구절을 기록으로 남겼다.[68] 즉, 운하와 수문을 건설하여 강물에 함유된 토사가 경작지를 뒤덮도록 유도함으로써 식물에 필요한 양분을 경작지에 제공할 수 있다는 것이다.

카를 프라스는 자연의 힘 그 자체를 근거로 농업 생산성을 추가로 증대할 가능성이 있다고 생각했다. "이와 같은 방식은 (…) 자연 그 자체에서 확인할 수 있다."[69] 프라스는 인간의 개입에는 한계가 있다는 사실을 인식했다. 자연의 협조와 지원이 없으면 토양 비옥도를 유지하는 일은 불가능하다. 바로 이러한 이유 때문에 프라스가 자신이 구상한 더 지속 가능한 농업에서 화학비료 사용의 역할을 이차적인 것으로 한정한 것이다. 프라스는 화학비료에 소요되는 비용이 농부가 감당할 수 없을 만큼 높기 때문에, 국제 경쟁 상황을 감안할 때 화학비료는 결코 최선의 선택일 수 없다고 여러 차례 되풀이하여 주장한다. 그런 식의 생산은 결국 지속 불가능해지고 말 터였다.

카를 프라스는 비용이 높은데도 비료가 효과를 발휘하는 기간은 단기간에 불과하므로 "화학비료를 사용하는 것만으로는 토양 고갈을 해결할 수 없다"고 명확하게 주장한다.[70]

> 올바르게 구성되고 필요에 적합한 형태로 사용될 경우, 그리고 **감당할 수 있는 비용에 부합할 경우** 화학비료는 작물 생산을 증가시키는 훌륭한 수단이다. 그러나 전반적으로 볼 때 화학비료는 토지가 고갈되는 일을 막을 수 없다. 그 이유는 화학비료의 구성 요소가 1) 토양 풍화, 2) 관개와 충적, 3) 가축의 배설물과 하수 같은 자연적인 물질을 통해 얻을 수 있는 구성 요소에 비해 가격이 훨씬 높기 때문이다.[71]

카를 프라스에 따르면 화학비료는 만병통치약이 아니라 "기후에 적응시키는 것"에 불과하다. 프라스의 어조는 과거 낙관론을 펼쳤던 유스투스 폰 리비히의 어조와 사뭇 다르다.

반대로 카를 프라스는 인공 충적 등의 방법을 활용하여 농업을 개혁함으로써 오랫동안 지속되고 무상으로 사용할 수 있는 자연의 힘을 "영원히" 활용할 수 있는 환경을 조성할 것을 시급하게 요구한다. "유럽 농업의 미래는 관개와 특히 인공 충적에 달려 있다. 그렇게 하면 **더 적은 비용으로 동일한 양의 생산물**을 생산할 수 있기 때문이다. 진보의 진정한 의미는 가격 상승이 아니라 비용 하락이다."[72] 반면 화학비료만 사용할 경우 이와 같은 목적을 달성할 수 없다. 기존의 자연적인 물질대사의 도움을 받지 못한다면 진정으로 지속 가능한 농업 생산을 실현하는 일은 불가능하기 때문이다. 사실 프라스는 화학비료에 지나치게 의존하는 것보다 자연의 힘을 활용하는 것이 훨씬 더 경제적이고 효과적이라고 주장한다.

카를 프라스의 저술을 탐독한 마르크스는 유스투스 폰 리비히의 무기질 비료 이론과 토양 고갈 이론과는 차별화되는 지속 가능한 농업에 대한 또 다른 전망이 있다는 것을 깨닫게 되었다. 프라스는 자연의 힘을 더 효과적으로 활용할 수 있을 뿐 아니라, 토양을 고갈시키지 않으면서 인간의 필요를 지속 가능하게 만족시킬 수 있는 가능성이 존재한다고 지적하는 동시에 화학비료만 사용해서는 토양 고갈 문제를 해결할 수 없는 이유를 설명한다. 1868년 초 두 달가량 농업에 대해 집중적으로 탐구한 뒤 마르크스의 관심사가 "무기질 비료파"와 "질소 비료파" 사이에서 벌어진 논쟁에서 "물리파"와 "화학파" 사이에서 벌어진 논쟁으로 이동하게 된 데에는 바로 이러한 배경이 자리 잡고 있다. 마르크스는 지속 가능성 문제가 단순히 무기질 비료 또는 질소 비료 중 어떤 비료를 사용하는 것이 더 나은지를 결정하는 문제와 관련된 것이 아니라는 사실을 인식했다. 마르크스는 "물리파"와 "화학파" 사이에서 벌어진 논쟁에서 프라스가 주장한 내용에 대해 성찰하기 시작했다. 프라스에 따르면 "무기질 비료파"와 "질소 비료파"는 기본적으로 동일하다. 토양 고갈을 기정사실로 전제하기 때문이다. 프라스는 다음과 같이 언급한다. 토양 고갈 이론에는 "질소 이론과 무기질 이론이 모두 녹아 있다. 두 이론의 '주창자' 모두 처음부터 극단적인 주장을 폈다. 즉, [무기질 이론을 지지하는 사람들은] 거름을 평가하는 유일한 기준으로 질소의 양 또는 인산의 양을 내세웠던 것이다."[73] 프라스는 이와 같은 논쟁을 넘어 인간과 자연 사이에 이루어지는 물질대사를 합리적으로 규제할 수 있는 제3의 방법을 제안했다. 리비히에 대한 프라스의 비판은 1868년 마르크스가 장차 도래할 사회에서 이루어질 지속 가능한 물질대사에 대해 구상하는 과정에서, 자연과학을 좀 더 자세히 탐구할 필요성을 심각하게 고려한 계기가 된 것으로 보인다. "토머스 맬서스의 망령"을 떨쳐내기 위해서라도 마르크스는 그 내용을 구체화할 필요가 있었다.

문명을 위협하는 기후 변화

카를 프라스의 이론에 대한 마르크스의 관심은 유스투스 폰 리비히의 토양 고갈 이론 비판에 그치지 않았다. 엥겔스에게 보낸 편지에서 마르크스가 언급한 "의식하지 못한 사회주의적 경향"은 프라스의 책 『기후와 식물계, 둘의 역사에 관한 기고문』과 관련된 것이다. 마르크스가 프라스의 이 책을 중요하게 여긴 이유를 살펴보면, 1870년대에 마르크스가 자연과학을 그토록 강도 높게 연구한 이유를 파악하는 데 도움이 된다. 이러한 맥락에서, 여기에서도 다시 한 번 마르크스의 발췌를 유용하게 활용할 수 있다.[74]

카를 프라스는 아테네대학교 식물학과 교수로 재직하면서(1835~1842) 수행한 연구와 아테네 로열 가든 책임자로 일하면서 경험한 내용을 토대로 1847년『기후와 식물계, 둘의 역사에 관한 기고문』을 발간했다. 이 책은 오랜 기간 역사를 거치면서 이루어진 기후 변화가 인간과 식물에 미치는 영향에 대한 다양한 역사 보고서로 구성되었다. 프라스는 이 보고서들을 토대로 식물 성장에 필요한 근본적인 물적 조건으로써 기후의 중요성을 강조하는 주장을 폈다. 인간이 경작을 수행함으로써 기후 변화가 일어난다. 기후 변화가 문명이 쇠퇴한 가장 중요한 요인이라는 프라스의 주장은 논란을 불러왔다. 프라스가 농업이 자연적으로 발전한 경우에도 자연의 보편적인 물질대사를 교란하기 때문에, 경작지가 결국 사막으로 변화될 수밖에 없다고 주장했기 때문이다. 한편 프라스는『기후와 식물계, 둘의 역사에 관한 기고문』을 통해 농업사에 대한 유스투스 폰 리비히의 견해와 결정적으로 결별하게 되었다. 마르크스는 고대 문명의 붕괴를 개관한 리비히의 저술에서는 발췌한 내용을 남기지 않았다. 그 이유는 기본적으로 마르크스가 리비히의 근대 농업 비판에 관심을 집중했기 때문이기도 하지만, 빌헬름 로셔가 이미 리비히의 역사적 설명의 타당성에 의문을 제기한 것도 이유가 되었을 것으로 보인다.[75] 이 시기에 마르크스가 프라스의 농업사에 집중했기 때문에 프라스와 리비히를 비교해 볼 필요가 있다.

『농화학』에서 유스투스 폰 리비히는 강탈 경작이라는 자연법칙의 관점에서 자본주의 이전 사회의 역사를 묘사한다. "하나의 동일한 자연법칙이 국가의 등장과 몰락을 좌우한다. [토양] 비옥도의 조건을 강탈하는 국가는 멸망을 자초하는 것이다."[76] 리비히는 과거 문명이 번성했지만 근대에는 사막으로 변한 지역을 지적한다. "강력한 왕국이 번성하면서 밀집한 인구가 토양으로부터 식량과 부를 획득했던 경작지가 오늘날에는 경작을 통해 충분한 과실을 거둘 수 없는 경작지로 변모했다." 과거 번성했던 문명이 사라진 "유일한 원인"은 전쟁, 기근, 전염병이 아니라 "강탈 경작으로 인한 토양 고갈"이다. 리비히는 "토양의 속성이 변화될 때에만 국가가 몰락"할 수 있다고 주장한다.[77] 토양 고갈 문제는 농업 생산을 감소시켜 사회에 식량 부족과 과잉인구 문제를 유발함으로써 문명이 진보할 수 있는 한계를 결정한다.

유스투스 폰 리비히는 고대 그리스를 예로 든다. 아리스토텔레스에 따르면 그리스는 기원전 700년 무렵 인구 감소와 이민을 경험했다. 그 결과 기원전 479년에 일어난 플라타이아이 전투를 치렀을 때 군인 8천 명을 동원할 수 있었던 스파르타는 불과 한 세기 만에 군인 1천 명조차 모집할 수 없는 상태에 이르게 되었다. 그 한 세기 뒤에는 토양 고갈이 더욱 심각해져 스트라본Strabo(기원전 64?~기원후 23?)은 라코니아에 자리 잡았던 도시 수백 개 가운데 끝내 남은 것은 30개에 불과하다고 탄식했다.[78]

나아가 유스투스 폰 리비히는 로마의 도시들 역시 같은 운명에 빠졌다고 주장한다. 로마의 토지가 매우 비옥하다고 언급한 카토(기원전

234~149)는 작물 감소에 대해서는 전혀 언급하지 않았다. 그러나 율리우스 카이사르는 인구가 감소했다고 기록했고(기원전 46) 아우구스투스 황제(기원전 63~14) 시대에는 군대에서 복무하기에 적합한 인구가 너무 부족해 "토이토부르크 숲에서 바루스Varus가 이끄는 소규모 부대가 전멸하자 수도에 머무는 황제가 공포에 떨었다"는 기록이 남아 있다.[79] 로마가 수입하는 작물의 양이 지속적으로 증가했음에도 로마인들은 물가 상승과 굶주림에 시달려야 했다.

유스투스 폰 리비히는 다음과 같이 결론내린다.

> [아우구스투스 재위 당시] 번영을 구가한 로마는 가장 풍부한 부와 막강한 권력을 자랑했지만, 200년 전 유럽의 국가들이 경험했던 것처럼 로마의 번영을 좀먹다가 결국에는 무너뜨리고야 말 벌레가 이미 곳곳에서 자라나고 있었다. (…) 자신만의 제단을 만들고 그 제단을 신으로 섬기게 할 만큼 가장 강한 자가 지닌 힘이든, 철학자의 지혜 또는 깊은 법 지식 또는 가장 유능한 지휘관이 이끄는 가장 규모가 크고 잘 조직된 군대의 무용武勇이든, 그 무엇이 자연법칙의 활동에 대항할 수 있으랴! 아무리 위대하고 힘있는 존재라도 가장 작고 약한 것으로 전락해 결국에는 고대에 누렸던 영광의 희미한 흔적마저 잃고 마는 것이다![80]

유스투스 폰 리비히에게 문명의 진보 과정을 결정하는 궁극적인 요인은 토양의 비옥도이다. 만일 보충의 법칙이 침해되면 국가의 기초는 필연적으로 불안정해질 수밖에 없다. 그 결과 군인과 생계수단이 부족해져서 국가가 번영할 수 있는 물적 조건이 훼손되고 만다. 역사적 사례를 증거로 제시하면서 리비히는 강탈 농업의 실천이 일반화된 근대 유럽 국가들 역시 그 어느 때보다 보편적으로 자연의 물질대사를 교란하고 있으며, 동일한 위기를 맞이할 수 있다고 경고한다.

『기후와 식물계, 둘의 역사에 관한 기고문』에서 카를 프라스는 유스투스 폰 리비히와는 다른 방법으로 문제에 접근한다. 프라스는 페르시아, 메소포타미아, 이집트 같이 높은 생산력을 보유한 토지를 활용했던 지역이 사막화된 문제와 관련해서 리비히가 제기한 것과 같은 문제를 제기한다. 리비히와 다르게 프라스는 과거 문명의 등장과 몰락의 원인을 "물리적 기후"[physikalisches Klima] 변화에서 찾는다. 프라스가 보기에 식생에 더 강력하게 영향을 미치는 요인은 토양의 화학적 구성 요소가 아니라 기후의 영향이다. 활용할 수 있는 식물 양분을 공급하는 일은 토양의 풍화에 의존하는데, 토양의 풍화를 결정하는 근본 요인은 습도, 기온, 강우이다.[81] 프라스는 다양한 식물학 사례를 활용해 기후와 식물계에 일어난 변화 과정은 느리게 누적되지만 장기적으로 볼 때 당대 과학자들이 일반적으로 가정하는 것보다도 훨씬 더 큰 폭으로 변한다고 주장한다.[82] 프라스는 지역에서 일어나는 기후 변화가 인간 문명에 상당한 영향을 미친다는 사실을 입증하기 위해 애썼다. 변화가 일어난 조건, 즉 기온 상승과 대기 건조가 지역에서 자라는 식물에 악영향을 미치기 때문이다. 즉, 경작에 필요한 물적 조건의 악화가 문명의 몰락으로 이어진다는 것이다. 따라서 프라스는 식물에 미치는 기후의 영향이 사회 발전에 가장 결정적인 요인이라고 주장한다.

기후에 대한 인간의 영향을 저평가하는 분위기와는 반대로 카를 프라스는 문명을 건설하는 인간의 실천이 장기간에 걸쳐 기후로 인해 전환되어 온 역사적 동학을 설명한다. 프라스에 따르면 인간과 자연 사이에 이루어지는 물질대사 상호작용이 크게 교란되는 원인은 토양에 함유되어 있는 특정한 무기질 양분을 강탈해서가 아니라 기후 변화 때문이다. 이러한 변화는 매우 느리게 진행되어 저평가되거나 심지어 인식되지 않을 수도 있지만, 자연에 기록되어 있는 흔적을 찾아내어 충분히 이를 재구성할 수 있다. 프라스는 기후 조건이 차츰 그러나 지속적으로 변화했다는 사실을 식물에서 확인했다. 역사 속에서 발견되는 식생이 시기마다 그토록 다른 이유가 바로 여기에 있는 것이다.[83]

카를 프라스는 기후 변화의 영향을 저평가해서는 안 된다고 기록했다.

> 지역의 자연 식생이 크게 훼손된 결과 전체 특성에 심각한 전환이 일어난다. 이와 같이 변형되어 새로운 상태로 전환된 자연은 과거와 다르게 해당 지역과 해당 지역에 거주하는 인구에 절대적으로 적합하지 않다. 분명한 것은 이러한 변화로 인해 인간도 변한다는 것이다. 아무런 영향을 유발하지 않으면서 해당 지역의 자연 상태가 이와 같은 거대한 전환을 겪을 수는 없다. 다양한 지역에서 광범위한 전환이 이루어지더라도 영향을 미치기는 마찬가지이다. 당연하게도 과거의 상태로는 되돌아갈 수 없다.[84]

식물군은 지역의 주요 기후 변화에 크게 의존한다. 그렇기 때문에 토착 식물이 남북으로 이주하거나 평원에서 산지로 이주하는 현상은 사막화로 향하는 변화를 감지할 수 있는 지표이다. 이 과정에서 일부 식물종은 새로운 환경에 적응하지 못하여 멸종에 이르기도 하고, 일부 식물종은 자신의 기관을 전환하여 생존을 도모한다. 예를 들어 잎을 뾰족하게 만들고 뿌리를 확장하여 더 적어진 물과 토양의 양분을 최대한 활용할 수 있는 방향으로 전환하는 것이다. 토착 식물이 이주하면 외래 식물이 그 자리를 메우게 되지만 외래 식물이 토착 식생과 식물군의 변화를 완전히 대체하지는 못한다. 과거 많은 식물이 번성했던 지역이 점차 사막 기후로 변해 가는 모습이 점점 더 분명해진다. 스텝이 돌이킬 수 없는 방식으로 형성되기 시작하고 해당 지역에서 원래 이루어지고 있던 경작에 부정적인 결과를 야기한다.

마르크스가 엥겔스에게 보낸 편지에 기록한 것처럼 카를 프라스는 "벌목"이 사막화를 유발하는 가장 중요한 원인이라고 주장한다. 벌목으로 인해 기온이 상승하고 습도가 낮아지기 때문이다. 예를 들어 마르크스는 노트에 다음과 같이 기록했다.

> 지역, 특히 매우 건조한 모래질이나 석회질 **지역에서 이루어지는 벌목**은 열을 유발하는 가장 강력한 원인으로 지목된다. (…) 위에서 묘사한 것과 같은 기후의 영향으로 인해 토양의 구성이 강우를 [결정한다.] 식생으로 뒤덮여 숲이 우거진 지역에서는 비옥도가 떨어지는 지역에서보다 습기를 더 확고하게 머금고, 태양빛이 유발하는 온도 상승도 더 적다. [그 결과] 더 많은 강우가 유발되어 시원할 뿐 아니라 주변의 더운 지역으로 차가운 공기를 확산시킨다. 공기 중에 습기를 확산시킴으로써 기온이 크게 변할 뿐 아니라 지구 표면에 자리 잡은 다양한 물질의 열 전도 능력도 변화한다.[85]

이어 마르크스는 알렉산더 훔볼트의 언급을 기록한다. "숲이 부족하거나 부재한 지역에서는 예외 없이 기온이 올라가고 공기가 건조해진다."[86] 숲이 사라짐으로써 지역 전체에 기후 변화가 진행되고 평원 지역에서조차 여러가지 부정적인 영향, 예를 들어 스텝 형성, 하천 소실, 계곡에 흐르는 강폭이 감소하는 등의 현상이 나타난다.

카를 프라스는 식물군을 분석해 습도의 상실과 기온의 상승이 식물계를 변화시키는 과정과 미래 문명의 발전을 지연시키는 방식을 설명한다. 마르크스는 역사적 형성 과정과 그 결과 완전히 달라진 현재 상황을 구체적으로 묘사하는 프라스의 설명에 관심을 보였다. 마르크스가 관심을 기울인 내용에 대해 살펴볼 필요가 있다.

카를 프라스는 유프라테스강과 티그리스강 사이에 자리 잡은 비옥한 충적토와 수많은 운하 및 배수로를 갖추고 있었던 메소포타미아에 대해 기록한다. 이제 메소포타미아는 "완전히 황량한 사막으로 변해 마을이나 정착지를 찾아볼 수 없는 불모지가 되었다! 오늘날 가장 비옥한 충적토를 뒤덮고 있는 솔장다리, 포도나무, 미모사 덤불 사이로 말라 버린 수많은 운하와 배수로가 지나가지만, 이는 한때 번성했던 '세계의 정원'에 지나지 않는다."[87] 이와 같은 사막화의 원인으로 기후 변화를 지목하지 않기란 어려운 일이다.

> 고대인들이 세계에서 가장 생산량이 높은 지역으로 알고 있던
> 장소에서 **스텝 형성**이 촉진되고, 완전히 사막으로 변해 버린 현
> 상을 통해 기후의 거대한 전환과 식생의 변화를 가장 확실하게
> 파악할 수 있다. 매우 비옥한 메세네 지역에 고유한 성기고 염분

을 머금은 함염含鹽 토양은 홍수가 날 때마다 그루스grus 모래와 진흙으로 뒤덮였다. 그러나 지속적으로 관개하여 진흙으로 뒤덮인 토양을 배수하지 않을 경우 토양은 고유한 전환을 겪게 된다. 그 예로는 [요제프] 루세거[Joseph] Rußegger가 묘사한 이집트 나일강의 진흙이 부패하는 현상이나 내가 그리스에서 목격한 현상을 꼽을 수 있다. [즉,] 염분과 그루스 모래가 지배적인 구성 요소가 되면서 스텝 식물군이 자리 잡는다.[88]

나아가 카를 프라스는 "과거 기록을 보면 겨울이 10개월간 지속되었고 여름은 2개월에 불과했다"고 지적한다. 과거와 오늘날의 토양 비옥도를 비교한 프라스는 막대한 기후 변화가 일어났다는 사실에 의심의 여지가 없다고 단언했다.

팔레스타인에 대한 일부 구절을 기록으로 남긴 마르크스는 이집트에 대한 기록도 남겼다. 근대에는 건조한 사막 기후로 분류되는 이집트에서도 역사를 거치면서 동일한 기후 전환이 이루어져 식물계가 동일한 변화를 겪었다. 카를 프라스는 "경작되는 식물의 대부분이 남쪽에서 북쪽으로 이주"했다는 사실을 토대로 "오늘날 (이집트 북부와 전혀 다른) 이집트 남부의 기후가 고대에는 훨씬 더 남쪽에 자리 잡고 있었다"고 유추한다.[90] 공기가 더 건조해지고 낮과 밤의 기온이 급격하게 변하는 등 극적인 기후 변화가 이루어지면서 경작 가능한 토지가 해안 지역의 경작지에 국한되어 버렸다. 프라스가 지적한 것처럼 "8천 년 전 진입할 수 있는 성문을 100개나 갖추고 있었던 고대 도시 테베가 자리 잡고 있었으며, 경작[Völkerkultur]이 활발하게 이루어졌던" 나일강 상류는 극적

인 변화를 겪었다.[91]

나일강과 앗바라강으로 둘러싸여 형성된 메로에 섬의 토지는 훌륭하게 경작되었을 뿐 아니라 대상 무역의 중심지로 기능했다. 카를 프라스는 고대 그리스인이 메로에 지역 주변에서 부유한 생활을 누렸던 사람들에 대해 남긴 기록을 언급한다.

> 메로에 섬 주변에는 다양한 민족이 자리 잡고 있었고 메로에 섬 일부 지역에도 주민이 거주했다. (아가타르키데스와 스트라본 같은) 고대인들이 남긴 기록에 따르면 메로에 섬 주변에 자리 잡은 사람들은 농업에 종사하지 않고도 풍요를 누렸다. 메로에 섬 주변에 자리 잡은 사람들은 홍해 해안 산지에 자리 잡은 동굴 거주민 Troglodyten으로 미화되거나 페르시아만 남쪽에서 네아르코스가 조우했던 사람들과 동일한 생선 섭취자Ichthyophagen로 미화되었다. 한편 이 시기 아라비아만에는 밀로 만든 빵을 쓰레기로 취급하면서 고기를 섭취했던 [장수하는 사람들이라는 의미를 지닌] 마크로비어Makrobier 민족이 자리 잡고 있었다. 즉, 고대 에티오피아에 자리 잡고 있었던 주민들은 "신의 은총을 받은 사람들"이었다.

오늘날 사막 기후로 변모한 해당 지역에서는 더 이상 이와 같이 풍성한 자연의 선물을 찾아볼 수 없다. 카를 프라스에 따르면 이 지역 역시 기후 변화를 겪었다.

> 경작이 이루어짐에 따라 식물계는 적절한 기온을 유지하는 지역

을 찾아 남쪽에서 북쪽으로 꾸준히 이동했다. 기후 요인의 영향이 점점 더 커짐에 따라 파종할 수 있는 영역이 점점 더 제한을 받게 되었고 식물[종]은 멸종 위기에 놓이게 되었다.[92]

예를 들어 에레소스의 테오프라스토스(기원전 371~287)는 이집트에서 아카시아 나무가 번성했다고 기록했지만, 공기가 점점 더 건조해지면서 카를 프라스의 시대에는 이집트에서 아카시아 나무를 거의 찾아볼 수 없게 되었다. 프라스가 살던 시대에 이집트에는 아카시아 나무 대신 테오프라스토스 시대에는 찾아볼 수 없었던 캐럽 나무가 번성했다.

"이집트에서 수출하는 대부분이 면화와 관련되었다"고 해도 과언이 아닐 정도로 이집트의 농업이 면화 경작에 지나치게 의존하게 되었다는 사실에서도 이집트 식생이 겪은 거대한 전환을 확인할 수 있다. 면화는 "범람하지 않는 토지에서만" 재배할 수 있다. **연蓮을 재배했던** 고대의 **습지 주민**과 면화를 재배하는 오늘날의 농부는 하늘과 땅만큼 다르다!"[93] 이집트에서 재배하는 면화의 사례를 가지고 새로운 기후 조건 아래에서도 다른 종류의 유용한 식물이 번성할 수 있으므로, 이를 농부의 살림살이에 보탬이 될 수 있다는 사실을 보여 주는 증거로 받아들이고 위안을 삼을 수 있을까? 카를 프라스는 앞으로도 기후가 계속 변화한다면 면화 경작을 보장할 수 없다고 언급함으로써 이와 같은 질문에 대한 답을 대신한다. "수량이 지속적으로 감소하고 [강]둑 높이가 지속적으로 증가하면 이집트의 비옥한 토지는 인위적인 배수가 가능한 매우 협소한 지역으로 국한되고 말 것이다."[94]

카를 프라스의 연구에서 가장 중요한 지역은 그리스이다. 그 이유는 고대 그리스인들이 남긴 과학적 탐구 자료가 많이 남아 있었기 때문이다. 뿐만 아니라 그리스의 사례는 그 밖의 근대 유럽 국가에 지리학적으로 유용한 통찰을 제공했다. 그리스 역시 역사를 거치면서 기후 전환과 식물계의 전환을 경험했다. 그리스에서 이루어진 기후 변화의 세부적인 증거를 제공하면서도, 프라스는 무엇보다 벌목의 문제를 중요하게 생각했다. 그리고 마르크스는 이 주제를 개인적으로 소장한 사본의 여백에 기록했다.[95] 문명은 집을 짓고 배를 건조하며 철과 설탕 제품을 생산하는 데 필요한 연료의 원료로 막대한 양의 나무를 소비한다. 그 밖에도 염소를 키울 넓은 경작지를 확보하기 위해 나무를 베어야 하고, 농사 지을 토지에 뿌릴 거름으로 사용할 재를 얻기 위해 나무를 태워야 하며, 무두장이의 작업에는 나무 뿌리의 피질이 필요하다. 따라서 프라스에 따르면 목재로 사용할 수 있는 나무를 새로 심거나 기존에 자리 잡고 있는 숲을 유지하는 일은 현실적으로 "불가능하다."[96]

벌목의 결과 고대 그리스인들이 자주 언급하고는 했던 숲은 근대 그리스에서는 더 이상 찾아볼 수 없게 되었다. 스트라본은 다음과 같이 언급했다. "에라토스테네스는 키프로스 섬에 거주하는 사람들이 광산 채굴 작업과 선박 건조 작업을 했음에도 들판에 자리 잡은 숲을 완전히 제거할 수 없었다고 말했다. 따라서 키프로스 섬의 사람들은 숲을 완전히 제거하여 경작이 가능하도록 만드는 사람에게 토지의 일부를 양도하기로 최종 결정을 내렸다." 그러나 근대 그리스의 상황은 사뭇 다르다. "오늘날 근대 그리스에서 쉽게 접근할 수 있는 지역에는 숲이 전혀 없기" 때문이다.[97] 고도가 3천 미터가 넘는 지역에 숲이 남아 있는 이유는 도시로부터 멀리 떨어진 데다가 너무 높은 곳에 자리 잡고 있어서 벌목 비용이 지나치게 높기 때문이다. "더 높은 산지에만 나무가 풍부하게 남아 있다. 즉, 오늘날까지도 숲을 이용하기가 지극히 까다로운 지역에만 숲이 유지되는 것이다."[98] 심지어 이와 같이 접근성이 떨어지는 지역에 자리 잡은 숲조차 기술 발전에 따라 곧 사라질 위기에 처해 있다고 카를 프라스는 경고한다.

건조한 기후가 들판을 더 많이 뒤덮을수록 더 많은 토착 식물이 산지로 밀려나고 말 것이다. 물론 산지의 기후에 적응할 수 있는 경우에만 생존이 가능할 것이다.

> 고대부터 존재했던 너도밤나무는 경작과 파괴 같은 다양한 공격
> 을 받아 대부분이 사라지고 일부만 살아남았다. 그마저도 이제
> 높은 산지의 그늘진 협곡으로 물러나고 있는데, 산지에는 아직
> 풍부한 샘물이 남아 있고 공기도 더 습하기 때문이다.[99]

카를 프라스는 서양산수유, 너도밤나무, 새우나무, 호랑가시나무, 물푸레나무, 단풍나무가 더 높은 산지로 밀려났다는 사실을 파악했다. 테오프라스토스에 따르면 이러한 나무들은 주로 들판에서 자라는 나무인데, 프라스의 시대에는 들판에 이러한 나무들이 번성하는 대신에 남아메리카의 사바나나 아시아 북부의 스텝에서 자라는 식물과 유사한 "보드라운 털로 뒤덮인 두껍고 단단한 잎과 수많은 가시를 지닌 관목"이 무성했다. 바로 이것이 그리스에서 진행되고 있는 스텝 형성 과정의 증거였다.

카를 프라스는 과거에는 해안 인근에 자리 잡은 저지대의 풍요로운

경작지에서 대규모 소 떼를 방목했다는 사실을 파악했다. 과거에는 해안 인근 저지대에서 "스펠트밀, 외알밀, 밀, 보리 같은 겨울 곡식과 여름 곡식"을 활용해 작물을 풍부하게 생산할 수 있었다. 오늘날에는 이 지역 "경작지의 3분의 2가 제대로 관리되지 않은 채 겨울 곡식을 거름도 주지 않은 상태에서 재배하는 데 사용되고 여름에는 사실상 휴경한다."[100] 프라스는 기후 변화가 그리스에서 생활하는 사람들에게 부정적인 영향을 미쳤을 것이라고 추측한다. 기후 변화로 인해 자연 조건이 변화했음에도 토양의 조건은 크게 변화하지 않았으므로 정상적인 방법으로 경작하여 그 밖의 농업 생산물을 성공적으로 수확할 수 없었기 때문이다.

카를 프라스의 역사적 탐구는 상업과 산업이 경작에 결부되면서 작물과 인간에게 우호적이지 않은 새로운 물적 조건이 등장하게 되었다는 사실을 상세하게 보여 준다. 프라스와 리비히의 차이점은 명백하다. 프라스와 리비히 모두 인간이 환경과 비합리적으로 상호작용함으로써 문명의 근본적인 물적 조건을 훼손했기 때문에 토양 생산성이 감소한다는 사실에는 동의한다. 그러나 프라스는 토양 생산성 감소의 궁극적인 원인을 토양의 무기질 양분 고갈에서 찾지 않고 과도한 벌목에서 찾는다. 마르크스는 엥겔스에게 보낸 편지에서 프라스의 저술이 매우 흥미롭다고 기록했다. 프라스 덕분에 인간과 자연 사이에 이루어지는 물질대사의 자본주의적 교란에 관한 마르크스의 관심이 1868년 이후 더욱 확장되었고, 이렇게 새롭게 얻은 지식을 바탕으로 자신의 정치경제학에 통합하려는 마르크스의 시도가 이어졌다.

물적 세계의 한계를 의미하는 기후 변화

인간 문명이 기후에 미친 영향에 대한 역사적 탐구 덕분에 카를 프라스는 변화 또는 역사를 거치면서 새로운 종이 탄생한다는 다윈주의에 바짝 다가섰다. 프라스는 기후 변화로 인해 "식물의 원산지가 이동하면서" 사람들이 해당 식물의 원산지가 어디인지 결코 알아볼 수 없는 수준에 이르렀다고 주장한다.[101] 식물이 이주하면 원산지가 달라지기 때문에 이주한 식물은 재생산을 위해 새로운 기후에 적응해야 한다. 『기후와 식물계, 둘의 역사에 관한 기고문』에서 프라스는 "오랜 시간에 걸친 기후 관계의 영향을 받으면 식물의 근본적인 특징조차 변화할 수 있다"고 주장한다.[102] 새롭게 등장한 특징은 다음 세대로 이어질 수 있다. 인간 역시 식물의 물리적 모습과 속성을 직간접적으로 변형할 수 있지만, 환경과 물질대사 상호작용을 수행하는 과정에서 요구되는 이와 같은 전환은 인간의 개입과 무관하게 이루어지고는 한다.[103] 바로 이것이 마르크스가 프라스를 "찰스 다윈보다도 먼저 다윈주의를 주장한 인물"이라고 부른 이유이다.

인간 노동은 두 가지 방식으로 자연의 물질대사 과정을 전환한다. 우선 인간 노동은 산업과 농업을 통해 **목적을 가지고 의식적으로** 자연과 관계를 맺는다. 자연은 생산에 필요한 소재를 인간 노동에 제공한다. 그리고 이러한 소재는 인간의 필요와 열망에 따라 변형될 수 있다. 이와 같은 자연의 탄력성은 자연에 대한 인간의 도구주의적 태도를 강화한다. 둘째, 인간은 산업과 농업을 통해 인간과 자연 사이에 이루어지는 보편적인 물질대사를 변경하는 과정에서 **의식하지 못한 방식으로** 자연을 변화시킨다. 그 결과가 누적되면 카를 프라스가 상세하게 묘사한 것처럼 토양 고갈, 스텝 형성, 사막화가 일어나 결국 문명이 쇠퇴하게 된다. 즉, 인간은 자신의 의지에 따라 환경을 변화시키고 조작할 수 있는 위치에 있지 않다. 오히려 인간 노동은 소재적 세계의 한계에 직면해 있다. 그제서야 인간은 도구주의적 관점에서 자연을 대한 탓에 물질대사 균열을 규제할 능력을 상실했다는 사실을 깨닫는다. 인간이 목적을 가지고 수행하는 활동은 오랜 역사에 걸쳐 다양한 부정적인 효과를 야기한다. 프라스는 자신이 파악한 사실을 다음과 같이 요약한다.

> 인간은 다양한 방식으로 자신이 전적으로 의존하는 환경을 변화시킨다. 인간은 일반적으로 생각하는 것보다 더 많이 자연을 변화시킨다. 사실 인간은 자신의 정신과 신체를 더 높은 수준으로 발전시키기 위해 필요한 수단인 자연이 제 기능을 완전히 상실하는 수준에 이를 때까지 자연을 변화시킬 수 있다. 덕분에 극도의 물리적 장애물에 직면하게 된다. (…) 이와 같은 현실은 극복할 수 없다.[104]

외부의 감각 세계와 협동하지 않고는 사회적 생산이 이루어질 수 없다. 이러한 의미에서 사회적 생산은 외부의 감각 세계에 근본적으로 의존한다고 할 수 있다. 그러나 기후와 식물계의 변화는 문명의 확장이 남기는 것은 결국 사막뿐이라는 사실을 잘 드러낸다.

마르크스는 카를 프라스의 역사적 탐구 덕분에 유스투스 폰 리비히의 토양 고갈 이론을 받아들였을 때보다 훨씬 더 확장된 생태학적 전망을 역동적이고 복잡하게 얽혀 있는 "형태"와 "소재" 사이의 관계를 분석하는 자신의 정치경제학에 결부할 수 있게 되었다. 기후 변화는 자연적 물질대사를 교란해 온 인간의 역사를 탐구하고자 하는 마르크스에게 새롭고도 중요한 요소가 되었다. 프라스는 고대 문명에 초점을 맞췄지만, 『기후와 식물계, 둘의 역사에 관한 기고문』을 통해 마르크스는 근대 자본주의 생산의 발전이 인간 역사상 유례 없는 수준의 대규모 벌목을 자행함으로써, 인간과 자연 사이에 이루어지는 물질대사 상호작용의 교란 속도를 높인다는 사실을 깨달았다. 마르크스는 프라스가 유럽의 숲이 빠른 속도로 감소하는 현상을 보고 한탄한 내용을 자신의 노트에 기록한다. "프랑스에는 숲이 12분의 1 만 남았고 69개의 숲지가 있었던 영국에는 이제 대규모 숲이 4개밖에 남지 않았다. 이탈리아와 유럽 동남부 반도 지역의 산에는 과거 그 지역의 들판에서 자랐던 나무보다도 적은 수의 나무가 남아 있는 형편이다."[105] 유럽 문명의 미래는 암담하다. 근대의 생산력 발전으로 인해 더 많은 나무가 필요하게 되었을 뿐 아니라 지금까지는 접근할 수 없었던 더 높은 산지의 나무까지 베어 낼 수 있게 되었기 때문이다. 장기적인 관점에서 볼 때 강탈적 실천은 사회적 생산 전체에 필요한 보편적인 물적 조건을 악화시키고 훼손한다. 프라스에 따르면 유일한 해결책은 벌목의 속도를 최대한 규제하는 것이다.

인구가 밀집한 문명국가는 자연을 훼손하면서까지 숲과 초지에 인위적인 구조물을 건축할 필요가 있다. 숲을 농업을 위한 경작지로 대체하고 늪과 습지에 배수를 해서 마른 땅으로 바꾸고 습도를 유지하는 데 기여하는 토탄과 숲을 불태워야 한다. 즉, 이와 같은 인위적인 활동의 지원을 받지 못하면 지금과 같은 모습의 문명 사회가 이룩될 수 없었을 것이다. 그러나 실질적인 필요성이 없다면 자연의 상태를 이렇게 변화시키는 일이 일어나서는 안 된다. (…) **즉, 반드시 필요한 경우가 아니라면 산지의 나무를 베어서는 안 된다. 산지의 나무야말로 가장 큰 영향을 미치는 요인이기 때문이다.**[106]

일단 민둥산으로 변한 산은 날씨와 식생에 점점 더 나쁜 영향을 유발한다. 따라서 과거의 문명과 마찬가지로 유럽 국가의 물적 이해관계는 위협을 받는다. 카를 프라스는 벌목이 대중의 경제적 기초를 이루기 때문에, 대중이 이와 같은 경고를 충분히 이해할 수 없을 것이라는 사실을 인정한다. 따라서 프라스는 비관적인 결론을 내린다. 즉, 자연의 "가장 큰 적"은 "상업과 산업을 동반하는 경작"이다.[107]

카를 프라스와 반대로 마르크스는 문명과 자연이 조화를 이루어야 할 필요가 있을 뿐 아니라 연합된 생산자들이 물질대사를 의식적이고 집합적으로 지배함으로써 문명과 자연 사이의 조화를 실현할 수 있다고 생각한다. 그러나 "[프라스는] 부르주아이기 때문에 이와 같은 단계에 이르지 못한다." 마르크스는 거대한 생태 위기가 사회적 생산의 물적 기초를 위협하지만 인간은 자연과 더 의식적으로 더 지속 가능한 관계를 맺게 될 것이라고 통찰함으로써 프라스와 차별화된다. 이러한 의미에서 볼 때 프라스의 이론은 여전히 **"의식하지 못한** 사회주의적 경향"의 범주 안에 들게 된다.

1868년 3월 25일 엥겔스에게 보낸 편지에서 마르크스는 인간이 "맹목"의 덫에 걸리기도 한다고 언급한다. 따라서 "원칙적으로 볼 때 가장 위대한 정신을 소유한 사람이라도 코앞에 놓여 있는 것은 볼 수 없는 법이다." "사회주의적 경향"은 과거의 상황에 대한 "반응"을 통해 그동안 간과되어 온 것의 흔적을 찾아낸 연후에야 등장하게 된다. 카를 프라스가 "가장 오래된 것"에서 발견한 것은 근대 사회에도 중요한 의미를 가지는 "가장 새로운 것"이라고 마르크스는 기록한다. 이러한 측면에서 마르크스와 프라스의 시대에 활동한 역사가이자 스스로를 사회주의자라고 인식하지는 않았던 게오르크 루트비히 폰 마우러Georg Ludwig von Maurer는 자본주의 이전 사회의 공동체에서 "의식하지 못한 사회주의적 경향" 즉, "프루동이 전율할 만한 수준의 평등주의"를 발견했다.[108] 프라스의 고대사회 탐구 역시 인간과 자연 사이에 이루어지는 물질대사를 의식적으로 규제할 필요성을 제기함으로써 이와 동일한 사회주의적 경향을 드러낸다. 이렇게 마르크스는 프라스가 저술에서 다룬 벌목의 문제를 과거의 문제가 아니라 "가장 새로운 문제"로 인식했다. 즉, 평등주의와 마찬가지로 기후 및 식물계와 관련해 지속 가능한 생산을 실현하는 것이 자본주의 이후 도래할 사회의 가장 중요한 실천 과제 가운데 하나이다. 바로 여기에서 마르크스의 **의식적인** 사회주의적 경향을 찾아볼 수 있다.

인간의 역사 전체를 아우르는 관점에서 생태적 파괴를 연구한 마르크스의 연구 범위가 광범위하다는 점을 감안할 때, 근대 사회가 직면한 물적 세계의 생태적 모순이 순수하게 경제적인 것은 **아니라는** 점을 분명히 해 두는 것이 중요할 것이다. 이러한 측면을 이해함으로써 경제결정론으로 빠지는 일을 피할 수 있다.[109] 카를 프라스는 자본주의 이전 사회에서 지속 가능한 생산이 장기적으로 이루어졌음에도 자연과 인간 사이에 일정한 수준의 긴장이 존재했다는 사실을 보여 준다. 아무리 자본주의라 하더라도 무에서 사막화와 같은 문제를 창출할 수는 없다. 그렇게 인식하는 것은 경제결정론에 지나지 않는다. 오히려 자본주의는 자본의 가치 증식이라는 관점에서 자연의 보편적인 물질대사를 급격하게 재조직함으로써 역사를 관통하는 이 모순을 전환하고 심화시킨다.[110]

마르크스는 자본주의가 등장하기 이전에는 인간과 자연이 모순을 일으키지 않고 통합되어 있었으며, 사회주의를 통해서 이와 같은 관계를 더 높은 수준으로 재구축해야 한다는 식의 널리 수용되던 입장과는 거리를 둔다. 인간과 자연의 전체 관계는 단 한 번도 의식적으로 구성된 적이 없었으며, 역사의 모든 순간에는 자연과의 물질대사 균열이 존재했다. 물론 그렇다고 해서 인간과 자연 사이에 이루어지는 의식하지 못한 상호작용의 문제가 역사의 모든 순간에 동일한 모습으로 등장했던 것은 아니다. 그러나 이러한 역사를 관통하는 모순에 대한 마르크스의 연구는 기본적으로 자본주의적 물질대사 균열의 특수성을 부각하려는 목적으로 이루어진 것이다. 즉, 마르크스는 자연과의 교류할 때 존재하는 역사를 관통하는 모순이 자본주의를 통해 더욱 강화되어 물적 세계에 막대한 부조화가 존재하게 되었다는 사실을 보여 주려고 한 것이다.

역사 속에서 전환되어 온 기후와 식물계에 대한 분석을 통해 근시안적인 벌목의 위험성을 경고하는 카를 프라스의 이론은 물질대사 균열이 심화되는 과정을 이해하는 데 기여한다. 유스투스 폰 리비히의 강탈 농업 비판은 근대적 생산의 파괴적인 경향 전부를 완벽하게 다루지는 못한다. 따라서 프라스의 저술을 탐독한 마르크스는 생산력과 기술의 발전으로 인해 나타나는 부정적인 측면과 생산력과 기술의 발전이 자연적 물질대사를 교란하는 과정을 그 밖의 생산 요소와 관련지어서 더욱 철저하게 탐구할 필요가 있다는 결론을 내렸다. 마르크스는 생태계 전체에 걸쳐 제한되어 있는 자연 자원을 낭비하는 행태에 대한 리비히의 비판을 강화함으로써 리비히의 분석을 넘어서고자 했다.

마르크스가 나중에 작성한 경제학 수고에서는 카를 프라스에 대한 직접적인 언급을 찾아볼 수 없다. 그럼에도 1868년 기록한 마르크스의 노트를 통해 마르크스가 벌목에 관해 관심을 가졌다는 사실을 확인할 수 있다. 1868년 초 마르크스는 존 D. 터킷John D. Tuckett이 발간한 『노동 인구의 과거 및 현재 상태에 대한 역사적 고찰History of the Past and Present State of the Labouring Population』을 탐독하고 중요한 쪽수를 기록했다. 그 가운데 하나에서 터킷은 다음과 같이 주장했다.

> 선조들의 게으름은 유감스럽기 짝이 없다. 선조들은 나무 재배를 게을리했다. 숲을 파괴하면서 새로운 식물을 충분히 심지 않는 경우도 많았다. 이런 일반적인 낭비 행태는 [철을 제련하기 위해] 역청탄을 사용하는 방법이 발견되기 직전에 극에 달했다. 역청탄을 사용하기 전에는 철을 벼리기 위해 소모되는 나무가 너무 많아서 국가의 모든 목재를 휩쓸어 버릴 것만 같은 지경이었다. (…) 그러나 오늘날에는 나무를 심는 일이 유용할 뿐 아니라 국가의 미관을 돋보이게 하는 경향이 있다. 한편 나무는 거센 바람을 막아 주는 차단막 역할도 수행한다. (…) 언뜻 보면 벌거벗은 국토에 방대한 양의 나무를 심었을 때 얻을 수 있는 이점이 무엇

인지 알기 어렵다. 그 이유는 벌거벗은 국토에는 차가운 바람을 막아 주고 소 떼를 방목하며 불을 피우거나 몽둥이로 활용할 수 있는 식생이 존재하지 않기 때문이다. 나아가 나무가 없으면 소 떼에 온기와 안락함을 제공함으로써 절반의 사료만으로도 소 떼를 충분히 먹일 수 있다는 이점도 누릴 수 없다.[111]

카를 프라스의 저술과 명백히 유사한 주제를 다루고 있는 존 D. 터킷은 벌목이 농업과 목축 경제에 심각한 영향을 유발했다는 사실을 지적한다.

카를 프라스와 존 D. 터킷의 생각이 마르크스에게 미친 영향은 『자본』 2권을 집필하기 위해 1868년에서 1870년 사이 작성한 두 번째 수고에서 분명하게 확인할 수 있다. 마르크스는 『자본』 3권을 집필하기 위한 수고에서 숲을 국가가 소유하는 체제에서 다소 지속 가능했던 임업이 사유재산 체제에서는 지속 불가능해진다고 기록했다.[113] 1868년 이후 마르크스가 근대 강탈 체계 문제에 깊은 관심을 기울이면서, 작물 생산뿐 아니라 벌목으로까지 그 영역이 확장되었다. 이러한 맥락에서 마르크스는 프리드리히 키르히호프Friedrich Kirchhof가 저술한 『농업 기업 운영법Handbuch der landwirtschaftlichen Betriebslehre』(1852)을 상세하게 발췌한 기록을 남겼고, 자본의 논리와 조림의 소재적 특징이 양립할 수 없다는 사실을 뒷받침했다. 마르크스는 조림에 소요되는 시간이 길다는 사실이 자연의 한계로 작용해 온 탓에, 자본은 벌목 및 재성장 주기를 최대한 단축해야만 했다고 지적했다. 『자본』 2권을 집필하기 위한 수고에서 마르크스는 키르히호프의 저술에서 다음과 같은 구절을 인용했다. "일반적으로 농업과 산업이 발전 과정에서 숲을 적극적으로 파괴했다는 사실을 확인할 수 있다. 농업과 산업이 숲과 관련해 수행한 일은 보전 및 복원과는 정반대되는 행위였다."[113] 마르크스는 벌목이 목재 부족을 유발할 뿐 아니라 기후 변화도 유발해 인간 문명의 존속과 관련된 위기를 유발한다는 점에서 위험하다는 사실을 분명하게 인식하고 있었다. 물론 키르히호프는 벌목이 기후에 미치는 영향에 대해 다음과 같이 지적했다.

> 반대로 숲이 사라지면 공기는 적합하지 않은 수준으로 건조해지고 공기의 흐름은 더 거칠어지며 강도도 더 세진다. 산지 계곡의 샘과 여러 하천은 말라 버린다. 나무를 베어 냄으로써 힘의 균형이 무너지면 많은 지역에서 비옥도를 상실한다.[114]

프리드리히 키르히호프 역시 명백히 카를 프라스의 저술과 유사한 주제를 다루고 있다. 『자본』 2권에서 자본의 회전율을 분석했던 마르크스 또한 자본의 회전율이 경제에 미치는 영향뿐 아니라 벌목으로 인해 문명에 유발될 수 있는 위기까지 염두에 두었던 것이라고 생각해 볼 수 있다.

동일한 수고에서 소재적 한계로 인해 목축의 자본 회전율이 단축되는 동일한 문제를 분석하면서 마르크스는 레옹스 드 라베르뉴를 언급한다. 여기에서 마르크스는 윌리엄 월터 굿William Walter Good이 저술한 『정치, 농업, 상업의 오류Political, Agricultural and Commercial Fallacies』(1866)에 수록된 구절을 인용함으로써 자신의 주장을 보충한다.

이러한 이유로 농업이 정치경제학의 원칙에 지배를 받는다는 사실을 염두에 두어야 한다. 남쪽에 자리 잡은 국가들이 사육을 하기 위해 낙농 국가에서 도입한 **송아지**는 **이제** 버밍엄, 맨체스터, 리버풀, 이웃한 대부분의 도시에 자리 잡은 도축장에서 **생후 일주일 또는 열흘이 되면 대부분 도축된다.** (…) 낙농업자들은 사육 권고에 대해 다음과 같이 응답한다. "우유 생산에도 관심을 기울여야 한다는 사실을 잘 알고 있지만 당장 내 수중에 들어올 수입을 고려하면 그렇게 할 수 없습니다. 우유 생산에 집중하면 **금세 소득을 올릴 수 있는 것이 아니라 오랜 시간을 기다려야** 하기 때문입니다."[115]

자본은 직면한 자연의 한계로 인해 생산에 필요한 시간을 단축하는 데 어려움을 겪는다. "경제성이 있는 연령에 도달하기 전에" 자본이 생산물을 판매하게 되면 "생리학적 필요"로 인해 "농업에 심각한 위해가 될 수 있다."[116] "자본"과 "자연" 사이에 자리 잡은 모순을 묘사하는 이 구절에서 마르크스의 생태적 전망을 분명하게 확인할 수 있다. 한편 1870년대 기록한 다른 발췌 역시 이와 동일한 관점으로 해석할 수 있다.

청년 마르크스의 저술과 비교해 보면 마르크스의 생태학적 사고가 극적으로 발전해 왔음을 확인할 수 있다. 『공산당 선언』에서 마르크스와 엥겔스는 자본의 힘이 가져올 역사적 변화를 다음과 같이 기록했다.

부르주아지는 모든 생산도구의 급속한 개선을 통해, 엄청나게 용이해진 통신 수단을 통해 모든 민족, 심지어 가장 야만적인 민족까지도 문명화한다. 부르주아지는 값싸게 제공하는 상품을 무기 삼아 중국의 장벽을 무너뜨리고, 외국인을 지극히 그리고 완고하게 증오하는 야만적인 중국인을 굴복시킨다. 부르주아지는 모든 민족을 향해 망하기 싫으면 부르주아 생산양식을 채택하라고 강요하고, 자신들이 문명이라고 부르는 것을 받아들이라고, 즉 부르주아지가 되라고 강요한다. 한마디로 부르주아지는 자신들의 형상대로 세계를 창조한다.[117]

이 구절에서 마르크스와 엥겔스는 자본주의 이전 사회의 "야만적인" 상태와 대조함으로써 자본이 가진 진보적인 성격을 강조했다. 널리 알려진대로 마르크스와 엥겔스는 이어지는 논의에서 유럽 자본주의의 부정적인 측면을 비판했다. 하지만 그럼에도 이들은 식민 지배 문제는 비판하지 않았다. 이와 같은 마르크스와 엥겔스의 태도는 마치 자본이 식민지를 건설하고 세계시장을 조성함으로써 주변화된 국가를 포섭하여 근대화시킬 수 있다는 주장을 인정하는 것처럼 보인다.[118]

또한 마르크스와 엥겔스는 생산력의 발전을 토대로 자본이 자연을 정복하여 낯선 자연의 힘으로부터 인간을 해방시키는 기초로 삼을 수 있다는 낙관적인 태도를 보인다.

부르주아지는 100년에도 못 미치는 짧은 지배 기간 동안 앞서간 모든 세대가 창조한 것을 다 합친 것보다 더 많고 더 거대한 생산력을 창조했다. 자연력을 정복하고 기계를 도입하며 산업과 농업에 화학을 응용할 뿐 아니라 증기선을 띄우고 철도를 부설하며 전신을 활용한다. 더불어 전 대륙을 개간해 경작에 활용하고 하천을 운하로 만든다. 마법이라도 부린 듯 땅 밑에 잠들어 있던 인구가 지면 위로 솟아올랐다. 지금껏 깨닫지 못한 채 사회적 노동의 깊은 곳에 잠들어 있던 생산력이 깨어난 것이다.[119]

미카엘 뢰비는 이 구절이 근대화에 대한 마르크스의 무비판적인 태도와 자본주의의 발전으로 인해 생태적 파괴가 일어난다는 사실에 대한 마르크스의 무지를 드러내고 있다며 비판했다. 뢰비는 다음과 같이 언급한다. "마르크스와 엥겔스는 생산력을 유례 없는 수준으로 발전시킬 수 있는 부르주아의 능력에 경의를 표하면서 근대 부르주아 생산이 '자연력을 정복'하고 '전 대륙을 개간해 경작에 활용하는' 현실을 거리낌 없이 칭송했다". 여기에서는 마르크스가 "프로메테우스주의"를 옹호한다는 뢰비의 주장을 반박하기 어려워 보인다.[120]

미카엘 뢰비의 비판은 당시 마르크스가 가졌던 생각을 정확하게 해석한 것이지만, 마르크스의 사상 전체에 일반화하여 적용할 수는 없는 비판이다. 해를 거듭하면서 마르크스의 자본주의 비판이 조금씩 생태적으로 변모해 갔기 때문이다. 위에서 살펴본 것처럼 『자본』 1권을 발간한 이후로도 마르크스의 사상은 지속적으로 발전했다. 말년의 마르크스는 벌목 문제를 진지하게 검토했다. 따라서 카를 프라스와 프리드리히 키르히호프의 저술을 탐독한 이후의 마르크스가 인간과 자연 사이에 이루어지는 물질대사 상호작용을 의식적으로 지속 가능하게 규제해야 한다는 점을 고려하지 않은 채, 진보의 이름으로 대규모 벌목을 무비판적으로 높이 평가했다고 주장하는 것은 신빙성이 떨어진다. 반대로

1860년대 이후 마르크스에게 생태 문제가 자본주의의 모순의 표현이자 장차 도래할 사회주의에서 반드시 해결해야 할 실천적인 문제로서 전략적으로 중요한 주제로 자리매김했다고 보는 것이 훨씬 더 타당성 있는 것으로 보인다. 인간과 자연 사이에 이루어지는 물질대사를 의식적으로 재조직해야 하는 실천적인 필요성을 입증하려고 시도했다는 점에서, 프라스에게서 "의식하지 못한 사회주의적 경향"을 엿볼 수 있다. 이를 바탕으로 마르크스는 생산의 사적 성격 및 임금 노동을 급격하게 철폐하고, 그렇게 해서 인간과 자연 사이에 이루어지는 물질대사 상호작용을 보다 지속 가능한 방식으로 완전히 새롭게 구성함으로써 훨씬 더 의식적으로 인간 해방을 이루어야 한다고 요구한다.

우리는 마르크스가 카를 프라스의 저술에 관심을 보인 이유를 보다 명확하게 이해할 수 있다. 리비히와 프라스 사이에 벌어진 논쟁을 통해 마르크스는 근대 사회의 생태 문제가 토양 고갈 문제에 국한되어서는 안 된다는 사실과 대규모 벌목과 기후 변화 같은 그 밖의 다른 문제들도 근대 사회의 생태 문제에 포함되어야 한다는 사실을 깨달았다. 프라스의 충적토 이론은 농업이 자연의 힘 자체를 바탕으로 더 지속 가능해질 수 있다는 전망을 제시한다. 물론 충적토 이론만으로는 자본주의의 물질대사 균열을 해결할 수 있는 최종적인 해결책이 제공되지 않는다. 또한 벌목이 기후 변화를 설명할 수 있는 유일한 요인인 것도 아니다. 마르크스는 당시 자연과학과 기술이 급속도로 발전하는 모습을 보면서 자본주의가 자신이 초래한 생태 위기를 얼마나 지연시킬 수 있는지 그리고 자기 가치 증식을 향한 자본주의의 무한한 열망이 어떤 유형의 문제를 초래할 것인지에 대해 확인하기 위해서 자연과학의 다양한 분야

를 보다 세심하게 연구해야 한다는 근본적인 필요성을 느꼈다. 『자본』 2
판에서 리비히에 대한 평가를 약간 수정한 데에는 새로운 생태 분야에
대한 마르크스의 연구가 자리 잡고 있었다.

결론

1970년대 한스 요나스는 주요 저서인 『책임의 원칙』에서 정확히 다음과 같은 이유로 유토피아 비판의 필요성을 주장했다. "최상의 기술을 완벽하게 사용할 수 있다고 주장하는 마르크스주의자들이 내세우는 유토피아는 인류 문명이 활용하는 기술의 추진력이 나아가고 있는 방향을 '종말론'에 맞게 극단적으로 변화시킨 유토피아이다."[1] "현실 사회주의"의 붕괴와 더불어 마르크스주의가 지녔던 매혹의 힘이 흔적도 없이 사라지면서, 마르크스주의자들이 주장하는 유토피아를 진정으로 신봉하는 사람들은 더 이상 찾아볼 수 없게 되었다. 그러나 이와 같은 마르크스주의의 "위기"는 마르크스주의자들에게 새로운 기회를 안겨 주었다. 마르크스의 이론적 유산을 당의 교의에 구애받지 않고 냉정하게 다시 분석할 수 있게 되었기 때문이다. 이제 마르크스주의자들은 마르크스가 진정으로 구상했던 것이 그와 같은 기술관료적 해방이었는지 여부를 탐구할 수 있다. 이 책에서 논의한 바와 같이 마르크스가 유토피아주의와 반反생태적 사상을 앞세웠다는 널리 퍼진 비판은 19세기와 20세기에 횡행했던 프로메테우스주의적 사고를 마르크스의 유물론 사상에 소급 적용한 것에 불과하다.

역사적인 마르크스 엥겔스 전집MEGA이 새롭게 편집되면서 마르크스가 자신의 정치경제학 이론을 심화시키는 과정에서 생태적 사상을 자본주의 비판의 일환으로 발전시킨 방식을 재구성할 수 있게 되었다. 새롭게 출간된 MEGA에 새로 수록된 자료를 더 완벽하게 탐구함으로써 마르크스가 자연 자원의 희소성과 생태계가 짊어지고 있는 부담에 무관심했다는 전형적인 (그리고 그릇된) 비판과 마르크스가 경제와 기술이 한없이 발전할 수 있다는 프로메테우스주의적 미신을 내세웠다는 비판은 더 이상 유효하지 않게 되었다. 나아가 마르크스가 기록한 발췌와 메모를 보다 **체계적으로** 탐구함으로써 "마르크스의 생태학"이라는 주제를 제대로 파악하여 마르크스의 자본주의 비판에서 생태학이 수행하는 핵심적인 역할을 이해할 필요성이 입증되었다. 이를테면 마르크스의 정치경제학 체계에 통합되어 있는 마르크스의 가치론에서 일관성 있는 생태 이론을 도출할 수 있게 되었다. 따라서 마르크스가 구상한 사회주의 전망에는 자본주의에서 심각하게 왜곡되어 온 사회적 물질대사와 자연적 물질대사를 회복해야 한다는 기획이 명백하게 포함된다.

근대의 생태학 논의는 일반 상품 생산 사회의 근본적인 본질을 꿰뚫어본 마르크스의 심도 깊은 통찰력에 큰 빚을 지고 있다. 마르크스는 인간과 자연 사이에 이루어지는 역사를 관통하는 물질대사를 매개하는 존재인 가치가 지속 가능한 생산의 물적 조건을 창출할 수 없다는 사실을 보여 준다. 오히려 가치는 물적 재생산 과정에서 균열을 야기한다.

사회적 생산의 지배적인 주체인 자본으로 승화한 가치는 인간과 자연 사이에 이루어지는 역사를 관통하는 물질대사의 교란과 붕괴를 강화해 다양한 부조화를 유발함으로써 인간과 자연에 위해를 가할 뿐이다. 인간의 경우 초과 노동, 신체적 및 정신적 질병, 질병으로 인한 기형 유발 등으로 고통을 받게 되며, 자연의 경우 사막화, 자연 자원의 대규모 파괴, 멸종 등으로 고통을 받게 된다. 마르크스에 따르면 인간과 자연 사이에 이루어지는 이러한 물질대사 붕괴는 궁극적으로 자본 축적을 향한 한없는 열망에 소재적인 한계를 부과하는 동시에 인간이 환경과 좀 더 의식적으로 상호작용할 것을 요구한다. 여기에서 "자본주의의 균열"이 일어날 수 있는 것이다.[2]

물론 자본주의 비판을 발전시키려고 처음 시도했을 무렵의 마르크스는 "생태적으로" 사고하지 않았다. 비록 마르크스의 소외 이론에 대한 "철학적" 해석이 마르크스에 대한 해석을 지배하면서 이와 같은 청년 마르크스의 기획이 오랫동안 간과되어 온 것은 사실이지만, 그럼에도 1844년 작성한 노트에서 마르크스가 이미 인간과 자연 사이의 관계를 근본적으로 전환하는 근대적 소외의 폐지를 요구했다는 사실을 인식하는 것이 중요하다. 생태학 논쟁사를 고려할 때 인간과 지구의 "분리" 문제가 마르크스의 근대 사회 비판에서 꾸준히 핵심적인 역할을 수행해 왔다는 사실을 강조하는 것 또한 중요하다.

최근 일부 생태사회주의자들은 마르크스와 반대로 사회와 자연의 "일원론적 종합"을 강조한다. "인간이 자연**으로부터** 분리되는 것이 아니라 인간이 자연 **안에** 한 자리를 차지하고 있다는 개념이야말로 자본주의적 위기를 이해하고 (만에 하나 가능하다면) 자본주의적 개선의 조건을 이해하는 핵심이다."³ 그러나 이렇게 이해하게 되면 마르크스가 원래 품었던 통찰, 즉 자본주의 체제의 구성 조건 자체가 자연으로부터의 인간의 **분리**라는 사실을 간과하는 것이다. 인간과 자연의 통합은 추상적이고 일반적인 관점과는 별개로 역사를 관통해서 존재한다. 그 안에서 인간 노동은 항상 자연을 변형하는 동시에 자연의 일부로서 자연의 제약을 받는다. 마르크스의 분석을 통해 자연의 소외를 바탕으로 하는 근대 자본주의 사회에서 인간과 자연 사이의 관계가 **역사적으로** 변형되었다는 사실을 확인할 수 있다. 마르크스는 자본주의적으로 구성된 사회관계 속에서 이와 같은 사회적 생산의 물적 조건이 전환되고 변형되는 과정의 탐구를 자신의 정치경제학의 기본적인 과제로 삼았다.

마르크스의 모든 사상에 자리 잡고 있는 이러한 이론적 연속성에도 불구하고 1845년 철학과 결별한 마르크스는 인간이 자연을 지배할 수 있다는 낙관적인 전망을 점진적으로 수정했다.『공산당 선언』과는 다르게 마르크스는『자본』에서 기술적 측면에서 이루어지는 생산력 발전을 통해 자연을 임의로 조작하여 외부의 감각 세계를 이차 자연으로 완벽하게 전환할 수 있다는 착각을 분명하게 거부한다.『공산당 선언』과는 다르게『자본』에서 마르크스는 소재적 특징을 무시한 탓에 생산의 물적 조건이 저하될 뿐 아니라 자유로운 인간 발전이 가로막힌다는 주장을 편다. 마르크스가 자연에 대한 절대적인 지배를 맹목적으로 지지했다는 광범위한 비판과는 반대로, 장차 도래할 사회에 대한 마르크스의 전망은 자연의 한계에 대한 명확한 인식을 토대로 자연과 주의 깊게 지속 가능한 상호작용을 할 것을 요구한다.

또한 시장 기제를 바탕으로 지속 가능한 생산이 가능하다는 대중적인 견해에 맞서 마르크스는 가치론을 통해 끝없는 자기 가치 증식을 추구하는 자본이 자연력과 자연 자원이라는 근본적인 한계에 부딪치면서 모순을 일으킨다는 사실을 확신에 찬 어조로 주장한다. 바로 이것이 자본주의 생산양식의 핵심 모순이다. 마르크스는 분석을 통해 물적 세계 안에서 벌어지는 끝없는 자본 축적을 향한 열망에는 한계가 있다는 사실을 포착하고자 한다. 자본이 다양한 생산 부문을 포섭하면서 지배할 뿐 아니라 사회적 삶과 사적 삶 전체를 조직하게 됨에 따라 자연과 자본 사이에 존재하는 불일치가 나타나는 영역이 점차 넓어지고 있다.

이와 같은 상황에서 마르크스는 인간과 독립적으로 존재하는 "자연"으로 돌아가야 한다고 요구하지 않는다. 『독일 이데올로기』에서 마르크스가 루트비히 포이어바흐를 비판하면서 주장한 것처럼 그와 같은 자연은 오직 철학자의 머릿속에만 존재하는 것이기 때문이다. 대신 마르크스는 "자연"은 사회적 생산과의 관계 안에서만 존재한다고 언급하면서, 이와 같이 근본적인 물적 관계를 인간과 자연 사이에 이루어지는 "물질대사"라고 부른다. 자연과 사회는 서로 간에 이루어지는 역동적인 상호관계 속에서 이해되어야만 한다. 마르크스는 과학적 분석을 통해 역사를 관통하는 물질대사를 역사적으로 조직할 뿐 아니라 그 결과 생태계의 불안정을 야기하는 자본주의 생산양식의 특수성을 설명한다.

마르크스의 물상화 이론은 이러한 맥락에서 핵심적인 역할을 수행한다. 물상화 이론은 경제적 형태 규정이 자본주의 발전 과정에서 **사물의 속성**으로 단단하게 경직화되는 과정과 인간의 필요가 외부 감각 세계와 더불어 자본주의의 논리에 따라 급격하게 전환되는 과정을 드러낸다. 자본은 소재적 속성을 변형할 수 있을 뿐 아니라 세계 전체를 재조직할 수 있는데, 이는 소재적 "탄력성" 덕분이다. 따라서 자본은 자연의 한계를 완벽하게 그리고 마음대로 극복할 수 없다. 마르크스는 가치론을 물질대사 균열 문제와 체계적이고 밀접하게 관련지어 발전시켰다. 철학과 결별한 이후 마르크스는 이 문제를 인간과 자연의 관계에 대한 일반적인 존재론적 이해로 전락시키지 않았다. 대신 마르크스는 자연과학 및 기술이라는 구체적인 조건을 통해 소재적 한계를 이해하려고 애썼다. 이와 같은 모순의 정확한 모습은 선험적으로 드러나는 것이 아니다. 이와 같은 모순은 각각의 상황을 구체적으로 분석할 때에야 비로소 그 모습을 드러낸다. 자연과학은 그와 같은 분석을 수행하는 데 필요한 기본적인 지식을 제공한다. 그렇지 않으면 자본주의가 환경을 파괴하고 말 것이라는 공허한 비판만 할 수 있을 뿐이다. 마르크스는 이와 같이 추상적인 주장을 펴는 것에 만족하지 않았다.

대신 마르크스는 자본과 자연 사이에 존재하는 모순이 자본주의 체제의 즉각적인 붕괴로 이어지지 않는다는 사실을 인식했다. 예를 들어 소재적 탄력성 덕분에 자본은 노동자를 강도 높게 그리고 광범위하게 착취하고, 새로운 기술을 발명하며, 새로운 원료를 발견하고, 전 지구적 시장과 식민지와 대척함으로써 자신의 한계를 극복할 수 있다. 그러나 자본주의의 역사를 통해 확인할 수 있는 것처럼 노동력, 자연 자원, 사회적 필요 같은 소재를 기술 발전과 과학 발전의 힘으로 대체할 수 있다고 하더라도 소재의 한계는 객관적으로 분명하게 존재한다. 따라서 소재적 한계의 구체적 표현은 매우 다양하게 나타난다. 자본이 각각의 자연 조건과 맺는 관계에 따라 자본의 형식논리의 결과가 다양한 방식으로 발전하기 때문이다. 이와 같은 물적 한계를 보다 정확하게 다루면서

『자본』을 완성하기 위해 1868년 이후 마르크스는 자연과학을 더 강도 높게 연구했다. 마르크스의 『자본』은 미완의 상태로 남고 말았지만 그럼에도 『자본』은 인간과 자연의 대립이라는 자본의 역사적 과정을 분석하는 구체적인 방법론적 기초를 제공할 뿐 아니라, 소재적 세계 자체의 관점에 입각해 자본의 물상화된 지배와 자연의 소외에 맞설 수 있는 대응 전략을 구상할 수 있도록 지원한다. 이러한 의미에서 볼 때 마르크스의 생태학적 비판은 "종말론"과는 매우 거리가 멀다고 할 수 있다.

사회주의 전략과 관련해 점진적으로 형성된 마르크스의 물질대사 이론은 중요한 사회 변화에 대한 마르크스의 전망이 중요한 전환을 겪은 일과도 비견될 수 있다. 앞서 발간한 『공산당 선언』에서 마르크스는 심각한 경제 위기만으로도 사회 혁명을 불러일으키기에는 충분하다고 생각하는 낙관적인 경향을 보였다. 하지만 1848년 혁명이 실패로 돌아가고, 뒤이어 나타난 정치적 퇴보와 이전 체제의 부활을 목격하면서, 마르크스는 이와 같은 낙관론을 점차 포기하게 되었다. 자본주의 체제는 1857~1858년 찾아온 경제 위기에서 생존할 수 있을 만큼 훨씬 끈질긴 생명력을 지니고 있다는 사실을 스스로 입증했다. 그 결과 마르크스는 노동조합을 결성하고 보다 지속 가능한 형태의 사회적 물질대사를 구축함으로써 가치 증식에 제약을 가해야 한다고 주장하기 시작했다. "노동일"과 "기계와 대규모 산업"에서 묘사한 것처럼, 마르크스는 정책을 바꾸는 투쟁이 아니라 사물에 인간과는 무관한 사회적 힘을 부여하는 자본주의의 사회적 실천 자체를 전환하기 위한 투쟁에 즉시 나서야 한다고 지적한다. 이러한 개혁은 사회적 및 정치적 영역을 확장할 수 있으므로 자본의 물상화된 힘에 맞서 진보적인 변화를 이끌어 낼 수 있다.

마르크스는 자연과 관련해서도 동일한 내용을 강조했다. 근대 농업에 대한 논의에서뿐 아니라 카를 프라스의 "사회주의적 경향"에 대한 언급에서도 마르크스는 소재적 세계의 관점에서 생태계 파괴를 자본의 물상화된 힘과 관련하여 이해하려고 노력했다. 자본주의에 의해 붕괴된 자연의 보편적인 물질대사는 자본의 자율적인 힘이 완전히 제거되어야만 회복될 수 있다. 자연 자원이 회소함에도 자본주의가 자동적으로 붕괴하지 않을 경우 물적 세계의 부조화는 인간의 자유롭고 지속 가능한 발전을 지연시킬 것이므로, 사람들은 자본주의를 넘어서는 새로운 사회 체제를 요구하는 투쟁에 나서게 될 것이다. 자본의 논리에 맞서 "사적 노동"과 "임금 노동"의 철폐를 바탕으로 하는 보다 합리적인 사회적 생산 형태가 실현되어야만 한다. 더욱이 "노동일" 장을 작성하면서 의회 보고서와 공장 조사관이 작성한 조사 보고서를 참고한 마르크스는 물적 세계의 구체적인 전환 과정을 검토할 필요가 있다는 사실을 인식했다. 그렇게 하지 않으면 물상화된 자연의 착취에 맞서는 구체적인 사회적 전략을 도출할 수 없을 것이다.

마르크스의 노트를 통해 마르크스의 생태학을 탐구함으로써 19세기를 무비판적인 프로메테우스주의의 세기라고 치부하는 일반적인 견해가 일면적이라는 사실을 파악할 수 있다. 유스투스 폰 리비히, 제임스 F. W. 존스턴, 카를 프라스 같은 이론가들이 자연 자원의 부족 및 고갈 문제를 진지하게 고려했기 때문이다. 아울러 윌리엄 스탠리 제본스William Stanley Jevons는 유명한 저서 『석탄 문제The Coal Question』(1865)에서 리비히를 여러 차례 언급하면서 영국의 석탄 매장량이 감소할 것이라고 예견하여 영국 의회에서 뜨거운 논쟁을 불러일으켰다. 마르크스는 1868년 이 책의 제목을 노트에 기록하고 그 옆에 책을 구입할 의사가 있음을 기록해 두었다.[4] 마르크스가 1876년 탐독한 『동식물 생리학 *Physiologie der Pflanzen und Tiere*』(1850)을 발간한 마티아스 야코프 슐라이덴Matthias Jakob Schleiden은 그 이후 출간한 『나무와 숲*Für Baum und Wald*』에서 "숲의 사막화"에 대해 기록했는데, 이 책에서 슐라이덴은 조지 P. 마시Geroge P. Marsh의 중요한 저서인 『인간과 자연*Man and Nature*』(1864)을 언급했다.[5]

1860년대에 이미 환경 파괴와 인간의 생존 조건 악화에 관한 다양하고 심도 깊은 논의가 이루어졌다. 다양한 학문 분야에서 새로 출간된 저술과 논문을 꾸준히 연구했던 마르크스가 자신의 정치경제학 비판에 19세기에 등장한 생태 사상을 통합하려고 시도했던 것은 우연이 아니다. 하지만 이러한 측면은 대체로 간과되어 온 것이 사실이다. 마르크스의 노트를 검토하고 마르크스의 작업 과정을 추적해 보면 마르크스가 인간 진보에 대한 낙관적인 사고, 즉 생산력이 무한하게 발전할 수 있다는 사고를 무비판적으로 공유했다는 주장을 이어 나가기 어려울 것이다. 이러한 맥락에서 볼 때 합성 거름에 의존하는 유스투스 폰 리비히와 다르게 지속 가능한 생산과 관련된 또 다른 전망을 제시하는 카를 프라스의 중요성이 매우 크다고 할 수 있다. 프라스의 충적토 이론은 자연의 힘을 고갈시키지 않으면서 자연의 힘 그 자체를 의식적으로 활용해 지속 가능한 생산이 가능하다는 점을 보여 주려고 시도한다. 또한 프라스의 역사적인 탐구를 통해 마르크스는 과도한 벌목이 지역 기후와 식물계에 결과적으로 미치는 영향의 심각성을 깨닫게 되었다.

마르크스의 저술에서 생태 문제에 대해 마르크스가 강한 관심을 가지고 있었다는 사실을 확인할 수 있는 다양하고 분명한 근거를 찾아볼 수 있다. 그럼에도 오랫동안 인식되어 온 것처럼 마르크스의 생태학이 마르크스의 정치경제학 비판에서 이차적인 중요성만 가진다는 언급을 사실로 받아들인다면, 그 이유 가운데 일부를 서구 마르크스주의의 전통, 즉 (헤겔의 『논리학』에 대한 지극한 숭배와 더불어) 사회적 형태를 우선적으로 중요하게 취급하고 "소재" 또는 "소재의 내용물contents"은 대체로 소홀하게 취급하는 전통에서 찾을 수 있을 것이다. 만일 마르크스의 체계에 "소재"가 통합된다면 마르크스의 텍스트는 큰 어려움 없이 생태학으로 향하는 길을 열어 줄 것이다.

이러한 의미에서 볼 때 이 책은 마르크스의 성숙한 생태학이라는 주제를 다룬 과거의 저술들보다 더 체계적이고 완전하게 이 주제를 다루지만, 그 범위는 여전히 제한적이라고 할 수 있다. 이 책에서 다룬 수고와 발췌 노트는 마르크스가 평생에 걸쳐 기록한 내용의 극히 일부에 불과하기 때문이다. 특히 1870년대에 마르크스의 물질대사 이론은 더욱 발전했는데, 마르크스가 개인 서재에 소장하고 있던 도서를 살펴보면 이와 같은 경향을 잘 드러내는 몇 가지 예를 찾아볼 수 있다. 구체적인 예는 다음과 같다. 베르나르트 코타Bernard Cotta, 『독일의 토양, 그 지질학적 구성과 지질학적 구성이 인간의 삶에 미치는 영향Deutschlands Boden, sein geologischer Bau und dessen Einwirkung auf das Leben der Menschen』(Leipzig, 1858), 장 샤를 우조Jean Charles Houzeau, 『기후와 토양Klima und Boden』(Leipzig, 1861), 아달베르트 아돌프 뮈흐리Adalbert Adolf Mühry, 『기후 그래프로 개관한 지구Klimatographische Uebersicht der Erde』(Leipzig, 1862), 로버트 러셀Robert Russell, 『북아메리카: 농업과 기후North America: Its Agriculture and Climate』

(Edinburgh, 1857). 또한 마르크스는 유스투스 폰 리비히의 토양 고갈 이론에 관련된 논쟁을 꾸준히 탐구했다. 그 증거는 다음에서 찾아볼 수 있다. 아돌프 마이어Adolf Mayer, 『비료 자본과 강탈 경작Das Düngerkapital und Raubbau』(Heidelberg, 1869), 클레멘트 만델블뤼흐Clement Mandelblüh, 『토양 고갈과 보충 계산표Tabellen zur Berechnung der Bodenerschöpfung und des Bodenkraft-Ersatzes』(Leipzig, 1870), 요하네스 콘라트Johannes Conrad, 『토양 고갈과 리비히의 역사적, 통계적, 국민경제적 견해Liebig's Ansicht von der Bodenerschöpfung und ihre geshichtliche, statistische und nationalökonomische Begründung』(Göttingen, 1866). 여기 제시한 저술은 이 책에서 다루고 있는 주제와 관련된 저술의 일부에 불과하다. 이러한 측면에서 볼 때 마르크스가 지녔던 관심이 그가 개인 서재에 소장하고 있던 도서를 통해 가늠해 볼 수 있는 것보다 훨씬 더 광범위하다는 사실을 짐작할 수 있다.[6] 이와 같이 방대한 저술을 탐독하고 탐구한 결과 말년의 마르크스는 물질대사 균열이 자본주의의 가장 심각한 문제라는 사실을 이해하게 되었다.

이러한 맥락에서 볼 때 마르크스가 말년에 수행한 연구가 자연과학에 국한되지 않았다는 사실을 강조하는 것이 중요할 것이다. 마르크스는 자연과학 분야의 저술 외에도 자본주의 이전 시대에 관한 저술 및 서구권 이외의 사회에서 발간된 다양한 저술, 그중에서도 특히 농업과 토지 소유 문제를 집중적으로 탐독했다. 이러한 사실은 널리 알려진 『민족학 노트』에서 찾아볼 수 있다.[7] 이 주제와 관련하여 "의식하지 못한 사회주의적 경향"이라는 마르크스의 표현은 다시 한 번 통찰력의 원천으로 작용한다. 1868년 3월 25일 엥겔스에게 보낸 편지에서 카를 프라스의 『기후와 식물계, 둘의 역사에 관한 기고문』에 대해 언급한 마르크스는 게오르크 루트비히 폰 마우러에 대해서도 지극히 긍정적인 평가를 내린다. "생각해 보니 마우러의 저술은 지극히 중요하다네. 원시시대만이 아니라 제국의 자유로운 도시에서 특권을 보유한 토지 소유주, 공공 당국, 자유로운 농민과 농노 사이에 벌어진 투쟁에 이르는 모든 발전 과정에 완전히 새로운 성격을 부여하고 있기 때문이야."[8] 마르크스는 엥겔스에게 보낸 이 편지에서 자본주의 이전 (독일) 사회에서 마르크스 자신의 시대로 이어져 온 요소가 지닌 연속성에 대해서 지나치게 주의를 기울이지 않았다는 사실을 인정했다. 그 뒤 몇 년 동안 마르크스는 이와 같은 맹점을 극복하기 위해 자기 비판을 수행하면서 자본주의 이전 사회에 대해 진지하게 연구했다. 심지어 연구를 위해 러시아어를 공부하기도 한 마르크스는 러시아 마을 공동체와 농업에 대한 저술을 러시아어 원본으로 탐독하기도 했다.[9]

자연과학과 민족학이 말년의 마르크스에게 미친 영향과 관련해서는 카를 프라스의 텍스트와 게오르크 루트비히 폰 마우러의 텍스트 사이의 연계에서 핵심 단초를 찾을 수 있다. 프라스는 독일 공동체에 대한 마우러의 역사적 탐구를 긍정적으로 평가한다. 독일 역사학자인 마우러가 "토양의 힘이 증가한 연후에야 처음으로 독일에서 마을이 형성될 수 있었다"는 사실을 보여 주었기 때문이다.[10] 나아가 프라스는 마우러의 텍스트를 언급하면서 독일 공동체의 지속 가능한 생활 방식에 대해 논의한다.

> 만일 마르크 단위의 마을에서 마을 사람들 사이에서만 목재, 짚, 배설물, 심지어 가축(돼지!)의 거래를 허용하고, 그 밖의 거래는

허용하지 않을 뿐 아니라 마을 내에서 추수한 포도를 비롯한 모든 작물을 마을 내에서만 소비하도록 명령할 수 있으려면, (이와 같은 실천에서 다양한 차지권[Bannrechte]이 등장할 터였다) 토지의 힘을 유지하기 위한 수단을 보유하고 있어야 할 뿐 아니라 숲과 목초지로부터 추가적인 양분을 사용할 수 있어야 하고 강으로부터 거름을 제공받는 초지를 활용해 [토양의] 힘을 증가시키는 데 기여할 수 있어야 한다. (마우러, op. cit., 313 sq.)[11]

카를 프라스에 따르면 마르크 단위의 협동조합을 토대로 이루어지는 독일의 공동 생산은 평등주의적일 뿐 아니라 지속 가능하다. 모든 것이 공동체 안에서 생산되고 소비되기 때문이다. 1868년 초 마르크스가 게오르크 루트비히 폰 마우러의 저술을 탐독하고 발췌하게 된 데에는 이와 같은 언급이 주요 원인으로 작용했을 것이다.[12]

1868년 이후 마르크스가 기록한 방대한 수고와 발췌를 동시에 모두 탐구할 수는 없다. 아직 모두 발간되지 않았기 때문이다. 그러나 마르크스가 엥겔스에게 보낸 편지에서 게오르크 루트비히 폰 마우러와 카를 프라스를 "의식하지 못한" 사회주의자라고 칭하면서 높이 평가했다는 사실을 감안해 볼 때, 마르크스가 자본주의 이전 사회와 서구권 이외의 공동체와 사회를 통해 인간과 자연 사이에 이루어지는 물질대사를 조직하는 다양하고 구체적인 방법을, 특히 농업과 토지 소유와 관련하여 연구하고자 했다고 추정하는 것이 합리적이다. 케빈 앤더슨은 MEGA² IV/27과 관련하여 1870년대 마르크스가 수행한 연구가 자본주의 이전 사회와 서구권 이외의 사회에서 이루어진 농업의 "이행 과정"에 초점을 맞추고 있다고 주장한다.[13] 즉, 마르크스는 이전 시대에 자연적 물질대사와 사회적 물질대사를 조직한 방식이 자본에 형식적 및 실질적으로 포섭되면서, 이 방식들이 변경된 범위와 이 방식들이 자본에 저항할 수 있었는지의 여부를 분석했다. 이러한 의미에서 인간과 자연이 맺은 관계 역시 말년의 마르크스가 염두에 두고 있었던 핵심적인 주제였다고 할 수 있다.[14]

마르크스가 말년에 언급한 내용을 살펴보면 이러한 주제들이 서로 연관된다는 사실을 확인할 수 있다. 러시아 혁명가인 베라 이바노브나 자술리치에게 보낸 편지를 통해 마르크스가 러시아가 사회주의 혁명에 이르는 대안적인 방식의 가능성을 인식했다는 사실은 잘 알려져 있다. 게오르크 루트비히 폰 마우러를 직접적으로 언급하면서 마르크스는 고대의 코뮌이 지니고 있었던 위대한 "자연적 생기"를 지적하는 동시에 그 이후에 존재한 마을 코뮌, 특히 독일에 존재했던 마을 코뮌이 "중세 전반에 걸쳐 자유와 대중의 삶에만 집중했다"고 주장한다.[15] 마르크스의 주장에 따르면 인간과 자연 사이에 이루어지는 물질대사를 다른 방식으로 조직하는 것, 즉 공동체적 생산 형태로 조직함으로써 이와 같은 생기가 존재할 수 있었다. 따라서 러시아의 마을 코뮌은 자본에 저항하는 공간으로 그리고 자본주의를 거치지 않고 사회주의를 구축할 수 있는 공간으로 기능할 수 있다. "서구 자본주의의 생산과 동시대에 존재하고 있음에도, 서구 자본주의의 작업 방식을 받아들이지 않으면서, 그 결실을 획득할 수 있을 뿐 아니라 자본주의 체제가 건재한 시대에도 이러한 형태가 살아남을 수 있다는 사실로 미루어 볼 때, 지금이야말로 추가로 '농업 코뮌'을 발전시킴으로써 농업 코뮌을 보존할 수 있는 역사적으로 매우 유리한 시기임을 알 수 있다."[16]

이와 동시에 마르크스는 다음 문장을 통해 서유럽에서 자본주의의 "위기Crisis"를 지적한다. "오늘날 서유럽과 미국의 체제는 노동 대중, 과학, 체제가 자아낸 생산력과의 갈등을 겪고 있다. 즉, 근대 사회를 집합적 소유와 집합적 생산이라는 더 고차원적인 '태곳적' 형태로 되돌림으로써 현재 체제가 제거되어 마무리되고 말 것이라는 위기를 겪고 있다."[17] 이와 같은 "위기"는 노동자들이 목소리 높여 초월하기를 요구하는 소외의 경험에서 비롯될 뿐 아니라 자본주의가 "과학"과 갈등을 겪는 과정에서도 등장한다. 그러나 과학이 생산력을 증대하고 미래 사회의 물적 조건을 준비하는 새로운 기술의 발명을 가능하게 만드는 것만으로는 부족하다. 유스투스 폰 리비히와 카를 프라스의 사례에서 명확하게 확인할 수 있듯이 과학은 자본주의 생산양식이 자행하는 강탈과 그 결과로 발생하는 균열의 비합리성을 드러냄으로써 자본주의의 위기를 부각하여 보다 지속 가능한 생산 형태의 실현을 요구해야 한다. 마르크스의 물질대사 이론의 심화 과정을 감안해 보았을 때, 1881년 무렵 마르크스가 유럽중심주의를 탈피한 다양한 경로를 통해 사회주의로 이행하는 방안을 인식했을 뿐 아니라 보다 생태적인 사회주의 전망을 발전시켰다고 보는 것이 타당할 것이다. 그러나 마르크스의 관심사가 이와 같이 확장되면서 『자본』 기획의 완성은 지극히 어려워졌다.

앞으로 출간될 MEGA²를 통해 마르크스가 말년에 품었던 생태사회주의를 보다 명확하게 파악할 수 있게 될 것이다. 그렇다고 해도 마르크스의 『자본』 기획이 미완성이라는 사실은 변하지 않는다. 마르크스가 모든 문제에 대한 해답을 제시한 것도, 오늘날의 세계를 모두 예견한 것도 아니다. 그러나 그렇다고 해서 마르크스의 생태학이 오늘날 아무런 쓸모가 없는 것도 아니다. 마르크스의 자본주의 비판이 현재의 생태 위기를 비판적으로 탐구하는 데 지극히 유용한 이론적 기초를 제공한다는 사실을 부인할 수는 없기 때문이다. 이러한 점을 감안해 볼 때, 마르크스의 노트가 마르크스의 생태학을 파악하는 데 매우 중요한 역할을 수행한다고 말할 수 있다. 따라서 마르크스의 발췌 노트를 세심하게 검토하는 작업은 중요성이 떨어지는 "철학적" 작업이 아니다. 이와 같은 분석을 통해 마르크스의 비판에서 아직 알려지지 않은 측면을 확인할 수 있을 것이다.[18] "마르크스는 잊자"는 한스 이믈러의 도발적인 선언은 일러도 너무 이르다. 그 대신 이 책은 반대로 선언하고자 한다. "마르크스는 살아 있다!"

옮긴이의 말

저자가 지적하는 것처럼, 그동안 마르크스주의는 생태학에 무관심하거나 생태학과는 척을 진 이론으로 쉽게 치부되어 왔다. 이 책에서 1세대 생태사회주의자라고 부르는 이론가들을 중심으로 마르크스와 생태학에 대한 관심이 모였지만, 그러한 관심은 마르크스의 생태학 분석을 제한적으로만 인정하는 데 그쳤다. 이후 2세대 생태사회주의자라고 부르는 미국의 존 벨러미 포스터, 폴 버켓 등이 마르크스의 생태학을 밀도 있게 분석해서 마르크스주의가 받아 왔던 프로메테우스주의라는 오해를 한 꺼풀 벗겨 내는 데 공헌했다. 이런 상황에서도, 마르크스주의는 생태학에 무관심하거나 생태학과는 척을 졌다는 입장과 1세대 생태사회주의자들의 비판에서 벗어나지 못했다. 이 책의 저자 사이토 고헤이는 최근 재발견된 마르크스의 노트를 비롯한 마르크스의 저술을 꼼꼼하게 검토해 마르크스의 이론이 생태학에 반反하는 것이 아님을 밝히고 있다. 모쪼록 이 책이 국내에서 이루어지는 마르크스와 생태학에 관한 논의의 지평을 넓히는 데 기여하기를 바란다.

존 벨러미 포스터의『생태계의 파괴자 자본주의』(책갈피, 2007)를 번역한 적이 있지만, 학문을 업으로 삼지도, 공부의 깊이가 깊지도 않은 번역자에게 마르크스주의 이론서 번역이 주는 무게감이 크게 덜어지지는 않았다. 마르크스 이론의 핵심 개념을 독창적인 시각으로 풀어낸 텍스트를 접한 최초의 독자로서 텍스트를 정확히 이해하는 일과 독자에게 제대로 전달되도록 문장을 다듬는 일, 심심치 않게 논란을 불러일으키는 번역어들 사이에서 갈피를 잡는 일은 결코 녹록한 일이 아니었다. 번역에 선뜻 나서지 못하고 있을 때 용기를 주신 여러 선생님들과 일차 마무리된 원고를 검토하고 귀한 조언을 주신 한상원 교수님, 황정규 선생님, 기꺼이 추천사를 써 주신 여러 선생님들께 깊이 감사 드린다.

번역자의 힘만으로 책이 세상의 빛을 보는 것은 아니다. 이 책의 번역을 기획하고 번역을 제안하여 주신 두번째테제 편집장님께도 감사드린다. 편집장님께서 번역 외적인 부분을 두루 살펴주시고, 여러 선생님들의 조언을 참고하여 원고를 다듬어 주시지 않았다면, 대중에게 환영받지 못해도 의미 있는 책을 뚝심 있게 발간하지 않았다면, 저자의 견해가 독자들에게 전달되지 못했을 것이다.

그럼에도 여전히 남아 있을 오류는 오롯이 번역자의 불민함에 기인한 것임을 밝혀둔다.

2019년 12월
옮긴이

주

서론

1. John Passmore, *Man's Responsibility for Nature: Ecological Problems and Western Traditions*(New York: Scribner, 1974), 185.

2. Anthony Giddens, *A Contemporary Critique of Historical Materialism*, vol. 1: *Power, Property and the State*(Berkeley: University of California Press, 1981), 60. 앤서니 기든스와 그 밖의 여러 학자들이 전혀 언급하지 않았지만, 1960~1970년대에 고전 마르크스주의 전통에서 수행되었던 자본주의 비판에 생태적 사고가 통합되어 있었다는 사실을 언급해 둘 필요가 있다. 이와 같은 전통에 속한 학자들로는 츠루 시게토, 폴 스위지, 헤르베르트 마르쿠제, 레이몬드 윌리엄스, 이스트반 메자로스 등을 꼽을 수 있다. 더 자세한 내용은 John Bellamy Foster and Paul Burkett, *Marx and the Earth: An Anti-Critique*(Leiden: Brill, 2016), 2를 참고하라.

3. 이와 같은 전형적인 견해를 알렉산더 길레스피는 다음과 같이 요약한다. "전통적 마르크스주의에서는 '생산지상주의'를 실현하고 실현된 생산지상주의를 지배계급의 필요에만 부응하는 것이 아니라 모두의 필요에 부응하도록 적용할 방법을 찾는 일에 집중했다. 이러한 경향은 근대 사회주의를 관통하며 이어져 왔다. 따라서 사회주의를 구축하려면 우선 근대의 생산력을 완벽하게 동원해야만 한다는 주장이 여전히 설득력을 지닌다. 이와 같은 인식은 '많이 성장할수록 좋다'는 생각과 성장의 발목을 잡는 한계는 결국 모두 정치와 사회에 관련된 것

일 뿐 생태적인 것은 아니라는 생각을 대변한다." Alexander Gillespie, *The Illusion of Progress: Unsustainable Development in International Law and Policy*(New York: Earthscan Publications, 2001), 16, 강조는 원문.

4. Thomas Petersen and Malte Faber, *Karl Marx und die Philosophie der Wirtschaft*(Freiburg: Karl Alber, 2014), 139.

5. Rolf P. Sieferle, *Karl Marx zur Einführung*(Hamburg: Junius, 2011), 215.

6. Hans Immler and Wolfdietrich Schmied-Kowarzik, *Marx und die Naturfrage: Ein Wissenschaftsstreit*(Kassel: Kassel University Press, 2011), 36.

7. Ibid., 12.

8. Paul Burkett, *Marx and Nature: A Red and Green Perspective*(New York: Palgrave, 1999); John Bellamy Foster, *Marx's Ecology: Materialism and Nature*(New York: Monthly Review Press, 2000). [김민정 황정규 옮김, 『마르크스의 생태학』, 인간사랑, 2016]

9. Paul Burkett, "Marx's Vision of Sustainable Human Development," *Monthly Review* 57/5 (2005년 10월): 34–62, 34.

10. John Bellamy Foster, "Paul Burkett's *Marx and Nature* Fifteen Years After," *Monthly Review* 66/7 (2014년 12월): 56–62, 56. John Bellamy Foster, *The Ecological Revolution: Making Peace with the Planet*(New York: Monthly Review Press, 2009) [박종일 옮김, 『생태혁명』, 인간사랑, 2010]; John Bellamy Foster, Brett Clark, and Richard York, *The Ecological Rift: Capitalism's War on the Earth*(New York: Monthly Review Press, 2010)도 함께 참고하라.

11. Ariel Salleh, *Ecofeminism as Politics: Nature, Marx and the Postmodern* (London: Zed, 1997); Del Weston, *The Political Economy of Global Warming: The Terminal Crisis*(London: Routledge, 2014); Stefano B. Longo, Rebecca Clausen, and Brett Clark, *The Tragedy of the Commodity: Oceans, Fisheries, and Aquaculture*(New Brunswick, NJ: Rutgers University Press, 2015); Brett

Clark and Ricard York, "Carbon Metabolism: Global Capitalism, Climate Change, and Biospheric Rift," *Theory and Society* 34/4 (2005년 7월): 391–428; Rebecca Clausen and Brett Clark, "The Metabolic Rift and Marin Ecology," *Organization & Environment* 18/4 (2005년 12월): 422–44; Stefano Longo, "Mediterranean Rift," *Critical Sociology* 38/3 (2012년 5월): 417–36; John Bellamy Foster and Brett Clark, "Ecological Imperialism: The Curse of Capitalism,"in Leo Panitch and Colin Leys, editors, *Socialist Register 2004: The New Imperial Challenge*(New York: Monthly Review Press, 2004), 186–201. [진보저널읽기모임 옮김, 『새로운 제국의 도전: 소셜리스트 레지스터 2004』, 한울, 2005]

12.   Naomi Klein, *This Changes Everything: Capitalism vs. the Climate*(New York: Simon and Schuster, 2014), 177. [이순희 옮김, 『이것이 모든 것을 바꾼다』, 열린책들, 2016]

13.   "1세대 생태사회주의자"들의 저술 중 마르크스의 생산지상주의를 전형화하는 데 기여한 주요 저술로는 다음을 꼽을 수 있다. Ted Benton, "Marxism and Natural Limits," *New Left Review* 178 (1989년 11-12월): 51–86; [읽을꺼리 6호, 링크 http://copyle.jinbo.net/reader/lr6-13.hwp] André Gorz, *Capitalism, Socialism, Ecology*(London: Verso, 1994); Michael Löwy, "For a Critical Marxism," *Against the Current* 12/5 (1998년 11-12월): 33–34; James O'Connor, *Natural Causes: Essays in Ecological Marxism*(New York: Guilford, 1998); Alain Lipietz, "Political Ecology and the Future of Marxism," *Capitalism Nature Socialism* 11/1 (2000년 3월): 69–85. 또한 이에 대한 일반적인 비판은 다음을 참고하라. Foster, "Paul Burkett's *Marx and Nature Fifteen Years After*," 57–58.

14.   Joel Kovel, *The Enemy of Nature: The End of Capitalism or the End of the World?*(London: Zed Books, 2002), 232; Salvatore Engel-Di Mauro, *Ecology, Soils, and the Left: An Eco-Social Approach*(New York: Palgrave, 2014), 136–

42.

15. Daniel Tanuro, *Green Capitalism: Why It Can't Work*(London: Fernwood Publishing, 2013), 138–39. 존 벨러미 포스터와 폴 버켓은 최근 "이와 같은 비판에 대한 설득력 있는 반론을 제기"했다. Foster and Burkett, *Marx and the Earth*, 15–25를 참고하라.

16. Jason W. Moore, *Capitalism in the Web of Life. Ecology and the Accumulation of Capital*(London: Verso, 2015), 80; "Toward a Singular Metabolism. Epistemic Rifts and Environment-Making in the Capitalist World-Ecology," *New Geographies* 6 (2014): 10–19, 13.

17. Hubert Laitko, "Marx' theoretisches Erbe und die Idee der nachhaltigen Entwicklung," in *Beiträge zur Marx-Engels-Forschung Neue Folge 2006: Karl Marx und die Naturwissenschaften im 19 Jahrhundert*(Hamburg: Argument Verlag, 2006), 63–81, 65.

18. Lipietz, "Political Ecology and the Future of Marxism," 74.

19. Gorz, *Capitalism, Socialism, Ecology*, vii.

20. Helmut Reichelt, *Zur logischen Struktur des Kapitalbegriffs bei Karl Marx*(Freiburg: Europäische Verragsanstalt, 1970); Hans-Georg Backhaus, *Dialektik der Wertform: Untersuchungen zur marxschen Ökonomie*(Freiburg: Ca ira, 1997); Michael Heinrich, *Wissenschaft vom Wert: Die Marxsche Kritik der politischen Ökonomie*(Münster: Verlag Westfälisches Dampfboot, 1999); Ingo Elbe, *Marx im Westen: Die neue Marx-Lektüre in der Bundesrepublik seit 1965*(Berlin: Akademie Verlag, 2010); Werner Bonefeld, *Critical Theory and the Critique of Political Economy: On Subversion and Negative Reason*(New York: Bloomsbury, 2014).

21. Helmut Brentel, *Soziale Form und ökonomisches Objekt: Studien zum Gegenstands-und Methodenverständnis der Kritik der politischen Ökonomie*(Opladen: Westdeutscher Verlag, 1989), 13; Ingo Elbe "Soziale Form

und Geschichte. Der Gegenstand des Kapital aus der Perspektive neuerer Marx-Lektüren," *Deutsche Zeitschrift für Philosophie* 58/2 (2010 년 4월): 221–40, 228.

22. 영어판은 아니지만 오타니 데이노스케는 4권에 달하는『마르크스의 이자 낳는 자본 이론』(Tokyo: Sakurai Shoten, 2016)에서 마르크스 원문 수고 5섹션과 엥겔스가 편집한 5부 "이자를 낳는 자본"을 놀라울 정도로 세심하게 비교했다. 여기에 세계정치경제학협회가 수여하는 21세기 세계정치경제학상 주목할 만한 성취 부문에서 수상한 오타니 데이노스케가 수상 소감에서 밝힌 몇 가지 사례를 번역해 소개한다. "엥겔스판의 25장과 27장에 등장하는 몇몇 문장들이 마르크스 원문 수고 5섹션의 과제와 이론 구조를 이해하는 힌트로 여러 차례 인용되고 있습니다. 그러나 이렇게 자주 인용되는 문장 중 일부 문장의 경우 엥겔스가 문장의 내용을 크게 바꾸면서 원래 의미가 훼손된 경우도 있습니다. 두 가지 사례만으로도 이를 이해하는 데 충분할 것이라고 생각합니다. 우선 5섹션의 첫 머리인 '신용. 의제자본'에서 마르크스는 이렇게 기록하고 있습니다. '신용 체계와 신용 체계가 만들어 낸 도구(예: 신용 화폐 등)의 분석은 우리의 계획 범위를 벗어난다.' 엥겔스는 이 문장에서 '분석'이라는 용어를 '상세한 분석'으로 변경했습니다. 마르크스가 이 문장에서 언급한 '우리의 계획'은 '자본에 대한 일반적 분석'인『자본』집필을 의미합니다. 따라서 마르크스는 '신용 체계 분석'이 『자본』의 범위에서 벗어나 있다고 언급한 것입니다. 그러나 엥겔스가 '상세한'이라는 형용사를 덧붙이는 바람에 상세한 분석까지는 아니더라도 '신용 체계 분석'이 사실상『자본』에 포함된다는 의미로 변모되었습니다. 많은 분들이 이 문장을 토대로 마르크스가 5부에서 신용 체계 문제를 다루었다고 논의했습니다. 두 번째 사례는 27장 말미에 마르크스가 자신이 분석하고자 하는 대상에 대해 기록한 부분입니다. '이제 이자 낳는 자본에 대해 논의한다'고 기록한 마르크스는 괄호를

두고 '신용 체계로 인해 이자 낳는 자본이 받는 영향과 이자 낳는 자본의 형태'라고 덧붙입니다. 그런데 엥겔스는 '이제 이자 낳는 자본에 대해 논의한다'는 표현을 이렇게 바꿉니다. '이어지는 장에서 이자 낳는 자본과 연관된 신용을 논의할 것이다.' 여기서 분석 대상은 무엇일까요? 마르크스에 따르면 분석 대상은 '이자 낳는 자본'입니다. 그러나 엥겔스에 따르면 분석 대상은 '신용'입니다. 게다가 마르크스가 괄호에 기록한 '신용 체계로 인해 이자 낳는 자본이 받는 영향과 이자 낳는 자본의 형태'를 엥겔스는 '신용이 이자 낳는 자본에 미치는 영향과 이 관계에서 신용이 취하는 형태'라고 바꿉니다. 즉, 마르크스는 '이자 낳는 자본'을 분석하려고 했지만, 엥겔스가 분석 대상을 '신용'으로 변경한 것입니다. 엥겔스가 수정한 내용으로 인해 마르크스의 언급은 신용 체계와 연관된 '이자 낳는 자본'에 대한 분석에서 '신용' 분석, 즉 이자 낳는 자본과 연관된 신용 체계의 분석으로 완전히 뒤집어지고 말았습니다. 이 문장은 마르크스가 다음 단락에서 신용 체계를 다룬다고 명시적으로 언급했다는 사실을 밝히려는 논문에서 정말 자주 인용되는 문장입니다. 엥겔스가 의미를 뒤바꾸면서까지 문장을 변경한 이유는 무엇일까요? 저는 엥겔스가 25장과 그 뒤에 이어지는 장에서 마르크스가 신용 또는 신용 체계를 다룰 것이라고 완전히 잘못 이해했고, 그와 같은 오해를 토대로 위에 소개한 문장들을 수정했다고 밖에는 생각할 수 없습니다."

23.　　Richard Sperl, "Der Beitrag von Anneliese Griese zur historisch-kritischen Edition der naturwissenschaftlichen Manuskripte von Marx und Engels," in *Beiträge zur Marx-Engels-Forschung: Neue Folge 2006*(Hamburg: Argument Verlag, 2006), 10–25, 15. 마르크스는 건강 악화로『자본』집필을 중단했고 독서에 많은 시간을 할애했다. 그럼에도 이러한 사실만으로 마르크스가 자연과학 서적을 이토록 많이 탐독한 이유를 설명할 수는 없다.

24. 폴 버켓과 존 벨러미 포스터는 마르크스의 노트를 언급하면서 마르크스가 생태학을 진지하게 연구했다는 사실을 강조했다. 그럼에도 두 사람은 마르크스의 노트를 직접 다루지 않았다. 그 결과 마르크스가 노트를 작성한 시기와 노트들의 내적 연관성을 확인할 수 없게 되었다. Paul Burkett and John Bellamy Foster, "The Podolinsky Myth: An Obituary Introduction to 'Human Labour and Unity of Force' by Sergei Podolinsky," *Historical Materialism* 16/1 (2008): 115–61을 참고하라.

25. Richrd Sperl, *Edition auf dem hohen Niveau: Zu den Grundsätzen der Marx-Engels-Gesamtausgabe*(Hamburg: Argument Verlag, 2000), 68–69.에서 인용.

26. David Riazanov, "Neueste Mitteilungen über den literarischen Nachlaß von Karl Marx und Friedrich Engels," in *Archiv für die Geschichte des Sozialismus und der Arbeiterbewegung*, ed. Carl Gründberg 11 (1925), 385–400, 392, 399.

27. Benedikt Kautsky, "Die Marx-Engels-Gesamtausgabe," *Die Gesellschaft* 7/2 (1930), 260–70, 261–62.

28. Karl Marx and Frederik Engels, *Gesamtausgabe,* section IV, vol. 32 (Berlin: De Gruyter, 1976–), 21, 강조는 원문. 마르크스 엥겔스 전집 내용을 인용하는 경우 "MEGA"라는 약자와 섹션, 권, 쪽 정보를 제시할 것이다(예: 이 경우 MEGA² IV/32, 21).

29. Martin Hundt, "Der Fortgang der MEGA und einige aktuelle Debatten um Marx' Werk," *Z. Zeitschrift Marxistische Erneuerung* 85 (2011년 3월): 105–21, 116.

30. 아넬리제 그리제Annelise Griese가 작성한 MEGA² IV/26와 IV/31의 서문과 카를-에리히 폴그라프가 작성한 MEGA² II/4.3 서문만이 마르크스의 자연과학 노트를 상세하게 검토했다. 마르크스의 노트 일반에 대해 다룬 문헌도 그리 많은 것은 아니다. Fred E. Schrader, *Revolution*

und Restauration: Die Vorbereiten zum "Capital" von Karl Marx in seinen Studienheften 1850–1858(Hildesheim: Gerstenberg, 1980); Kevin Anderson, *Marx at the Margins: Nationalism, Ethnicity, and Non-Western Societies,* 2nd rev. ed.(Chicago: University of Chicago Press, 2016); Kolja Lindner, "Marx's Eurocentrism. Postcolonialism Studies and Marx Scholarship," *Radical Philosophy* 161 (2010년 5-6월): 27–41.

31. 존 벨러미 포스터와 폴 버켓은 마르크스가 사용한 생태학이라는 용어와 엥겔스가 사용한 생태학이라는 용어에서 별다른 차이점을 발견하지 못했다. 그럼에도 나는 엥겔스가 아니라 마르크스가 사용한 생태학이라는 용어에만 집중할 것이다.

32. Hans Jörg Sandkuhler, "Wissenschaftliches Weltbild als naturalisierte Philosophie. Der Theorietypus Marx und die epistemologische Bedeutung der Naturwissenschaften im Marxschen Werk Teil 1," in *AG Marx-Engels-Forschung, Naturwissenschaften und Produktivkräfte bei Marx und Engels. MarxEngels-Forschung heute 3*(Frankfurt am Main: IMSF, 1991), 11–23, at 22; Manfred Kliem, *Karl Marx: Dokumente seines Lebens 1818 bis 1883*(Leipzig: Reclam, 1970), 482.도 참고하라.

33. Carl-Erich Vollgraf, "Marx auf Flucht vor dem Kapital?," in *Beiträge zur Marx-Engels-Forschung, Neue Folge 1994: Quellen und Grenzen von Marx' Wiss enschaftsverständnis*(Hamburg: Argument, 1994), 89–93, 92.

34. Paul Burkett, *Marxism and Ecological Economics: Toward a Red and Green Political Economy*(Chicago: Haymarket Books, 2009), 136.

1. 근대에 등장한 자연의 소외

1.   『파리 수고』는 MEGA² IV/2에 수록되어 있는데, 이른바 『경제학-철학 수고』는 예외적으로 I/2에 수록되어 있다. 이와 같이 별도로 출간된 것은 독일 편집자들이 『경제학-철학 수고』를 독립적인 저술로 판단했기 때문이다. 텍스트를 원문대로 출간한다는 편집 원칙을 어기면서까지 『파리 수고』와 『경제학-철학 수고』를 별도로 출간하기로 결정하면서 마르크스의 작업 과정을 추적하기가 더 어려워졌다. 위르겐 로얀은 편집자들이 I/2권과 IV/2권을 인위적으로 분리하는 바람에 노트 중 일부는 "수고"로 취급되고 나머지 일부는 "발췌"로 취급되었다고 주장했다. Jürgen Rojahn, "Die Marxschen Manuskripte aus dem Jahre 1844 in der neuen Marx-Engels-Gesamtausgabe(MEGA)," *Archiv für Sozialgeschichte* 25 (1985), 647–63, 658–59를 참고하라.

2.   Iring Fetscher, Marx and Marxism(New York: Herder and Herder, 1971), 314.

3.   Eric Fromm, *Marx's Concept of Man*(New York: Frederick Ungar Publishing, 1961). [최재봉 옮김, 『에리히 프롬, 마르크스를 말하다』, 에코의 서재, 2007]

4.   Louis Althusser, *For Marx*(London: The Penguin Press, 1969), 33. [서관모 옮김, 『마르크스를 위하여』, 후마니타스, 2017]

5.   에르네스트 만델은 소외 논쟁을 훌륭하게 요약했다. Ernest Mandel, *The Formation of the Economic Thought of Karl Marx*(New York: Monthly Review Press, 1971), 163–75를 참고하라. [김택 옮김, 『마르크스 경제사상의 형성 과정』, 한겨레, 1985]

6.   Jürgen Rojahn, "The Emergence of a Theory: The Importance of Marx's Notebooks exemplified by Those from 1844," *Rethinking Marxism* 14/4 (2002): 29–46, 45. 마르크스가 남긴 노트가 출간을 위한 작업이었다는 잘못된 인상은 『경제학 철학 수고』 편집진이 세 번째 수고에 있는 서문을 마치 전체 저술의 서문인양 맨 앞에 배치하면서 생겨났다. 마르

셀로 무스토 역시 위르겐 로얀의 연구를 바탕으로 영어로 된 설명을 제시했다. Marcello Musto, "Marx in Paris. Manuscripts and Notebooks of 1844," *Science & Society* 73/3 (2009년 7월), 386–402를 참고하라. [『마르크스주의 연구』 8, 99-119, https://marcellomusto.org/pariseuimarx/493]

7.   인간주의자들은 루이 알튀세르가 1845년에 이루어진 마르크스의 "인식론적 단절"을 지나치게 강조한다고 비판하지만, 청년 마르크스를 "절대화"하는 인간주의자들에게도 분명 돌파구가 필요하다. 예를 들어 모리스메를로 퐁티는 마르크스가 인간적인 면모를 배제한 과학적 정치경제학 체계를 구성하기 위해 소외론을 폐기한 1850년 무렵을 마르크스의 돌파구라고 지적하면서 마르크스의 『자본』을 완전히 무시하는 자신의 입장을 정당화했다. Maurice Merleau-Ponty, *Adventures of the Dialectic*(Evanston, IL: Northwestern University Press, 1973), 62–65. 다니엘 벨 역시 *The End of Ideology: On the Exhaustion of Political Ideas in the Fifties*(Cambridge, MA: Harvard University Press, 2001), 366–67 [이상두 옮김, 『이데올로기의 종언』, 범우사, 2015]에서 모리스 메를로 퐁티와 비슷한 주장을 폈다. 『그룬트리세』에 대한 이스트반 메자로스의 세심한 분석을 마르크스가 "소외"라는 용어를 사용한 증거로 언급하는 경우도 있다. István Mészáros, *Marx's Theory of Alienation*(London: Merlin, 1970), 221–26을 참고하라.

8.   자본주의에 대한 규범적 비판의 필요성을 강조한 악셀 호네트와 대니얼 브루드니는 마르크스의 주요 목적을 놓치고 말았다. 1845년 이후 마르크스의 작업은 자본주의 체제의 옳고 그름을 따지는 방향에서 완전히 벗어났다. 마르크스는 노동력과 자연을 파괴하는 속성 때문에 자본주의가 지속 가능하지 않다는 사실을 명확하게 이해하고 있었다. 자본주의가 그르다는 것을 입증하는 일은 이론의 몫이 아니었다. 오히려 마르크스는 노동자의 불행과 자연 자원의 고갈을 초래하는 자본주의의 사회적 관계 및 물적 관계를 구조적인 측면에서 이해하

려고 했다. Axel Honneth, *Reification: A New Look at an Old Idea*(Oxford: Oxford University Press, 2012); Daniel Brudney, *Marx's Attempt to Leave Philosophy*(Cambridge, MA: Harvard University Press, 1998).

9. Marx and Engels, *Collected Works*, vol. 3(Moscow: Progress Publishers, 1975), 272.

10. Ibid.

11. Ibid., 274, 강조는 원문. 여기에서 마르크스는 종교적 소외와의 유사성을 명시적으로 언급한다. "종교에서 인간의 뇌와 마음이 일으킨 자의적인 상상 활동, 즉 낯선 활동 또는 신성한 활동 또는 악마의 활동이 인간과는 무관하게 독자적으로 운영되는 것처럼, 노동자의 활동도 자의적으로 이루어지는 활동이 아니다."

12. Ibid., 276, 강조는 원문.

13. Ludwig Feuerbach, *Gesammelte Werke*, vol. 5(Berlin: Akademie Verlag, 1973), 29를 참고하라.

14. "비유기적 신체"라는 개념이 인간 중심적 개념이자 반생태적 개념인지 여부를 둘러싼 논쟁이 이루어졌다. 생태주의의 입장에서 이 개념을 옹호한 경우에 대해서는 John Bellmay Foster and Paul Burkett, *Marx and the Earth: An Anti-Critique*(Leiden: Brill, 2016), 1장을 참고하라.

15. Marx and Engels, *Collected Works*, vol. 3, 277.

16. Ibid., 276, 강조는 원문.

17. Ibid., 277, 강조는 원문.

18. Ibid., 328, 강조는 원문.

19. Feuerbach, *Gesammelte Werke*, vol. 5, 99.

20. Marx and Engels, *Collected Works*, vol. 3, 175, 강조는 원문.

21. Herbert Marcuse, *Studies in Critical Philosophy*(Boston: Beacon Press, 1972), 7.

22. 맨체스터에 머물기 전인 1845년 이전에 마르크스는 프랑스어 번역본

으로 정치경제학 저술을 탐독한 뒤 발췌 문장을 독일어로 번역하여 노트에 기록했다. 또한 마르크스는 빌헬름 슐츠Wilhelm Schulz, 콩스탕 탱 페쾨르Constantin Pecqueur, 유진 뷰레Eugene Buret의 저술을 직접 인용했다.

23. 헤르베르트 마르쿠제는 제1수고의 앞부분 절반에서 단 한 차례만 인용하는 데 그쳤다.

24. Erich Fromm, *Marx's Concept of Man: Including "Economic and Philosophical Manuscripts"*(London: Bloomsbury, 2013).

25. Marx and Engels, *Collected Works*, vol. 3, 279–80, 강조는 원문.

26. Ibid., 281, 강조는 원문.

27. Lars Tummers, *Policy Alienation and the Power of Professionals*(Cheeltenham: Edward Elgar, 2013), 26; Ignace Feuerlicht, *Alienation: From the Past to the Future*(Westport, CT: Greenwood Press, 1978), 130. 최근 독일에서는 잉고 엘베가 이 문제를 설명하지 못한 마르크스에 대해 부정적인 평가를 내렸다. Ingo Elbe, "Entfremdete und abstrakte Arbeit: Marx' Ökonomisch-philosophische Manuskripte im Vergleich zu seiner spateren *Kritik der politischen Ökonomie*," *Oldenburger Jahrbuch für Philosophie 2012*(Oldenburg: BIS Verlag, 2014), 7–69, 45.

28. Michael Quante, "Kommentar," in Karl Marx, *Ökonomisch-philosophische Manuskripte*(Frankfurt am Main: Suhrkamp, 2009), 231, 258.

29. Marx, *Collected Works*, vol. 3, 268.

30. Ibid., 266. 인용문의 마지막 강조는 필자가 추가한 것이다. 자료에 대해 언급하지는 않았지만, 마르크스는 이와 같은 비판을 엥겔스의 「국민경제학 비판 개요」[최인호 옮김, 「국민경제학 비판 개요」, 『1844년의 경제학 철학 초고』, 박종철출판사, 1991]를 바탕으로 수행했다. 마르크스보다 먼저 이 주제를 다룬 엥겔스는 다음과 같이 기록했다. "하나뿐이며 인간의 모든 것인 토지, 인간의 최우선적인 생존 조건인 토지가 매매

대상으로 전환되면서 이제 남은 것은 인간 스스로를 매매 대상으로 전환하는 것뿐이었다."(ibid., 429) 마르크스는 엥겔스의 생각을 자신의 분석에 활용해 소외, 즉 인간이 스스로를 매매하는 일을 토지 매매의 결과로 이해했다.

31. MEGA² II/2, 20을 참고하라.

32. 이렇게 자본주의에 특정한 소외 형태를 "철학적"으로 해석해서는 이를 적절하게 설명할 수 없다는 것이 분명하다. 그 결과 철학적 해석은 낭만주의자들의 해석과 마찬가지로 일면성을 띤다. 비판적 분석을 수행하려면 자본주의 사회에서 이루어지는 소외된 노동의 형태가 봉건 사회에서 이루어지는 소외된 노동의 형태와 어떤 점에서 다른지 연구해야 한다. 마거릿 A. 페이는 자본주의 사회의 소외와 봉건 사회의 소외를 비교한 마르크스의 주장에 주목한 몇 안 되는 학자 가운데 한 명이지만, 그는 근대 사회의 등장 과정에 "단절"은 없었다고 결론내렸다. 페이는 오히려 자본주의 사회와 봉건 사회의 "연속성"과 "유사성"을 강조한다. 즉, 봉건 사회에 존재한 "사유재산" 제도 때문에 생산수단을 소유한 영주는 농노를 일용 노동자로 착취했다. 따라서 소외와 관련된 모든 문제가 생산수단을 사유재산화하는 문제로 환원되고 말았다. 그러나 마르크스는 소외와 착취뿐 아니라 역사적으로 전유가 이루어지는 특정한 방식에도 의문을 제기한다. Margaret A. Fay, *Der Einfluß von Adam Smith auf Karl Marx' Theorie der Entfremdung: Eine Rekonstruktion der Ökonomisch-philosophische Manuskripte aus dem Jahr 1844*(Frankfurt am Main: Campus 1986), 166–72를 참고하라.

33. Marx, *Collected Works*, vol. 3, 266, 강조는 원문.

34. Ibid.

35. Ibid, 강조는 원문.

36. 후쿠노미 마사미, 『경제학과 자연철학』(Tokyo: Sekaishoin, 1989), 23.

37. Marx, *Collected Works*, vol. 3, 267.

38.   Ibid.

39.   Ibid.

40.   봉건 사회의 삶이 지닌 긍정적인 측면을 근대의 소외된 삶과 대비해 강조했음에도, 마르크스는 봉건 사회의 삶을 이상적인 삶으로 여기지 않았다. 봉건 사회의 지배 관계에 대해 분명하게 인식했던 마르크스는 근대의 소외를 경험하고, 미래 사회에서 이와 같은 소외를 의식적으로 극복할 때에만 비로소 자유로운 개인의 온전한 발전이 실현될 수 있다고 주장했다.

41.   널리 알려진대로 마르크스는 「국민경제학 비판 개요」를 쓴 엥겔스의 영향을 받아 이와 같은 견해를 펼쳤다. "사유재산으로 인해 생산에 관계된 주체가 서로 대립하는 양측, 즉 자연과 인간으로 갈라지는 결과가 초래되었다. 토양은 인간이 비료를 주지 않으면 쓸모없는 불모지로 전락할 수밖에 없다. 바로 그 토양이 인간 활동의 첫 번째 조건이라는 것이 문제다."(ibid., 432). 엥겔스의 「국민경제학 비판 개요」를 접한 마르크스는 근대에 나타난 "분리"에 주목했고 『파리 노트』에 이렇게 기록했다. "토지와 인간의 분리. 인간 노동은 노동과 자본으로 분리된다." MEGA^2 IV/2, 486.

42.   Marx and Engels, *Collected Works*, vol. 3, 286, 강조는 원문.

43.   Ibid., 267.

44.   Ibid., 284.

45.   Ibid., 267.

46.   Ibid., 283.

47.   또한 당시 마르크스가 자신을 루트비히 포이어바흐와 차별화하고 있다는 것도 분명하게 드러난다. 포이어바흐는 유한한 인간이 신 앞에서 무기력한 존재라는 사실을 깨닫는다는 존재론적 주장을 바탕으로 종교적 소외 비판을 수행했다. 종교적 소외를 의식적으로 극복하기 위해서 근대적 주체성이 필요한 것은 사실이지만, 그럼에도 이와 같

은 방식의 종교적 소외는 근대 사회의 특정한 산물이 아니다. 따라서 마르크스는 헤겔과는 다르게 포이어바흐는 부정의 부정을 통해 역사의 동적 진전을 드러내지 못한다고 비판한다. Ibid., 329.

48. Ibid., 268, 강조는 덧붙임.

49. Ibid., 296, 강조는 원문.

50. Ibid., 298, 강조는 원문.

51. Marx and Engels, *Collected Works*, vol. 6, 201.

52. Ibid., vol. 29, 430, 강조는 덧붙임.

53. Ibid., 431.

54. Marx and Engels, *Collected Works*, vol. 30, 364.

55. Karl Marx, *Marx's Economic Manuscript of 1864–1865*(Leiden: Brill 2015), 715–17.

56. Karl Marx, *Grundrisse*(London: Penguin Books, 1973), 488. [김호균 옮김, 『정치경제학 비판 요강I II III』, 그린비, 2007]

57. Ibid., 471.

58. Ibid., 452–53, 강조는 원문.

59. Ibid., 604.

60. Ibid., 489, 강조는 원문.

61. Ibid., 488.

62. 후쿠노미 마사미, 『경제학과 자연철학』, 72-74.

63. Marx, *Grundrisse*, 510.

64. Marx, *Capital*, vol. 1(London: Penguin Books, 1976), 927. [김수행 옮김, 『자본론 I』, 비봉출판사, 2015]

65. Marx and Engels, *Collected Works*, vol. 33, 340. 마르크스는 가족농을 이상적으로 그리지 않았다. 오히려 마르크스는 자본과 과학 지식의 부족으로 인해 가족농이 지속 가능한 농업을 수행하는 데 필요한 수단, 즉 비료와 기계 같은 수단을 소유하지 못했다고 지적했다.

66. Marx, *Capital*, vol. 1, 896.

67. Marx, *Grundrisse*, 295–96.

68. Marx and Engels, *Collected Works*, vol. 3, 343.

69. Ibid., vol. 33, 340.

70. Ibid., vol. 34, 109.

71. 사사키 류지는 철학과 최종적으로 결별한 마르크스가 자신만의 "유물론적 방법"을 구축하하면서 루트비히 포이어바흐에 대해 비판적인 입장을 취하게 되었다는 사실을 충분히 이해하고 있다. 『자본』에서 마르크스는 자신의 "과학적"이고 "유물론적인" 분석 방법에 대해 언급한다. "사실 종교의 창조라는 불분명한 세속적 과정의 핵심은 이미 신격화된 형태, 즉 생명이 맺은 실질적인 기존의 관계를 토대로 이해하기보다는 그 반대의 방법인 분석을 통해 파악하는 것이 훨씬 수월하다." (*Capital*, vol.1, 494) 종교 창조 과정의 핵심이 『경제학 철학 수고』에서와는 다른 유형의 문제가 된 것이다. 초기 마르크스는 소외 아래 숨어 있는 인간 본질과 사유재산의 본질을 이해하려 했다. 따라서 마르크스는 소외된 현실의 "본질"로서의 유적 존재라는 개념에 반대했다. 그러나 『독일 이데올로기』에서 마르크스는 특정한 구체적인 사회관계에서 소외가 목적이 되고 필연적이 되는 "방식"과 "이유"에 대해 질문한다. 사사키 류지에 따르면 마르크스는 더 이상 소외된 현실에 특정한 철학적 진실을 부과하지 않는다. 대신 마크르스는 급진적인 사회적 전환의 가능성을 드러내기 위해 구체적인 물적 조건을 분석해야 할 필요성을 깨달았다. 사사키 류지, 『마르크스의 물상화론』(Tokyo: Shakai Hyoronsha, 2011), 39.

72. 마르크스는 모제스 헤스의 저술 『화폐 체계에 대하여 *Über das Geldwesen*』에 따라 이와 같이 적용했다. Auguste Cornu, *Karl Marx und Friedrich Engels: Leben und Werk*, vol. 1(Berlin: Aufbau Verlag, 1954), 516을 참고하라.

73. Marx and Engels, *Collected Works*, vol. 5, 3.

74. 　　Ibid., 39.

75. 　　Marx and Engels, *Collected Works*, vol. 3, 142, 144, 강조는 원문.

76. 　　Ibid., 79.

77. 　　Ibid., 168.

78. 　　Ibid., 183, 186.

79. 　　Ibid., 181.

80. 　　Ibid., 302, 강조는 원문.

81. 　　Ibid.

82. 　　Marx and Engels, *Collected Works*, vol. 5, 30.

83. 　　막스 슈티르너는 1845년 출간한『유일자와 그의 소유』에서 유명론적 입장에 입각해 루트비히 포이어바흐의 "유적 존재"와 헤겔의 "정신" 같은 보편적인 범주가 철학자의 머릿속에 들어 있는 환상에 불과하다고 주장한다.『독일 이데올로기』에서 막스 슈티르너를 비판한 부분이 차지하는 비중에서 확인할 수 있는 것처럼, 막스 슈티르너의『유일자와 그의 소유』는 당시 "유적 존재"라는 개념을 지지한 마르크스의 이론 발전에 무척 중요한 역할을 수행했다. 그럼에도 마르크스는『독일 이데올로기』에서 막스 슈티르너의 "자아"라는 사고를 거부한다. 주체가 마치 사회적 관계 외부에 존재할 수 있는 것처럼 상정한 막스 슈티르너가 또 다른 환상 속 존재를 자칭 급진 철학의 기초로 삼았기 때문이다. 다시 말해 막스 슈티르너 역시 청년 헤겔학파의 패러다임 **안에서** "진정한" 주체를 전제했던 것이다.

84. 　　Ibid., 236.

85. 　　슬라보에 지젝도 같은 내용을 강조한다. "환상은 지식의 한 측면에 있지 않다. 환상은 이미 현실 그 자체의 한 측면에 있다. 사람들은 사회적 현실 자체와 사람들의 활동을 환상과 맹목적인 전도가 이끌어 간다는 사실을 알지 못한다. 사람들은 현실이 아니라 환상이 현실과 실제로 이루어지는 사회적 활동을 구조화한다는 사실을 간과하고 그릇

되게 인식한다." 예를 들어 다른 상품과 교환할 수 있는 진정한 사회적 힘을 화폐가 소유하고 있는 상황에서, 화폐가 사실상 종이 조각에 불과하다고 지적하는 것은 아무런 의미가 없다. 이러한 의미에서 "잘못된 의식"에 대한 비판은 마르크스의 논점에서 벗어난다. 종이 조각에 불과한 것이 특정 사회적 관계에서 화폐로 기능하는 **이유**를 설명해야 하는 과학적 과제가 당면해 있기 때문이다. 따라서 이데올로기의 객관적인 구조를 구성하는 사회적 관계와 사회적 실천을 탐구할 필요가 있다. 바로 이것이 급진적인 실천praxis 의 객관적인 조건을 드러낼 가능성을 열어젖히는 유일한 방법이다. Slavoj Žižek, *The Sublime Object of Ideology*(London: Verso, 1989), 32. [이수련 옮김, 『이데올로기의 숭고한 대상』, 새물결, 2013]

86. Marx and Engels, *Collected Works*, vol. 5, 4.

87. Andreas Arndt, *Unmittelbarkeit*[직접성](Berlin: Eule der Minerva Verlag, 2013), 84.

88. 다시 말해 "심층 생태학"은 환경 보호의 중요성을 전파하는 데 효과가 없다. 자연이 인간 존재에게 근본적으로 중요한 존재라는 사실을 일깨우는 것만으로는 새로운 생태 운동의 바탕을 이룰 수 없다. 따라서 마르크스는 다음 세대를 위해 환경을 보호하는 일이 중요하다는 사실을 많은 사람들이 확실하게 인식하고 있음에도 자본주의적 사회관계 아래에서 환경 파괴가 필연적으로 나타날 수밖에 없는 이유를 묻는다. 자본주의 생산양식과 현재의 환경 파괴 사이에 내재하는 관계를 이해한 이후에야 비로소 더 지속 가능한 생산양식을 구축할 수 있는 구체적인 조건에 대한 탐구가 가능해질 것이다. 마르크스는 이론을 통해 필요한 모든 조건을 먼저 이해한 뒤 이론을 실천에 적용하기만 하면 된다고 하는, 이론의 절대적 중요성을 내세우는 입장을 옹호하지 않는다. 마르크스가 제기하는 주장의 핵심은 사회운동에 관여하는 모든 사람이 구체적인 사회적 조건을 탐구하는 과정에서 이와 같

은 유형의 질문을 끊임없이 던져야 한다는 것이다. 그렇지 않으면 사회운동에 관여하는 모든 사람들이 유토피아를 추구하는 실천으로 빠져들게 될 것이기 때문이다.

89. Marx and Engels, *Collected Works*, vol. 5, 57, 강조는 원문.

90. Ibid., 41, 강조는 원문.

91. Ibid., 3.

92. Ibid., 40.

93. Ibid., vol. 3, 345, 강조는 원문.

94. Ibid., vol. 5, 58–59.

95. Ludwig Feuerbach, *Principles of the Philosophy of the Future*(Indianapolis: Hackett Publishing, 1966), § 27, 강조는 원문. [강대석 옮김, 『미래철학의 근본 원칙 외』, 이문출판사, 1983]

96. Marx and Engels, *Collected Works*, vol. 5, 58.

97. Ibid., 31.

2. 정치경제학에서의 물질대사

1. 흥미롭게도 에른스트 헤켈은 유기체의 각 부분의 기능과 그 관계만을 다루는 생리학의 편협한 분석을 비판했다. 따라서 에른스트 헤켈은 유기체와 외부 세계의 상호작용을 포함하는 "총체적인 자연의 경제"를 분석하는 것이 중요하다고 주장했다. Ernst Haeckel, *Generelle Morphologie der Organismen* vol. 2(Berlin: G. Reimer, 1866), 287을 참고하라. 마르크스는 헤켈의 저술을 인지하고 있었지만 인간과 자연의 끊임없는 상호작용 과정, 즉 "총체적인 자연의 경제"를 주제로 삼을 수 있는 방식으로 생리학 개념인 "물질대사" 개념을 사용하기로 선택했다. 생

태학이라는 과학 분야가 생리학에서 파생된 분야인데다가 "생태학"이라는 용어가 20세기에 접어들어서야 확고하게 굳어진 용어이고 19세기에는 이와 같은 새로운 과학 탐구 영역을 규정하는 용어로 "생물경제학"(E. 레이 랭케스터E. Ray Lankester), "행동생물학"(생 일레르St. Hilaire) 같은 여러 용어들이 혼재하고 있었기 때문에 마르크스의 선택에는 이상할 것이 없다. Robert P. McIntosh, *The Background of Ecology: Concept and Theory*(Cambridge: Cambridge University Press, 1985), 29를 참고하라. [김지홍 옮김, 『생태학의 배경』, 아카넷, 1999]

2. Immler and Schmied-Kowarzik, *Marx und die Naturfrage*, 10. "마르크스는 잊고 쉘링을 탐구하자!"는 한스 이믈러의 주장에서 이믈러가 주로 자연에 대한 마르크스의 철학적 분석에 집중하고 있다는 사실을 확인할 수 있다. 이믈러의 주장에 반박하려면 생태학에 대한 마르크스의 체계적인 이론을 탐구할 필요가 있다. 나는 3장에서 생태학적 관점을 접어두고 마르크스의 정치경제학 비판 구상으로 돌아가 마르크스의 물상화론을 살펴볼 것이다.

3. Burkett, *Marx and Nature*, 26.

4. Marx and Engels, *Collected Works*, vol. 3, 276, 273, 강조는 원문.

5. Ibid., 276, 강조는 원문.

6. Marx, *Grundrisse*, 489, 강조는 원문.

7. Quante, "Kommentar,", 312.

8. Ibid., 315; Michael Quante, "Karl Marx," in Otfried Hoffe, ed., *Klassiker der Philosophie: Von Immanuel Kant bis John Rawls*(Munich: C. H. Beck, 2008), 129–42, 137.

9. Fielding H. Garisson, *An Introduction to the History of Medicine, with Medical Chronology, Bibliographic Data and Test Question*(Philadelphia: W. B. Saunders, 1914), 414–15.

10. William H. Brock, *Justus von Liebig: The Chemical Gatekeeper*(Cambridge:

Cambridge University Press, 1997), vii, 80–82.

11. Justus von Liebig, *Animal Chemistry, or Organic Chemistry in Its Application to Physiology and Pathology*(Cambridge: John Owen, 1843), 48.

12. 프랭클린 C. 빙은 물질대사 개념의 역사를 분석하면서 1815년 발간된 G. C. 지그바르트G. C. Sigwarts의 논문을 물질대사 개념을 가장 먼저 사용한 저술로 언급했다. Franklin C. Bing, "The History of the Word 'Metabolism,'"*Journal of the History of Medicine and Allied Sciences* 26/2 (1971), 158–80,: 168을 참고하라. 오늘날 저술들이 디지털화되면서 물질대사 개념을 사용한 그보다 더 오래된 저술을 찾기가 더욱 수월해졌다. 그 예로 Friedrich L. Augustins, *Lehrbuch der Physiologie des Menschen*, vol. 1(Berlin: Christian Gottfried Schone, 1809), 279를 꼽을 수 있다. 그러나 물질대사 개념이 언제 가장 먼저 등장했는가를 확정 짓는 일은 그리 중요하지 않다. 어떤 경우라도 1840년대부터 물질대사 개념이 유행하게 되었다는 빙의 주장은 유효하기 때문이다. 다른 저술가들도 물질대사 개념을 유스투스 폰 리비히의 개념과 거의 유사하게 사용했다. 라인하르트 모세크가 지적한대로 루돌프 바그너 Rudolf Wagner는 1838년 저술을 완료한 수고인 『특수 생리학 교과서 *Lehrbuch der speciellen Physiologi*e』의 한 부분 전체를 물질대사에 할애했다. Reinhard Mocek, "Roland Daniels' physiologischer Materialismus," in Roland Daniels, *Mikrokosmos*(Frankfurt am Main: Peter Lang, 1988), 261–74 를 참고하라. 리비히를 물질대사 개념의 창시자로 주목하는 편협한 사고로 인해 당시 물질대사 개념을 둘러싼 담론의 복잡성이 드러나지 않고 오해가 생길 소지가 있다. 그러나 이와 같은 문제는 마르크스의 정치경제학에 관련된 물질대사 개념에 집중하는 이 연구의 범위를 벗어나는 광범위한 역사적 분석을 요구하므로 이 연구에서는 다루지 않겠다.

13. David C. Goodman, "Chemistry and the Two Organic Kingdoms of

Nature in the Nineteenth Century," *Medical History* 16/2 (1972), 113–30, 117–18. 장 바티스트 앙드레 뒤마와 장 바티스트 부생고 같은 생기론자의 이원론은 체내에서 당과 탄수화물을 생산할 수 없는 동물이, 식물이 동물에게 제공하는 것을 소비하고 빼앗는다는 주장에서 등장한다. 유스투스 폰 리비히는 실험을 통해 동물이 당과 탄수화물을 생산할 수 있다는 사실을 입증했다. 그럼에도 리비히는 생기론을 완전히 폐기하지 않은 채 동물에게는 움직이지 못하는 사물에서는 발견할 수 없는 고유한 비신체적 요소가 존재한다는 관점을 유지했다.

14. Justus von Liebig, *Die Organische Chenmie in ihrer Anwendung auf Agriculture und Physiologie*(Braunschweig: Friedrich Vieweg und Sohn, 1840), 332.

15. 유스투스 폰 리비히가 기존에 지니고 있던 "생기론"을 생리학 영역에서 즉시 몰아내지 못하고 살아 있는 유기체에 고유한 "생명력"을 화학적 과정으로 완벽하게 환원될 수 없는 것으로 인식했다는 사실을 기억하는 것이 중요하다. Timothy O. Lipman, "Vitalism and Reductionism in Liebig's Physiological Thought," *Isis* 58 (1967), 167–85, 175–77을 참고하라. 로베르트 율리우스 마이어Robert Julius Mayer는 『물질대사와 관련된 유기적 움직임*Organic Movement in Connection with the Metabolism*』(Organische Bewegung im Zusammenhang mit Stoffwechsel, 1845)에서 기계적 힘과 화학적 힘이 서로 전환 가능한 힘이라는 이유를 들어 생명력에 대한 리비히의 전제 조건이 불필요하다고 비판했다. 마이어의 비판에 직면한 리비히는 추후 『화학 편지』(4th ed., 1859)에서 자신의 과거 견해를 부분적으로 수정했지만 『화학 편지』의 다른 부분에서는 여전히 생명력의 존재를 옹호하는 주장을 폈다. Brock, *Justus von Liebig: The Chemical Gatekeeper*, 312–13을 참고하라.

16. Robert Ayres, "Industrial Metabolism: Theory and Policy," in *Industrial Metabolism: Restructuring for Sustainable Development*, ed. Robert Ayres et al.(Tokyo: United Nations University Press, 1994), 3–20; Maria Fisher-Kowalski

and Walter Hutter, "Society's Metabolism: The Intellectual History of Materials Flow Analysis, Part I," *Industrial Ecology* 2/1 (1998): 61–78; Fisher-Kowalski et al., "A Sociometabolic Reading of the Anthropocene: Modes of Subsistence, Population Size and Human Impact on Earth," *The Anthropocene Review* 1/1 (2014년 4월): 8–33.

17. Alfred Schmidt, *The Concept of Nature in Marx*(London: NLB, 1971); Foster, *Marx's Ecology*; Amy E. Wendling, *Karl Marx on Technology and Alienation*(New York: Palgrave, 2009).

18. Foster, *Marx's Ecology*, 155–63.

19. MEGA^2 IV/8, 227–34.

20. Ibid., 233–34, 강조는 덧붙임.

21. Ibid., 233.

22. Gerd Pawelzig, "Zur Stellung des Stoffwechsels im Denken von Karl Marx," in Annelise Griese and Hans Jörg Sandkuhlerm, eds., *Karl Marx– Zwischen Philosophie und Naturwissenschaften*(Frankfurt am Main: Peter Lang, 1997), 129–50, 133.

23. MEGA^2 I/11, 480

24. MEGA^2 III/4, 308.

25. Ibid., 336.

26. Ibid., 308.

27. Ibid., 78. 안타깝게도 마르크스가 롤란트 다니엘스에게 보낸 편지는 사라지고 없다. 그저 다니엘스가 보인 반응을 통해 마르크스가 어떤 논평을 했는지 짐작할 수 있을 뿐이다.

28. Pawelzig, "Zur Stellung des Stoffwechsels," 133. 게르트 파벨치히는 마르크스가 1856년 6월 21일 아내 제니에게 보낸 편지에서 "야코프 몰레스호트의 물질대사"에 대해 언급하면서 처음으로 물질대사 개념을 사용했다고 언급한다. "그러나 루트비히 포이어바흐가 말하는 인

간, 몰레스호트가 말하는 물질대사, 프롤레타리아를 향한 사랑이 아
니라 연인과 자기 자신을 위한 사랑은 인간에게로 되돌아올 뿐이다."
(*Collected Works*, vol. 40, 56). 이와 같은 마르크스의 언급을 바탕으로 파
벨치히는 몰레스호트가 마르크스에게 영향을 미쳤다고 주장했다. 그
러나 마르크스가 물질대사 개념을 처음 사용한 것은 그보다 더 이전
이다. 따라서 마르크스의 이론은 몰레스호트의 이론과 양립할 수 없
다. 게다가 파벨치히가 언급한 문장에서 마르크스는 몰레스호트의
"물질대사" 개념을 포이어바흐가 내세운 "사랑" 개념과 동일선상에
놓음으로써 부정적인 의미로 언급했다.

29.   Roland Daniels, *Mikrokosmos: Entwurf einer physiologischen Anthropologie*
(Frankfurt am Main: Peter Lang, 1988), 29, 강조는 원문.

30.   Ibid., 20. "정신적 물질대사"라는 관점에 입각해 볼 때 유스투스 폰 리
비히는 여전히 생기론의 틀에서 벗어나지 못했다. 이와 같은 사실은
롤란트 다니엘스의 물질대사 이론이 유래한 자료가 루돌프 바그너의
『생리학 소사전*Handwörterbuch der Physiologie*』이라는 주장에 힘을 싣는
것으로 보인다. 따라서 물질대사를 둘러싼 기존의 논쟁은 리비히와
야코프 몰레스호트를 넘어서는 영역으로 확장되어야 한다. Daniels,
Mikrokosmos, 158도 참고하라. 훗날 마르크스는 『그룬트리세』에서 "정
신적 물질대사"에 대해 언급했다. Marx, *Grundrisse*, 161을 참고하라.

31.   Daniels, *Mikrokosmos*, 135.

32.   Reinhard Mocek, "Roland Daniels' physiologischer Materialism: Der
naturwissenschaftliche Materialismus am Scheideweg," in Daniels,
Mikrokosmos, 261–74, 269를 참고하라.

33.   Marx and Engels, *Collected Works*, vol. 38, 326.

34.   Daniels, *Mikrokosmos*, 119.

35.   Marx and Engels, *Collected Works*, vol. 39, 548–49.

36.   Marx, *Grundrisse*, 320.

37.　Ibid., 339.

38.　Ibid., 637.

39.　Marx, *Capital*, vol. 1, 198–99.

40.　MEGA IV/32, 1135.

41.　Wilhelm Roscher, *Principles of Political Economy*, vol. 1(Chicago: Callaghan and Company, 1878), 111. 빌헬름 로셔는 자신의 방법론을 다음과 같이 기록한다. "이와 같이 이상적인 체계를 구축하려는 이론에는 아무런 관심이 없다. 이 연구의 목적은 인간의 경제적 본성과 경제적 필요를 기술하고 이와 같은 인간의 경제적 필요를 충족할 수 있도록 설계된 법칙과 제도의 특징을 탐구하는 동시에, 이러한 법칙과 제도가 인간의 경제적 욕구 충족에 성공한 정도를 탐구하는 것이다. 따라서 이 연구의 과제는, 말하자면, 사회와 국민 경제의 생리를 밝히고 해부하는 생리학이자 해부학이다!"

42.　Ibid., 154.

43.　Jean-Baptiste Say, *A Treatise on Political Economy or the Production, Distribution and Consumption of Wealth*(Philadelphia: Clement C. Biddle, 1880), 107.

44.　Justus von Liebig, *Familiar Letters on Chemistry, in its Relation to Physiology, Dietetics, Agriculture, Commerce, and Political Economy*(London: Walton and Maberly, 1859), 480.

45.　Carl Fraas, "Die Natur in der Wirthschaft: Erschöpfung und Ersatz," *Westermann's Jahrbuch der illustrirten Deutschen Monatshefte*, vol. 3 (1858), 561–65, 562.

46.　마르크스 역시 정치경제학의 과제와 생리학의 과제 사이의 유사성을 이해하고 있었다. 두 학문은 모두 "부르주아 사회 내부의 생리학"을 파악하고 "그 유기적이고 내적인 일관성과 생명 과정"을 이해하는 데 목적을 두고 있었다. *Collected Works*, vol. 31, 391.

47.   Marx, *Grundrisse*, 271.

48.   Marx, *Capital*, vol. 1, 289.

49.   Marx, *Grundrisse*, 360.

50.   특정한 정치적 논쟁과 관련되어 작성된 텍스트이고 카를 포크트의 자
       연과학적 유물론과는 무관한 내용을 담고 있으므로 이 책에서는 카를
       포크트에 대해 다루지 않을 것이다.

51.   Alfred Schmidt, *The Concept of Nature in Marx*(London: NLB, 1971). 87.

52.   많은 저자들이 마르크스의 텍스트를 검토해 보지도 않은 채 알프
       레트 슈미트의 주장을 그대로 받아들였다는 사실은 매우 놀랍다.
       Gernot Böhme and Joachim Grebe, "Soziale Naturwissenschaft: Über
       die wissenschaftliche Bearbeitung der Stoffwechselbeziehung Mensch-
       Natur," in *Soziale Naturwissenschaft. Weg zur Erweiterung der Ökologie*, ed.
       Gernot Böhme and Engelbert Schramm(Frankfurt am Main: fischer alternativ,
       1985), 19–41, 30; Maria Fischer-Kowalski, "Society's Metabolism: The
       Intellectual History of Materials Flow Analysis, Part I, 1860–1970,"
       Industrial Ecology 2/1(1998): 61–78, 64; Joan Martinez-Alier, "Marxism,
       Social Metabolism, and International Trade," in *Rethinking Environmental
       History: World-System History and Global Environmental Change*, ed. Alf
       Hornborg et al.(Lanham: AltaMira Press, 2007), 221–38, 223을 참고하라. 존
       벨러미 포스터는 이와 같은 견해를 거부했다. Foster, *Marx's Ecology*,
       161을 참고하라.

53.   Schmidt, *The Concept of Nature in Marx*, 218n129.

54.   Ibid., 76.

55.   Ibid., 87.

56.   Jakob Moleschott, *Kreislauf des Lebens: Physiologische Antworten auf Liebig's
       Chemische Briefe*(Mainz: Verlag von Victor von Zabern, 1852), 83.

57.   Karl Vogt, "Physiologische Briefe für Gebildete aller Stände: Zwelfter

Brief. Nervenkraft und Seelenthätigkeit," in *Der Materialismusstreit*, ed. Walter Jaeschke et al.(Hamburg: Meiner, 2012), 1–14, 6.

58. Moleschott, *Kreislauf des Lebens*, 401.

59. Ibid., 369.

60. Jakob Moleschott, *Physiologie der Nahrungsmittel. Ein Handbuch der Diätetik*(Giessen: Ferber'sche Universitätsbuchhandlung, 1850), 101.

61. Moleschott, *Kreislauf des Lebens*, 3rd rev. ed., 1857, 80. 오늘날 과학에서는 **"담산"**의 존재를 인정하지 않는다. 유스투스 폰 리비히와 그 밖의 학자들이 당대에 이미 밝힌 것처럼 부엽토는 다양한 유기물과 비유기물로 분해된 뒤 식물에 흡수된다. "담산 암모니아"는 리비히의 무기질 이론에 반박할 목적으로 찾아낸 상상 속 물질이라고 말할 수 있다.

62. Ibid., 81.

63. Ibid., 83.

64. Justus von Liebig, *Chemische Brief*e, 4th ed., vol. 1(Leipzig: C. F. Winter'sche Verlagshandlung, 1859), 362.

65. 구운 소고기와 채소에 관해 언급한 야코프 몰레스호트의 주장과 유사한 주장을 롤란트 다니엘스의 설명에서도 찾아볼 수 있다. "고기를 섭취하는 아메리카 인디언과 채소를 섭취하는 아메리카 인디언의 사고방식에는 큰 차이가 있다!" 마르크스가 지식을 발생학적 역사적 방식으로 다루지 않은 몰레스호트의 기계론적 결정론에 큰 매력을 느끼지 못한 반면 롤란트 다니엘스는 최소한 인간의 생산이라는 측면에서 역사적인 설명을 내세웠다. Daniels, *Mikrokosmos*, 112를 참고하라.

66. MEGA III/4, 336.

67. Jakob Moleschott, *Für meine Freunde: Lebenserinnerungen von Jacob Moleschott*(Giessen: Verlag von Emil Roth, 1894), 251.

68. Moleschott, *Kreislauf des Lebens* 3re rev. ed., 393–94, 강조는 원문.

69. Feuerbach, *Gesammelte Werke*, vol. 10, 356.

70. Ibid., 358.

71. 그러나 이것이 루트비히 포이어바흐가 야코프 몰레스호트의 이론을 완전히 수용했다는 사실을 의미하는 것은 아니다. 1852년 6월 24일 F. W. 하이덴라이히F. W. Heidenreich에게 보낸 편지에서 포이어바흐는 모든 것을 철저하게 물질로 환원하는 몰레스호트의 주장에 우려를 표하면서 일정한 거리를 두었다. Feuerbach, *Gesammelte Werke*, vol. 19, 393–94. 포이어바흐에게는 **인간** 본질에 대한 철학적 관점과 인간학적 관점을 견지하는 것이 중요했으므로 자연과학을 바탕으로 모든 현상을 물질의 영원한 움직임으로 설명하는 유물론자들의 입장은 지나친 것으로 받아들일 수 밖에 없었다. Walter Jaeschke, "Ludwig Feuerbach über Spiritualismus und Materialismus," in *Materialismus und Spiritualismus: Philosophie und Wissenschaften nach 1848*, ed. Andreas Arndt and Walter Jaeschke(Hamburg: Meiner, 2000), 23–34, 32를 참고하라.

72. Feuerbach, *Gesammelte Werke*, vol. 10, 358.

73. Schmidt, *The Concept of Nature in Marx*, 79.

74. Ibid., 92.

75. Ibid., 88.

76. Theodor W. Adorno, *Negative Dialectic*(London: Routledge, 1973), 355. [홍승용 옮김, 『부정변증법』, 한길사, 1999]

77. Alfred Schmidt, *Emanzipatorische Sinnlichkeit: Ludwig Feuerbachs anthropologischer Materialismus*(Frankfurt am Main: Ullstein, 1977).

78. Alfred Schmidt, "Vorwort zur Neuauflage 1993: Für einen ökologischen Materialismus," *Der Begriff der Natur in der Lehre von Marx*, 4th ed.(Hamburg: Europäische Verlagsanstalt, 1993), xi.

79. Schmidt, *Emanzipatorische Sinnlichkei*, 34. 또한 알프레트 슈미트는 텍스트로 증거를 제시하지도 않은 채 "마르크스의 자연 사상이 낭만적"이라고 지적한다. Schmidt, *The Concept of Nature in Marx*, 220n 18을 참

고하라.

80.   Schmidt, "Vorwort zur Neuauflage," xii.

81.   Marx, *Grundrisse*, 661.

82.   Ludwig Büchner, *Force and Matter or Principles of the Natural Order of the Universe: With a System of Morality Based on Thereon*(New York: P. Eckler, 1920), 16; 강조는 덧붙임. Army W. Wendling, *Karl Marx on Technology and Alienation*(New York: Palgrave, 2009), 64도 참고하라.

83.   Ibid., 64.

84.   Ludwig Büchner, *Stoff und Kraft: Empirisch-naturwissenschaftliche Studien* (Frankfurt am Main: Verlag von Meidinger Sohn, 1858), 11. 이 구절을 영어로 올바르게 번역한 번역본은 그 이전의 번역본이다. Ludwig Büchner, *Force and Matter: Empirico-Philosophical Studies, Intelligibly Rendered* (London: Truner & Co., 1864), 11을 참고하라.

85.   Ibid.

86.   "열역학" 모델이 완전히 거부되어야만 하는 것은 아니다. 예를 들어 마유미 코조는 마르크스의 물질대사 이론 및 유스투스 폰 리비히의 물질대사 이론과 관련된 열역학 모델에 대해 더 생산적인 해석을 제시한다. Kozo Mayumi, "Temporary Emancipation from the Land: From the Industrial Revolution to the Present Time," *Ecological Economics* 4 (1991): 35–56을 참고하라.

87.   Wendling, *Karl Marx on Technology and Alienation*, 97.

88.   Lipman, "Vitalism and Reductionism in Liebig's Physiological Thought," 170을 참고하라.

89.   MEGA III/4, 391; Daniels, *Mikrokosmos*, 88–89.

90.   Carl Gustav Carus, *System der Physiologie umfassend das Allgemeine der Physiologie, die physiologische Geschichte der Menschheit, die des Menschen und die der einzelnen organischen Systeme im Menschen, für Naturforscher*

und Aerzte, vol. 2(Dresden: Gerhard Fleischer, 1839), 32–33.

91. Carl Fraas, *Natur der Landwirthschaft. Beitrag zu einer Theorie derselben*, vol. 2(Munich: Literarisch-artistische Anstalt, 1857), 106.

92. Justus von Liebig, *Animal Chemistry, or Organic Chemistry in its Application to Physiology and Pathology*(London: Taylor and Walton, 1842), 227.

93. Marx and Engels, *Collected Works*, vol. 40, 282.

94. Marx, *Grundrisse*, 268.

95. Ibid., 670.

96. Ibid., 722.

97. Ibid., 694.

98. Ibid., 692. 이 시기에 마르크스는 "유동 자본"과 "순환 자본"을 그 내용적인 측면에서 분명하게 구분하고 있었지만, 그럼에도 이 두 개념을 여전히 혼동하고 있었다.

99. Ibid.

100. Ibid., 646.

101. Marx and Engels, *Collected Works*, vol. 32, 145–46, 강조는 원문.

102. 도식적으로 말하자면 경제 위기는 사회적 물질대사의 교란이고 생태 위기는 사회적 물질대사의 자본주의적 형태를 통해 자연적 물질대사의 교란을 나타내는 징후이다.

103. 로자 룩셈부르크는 단순 재생산에 관한 마르크스의 도해가 사회주의 계획경제 질서를 통해 실현되어야 한다고 생각했다. Rosa Luxemburg, *The Accumulation of Capital*(London: Routledge and Kegan Paul LTD, 1951), 75 [황선길 옮김, 『자본의 축적 1, 2』, 지식을만드는지식, 2013]를 참고하라.

104. Marx, *Capital*, vol. 1, 758.

105. Marx, *Grundrisse*, 409.

106. Ibid.

107. Ibid., 410.

108.   Ibid., 421.

109.   Burkett, *Marx and Nature*, 196.

110.   James O'Connor, *Natural Causes: Essays in Ecological Marxism*(New York: Guilford Press, 1998).

111.   John Bellamy Foster, "The Great Capitalist Climacteric, Marxism and 'System Change Not Climate Change.'" *Monthly Review* 67/6 (2015년 11월): 1–18, 9.

112.   Marx and Engels, *Collected Works*, vol. 30, 64.

3. 물질대사 이론으로서의 『자본』

1.   Salvatore Engel-Di Mauro, *Ecology, Soil, and the Left: An Eco-Social Approach* (New York: Palgrave 2014), 137; Michael Löwy, *Ecosocialism. A Radical Alternative to Capitalist Catastrophe*(Chicago: Haymarket Books, 2015), 3.

2.   Moore, "Toward a Singular Metabolism," 10.

3.   Larry Lohmann, "Fetishisms of Apolalypse," *Occupied Times*, 2014. 10. 30.

4.   Helmut Reichelt, *Zur logischen Struktur des Kapitalbegriffs bei Karl Marx* (Freiburg im Breisgau: ça-ira-Verlag, 2001); Hans-Georg Backhaus, *Dialektik der Wertform: Untersuchungen zur marxschen Ökonomiekritik*(Freiburg im Breisgau: ça-ira-Verlag, 2011); Michael Heinrich, *Wissenschaft vom Wert: Die Marxsche Kritik der politischen Ökonomie zwischen wissenschaftlicher Revolution und klassischer Tradition*(Münster: Westfälisches Dampfboot, 2011); Ingo Elbe, *Marx im Westen: Die neue Marx-Lektüre in der Bundesrepublik seit 1965*(Berlin: Akademie Verlag, 2010); Christopher Arthur, *The New Dialectic and Marx's Capital*(Leiden: Brill, 2002); Tony Smith, *The Logic of Marx's Capital: Replies to Hegelian*

Criticisms(Albany: State University of New York Press, 1990).

5.　　Marx, *Capital*, vol. 1, 283.

6.　　Ibid., 133–34.

7.　　Ibid., 290, 강조는 덧붙임.

8.　　Ibid.

9.　　Marx, *Grundrisse*, 86, 88.

10.　　Marx, *Capital*, vol. 1, 137, 강조는 덧붙임.

11.　　Ibid., 164.

12.　　Isaak Rubin, *Essays on Marx's Theory of Value*(Detroit: Black and Red, 1972); [함상호 옮김 『마르크스의 가치론』, 이론과실천, 1989] Riccardo Bellofiore, "A Ghost Turning into a Vampire: The Concept of Capital and Living Labour," in *Re-Reading Marx: New Perspectives after the Critical Edition*, ed. Riccardo Bellofiore and Roberto Fineschi(New York: Palgrave, 2009), 183; Werner Bonefeld, "Abstract Labor: Against Its Nature and its Time," *Capital & Class* 34/2 (2010년 6월): 257–76, 266.

13.　　Heinrich, *Wissenschaft vom Wert*, 210; Werner Bonefeld, *Critical Theory and the Critique of Political Economy: On Subversion and Negative Reason*(New York: Bloomsbury, 2014), 10.

14.　　독일에서 출간한 논문에서 사사키 류지와 나는 마르크스가 추상 노동을 소재적인 것으로 취급한 이유를 마르크스의 양면성 탓으로 돌리지 않고, 마르크스가 이를 의도한 것이라고 주장하면서 아이작 일리치 루빈과 미하엘 하인리히의 해석을 세세하게 반박했다. Ryuji Sasaki and Kohei Saito, "Abstrakte Arbeit und Stoffwechsel zwischen Mensch und Natur," *Beiträge zur Marx-Engels-Forschung 2013*(Hamburg: Argument, 2015), 150–68을 참고하라. Alex Kicillof and Guido Starosta, "On Materiality and Social Form: A Political Critique of Rubin's Value-Form Theory," *Historical Materialism* 15/1 (2007): 9–43에서도 역사를 관통하는 추상 노동의 성격

에 대한 유사한 해석을 찾아볼 수 있다. 이러한 시도에도 합의는 이루어지지 않았다. 계속 이 문제에 초점을 맞추는 것은 논쟁을 무의미하게 만들 수 있으므로, 3장에서는 또 다른 접근법을 채택하여 추상 노동을 역사를 관통하는 것으로 이해하면서도 "생태학"을 포함할 수 있는 것으로, 마르크스의 기획을 보다 생산적으로 이해할 수 있다는 사실을 입증할 것이다.

15.   마이클 E. 샤우에르테Michael E. Schauerte가 번역한 구루마 사메조의 저서 개정판이 브릴 출판사의 역사적 유물론Historical Materialism 시리즈로 출판되면 이와 같은 상황에 변화가 일어나리라고 기대해 본다.

16.   단순 상품 생산은 실제 역사에서는 찾아볼 수 없는 단계이다. 즉, 단순 상품 생산을 토대로 한 사회는 자본주의 생산양식을 과학적으로 추상화하는 과정에서 등장한 것이다. 이와 같은 측면에서 마르크스와 엥겔스의 결정적인 차이가 나타난다.

17.   구루마 사메조, 타마노이 요시로『경제학사』(Tokyo: Iwanami Shoten, 1954), 83–90.

18.   Marx, *Capital*, vol. 1, 165.

19.   "할당"과 "분배"는 마르크스가 사용한 용어가 아니다. 본문에서는 오타니 데이노스케의 범주를 따른다. 폴 스위지는 이 문제를 명확하게 인식하고 마르크스의 가치론을 일관성 있게 발전시켰다. Sweezy, *The Theory of Capitalist Development: Principles of Marxian Political Economy* (London: Dobson Books, 1946), 25를 참고하라. [이주명 옮김, 『자본주의 발전의 이론』, 필맥, 2009]

20.   구루마, 타마노이, 『경제학사』, 85.

21.   Marx, *Capital*, vol. 1, 166.

22.   Ibid., 128. 보이지 않는 환영 같은 속성을 표현하기 위해 상품은 또 다른 사용가치(예: "가치 형태")를 통해 자신을 표현하는 "우회" 과정을 거쳐야만 한다.

23.   Ibid., 164.

24.   Marx, *Capital*, vol. 1, 166–67.

25.   Ibid., 165–66.

26.   Teinosuke Otani, "상품과 상품 생산", *Keizai Shirin* 61/2 (1993): 49-148, 96.

27.   Marx, *Capital*, vol. 1, 167–68. 인식론적 전도가 배제되는 것은 아니다. 마르크스는 사물의 사회적 특징이 마치 사물의 자연적인 소재적 속성인 것처럼 정착된 형태로 보이는 방식에 대해 논의한다. 마르크스는 금에 본질적인 가치가 있는 것처럼 여기는 사례에서 관찰되는 이와 같은 인식론적 오류를 "물신숭배"라고 부른다. 반면 화폐가 보편적인 등가물로 기능한다는 사실은 인식론적 오류가 아니다. 상품 생산 사회에서는 화폐가 다른 상품과 교환할 수 있는 사회적 힘을 지니기 때문이다.

28.   Marx and Engels, *Collected Works*, vol. 34, 398. 경제학 수고인 『직접 생산 과정의 결과들*Results of the Direct Production Process*』[김호균 옮김, 『경제학 노트』, 이론과 실천, 1988]에 등장하는 마르크스의 종교 비판은 『파리 노트』와는 사뭇 다르고 『독일 이데올로기』와는 연속성을 지닌다. 1844년 마르크스는 루트비히 포이어바흐의 소외론의 맥락에서 자본주의와 종교의 비유를 언급했다. "종교에서도 동일하다. 인간이 신에게 더 많은 것을 제공할수록 인간에게 남는 것은 더 줄어든다. 노동자는 자신의 삶을 대상에 투입한다. 그러나 노동자의 삶은 더 이상 노동자의 것이 아닌 대상의 것으로 변모한다. 따라서 이와 같은 활동의 규모가 더 커질수록 노동자는 대상을 더 많이 잃게 된다"(*Collected Works*, vol. 3, 272). 마르크스는 신의 본질이 유적 존재로서의 인간이고, 객관적인 물적 부의 본질은 인간의 노동 활동이라고 단순하게 지적한다. 포이어바흐의 철학과 결별한 뒤 마르크스는 종교의 전도를 "그릇된 인식"으로 다루지 않고 필연적인 "겉모습*Schein*", 즉 소외되고 전도된 현실에

서 필연적으로 등장하는 겉모습으로 다뤘다. 마르크스는 『자본』에서도 자본주의적 생산 관계에서 주체와 객체의 전도가 실제로 일어나는 방식과 이유를 설명했지만 숨겨진 본질을 드러낼 목적은 아니었다.

29.   Otani, "Shohin oyobi Shohinseisan," 101; Marx, *Capital*, vol. 1, 209.

30.   Ibid., 280. 또한 Teinosuke Otani, *A Guide to Marxian Political Economy: What Kind of Social System is Capitalism?*(Berlin: Springer)도 참고하라. [정연소 옮김, 『그림으로 설명하는 사회경제학』, 한울, 2010]

31.   Marx, *Grundrisse*, 687. 로만 로스돌스키도 이 단락에 대해 논의하면서 사용가치의 경제적 역할을 탐구한다. Rosdolsky, "Der Gebrauchwert bei Karl Marx: Eine Kritik der bisherigen Marx-Interpretation," *Kyklos* 12(1959): 27–56을 참고하라. 이와 같은 논의에는 구루마 사메조의 『마르크스 정치경제학 사전*Marx-Lexikon*』이 더 적합한데, 3권 "방법 II"에서 이와 같은 문제를 상세하게 다루고 있기 때문이다.

32.   Marx, *Grundrisse*, 258.

33.   Ibid., 881.

34.   Ibid.

35.   Ibid.

36.   Ibid., 646.

37.   Marx, *Economic Manuscript of 1864–1865*, 897.

38.   Marx and Engels, *Collected Works*, vol. 24, 546.

39.   Marx and Engels, *Collected Works*, vol. 34, 397–98.

40.   자본주의적인 경제적 규정에 맞서 소재적 측면을 옹호하기 위해 "사용가치"와 "가치" 또는 "구체적인 노동"과 "추상적인 노동"을 단순하게 대립시키는 것은 여전히 루트비히 포이어바흐의 관점에 머물러 있는 것이다. 마르크스에게 "사용가치"와 "구체적인 노동"으로만 복귀해야 한다는 호소는 지나치게 이상적인 것으로 보인다. 사실 소재적 측면은 물상화와 인격화를 통해 항상 변형되기 때문이다. 이와 같은 의

미에서 볼 때 "그릇된 필요"를 "진정한 필요"에 대립시키면서 비판하는 것은 이론에 불과한 것으로 보인다. 마르크스의 목적은 환상에서 "빠져나오게" 하여 "진정한" 인간의 삶을 드러내는 것이 아니라 전도된 자본주의 세계의 동학을 발생학적인 차원에서 설명하는 것이다.

41. 중요한 예외로 폴 버켓을 꼽을 수 있다. 버켓은 "인간과 자연 사이에 이루어지는 상호작용의 사회적 형태와 물적 소재가 서로를 구성한다는 사실"을 분석해야 한다고 꾸준히 주문한다. Burkett, *Marx and Nature*, 18을 참고하라.

42. Alfred Sohn-Rethel, *Geistige und körperliche Arbeit: Zur Epistemologie der abendländischen Geschichte*, rev, ed.(Weinheim: VCH, 1989), 22. [황태연, 윤길순 옮김,『정신노동과 육체노동: 철학적 인식론 비판』, 학민사, 1986] 알프레트 존-레텔의 "진정한 추상화"는 "새로운 마르크스 읽기" 추종자들 사이에서 오늘날에도 여전히 영향력을 행사하고 있다. 미하엘 하인리히는 추상적인 노동은 "교환 속에서 구성되는 **사회적 검증 관계**"이므로 "'소모'될 수 없다"고 주장한다. Michael Heinrich, *An Introduction to the Three Volumes of Karl Marx's Capital*(New York: Monthly Review Press, 2004), 50을 참고하라. 따라서 하인리히는 인간과 자연 사이에 이루어지는 물질대사와 "가치" 범주 사이의 관계를 인식하지 않는다. 또한 하인리히는 "노동의 총합" 범주와 관련된『자본』해설을 통해 "마르크스가" 노동의 총합 개념을 "역사 관통적 차원에서 사용하는 것이 아니라" 특정한 상품 생산 사회를 묘사하기 위해 사용한다고 주장한다. Michael Heinrich, *Wie das Marxsche Kapital lessen? Leseanleitung und Kommentar zum Anfang des Kapital*, Teil 2(Stuttgart: Schmetterling Verlag, 2009), 172. 이 범주는 본질적으로 역사를 관통하는 물적인 것이라고 말해야 한다. 사회적 노동의 총합이 무한한 것이 아닌 한 모든 사회에는 사회적 노동의 총합을 할당할 필요성이 존재하기 때문이다.

43. Sohn-Rethel, *Geistige und köperliche Arbeit*, 58, 강조는 덧붙임.

44.   자본주의 이전 사회의 생산 형태가 반드시 지속 가능해야 하는 것은 분명 아니다. 1868년 카를 프라스의 저술을 읽은 마르크스는 무의식적으로 자연을 다룸으로써 환경을 파괴해 문명의 존속을 위협하는 수준에 이르렀던 사례에 대해 인식하고 있었는데, 이와 관련된 자세한 내용은 6장에서 논의할 것이다. 마르크스는 인간과 자연 사이에 이루어지는 상호작용이 완전히 의식적으로 조직되는 미래 사회에서만 진정으로 지속 가능한 생산이 가능하다고 주장했다.

45.   Marx, *Capital*, vol. 1, 147, 230.

46.   Ibid., 255.

47.   Ibid.

48.   Ibid., 252.

49.   Ibid., 375.

50.   토니 스미스는 마르크스의 구상이 "체계적인 범주 이론을 확립해 생각 속에서 세계를 재건하려는 헤겔주의의 목표에 지나지 않는다"고 말한다. Smith, *The Logic of Marx's Capital*, 35 참고. 그러나 마르크스의 관심은 생각 속에서 자본주의의 총체성을 재건하는 데 있지 않다. 1장에서 살펴본 것처럼 1845년 이후 마르크스에게 헤겔 변증법을 철학적으로 초월하는 일은 그다지 중요한 일이 아니었다. Andreas Arndt, "'… unbeding das letzte Wort aller Philosophie': Marx und die hegelsche Dialektik," in *Karl Marx: Pespektiven der Gesellschaftskritik*, ed. Rahel Jaeggi and Daniel Loick(Berlin: Akademie Verlag, 2013), 27–37도 참고하라.

51.   Marx, *Capital*, vol. 1, 341.

52.   Ibid., 345. 노동 착취의 사회적 의미는 자본주의 이전 사회에서 나타난 노동 착취의 사회적 의미와 전혀 다르다. 노예는 생산수단으로 취급되었고 폭력을 수단으로 잉여 노동을 강요받았지만, 자본주의 이전 사회에서 잉여 생산은 사용가치라는 구체적인 열망의 영역에 제한되어 있는 편이었다. 잉여 노동에 대한 열망에 **제한이 없어진** 것은 자본

의 가치 증식에 양적인 제한이 없어진 이후이다. 그리고 이와 같은 의미에서 볼 때 노동일의 끝없는 확장과 노동 강도의 가차 없는 강화는 근대적 생산에 특정한 것이다.

53.   이와 같은 자연적 탄력성은 자본주의 자체의 물적 속성으로 기능한다. 예를 들어 경제 위기가 닥칠 경우 자본은 동일한 대출 조건에서 이윤율을 높이기 위해 더 적은 노동자가 더 긴 시간을 근무해야 하는 방식으로 노동력의 탄력성을 활용한다.

54.   Marx, *Capital*, vol. 1, 376–77.

55.   Ibid., 611.

56.   Ibid., 381.

57.   Ibid., 739.

58.   Ibid., 344.

59.   Ibid., 610.

60.   Ibid., 415, 강조는 덧붙임.

61.   Harry Braverman, *Labor and Monopoly Capital: The Degradation of Work in the Twentieth Century*. 25th anniversary ed.(1974; repr. New York: Monthly Review Press, 1998), 78–79. [이한주 옮김, 『노동과 독점자본』, 까치, 1989]

62.   Marx, *Capital*, vol. 1, 618.

63.   Ibid., 618–19; Sasaki, *Marx No Busshouka Ron*, 390–91.

64.   Marx, *Capital*, vol. 1, 619.

65.   Marx and Engels, *Collected Works*, vol. 30, 98.

66.   마르크스는 『1864~1865년 수고』에서 자신의 계획을 명시적으로 언급한다. "다양한 산업 부문에서 노동생산성은 단일하게 발전하지 않는다. 노동생산성은 고르게 발전하지 않을 뿐 아니라 반대 방향으로 발전하기도 한다. 그것의 정도는 노동의 **사회적** 생산성이 증가하더라도 하락할 가능성이 있는 자연 조건에 노동생산성이 어느 정도 결부되어 있는가에 따라 달라진다"고 지적한 마르크스는 괄호 안에 다음

과 같이 덧붙인다. "**자연 조건**이 사회적 생산력의 발전과 무관하게 노동의 생산성에 영향을 미치는 정도 및 **사회적** 생산력과 반대로 움직이는 경향에 대한 탐구는 **지대**와 관련된 탐구 영역에 속한다." Marx, *Economic Manuscript of 1864–1865*, 368를 참고하라. 강조는 원문.

67.   Marx, *Capital*, vol. 1, 376.

68.   마르크스는 『1861~1863년 경제학 수고』에서도 노동력과 토지를 나란히 취급했다. "노동자 및 토지와 관련해 부를 생산하는 일에 대해서만 미래를 **기대**, 즉 진정으로 기대할 수 있다. 물론 미래에 부가 생산될 것을 기대할 수도 있지만 성숙하지 못한 상태에서 과도하게 사용하거나 고갈되면, 그리고 비용과 소득 사이의 균형이 깨지면 미래가 피폐해질 수도 있다. 자본주의적 생산에서는 노동자와 토지에서 이와 같은 현상이 나타난다."(Marx and Engels, *Collected Works*, vol. 32, 442) 마르크스는 "비용과 소득 사이의 균형이 깨지면서" 일어나는 노동자의 고갈과 토지의 고갈에는 동일한 자본주의적 경향이 침투한다는 사실을 인식했다. 노동자에게 필요한 휴식 시간을 주지 않으면서 노동자에게 노동력을 최대한 사용할 것을 강요하는 자본주의 생산양식은 토지도 황폐하게 만든다. 『자본』에서 마르크스는 이와 같은 주제를 유스투스 폰 리비히의 농업의 "강탈" 체계 비판과 결부시켜 설명했는데, 이 문제에 대해서는 4장에서 살펴볼 것이다. 여기에서는 마르크스가 자본이 임의로 변경할 수 없는 토양 비옥도에 특정한 소재적 한계가 있음을 인식했다는 사실을 언급하는 것으로 충분하다. 자연적 특성에 걸맞은 적절한 취급을 받지 못한 토양은 비옥도를 빠르게 상실할 수밖에 없기 때문이다.

69.   Marx and Engels, *Collected Works*, vol. 33, 146.

70.   Marx, *Capital*, vol. 1, 508.

71.   Marx, *Economic Manuscript of 1864–1865*, 883.

72.   Marx and Engels, *Collected Works*, vol. 33, 146, 강조는 원문.

73. 노동의 수단보다 비용이 더 클 경우 노동의 목적과 노동의 수단은 노동력보다 더 주의 깊게 취급된다. 또는 고정자본의 물적 손실 및 도적적 손실을 피하기 위해 노동은 더 확장되고 노동의 강도는 더 강화된다. 이는 인간 노동이 가치의 논리에 예속되어 있음을 보여 주는 또 다른 증거이다.

74. Marx, *Economic Manuscript of 1864–1865*, 185.

75. Stefan Baumgartner, *Ambivalent Joint Production and the Natural Environment* (Heidelberg: Physica-Verlag, 2000), 107.

76. Jess Shantz, *Green Syndicalism: An Alternative Red/Green Vision* (Syracuse: Syracuse University Press, 2012), xlvi.

77. 마르크스는 이 문제를 노동력의 구매자인 자본가와 노동력의 판매자인 노동자 사이의 문제로 묘사한다. Marx, *Capital*, vol. 1, 344.

78. MEGA^2 II/4.3, 80. MEGA II/4.3에는 1868년 이후 『자본』 2권과 3권에 사용하기 위해 작성된 다양한 경제학 수고로 이루어진 새로운 자료가 포함되어 있다. 이 자료들은 구상 수준에 머물고 있지만 수준이지만 『자본』 1권을 출간한 이후 마르크스가 가지게 된 새로운 관심사를 수록하고 있다는 점에서 그 중요성은 작지 않다.

79. Marx, *Economic Manuscript of 1864–1865*, 329.

80. Marx, *Capital*, vol. 1, 667.

81. 폐기물 문제를 저평가한 마르크스의 낙관론에 대한 비판이 널리 퍼져 있음에도 마르크스의 물질대사 이론을 통해 그 반대가 사실임을 확인할 수 있다. Baumgärtner, *Ambivalent Joint Production*, 107을 참고하라. 인간과 자연 사이에 이루어지는 물질대사는 상호작용적이고 순환적인 과정으로, 인간은 자연으로부터 무언가를 가져오는 동시에 자연에 무언가를 되돌려 준다. 마르크스의 비판은 물질대사를 매개하는 "가치"가 자연에 무언가를 되돌려 주는 측면을 충분히 고려할 수 없다는 사실을 보여 주는 데 그 목적이 있다.

4. 유스투스 폰 리비히와 『자본』

1. Marx and Engels, *Collected Works*, vol. 3, 436.

2. 여기에서 엥겔스는 유사한 논의를 편 아치발드 앨리슨의 주장을 언급한다. Archibald Alison, *Principles of Population, and Their Connection with Human Happiness*, vol. 1(London: Thomas Cadell, 1840), 챕터 1과 2 참고.

3. Benton, "Marxism and Natural Limits," 77, 강조는 원문.

4. 『자본』 2권과 3권은 마르크스가 사망한 뒤 엥겔스가 편집했다. 따라서 이 책들이 마르크스 이론의 최종 형태를 대표한다고 할 수는 없다. 그 결과 마르크스 평생의 친구이자 후원자였던 엥겔스의 편집 작업이 적절한지 여부를 두고 뜨거운 논쟁이 이어졌다. 마르크스의 원래 경제학 수고가 MEGA^{2}에 수록되어 출판되면서 "저자" 마르크스와 "편집자" 엥겔스 사이의 다양한 입장 차이가 드러나게 되었다. Regina Roth, "The Author Marx and His Editor Engels: Different Views on Volume 3 of *Capital*," *Rethinking Marxism* 14/4 (2002): 59–72 참고.

5. Foster, *Marx's Ecology*, 155; Burkett, *Marx and Nature*, 126.

6. 엥겔스 역시 「국민경제학 비판 개요」에서 펼친 주장을 끝까지 고수하지는 않았다. 따라서 폴 버켓과 존 벨러미 포스터는 "생태학"이라는 주제에 입각해서는 마르크스와 엥겔스 사이의 결정적인 차이를 발견하지 못했다.

7. "제조된 상품이든, 광산에서 나온 생산물이든, 토지에서 나온 생산물이든 모든 상품의 교환 가능한 가치는 항상 (매우 호의적인 환경 아래에서 이루어지는 생산에 충분한 양으로 그리고 특유한 생산 시설을 갖춘 사람들이 배타적으로 누릴 수 있는 조건인) 더 적은 양의 노동이 아니라 (그와 같은 시설을 갖추지 못해 가장 호의적이지 않은 환경에서 생산해야 하는 사람들이 생산을 위해 반드시 투입해야 하는) 더 많은 양의 노동 (…) 즉, 필요한 생산량을 생산하기 위한 환경이 매우 호의적이지 않아서 생산

을 지속하기 위해서 반드시 투입할 수밖에 없는 더 많은 양의 노동에 의해 규제된다." David Ricardo, *Principles of Political Economy, and Taxation*(Cambridge: Cambridge University Press, 1951), 73. [권기철 옮김, 『정치경제학과 과세의 원리에 대하여』, 책세상, 2019]

8.   Ibid., 71.

9.   Edward West, *Essay on the Application of Capital to the Land, with Observations Shewing the Impolicy of Any Great Restriction of the Importation of Corn and that the Bounty of 1688 Did Not Lower the Price of It*(London: Underwood, 1815), 2–3.

10.   데이비드 리카도에 따르면 비료와 더 개선된 도구를 사용하여 농업 생산성을 어느 정도 증가시킬 수 있지만 그와 같은 개선은 이윤율 하락을 "주기적인 간격으로 억제하는 일에" 불과하다. Ricardo, *Principles of Political Economy*, 120을 참고하라.

11.   David Harvey, *The Enigma of Capital: And the Crises of Capitalism*(Oxford: Oxford University Press, 2010), 72. [이강국 옮김, 『자본이라는 수수께끼』, 창비, 2012.]

12.   Marx and Engels, *Collected Works*, vol. 6, 200.

13.   Ibid., 206.

14.   Ibid., vol. 38, 261–62.

15.   Ibid., 262. 마르크스가 이전에 피력한 견해, 즉 농업 생산성이 증가하면 지대가 감소할 수 있다는 견해를 수정한 것으로 보인다.

16.   Ibid.

17.   Ibid., vol. 31, 490, 강조는 원문.

18.   사용할 수 있는 토지량의 한계는 자본의 자유로운 경쟁을 저해하는데, 이는 자연적인 한계이다. 여기에서 다시 한 번 물적인 측면이 정치경제학의 탐구의 대상이 된다.

19.   Ibid., vol. 33, 346.

20. Marx, *Economic Manuscript of 1864–1865*, 864, 강조는 원문.

21. Marx and Engels, *Collected Works*, vol. 31, 476–77.

22. Ibid., 327, 강조는 원문.

23. Ibid., 341.

24. 이와 같은 차이는 역사적으로 농업에서 자본의 유기적 구성이 더 낮다는 데에 기인한다. 이와 같은 차이가 사라진다면 절대지대는 사라질 수 있다. 바로 이와 같은 이유로 마르크스는 1862년 8월 9일 엥겔스에게 보낸 편지에 다음과 같이 기록했다. "**이론적으로** 증명해야 할 것은 오직 가치 법칙에 위배되지 않는 절대지대의 **가능성**뿐이지." Ibid., vol. 41, 403.

25. 마르크스는 "숲, 탄층, 광산 등의 고갈"에 대해 언급했지만 이와 같은 영역에서의 생산성 발전이 "제조업에서의 생산력 발전을 따라잡으려면 **아직** 한참 멀었다"고 주장했다. Ibid., vol. 33, 135, 강조는 덧붙임.

26. Michael Perelman, *Marx's Crises Theory: Scarcity, Labor and Finance*(New York: Praeger, 1987), 52.

27. Marx and Engels, *Collected Works*, vol. 42, 227, 강조는 원문.

28. Marx, *Economic Manuscript of 1864–1865*, 882, 강조는 원문.

29. Marx, *Capital*, vol. 1, 638–39.

30. Marx-Engels Archive(MEA), International Institute of Social History, Amsterdam, Sign. B 106, 32.

31. Joseph Esslen, *Das Gesetz des abnehmenden Bodenertrages seit Justus von Liebig: Eine dogmengeschichtliche Untersuchung*(Munich: J. Schweitzer,1905), 58. 일본의 시이나 시게아키椎名重明도 『농학의 사상. 마르크스와 리비히』(Tokyo: Tokyo University Press, 1976)에서 동일한 방식으로 주장했다.

32. Liebig, *Einleitung in die Naturgesetze des Feldbaues*(Braunschweig: Vieweg & Sohn, 1862), 111.

33. James Anderson, *An Inquiry Into the Causes That Have Hitherto Retarded*

the Advancement of Agriculture in Europa: With Hints for Removing the Circumstances That Have Chiefly Obstructed Its Progress, vol. 4(Edinburgh: T. Caddell and C. Elliot, 1799), 375–76, 강조는 덧붙임.

34. Justus von Liebig, Chemistry in Its Applications to Agriculture and Physiology (New York: John Wiley, 1849), 201–2.

35. John Bennet Lawes, "On Agricultural Chemistry," Journal of the Royal Agricultural Society of England 8 (1847): 226–60, 245, 강조는 덧붙임.

36. MEA, Sign. B 106, 32–33, 강조는 원문; Liebig, Einleitung, 143.

37. 유스투스 폰 리비히에 따르면 토양이 함유할 수 있는 양분의 절대량이 제한될 뿐 아니라 식물이 흡수할 수 있는 양분의 양도 제한된다. 무기물이 양분으로서 기능하려면 우선 식물이 흡수할 수 있는 형태가 되도록 무기물을 용해해야 한다. 그러나 무기물을 용해하는 과정은 온기, 공기, 물로 인한 풍화 작용의 영향을 받을 수밖에 없다.

38. MEA, Sign. B 106, 106; Liebig, Einleitung, 117.

39. MEA, Sign. B 106, 120.

40. Esslen, Das Gesetz des abnehmenden Bodenertrages, 10.

41. Marx, Capital, vol.1, 639.

42. 유스투스 폰 리비히가 혼동을 일으킨 이유는 존 스튜어트 밀과 개인적인 친분을 쌓았기 때문이라고 설명할 수 있다. 밀은 리비히가 화학에 기여한 공로를 높이 평가했고 리비히는 밀의 『논리학 체계System of Logic』의 독일어 번역본 출판을 주도했다. Pat Munday, "Politics by Other Means: Justus von Liebig and the German Translation of John Stuart Mill's Logic," British Journal for the History of Science 31 (1998): 403–18 참고.

43. Marx, Economic Manuscript of 1864–1865, 768, 강조는 덧붙임.

44. 제임스 앤더슨 역시 토양 비옥도의 증가 및 감소 문제에 사회적 측면이 존재한다는 사실을 인식했다는 사실을 지적해 둘 필요가 있다. 특히 제임스 앤더슨이 토양 고갈의 원인인 거름의 낭비적인 사용에 대

해 경고했다는 점에 주목해야 한다. Foster, *Marx's Ecology*, 145–47를 참고하라.

45.　Leszek Kołakowski, *Main Currents of Marxism: Its Rise, Growth and Dissolution*, vol. 1: *The Founders*(Oxford: Oxford Unviersity Press, 1978), 413–14. [변상출 옮김, 『마르크스주의의 주요 흐름 1-출범』, 유로서적, 2007]

46.　Carl-Erich Vollgraf, "Einführung," in MEGA² II/4.3(Berlin: Akademie Verlag, 2012), 421–74, 454.

47.　Marx and Engels, *Collected Works*, vol. 31, 352.

48.　Wilhelm Roscher, *Nationalökonomik des Ackerbaues und der verwandten Urproductionen*, 4th ed.(Stuttgart: Cotta, 1865), vi.

49.　Ibid., 66.

50.　MEGA² II/5, 410.

51.　마르크스는 개인 서재에 『농업을 비롯한 기본 생산물의 국민 경제』 4판 이후의 판본을 소장하고 있었다. MEGA² IV/32, no. 1136을 참고하라. 『농업을 비롯한 기본 생산물의 국민 경제』 4판 이후 판본에서 마르크스는 빌헬름 로셔가 새롭게 추가한 마지막 부분의 여러 쪽에 표시를 남겼다. 새롭게 추가된 부분에만 표시를 했다는 사실은 마르크스가 기존 판본에 수록된 부분들을 이미 탐독했음을 의미한다.

52.　Marx, *Economic Manuscript of 1864–1865*, 831, 강조는 덧붙임.

53.　Roscher, *Nationalökonomik des Ackerbaues*, v.

54.　Ibid., 98.

55.　Wilhelm Abel, *Agrarkrisen und Agrarkonjunktur: Eine Geschichte der Land- und Ernährungswirtschaft Mitteleuropas seit dem hohen Mittelalter*(Hamburg: Paul-Parey, 1966), 240.

56.　Ibid., 64, 강조는 원문.

57.　Ibid., 65.

58.　Ibid., 66.

59.   Ibid, 64–65.

60.   Ibid., 65. 요하네스 콘라트는 이 점을 보다 명확하게 언급한다. "광산의 소유자가 광산에서 채취한 철을 소유하는 것처럼 농부가 토양에 축적된 양분을 곡식의 무기질 구성 요소로 순환시키지 못하는 이유는 무엇인가? 오늘날의 사람들이 철을 낭비하듯 사용함에 따라 뒤따르는 세대가 철의 부족에 시달릴지 모르지만, 바로 그러한 이유로 광산에서 철을 채취하지 못하게 막을 수는 없다. 철광석의 대체재를 찾는 일을 다음 세대의 일로 남겨둔 영국 사람들처럼, 농부도 비용이 많이 소요되는 시설을 지어 구아노 수입이 중단되었을 때 런던에서 경작지에 뿌릴 거름을 수거하거나 지금은 템스강에 버리는 청어[뼈]에 함유되어 있는 인산칼슘을 토지에 뿌리는 데 활용할 권리를 다음 세대의 일로 남겨둘 수 있다." Johannes Conrad, *Liebig's Ansicht von der Bodenschöpfung und ihre geschichtliche, statistische und nationalökonomische Begründung*(Jena: Friedrich Mauke, 1864), 150.

61.   Marx, *Economic Manuscript of 1864–1865*, 716, 강조는 원문.

62.   Léonce de Lavergne, *The Rural Economy of England, Scotland, and Ireland* (Edinburgh: William Blackwood and Sons, 1855), 50–51; MEA, Sign. B 106, 214, 강조는 원문.

63.   Marx, *Economic Manuscript of 1864–1865*, 729.

64.   이 문제를 두고 존 벨러미 포스터, 폴 버켓과 대니얼 타누로가 논쟁을 벌였다. Foster and Burkett, *Marx and the Earth*, 27–30을 참고하라.

65.   Marx and Engels, *Collected Works*, vol. 19, 39.

66.   Ibid., vol. 32, 433.

67.   Ibid., vol. 5, 64, 강조는 원문.

68.   Marx, *Capital*, vol.1, 637.

69.   Marx, *Economic Manuscript of 1864–1865*, 882–83.

70.   Ibid., 797.

71.   Ibid., 798.

72.   Marx, *Capital*, vol. 1, 638.

73.   Marx, *Economic Manuscript of 1864–1865*, 763, 강조는 원문.

74.   Ted Benton, "Greening the Left?: From Marx to World-System Theory," in
       Ted Benton et al., *The SAGE Handbook of Environment and Society*, ed. Ted
       Benton(London: Sage Publications, 2007), 91–107, 98.

75.   반면 하인츠 D. 쿠르츠는 『자본』에 수록된 이와 같은 언급을 "데이비
       드 리카도의 입장으로의 후퇴"라고 언급하면서 다음과 같이 덧붙인
       다. "마르크스가 제시하는 사례는 리카도가 제시하는 집약적이고 광
       범위하게 일어나는 수확 체감의 사례보다 더 장기적인 관점에서 이
       윤율 경향을 파악한다는 점에서 더 신중하다. 마르크스의 사례에
       서는 그 어느 때보다 더 다양한 유형의 토지에서 연이은 저하가 일
       어나기 때문이다." 그러나 쿠르츠의 이해는 큰 의미를 가지지 못한
       다. 마르크스가 리카도의 법칙과 의식적으로 거리를 두었기 때문이
       다. 마르크스의 독창성은 **근대에 특정한** 형태로서의 토질의 연이은 저
       하가 유발되는 이유를 탐구했다는 사실에 자리 잡고 있다. Heinz D.
       Kurz, "Technical Progress, Capital Accumulation and Income Distribution
       in Classical Economics: Adam Smith, David Ricardo and Karl Marx,"
       European Journal of the History of Economic Thought 17/5 (2010): 1183–222,
       1217를 참고하라.

5. 비료는 강탈 농업을 방해하는 요소인가?

1.   나아가 1870년대 마르크스는 제임스 F. W. 존스턴의 『농화학과 지질
       학의 요소*Elements of Agricultural Chemistry and Geology*』(Edinburgh: William

Blackwood, 1856)를 탐독했다. 이와 같은 발췌는 MEGA² IV/26에 수록되어 있는데, 이 책에서는 이와 관련된 문제를 더 자세히 탐구하지는 않을 것이다. 심지어 1868년 이후에도 자본주의 이전 사회와 비서구 사회에 대해 분석하는 과정에서 자연과학에 대한 마르크스의 관심이 더욱 확대되었기 때문이다. 1868년 이후 마르크스가 구상한 기획을 밝히기 위해서는 우선 마르크스가 기록한 발췌 노트를 활용해 1867년까지 이루어진 마르크스의 이론적 발전을 추적할 필요가 있다. 바로 그것이 이번 장의 목적이다.

2. Foster, *Marx's Ecology*, 155.

3. Brock, *Justus von Liebig*, 177–78.

4. 마르크스는 1851년 6월 27일 요제프 바이데마이어에게 보낸 편지에서 이렇게 말했다. "오전 9시부터 저녁 7시까지 영국 박물관에서 시간을 보내곤 하네. 현재 탐독 중인 자료가 너무 많아서 아무리 애를 쓴다고 하더라도 앞으로도 6주에서 8주 정도는 더 붙들고 있어야 할 것 같네." Marx and Engels, *Collected Works*, vol. 38, 377.

5. MEGA² IV/4, 64. 마르크스는 인용된 저술의 쪽수를 기록해 참고로 삼았다.

6. Ibid., 63.

7. Ibid., 62, 강조는 덧붙임.

8. James Anderson, *A Calm Investigation of the Circumstances that Have Led to the Present Scarcity of Grain in Great Britain*(London: John Cummins, 1801), 73.

9. MEGA² IV/4, 64–65.

10. Ibid., 65.

11. Ibid., 64. 또한 제임스 앤더슨은 다음과 같이 언급했다. "**도덕적 영향으로 자연의 경제가 흐트러지지 않는다면** 인구의 증가에 따라 시골에서 생산하는 생산물 역시 그에 걸맞게 증가해야만 한다." Anderson, *A Calm Investigation of the Circumstances*, 41.

12.   MEGA^2 IV/9, 119.

13.   Marx and Engels, *Collected Works*, vol. 31, 372, 374.

14.   Ibid., 344.

15.   "North American Agriculture," *The Economist* 401, (1851년 5월 3일), 475.

16.   "Husbandry in North America," *The Economist* 404, (1851년 5월 24일), 559–60, 559.

17.   MEGA^2 IV/8, 87.

18.   Ibid., 88–89, 강조는 원문.

19.   Ibid, 306–7. 식물 성장에서 토양이 수행하는 역할에 관해 기록한 존 모턴의 다음 언급은 실수였다. 채소에게 "물, 공기, 빛, 열은 가장 중요한 요소이다. 이와 같은 요소가 없다면 인간이 아무리 노력해도 아무 것도 얻을 수 없을 것이다. (⋯) 따라서 토양은 물, 공기, 열을 함유하고 있으면서 유기물을 분해하는 단순한 저수지에 불과하다. 단순한 저수지로서의 토양에 이와 같은 요소를 그 어느 때보다 많이 사용할 수 있도록 저장하고 보관하는 힘을 부여하거나 빼앗음으로써, 또는 이와 같은 요소를 수용, 보유해서 식물에 전달하는 힘을 토양으로부터 빼앗음으로써 토양의 비옥도가 결정될 수 있다." John Morton, *On the Nature and Property of Soils*, 2nd ed.(London: James Ridgway Piccadilly, 1840), 123.

20.   MEGA^2 IV/8, 306, 강조는 덧붙임.

21.   Ibid., 309, 311.

22.   Ibid., 305.

23.   Henry Charles Carey, *The Past, the Present, and the Future*(Philadelphia: Carey & Hart, 1848), 299.

24.   Ibid., 304–5.

25.   Ibid., 305–7, 강조는 원문.

26.   Justus von Liebig, *Naturwissenschaftliche Briefe über die moderne*

Landwirthschaft(Leipzig: C. F. Winter'sche Verlagshandlung, 1859), 202–3; Foster, *Marx's Ecology*, 153.

27.   MEGA² IV/8, 743.

28.   Ibid., 746. 미래에 농업 성장이 가능하다는 헨리 찰스 캐리의 주장은 기본적으로 시간이 갈수록 보다 비옥한 토양을 경작하게 되는 경향, 즉 역사의 진보성에 초점을 맞춘 것이지 거름과 배수를 활용해 비옥도가 떨어지는 토양을 개선하는 문제에 초점을 맞춘 것이 아니다. 물론 캐리가 거름과 배수를 활용한 토양 비옥도 개선 가능성을 배제한 것은 아니다. 따라서 캐리의 모델은 토양의 비옥도가 고정된 상태를 전제로 데이비드 리카도의 수확 체감의 법칙에 반대하는 법칙으로서 일방적인 경작 과정을 묘사한 것으로 이해해야 한다.

29.   Ibid., 744.

30.   Ibid., 745.

31.   MEGA² IV/9, 257.

32.   Marx and Engels, *Collected Works*, vol. 38, 425.

33.   MEGA² IV/9, 200.

34.   Ibid., 207.

35.   Ibid, 209.

36.   Ibid., 210, 강조는 원문.

37.   Ibid., 202. 마르크스는 거름을 주지 않고 밀과 담배를 풍부하게 생산한 끝에 더 이상 밀과 담배를 생산할 수 없게 된 뉴잉글랜드의 토지를 고갈된 상태라고 묘사한 유스투스 폰 리비히의 언급을 기록한다. 그럼에도 리비히는 이와 같은 문제를 휴경, 윤작, 합성 비료를 활용한 "합리적인 경작" 체계를 실현해야 한다는 자신의 요구를 구체화할 목적으로만 언급한다. 사실 리비히는 뉴잉글랜드의 토양 고갈을 유발한 농업 실천praxis에 대해서는 비판적으로 언급하지 않는다.

38.   Marx and Engels, *Collected Works*, vol. 38, 476.

39.   James F. W. Johnston, *Lectures on Agricultural Chemistry and Geology*, 2nd ed.(Edinburgh and London: W Black and Sons, 1847), 855–56.

40.   James F. W. Johnston, *Catechism of Agricultural Chemistry and Geology*, 23rd ed.(Edinburgh and London: W Black and Sons, 1849), 44.

41.   MEGA^2 IV/9, 277.

42.   Ibid., 299.

43.   Ibid., 380.

44.   제임스 F. W. 존스턴은 농업의 목적을 다음과 같이 기록한다. "가장 적은 비용으로 가장 큰 작물을 토지에 가장 적은 영향을 미치면서 재배하는 것." Ibid., 372.

45.   Ibid., 381.

46.   이와 같은 발췌 기록은 MEGA^2 IV/17과 IV/18에 각각 수록될 예정이다.

47.   Justus von Liebig, *Die Chemie in ihrer Anwendung auf Agricultur und Physiologie*(Braunschweig: Friedrich Vieweg und Sohn, 1843), 368.

48.   MEA, Sign. B 93, 37–38.

49.   MEGA^2 IV/9, 189, 강조는 덧붙임.

50.   Liebig, *Die Chemie in ihrer Anwendung auf Agricultur und Physiologie*(1843), 68, 강조는 덧붙임.

51.   Liebig, *Ueber Theorie und Praxis in der Landwirthschaft*(Braunschweig: Friedrich Vieweg und Sohn, 1856), 45.

52.   John Bennet Lawes, "On Agricultural Chemistry," *Journal of the Royal Agricultural Society of England* 8 (1847): 226–60, 243–44. 유스투스 폰 리비히에 대한 비판은 리비히가 생산한 무기질 비료가 실패하면서 강도가 더욱 세졌다. 리비히가 특허를 받은 거름은 질소가 포함되어 있지 않았기 때문에 실패하고 말았다. 그리고 리비히 자신도 훗날 실패를 인정했다. Brock, *Justus von Liebig*, 123을 참고하라.

53.   John Bennet Lawes and Josepf Henry Gilbert, "On Agricultural Chemistry–

Especially in Relation to the Mineral Theory of Baron Liebig," *Journal of the Royal Agricultural Society of England* 12 (1851) 1–40, 23.

54.   MEA, Sign. B 93, 39.

55.   Ibid., 38, 강조는 원문.

56.   Justus von Liebig, "On Some Points in Agricultura Chemistry," *Journal of the Royal Agricultural Society of England* 17 (1856): 284–326, 314.

57.   Liebig, *Ueber Theorie und Praxis in der Landwirthschaft*, 59–60.

58.   Justus von Liebig, *Principles of Agricultural Chemistry, With Special Reference to the Late Researches Made in England*(London: Walton & Maberly, 1855), 47–48.

59.   『농화학의 원리』에서 유스투스 폰 리비히는 토양의 무기질 구성 요소를 낭비적으로 사용하는 영국의 사례를 지적했다. "식물에 영양을 공급하기 위해 반드시 필요한 막대한 양의 토양의 무기질 구성 요소가 매년 토양으로부터 빠져나가 밀가루, 소 떼 등의 모습을 하고 대도시로 흘러들어간다. 끊임없이 인산염을 빼앗아서 토양이 고갈되고 곡물을 생산하는 토양의 능력이 감소하는 것은 확실하다. 대영제국의 경작지는 인산염이 끊임없이 빠져나가면서 고갈이 진행되고 있는 상태인데, 이는 인산염을 가장 적게 함유하고 있어서 성장 과정에서 인산염을 가장 적게 필요로 하는 작물인 순무와 비트 재배가 급속하게 확산되고 있는 현실에서 입증되었다."(130.) 이와 같은 의미에서 볼 때 리비히가 1862년에 이미 강탈 농업 체계를 비판하는 입장을 지니고 있었지만, 화학비료의 무한한 힘에 대해 여전히 신뢰하고 있었던 탓에 강탈 농업 체계에 대한 비판을 발전시키지 않았다는 사실을 확인할 수 있다.

60.   1860년 무렵 마르크스는 유스투스 폰 리비히가 토지의 비옥도를 유지하기 위해 필요한 무기질의 순환이 어렵다는 사실에 더욱 많은 관심을 기울이게 될 것이라는 점을 알고 있었다. 마르크스는 '포크트 씨에게*Herr Vogt*'에서 다음과 같이 기록했다. "리비히는 템스강과 영국

의 토양에서 거름을 강탈하는 무분별한 낭비를 올바르게 비판한다."
(Marx and Engels, *Collected Works*, vol. 17, 243). 마르크스는 이와 같은 정
보를 리비히가 1859년 12월 23일 〈타임스*The Times*〉(런던)에 게재한 기
사에서 접했을 가능성이 있다. 윌리엄 H. 브록William H. Brock이 지적한
것처럼(『*Justus von Liebig, the Chemical Gatekeeper*』, 259) 리비히가 "도시의
하수 문제"를 지적한 이러한 기사는 당시에 광범위하게 읽혔다. 그러
나 마르크스는 자신의 경제학 수고에 리비히의 통찰을 즉시 통합하지
는 않았다.

61.　　MEA, Sign. B 106, 36, 강조는 원문; Liebig, *Einleitung*, 146.

62.　　MEA, Sign. B 106, 37; Liebig, *Einleitung*, 147–48.

63.　　MEA, Sign. B 106, 30–31.

64.　　Ibid., 56.

65.　　Ibid., 39. 유스투스 폰 리비히는 런던 시장에게 보낸 편지에서 도시에
　　　　화장실을 설치하여 발생하는 문제를 해결할 수 있는 조치를 시급하게
　　　　취해야 한다고 강조했다. Justus von Liebig, *Two Letters on the Subject of the*
　　　　Utilization of the Metropolitan Sewage: Addressed to the Lord of Mayor of London
　　　　(London: W. H. Collingridge,1865)을 참고하라.

66.　　MEA, Sign. B 106, 58.

67.　　Ibid., 46–47; Liebig, *Einleitung*, 107–8.

68.　　MEGA^2 II/4.3, 239; MEA, Sign. B 106, 345.

69.　　Ibid., 346.

70.　　Ibid., 348.

71.　　Ibid., 355–56, 강조는 원문.

72.　　Ibid., 356.

73.　　Marx, *Economic Manuscript of 1864–1865*, 829.

74.　　Ibid., 716.

75.　　Johnston, *Notes on North America*, vol. 1, 54–55.

76.   Marx, *Capital*, vol. 1, 638. 제임스 F. W. 존스턴의 저술에서 인용한 발췌
       기록에서 파악할 수 있는 헨리 찰스 캐리에 대한 마르크스의 견해 변
       화는 또 다른 문제이다. 1860년대 초의 마르크스는 캐리가 주장한 경
       작의 역사적 단계가 올바른 인식일 수도 있다고 생각하는 것처럼 보
       인다. "따라서 분명한 것은 (…) 애덤 스미스의 생각과 동일한 생각은
       역사적으로 볼 때 미국 정착자들에게는 올바르지 않다는 것이다. 따
       라서 이와 같은 사실에 반대하는 캐리의 입장은 정당화될 수 있다."
       (Marx and Engels, *Collected Works*, vol. 31, 525–26) 반면 존스턴의 저술
       을 탐독한 뒤 마르크스는 캐리의 설명을 명시적으로 반박한다. 1869
       년 11월 26일 엥겔스에게 보낸 편지에서 마르크스는 다음과 같이 기
       록한다. "미국에서 일어나고 있는 경작의 발전 과정만을 두고 보았을
       때 캐리 씨는 심지어 가장 익숙한 사실조차 무시하고 있네. 예를 들어
       영국 농화학자 존스턴은 『북아메리카에 대한 기록』에서 버지니아 정
       착자들이 **정착지**에서 주요 생산물인 담배 농사를 지을 수 있을 정도로
       비옥했던 토지를 지독하게 착취하는 바람에 어쩔 수 없이 생산물(밀 등
       도 해당)에 적합하지 않은 토지가 있는 오하이오로 이주해야만 했던
       상황을 기록하고 있는데 말이야."(Marx and Engels, *Collected Works*, vol.
       43, 384).

77.   당시는 과학자들이 아직 토양 비옥도의 중요한 측면을 인식하지 못했
       던 상황이었다. 마르크스 역시 마찬가지였다. 일반적으로 식물은 유
       기물의 일부를 구성하는 양분을 직접 사용하지 않는다. 유기물의 일
       부를 구성하는 양분은 우선 비유기물로 전환된 뒤 토양 유기물을 분
       해하는 과정에서 식물이 사용하게 된다. 오늘날에는 토양 유기물이
       토양의 건강과 생산성을 구축하고 유지하는 데 중요한 역할을 한다
       는 사실이 알려져 있다. 토양 유기물은 토양의 거의 모든 속성, 즉 화
       학적, 생물학적, 물리적 속성에 긍정적인 영향을 미친다. 식물이 유
       기물(또는 부엽토)을 직접 흡수하는 것이 아님에도 토양에서 유기물

이 고갈되면 생산성이 하락하는 주요 원인으로 작용한다. 비유기 화학적 양분을 추가해 작물이 흡수하는 유기물을 보충하지 않으면 토양의 생물학적 조건 및 물적 조건이 열악한 상태로 남게 되고 토양 침식 가속화, (수분을 충분히 머금지 못하는) 토양 건조 현상, 토양의 양분 함유 능력 저하, 토양에서 더 많은 질병 및 해충 문제 발생 같은 다양한 문제가 야기된다. 근대의 산업적 농업에서는 살충제, 비료, 더 강력한 장비, 더 잦은 관개 등에 상당한 자본을 투입해 이와 같은 문제를 바로잡는다. Fred Magdoff and Harold van Es, *Building Soils for Better Crops*(College Park, MD: Sustainable Agriculture Research and Education Program, 2010)를 참고하라.

78.   Marx, *Capital*, vol. 1, 348.

79.   MEGA² IV/9, 187, 강조는 원문.

80.   MEA, Sign. B 106, 53; Liebig, *Einleitung*, 122.

81.   Brett Clark and John Bellamy Foster, "Ecological Imperialism and the Global Metabolic Rift: Unequal Exchange and the Guano/Nitrates Trade," *International Journal of Comparative Sociology* 50/3–4 (2009): 311–34, 318.

82.   하버보슈법 덕분에 암모니아 거름을 산업적으로 생산하게 되면서 구아노의 낭비적인 사용은 사라지게 되었다. 그러나 수압 파쇄 공법을 사용해 석유를 시추하는 광산업에서는 여전히 이와 같은 낭비적인 자원 사용을 찾아볼 수 있다.

83.   MEGA² II/4.2, 752–53, 강조는 덧붙임. 안타깝게도 새로 번역된 『1864~1865 경제학 수고』는 엥겔스가 문장을 수정하는 과정에서 의미가 모호해졌다는 사실을 간과한다. "이와 같은 방식으로 생명의 자연법칙에 따라 상호의존적으로 이루어지는 사회적 물질대사 과정에 돌이킬 수 없는 균열이 일어나는 조건이 형성된다." (798).

84.   David Ricardo, *On the Principles of Political Economy, and Taxation*, 67. 데이비드 리카도의 가정이 오류인 이유에 대해서 자세하게 설명하지는

않았지만 앞서 마르크스는 "토양이 본래 지니고 있는 파괴할 수 없는 힘"이라는 주장의 오류를 지적했다. MEGA² II/3, 888.

85.　　Marx, *Capital*, vol. 1, 860.

86.　　Ibid., 869.

87.　　Ibid., 865. 마르크스는 프랑스어판에 아일랜드의 조건에 대한 구절을 새로 추가했다. 여기에서 인용한 구절은 마르크스가 사망한 뒤 발간된 『자본』 독일어판에 통합되었지만 엥겔스가 이와 같은 변화를 『자본』 독일어판에 모두 통합한 것은 아니다. 따라서 마르크스를 연구하는 데 프랑스어판은 고유한 가치를 지닌다. Kevin Anderson, "The 'Unknown' Marx's Capital, vol. 1: The French Edition of 1872–1875, 100 Years Later," *Review of Radical Political Economics* 15/4 (1983); 71–80을 참고하라.

88.　　Marx, *Capital*, vol. 1, 854.

89.　　Ibid., 860.

90.　　Eamonn Slater and Terrence McDonough, "Marx on Nineteenth-Century Colonial Ireland: Analyzing Colonialism as a Dynamic Social Process," *Irish Historical Studies* 36 (2008년 11월): 153–72, 169–70.

91.　　마르크스는 다음과 같이 기록한다. "사람이 빠져나간 토지는 양분 부족과 과도한 경작에 시달렸다. 이와 같은 결과는 부분적으로는 농장의 무분별한 통합에 기인하고, 부분적으로는 현재의 경작 체계에서 농부가 토지에 주는 거름의 힘을 지나치게 신뢰하는 데 기인한다." MEGA² I/21, 19.

92.　　Ibid. 마르크스는 1867년 12월 15일에 행한 강의록에서도 이와 같은 입장을 되풀이한다. (MEGA² I/21, 30).

93.　　MEGA² I/21, 28.

94.　　MEA, Sign. B 106, 206, 강조는 원문; MEGA² II/11, 189.

95.　　Janet Vorwald Dohner, *The Encyclopedia of Historic and Endangered Livestock and Poultry Breeds*(New Haven: Yale University Press, 2001), 121.

96.   MEA, Sign. 106, 209. 카를-에리히 폴그라프는 나중에 마르크스가 양 사육을 다룬 헤르만 제테가스트의 저술을 탐독하고, 양모 생산을 극대화하려는 근대의 시도로 인해 양의 건강뿐 아니라 양모의 질도 저하되었다는 사실을 기록한 중요한 구절에 붉은색으로 표시해 두었다고 지적한다. Hermann Settegast, *Welche Richtung ist der Schafzucht Norddeutschlands der Concurenz des Auslandes gegenüber zu geben?*(Breslau: Wilh. Gottl. Korn, 1869), 33; MEGA^2 IV/32, No. 1231.

97.   MEA, Sign. B 106, 336.

98.   Marx, *Economic Manuscript of 1864–1865*, 439–40.

99.   Ibid., 440.

100.   마르크스는 오리사 기근과 관련된 다양한 의회 보고서를 탐독했다. 1865년 정기적으로 돌아오는 우기 이전 강우량은 1864년 같은 기간의 강우량에 비해 그렇게 적은 것이 아니었지만, 우기 이후의 강우량은 그렇지 않았다. 따라서 나중에 사용할 용도로 저수하는 물이 매우 중요했지만 영국 관료들은 저수의 중요성을 인식하지 못했다.

101.   Marx, *Capital*, vol. 1, 650.

102.   Sunti Kumar Ghosh, "Marx on India," *Monthly Review* 35/8 (1984년 1월): 39–53.

103.   MEA, Sig. B 106, 94.

104.   『농화학』7판에서 유스투스 폰 리비히는 헤르만 마론Hermann Maron이 일본을 여행하고 난 뒤 연구한 내용을 토대로 새로운 부록을 추가했다. 마론은 대도시에서 발생하는 인간 배설물을 효과적으로 사용해 구아노와 목축을 통해 발생한 배설물에 의존하지 않는 일본에서 유럽 농업과는 반대되는 사례를 발견하고 이를 높이 평가했다.

105.   Marx, *Economic Manuscript of 1864–1865*, 229.

106.   "자신의 토지를 직접 경작하는 자유로운 소유주가 토지를 소유하는

형태는 소규모 경작을 위해 토지 자산을 소유하는 가장 정상적인 소유 형태이다. (…) 토지 소유는 장인이 노동의 도구를 소유하고 자신의 일을 자유롭게 발전시키는 것과 마찬가지로 농업 활동을 완벽하게 발전시키는 데 필요하다. 토지 소유는 개인의 독립을 발전시키는 기초를 형성한다. 토지 소유는 농업 자체의 발전에 필요한 전환점이다." Ibid., 792.

107.　Ibid., 885–86.

108.　마르크스주의자들 사이에서 공산주의 사회가 도래하면 자본주의적으로 사용되던 기술을 해방해 완전히 생태적인 기술로 전환해야 할 것인지 여부를 둘러싸고 논쟁이 벌어졌다. 라이너 그룬트만은 자본주의적 형태를 제거하는 것만으로는 극복할 수 없는 기술의 부정적인 특징을 지적한다. 그룬트만은 기술의 내용에 대해서는 전혀 다루지 않은 채 기술의 형태에 대해서만 논의하는 마르크스주의자들을 비판한다. 그럼에도 그룬트만은 자본주의적 형태 자체가 물상화되고 사물화되는 방식에 대해서는 설명하지 않는다. 기술의 형태뿐 아니라 소재물도 문제인 것이 분명하다. 자본주의적 형태가 자본의 생산력으로 등장하는 기술의 물적 소재들을 적극적으로 변형하는 방식을 검토할 필요가 있다. Reiner Grundmann, *Marxism and Ecology*(Oxford: Clarendon Press, 1991), 83–84. [박만준 옮김, 『마르크스주의와 생태학』, 동녘, 1995]

109.　사막 테크놀로지 사업DESERTEC이나 태양복사에너지 관리SRM 같은 새로운 사업을 그 예로 꼽을 수 있다. .

110.　Marx, *Economic Manuscript of 1864–1865*, 797.

111.　Marx and Engels, *Collected Works*, vol. 34, 246.

112.　Marx, *Capital*, vol. 1, 637–38.

113.　Ibid., 637.

114.　Kurt Jakobs, "Bruchstücke Sozialismus und Ökologie," *Das Argument*, 197 (1993), 31–46, 45."

115. Burkett, *Marxism and Ecological Economics*, 136.

116. 자본주의의 모순은 순수하게 형태적인 것이 아니다. 오히려 자본주의의 모순은 자본의 형식논리와 자연의 물적 논리 사이에 자리 잡고 있다. 자연의 물적 논리는 변형이 가능하다. 그렇기 때문에 형태적 모순만으로 자본주의 붕괴의 필요성을 추론할 수 없다.

6. 1868년 이후의 마르크스의 생태학

1. 1870년대와 1880년대의 화학, 지질학, 광물학, 농화학에 대한 마르크스의 발췌는 MEGA² IV/26과 IV/31에 수록되어 있다. 이를 완벽하게 분석하기 위해서는 1868년 이후 마르크스의 이론적 지평에 영향을 미친 자연과학 발췌를 검토할 필요가 있는데, 이와 같은 기획은 이 책의 연구 범위를 벗어나는 것이다.

2. Carl-Erich Vollgraf, "Marx auf Flucht vor dem Kapital," *Beiträge zur Marx-Engels-Forschung: Neue Folge 1994*(Hamburg: Argument, 1994), 89–93, 89.

3. 카를 니콜라우스 프라스에 대한 언급은 다음에서 찾아볼 수 있다. Iring Fetscher, *Überlebensbedingungen der Menschheit: Ist der Fortschritt noch zu retten?*(Munich: Piper, 1985), 124–25; Grundmann, *Marxism and Ecology*, 79.

4. MEGA² II/5, 409.

5. Ibid., 410.

6. 1868년 마르크스가 기록한 노트는 유스투스 폰 리비히의 『농화학』에서 발췌한 기록과 함께 MEGA² IV/18로 출간될 예정이다. [독일에서 2019년 6월 11일 출간되었다. 편집자]

7. Vollgraf, "Einführung," in MEGA² II/4.3, 461.

8. MEGA² II/6, 477. 『자본』의 판본이 달라질 때마다 마르크스가 자신

이 작성한 문장을 사실상 수정했다는 사실을 가장 명확하게 보여 주는 사례 가운데 하나이다. 영어판『마르크스 엥겔스 전집*Marx Engels Collected Works*』을 비롯해 독일어판『마르크스 엥겔스 전집*Marx-Engels-Werke*』을 토대로 한 모든 판본의 문제는 오직 엥겔스의 판본으로만 출간되었다는 점이다.

9. Marx and Engels, *Collected Works*, vol. 42, 507–8.

10. Julius Au, *Die Hilfsdüngermittel in ihrer volks- und privatwirthschaftlichen Bedeutung*(Heidelberg: Bassermann, 1869), 85.

11. Henry Charles Carey, *Letters to the President on the Foreign and Domestic Policy of the Union and Its Effects as Exhibited in the Condition of the People and the State*(Philadelphia: J. B. Lippincott & Co., 1858), 55; George E. Waring, "The Agricultural Features of the Census of the United States for 1850," *Organization & Environment* 12/3 (1999): 298–307, 306에서 인용. Foster, *Marx's Ecology*, 152–53도 참고하라. 1859년 오이겐 뒤링이 헨리 찰스 캐리를 유럽으로 초청한 뒤부터 캐리는 유스투스 폰 리비히와 개인적으로 교류하게 되었다.

12. Henry Charles Carey, *Principles of Social Science*, vol. 1(Philadelphia: J. B. Lippincott & Co., 1858), 367–68, 강조는 원문.

13. Ibid., 371. 헨리 찰스 캐리가 토양 고갈을 비판하면서 유스투스 폰 리비히의 무기질 이론을 사용한 것은 아니었다. 그러나 캐리는 페샤인 스미스가 저술한『정치경제학 매뉴얼*Manual of Political Economy*』(ibid., 67)에서 장문의 구절을 인용했다. 리비히와 제임스 F. W. 존스턴을 언급한 스미스는 같은 장에서 "특별한 고갈"이 토양에 필요한 비유기 양분의 부족으로 인해 일어난다고 설명했다. E. Peshine Smith, *Manual of Political Economy*(New York: George P. Putnam & Co., 1853), 36. 캐리 역시 토양 고갈에 대한 리비히의 설명에 대해 인식하고 있었다. Arnold W. Green, *Henry Charles Carey: Nineteenth-Century Sociologist*(Philadelphia: University of

Pennsylvania Press, 1951), 77–78을 참고하라.

14.   Eugen Dühring, *Carey's Umwälzung der Volkswirthschaftslehre und Socialwissenschaft*(Munich: E. A. Fleischmann, 1865), xv.

15.   Ibid., xiii.

16.   Eugen Dühring, *Kritische Grundlegung der Volkswirthschaftslehre*(Berlin: Alb. Eichhoff, 1866), 230.

17.   프란츠 사비에르 폰 흘루벡은 부엽토 이론을 가장 마지막까지 옹호한 인물로 알려져 있다. 유스투스 폰 리비히와 존 베넷 로즈가 부엽토 이론을 맹렬하게 비판했기 때문에 마르크스는 부엽토 이론을 비판하는 다양한 주장에 이미 익숙한 상태였다. 마르크스는 1853년 출간된 흘루벡의 『농업 이론*Landwirthschaftslehre*』을 탐독했다. 이를 통해 1868년 무렵 마르크스의 농업 연구가 얼마나 광범위하게 이루어졌는지를 확인할 수 있다. 마르크스는 1868년 3월 6일 루트비히 쿠겔만에게 보낸 편지에서 건강이 악화된 상황에서도 지난 2개월 동안 "방대한 양의 '자료', 통계 등을 섭렵"했다고 언급하면서 다음과 같이 덧붙였다. "이와 같은 유형의 자료 연구에 익숙하지 않은 사람들이라면 도저히 소화할 수 없어서 탈이 나고 말았을 것이네." Marx and Engels, *Collected Works*, vol. 38, 544.

18.   오이겐 뒤링은 유스투스 폰 리비히가 아니라 데이비드 리카도와 토머스 맬서스에 대한 논의에서 "맬서스의 망령"이라는 표현을 사용했다. Dühring, *Carey's Umwälzung*, 67. 반면 카를 아른트는 리비히의 이론을 명확하게 겨냥해 "토양 고갈이라는 망령"이라고 비판했다. Karl Arnd, *Justus Liebig's Agrikulturchemie und sein Gespenst der Bodenerschöpfun*g (Frankfurt am Main: H. L. Broöner, 1864).

19.   Liebig, *Einleitung*, 125–26.

20.   Arnd, *Justus Liebig's Agrikulturchemie*, 56. 유스투스 폰 리비히는 양분 순환 체계를 복원하기 위해 국가가 개입해서 도시에 화장실과 하수도를

건설할 것을 제안했다. "이러한 유형의 계획을 성공적으로 실행하려 면 정부와 경찰 당국이 조치를 취해 도시에 적절한 화장실과 하수도 를 건설해야 한다. 그럼으로써 분뇨 등이 낭비되지 않도록 조치해야 한다." 그러나 리비히가 이와 같은 조치가 가장 효과적인 대책이라고 확신하고 있었는지 여부는 분명하지 않다. Justus von Liebig, *Letters on Modern Agriculture*(London: Walton and Maberly, 1859), 269.

21. Au, *Hilfsdüngermittel*, 151.

22. Dühring, *Carey's Umwälzung*, 67.

23. Carey, *The Past, the Present, and the Future*, 34.

24. Marx and Engels, *Collected Works*, vol. 43, 384.

25. 널리 알려진대로 유스투스 폰 리비히가 『농화학』의 부록으로 활용한 일본 농업에 대한 보고서를 작성한 헤르만 마론은 1862년 입장을 바 꿔 "토양 고갈이라는 망령Spectre of Soil Exhaustion"이라는 논문을 통해 리비히의 토양 고갈 이론을 비판하기 시작했다. Hermann Maron, "Das Gespenst der Bodenerschöpfung," in *Vierteljahrschrift für Volkswirthschaft und Culturgeschichte* 2 (1863), 146–61, 161을 참고하라.

26. MEGA^2 IV/32, no. 722.

27. MEA, Sign. B 107, 31–32.

28. Ibid., 32.

29. Ibid, 강조는 원문.

30. Albert F. Lange, *J. St. Mill's Ansichten über die sociale Frage und die angebliche Umwälzung der Socialwissenschaft durch Carey*(Duisburg: Falk and Lange, 1866), 203.

31. MEGA^2 IV/32, no. 42.

32. Au, *Hilfsdungermittel*, 179.

33. Ibid., 209–10.

34. Ibid., 212.

35. Marx and Engels, *Collected Works*, vol. 43, 527; MEGA IV/32, no. 42.

36. MEA, Sign. D 3986.

37. MEA, Sign. B 107, 13.

38. MEGA² IV/32, no. 435–37. 카를 프라스의 『농업 위기와 그 해결책』은 마르크스와 엥겔스의 개인 서재에서 소실된 도서 목록에 포함되어 있다. Inge Werchan and Ingrid Skambraks, "Verzeichnis von verschollenen Büchern aus den Bibliotheken von Marx und Engels," Part 2, *Beiträge zur Marx-Engels-Forschung* 12/301 (1982)를 참고하라.

39. Marx and Engels, *Collected Works*, vol. 42, 558–59, 강조는 원문. 카를 프라스가 푸리에를 언급한 내용은 『지난 100년 동안의 농업 지식의 발전에 대한 농업사 또는 역사적 개요*Die Geschichte der Landwirthschaft oder geschichtliche Übersicht der Fortschritte landwirthschaftlicher Erkenntnisse in den letzten 100 Jahren*』(Prag: Calve, 1852), 12에서 발췌한 것이다. 『마르크스 엥겔스 전집*Marx-Engels-Werke*』에 수록된 마르크스의 텍스트에서는 올바르게 판독되지 않았기 때문에 여기에서는 이를 바로 잡은 번역을 사용했다.

40. Fritz Andreas Zehetmair, *Carl Nikolaus Fraas(1810–1875): Ein bayerischer Agrarwissenschaftler und Reformer der intensiven Landwirtschaft*(Munich: Herbert Utz Verlag, 1995), 178.

41. 예를 들어 카를 프라스는 『농업 이론사』에서 "농업물리학파"와 "농화학파"가 대립할 가능성이 있다는 사실을 지적했다. 이때 유스투스 폰 리비히에 대한 프라스의 태도는 비판적이지 않았다. Carl Fraas, *Historisch-encyklopädischer Grundriß der Landwirthschaftslehre*(Stuttgart: Franckh, 1848), 64를 참고하라.

42. Carl Fraas, *Natur der Landwirthscahft. Beitrag zu einer Theorie derselben*, vol. 1 (Munich: Literarisch-artistische Anstalt, 1857), iii.

43. Fraas, *Die Geschichte der Landwirthschaft*, 221.

44. Fraas, *Natur der Landwirthscahft*, vol. 1, 3.

45. MEA, Sign. B 107, 89.

46. Ibid.

47. Ibid, 123, 강조는 원문.

48. Ibid., 124, 강조는 원문.

49. Ibid., Sign. B 111, 2.

50. Fraas, *Natur der Landwirthschaft*, vol. 1, 132.

51. MEA, Sign B. 111, 24.

52. Ibid., 17, 강조는 원문.

53. Ibid., 102.

54. Fraas, *Nature der Landwirthschaft*, vol. 1, 357.

55. Ibid., 368.

56. Carl Fraas, *Die Ackerbaukrisen und ihre Heilmittel. Ein Beitrag zur Wirthschaftspolitik des Ackerbauschutzes*(Leipzig: Brockhaus, 1866), 53.

57. 유스투스 폰 리비히에 따르면 가차 없는 전쟁이 필요하다는 사실은 과학적인 근거를 토대로 입증할 수 있는 사실이다. "스스로를 보호하려는 국가들은 서로를 파괴하기 위해 잔인한 전쟁을 치르면서 학살을 자행할 수밖에 없을 것이다. 이는 모호하고 비밀스러운 예견도 아니고 비정상적인 생각도 아니다. 과학은 예견하는 것이 아니라 계산하는 학문이기 때문이다. 과학은 확실하지 않은 것에 대해서는 침묵한다." Brock, *Justus von Liebig*, 178에서 인용.

58. Fraas, *Ackerbaukrisen*, 81.

59. Ibid., 87.

60. Ibid., vi.

61. Ibid., 141, 강조는 덧붙임.

62. Ibid., 142-43.

63. Ibid., 141.

64. 유스투스 폰 리비히의 과장된 주장이 널리 받아들여지게 된 데에는 토머스 맬서스를 대체할 이데올로기적 인물을 찾아나선 토지 소유 귀족들의 물질적 관심이 한몫 거들었다는 것이 카를 프라스의 주장이다. 리비히가 제시한 토양 고갈 문제에 대한 해결책에는 국가의 개입이 필요했기 때문이다. 봉건 영주는 새로운 사회 정책을 시행하여 자신의 정치적 특권이나 영토적 권리를 유지할 수 있으리라는 희망을 품고 토양 고갈의 위험성을 열심히 전파했다. 즉, 토양 비옥도의 유지는 지주의 권력을 유지하는 일과 연관되어 있었다. 따라서 리비히가 제기한 담론이 널리 퍼지게 된 것은 순수한 과학의 힘에서 기인한 것이라기보다 정치적인 힘에서 기인한 것이었다. Ibid., 143.

65. Ibid., 156.

66. Charles Lyell, *Principles of Geology, Being an Attempt to Explain the Former Changes of the Earth's Surface, by Reference to Causes Now in Operation*, vol. 3(London: William Clawes, 1833), appendix, 61. 또한 카를 프라스는 충적토에 대해 논의하면서 찰스 라이엘을 언급했다. *Natur der Landwirthschaft*, vol. 1, 15.

67. Fraas, *Natur der Landwirthschaft*, vol. 1, 19.

68. MEA, Sign. B 107, 94.

69. Ibid., 19.

70. Fraas, *Die Ackerbaukrisen und ihre Heilmittel*, 155.

71. Ibid., 141–42, 강조는 원문.

72. Ibid., 164.

73. Ibid., 141.

74. 또한 마르크스는 발췌하는 과정에서 사본을 입수해 그 여백에도 기록을 남겼다. 이 책에서는 마르크스의 관심사를 파악하기 위해 그가 여백에 남긴 기록에도 주의를 기울일 것이다.

75. Roscher, *Nationalökonomik des Ackerbaues*, 66.

76. Liebig, *Einleitung*, 110.

77. Ibid., 109–10.

78. Ibid, 96

79. Ibid., 98.

80. Ibid., 99.

81. Fraas, *Die Natur der Landwirthschaft*, vol. 1, 11.

82. 카를 프라스는 알렉산더 훔볼트가 이와 같은 측면을 충분히 고려하지 않았다고 주장했다. Alexander von Humboldt, *Fragments de géologie et de climatologie asiatiques*(Paris: Gide, 1831)를 참고하라.

83. 오늘날에는 카를 프라스의 주장에 동의하지 않는 학자들도 있다. 요하임 라트카우는 유스투스 폰 리비히에게 좀 더 긍정적인 견해를 가지고 있다. Joachim Radkau, *Nature and Power: A Global History of the Environment*(Cambridge: Cambridge University Press, 2012), 132를 참고하라. [이영희 옮김, 『자연과 권력』, 사이언스북스, 2012] 6장에서는 프라스의 저술을 마르크스의 물질대사 이론의 확장, 즉 마르크스가 1870년대에 자연과학을 더욱 집중적으로 연구하게 된 이유와 관련하여 탐구한다.

84. Carl Fraas, *Klima und Pflanzenwelt in der Zeit, ein Beitrag zur Geschichte beider* (Landshut: J. G. Wölfe, 1847), xii.

85. MEA, Sign. B 112, 45–46, 강조는 원문.

86. Ibid., 46.

87. Ibid., 49.

88. Ibid.

89. Fraas, *Klima und Pflanzenwelt*, 24.

90. MEA, Sign. B 112, 51.

91. Ibid., 52.

92. Ibid.

93. Ibid., 53, 강조는 원문.

94. Ibid.

95. 제임스 F. W. 존스턴의 『북아메리카에 대한 기록』을 탐독할 무렵 마르크스는 "나무를 지나치게 많이 자른다"며 북아메리카에 자리한 숲이 빠른 속도로 감소하는 현상에 대해 안타까움을 표현한 존스턴의 언급을 기록하지 않았다. Johnston, *Notes on North America*, vol. 1, 36 참고.

96. Fraas, *Klima und Pflanzenwelt*, 67.

97. Ibid., 63, 개인적으로 소장한 사본 여백에 마르크스가 남긴 기록.

98. Ibid., 65, 개인적으로 소장한 사본 여백에 마르크스가 남긴 기록.

99. Ibid., 63–64, 개인적으로 소장한 사본 여백에 마르크스가 남긴 기록.

100. Ibid., 96, 개인적으로 소장한 사본 여백에 마르크스가 남긴 기록.

101. Ibid., 31.

102. Ibid., 57–58.

103. Ibid., 32.

104. Ibid., 59.

105. MEA, Sign. B 112, 45.

106. Fraas, *Klima und Pflanzenwelt*, 136, 강조는 원문.

107. Ibid., 68. 어쩌면 카를 프라스는 지나치게 비관적이었을 것이다. 조지 P. 마시는 1864년 처음 출간된 『인간과 자연』에서 프라스의 저술을 선구자적인 저술이라고 높이 평가했다. 마시의 저술은 미국에서 일어난 숲 보호 운동에 강력한 영향을 미쳤다. George Perkins Marsh, *Man and Nature: Or, Physical Geography as Modified by Human Action*(Seattle: University of Washington Press, 2003), 14를 참고하라. [홍금수 옮김, 『인간과 자연』, 한길사, 2008]

108. Marx and Engels, *Collected Works*, vol. 42, 557.

109. 라야 두나예브스카야는 마르크스가 말년에 자본주의 이전 사회에 대해 기록한 노트에서 젠더 문제를 다룬 방식과 관련해 이와 동일한 입장을 강조했다. Dunayevskaya, *Rosa Luxemburg, Women's Liberation and*

Marx's Philosophy of Revolution, 2nd ed.(Chicago: University of Illinoi Press, 1991), 180–81을 참고하라.

110. 반대로 마르크스의 생태학에 대한 라이너 그룬트만의 탐구는 "모든 사회 형태"에 존재하는 역사를 관통하는 측면에만 초점을 맞춘다. 따라서 그룬트만은 자본주의에 있는 특정한 형태의 생태적 문제를 이해하지 못한다. Grundmann, *Marxism and Ecology*, 83을 참고하라.

111. MEA, Sign B 111, 1. John Devell Tuckett, *History of the Past and Present State of the Labouring Population*(London: Longman, 1846), 402.

112. Marx, *Economic Manuscript of 1864–1865*, 716.

113. MEGA² II/11, 203.

114. Friedrich Kirchhof, *Handbuch der landwirthschaftlichen Betriebslehre: Ein Leitfaden für praktische Landwirthe zur zweckmäßigen Einrichtung und Verwaltung der Landgüter*(Dessau: Katz, 1852), 57.

115. MEGA² II/11, 188.

116. Ibid., 187.

117. Marx and Engels, *Collected Works*, vol. 6, 488.

118. Anderson, *Marx at the Margins*, 10.

119. Marx and Engels, *Collected Works*, vol. 6, 489.

120. Michael Löwy, "Globalization and Internationalism: How Up-to-Date Is the Communist Manifesto?" *Monthly Review* 50/6 (1998년 11월): 16–29, 20; 존 벨러미 포스터는 다른 관점을 제기한다. John Bellamy Foster, *The Ecological Revolution*(New York: Monthly Review Press, 2009), 213–32를 참고하라. 마르크스의 언급은 그리 놀라운 것이 아니다. 헨리 찰스 캐리도 미래 유럽에서는 강철이 나무의 필요성을 대체할 것이라는 낙관적인 입장을 피력했다. "인구가 증가하고 대규모 숲과 습지가 사라지는 대신 풍요로운 농장이 조성될 것이다. 도로가 넓어지고 거대한 다리가 건설되어 상인이 양모와 면화를 부유한 이웃 국가로 손쉽게 운송하

고 곡식 또는 의복으로 교환할 수 있을 것이다." 캐리는 "인구와 부가 진보함에 따라 지구의 한없는 힘이 개발된다"고 생각한다. Carey, *The Past, the Present, and the Future*, 82 . 여기에서 캐리는 토양 고갈을 비판하지 않는다.

결론

1.   Hans Jonas, *The Imperative of Responsibility: In Search of an Ethics for the Technological Age*(Chicago: University of Chicago Press, 1984), 201. [이진우 옮김, 『책임의 원칙-기술 시대의 생태학적 윤리』, 서광사, 1994]

2.   John Holloway, *Crack Capitalism*(London: Pluto Press, 2010). [조정환 옮김, 『크랙 캐피털리즘: 균열 혁명의 멜로디』, 갈무리, 2013] 존 홀러웨이의 "자본주의 균열" 기획은 단순하게 가치 증식 **외부**의 공간을 낙관적으로 가정한다. 그러나 그와 같은 공간은 존재하지 않는다. 마르크스가 주목하는 모순은 자본의 논리와 물적 세계의 논리 사이에 내재하는 대립으로부터 등장한다. 따라서 우선 자본의 논리를 연구한 다음 자본의 논리와 관련된 다양한 모순을 분석해야 한다.

3.   Moore, "Toward a Singular Metabolism," 12, 강조는 원문.

4.   MEA, Sign. B 112, 2.

5.   Carl-Erich Vollgraf, "Marx über die sukzessive Untergrabung des Stoffwechsels der Gesellschaft bei entfalteter kapitalistischer Massenproduktion," *Beiträge zur Marx-Engels-Forschung Neue Folge 2014/15* (Hamburg: Argument, 2016), 106–32.

6.   Ibid., 113.

7.   한스-페터 하르스틱은 발췌의 대부분을 발간했다. 완벽한 판본은

MEGA² IV/27로 발간될 예정이다.

8.　　Marx and Engels, *Collected Works*, vol. 42, 557.

9.　　Tomonaga Tairako, "A Turning Point in Marx's Theory on Pre-Capitalist Societies," *Hitostsubashi Journal of Social Studies* 47 (2016): 1–10을 참고하라.

10.　　Fraas, *Ackerbaukrisen*, 209.

11.　　Ibid., 210. 여기에서 카를 프라스가 언급한 게오르크 루트비히 폰 마우러의 저술은 다음과 같다. 『마르크, 호프, 도르프, 슈타트의 헌법 및 공권력의 역사에 대한 소개*Einleitung zur Geschichte der Mark-, Hof-, Dorf-, und Stadt-Verfassung und der offentlichen Gewalt*』(Munich: Christian Kaiser, 1854).

12.　　1870년대 마르크스는 게오르크 루트비히 폰 마우러의 저술을 다시 한 번 탐독했다. 놀랍게도 마우러의 『마르크, 호프, 도르프, 슈타트의 헌법 및 공권력의 역사에 대한 소개』를 다시 한 번 탐독한 마르크스는 일반적인 경우와 다르게 방대한 발췌 기록을 남겼다. 이 발췌 기록은 MEGA² IV/24로 발간될 예정이다.

13.　　Anderson, *Marx at the Margins*, viii.

14.　　생태학에 대한 마르크스의 관심은 1870년대에도 꾸준히 확장되었다. 예를 들어 1878년 마르크스는 노트에 다음과 같이 기록했다. "**멸종**은 여전히 진행 중이다(가장 적극적으로 몰살을 주도하는 주체는 인간 자신[이다])." MEGA² IV/26, 233, 강조는 원문.

15.　　Teodor Shanin, ed., *Late Marx and the Russian Road: Marx and "The Peripheries of Capitalism"* (New York: Monthly Review Press, 1985), 108.

16.　　Ibid., 111.

17.　　Ibid.

18.　　최근 루시아 프라델라는 MEGA 연구의 "새로운 양식"에 대해서 다소 의외의 논평을 했다. 프라델라는 MEGA² 4섹션이 "현재 MEGA 연구에서 가장 영향력 있는 추세, 즉 '**새로운 마르크스**'를 추구하는 추세에 굴하지 않으면서 마르크스가 자신의 사상을 정교화하는 과정의 연속성

과 변화를 평가하는 데 필요한 요소를 일부 제공한다"고 언급했다. 그러나 이 책이 정교화한 것처럼 마르크스가 말년에 기록한 노트에서는 완전히 알려지지 않았다는 의미에서 "새로운" 마르크스를 찾아볼 수 있다. Lucia Pradella, *Globalization and the Critique of Political Economy* (London: Routledge, 2014), 173를 참고하라. 강조는 덧붙임.

찾아보기

위기 410-412; 생태학 422-431; 소유 59-71; 소외 49-51, 57-59, 78-79; 수입 농업 338; 식민주의 343-347; 실천 86-93; 아일랜드 농업 338-339 ; 연합 70-71; 인간과 자연의 통합 71-73, 83; 자본의 탄력성 157-159; 자본주의 아래에서의 농업 279-285, 328-330; 자연과학 유물론 105, 129-137; 자연의 정복 418-419; 자연의 한계 227-230; 자연 파괴 213-216; 자유의 왕국 349-350; 지대 이론 230-245; 추상적인 노동 194-196; 토양 고갈 279-280; 파리 노트 41-51, 89; 포이어바흐 92-97, 137-138; 합리적인 농업 347-349; MEGA 기획에서 나온 노트 32-36 또한『자본』과『그룬트리세』항목을 보라.

마르크스 엥겔스 전집MEGA² 23, 31, 115, 228, 241, 356, 434, 436

마르크스주의 5, 18, 20, 21, 24, 25, 32, 34, 42, 224, 422, 431, 440

마시, 조지 P.Marsh, George P. 430, 507

면화 244, 273, 299, 383, 404, 508

맥컬록, J. R.McCulloch, J. R. 300

맥키븐, 빌McKibben, Bill 9

맨체스터 노트(마르크스) 290

맬서스, 토머스Malthus, Thomas 237, 244, 251, 337, 359, 367-375, 394, 501
: 마르크스 258, 260-261, 289, 301-303, 311, 325, 345, 347; 수확 체감의 법칙 259,

301, 337-338; 아치발드 앨리슨 301; 제임스 앤더슨 290-291; 존스턴 308; 프라스 504

메로에 섬(이집트) 403

메소포타미아 377, 398, 401

모르즈비, 로버트Moresby, Robert 333-334

모턴, 존Morton, John 295-297, 488

몰레스호트, 야코프Moleschott, Jacob 27, 105, 128-138, 142, 145, 149, 150, 463, 466, 467

무기질 이론 132, 252, 267, 305, 312, 314, 316, 317, 333, 378, 385, 394, 466, 500

무어, 제이슨 W.Moore, Jason W. 22, 162

물상화 25, 164
: 마르크스의 이론 165-185, 426-428

물질대사 24, 38, 98, 101
: 독일 이데올로기 27-28; 리비히의 발전 111-115, 286-288, 346-347, 355; 마르크스의 용법 103-110, 115-129, 150-151, 160, 424, 428; 몰레스호트 129-131, 135-136, 138; 뷔흐너 144; 세기 102; 역사를 관통하는 물질대사로서의 노동 과정 165-168; 인간 노동과 408-409;『자본』35; 자본주의적 전환 197-212; 카루스 147

물질대사 균열
: 생태제국주의 330-347; 역사 413; 자본주의의 가장 심각한 문제로서 432; 제이슨 W.

헤겔 법철학 비판을 위하여(마르크스)
87, 88

헤스, 모제스Hess, Moses 84, 456

헤켈, 에른스트Haeckel, Ernst 102, 458,
459

헬리겔, 헤르만Hellriegel, Hermann 271

호모 이코노미쿠스의 환상 183-184

화학 111-115

: 낙관적인 화학자들 303-311; 농업 245-
262, 288-294, 321; 농업물리학 375-386

화폐 60, 70, 74, 76, 88, 95, 115-117, 123,
125, 126, 151, 171, 182-185, 191, 193, 198,
199-200, 444, 457, 473

화폐 체계 116-117, 456

후쿠야마, 프랜시스 7, 10

후쿠토미 마사미福冨正実 59, 64, 80, 453,
454

훈트, 마르틴Hundt, Martin 34

훔볼트, 알렉산더Humboldt, Alexander 264,
332, 401, 505

독재자와
시장경제

이 도서의 국립중앙도서관 출판예정도서목록(CIP)은 서지정보유통지원시스템 홈페이지
(http://www.seoji.nl.go.kr)와 국가자료공동목록시스템(http://www.nl.go.kr/kolisnet)
에서 이용하실 수 있습니다. (CIP제어번호 : 2014037973)

북한 현대화를 위한 리더십

독재자와
시장경제

장대성 지음

한울
아카데미

애증의 북한 형제들에게 이 글을 바친다

차례

저자 서문

　첫 책『이념과 체제를 넘는 북한 변화의 미래: 북한 현대화 모델』(2014)(이하『북한 현대화 모델』)에 이어 북한 현대화 시리즈로 나의 구상을 독자에게 좀 더 쉽고 명료하게 전달하고자 이 책을 쓰게 되었다. 이 책에서 남북통일의 첫걸음은 먼저 북한을 현대화의 길로 인도하는 데 있으며, 북한 현대화는 시장경제를 도입할 수 있느냐 그리고 그것을 얼마나 연착륙시키느냐에 달렸다고 주장했다. 이를 위해 북한 현 체제를 부분적으로 용인하고 리더그룹을 설득해 계획경제와 시장경제를 조화시켜 작동하게 만드는 것이 현재로서는 가장 현실적인 해법이라고 생각했다. 북한이 시장경제를 받아들이더라도 그 체제는 안정적일 수 있고 오히려 그 방법이 현재는 물론이고 향후 북한이 생존하고 발전하는 첩경이라고 역설했다.

북한의 '적화통일'이나 한국의 '흡수통일' 모두 선택지가 될 수 없다면, 남은 방법은 현존하는 남북 두 체제가 서로를 인정한다는 전제 아래 신뢰를 쌓아 공동의 목표와 과제에 합의하고, 협력해 통일을 이루는 것이다. 또한 북한이 스스로 붕괴할 가능성이 희박하다고 생각하는데, 현재 한국의 대북정책은 북한을 협력의 대상으로 여기는 문제 못지않게 북한체제의 수명, 특히 북한체제의 자멸 가능성에 대한 판단에서 그 정책적 성격이 달라진다.

정부의 대북정책

북한의 극단적 독재체제가 자행하는 온갖 반인륜 행위를 묵인하는 것은 자유민주주의 신념에 어긋날 뿐만 아니라 인간의 양심이 허락하지 않는다고 생각하는 사람들이 있다. 그들은 핵을 앞세운 북한의 군사 위협을 인지하면서도 북한과 모종의 타협을 하는 것은 어리석음이나 무모함을 넘어 나약한 굴복이라고 여긴다. 그래서 북한체제와 싸워 이기는 것만이 인류를 위한 길이라 여기고, 그 체제는 필연코 붕괴할 수밖에 없으므로 그날을 앞당기기 위해 북한 대중 계몽과 독재 체제 공격에 사명감을 느끼고 혼신을 다한다.

다른 한편으로 북한의 붕괴는 한국에게 재앙이라는 인식에 기초해 북한체제를 용인하고 그럭저럭 지내다 보면 자연스럽게 통일이 될 것이라고 여기는 사람들이 있다. '햇볕정책'으로 대표되는 이 정책은 처음부터 성공할 수 없었다. 북한과 분명한 선을 긋지 않았고, 협력을 통해 만들 미래도 명확히 제시하지 못했다. 물론 이 정책은 단기적인 결과물을 만드는 데 열중했던 측면도 있었지만 성과도 없지 않았다. 분단 반세기 만에 처음으로 남북 정상이 마주 앉았다. 남북 정상이 직접 접촉한 것은 결코 작은 소득이 아니다. 또한 과거의 실패로부터 교훈을 얻어 남북 모두 서로에게 전향적인 태도를 취했다. 북한은 한국을 이용하려는 꼼수가 계속 통할 수 없음을 깨달았고, 한국도 원칙을 말하기 시작했다.

박근혜 정부의 '한반도 신뢰프로세스'는 북한의 호응을 얻지 못하고 있다. 이 정책은 남북이 전면적인 협력을 이루기 위한 전제조건으로 북한의 핵 포기가 선행되어야 한다고 말한다. 하지만 북한은 체제 안정이라는 정치적 목적을 앞세워 핵을 체제 유지의 최후 수단으로 여기며 핵 개발을 지속하고 있다. 그렇다면 북한체제를 인정하고 안정을 보장하면 북한은 핵을 포기할 수 있을까? 그 인정과 보장은 어떤 수준이어야 할까? 그 첫걸음은 어떻게 뗄 것인가? 이를 위한 해답은 남북이 합의할 수 있는 현실적이면서 미래지향적이고 통일을 염두에 둔 것이어야 한다. 서로가 윈윈(Win-Win)하는 것이 남북 교류협력의 대전제이자 원칙일 수밖에 없다.

대북정책 수립의 지침

대한민국은 자유민주주의 국가이다. 선거를 통해 정권이 바뀐다. 정권은 민심을 따를 수밖에 없다. 그리고 그 민심은 상황에 따라 민감하게 반응한다. 특히 한국의 민심은 좌우, 진보·보수의 대립이 극심하다. 북한 문제에서 특히 그렇다. 따라서 정권이 바뀔 때마다 대북정책도 변했는데, 이러한 정책, 전략적 목표의 일관성 부재라는 문제를 바로 잡기 위해, 우선 북한 정권을 협력할 수 있는 대상으로 볼 것인지, 아니면 패퇴시켜야 할 대상으로 볼 것인지에 대한 일치된 견해가 필요하다. 하지만 정치 진영 또는 개인 신념에 따라서 시각이 다를 수 있고 극명하게 대립하기까지 하는 한국의 현실에서 이는 여의치 않다.

북한을 협력의 대상으로 보더라도 어떤 모습까지 받아들일 수 있을지 입장을 정리해서 북한에게 분명한 태도를 보이는 것이 중요하다. 물론 한국의 기준을 그대로 요구하면 북한이 받아들일 수 없고, 그렇다고 관계를 지속시키기만 급급해 북한의 요구를 들어주며 끌려다니는 일 또한 없어야 한다. 그리고 상대편에게 유효한 당근과 채찍이 모두 필요하다. 북한 문제를 푸는 과정에서 대북정책에 대한 보수·진보 양 진영의 견해를 적절히 조화시켜 일관성 있는 원칙을 만들고 이를 토대로 한 실천을 지속해야 한다.

대북정책의 문제점을 시정하는 데 다음으로 중요한 것은 북한체제, 즉 일인독재체제의 존망에 관해 어떤 판단을 내려야 하는가이다. 이것은 북한이 스스로 붕괴할 것인지, 아니면 어느 정도의 외부적인 힘이면 무너질 수 있는지를 가늠하는 것이다. 또한 북한이 과연 나의 구상대로 북한식 현대화의 길로 나아갈 수 있을지, 즉 그런 변화를 시도하고 감당할 수 있는 유연성과 신뢰성을 발휘할 수 있을지에 대한 판단이다. 나는 첫 책『북한 현대화 모델』에서 북한식 현대화 모델을 전체적인 틀에서 그려보며 이것에 대한 나름의 결론을 내렸다.

통일의 첫걸음

　이 책을 통해서는 통일의 첫걸음은 북한의 독재리더십이 주체적으로 계획경제와 시장경제를 결합하고, 권위주의와 민주주의를 조화한 이념과 체제를 넘는 북한식 현대화의 길로 나아가게 하는 것이라는 점을 강조했다. 이를 위해 변화의 주체인 북한 독재리더십의 역할과 그 미래상을 그렸다. 먼저 역사 속 독재체제와 독재자를 살펴보고, 독재체제가 어떻게 하면 치명적인 약점을 극복하고 강점을 살려 사회를 진일보시킬 수 있을지 고민했다. 그리고 독재리더십이 북한을 현대화의 길로, 나아가 남북통일과 한반도 평화 번영의 길로 향하게 하기 위해 어떻게 해야 하는지를 말했다. 여러 부족한 부분이 보일 것이다. 하지만 겨레의 지상과업에 이바지하려는 충정과 북한의 형제를 도와야 한다는 사명의식 그리고 남북을 모두 체험한 당사자로서 현실적인 제안을 할 수 있다는 생각으로 용기를 냈다. 독자 여러분의 응원과 충고를 기대한다. 앞으로도 북한 현대화 관련 책을 쓸 생각이다. 이 책에서는 정치 리더십을 주로 다루었다면 다음 책에서는 북한 현대화 시대에 맞는 사회조직 및 기업경영 리더십을 논할 것이며, 북한의 지역별 개발 및 발전 방향에 대한 내용도 구상하고 있다. 그리고 이러한 내용을 대중에게 더 가까이 다가갈 수 있는 소설로 각색할 생각이다. 북한 주민도 몰랐던 북한의 현실을 소설로 소개하는 일은 의미가 있을 것이다. 내 책들이 남북 모두에 실제적인 도움이 되는 세상이 오기를 바란다.

들어가며
통일과 북한 현대화

　"통일은 대박이다"라는 박근혜 대통령의 발언이 상당한 호응을 일으켰다. 당연한 말이다. 하지만 지난 10여 년간 한국인의 통일 의지는 서서히 약해졌다. 그래서 이른바 '통일대박론'은 통일 이후의 부담을 의식하는 소극적인 태도에서 벗어나 통일이 가져올 지대한 편익을 지향하는 적극적인 통일 준비 논의의 계기를 마련했다는 데 의의가 있다. 하지만 통일이 진정 대박이 되려면 전제할 것이 있다. 잘못하면 오히려 통일이 쪽박이 될 수 있다는 경고가 여기저기서 들려오기 때문이다. 다시 말해 북한의 갑작스러운 붕괴나 상황 악화 같은 급격한 변화를 피하고 점진적이고 질서 있는 통일을 만들어야 한다는 의미이다.

두말할 것 없이 남북이 현격한 경제, 정치, 문화 차이를 간직한 채 급격히 하나로 섞이면 재앙이 될 것이다. 오히려 관리할 수 있는 변화를 추구하는 것이 장기적으로 보았을 때 효율과 속도 면에서 급진적인 통일보다 유리한데, 이것은 중국, 동유럽 등의 역사가 실증한다.

통일에 이르는 험난한 길

어떤 경우에도 통일은 분단과 비교되지 않을 정도로 좋다. 통일은 한민족에게 선택의 여지가 없는 지상과업이다. 선조가 물려준 강토를 온전하게 보존하는 것 이상의 대의명분이 있을 수 없다. 그래서 통일을 위한 일이라면 어떤 것도 마다하지 않아야 하며, 어떠한 대가와 희생이라도 감수하려는 태도가 필요하다. 문제는 통일을 현실로 만드는 방법인데, 어떻게 자유민주주의 국가인 대한민국과 독재국가인 북한이 하나가 될 수 있을까?

한국은 북한이 통일을 위한 협력의 대상이 될 수 없다면, 어떤 대가를 치르고서라도 통일을 추진할 것인지, 아니면 북한에 일정한 환경을 조성해 북한체제를 현대화의 길로 이끌 수 있을지를 고민해야 한다.

현시점에서 한국의 통일 논의는 통일이 가져다줄 편익에만 집중되어 있다. 통일 후의 긍정적인 미래가 통일 의지를 굳히는 데 필요하지만, 중요한 것은 어떻게 통일로 나아갈지에 대한 국민적 합의를 이끌어내는 것이다. 물론 그 합의에 북한역시 동의할 수 있어야 한다.

70년 가까이 적대하고 사회 전 분야에 걸쳐 현격하게 벌어진 차이를 품으면서 서로를 수긍할 수 있는 통일 방안을 도출하는 것이 쉽지 않음을 모두 알고 있다. 과거 많은 남북 간 합의가 빛을 보지 못하고 사장된 사례만 살펴도 충분하다.

통일을 위한 걸음

어떻게 해야 남북이 공조 관계를 형성할 수 있을까? 급격한 통일의 가능성이 있는지도 살피고, 점진적인 통일로 가기 위해 남북이 어떤 길을 가야 할지도 생각해보자. 나는 『북한 현대화 모델』에서 북한식 현대화 모델을 제시하면서 이러한 방법이라면 북한이 안정적이고 점진적인 변화를 이룰 수 있다고 말했다. 그리고 그 변화의 시작이 곧 통일의 첫걸음이 될 것이라고 했다. 물론 이는 북한체제가 스스로 주저앉을 가능성이 희박하다는 판단을 전제로 한 것이었다. 또한 현재로서는 북한을 붕괴시킬 외부의 역량, 의지, 이해관계가 미약하다는 전제 역시 깔려 있었다. 그래서 북한은 민주화와 시장화를 동시에 추구하기보다 먼저 시장경제를 도입하기 위해 한국에 도움을 받는 것이 현실적이고, 통일을 위한 의미 있는 진전을 위해서도 바람직하다고 주장했다.

북한 리더그룹에게 정치적인 안정을 보장하자. 그래서 그들이 자신 있게 시장경제를 도입해 한국은 물론 세계와 협력하며 경제적인 현대화를 이룰 수 있도록 하자. 북한이 핵무기와 극단적인 폭압을 동원하지 않더라도 체제를 안정시킬 수 있다는 확신을 준다면, 중장기적으로 북한의 핵 문제나 인권 문제는 해결될 것이다. 핵 동결과 재래식전력의 대폭 감축 및 후진 배치로 휴전선을 비무장화하고 평화지대로 만드는 등 남북이 서로 평화 의지를 보이고, 체제 안정에 대한 신뢰성 있는 국제적 다자 보증체계를 만들어 영구적인 평화 환경을 조성한다면 북한이 핵 포기를 거론할 수 있는 때가 자연스럽게 올 것이다.

하지만 이러한 시나리오는 어디까지나 중국이라는 변수를

제외한 경우인데, 만일 중국이 북한의 핵 개발을 막을 의사가 없거나 멈출 수단이 없다면, 그리고 중국이 북한을 지정학적인 완충지대로만 여긴다면 이 시나리오는 불가능하다. 북한은 시간이 결코 그들의 편이 아니라는 사실을 알아야 한다. 동북아의 '핵도미노'가 현실이 될 때까지도 중국과 미국이 북한 핵을 지금처럼 어정쩡하게 대할 수는 없을 것이다. 특히 세계 패권의 도전 의지를 감추지 않고 있는 중국에게 일본, 한국, 타이완으로 이어지는 '핵도미노'는 최악의 시나리오가 될 것이기 때문이다. 과유불급(過猶不及)이라는 사자성어처럼, 북한이 생존 수단으로 근 반세기에 걸쳐 끈질기게 추진한 핵 개발이라도 일단 멈추고 통 큰 결단을 하는 것이 현명한 선택이다.

중국의 교훈과 차별화 전략

내가 그린 북한식 현대화 모델은 중국 개혁개방 30년 과정을 참고로 중국으로부터 배울 것, 그리고 중국과 북한의 환경 차이로 인한 차별점을 구분했다(장대성, 2014). 먼저 중국으로부터 배울 점은 다음과 같다.

첫째, 중앙집권적 정치력을 위주로 하면서도 낮은 단계의 민주적 선거 제도를 허용해서 둘을 유기적으로 조화했다.

둘째, 오직 경제 발전에만 집중해 경제 발전에 선행하는 단계적인 체제 변화를 추구했다. 일당 체제에서 계획경제와 시장경제를 결합하고, 시장경제의 성장을 합리화하는 사상적·이론적 기반을 지속적으로 구축했다.

셋째, 외국인의 직접투자로 제조업 위주의 수출주도형 경제를 선택하고, 세계무역기구(World Trade Organization: WTO)에 가입해 세계 표준화와 개혁개방 정책의 공고한 토대를 쌓았다.

북한이 중국과 차별화해야 할 점은 다음과 같다.

첫째, 장기간 계급투쟁과 정치적 숙청, 6·25 전쟁과 남북 대결로 남북이 서로를 위협적으로 의식할 수밖에 없는 환경에서 묵은 원한을 해원(解冤)하는 과정이 선행해야 한다. 반면 중국은 체제 경쟁을 하는 타이완에 비해 국력이 월등하게 컸고, 일인독재 기간도 짧았으며, 권력 세습도 없었다.

둘째, 해원을 전제로 지역별로 점진적인 개방이 아닌 전면적이고 동시적인 개방으로 북한의 지정학적 이점을 최대한 살릴 수 있다. 중국은 개혁개방 정책을 추진하면서 지역 거점을 정해 실험을 거쳐 전파하는 확대 전략을 구사했다.

셋째, 현대화 착수 초기부터 국유기업의 개편과 사유화를 병행해야 한다. 중국은 이데올로기적인 관성 때문에 사유화로 곧바로 이행하지 못해 시간을 허비한 측면이 있다.

넷째, 정치권력으로부터 독립적인 사법체계 구축과 법치주의 구현이 북한체제의 신뢰성을 결정한다. 중국 공산당은 정치권력으로부터 독립적인 사법체계를 구축하지 못했다. 그결과 관료들이 부정을 저지르고 부패한 탓에 홍역을 치르고 있다.

다섯째, 독재체제에 민주주의 요소를 결합해 현대화의 성공을 넘어 선진화로 이끌어야 한다. 중국은 특히 정치 분야에서 민주주의를 조기에 훈련하지 않고 억누르다 최근 거센 역풍을 맞고 있다.

여섯째, 자유언론을 허용하고 관제언론과 경쟁을 붙여 소프트파워적인 사회감시 및 견제로 전환해야 한다. 중국이 자유언론을 억압한 결과, 사회 전체에 걸친 부정부패를 막지 못했고 민주주의의 성장도 도모하지 못했다.

일곱째, 계획경제와 시장경제의 결합으로 신생 시장경제에 맞게 사회조직을 자유롭게 개편해야 한다. 중국은 개혁개방까지만 해도 북한에 비해 덜 조직화하고, 통제적인 조직생활 기간도 길지 않았다.

여덟째, 정보통신 및 에너지 체계가 수평적인 분산 네트워크 시대의 도래를 잘 활용해서 막대한 자본 집중이 어려운 북한의 약점을 우회해 세계 선진 수준으로 곧바로 도약해야 한다. 북한에게는 중국보다 유리한 후발 주자라는 이점이 있고, 조직화한 거대 집단이나 많은 자본이 아니더라도 개인의 역량만으로 시공간을 초월하는 무한대의 영향력을 행사할 수 있는 수평적인 분산 네트워크 시대를 맞이하고 있다.

『북한 현대화 모델』에서 이러한 북한식 현대화가 결국 북한 사회의 선진화로 이어지고, 북한이 선진화로 넘어가는 시점에서 남북이 제도적·정치적 통일까지 포함한 본격적인 통일 단계로 진입하게 될 것이라고 말했다. 그리고 그런 단계까지 가는 데 30년 정도 소요될 것으로 추정했다. 북한 현대화의 완성 시점에 일인당 국민소득 2만 달러 달성이라는 경제적인 비전도 제시했고, 현대화의 과정이기도 한 세계무역기구 가입에 따른 세계 표준화로 세계 보편의 사회로 자연스럽게 편입될 것이며, 정치 선진화, 효율과 배려가 조화된 민주주의 복지사회 구현 등의 선진사회 건설은 본격적인 남북통일의 과정에서 전개될 것이라고 예측했다.

북한식 현대화의 실현 가능성

또한 『북한 현대화 모델』에서 북한의 근본적인 문제점, 즉 인간의 욕망을 억누르고, 유연성이라고는 찾아볼 수 없으며, 도저히 믿을 수 없을 정도로 신뢰성이 결여되었고, 극단적인 인권유린이 자행되는 등의 문제를 바로잡지 않고서는 북한체제의 발전은커녕 현상 유지도 힘들 것이라고 지적했고, 정치적인 안정과 체제의 관성을 고려하면서도 변화와 진보로 나아가기 위해 '이념과 체제를 넘는 북한식 현대화 모델'이 필요하다고 역설했다. 이 책에서는 주로 독재에 관한 분석에 초점을 맞추어 과연 북한이 현대화를 실현할 수 있을지를 유추하고자 한다. 북한은 국가와 국민 모두가 독재자를 위해 존재한다고 말할 수 있는 극단적인 일인독재체제 국가이다. 따라서 먼저 독재권력을 논하는 것이 중요하다. 북한에서 민중 혁명이 일어나기 어렵다는 현실적 판단까지 감안한다면 더욱 그러하다.

북한 독재체제에 극도의 염증을 느끼고 있고, 행여나 김정은의 다른 행보를 기대했다가 크게 실망한 독자에게 독재가 북한 현대화에 기여할 수도 있다는 주장을 하려니 부담이 만만치 않다. 그래도 상대를 인정하는 기초 위에서 마음을 터놓고 신뢰를 쌓는 노력을 한다면, 그리고 냉철한 사고로 현실 기반의 이익을 추구하는 실사구시적 태도를 취한다면 할 수 없는 일만은 아닐 것이다. 우선 독재의 생리에 대한 선학의 연구에 기대어 모험을 시작할까 한다.

제1부

The Dictator and Market Economy

북한 현 체제의
존망에 관해

1

독재는 어떻게 만들어지고 유지되는가

북한의 독재는 일당독재이기 전에 일인독재이다. 그것도 매우 철두철미한 일인독재체제이다. 우리의 관심은 북한에 현존하는 독재체제의 존망이므로 여기서는 일인독재를 주로 논한다.

독재체제는 독재자 혼자만의 작품이 아니다

독재체제, 독재자 하면 무지막지한 폭력과 대중을 현혹하는 프로파간다로 무소불위의 권력을 쥐고, 대중에게 신적인 존재로 군림하는 전제군주 같은 모습이 떠오른다. 사극에서 군주는 권력 피라미드의 정점에서 말 한 마디, 표정 하나, 거동 한 번으로 자신의 의중을 드러내고, 신하는 군주의 눈 밖에 나지 않을까 전전긍긍하며 군주의 마음을 사기 위해 노심초사하고 알아서 처신하는 장면이 흔히 등장한다. 그런데 독재체제를 좀 더 유심히 들여다본 사람이라면 의외로 독재체제를 형성하고 유지하는 원리가 그리 복잡하지 않고, 어떤 면에서는 아주 단순하기까지 하다는 데 놀랄 것이다. 20세기 전반까지 군주제가 민주공화제보다 더 보편적인 체제였다는 사실만 보더라도 군주제가 민주공화제보다 용이한 통치방식인 것 같지 않은가? 물론 사회가 발전하면 복잡해지기 마련이고, 사회가 복잡할수록 민주공화제가 군주제보다 우월한 능력을 보인다는 것이 실증되었지만 말이다. 하지만 독재체제는 아직 발전하지 않은 일부 국가에서는 여전히 유효한 듯하다.

그러면 독재는 어떻게 만들어지는가? 독재체제는 인적 요인에 크게 좌우되는데, 시스템이 구축된 후보다 구축되기 전에 더욱 그렇다. 아무리 독재체제가 독재자 혼자서 만들 수 없는 것이라 할지라도 독재의 구심점은 카리스마와 비전이 있는 개인이다. 군사 쿠데타 등 무력을 동원해 독재정권이 만들어지는 경우에도 쿠데타를 조직하는 리더의 응집력, 결단력, 실행력 등이 필요한데, 이것은 개인의 카리스마나 비전이 없으면 어렵다. 그러한 개인의 카리스마나 비전은 시대의 정치, 사회, 경제 환경의 요구를 반영하거나 형성할 수 있어야 한다. 권력을 가진 후에는 어떤 경우라도 독재의 명분을 만들기 쉽겠지만, 권력을 손에 넣기 전에는 독재의 명분을 찾든지 아니면 주변의 핵심그룹과 대중을 설득해야 하는데, 이것은 개인의 역량에 크게 좌우된다. 물론 행운도 따라야 하지만, 그 행운을 포착하고 기회로 낚아채는 능력은 결국 개인의 몫이다(부에노 데 메스키타·스미스, 2012).

아돌프 히틀러

이런 측면에서 역사의 가장 전형적인 사례는 아돌프 히틀러(Adolf Hitler)의 독재체제 구축 과정이다. 히틀러는 무력을 앞세우지 않고 민주주의 선거제도를 활용해 권력을, 그것도 독재적인 권력을 쟁취했다. 제1차세계대전의 패전국 독일은 베르사유조약에 따라 막대한 전쟁배상금 지불 및 영토 상실, 군대 해체 등을 강요당하는 굴욕을 경험했다. 이 여파로 인플레이션이 발생해 독일은 심각한 곤궁에 시달렸다.

아돌프 히틀러(1889~1945)

뒤늦게 공업국 대열에 합류해 식민지 등 산업 선진국과 경제 영역 재분할을 목표로 야심차게 전쟁을 일으킨 자신감은 간데없고, 빚더미에 짓눌려 질식할 지경에 몰려 가련한 처지가 된 독일 국민은 자존심에 큰 상처를 입었다(오버리, 2008). 히틀러도 제1차세계대전에 참전해 1급 철십자훈장을 받을 만큼 헌신적으로 싸웠다. 하지만 패배라는 결과는 받아들이기 힘들었다. 히틀러는 국가사회주의독일노동자당[Nationalsozialistische Deutsche Arbeiterpartei, 줄여서 나치(Nazi)]에 입당해 선전책임자를 거쳐 총수가 된 후 1923년 '민족사회주의 혁명'을 위한 쿠데타 성격의 뮌헨 폭동을 주도했으나 실패해 감옥에 갇혔다. 그는 감옥에서 『나의 투쟁(Mein Kampf)』을 저술해 자신에게 독일과 게르만 민족을 구원할 사명이 부여되었다는 확신을 전파했다. 히틀러의 확신에 찬 변론은 판사까지 매료시킬 정도였다. 우연찮게 허락된 변론 시간으로 히틀러는 일약 전국적인 정치인으로 부상했고, 1933년 히틀러의 나치당은 드디어 국회에서 제1당이 되어 국가적 범위에서 히틀러 개인독재의 서막을 열었다.

히틀러의 성공 비결은 익히 알려져 있다. 그는 군중을 흡입하는 대중연설의 달인이었다. 사전에 부단하게 연습해 대중에게 보여주고 싶은 이미지를 연출했고, 무아지경에 빠져든 것 같은 웅변으로 자존심에 깊은 상처를 입은 독일 국민의 억눌린 감성을 자극했다. 히틀러는 집회장에서 연설을 듣는 대중이 이성적이기보다 감정과 분위기의 포로가 되곤 한다는 사회심리학적 기제를 잘 알고 있었다. 또한 그는 말이 글보다 더 인간의 마음을 움직이는 데 강하고 효과적이라고 믿었다. 논리보다는 감정과 이익에 호소하는 히틀러의 광적인 웅변에 펄럭이는 깃발, 제복 차림의 파도 같은 열병행진, 귀가 터질 듯한 군중의 함성과 메아리, 광장과 거리를 메우는 장엄한 상징이 연출하는 분위기가 배경으로 더해져 독일 국민을 열광의 도가니로 몰아넣었다.

히틀러는 '가장 우수한' 아리아 인종의 순수한 후예인 게르만 민족이 세계를 지배할 운명이며, 자신은 일시적으로 위기에 빠진 게르만 민족과 그 민족의 나라인 독일을 구할 구세주로 선택을 받았다고 생각했다. 이와 같은 신의 섭리를 받들어 복종, 헌신, 희생을 미덕으로 게르만 민족이 단결할 때 독일과 게르만 민족은 신이 부여한 세계 지배자의 지위를 획득하게 될 것이라고 역설했다. 이러한 게르만 민족 우월주의는 배타적인 성격을 띠기 마련이고, 유대인은 그 대표적인 표적이 되었다. 유대인은 세계의 자본과 언론을 장악해 독일의 이익을 해치고 있으며(독일의 제1차세계대전 패인 중 가장 큰 요인이었다고 선전함), 자유주의와 온갖 '사악한' 문화를 전파해 독일식 전체주의 질서 수립을 저해하므로 유대 인종을 '깨끗이 청소 하는 것'만이 게르만 민족의 순결을 지키고 세계를 정화하는 길이라고 주장했다. 또한 세계사는 강자의 역사로서 강자가 약자를 희생시켜 생존하고, 강자의 의지가 약자에게로 흐르는 것은 당연하며, '사회 진화의 법칙'은 민족의 생존을 위한 당연한 투쟁의 귀결이고, 따라서 우월한 민족은 힘을 길러 오직 투쟁으로 약소민족을 누르고 승리해 지배적인 지위를 누릴 수 있다고 생각했다.

히틀러는 이런 주장을 역설하며 그 실천으로 베르사유조약을 거부하고 군대를 재건해 군사력을 키웠다. 그리고 중앙집권적 통제경제를 만들어 선택과 집중으로 독일의 정복전쟁을 뒷받침할 강력한 국가경제 건설을 공약했다. 궁핍에 빠진 독일 국민에게 전후(戰後) 배상이라는 경제적 부담을 덜고, 국가가 만드는 수요로 실업 해소와 경제 회생과 더불어 향후 다른 국가를 침략해서 얻을 경제적 이득까지 약속했다. 히틀러의 비전은 대중의 지지를 쉽게 이끌어냈고 독재는 자연스럽게 국민적 지지를 얻었다. 국민이 자신을 구속하고 억압할 독재 체제를 자청한 아이러니의 역사는 비단 히틀러의 제3제국만이 아니다.

이오시프 스탈린

이오시프 스탈린(Иóсиф Стáлин)은 히틀러와 달리 집권당에서 집단지도체계의 최상위 그룹 멤버로 시작해 개인독재를 서서히 만들어갔다. 스탈린의 성격은 히틀러와 달랐다. 히틀러가 높은 연단에서 화려하고 열정적인 웅변으로 대중의 마음을 휘어잡는 정치인이었다면, 스탈린은 조용하고 무표정한 표정으로 야심을 감추고, 정치적 역학관계와 정보를 장악해 은밀하게 정적(政敵) 제거를 준비·실행하는 용의주도하고 은폐된 권력 행사의 달인이었다. 스탈린은 토론의 자리에서 튀거나 나서기보다 다른 사람의 발언을 주의 깊게 듣고 곰곰이

이오시프 스탈린(1878~1953)

생각을 정리한 다음 마지막에 다수의 의견에 손을 들어주면서 당이나 정치국의 의견을 대변하는 듯한 태도를 보여, 종국에는 개인적인 주도권을 잃지 않으면서도 항상 당과 대중의 뜻을 따른다는 대의명분을 얻었다.

스탈린은 그루지야(현 조지아) 출신으로 러시아 주류 사회의 이방인이었으나 블라디미르 레닌(Владимир Ильич Ленин)이 이끈 1917년 10월 볼셰비키(большевики)혁명의 핵심 멤버였다. 그렇지만 지식의 화려한 향연을 펼치던 정치국 주류 인텔리겐치아 엘리트에 비하면 지하투쟁 경력밖에 내세울 것이 없는 스탈린은 너무 평범해 보였다. 레닌이 스탈린을 정치국 위원 명단 제일 마지막에 올리면서 정치국에 더 이상 지성이 필요하지 않다고 말할 정도였다. 레온 트로츠키(Лев Давидович Трóцкий) 같은 화려한 이론가에게 스탈린은 적수로 보이지 않았다. 하지만 그 모든 '똑똑한' 이들은 그들이 얕보았던 스탈린에게 철저하게 정치적 복수를 당하고 제거되어 비참한 최후를 맞았다. 오랜 지하투쟁 경험은 스탈린을 은밀하면서도 표리부동하고, 모든 것을 의심하는 생존 기질이 몸에 배게 만들었다. 스탈린의 냉혹함과 야비함을 알아본 사람은 레닌뿐이었다. 그래서 레닌은 죽기 전에 스탈린을 경계하라는 유언을 남겼다. 하지만 스탈린의 정적들은 그의 평범한 겉모습에 익숙해진 데다가 당면한 정치적 역학을 앞세워 레닌의 유훈을 유야무야 넘겼다. 스탈린은 지성이 부족하지도, 무능하지도 않았다. 그는 은근한 독서광이었는데, 다양한 책을 읽으면서 방대한 지식과 이론을 섭렵했다. 그는 여러 가지 주장을 경청하면서 자기에게 유리한 주장을 다수의 의견, 혁명의 요구라는 대의명분으로 포장해 논리 정연한 글과 연설로 대중을 설득하는 능력이 있었다.

스탈린은 냉혹한 정치적인 술수만으로 독재를 이룬 것이 아니다. 그의 철저한 준비와 노력은 폭력을 마다하지 않는 계급투쟁만이 공산혁명 달성의 길이라는 투철한 신념에 기반을 둔 것이고, 스탈린 자신만이 혁명을 승리로 이끌 수 있다는 굳센 자기 확신이 그 신념을 더욱 강력하게 만들었다.

스탈린은 1924년 레닌 서거 후 그의 시신을 방부 처리해 유리관에 전시하는 일을 주도하고, 스베르들로프(Свердлóв) 대학 강연에서 '레닌주의 기초'라는 제목의 연설로 자신이 레닌의 유산을 충직하게 잇는 유일한 정통 후계자임을 대중에게 드러내는 데 성공하면서 레닌의 정치적 유산을 독점할 수 있었다. 마르크스주의의 창조적 발전으로서 레닌주의의 가치를 체계적으로 정리한 그의 연설은 논리 정연하면서도, 한편으로 트로츠키 같은 정적을 겨냥했다. 스탈린은 대중 연설 등을 이용해 정적을 포위하는 여론을 조성한 다음, 장막 뒤에서 정치적 역학을 조정하는 은밀한 거래로 지지자를 포섭하고, 다수결을 통해 합법적으로 제거하는 수법을 주로 썼다. 그렇게 해서 혁명의 노선이나 방법을 놓고 스탈린과 갈등하거나 대립하던 정치국, 중앙위원회 위원들은 모두 제거되었고 스탈린의 개인 독재체제가 수립되었다. 스탈린은 정치국 서기장에 올라 인사권을 장악하고 비밀경찰을 동원해 권력 수뇌부의 동향을 샅샅이 파악했다. 결국 권력 수뇌부는 스스로 스탈린에게 협력해 독재에 대한 대중의 지지를 이끌었고, 대중이 독재를 지지할 수밖에 없게끔 만들었다.

소련이 독재체제로 발전하기 위한 사상적이고 정치적인 준비는 충분했다. 카를 마르크스(Karl Marx)는 사회주의로의 이행은 의식수준이 높아진 노동계급이 있는 선진 공업국에서만 가능하다고 생각했다. 또한 프롤레타리아트 독재와 계급투쟁을 사회주의 혁명의 방법으로 보았다. 하지만 정작 사회주의 혁명은 후진 농업국 러시아에서 극단으로 몰린 대중이 일으켰는데, 도시 노동자는 그 수가 적었고 의식 수준도 낮았기 때문에 레닌은 노동계급의 자발적인 참여만으로는 자본주의를 이기고 사회주의 국가를 건설하기 어렵다는 판단으로 전위정당의 독재 필요성을 주장했다. 또한 전위정당은 중앙위원회의 영도를 따르고, 중앙위원회는 수령의 지도를 받아야 한다. 대중은 형식적인 쇼인 선거에서 단독 입후보자를 찍는 것으로 '주인다운' 권리를 행사했다는 만족감만 있을 뿐, 당선자의 지배를 달갑게 받아들여야 하는 묘한 굴욕감에 정신적 자위를 한다.

스탈린은 부분적으로만 자본주의 요소를 허용했던 과도기적인 '신경제정책'으로는 자본주의 공업국에 비견되는 사회주의 공업화를 달성할 수 없다고 보고, 농민의 사유재산을 몰수하고 농업 집단화를 통해 공업화에 필요한 자본축적을 도모하는 한편, 전면적인 국유화로 국민의 경제적인 자립능력을 상실시켜 국가의 배급에 전적으로 의존하게 했다. 국유재산은 명목상 국민이 주인일 뿐, 실질적으로는 관료의 재산에 지나지 않았다. 국민을 위한다는 혁명은 도리어 국민의 이름으로 독재를 정당화하고, 개인의 전제정치에 국민이 철저하게 묶이는 결과를 가져왔다.

북한

북한에서 김일성이 일인독재체제를 수립한 과정은 스탈린을 모방한 흔적이 짙다. 북한은 정권 수립 초기, 공산주의 체제를 지탱하는 데 필요한 인적자원이 절실했던 탓에 공산주의 계열의 세력 간 연합으로 정권을 구성할 수밖에 없었다. 하지만 점차 권력을 둘러싼 주도권 투쟁이 정치 노선 갈등과 뒤섞이면서 치열한 당파 싸움의 양상을 띠었다. 김일성을 위시로 한 항일 빨치산파와 남로당파, 갑산파, 연안파, 소련파 간의 대립은 결국 종파주의 청산과 김일성 유일사상체계 확립이라는 독재체제 수립으로 끝을 맺었다. 김일성 역시 자신의 대중 친화적인 이미지와 성품을 카리스마로 발현하는 능력이 뛰어났다.

내가 주목하는 대목은 잠재적 독재자가 자신이 믿는 것이나 자기 세력의 정치적인 이해에 유리한 것을 대중에게 피력하고 대중의 지지를 명분으로 정적을 제거하는 정치적 역량이다. 독재권력은 대중이 언제나 승자라고 착각하게 만든다. 그러나 사실 대중의 견해란 정치적 역학에서 우세한 세력이 더 많은 실권을 이용해 여론을 형성한 결과인 경우가 일반적이다.

북한이 소련이라는 혁명 선배의 체제 모델을 배운 것은 환경적으로 불가피한 측면이 있다. 당내 집단지도체제 같은 민주적 요소가 퇴색하고 일인독재로 굳어진 소련의 모델은 북한에도 그대로 수용되었다. 스탈린이 썼던 방식대로 정치투쟁은 가혹한 정적 숙청을 수반했고, 정치범수용소를 동원한 씨를 말리는 반대파 제거는 북한을 철두철미한 일인독재체제로 이끌었다. 북한은 한 수 더 떠서 '유일사상체계' 원칙을 헌법 상위의 최고 가치로 강제하기에 이르렀다. 그리고 이 체제는 수령이라는 새로운 '신'을 숭배하는 북한식 종교 이데올로기로 발전하게 되었다.

경제 상황이 어려운 가운데서도 대규모 열병행진, 군중시위, 집단체조 같은 상징적인 행사에 집착하는 것을 보면 북한 지도층이 히틀러 나치돌격대의 거리행진이나 스탈린 시대 소련의 기념일 행진에서 얼마나 강력한 영감을 받았는지 알 수 있다. 사람들은 굶주리고 심신이 힘들수록 거대하고 장중한 분위기가 빚어내는 착각으로 현실을 잊는다. 북한은 아무리 경제 사정이 나빠도 김일성 가문의 우상화에는 방대한 재원을 쏟아붓는다. 만수대 언덕 위 거대한 수령 동상을 쳐다볼 때 초라한 행색의 인민이 느끼는 중압감은 실로 대단하다. 일단 규모에서부터 압도적이고, 주위의 상징물과 방문객의 공손하고 조심스러운 행동거지에서 풍기는 분위기가 사람들을 한껏 주눅이 들게 한다. 금수산 기념궁전 주인의 입상은 구름 위에 떠 있는 것 같고, 추모 곡조가 장중하게 흐르는 가운데 유리관 안에서 잠든 것 마냥 누워 있는 시신에서 뿜어져 나오는 묘한 신비감은 이승과 저승의 혼동을 불러일으킨다. 북한의 도시와 마을마다 거룩하게 꾸며진 성소에서 위대한 수령은 어제나 오늘이나 한결같이 근엄한 표정으로 주민을 내려다보고 있다.

북한 인민은 '위대한 수령'을 위한 '총폭탄'이나 거대한 전체주의 기관차의 톱니바퀴를 돌리는 연료와 부품으로 속절없이 소진되는 운명이 되었다. 그 기관사는 열차를 멈추는 순간 승객이 탈출하거나 기관차로 달려들 것이 두렵다. 탈선이 무서워 방향을 바꿀 엄두도 나지 않는다. 열차의 창문은 가려져 있고 객차마다 고립된 승객은 생존하기 위해 기관사가 시키는 대로 따를 수밖에 없다. 이 기괴한 편성의 열차를 움직이는 톱니바퀴는 언제 멈출지도, 어디로 가는지도 모르고 반세기 넘게 삐걱대며 돌고 있다. 영화 〈설국열차〉가 연상된다.

독재체제는 공포에만 기대지 않는다

독재자는 폭압을 동원한 공포 하나만으로 일인독재체제를 만들고 장기간 유지하며 사회를 철저히 통제할 수는 없다. 독재자가 핵심 측근과 대중의 지지, 충성, 복종을 이끌어내어 독재체제를 유지하는 비결은 꽤 단순하다. 첫째, 독재자는 소규모 핵심그룹을 만들고 배타적으로 우대해 충성을 이끌어낸다. 둘째, 사랑보다는 공포의 대상이 되려 한다. 셋째, 어설픈 위협이 아닌 강력한 폭력만이 반항 의지를 철저히 꺾는다고 믿는다. 넷째, 개인을 고립시키고 종속적으로 만들 모든 수단을 강구한다. 다섯째, 우상숭배 주입이나 정신적 지배를 최상의 치도로 여긴다.

소규모 핵심 충성그룹

독재체제의 중요한 특징은 독재자를 중심으로 한 소규모 핵심그룹, 즉 최상위 지배계급에게만 허용된 배타적인 특혜와 특권이다. 이 그룹은 능력보다는 충성도를 기준으로 선택되며 가능한 한 소규모로 유지된다. 또한 두꺼운 장벽으로 둘러싸여 있어 그 안을 들여다보거나 진입할 수 없다. 이 특수 신분을 함부로 넘볼 수 없는 특별하고 신비한 영역으로 남겨두면서 그룹 외부의 계층에게 막연한 두려움, 선망, 열등감 같은 감정을 유도해 허리를 굽히게 만든다.

독재자는 최소화한 핵심그룹에 재원을 편중 배분하고 각종 특혜를 제공하면서 적은 자금으로 자신을 위해 지저분하고 비열한 일도 마다하지 않을 대리자를 확보할 수 있게 된다. 그리고 그 소규모 핵심그룹 멤버를 대체할 후보그룹을 많이 유지하면서 핵심그룹에서 언제라도 추락할 수 있다는 두려움을 조성한다. 독재자가 군부나 공안기구를 특별히 우대하는 이유는 유사시 폭력을 앞세워 독재자를 대신해 손에 피를 묻혀야 하는 데 있다. 역사를 보면 독재자가 군대를 충분히 대우하지 않거나 보급할 능력을 잃었을 때 군부는 민중 봉기 같은 막다른 위기의 순간에서 독재자를 버리곤 했다. 그래서 독재자는 전쟁에서 패하는 한이 있더라도 핵심그룹을 먼저 챙기고, 자연재해로 많은 국민이 죽어가는 상황에서도 측근을 위해 구호물자를 빼돌리는 짓마저 서슴지 않는다. 물론 외국의 원조나 차관에 대해서도 마찬가지이다. 독재자는 돈을 빌려서라도 측근을 먼저 챙긴다. 국가의 채무는 국민 다수가 나누어 갚지만 혜택은 핵심그룹에게만 돌아간다.

집단화

독재자가 가장 싫어하는 단어는 자유 또는 개인이다. 독재자는 복종 또는 집단(민족) 같은 단어를 좋아한다. 히틀러는 게르만 민족의 '우월성'을 증명하고 독일의 세계 지배를 실현하는 대업에 기여하는 개인의 자유만을 허락했다. 독일인은 단결된 민족 구성원으로만 존재 의미가 있을 뿐, 개인의 자유는 민족 대업을 방해하는 '청소'의 대상이었다.

스탈린 정권은 계급투쟁을 통한 공산혁명을 승리로 이끌기 위해 프롤레타리아트 독재 대상인 계급을 억압하고 숙청하는 것은 당연하며, 사회주의 공업화로 빠르게 도약하기 위해 농민을 비롯한 개인을 수탈하거나 강제동원하는 일은 불가피하다고 주장했다. 스탈린은 자신만이 공산혁명을 승리로 이끌 수 있다는 확신을 가지고 독재를 밀어붙였고, 자기의 신념에 어긋나거나 명령을 위배하면 그 어떤 것도 가차 없이 척결했다. 그는 자기의 생각을 대중의 뜻으로 둔갑시키는 재주가 뛰어나 국가라고 하는 추상적 집단에 개인을 복속시키는 수법으로 독재를 은폐할 수 있었다. 북한도 처음에는 스탈린의 전철을 밟았지만 얼마 지나지 않아서 소비에트 체제를 능가하는 솜씨를 보여주었고, '혁명적 수령관', '사회정치적 생명체', '김일성민족' 같은 용어가 보여주듯 전대미문의 절대적인 독재체제를 만들었다.

우상숭배

독재체제는 독재자에 대한 우상숭배로 흘러가기 쉽고, 독재자는 체제의 유지 수단으로 우상숭배를 적극 활용한다. 우상숭배는 국민의 정신을 지배하기 위한 노력과도 맥을 같이한다. 우상숭배는 아편과 같다. 중독이 되어 결국 폐인이 되거나 죽음에 이르게 된다. 독재자나 핵심그룹 모두 우상숭배의 유혹에 빠지기 쉽다. 신화를 만들면 추앙이 따르고 권위가 생겨 독재의 명분을 강화하는 데 유리하다. 반드시 이런 이점이 아니더라도 핵심그룹에서 일어나는 충성 경쟁은 자연스럽게 독재자에 대한 과잉 숭상으로 이어지고 결국 신격화 단계에까지 이른다. 독재자 스스로 지양할 수 있으면 좋겠지만 대개의 경우 인간의 허영심은 별로 단단하지 않은 자기 절제의 심리적 방어벽을 쉽게 무너뜨리곤 한다. 히틀러는 자신을 게르만 민족과 독일의 구원을 위해 하늘이 보내준 사자라고 여겼다. 그런 지나친 자기 확신이 불러온 오판은 결국 제2차세계대전에서 독일의 패전을 야기했다. 스탈린도 대중이 '자발적으로' 바치는 숭배에 도취되어 이미 기울고 있는 소련이라는 대제국의 운명을 깨닫지 못했다. 김정은도 특단의 결단을 내리지 않는다면 얼마 지나지 않아 북한에 우상숭배의 광풍이 휘몰아칠 것이다. 안타까운 것은 북한 내부에서 젊은 세습 독재자가 부족한 경륜을 상쇄하려고 선대 수령이 행했던 것과 똑같은 방식의 우상화를 이미 상당 부분 진행했다는 사실이다.

지금까지 히틀러와 스탈린의 사례를 통해 독재체제를 만들고 유지하는 비결을 살핀 동시에 독재체제의 약점과 폐단도 함께 짚었다. 이 부분은 제4장에서 좀 더 살펴볼 것이다. 제2장에서는 제1장에서 살핀 독재체제에 대한 일반적인 고찰을 토대로 현재 북한의 현실과 연결해 김정은 일인독재체제가 붕괴할 가능성을 유추하려 한다.

2

북한 현 체제의 붕괴 가능성

북한 현 체제의 수명과 미래는 북한 문제의 주된 관심사이다. 예측을 어떻게 하는가에 따라 북한을 대하는 입장, 태도, 수단이 달라지기 때문이다. 북한이 머지않아 붕괴할 것이라고 믿는 사람은 그날을 앞당기기 위해 압박과 봉쇄를 강화하려 할 것이다. 언젠가는 망하겠지만 꽤 오랜 시간이 걸릴 것이라고 보는 사람은 그때까지 마냥 기다리고 있을 수는 없는 일이라며 어떻게 해서라도 북한과 무언가를 만들어보려 할 것이다. 아마 영원히 붕괴하지 않을 것이라고 생각하는 사람도 있을 것이다. 그 중요성만큼이나 북한체제의 전망에 대한 견해는 다양하다.

자체 붕괴는 가능한가

북한 독재체제가 스스로 붕괴하려면 앞에서 보았던 독재의 유지 비결 다섯 가지 중 적어도 두세 가지 이상을 만족하지 못하는 상황이 일어나야 한다.

주변국의 상황

북한 독재자가 통치 자금이 고갈되어 핵심그룹에게 특별한 대우를 하지 못하는 상황이다. 미국을 위시한 국제사회의 경제적 제재와 봉쇄에도 불구하고 여전히 북한체제는 크게 흔들리지 않고 3대 세습의 전환기를 넘어 안정을 찾아가고 있는 모습이다. 물론 그 제재와 봉쇄가 언제나 일관되었던 것도 아니고, 중국이 동참하지 않는 한 완벽할 수도 없다. 지금도 북한의 숨통을 결정적으로 조일 수 있는 압박의 묘안이 나오지 않고 있기는 마찬가지이다. 북한은 핵 개발에 체제의 명운을 걸고 끈질기게 노력한다. 또한 외부 변화의 경향을 잘 파악하고 있는 반면, 철저한 폐쇄정책을 펴서 자신들의 내부는 정확히 드러내지 않는 것으로 외부세계를 농락하며, 핵 개발에서 완급은 조절할지 몰라도 결코 포기하지는 않는다.

북한은 한반도를 둘러싼 중국, 일본, 러시아, 미국 등 주변국의 역학관계도 잘 이용한다. 중국이 북한을 포기하지 않으리라고 믿는데, 중국은 일정 정도의 제재와 견제로 북한에 영향력을 행사하겠지만 숨통을 끊는 결정적인 봉쇄를 결정하기는 어려울 것이다. 최근 아시아에서 중국이 미국의 패권에 도전장을 내밀면서 격화되고 있는 미국·중국 간 대립은 중국에 대한 북한의 판단에 확신을 더하고 있다. 또한 북한은 중국·러시아가 한 축이 되고, 미국·일본이 다른 축이 되는 대립 양상까지 나타나고 있는 상황에서 러시아에게 신속히 접근해 중국과 러시아를 안전한 배경으로 삼으려 한다.

중국이 한국과 이전보다 많이 가까워졌지만 미국과 동맹관계에 있는 한국을 마냥 편하게 대하기는 썩 내키지 않을뿐더러 중국·미국 간 대립의 역학적이고 전략적인 관점에서도 한국을 경계하지 않을 수 없다. 그래서 중국이 한반도 통일에 최대 변수인 것은 사실이지만, 북한이 붕괴하고 한국이 주도하는 통일을 중국이 승인한다는 시나리오는 우리의 희망사항에 그칠 수 있다. 즉, 중국에 기대어 한국 주도의 통일을 이루겠다는 전략은 현실성이 떨어진다는 말이다.

미국은 어떠한가? 단도직입적으로 말하면 한국이 북한 핵에 대항해 핵무장을 결단하는 용기를 내리지 못하는 이상 동북아의 '핵도미노'는 일어나지 않을 것이기 때문에, 북한이 핵확산 단계까지 나가지 않는다면 미국이 북한 핵을 인정도 부정도 하지 않는 현상 유지 상태가 지속될 수 있다. 이런 상황은 북한이 핵을 포기하게 하려는 한국을 곤혹스럽게 만든다.

일본은 이미 핵 개발 준비를 마쳤고 동북아에서 힘의 균형이 흐트러지는 순간을 대비하고 있다. 일본이 자국인 납치 문제를 해결하는 조건으로 북한에 다소 유화적인 태도로 나올수 있겠지만 이것은 어디까지나 전술적인 차원이고, 핵을 보유한 북한에 대한 미국의 동의 없는 독단적이고 전략적인 접근 시도는 여태까지 일본의 대미(對美) 양상이나 양국 관계를 반추할 때 거의 현실성이 없다.

러시아는 구소련의 영광을 재현하고 강대국의 지위를 회복하려는 야망으로 동북아에서 중국과 손잡고 북한까지 끌어들여 미국의 패권에 도전하려는 시나리오의 윤곽을 드러내고 있다.

한국은 예전의 냉전시대처럼 한국·미국·일본 3국이 연합해 북한·중국·러시아 3국과 대립하는 상황을 결코 원치 않는다.

그렇다고 미국과 중국 사이에서 적당히 균형을 잡으며 일본과 갈등하고 북한과 대립하는 외교 환경이 통일이라는 대업에 어떠한 비전을 줄 수 있는 것도 아니다. 중국이 북한을 내친다면 한국이 핵무장을 결행해 동북아에서 일본과 타이완으로 이어지는 '핵도미노' 사태가 벌어질 수 있다. 과연 한국은 핵무장의 용단을 내릴 수 있을까? 민주주의 시장경제 국가이자 국제사회의 주요 일원인 한국이 핵무장의 길을 가기는 어렵다.

북한 독재자의 통치자금 고갈을 이야기하면서 뜬금없이 한반도 세력 균형을 길게 논하는 이유는 북한을 완전히 봉쇄하고 독재자의 돈줄을 완벽하게 틀어막을 방도가 없다는 것을 말하기 위해서이다. 그리고 독재자의 해외 돈줄을 막는다 해도 북한 경제를 철저하게 봉쇄하지 않는 이상, 그래서 북한 경제가 숨이 붙어 있는 한, 독재자는 국가 재원을 수중에 집중해 소수 측근에게만 편중 배분할 수 있다. 즉, 북한을 붕괴시키는 결정에 중국을 비롯한 주변국이 동참하지 않는다면 북한 경제를 고사시킬 방법은 없고, 북한 경제가 살아 숨 쉬는 한 독재자의 금고는 결코 바닥이 드러나지 않는다.

공포정치

북한 독재자가 어느 날 갑자기 심정의 변화를 일으켜 공포
보다 사랑의 정치를 펴게 될 수 있을까? 인간의 감정 가운데
사랑과 공포는 아마 가장 크고 앞쪽에 자리할 것이다. 우리는
사랑이 위대하다는 진리를 자주 체험한다. 하지만 약육강식
의 경쟁세계에서, 조직이나 사회의 위계질서에서 생존해야
하는 인간은 공포가 무엇인지 잘 안다.

사랑과 공포라는 두 가지 감정은 인간에게 너무나 근본적
인 것이어서 이분법적으로 우열을 가리려는 시도는 무리가
따르고 하나의 정답을 내기 또한 힘들다. 인간의 여러 가지
감정은 이성과도 불가분 관계에 있기 때문에 인간의 사유와
행동은 감정, 이성, 환경이 복합적으로 작용한 결과로 나타난
다(장대성, 2014). 이성은 본래 이해관계를 따지는 속성이 있
기 때문에 결국 인간은 사랑이라는 감정과 죽음, 파멸 같은
공포라는 감정을 놓고 생존과 욕망 실현이라는 이기적인 관
점에서 갈등할 수밖에 없다. 그리고 사람마다 다른 결론을 내
리게 된다.

니콜로 마키아벨리(Niccolò Machiavelli)는 『군주론(Il Principe)』에서 이러한 인간의 습성을 언급하면서 군주에게 사랑의 대상이 되기보다 공포의 대상이 되라고 했다. 그가 이런 '불경하고 야비한' 글을 주저 없이 쓸 수 있었던 이유는 인간은 환경에 적응하는 동물이고, 통치하는 군주와 굴복하는 백성 간 이해관계에 대한 통찰이 탁월한 데 있다. 마키아벨리는 백성은 군주가 자기의 욕망을 채워줄 능력이 있을 때에만 군주를 '사랑'하고 그에게 '충성'한다고 했다. 군주가 곤경에 처해 도움이 필요할 때, 백성은 군주에게 등을 돌리는 배신을 서슴지 않는다. 마키아벨리는 사랑과 공포의 감정 중 공포가 훨씬 강력하다고 생각했다(사람마다 또는 경우에 따라서 일부 다르긴 하지만 일반적으로 그렇다).

정치는 사랑으로 해야 하는지, 권력으로 냉정하게 해야 하는지를 놓고 벌인 중국의 백가쟁명(百家爭鳴)은 익히 유명하다. 공자(孔子)와 묵자(墨子)는 성선설(性善說)을 전제로 인간 사랑에 기반을 둔 치도(治道)를 논한 데 반해, 한비자(韓非子)는 성악설(性惡說)을 전제로 인간에게 사랑이나 믿음 따위는 변할 수밖에 없기 때문에 냉혹한 권력과 법을 앞세운 권치(權治)만이 현실적인 방안이라고 주장했다. 공자의 '인애(仁愛)', 묵자의 '겸애(兼愛)'같이 인간의 선한 본성을 계발하는 따뜻한 정치가 사회적 이상이 되는 것은 당연하다. 하지만 한비자의 법가(法家)가 말하는 '양면삼도[兩面三刀, 양면(상/벌)삼도(위협/회유/속임수)]', '횡행패도(橫行覇道, 권력을 믿고 포악하게 굴다)' 같은 당대에 걸맞은 현실적인 권치가 인간 본성의 사악한 측면을 제어하는 데 효과적인 것은 틀림이 없다(이중톈, 2010).

인간은 선한 사람과 악한 사람으로 나뉘어 있는 것이 아니라 선과 악 양면이 공존하는 존재이다. 단지 세계관, 이해관계, 환경 등의 상호작용 여하에 따라 선한 면이 좀 더 부각될 수도 있고 악한 면이 이길 수도 있다. 로마 신화의 야누스(Ianus), 로버트 루이스 스티븐슨(Robert Louis Stevenson)의 소설 『지킬박사와 하이드(The Strange Case of Dr. Jekyll and Mr. hyde)』를 생각해보라. 인간을 다루는 데는 이상적인 사랑도 필요하고 현실적인 공포도 필요하다. 그래서 정치에서도 이상과 현실 중 어느 하나도 포기할 수 없고, 그 나라의 사회적이고 경제적인 조건과 발전 수준 및 시민의식의 정도에 따라서 둘 중에 우선순위가 달라진다.

북한의 경우, 이미 경제가 파탄이 났고 민생이 도탄에 빠져 있기 때문에 사랑의 정치를 논할 처지가 아니다. 주민은 당장 아사를 면해야 하는, 하루하루 기아와 눈물겨운 사투 한가운데 있지만 독재자는 인민 사랑을 언급하며 국민을 위하는 척 위선을 떨고 있다. 물론 북한정권 역시 선전수단을 동원해 수령의 '어버이 사랑'을 주입하려고 시도하지만 정말로 효과가 있으리라고 믿지 않는다. 그냥 히틀러의 나치당 선전장관 파울 요제프 괴벨스(Paul Joseph Goebbels)의 신조처럼 거짓말도 여러 번을 반복하면 사실이 된다는 프로파간다의 원리를 따를 뿐이다. 그래서 북한의 독재자는 마키아벨리와 한비자의 신봉자가 되는 편이 생존에 적합하다고 판단했을 것이다. 공포가 북한체제를 지탱하는 데 절대적이라고 할 수 없지만 효과적인 것은 사실이다. 북한 사정이 어려워질수록 공포의 수위를 점점 더 올리고 있는 현실이 그 증거이다.

야만의 열차

북한 독재자가 공포를 앞세우면서 오직 강력한 폭력만이 반항의 의지를 원천적으로 꺾어버릴 수 있다고 믿고 있는 상황이 바뀔 수 있을까? 적은 다시 일어날 수 없을 만큼 확실하게 밟아 도전의 씨를 말려야 한다는 말을 들어보았을 것이다. 북한의 정치범수용소가 전형적인 사례이다. 말 한마디 잘못해서 잠재적 도전자인 사상범으로 찍혀 영원한 지옥의 나락으로 떨어지는 극단적인 공포상황이 수십 년 지속되었다. 사상범 본인만 지옥으로 가는 것이 아니다. 일단 사상범으로 지목되면 3대가 멸문한다. 이런 비인간적인 연좌제는 전대미문의 형벌제도로서 강력한 지탄의 대상이지만 김정은 체제에서는 여전히 핵심적인 통치수단이다. 북한이 정치범수용소와 기관총 난사 같은 즉결처형식의 형벌 수단에 집착하는 이유는 북한 주민이 대중 봉기와 같은 항거를 못하게 하려는 의도에 있다.

영국 철학자 존 로크(John Locke)의 주장대로 인간에게 생존은 포기할 수 없는 최고의 가치이고, 생존본능은 다른 모든 인간의 본능에 우선하므로, 인간은 항거에 앞서 생존을 보존할 수 있는지를 먼저 생각하게 된다. 일반적으로 사람은 죽음마저 압도한다고 믿는 고상한 대의명분을 위해 목숨을 거는 '패기'를 지니기 힘들다. 이른바 '도를 닦는다'고 하는 많은 정신적 수양과 고양의 과정이 필요하기 때문이다. 대부분의 후진국과 마찬가지로 북한에서 인권의식은 거의 존재하지 않는다. 인권의식이 없었던 과거로 갈수록 형벌은 가혹하고 야만적이다. 북한에서는 공산주의 프롤레타리아트 독재라는 폭력

혁명 이론까지 추가되어 훨씬 잔혹한 인권유린, 인권말살 행위가 아무런 양심의 가책 없이 자연스럽게 행해지고 있다(이는 물론 스탈린의 소비에트 독재를 본받아 발전시킨 것이다). 비타협적인 계급투쟁이라는 혁명사조는 혁명의 적(敵)은 인간으로 보지 않는 의식적인 비인간화가 북한 인민에게 상당 부분 진행되어 잔인한 인간 학살 행위를 태연하게 실행하는 '악의 평범화, 일상화'가 일어나게 되었다. 독재자는 이런 상황을 조장하고, 인민은 자신에게 닥칠지도 모르는 가혹행위를 타인에게 별 다른 감정 없이 행하는 비인간적인 악순환의 동력이 되어 북한이라는 '설국열차'로 하여금 저 멀리 야만의 세계로 되돌아가는 역행의 궤도를 질주하게 만들었다.

감시사회

북한의 독재체제는 개인을 고립시키고 종속적으로 만드는 수단을 포기하고서도 유지될 수 있을까? 독재체제는 자유 혹은 개인 같은 단어를 가장 싫어한다. 당연히 독재에 필요한 복종, 종속, 집단 같은 것을 추켜세운다. 독재자는 전체주의 체제가 자유주의 체제보다 독재에 유리하고, 개인주의보다 집단주의가 개인을 속박해 복종을 이끌어내는 데 효과적임을 잘 알고 있다. 히틀러는 종족 보전을 위한 민족의 일치단결을 명분으로, 스탈린은 인류사회 발전의 최고단계인 공산주의 건설을 명분으로 개인의 자유를 무시하고 민족이나 프롤레타리아트 계급이라는 추상적인 집단을 구성하는 전민 조직체계를 만들어 개인을 복속했다. 북한은 '혁명적 수령관'과 '사회정치적 생명체론'을 만들어 수령(=머리)의 영도로 당(=중추)과 대중조직(=팔다리와 몸)이 수령을 받들고 명령에 복종하는 것은 생명 유기체로서 당연하다는 논리 아래 개인을 집단에 복속하고 수령에게 순종을 넘어 충성을 바치도록 세뇌했다.

독재사회에는 개인이 온전히 숨 쉴 공간이 전혀 없다. 전 국민이 조직생활과 규율을 강요당하며 상호감시, 비판, 고발에 노출되어 있다. 비밀경찰 등 공안기구의 감시망과 정보망은 이중삼중으로 얽혀 있어 누구도 예외가 없고 빈틈을 주지 않는다. 히틀러의 제3제국 시민은 마침내 잠에 들었을 때만 홀로 버려진다고 했고, 소련에서 유일한 사생활은 밤에 침대에서 머리 위로 담요를 뒤집어써야만 찾을 수 있다고 했다(오버리, 2008). 북한에서는 '짧은 혀 때문에 긴 목이 날아갈 수 있다'는 경구가 처신의 금과옥조가 되었다. 조직구조는 부문별로 철저하게 격리되어 있고 부문에서도 행정, 정치, 공안 조직체계가 서로 교차하며 상호견제와 감시 기능을 수행한다. 개인이 고립되어 직무나 직책에 따른 필요 이상의 네트워크 구성은 어렵다(일반적으로 민주국가에서는 국가의 안녕과 관련된 특수기관을 제외하고 조직 대부분은 외부에 투명하게 공개되는 추세이다).

북한에서는 수령의 신상이나 일상에 관련된 것은 모두 일급비밀로 관리되고 있어 아무리 권력 상층부에 있는 개인이라도 수령의 사적인 영역을 파악할 수 없다. 권력의 최상위에 있다는 국가안전보위부장, 인민군 총정치국장, 인민보안부장 같은 인물들이 속절없이 숙청당하는 일을 자주 볼 수 있는데, 그들이라고 실상 큰 힘이 있는 게 아니기 때문이다. 여느 독재체제와 마찬가지로 북한에서 권력은 계통별로 분산되어 있고, 공식적인 위계체계보다 독재자에게 물리적으로 얼마나 가까이 갈 수 있느냐 또는 얼마나 자주 만날 수 있느냐로 표현되는 측근 여부에 따른다.

이런 견해에 따르면 북한에서 가장 힘 있는 기관은 호위사령부이다. 호위사령부는 무소불위의 권한과 막강한 무력이 있는데, 그 권력은 독재자가 친히 내리는 명령을 가장 가까이

서 내밀하게 다루고 있는 것으로부터 생긴다. 실제로 호위사령부는 항상 거물의 숙청을 단행할 때마다 앞장섰다. 독재자와 사적 또는 공적으로 엮인 다중 정보 및 인적 네트워크는 서로 분리되고 격리되어 정보와 인적 교류가 차단된 개인을 위에서 내려다보면서 옴짝달싹 못하게 묶고 관리할 수 있도록 절대적으로 유리한 자리에 선다. 그래서 북한의 어떤 인물일지라도 자기의 공식적인 권한을 독단적으로 사용하기는 어렵고 항상 동기와 의도를 의심받는다. 북한의 독재자는 변하지 않으면 붕괴한다는 특별한 위기의식을 감지하지 않는 이상, 지금처럼 효과적인 통치체계를 바꿀 이유가 없다.

심리 조작

독재체제는 항상 우상숭배를 수반하고 세뇌를 통한 정신적 지배로 자발적이고 체념된 복종을 이끌어낸다. 독재체제에서 우상숭배 메커니즘은 자연스럽게 형성된다. 초대 독재자는 독재의 실시를 정당화하기 위해, 세습 후계자는 세습의 명분과 정당성을 위해 우상화를 조장하거나 숭배에 눈을 감는다. 히틀러는 종족을 구원할 신의 사자로, 스탈린은 공산혁명의 가장 탁월한 수령으로 숭배되었다. 북한에서 수령에게 바친 온갖 휘황찬란한 수식어를 여기서 언급하지는 않겠다.

독재체제는 언론을 철저히 장악하고 통제하기 때문에 국민을 세뇌하는 사상공세에서 더없이 유리하다. 레닌이 혁명 직후 일명 '파블로프의 개'라고 부르는 행동심리학 실험을 구체제의 낡은 관습을 타파하는 정신개조에 활용한 것을 시작으로 세뇌라고 하는 비인간적인 심리조작이 오랫동안 유행했다. 소련을 필두로 한 공산권의 사상개조 노하우는 북한에서 유일사상체계를 확립하는 전형적인 방법론이 되었다. 세뇌는 보통 다음의 과정을 거친다(오카다 다카시, 2013).

첫째, 환경을 조절해서 정보 제한, 차단 또는 과잉을 야기해 기존의 사유 패턴을 흐트러뜨린다. 인간의 뇌는 정보의 유입이 너무 없으면 정상적인 작동 패턴을 잃는다. 반대로 정보가 지나치게 많아도 과부하에 걸려 똑바로 기능을 하지 못한다. 그래서 뇌가 생리적으로 제대로 기능하기 위해서라도 적당한 양의 정보를 갈구하게 된다. 인간을 독방에 격리해 오랫동안 아무런 환경 변화를 주지 않고 모든 자극을 차단하면 무료한 뇌는 무엇이라도 받아들일 태세를 갖춘다. 또는 계속해서 온갖 종류의 정보나 자극을 무차별적으로 가하면 뇌는 능동적인 작동 패턴을 잃어버리고 수동적인 상태로 바뀐다.

둘째, 뇌를 잠시도 쉬지 못하도록 만들어 만성피로 상태에서 다른 생각을 할 여유를 조금도 주지 않는다. 무의미한 반복행동을 시키거나 소음, 빛, 좁고 불편한 잠자리 등을 동원해 제대로 쉬지도 자지도 못하게 하는 등 정신적·육체적으로 지치게 한다. 이렇게 저항할 의지와 능력을 최대한 약화시키면 인간은 체념하고 주체성과 존엄성 같은 자아의식을 잃어버리게 된다.

셋째, 견디기 어렵고 앞날을 전혀 알 수 없는 막막한 상태에서 이러한 환경을 벗어나는 방법이 있다고 넌지시 알려주어 상대방에게 무의식적으로 의탁하고 매달리게 만든다. 구원의 확신을 주고 구제인(구세주)의 인도를 따르라고 말한다.

넷째, 처지가 비참하고 가련해 자기모멸감에 빠진 사람에게 아주 필요하고 능력 있는 사람이라고 인정해준다. 인간은 자기를 인정하는 존재를 배신하지 않는다.

다섯째, 자기 판단을 일절 불허해 의존적인 상태를 만들고 그 상태를 지속적으로 유지하도록 한다. 상대방의 의중을 전혀 파악할 수 없는 상태에서 계속 이유를 모르는 괴로움을 당하면 인간은 상대의 눈치를 살피면서 비위를 맞추려고 애쓰게 되고, 자신의 행동이 상대의 의중에 적중하는 여부에 따라 상을 받거나 벌을 받는 과정이 반복되면 자기도 모르게 상대에게 의존하게 된다.

이 같은 심리조작 과정은 터널에 비교되곤 한다. 어둡고 긴 터널에 고립된 인간은 먼 출구의 빛을 향해 앞만 보고 가면서 터널이 세상의 전부인 듯 착각하게 되고, 터널 끝 빛의 세계로 도달하는 것만을 목표로 하게 된다. 세뇌과정에서는 고립된 환경을 조성하는 것이 필수적이다. 모든 외부로부터 교류가 차단된 상태에서 심신을 지치게 하는 일과가 단조롭게 반복된다. 이러한 고통을 그럴듯한 대의명분을 들어 성스럽고 위대하고 정의로운 행위와 연계한다. 이때 일관되고 일방적으로 주입되는 정보에 고립된 인간이나 집단은 그것에 쉽게 동화된다. 아울러 함께 고생하는 동료에 대한 동지애까지 강하게 형성되면서 이단은 배신으로 간주하고 결속을 강화한다. 위대한 대업을 위해 부름받고 선택된 자라는 암시를 받아 자긍심을 고양한다. 사명과 소임을 다하고 개인과 소속 집단의 명예를 지켜야 한다는 의무감에 불탄다. 이슬람 테러리스트나 남파공작원이 죽음도 불사하는 성전(聖戰)을 치르는 이유가 바로 여기에 있다.

성공한 세뇌는 대상이 내용을 완벽하게 외우게 하는 것이 아니라 그 내용이 스스로 생각하고 만든 것이라 믿게 만든다. 공산권 세계에서 자행된 세뇌 과정을 보아도 그렇다. 외부와 차단된 환경에서 공산주의 이념만이 유일하고 절대적인 가치로 주입되고 그 외의 것은 철저하게 부정된다. 공산혁명의 지도자를 위대함, 숭고함, 정의로움, 전지전능함 등을 체현한 신성한 존재로 우상화하는 조작이 뒤따른다. 고립된 개인이나 집단에게 완벽한 순수성을 요구하며, 순수한 것은 선이고 불순한 것은 악이라는 단순 대립구도를 만들어 가치체계를 단순화한다. 자기비판, 자기폭로를 통해 죄의식을 강화하고 굴종의 내재화와 자기순화를 이끌어내고 이런 불완전함의 공유로 동료와 연대의식을 고취한다. 공산주의 이념은 성스러운 과학으로서 개인보다 절대적으로 상위하는 가치라고 선전한다. 그리고 이런 식으로 고착된 틀에서 정해진 언어로만 생각하거나 말하게 하고, 이것을 어기는 불순함은 철저히 숙청하면서 체념과 세뇌를 이끌어내고 정신구조를 지배하기에 이른다.

북한 김정은 체제가 세습 독재권력의 통치 안정화를 목적으로 유일지도, 유일사상을 강조하는 현실은 그들이 여전히 사상개조라는 비인간적 심리조작에 집착하고 있음을 보여준다. 이런 세뇌체계는 현재 북한과 같은 폐쇄적인 환경을 영구히 보존할 수 없다는 시각으로 보았을 때 시대착오적인 집착이 분명하지만, 고립된 환경에서는 여전히 상당한 위력을 발휘한다는 게 부정할 수 없는 사실이다.

앞에서 짚어본 바와 같이 북한 독재체제는 그 숨통을 끊는 외부의 결정적이고 강력한 압박이나 충격이 없는 한, 스스로 이런 다섯 가지 생존 비결을 포기하고 파멸을 자초할 가능성은 거의 없다고 봐야 한다. 오히려 어설픈 압박과 충격은 생존 여력이 남아 있는 북한 독재자를 더욱 수비적으로 만들어 독재를 강화하는 방향으로 폐쇄, 폭압, 세뇌의 강도가 높아질 수 있음을 반드시 고려해야만 한다.

독재자가 스스로 독재를 포기할 리는 없기 때문에 독재체제가 자멸하는 나머지 방법은 혁명뿐이다. 북한에서 대중 봉기가 일어나기 위해서는 폭압을 동원한 물리적인 통제력이 약화되어야 하고 대중에게 걸린 세뇌도 풀려야 하는데, 정권의 체질이 허약해져 누수가 생긴 경우가 아니라면 집단적이고 조직적인 항거가 필요하다. 하지만 앞에서 본 것처럼 북한 통치체제는 여전히 사회 전원을 조직의 틀에 가두고 이중삼중의 감시와 통제로 철저히 속박하기에 충분한 역량이 있다. 사소한 정치적 이색(異色)도 멸문을 부르는 가혹한 연좌제와 인간의 지위와 권리를 영원히 박탈하는 정치범수용소는 웬만한 인간의 도전의지를 꺾어버린다.

오랜 세뇌의 결과도 무시할 수 없다. 아직도 많은 사람이 수령체제의 본질과 폐해를 인식하지 못하고 간부들만 탓한다. 물론 현재는 3대 세습에 대한 기대가 이전 같진 않지만, 인간이 변하기 힘든 만큼 사회적 관성도 커서 의미 있는 수준의 변화는 쉽지 않다. 세뇌는 인간으로 하여금 유도되거나 주입된 생각을 주체적인 생각으로 믿게 만드는 힘이 있기 때문에, 세뇌를 당한 인간은 자기가 신뢰하고 따르는 믿음이 부정되거나 의심받는 것을 자신에 대한 도전이나 부정, 소속된 집단에 대한 배신으로 간주한다. 주변에 객관적인 증거가 난무하는 상황에서도 눈과 귀를 닫고 기존의 믿음을 버리지 않는 맹목적인 태도가 된다. 그만큼 자기부정은 보통 사람에게 쉽지 않은 일이다.

계층별 북한 주민의 정신세계

『북한 현대화 모델』에서 북한 주민의 정신세계를 계층별로 언급했다. 여기에서 다시 소개할 필요가 있어 보인다. 북한에서 계층은 통치자에 대한 충성도 및 측근 여부를 기준으로 나눌 수 있다.

독재자의 핵심그룹은 당연히 독재체제를 떠받치는 기둥 역할을 한다. 그들은 이념보다는 태생 또는 출신으로 독재자와 인연을 맺어 선택받은 자들이다. 독재자와 얼마나 자주, 그리고 가까이 대할 수 있는지 여부로 권력의 우열, 지위의 상하, 특혜의 다소가 결정된다. 독재자에 가깝게 다가갈 수 있다는 이유만으로도 배타적인 차단장벽이 상당해서 핵심그룹으로 진입하기는 아주 힘들다. 독재자의 눈 밖에 나는 순간 그룹 바깥의 후보와 교체된다. 북한에서 권력은 독재자의 친인척이 틀어쥐고 있고, 그들을 근거리에서 경호하는 호위사령부나 그들의 의중대로 인사를 다루는 노동당 조직지도부가 권력행사와 통치를 대행해 막강한 권한을 누린다. 이들은 독재정권 그 자체로 독재체제와 운명을 같이한다.

다음은 적극적인 지지계층이다. 이들은 특별한 가치나 대의를 위한 충성이 아닌 그저 출신성분으로 선택받았기에 자기를 선택한 독재자에게 감사하고 보답하는 마음으로 적극적이고 능동적인 지지자가 되는 경우이다. 주민 구성에서 20% 정도이다. 이들은 별다른 노력을 하지 않아도 출세가 보장되며 차별적인 대우를 받는다. 하지만 이 안에서도 배타적인 진입장벽이 존재해 또 다른 기준으로 분류되고 제한된다. 자기 능력과 노력으로 경쟁을 통해 리더의 지위에 오른 것이 아니기에 대부분 자신의 무능함을 덮고자 미련하게 충성심만 내세운다. 세상이 워낙 뒤숭숭하고 언제 상관의 비위에 거슬려 나가떨어질지 모르니 힘이 있을 때 뒷일을 대비한다. 여기서 돈만큼 확실한 것이 없기에 상납, 착복, 횡령, 강탈, 인허가권 부정, 이권 독점 같은 사익 추구를 마다하지 않는다. 이들은 북한에서 비효율과 비리의 주범이기도 하다. 하지만 이들이 고위직을 차지하고 조직 인사나 상벌처분을 통해 대중에 대한 실질적인 통제권을 행사하기 때문에, 이들이 체제에 도전하는 정치적 일탈행위를 감시하고 통제하는 한 체제의 정치적 안정은 어느 정도 보장된다. 이들이 체제의 존립 당위성에 의문을 달거나 정치적으로 대립할 이유는 좀처럼 찾기 힘들다. 물론 특출한 정의감에서 사회 개혁이나 혁명을 꾀하는 개인이 없진 않겠지만 그 꿈이 싹트고 열매 맺기에는 북한 현실이라는 토양이 너무 척박하다.

이제 북한에서 대부분을 이루는 중간층(소극적 지지계층 또는 소극적 반대계층)에 대해서 알아보자. 이들은 한마디로 먹고살기에 바쁘다. 체제에게 어느 정도 쓰이지만 이들이 상층으로 가는 길은 아주 비좁다. 배급도 충분치 않기 때문에 스스로 보충할 재원을 찾아야 한다. 어쩌다 개천에서 용이 나기를 기대하며 노력하는 사람이 있긴 하지만 대부분 큰 희망 없이 현상 유지조차 힘들어한다. 그만큼 북한의 경제사정이 나빠 하루하루를 연명하는 데 온갖 정력을 소모한다. 이제 그들은 배급에만 의존하던 예전의 순둥이가 아니다. 100만 명을 헤아리는 아사자를 목도하면서 더 이상 국가를 믿지도, 국가에 기대하지도 않는다. 최소한 경제적으로는 그렇다. 그들은 당국의 끈질긴 단속에도 불구하고 사회의 하부를 폭넓게 관통하는 시장 네트워크를 만들어 자생적으로 생계를 꾸리고 있고, 어떤 이는 부를 축적하는 단계로까지 발전했다. 그들은 출세가 제한된 한풀이를 치부(致富)로 대신하려는 경향을 더러 보인다. 오랜 세뇌의 영향으로 정치적으로 민감한 부분을 인식하지 못하거나 관심을 두지 않는다. 일부러 정치와 엮이는 것을 회피하고 눈을 감는 이도 많다. 아직도 대부분은 수령체제의 본질을 보는 안목이 없으며 체제 자체보다는 간부 같은 인적 요인에서 문제의 원인을 찾는다. 최근에는 정치는 형식적인 겉치레일 뿐이고, 이제는 첫째도 둘째도 셋째도 경제라는 태도로 바뀌었다.

마지막으로 북한에서 하층을 이루는 적극적 반대계층(북한 표현으로는 '복잡계층')은 주로 과거에 유산계급, 일제식민통치, 한국과 인연으로 얽힌 이들이다. 여기서 정적은 정치범수용소에 들어가서 사회적으로 완전히 격리된 비인간적인 환경에 있으므로 적극적 반대계층으로 넣을 수조차 없다. 그들에게는 사회적 신분 상승의 사다리가 깨끗이 치워져 있다. 그들은 항상 감시를 받고 통행도 제한된다. 그들이 할 수 있는 유일한 저항은 체념하거나 침묵하는 것이다. 그들은 체제를 지지하거나 체제에 충성할 이유가 없는 만큼 미련 또한 없다. 그래서 근래에 그들은 시장에서 활약하면서 억눌린 욕망을 채우고자 한다.

여기까지 오면서 우리는 북한 독재체제가 스스로 붕괴하는 것은 어렵다는 생각을 하게 되었다. 그러면 대체 어떤 조건이면 북한 독재체제를 무너뜨릴 수 있을지 궁금하다.

외부세력에 의한 붕괴는 언제 가능한가

외부세력에 의해서 북한체제가 붕괴되는 경우를 크게 두 가지로 구분할 수 있다. 하나는 외부세력이 직접적인 힘으로 북한을 붕괴시키는 것이고, 다른 하나는 외부세력이 북한의 내부세력을 지원해 독재체제를 무너뜨리는 것이다. 외부세력이 직접적인 힘을 사용하는 경우도 완벽한 봉쇄와 군사적 공격 등으로 나눌 수 있다.

외부세력이 완벽한 봉쇄에 성공하는 길은 앞에서 언급했던, 중국이 북한에 대한 철저한 경제적 봉쇄에 동참하도록 하는 것이다. 그리고 이런 상황이 동북아에 '핵도미노'로 이어질 시 중국은 전략적 완충지대인 북한을 지키는 것보다 한국이 핵무장을 포기하게 만드는 데 더 가치를 느끼게 된다고 했다. 하지만 한국이 과연 국제적인 고립과 경제적인 충격을 감수하면서까지 핵무장 결단을 내릴지는 미지수이다.

전면적인 군사 공격은 한미연합군 옵션 테이블의 마지막 시나리오로서 말 그대로 가장 최악의 경우로 한정한다. 미국이 이 카드를 꺼내들 경우는 북한이 핵무기를 대량 생산해 외부세계로 확산하려는 상황을 막고자 할 때나, 북한이 핵무기를 앞세워 대규모 남침 등 전면적인 군사 공격을 시도할 기미가 보일 때이다. 한국은 북한의 대규모 남침이 확실시되는 경우에 선제공격을 할 권리가 있다. 남북 간 군사충돌이 발생할 때 중국의 군사개입은 없을 것으로 예상된다. 왜냐하면 중국은 미국과 함께 G2 국가로서 미국에 상응하는 국제적 의무와 책임을 지는데, 한반도의 군사충돌은 북한의 도발로만 촉발될 것이기 때문에 중국의 군사개입은 명분이 서지 않는다. 그리고 그 충돌은 적지 않은 대가를 치러야겠지만, 북한 독재정권의 숨통을 끊는 것으로 종결될 것이다.

외부세력에 의한 북한 붕괴의 다른 옵션은 북한 내부의 반대세력을 지원해 대중봉기나 쿠데타 같은 혁명을 일으키는 것이다. 이 방법은 북한 내부세력의 의식화와 조직화가 선결되어야 한다. 북한 대중을 계몽하는 대대적인 사상전, 심리전, 문화 전파 같은 활동을 장기간 체계적으로 실행해야 한다. 또한 북한에 민주세력을 키우고 조직화하기 위한 국가와 민간 차원의 대규모 침투활동도 필수이다. 한국이 '흡수통일' 의지가 약해지면서 뒷전으로 밀려난 옵션이긴 하나 한국이 다시 의지를 다진다면 과거의 노하우를 살려 얼마든지 성공할 수 있다. 하지만 현재 보수·진보가 첨예하게 대립하고 있는 한국의 상황에서 민주주의 시스템이 이런 결정을 끌어내기는 어려워 보인다.

하지만 북한이 알아야 할 것이 있다. 지금은 한국이 북한 붕괴에 따르는 통일을 부담스러워 하고 있지만, 분위기는 언제든지 달라질 수 있다. 지금 이 상태에서 시간이 지나면 지날수록 남북 간 격차는 더 벌어져 한국이 북한을 품어야 하는 부담은 상대적으로 적어지고, 통일이 가져다줄 막대한 편익이 블루오션(Blue Ocean)이 되어 현실의 기회로 다가오는 순간 그런 부담쯤은 충분히 감수할 만한 것이 된다. 이 시나리오는 그저 가만히 시간을 보내는 것만으로도 언젠가는 도래할 미래이다.

북한은 핵무기가 모든 것을 지켜줄 것처럼 믿고 있지만 선제공격으로 핵을 쓰지 않는 이상(핵 선제공격을 시도하는 순간 북한은 지도에서 사라진다) 방어용으로는 가장 큰 기회비용(경제제재, 봉쇄의 기회비용만도 엄청나다)을 필요로 하기 때문에 경제적으로 취약하고 고립된 나라가 선택할 수 있는 옵션이 아니다. 핵무기가 국민의 밥상을 챙겨주지는 않기 때문이다. 밥상을 차리지 못하면 가정이 무너지고, 가정이 무너지면 국민이 무너지고, 국민이 무너지면 국가가 무너진다. 국가의 붕괴는 독재체제를 함께 무덤으로 데려간다. 북한은 현재 이 체제의 명운을 좌우할 변화를 결정해야 할 시점이다. 시간은 결코 북한 편이 아니다.

3

독재자는 스스로 권력을 내려놓을 수 있는가

지구에서 우두머리 지위를 놓고 비열한 속임수와 잔인한 살육까지 동원하며 싸우는 종은 인간과 침팬지밖에 없다고 한다. 권력욕은 인간의 본성이다. 권력은 사회적 인간의 생존을 위한 경쟁과 협력이라는 자연적인 필요에 따른다. 권력은 비정하고 중독성이 강하다. 욕망은 끝없이 도전자를 양산하고, 도전자의 온갖 기만과 술수에 대처해야 하는 권력자는 냉혹해질 수밖에 없다.

다른 사람을 속이기 위해 지능이 발달했고, 속임수가 지능의 척도라는 말이 있다. 그 기준으로 보면 가장 출세한 자는 수많은 거짓말에 능통한 자이다. 실제로 인간은 기만행위에 능하다. 기만을 통해 협력과 배척을 용이하게 하고 우두머리

지위 쟁탈에서 유리한 고지에 선다. 그렇게 차지한 권좌에 앉아서 다시 거짓을 동원해 지배한다. 높은 자리로 갈수록 더 많은 사람을 더 많이 속일 필요가 생긴다. 권력은 결코 인간을 선한 상태로 두지 않는다. 선과 악을 동시에 지닌 양면적인 존재인 인간은 환경에 따라 착한 면을 보이다가도 악한 존재로 돌변할 수 있다. 그래서 권력은 인간의 냉혹한 면모, 때에 따라서는 비열하고 사악하기까지 한 내면을 두드러지게 한다. 물론 선한(선해 보이는) 권력도 있다고 하지만, 과연 그 이면도 선하기만 할까?

인간과 권력

권력욕은 인간의 본능적인 욕망이다. 권력욕은 인간사회의 산물인 인정욕구의 절정이다. 권력은 사회적인 인간의 자연적인 필요 때문에 생겼다. 자고로 인간은 무리생활을 했는데, 무리생활이 생존의 가능성을 높이기 때문이다. 무리생활을 유지시키는 질서는 자연스럽게 우두머리 지위 다툼에서 승리한 자가 형성한다. 지배권 투쟁은 생존하려는 의지와 후대를 남기려는 본능에 따른 자연 현상이다. 우두머리가 되면 많은 이성을 차지해 유전자를 후대에 남길 수 있고, 제한된 자원 쟁탈에서 유리하므로 생존 가능성이 높다. 또 무리의 약자는 강자의 힘과 지배에 기대어 생존을 보호받고 무리 내부의 불필요한 충돌을 피하며 외부의 공격으로부터 자신과 후대를 안전하게 지킨다. 그래서 무리는 지배자에게 경의를 표하고 그의 지배를 따른다. 이런 무리의 존경과 추앙으로 우두머리는 자신의 인정욕구를 채운다.

우두머리는 힘도 강해야 하지만 지혜와 덕망도 갖추어야 한다. 지배자는 무리의 기대에 부합해 무리를 이끌어 안전과 생존을 보장해야 한다. 그래서 지배자에게는 무리의 단합과 효율적인 분업체계를 만들 수 있는 치밀한 조직화 능력이 요구된다. 지배자는 무리를 효과적으로 통치하기 위해 자신의 권위와 위신을 최대한 높이려 하는데, 신과 같은 초월적인 힘의 후광을 입은 것처럼 인간의 잠재된 종교성을 이용하려고 한다. 마침내 지배자는 신의 대리인이나 신의 아들이 되어 신성하고 전지전능한 존재로서 무리 위에 우뚝 서서 무리를 지배한다(카네티, 2002).

우두머리 지위는 더 강한 자에게 뺏기지 않는 한 세습이 일반적이다. 진화론에 따르면 생물은 자기의 유전 성질을 더 많이 남기는 방향으로 진화한다. 그래서 친족을 자연스럽게 챙기게 된다. 이런 이유로 권력이나 재산이 세습되는 것이다. 권력은 강한 중독성이 있다. 그래서 스스로 권력을 포기한 사례는 역사에서 거의 찾을 수 없다. 세습을 위태롭게 하면서까지 후계자를 지명하지 않고, 늙어 숨을 거둘 때까지 권력을 움켜쥐고 있었던 수많은 군주를 보라.

정치인은 언제나 정치적 생존이 먼저다

인간이 정치에 뛰어드는 이유 역시 인정욕구, 즉 명예욕에 있다. 정치가 선진화되지 않은 나라의 정치인일수록 명예욕과 함께 물욕도 챙길 수 있다. 사회정의를 실현하기 위해, 이념적인 이상을 위해, 사회의 경제 목표를 위해, 서민 삶의 질 개선을 위해, 국가 발전을 위해 등 정치를 하겠다고 나서면서 내세우는 온갖 이유를 따지고 보면, 그런 주장을 실현해 자아실현 또는 자기 욕망을 충족하려는 동기가 숨어 있다. 그래서 아무리 훌륭한 정치인이라도 이타적인 가치와 이기적인 가치가 충돌할 때 본능적으로 정치적인 생존이라는 이기적인 가치를 앞세우게 된다.

정치 체제에 따라 대중에게 부여된 권리나 권한의 정도가 다르기 때문에 그에 따라 정치인이 생존을 꾀하는 방법도 달라진다. 권위주의 전제독재 체제에서는 소수의 그룹에게 권한이 집중되어 있다. 그 중심에 있는 독재자(전제군주)는 소수 핵심그룹에게 권한과 재원을 편파적으로 배분하고 충성스러운 핵심그룹을 통해 좀 더 쉽게 자기 의지를 국민 전체에게 주입할 수 있다. 소수에게 배타적으로 부여된 특혜로 지배 그룹과 피지배 대중 사이에 이해관계가 엇갈려 대중이 반발할 때, 지배그룹은 자신의 기득권을 지키기 위해서라도 손에 피를 묻힐 각오를 한다. 그래서 권위주의 독재사회에서는 정치적인 생존 및 인정욕구 실현이 소수에게만 돌아가고 다수 대중의 이익과는 반하는 방향으로 나아간다.

마오쩌둥(毛澤東)은 '대약진운동'의 실정으로 수천만 명을 굶겨 죽였고 경제는 파탄이 났다. 이에 대한 반동으로 류샤오치(劉少奇) 등 개혁파가 득세하자 마오쩌둥은 자신의 권력기반을 유지하기 위해 '문화대혁명'을 일으켜 반대파를 숙청했다. 이는 비열한 정치공작이었다. 그렇게 중국의 무산자 대중

을 위해 일생을 혁명에 바쳤다고 하는 마오쩌둥조차도 독재
적인 지위를 유지하기 위해 무지막지한 숙청의 광풍을 일으
키는 데 거리낌이 없었고, 수십만 명의 지식인 엘리트가 갖은
고초를 당해 죽거나 추방되는 와중에도 죽을 때까지 평온하
게 권좌를 지켰다는 사실에서 정치인의 이기적인 속성은 극
명하게 드러난다. 오늘날 북한의 상황과 행태도 마찬가지이
다. 100만 명을 헤아리는 아사자가 발생해도 죽은 선대 수령
을 기리는 기념궁전과 동상 건립에 막대한 재원을 투입한다.
나라 경제와 민생이 완전히 붕괴되는 상황에서 개방과 변화
가 국민에게 가져다줄 편익을 잘 알면서도 독재체제를 유지
하기 위해, 인민을 곤궁으로 몰아넣는 폐쇄와 강압적 통제가
벌어지고 있다.

　반면 자유민주주의 체제에서 정치인은 선거에서 선출이 되
어야 정치적으로 생존할 수 있다. 그래서 정치인은 자기의 이
익을 대중의 이익과 합치 또는 절충해야 한다. 여기서 정치인
은 간접적이고 은폐된 방법으로 대중이 자기에게 투표하게
만드는 재주를 부린다. 대중을 상대로 타협을 하든지, 어떤
재주를 부리든지 간에 자유민주주의 체제는 권위주의 독재체
제보다 많은 대중에게 권한과 권력을 분산하고 이익 역시 독

재체제보다 많이 배분한다. 결국 상대적으로 공정하고 공평한 기회 또는 결과가 대중에게 주어지는 방향으로 정치가 펼쳐진다. 그 공정과 공평의 정도는 투명한 정치를 할 수 있도록 부패를 차단하고 대중이 감시하는 제도적인 장치를 잘 마련하는 것, 즉 정치 선진화 수준에 달렸다. 어떤 체제든지 정치인이 자신의 정치적인 생존을 우선하는 원칙은 동일하지만 그 원칙이 얼마나 대중 친화적인가에 따라 체제의 우열이 갈린다.

독재에 가까울수록 통치 자체가 목적이 된다

정치인들은 한결같이 자신의 정치는 백성을 위해 존재한다고 말한다. 그래서 백성은 하늘이고 정치인은 백성을 섬기는 낮은 자리에 있다고 몸을 낮춘다. 심지어 북한에서 절대군주로 군림하는 수령마저 '이민위천(以民爲天)'을 앞세우며 '수령은 인민에 대한 뜨거운 사랑의 체현'이라고 스스로를 세뇌한다. 인간이 필요해서 만든 위계질서인 통치체계가 생긴 이래로 힘으로 지배자가 된 자라도 항상 하늘의 뜻, 집단의 이익

을 대의명분으로 내세웠다. 백성이 있어야 나라가 있고, 나라
가 있어야 백성이 안전할 수 있다. 나라는 통치질서 위에 세
워지는 것이고, 통치질서는 통치자가 만드는 것이므로 통치
자는 백성의 어버이로서 백성을 위하는 정치를 펴고, 나아가
통치질서를 유지하기 위해서는 냉혹함과 잔인함마저도 백성
을 위한 통치행위로 정당하다는 논리이다. 문제는 백성을 위
한다는 넓은 함의를 얼마나 명확하게 한정하느냐 그리고 그
실행의 냉혹함과 잔인함을 어디까지 용인하느냐에 있다. 또
한 이런 행위를 누가 판단하고 실행하며 감독하느냐 하는 문
제도 있다. 민주사회에서는 이런 행위를 당연히 국민이 한다.
그래서 '국민의, 국민에 의한, 국민을 위한' 정부를 지향한다.
따라서 국민이 선출한 통치권자는 국민의 뜻을 따를 수밖에
없다.

물론 순수하고 완전하진 않지만 상대적으로 다수 대중에게
유리한 정치, 최소한 자기의 지지 세력에게만이라도 유리한
정치를 한다. 중요한 점은 민주사회에서는 낙선하거나 정치
를 잘못해서 정권을 잃더라도 재도전할 수 있는 기회가 있고,
정적에게 극단적인 방법을 쓰지 않기 때문에 평화적으로 정
권을 교체할 수 있다.

반면 권위주의 독재사회에서는 판단, 실행, 감독 모두 지배층, 심하게는 독재자 혼자 한다. 국민에게 권리와 권한은 없다. 국민은 자신의 의사를 표현할 수 없으며, 오직 위에서 정한 기준을 따르는 데 만족해야 한다. 중요한 것은 독재체제는 평화적인 정권교체가 어렵다는 점이다. 평시에도 정적 제거는 처형, 수용소 무기한 감금 등 가혹수단을 동원해 이루어진다. 따라서 정적에게 반드시 보복한다는 두려움을 심어 반동은 곧 유혈살육을 야기한다는 인식을 갖게 한다. 그래서 독재체제에서 정권 상실은 죽음을 의미한다. 결국 독재자의 통치목적은 통치 그 자체를 위한 것이 될 수밖에 없다. 국민을 위해서가 아니라 독재자 자신의 생존을 위해서 통치한다. 정말 국민을 위한답시고 정의의 사자가 되어 자기보다 더 잘할 수 있는 실력자에게 정권을 넘기는 순간 또는 더 큰 힘에게 정권을 빼앗기는 순간, 단순한 좌천을 넘어 목숨까지 잃을 수 있는 곳이 바로 북한 독재사회이다. 이처럼 독재에 가까운 사회일수록 통치는 국민을 위한 정치에서 멀어져 지배 그 자체가 된다.

4

북한 현 체제는 영원할 수 있는가

　세상에 영원한 것은 없다. 만물은 운동, 즉 변화를 통해 존재한다. 정지는 곧 죽음이다. 누군가의 말처럼 변하지 않는 유일한 정답이 있다면 모든 것은 변한다는 것이다. 영원은 인간의 세계가 아니라 신의 세계에 속한다. 그것은 신의 언어이지 인간의 언어가 아니다. 하지만 신격화한 독재자가 영원불멸을 입에 담기 시작했다. 자기 수명도 다 채우지 못하고 허망하게 이승을 떠난 이들이 영원을 부르짖고 불멸을 역설한다. 참으로 가소롭다. 반복하지만 북한 독재체제에게 주어진 시간은 그리 많지 않다.

북한 독재의 치명적 폐해

나는 북한체제의 근본적인 문제점을 『북한 현대화 모델』에서 정리한 바 있다. 아래 제시한 문제는 독재체제의 폐해이고 북한 존립에 치명적인 위협이다.

첫째, 인간의 욕망 억압이다. 자본주의가 여러 가지 문제점에도 불구하고 대세가 될 수 있었던 가장 큰 요인은 인간의 욕망을 효과적으로 자극했기 때문이다. 반대로 사회주의 진영이 멸망하고 북한이 경제난에 허덕이게 된 이유는, 모두의 상식대로 인간의 욕망을 억누른 데 있다.

인간의 욕망은 영원하다. 인간은 욕망의 존재이기에 욕망을 포기하는 순간 더 이상 인간이 아니다. 또한 욕망을 뺏기는 순간 그 삶은 더 이상 인간의 삶이 아니다. 인간의 본능적인 욕망은 바꿀 수 없다. 갖은 억압과 세뇌로 욕망의 일그러짐이나 왜곡이 일어날 수는 있지만 소멸되는 것은 아니기 때문에 여건만 갖추면 본래의 욕망은 언제든지 되살아난다. 북한 독재체제는 인간의 욕망을 억압하고 왜곡하며 변조해 사회의 활력을 떨어뜨리는 침체의 주범이다.

둘째, 유연성의 제약이다. 의사결정에서 효율과 합리를 추구하는 가장 확실한 방법은 유연성을 유지하는 것이다. 끊임없이 변하는 세상에서 모든 것은 상대적이다. 절대적인 것은 존재할 수 없으며 오직 상대적인 관계를 통해 상대적으로만 존재할 수 있다.

인간은 이성(理性)적인 동물이다. 이성은 인간을 만물의 영장으로 만든 고유하고 강력한 무기이다. 인간은 이성을 통해 합리적인 존재가 되려고 노력했다. 근대 사회는 이러한 합리적인 인간상을 가정해 설계되었다. 그런데 인간의 이성은 감정의 부상으로 흔들리고 있다. 이성과 감정이 따로 작용하는 것이 아니며, 오히려 인간은 본능에 가까운 감정의 영향을 받기 쉽다. 이렇게 이성은 감정과 무의식적으로 타협하기도 한다는 사실에 주목해야 한다.

만물의 존재 원리에 대한 인간의 지적 한계를 인식할 때, 존재할 수 없는 절대적인 진리를 찾거나 만들려는 인간이 얼마나 어리석은지 이해할 수 있다. 완벽한 하나의 진리란 없기에 인간은 여러 가지 대안을 계속해서 시도하고 실험해야 한다. 이런 유연한 과정은 다양한 가능성의 자유로운 선택을 전제로 한다. 유연성은 효율과 합리로 가는 지름길로 우리를 안내하며, 자유라는 공기는 다양성이라는 공간에 머문다. 지금도 북한은 '유일사상체계', '유일지도체계' 같은 획일화가 시도되고 있어 사회를 경직시키고 인민의 창의적인 욕구를 질식시킨다.

셋째, 신뢰성의 결여이다. 신뢰의 핵심은 예측 가능성에 있다. 약속을 지킨다는 보장이 있어야 어떠한 결정을 할 수 있다. 합의문이라는 특정 다수에 한정한 약속도 있지만, 법이라는 불특정 다수를 대상으로 하는 약속이 가장 객관적이고 보편적인 기준이다.

민주국가에서는 법의 공정성, 객관성, 보편성, 일관성을 보장하기 위한 수단으로 입법, 사법, 행정을 분리했다. 입법기관으로 국회를, 사법기관으로 법원과 검찰을, 행정기관으로 정부를 각각 두었다. 법이 외부의 영향으로부터 독립하도록(완벽하진 않지만 형식적으로는) 제도적 장치를 구비한 것이다. 삼권분립된 권력은 당연히 국민의 의사를 반영하고 국민의 감시를 받는다. 그 결과는 투표로 나타난다. 하지만 북한은 법 위에 수령이 존재한다. 수령이라는 '최고존엄'과 그 독재적인 지위를 훼손할 수 있는 행위를 허용하지 않는다. 수령의 판단은 지극히 주관적이다. 당연히 인민의 편에서 법이 만들어질 수 없다. 법도 지배층이 일방적으로 만든다. 설령 형식적으로 인민의 이익을 위하는 법을 만들었다 하더라도 극단적인 인치국가에서 법을 어떻게 집행할지는 권력자의 손에 달렸다. 이처럼 북한의 법은 정치적 리스크에 지나치게 노출되어 있어 도무지 신뢰할 수가 없다.

돈을 모으고 재산을 불리는 첫 번째 원칙은 가진 돈을 잃지 않는 것이다. 일반적으로 사람들은 돈을 떼일 수 있다면 횡재할 확률이 높다고 해도 투자를 꺼린다. 그리고 자기가 번 돈을 지킬 수도 없는데 열심히 일할 필요가 없다. 설사 대북 제재가 풀린다 하더라도 북한과 같이 불투명한 곳에 투자를 할 간이 큰 사람은 없을 것이다. 북한이 여러 가지 투자 유인 정책과 법규를 만들어 해외투자 유치를 꾀하지만 뜻대로 되지 않는 이유는 극단적 인치가 법을 오염시키는 데 있다. 폐쇄와 고립, 제재와 봉쇄가 중첩된 곳에서 세계화 시대의 보편적 법질서가 온전히 작동할 수 없는 것은 당연한 상식이다.

넷째, 인권의 유린이다. 인권이라는 말만 나와도 북한은 발끈한다. 입에 거품을 물고 악담을 한다. 아마도 가장 치명적인 아킬레스건임을 스스로 알기 때문이다. 구태여 조목조목 반론할 가치나 두말이 필요 없다. 우선 정치범수용소부터 없애보라. 체제가 무너지지 않을 것이다. 그리고 시장경제를 받아들여보라. 인권의 많은 부분이 저절로 개선될 것이다. 물론 체제에도 힘이 실릴 것이다.

오늘날 인권은 결코 선택사항도, 임의로 정의할 사항도 아니다. 인권은 인류가 온갖 비인간적 구속에서 해방되기 위해 오랜 투쟁의 역사를 거쳐 쟁취한 인간의 존엄한 권리이다. 인권은 누가 주는 것도, 누구에게 줄 수 있는 것도 아니다. 인간이기 때문에 태어나면서부터 가지는 고유한 것이다. 그래서 인권을 유린하는 국가는 세계의 양심이 용인할 수 없다. 그런 나라와 정상적인 관계를 맺을 수는 없다. 하지만 인권문제에서 완전히 자유로운 나라는 없기에 북한이 결단하고 단계적인 인권 개선에 실질적인 진전을 보인다면 세계는 마음의 문을 열 것이다.

독재의 폐단은 병으로 치면 순환기나 신진대사 장애와 같아서 그냥 두면 언젠가는 체제라는 몸을 반신불구로 만들고 결국 생명까지 앗아갈 것이다.

독재를 무너뜨리는 대중의 힘

독재는 언제나 대중의 봉기로 붕괴했거나 외부의 충격으로 무너졌다. 북한도 결국은 유사한 전철을 밟을 것이다. 이유는 다른 데 있지 않다. 현재 북한체제를 유지하는 결정적 환경인 폐쇄 상태를 언제까지나 유지할 수 없기 때문이다. 정보통신 기술의 비약적인 발달로 정보를 저장하고 옮기는 매체가 소형화·다양화되고, 정보를 주고받는 네트워크도 나날이 다원화하고 있다. 기술은 눈에 잘 보이지 않는 크기의 메모리칩에 거대한 도서관의 장서 전부를 담을 정도로 발전하고 있다. 문을 지키고 서서 일일이 검사해서 찾아내기는 어려워지고 있다. '스텔스 USB'란 것도 있다. 귀에 넣을 수 있는 콩알만 한 라디오도 상상할 수 있다. 몸 어딘가에 숨겼다가 임의의 장소에서 귀에 넣고 라디오를 들을 수 있다. 그렇다고 모든 사람을 상대로 날마다 온몸을 뒤질 수는 없다. 옷깃에 부착하는 작은 마이크가 공해(公海)의 스텔스 애드벌룬 중계기를 통해 외부의 방송국과 교신한다. 북한 주민의 인터뷰가 생중계되고 북한의 지역별 뉴스가 실시간으로 방송된다. 북한에서 그토록 이루기 힘들었던 민심이 자연스럽게 형성되고 여론이 만들어진다. 이것은 먼 미래의 일도 아니다. 조만간 그런 세상이 올 것이다. 심지어 몸에 전자장치를 심을 수도 있다. 눈에 삽입하는 콘택트렌즈로 TV를 보고 미디어 디스플레이가 되는 상상은 어떠한가? 미국의 구글(Google)은 전 세계 모든 곳에서 무선 인터넷을 할 수 있는 위성 네트워크 프로젝트를 계획하고 있다. 머지않아 세계의 구석구석이 하나의 무선통신망으로 연결될 것이다.

북한이 애용하는 '모기장(외국의 투자나 기업은 받아들이되 외국의 사상이나 문화는 모기장으로 모기를 막듯 걸러낸다는 북한식 개방론)'은 벌써부터 제 기능을 잃어가고 있다. 정보를 차단한다는 발상은 시대착오적이다. 앞에서도 설명했지만 독재체제는 폭압만으로 지탱할 수 없다. 그것이 세뇌의 효과이든지 무지의 결과이든지 어느 정도 대중의 복종과 지지를 이끌어낼 수 있었기에 가능했다. 하지만 정보의 개방은 대중의 세뇌를 풀고, 있는 그대로의 현실을 실시간으로 알려줄 것이다. 알 수 없었던 바깥세상의 실상, 부조리의 내막이 차츰 분명해진다. 기존에는 찾을 수 없었던 비교 모델이 날마다 새롭게 다가온다. 인간의 본능은 욕망을 자극하고 이성은 양심을 자극한다. 그 넘치는 욕망과 뜨거운 양심은 결국 죽음의 공포마저

이긴다. 이런 개개인의 욕망과 양심은 소용돌이가 되어 둑을
허물고 거대한 진보의 대하(大河)에 합류한다.

국민을 다 죽이면서까지 유지할 수 있는 권력이란 없다. 북
한이 앞으로도 지금처럼 낙후 상태에서 벗어나지 못하고 답
보와 퇴보를 거듭한다면, 상대적으로 주변국에 비해 국가 규
모가 쪼그라들어 향후 20년 내에 한국이나 중국의 강력한 인
력에 흡수되어 소멸하는 결과를 맞을 것이다.

현대경제연구원 자료에 따르면, 2013년 기준 북한의 1인당
GDP는 854달러로 남한의 2만 3838달러와 비교해 1/28 수준
에 지나지 않는다. 한국은행의 발표에 따르면, 2013년 한국과
북한의 경제 규모 차이는 약 43배이다. 북한의 경제 규모는
한국의 도시 하나 정도이다. 한편 중국의 경제 규모는 한국의
7배, 북한의 210배이다. 한국은행과 금융투자업계에 따르면
2013년 한국의 GDP는 1조 3043억 달러로 중국 GDP 9조
1814억 달러의 14.2%였다. 2014년 일본의 경제 규모는 한국
의 5배, 북한의 150배 수준이고, 한국의 경제 규모는 미국의
8%, 중국의 경제 규모는 미국의 55% 수준이다.

현재도 격차가 이렇게 크지만 향후 중국이 10년간 최소
5~8%대 성장률을 유지하고, 한국도 2~3%대 성장률을 보일

것으로 예상되는 가운데, 북한의 성장률이 -1~1%대에서 맴돈다면 향후 경제 규모 격차는 더 벌어질 것이다. 지금까지 북한은 중국의 지원으로 간신히 연명했지만 앞으로도 계속 경제 격차가 기하급수적으로 벌어진다면 주변 대국의 강력한 중력에 빨려 들어갈 수밖에 없다. 가난하고 초라한 거지 행색의 난쟁이가 핵무기 하나를 등에 지고 있다고 마냥 목숨을 부지할 수 있겠는가? 영양실조로 부실해진 몸에 후들후들 떨리는 다리로 등에 진 핵무기의 무게를 감당할 수 있을지 심히 염려된다.

스스로 변화하라! 적자생존

지금 같은 북한체제는 필연코 붕괴할 운명이라는 예언에 북한의 현재 권력자는 오금이 저릴 수도 있고 화가 날 수도 있다. 하지만 다른 미래는 존재하지 않는다. 결단코 다른 운명은 존재할 수 없다. 북한에 주어진 시간은 많지 않다. 길게 잡아도 20년 정도로 본다(북한체제의 수명이 20년 정도일 것이라는 외국의 전망도 최근에 본 적이 있다). 앞에서 본 것처럼 세상의 정보 개방화 흐름이 북한의 현세대를 어둠에서 빛의 세계로 불러낼 것이기에 한 세대 이상 폐쇄 상태를 유지할 수 없다. 핵무기도 북한을 지켜줄 수 없다. 소련이 핵이 없어서 붕괴했는가?

그렇지만 북한은 갈 데까지 가보자는 식이다. 다른 생각을 할 여유를 부리지 못한다. 다른 선택을 시도할 용기를 내지 못한다. 북한은 새는 구멍 막기에 여념이 없다. 3세대 지도부가 하는 일이란 모두 발등의 불부터 끄고 보자는 식이다. 어디서든 약간의 통치자금만 확보할 수 있으면 그만이다. 외화만 조금 벌어들일 수 있으면 군부 엘리트를 달래고 핵심그룹을 어루만져 당분간은 체제를 지탱할 수 있다는 계산이다. 그런데 몇 군데에서 비스듬히 문을 열어 어설프게 시장을 개방했다고 거기서 장사할 어리석은 이는 많지 않다. 망한 시장을 다시 살리려면 땜질로 해서 될 일이 아니다. 문을 활짝 열고, 제대로 장을 차리고, 손님을 간절히 부르고, 감사히 맞으며, 진솔하게 모시는 마음을 보여야 한다. 이제는 고객의 세상이기 때문이다. 지금은 공감의 시대이다. 사회가 발전할수록 통제는 약효가 떨어지고 공감이 호소력을 얻고 있다.

인간은 무리생활을 하면서 사회적인 공감능력을 키웠고,

이것으로 생존가능성을 높였다. 인간은 태어나면 스스로 걷거나 먹지 못하고 부모에게 오랜 기간 의존한다. 혼자 아무것도 할 수 없는 아기는 부모의 눈치를 살피며 눈빛, 울음, 뒤척임으로 자기 욕구를 전달한다. 부모와 교감을 통해서 공감을 자아내는 능력이 자연스럽게 배양된다. 성장하면서도 부모에게 의존하는 가정생활과 주변과 어울려야 하는 사회생활은 인간에게 공감능력을 요구한다.

하지만 사회가 문명화하면서 개인의 힘이 커지고 집단에 대한 의존도가 줄어들면서 기존의 권위주의적 위계질서가 급속도로 약해지고 있다. 전에는 통제를 거부할 힘이 없었지만 이제는 불편하면 피하거나 마다할 수 있다. 강화된 개인의식은 자아의 가치 실현을 능동적이고 독립적으로 추구하며 온갖 달갑지 않은 압력에 당당히 거부권을 행사한다. 이제 그들에게 진정한 호소력을 발휘할 수 있는 것은 공감뿐이다.

한민족에게는 신바람이라는 문화적인 유전자가 있다. 신바람이 나면 엄청난 일을 해낸다. 우리의 신바람 기질이 한류라는 이름으로 전 세계인의 열광적인 공감을 불러일으키고 있다. 신바람이 무엇인가? 공감이 아니던가! 이렇듯 세상이 달라졌는데 체제가 바뀌지 않는다면? 결말은 퇴보와 소멸이다.

적자생존! 살아남는 자가 강자이다. 강자가 살아남는 것이 아니라 유연한 자, 그래서 적응한 자가 살아남는다. 유연해져라. 공감을 사는 자로 변화하라. 세상의 고객에게 적응하라. 두려워 말고 세상으로 담대히 나아가라. 변화는 두려운 것이 아니다. 오히려 변화를 두려워하는 자신을 두려워해야 한다. 변화만이 살길이다. 북한은 아직도 늦지 않았다. 지금이 바로 변화를 시작해야 할 때이다. 용기를 내어 결단을 내리라. 자신감 있게 세상을 정면으로 마주하라.

제2부

북한 독재 체제,
생존을 넘어 발전의 길로

5

독재리더십과 후진국의 발전

    독재리더십이 국가 발전에 대한 옳은 비전과 확고한 의지로 강력한 추진력을 발휘해 후진국을 선진국 반열에 올려놓은, 이른바 개발독재의 사례는 익히 알려져 있다. 후진국이 경제개발에 국력을 집중해 먼저 경제의 현대화, 선진화를 이룬 뒤 정치의 선진화로 나아가는 단계적 발전 전략은 역사가 실증하므로 본받을 가치가 충분하다. 민주주의와 시장경제가 선진사회의 보편적 징표라고 할 때, 이 두 가지를 동시에 추구할 수 있으면 좋겠지만 꼭 그래야만 하는 법은 없다. 주어진 조건에 맞게 단계적으로 갈 수도 있다. 후진국은 보통 경제 발전을 먼저 이룩하고 나서 정치 발전의 길로 나아가는 경로를 거쳤다. 경제 수준이 어느 정도 향상되면 시민사회의 성장으로 민주주의 발전에 이로운 측면이 분명 있지만, 꼭 경제가 발전해야만 민주주의를 할 수 있는 것은 아니다.

여러 후진국이 경제 발전을 추구했지만 성공한 나라가 있는 반면 실패한 나라도 있다. 이유는 여러 가지이지만 주된 이유는 자본주의 시장경제의 선택 여부에 있다. 유사한 권위주의 체제에서 자본주의 시장경제를 채택한 나라는 경제 성장을 이루었고, 사회주의 계획경제를 선택한 나라는 경제적으로 낙오되었다. 사회주의는 사유재산을 부정하는 공유제에 기반을 둔 체제이고, 자본주의는 사유재산제도 보호를 전제로 한 체제이다. 이런 차이가 결정적 요인이 되어 개인의 욕망을 자극하는 자본주의가 개인을 부정하는 집단주의적 사회주의에 압승을 거두었다. 그런데 주의할 것이 있다. 그것은 사회주의는 계획경제이고, 자본주의는 시장경제라는 선입견이다. 사실 자본주의와 사회주의의 주된 차이는 사유재산 여부에 있는 것이지 계획이나 시장에 있지 않다. 그리고 자본주의 체제도 시장이나 계획 중 하나만이 아니라 적절히 섞어서 사용한다. 자본주의 경제는 시장이 주류를 이루면서 계획이 보완을 하는 체제이다. 이를테면 프랑스의 계획 시장경제, 독일의 사회 시장경제, 스웨덴의 복지 시장경제, 일본의 관치

시장경제가 있고, 한국·타이완·싱가포르 같은 동아시아 신흥 공업국의 성공도 사실 정부 주도의 시장경제가 있어 가능했다. 중국의 경제적인 성공도 계획 위주에서 시장 중심으로 전환하면서 계획을 잘 활용했기 때문이다.

이 같은 사례가 북한에게 시사하는 바는 크다. 독재체제와 자본주의, 계획경제와 시장경제가 함께 어울릴 수 있다는 사실이다. 독재리더십이 사회주의 요소를 줄여 자본주의 체제로 전환하고, 계획의 비중을 축소해 시장체제로 변화하는 과정을 이끌어갈 수도 있다는 말이다. 경제 발전에서 결정적인 것은 권위적이냐 민주적이냐 같은 리더십 유형이 아니라 자본주의적인 시장 요소에 있다. 이제부터 그 점을 짚어보자.

권위주의 체제에서 계획과 시장의 조화

경제 선진국의 성공 비결은 안정적이고 예측할 수 있는 정치체제와 사유재산제도를 바탕으로 자유로운 시장이 주류가 되면서 계획이 거시적 조정자 역할로 시장을 보완한 것에 있다. 윌리엄 번스타인(William Bernstein)은 저서 『부의 탄생

(The Birth of Plenty)』에서 경제적 부가 축적되기 위한 네 가지 요소로 사유재산제도, 과학적 합리주의, 유연하고 효율적인 자본시장, 원활한 수송과 통신을 제시한다. 프랜시스 후쿠야마(Francis Fukuyama)는 저서 『정치질서의 기원(The Origins of Political Order)』에서 정치질서의 3대 요소로 강력하고 유능한 국가, 국가의 법치 수용, 모든 국민에 대한 정부의 책임성을 역설했다. 이 요소가 유기적으로 조화되면 정치적 안정과 함께 부를 이룰 수 있다는 사실을 두 사람은 역사적 사례를 들어 설명했다.

앞에서 언급한 북한체제의 문제, 즉 욕망의 억압, 유연성의 제약, 신뢰의 결여, 인권의 유린 등이 사유재산제도를 인정하지 않고, 과학적 합리주의를 제약하며, 유연하고 효율적인 자본시장이 자리 잡을 공간을 허용하지 않고 소통과 교류의 통로를 막고 있다. 극단적인 개인독재라는 인치체제는 국가를 무능하게 만들고, 국가의 법치를 무력화하고, 국민에게 책임을 지우는 등 국민이 무슨 의미인지 알 수조차 없게 한다.

이런 와중에 조금이라도 발전적인 미래를 위해 현실과 조화를 시도하는 것이 실용적이라는 생각을 떨칠 수가 없다. 지배층의 생각을 바꾸어 그 정치력으로 계획이 조화된 시장경제에 먼저 집중하는 북한만의 현대화 방식이 필요하다. 지배층을 개혁의 대상이 아니라 변화의 주체와 현대화의 수혜자로 만들어 스스로 발전을 도모할 수 있게 한다면, 통일은 우리 곁에 좀 더 가까이 와 있을 것이기 때문이다. 북한에서 시장경제가 작동되면 자연스럽게 인력 이동의 자유가 따를 것이고, 사유재산이 허용될 것이다. 시장 주체들은 본능적으로 다양한 이윤 창출의 기회를 찾을 것이고, 시장은 각양각색의 인재를 품어 키울 것이다. 시장의 부 창출 능력은 의심할 여지가 없다. 의식주 문제는 자연스럽게 풀리고, 경제에 한해서라도 사람들은 자유를 누릴 수 있게 될 것이다. 시장경제에서는 법적으로 사유재산제도 보호가 전제되어야 하기에 법치의 발전을 견인하게 되며, 법치의 발전은 시민사회의 성장과 정치 환경의 선진화로 이어질 것이다.

경제 발전이 권위주의 또는 민주주의에 미치는 영향도 일장일단이 있다. 권위주의는 주로 후진국에서, 민주주의는 선진국에서 그 영향력을 발휘한다. 권위주의는 강력한 중앙집권적인 힘으로 목표를 향해 국가의 역량을 총동원할 수 있다는 장점이 있다. 그러나 경제가 중진국 수준으로 근접하면, 규모가 커지고 구조가 복잡해지기 때문에 권위주의적인 방법만으로는 감당하기가 쉽지 않다. 민주주의가 시장경제에 맞는 체제임은 두말할 필요가 없다. 다만 후진국에서는 시민의식이 성숙해갈 시간이 부족하기 때문에 반대를 위한 반대, 집권만을 위한 반대가 난무해 국력이 분산될 수 있으며, 선진국에서는(물론 후진국도) 대중의 인기에만 영합하는 대중 영합주의가 만연해 중우(衆愚)정치의 위험이 있고, 이른바 '님비(Not In My Backyard: NIMBY)'현상이 국책사업이나 공공사업의 추진을 방해해 국력과 시간을 낭비하는 부작용이 생길 수도 있다. 북한체제는 권위주의와 민주주의의 장점만 적절하게 조합하면 최상이고, 할 수 없는 일도 아니다.

인치체제일수록 리더십이 요구된다

인치체제에 리더십이 더욱 필요하다는 주장은 앞에서도 했지만 강조하는 의미에서 한 번 더 이야기하겠다. 국가든지 회사든지 조직의 이상적인 상태는 잘 갖추어진 시스템 아래 저절로 돌아가는 것이다. 최대한 인적 변수를 배제하고 시스템을 잘 갖춘 조직은 큰 기복이 없이 결과를 예측할 수 있다. 하지만 인적 요인에서 완전히 자유로운 조직이란 존재하지 않는다. 명석한 이성의 도움으로 아무리 좋은 시스템을 만들어도 결국 그것을 움직이는 주체는 사람이다. 사람은 오차 없이 돌아가는 기계가 아니라 감정의 동물이기 때문에, 사람 냄새가 나는 인간적인 리더십이 필요하다. 게다가 요즘같이 창조적인 아이디어가 요구되는 시대에는 오히려 인적 요소가 더 부각되기도 한다.

조직 규모가 크고 구성이 복잡할수록 시스템은 반드시 필요하고, 그 시스템은 세상의 빠른 변화에 민첩하게 반응할 수 있도록 유연하고 역동적이어야 한다. 그런데 시스템의 유연성과 역동성은 사람이 만든다. 결국 시스템은 만들고 쓰는 사람을 닮는다. 따라서 사람들의 생각을 모으고 행동을 조율하는 리더십은 시스템과 불가분리적이다. 리더십의 유형에 따라서 시스템의 효력은 반감하거나 배가할 수 있다. 시스템이 덜 만들어졌거나 기존 시스템마저 무시되는 북한 같은 극단적인 인치사회에서, 시장경제나 법치사회 시스템이 상당한 수준으로 발전할 때까지는 여전히 인치체제적인 요소가 대부분 일의 성패를 좌우한다.

도덕과 이상보다는 현실의 이익에 호소하라

권력은 냉혹하다. 특히 정치권이나 기업의 권력 세계는 아주 냉정하다. 정치권력은 상대를 밟고 올라서야만 지배적인 지위에 오를 수 있는 제로섬게임(Zero-Sum Game)이고, 기업은 이윤을 창출해야 생존할 수 있기 때문에 리더에게 주어진 권한만큼 결과에 대한 책임 역시 냉정하게 물을 수밖에 없다.

권력자가 지배의 명분과 당위성으로 내세우는 도덕과 이상 같은 대의는 대중을 자기편으로 끌어들이는 데 도움이 되지만, 실제로 사람들에게 대의는 멀고 추상적이어서 직접적인 요인이 되기에 부족하다. 오히려 사람들은 권력자가 자기에게 실질적인 이익을 줄 수 있기 때문에 따른다. 우리 가까이에 있는 것은 대의보다는 힘, 즉 권력이다. 누구도 권력으로부터 자유로울 수 없다. 내가 지배적인 지위에 오르면 나와 지지자들의 이익을 실현할 수 있다. 물론 반대로 권좌에 오르지 못하거나 실각하면 이익은커녕 가지고 있는 것마저 뺏긴다. 실제로 권력의 세계는 이런 직접적인 이익을 놓고 다투는 비정하고 추잡한 쟁탈전에 지나지 않는다. 이런 정치의 실상을 그대로 노출하면 대중의 혐오를 사기 때문에 권력자는 정치라는 이전투구의 장에 도덕과 이상이라는 보자기를 씌운다. 중국 정치의 오랜 역사를 보더라도 통치질서는 냉혹한 한비자의 법가를 기틀로 삼고, 통치이념은 공자의 유가사상을 내세워 인애와 충효를 말했다. 그래서 기득권을 쥔 자를 움직이려면 일단 현실의 이익에 호소해야 한다. 그 이익이 도덕과 이상이라는 대의명분에 부합하면 더욱 좋다. 북한에서 지배세력이 바라는 것은 기득권을 지키는 것이고, 대중이 바라는 것은 경제적 궁핍에서 하루빨리 벗어나 인격적 존엄과 인신의 자유를 누리고 사는 것이다.

개발독재의 성공사례

20세기 후반 개발독재로 후진국에서 중진국이나 선진국으로 도약한 나라가 있다. 한국, 싱가포르, 타이완, 터키, 중국 등이다. 이들 국가의 공통점은 모두 아시아에 위치해 이른바 '아시아적인 가치'에 익숙하고, 권위적인 독재질서에서 중앙집권적인 자본주의 체제를 바탕으로 계획과 시장을 조화하면서 수출주도형 경제 육성에 국가역량을 집중했다는 것이다.

싱가포르, 리콴유

싱가포르의 비약적 발전은 총리 리콴유(李光耀)의 집념이
만든 걸작이다. 리콴유가 30여 년간 총리직을 수행하면서 영
국 식민지였던 작은 섬나라를 선진국 반열에 올릴 수 있었던
여러 비결은 아직도 회자된다. 그중에서 가장 결정적인 비결
은 수출주도형 경제를 선택하고 주요 무역 상대를 유럽과 북
미 등 선진국으로 정해 선진국 표준을 꾸준히 추구한 것이다.

또 하나의 비결은 리콴유라는 대중의 절대적인 지지를 받
는 지도자가 그런 훌륭한 비전과 전략을 오랫동안 일관성 있
게 추구했다는 데 있다. 나라를 선진국으로 만들기 위한 리콴
유의 집념은 대단했다. 엘리트 양성, 청렴한 정부, 강력한 법
체계, 실용주의 등이 대표적이다. 경쟁 기반의 교육체계를 만
들고 학생들에게 탄탄한 기본기와 엄격한 규율 속에서 남들
과 다르게 생각하는 습관을 길러주어 세계적인 교육선진국으
로 성장할 수 있었다. 해외 인재를 적극적으로 영입했고, 심
지어 '결혼 논쟁'까지 불러일으키며 '유전적 우성'을 가진 아기
의 출생을 장려하는 결혼정책까지 마다하지 않았다. 학력이
대졸 이상인 남녀 커플을 장려하는 이 정책은 인간 차별을 금

지하는 인권의 보편적 가치관에 어긋나기에 국내외에서 상당한 반대와 항의를 받았지만 리콴유는 아랑곳하지 않고 꿋꿋이 그 정책을 밀어붙였다(강승문, 2014; 김성진, 2007).

리콴유(1923~)

싱가포르 정부의 청렴도는 세계 최고로 유명하다. 부정부패에 대한 엄격한 처벌, 공무원에 대한 충분한 대우, 노블레스 오블리주(Noblesse Oblige) 실천, 돈이 들지 않는 선거제도, 성과주의에 기반을 둔 정부 운영 등으로 싱가포르는 오늘날 세계에서 가장 청렴한 정부라는 평판을 얻었고, 그 덕에 금융 및 서비스업의 세계적 허브로 도약할 수 있었다. 싱가포르는 강력한 법체계로도 유명한데, 태형도 불사하는 강력한 엄벌주의는 인권침해의 논란에도 불구하고 한번 정해진 원칙은 목숨을 걸고서라도 지킨다는 일관된 원칙주의와 쌍벽을 이루며 싱가포르를 세계에서 가장 깨끗하고 안전한 나라로 만들었다. 싱가포르인은 철저한 현실주의자, 실용주의자로 정평이 났다. 그들은 정치적 자유보다 경제적으로 부유해지는 길을 택했고, 유능한 사람이 더 많이 가지는 것을 당연하게 여기며, 원칙과 실리에 입각한 당당한 외교를 펼친다.

리콴유가 독재자로 불리기는 하지만 엄밀한 의미에서 보면 사실이 아니다. 왜냐하면 그가 총리로 있는 당은 투명하고 공정한 선거를 통해 매번 다수표를 얻어 집권했기 때문이다. 독재가 국민의 의사를 무시하는 독단적인 통치를 말한다면, 리콴유의 정치를 독재라고 보기는 어색한 측면이 있다. 통치행위의 결과로서 국가의 성공적인 발전은 더 많은 국민의 지지를 낳고, 그 지지가 다시 집권으로, 또 다른 성장으로 이어지는 선순환은 싱가포르의 남다른 행운이었다. 장기집권은 권위주의를 동반하기 쉬운데, 싱가포르는 권위주의와 청렴함과 유능함의 만남이라는 최상의 조합이 성공을 거둔 경우이다.

또한 리콴유는 '아시아적인 가치'를 역설했다. 아시아적인 가치란 유교 전통에서 유래한 것으로 사회를 확장된 가족으로 보는 개념이다. 그 가치는 개인 욕망의 자유보다는 확대된 가족으로서 집단의 질서 가운데 자유를 추구한다. 그래서 서양의 개인주의적 가치와 충돌한다. 서양 개인주의는 개인의 이익이 집단과 상충할 때 책임을 동반한 개인의 자유로운 선택에 더 가치를 두지만, 동양의 경우 전통적으로 집단의 가치

안에서 개인이 의미 있다고 생각했다. 오늘날 개인의 힘이 커진 것에 비례해 개인의 가치가 전에 없이 부각되고 있고, 인권 측면에서도 당위성이 있기 때문에 개인주의가 만연하면서 동양적인 가치가 위축되고 있지만, 이를 재평가하려는 움직임도 있기 때문에 다양한 측면에서 논의할 가치가 있다.

대한민국, 박정희

한반도 체제경쟁에서 한국이 압도적으로 승리할 수밖에 없었던 요인은 한국이 자본주의 체제였던 반면 북한은 (사이비이긴 하지만) 사회주의 체제였기 때문이다. 그리고 한국이 수출주도형 시장경제를 택한 반면 북한은 자립자족형 계획경제를 추구했기 때문이다. 한국이 1960~1970년대 북한에 비해 열세한 상태에서 출발해 북한을 추월하고 승기를 굳힌 공로는 박정희 대통령에게 있다.

그 당시 식민지에서 벗어난 개발도상국 사이에는 신식민주의(Neo-Colonialism)와 종속이론(Dependency Theory)이 유행했다. 이러한 시대에 수출주도형 경제를 과감하게 선택해 온갖 반대를 무릅쓰고 자신의 정책을 끝까지 관철한 박정희 대

박정희(1917~1979)

통령의 혜안과 집념은 한국에게 특별한 행운이었다. 비록 북한과 같은 극단적 독재는 아니었지만, 한국의 독재가 동시대 북한의 독재와 판이한 결과를 낳았다는 사실에 주목해야 한다. 한국은 올바른 비전을 가진 독재리더십 주도 아래 중장기 국가발전 전략과 단계별 계획을 세우고 일관되게 밀어붙였다. 수출주도형 경제로 경공업에서 출발해 중화학공업을 일으키는 전략은 탁월한 선택이었다. 또한 우리 세대에 반드시 가난을 탈출하고야 말겠다는 지도자의 강력한 의지와 확신은 국민에게 '잘살아 보자'는 열망을 일으켰다.

지도자는 큰 비전을 제시하고, 실행 계획 수립과 집행은 기술관료에게 일임하는 민주적인 의사결정 및 권한 위임 원칙을 지키며, 수립된 계획이 차질 없이 진행되도록 강력히 지원하는 박정희 리더십은 기적적인 경제성장이라는 결과로 그 효율을 입증했다. 특히 '새마을운동'은 가난을 극복하기 위한 국가개조에 전 국민의 자발적인 참여를 이끌어내는 매개가 되었다는 의미에서 '한강의 기적'을 만든 한국의 소중한 유산으로 남아 중국을 비롯한 여러 개발도상국에 전수되고 있다 (오원철, 2006).

국익을 위해, 경제 개발의 종잣돈을 마련하기 위해 자존심을 접고 심지어 국민 대다수의 감정까지 무시한 채 한일수교, 베트남파병 등을 강행했던 박정희 대통령의 집념은 지도자의 책임과 처신이 어떠해야 하는가를 잘 보여준다.

중국, 덩샤오핑

'흑묘백묘론'으로 유명한 중국 개혁개방의 설계자 덩샤오핑 (鄧小平)의 실사구시 정신은 가난과 굶주림에 찌들었던 거대한 중국 대륙을 잠에서 깨워 기적적인 반전의 주인공으로 만들었다. 교조주의적인 극좌노선에 따른 '대약진운동'과 마오쩌둥의 개인적인 권력욕에서 비롯된 '문화대혁명'으로 수많은 인명 피해가 일어난 공산주의 중국의 초기 30여 년을 보내고 나서야 사람들은 덩샤오핑을 위시한 개혁파의 주장에 귀를 기울이게 되었다. 덩샤오핑은 사회주의와 자본주의를 가르는 기존 교조주의적인 기준에서 탈피해 국민을 배부르게 하고

덩샤오핑(1904~1997)

경제를 발전시킬 수 있는 방법이라면 그것이야말로 국민에게 이익이고 사회주의를 돕는 길이라는 사고를 설파했다. 그리고 오직 경제 발전을 중심으로 국가역량을 집중하고 정치적 안정을 위해 공산당의 영도적 지위를 굳건히 했다. 이런 새로운 개혁노선으로 덩샤오핑은 개혁파와 보수파 모두를 끌어안고 균형 있게 중국을 이끌어갈 수 있었다.

중국 공산당은 점진적인 개혁개방을 추구하면서 그 진전의 단계마다 변화된 시대에 적합한 사상과 이론적인 합리화를 꾸준히 병행해 대중의 의식을 변화시켰다. 개혁이 성공하려면 반드시 개방이 따라야 했는데, 중국은 미소 갈등을 이용해 서방과 우호적인 관계를 트고 문을 열어 서구 문물을 받아들였다. 세계무역기구에 가입해 거래 관계의 국제 표준을 조기 정착시키고, 저렴한 생산비용을 무기로 수출주도형 경제를 추구해 막대한 국제수지 흑자로 자본 축적에 성공했다. 이것은 공산당 지도부의 일관된 개혁개방 노선 견지가 있었기 때문이다. 오늘날 중국은 개혁개방 40여 년 만에 미국과 어깨를 나란히 하는 세계 경제대국으로 부상했다. 이러한 발전의 이면에는 덩샤오핑의 실사구시 정신이 온전히 살아 숨 쉬고 있고, 앞으로도 국가와 국민을 위하는 실용적 리더십의 귀감이 될 것이다.

6

북한 현대화와 독재리더십

나는 『북한 현대화 모델』에서 북한이 시장경제를 받아들여 계획경제와 시장경제가 조화를 이룬 수출주도형 경제국으로 전환하는 구상을 제시했다. 이를 위해 과거와 화해, 개방을 통한 남북 협력, 세계와 교류 증진, 법치주의 확립, 언론 및 조직체계 자유 증대, 기층 민주주의 성장, 수평적인 분산시대 대비 등 북한 특유의 과제를 제시했다. 이 장에서는 이런 북한식 현대화 모델에 맞는 독재리더십의 변화 방향을 이야기한다.

선행 개발독재와 북한체제의 차이

제5장에서 살핀 개발독재의 성공사례에서 북한이 참고할 점이 많다. 이들 체제와 북한의 차이점이 분명히 존재한다. 바로 그 차이가 성공과 실패를 갈랐다. 첫 번째 차이는 체제 내 자본주의적인 요소의 유무와 비중이다. 자본주의는 사유재산제도 보장이 핵심이다. 사유재산제도가 지켜지는 체제에서는 누구나 부를 자유롭게 욕망하고 재산을 지킬 수 있다는 믿음이 있다. 반면 북한의 사회주의 체제는 공유제에 기반을 두기 때문에 개별적인 경제 주체에게 주어지는 보상이 모호하고 미약하다.

두 번째 차이는 체제 내 시장의 유무와 비중이다. 시장경제에서는 수요와 공급의 유기적인 조화가 자연스럽게 이루어진다. 그래서 변화에 신속하고 효율적으로 대처할 수 있다. 반면 계획경제는, 특히 북한의 중앙 집중적 계획경제는 예측하기 어려운 변화에 느리게 대응할 수밖에 없고, 거기에 관료주의와 형식주의 등이 겹쳐서 비효율적이고 많은 낭비를 초래한다.

세 번째 차이는 체제 폐쇄 또는 개방 정도에 있다. 활발한 교류와 경쟁이 존재하는 개방사회가 더 빨리 발전하는 것은 자명하다. 북한은 오직 체제 수호라는 관점에서 문을 닫고 국민을 통제한다. 마지막 차이는 자급자족형 경제와 수출주도형 경제의 차이이다. 혼자서 모든 것을 잘할 수 있는 존재는 세상 어디에도 없다. 장점을 교환하고 약점을 피하는 것은 지극히 합리적이다. 세계적인 범위의 분업은 나라 간 최적의 조합을 만들어 최상의 품질과 최고의 효율을 이끌어낸다. 현재와 같은 세계화 시대에 자급자족형 경제는 설 자리가 없다. 후진국은 세계 시장에서 저렴한 생산비용을 무기로 공격적인 수출 전략을 펼쳐 돈을 벌 수 있다. 특히 작은 나라는 내수 시장만으로 경제가 성장하기에는 한계가 있다. 그래서 외부에서 돈을 많이 버는 체제가 내수 지향 체제보다 더 빠른 경제성장을 보인다. 아울러 수출 지향 체제는 제품의 경쟁력을 전제하기 때문에 과학기술 및 경영기법의 빠른 발전을 덤으로 준다. 북한이 이상의 차이를 극복하는 길이 바로 북한식 현대화이다.

독재체제에서 무위정치와 권한 위임

독재체제는 유능한 군주를 만나면 큰 성과를 이룰 수도 있다. 하지만 무능한 군주를 만나면 최악의 결과를 맞는다. 문제는 유능한 군주를 만날 확률이 매우 낮다는 데 있다. 독재체제는 무능까지도 아닌 평범한 군주만 만나도 경쟁력이 떨어진다. 왜냐하면 유능과 무능을 판가름하는 기준은 의사결정의 타당성 여부인데, 민의를 무시하고 독단적으로 내리는 결정이 적절한 판단이라고 보기 어렵기 때문이다. 그래서 역사적으로 많은 군주제 국가에서는 재상정치가 이루어졌다. 군주의 통치 범위는 국가 비전이나 국정 방향을 제시하고 재상을 임명해 국정을 위임하는 수준으로 제한되었다. 이러한 시스템은 조선의 개국공신 정도전이 꿈꾸던 것이기도 했다.

국민이 정치를 의식하지 못하고 통치자의 존재를 느끼지 못할 정도로 생활에 자연스럽게 녹아든 정치를 무위(無爲)정치라 하는데, 이는 다른 모든 정치보다 훌륭한 정치라 하기도 한다. 다스리지 않으나 다스리지 않는 것이 없다는 말처럼 무위의 다스림은 채찍과 당근의 정치나 사랑과 섬김의 정치를 넘어서 도(道)로서 다스리는 통치의 최고 경지이다. 마키아벨리의 『군주론』보다 앞선 동양의 제왕학 경전인 『한비자』에서는 군주의 통치 기술을 법·술·세 세 가지로 분류했다(김원중, 2013). 그중에서 군주가 신하를 조종하고 다스리는 기술인 술의 핵심은 드러내지 않고 아랫사람의 반응을 기다리는 것이다. 이를 위한 군주의 도리는 '허정(虛靜)', 즉 마음이 비어 조용한 상태이다.

군주는 마치 제위에 없는 듯 고요하게, 백성이 그가 있음을 모르는 듯이 텅 비어 소재를 파악할 수 없도록 지낸다.
군주는 그가 하고자 하는 바를 드러내지 않는다. 군주가 하고자 하는 바를 내보이면, 신하는 그 의도에 따라 잘 보이려고 스스로를 꾸밀 것이다. 군주는 자신의 속뜻을 드러내지 말아야 한다. 군주가 그 속마음을 보이면, 신하는 남과 다른 의견을 표시하려고 할 것이다.

한비의 '허정'은 노자(老子)의 무위자연(無爲自然) 사상으로부터 영향을 받았다. 무위자연 사상에서 도덕은 인위적인 것이 아니다. 인성과 본능을 억압하는 것이 도덕일 수 없다. 그래서 자연에 순응하며 일체의 작위적인 통치 행위를 하지 않는 것, 즉 '다스림이 없으면서도 다스리지 않음이 없는' 경지를 최상의 덕인 '상덕(上德)'이라 했다.

이런 무위정치는 권한을 위임하는 행위를 통해 이루어진다. 독재체제가 반드시 유일지도체제여야 하는 것은 아니다. 현재 북한은 지도자가 모든 일에 결재권을 행사해 지극히 비효율적이고 따라서 최하의 통치 방법이라고 할 수 있다. 통치자는 통치의 성과에 자연스럽게 따르는 권위를 인정받고, 이러한 권위를 기초로 한 최고의 자리를 보장받을 수만 있다면 지도자가 반드시 모든 일에 관여할 필요는 없다.

북한 지도층은 유일지도체제가 모든 일을 망치는 근원이라는 사실을 깨닫고 지체 없이 체제 개혁에 착수해야만 한다. 지도자는 현장을 순시하기보다 시스템에 따라 나라를 운영할 방법을 고민해야 한다. 권한 위임은 법치를 담보해야 한다. 독재권력은 법 위에 군림할 힘이 있지만, 그럴수록 무위정치를 지향해 법치주의를 추구해야 한다. 나라를 법치의 반석 위에 세워야만 나라가 시스템으로 돌아갈 수 있기 때문이다. 법규에 근거한 국가 시스템의 작동, 그것이 무위정치이다.

7

북한 독재리더십의 미래

앞에서 북한 독재체제가 영원할 수 없다는 것을 이미 짚었다. 이 장에서는 수명이 유한할 수밖에 없는 북한 독재체제가 스스로 체질을 바꾸어 선진사회의 주역이 되는 미래에 대해서 이야기한다. 권위주의 체제에서 민주주의 체제로 점차적인 전환을 통해 정치선진화를 이룩하고 통일의 본격적인 단계로 진입하는 노정을 그려본다.

권위주의의 운명, 선진화와 민주주의

다시 말하지만 권위주의는 향후 개방의 시대, 문화의 시대에서 설 자리가 없다. 과학기술의 급속한 발전, 특히 정보통신기술의 혁명적인 발전은 세상을 하나의 네트워크로 연결한다. 그만큼 개인의 영향력이 미칠 수 있는 범위는 시공간을 초월해 무제한으로 확대되고 있다. 커진 힘과 높아진 문화 수준으로 개인은 그 어떤 권위주의의 압력도 당당히 거부한다. 또한 문화의 힘이 급부상하는 시대가 되었다. 이제 인류는 기술의 시대를 넘어 문화의 시대로 들어가고 있다. 문화는 다양성, 독창성, 개성이 생명이다. 문화를 소비하려는 욕구가 대중문화를 거쳐 점점 세분화되고 독특한 개성을 요하는 방향으로 변한다. 그리고 이런 문화적인 변화는 기성 권위에 저항하고 도전하는 젊은이가 주도한다.

문화의 위력은 공감으로부터 비롯한다. 문화의 시대는 곧 공감의 시대를 의미한다. 기존의 권위적인 명령과 복종으로 대표되는 리더십은 문화를 매개로 다양한 개성을 이해하고 공감하는 리더십으로 대체되고 있다. 문맹이 보편적이던 시대는 그림으로 메시지를 표현해 대중의 생각을 사로잡을 수 있었다. 중세시대 교회의 벽면과 천장을 메우고 있는 유명한 화가의 미술작품이 그것을 잘 보여준다. 그래서 권력을 가진 성직자나 세속 군주는 막대한 돈을 들이고 수십 년의 기다림을 감수하면서도 화려하고 웅장한 건물과 그림으로 성스럽고 고귀한 분위기를 연출하려 했다. 오늘날이라고 다르지 않다. 미디어와 정보통신기술의 발달로 현란한 영상이 시시각각 대중의 눈과 귀를 사로잡고 있다. 대중은 중독성이 강한 미디어에게 무의식적인 지배와 조정을 받는다. 미국 할리우드 영화와 팝송, 한국 케이팝 등이 전 세계에 미치는 영향은 문화의 위력을 잘 드러낸다.

권위주의의 대안은 당연히 민주주의이다. 인류는 개인의 자유로운 의견을 모아 다수결로 결정을 내리는 민주주의 이외에 더 좋은 대안을 아직 알지 못한다. 선진사회란 효율과 배려가 잘 어우러진 사회이다. 날로 커지는 다양성을 기반으로 두고 시시각각 변하는 세상의 민심을 적시에 따라갈 수 있는 체제는 민주주의 체제밖에 없다. 민주주의가 대중 영합주의 같은 우민정치로 빠질 수 있는 약점이 있지만 인류는 그런 자해 행위를 통제할 수 있을 만큼 충분한 능력이 있다.

선진화를 예비하는 길

북한이 당장은 독재리더십의 정치력으로 현대화를 추진하겠지만, 현대화가 완성 단계로 다가갈수록 높아진 국민의 생활수준과 의식수준에 맞추기 위해, 나아가 선진화로 넘어가기 위해 점차 권위주의로부터 탈피해 민주주의로 전환하는 수순을 밟을 수밖에 없다. 북한은 그 시기를 대비하기 위해 미리 사회의 기층부터 자유를 늘리고 민주주의적인 요소를 키워야 한다. 전 국민을 조직체계에 철저하게 묶는 통제체제에서 엘리트 위주의 조직체계로 전환하면서, 대중에게 조직으로부터 벗어날 수 있는 자유를 주는 것이 무엇보다 중요하다. 그렇게 자유로워진 대중의 의사를 반영해 기층부터 선거제도를 만들어가는 변화가 반드시 필요하다.

언론의 자유 확대 또한 대단히 중요하다. 북한은 그들의 국가정책 홍보와 인민 세뇌를 위해서 관제언론을 포기할 수 없겠지만, 자유언론을 반드시 허용해 관제언론과 경쟁을 붙여야 한다. 언론이 얼마나 중요한지는 북한 스스로도 잘 알고 있기 때문에 철두철미하게 언론 통제를 하고 있다. 북한이 현대화에 착수한다면 이미 유일사상체계를 포기한 것이므로 자유언론을 허용하지 못할 이유가 없다. 언론은 다양해진 국민 의식의 대변자가 될 것이고, 국민에게 다양한 정보를 제공하는 정보매개자가 될 것이다. 사회 구석구석을 감시하고 부정부패를 폭로하는 정의의 파수꾼이 될 것이며, 권력의 전횡을 견제하는 국민의 보호막이 될 것이다.

독립적인 사법체계의 완성도 빼놓을 수 없다. 북한이 시장경제를 도입하고 현대화를 추진하는 과정에서 법치제도의 수립이 전제되어야 하지만, 정치권력으로부터 독립적인 사법체계가 완성되려면 상당한 기간이 소요된다. 사실 선진 민주주의 국가의 사법체계도 정치권력으로부터 완벽하게 자유롭다고 말할 수는 없다. 입법이 민주적인 절차와 제도를 통해 이루어졌다고 하더라도 행정이 권력의 영향을 받으면 법이 온전하게 지켜졌다고 할 수 없다.

한반도 평화 번영을 위한 북한의 정치선진화

지금의 북한 같은 독재체제를 그대로 보존하면서 평화적인 통일을 논할 수 없다. 만약 북한이 현대화를 거치면서 어느 정도 분권화되었다고 해도 민주주의 대한민국과 정치 통일체를 이루기까지는 갈 길이 멀다. 북한이 현대화를 거치면서 전례 없는 경제 성장을 한다면 독재리더십이 어느 정도 국민의 인정을 받겠지만, 물질적인 풍요는 정신적인 성장의 욕구를 동반한다. 시민사회의 성장은 이러한 욕망을 모아 민주주의를 지향하는 민의를 형성한다. 이런 시대 요구와 흐름 속에서 북한이 생존하는 길은 변화에 적응하는 것뿐이다. 한반도의 평화 번영을 위해서 민주주의로 향하는 북한의 정치선진화는 피할 수 없는 미래이다. 경제 통일을 넘어서는 온전한 통일에 대한 본격적인 논의는 북한이 정치선진화의 단계로 들어서는 시점에서 시작하게 될 것이다.

정치나 군사 같은 체제의 통일보다 어려운 것은 문화 같은 마음의 통일이다. 마음까지 하나가 되었을 때에야 비로소 통일은 완성된다. 이런 마음의 통일은 이질적인 정치 환경에서 만들어지기 어렵다. 그만큼 정치는 현실 생활에 지대한 영향력을 미치기 때문이다. 그러나 통일의 열망만 있다면, 그 열망은 정치선진화로, 정치선진화는 다시 통일로 이어지는 선순환이 될 것이다.

제 3 부

The Dictator and Market Economy

북한 현대화
리더십의 미래상

8

북한 현대화에 맞는 리더십

이제 북한 현대화가 요구하는 리더십에 대해 이야기할 시점이다. 핵심은 북한의 현 독재리더십이 어떻게 하면 현대화를 이끌어가는 데 적합하게 변할 수 있을까 하는 것이다.

경제를 우선시하는 정치

북한에서 모든 일은 정치 논리를 따른다. 정치적인 고려가 모든 결정에서 최우선이다. 유일사상체계, 유일지도체계를 따라야 하기 때문이다. 지도자가 현지를 시찰하면서 즉흥적으로 내뱉는 모든 말이 경중을 막론하고 신성하게 여겨져 그

'말씀'은 어길 수 없는 지침이 된다. 지도자의 언행은 사상이나 이론으로 해석되고 포장된다. 이렇게 입증되지 않은 '위대하고 현명한' 지침, 그리고 이 지침을 무조건 따라야 하는 최우선 원칙이 북한 사람의 모든 사고와 행동을 전적으로 규제하기 때문에 합리주의가 싹틀 공간이 전혀 없다. 결국 정치논리, 이념적 원칙이 모든 것에 앞서므로 모든 의미와 가치는 이 관문을 통과해야만 비로소 만들어진다.

인간이 사회를 이루고 사는 한, 정치의 영향으로부터 완전히 자유로울 수는 없다. 정치는 질서를 잡는 힘이 있기 때문이다. 또한 정치는 경제를 좌우하는 힘도 있다. 하지만 직접적으로 경제를 상대하기보다는 경제가 제대로 기능할 수 있는 사회 환경을 만들어주는 간접적 역할에 그치는 것이 바람직하다. 경제 논리가 전면에 서고, 경제 주체가 자발적이고 자율적으로 활동을 할 수 있도록 정치가 뒤에서 지원하는 형국으로 북한체제를 바꿔야 한다. 사람은 돈에 민감하다. 돈은 욕망의 대상이다. 돈에 대한 지나친 집착과 숭배가 물질 만능주의를 낳아 인간성을 해치기도 하지만, 돈이 인간에게 가장 확실한 동기부여 수단이 되는 현실은 누구도 부인할 수 없다. 그래서 경제가 인간을 끌어들이고 변화시키는 가장 확실한 도구가 된다. 현재 북한 지도자가 물려받은 권력을 안정시키고 국민의 존경과 인정을 얻는 방법은 경제를 살려 민생을 도모하는 길밖에 없기에, 선군주의에서 경제제일주의로 전환을 결단하고 국가 역량을 경제에 집중해야 한다. 선대의 선군주의가 과거의 일정한 시기, 특히 사회주의 체제가 무너지던 시대에서는 힘의 중심을 잡고 총대로 권력을 지키는 것이 유효했을 수도 있지만, 경제 파탄에 대한 직접적인 책임을 피할 수 있는 현 지도자에게 선군주의는 오히려 부족한 자원만 탕진하면서 권력 기반을 잃게 될 부담으로 작용할 수 있다. 왜냐하면 북한의 실제 권력은 알려진 것과 달리 군부에서 나오는 것이 아니기 때문이다. 군대는 내치에 쓰려고 만든 것이 아니다. 군대의 역할은 외부의 군사 침입과 공격으로부터 국가와 국민을 보호하는 데 있다. 아무 힘도 쓸 수 없고 철저히 통제되고 속박된 빈궁한 국민을 상대하기 위해 그 많은 재래식 무력이 존재할 이유가 없다. 설사 외부의 침입이 있더라도 충분히 침입을 억제할 수 있을 만큼의 군대만 유지하면 된다. 국가의 모든 역량을 군대에 쏟아부을 필요가 없다.

북한을 통치하는 실제 조직은 당이고 그중에서도 당 조직지도부이다. 북한에서 권력의 정도는 지도자에게 얼마나 물리적으로 가까이 갈 수 있느냐, 얼마나 자주 만날 수 있느냐에 달렸는데, 이 기준으로 보면 가장 힘 있는 집단은 호위사령부이고, 다음은 인사를 관장하는 당 조직지도부이다. 그리고 이들 모두를 감시해 지도자에게 동향을 보고하는 여러 비밀경찰 기구 중에 국가안전보위부가 있다. 북한의 권력은 이들 3대 조직에 집중되어 있으며 각자 별도의 감시 및 보고체계로 상호 견제하는 메커니즘을 이루고 있다. 독재자는 이들과 교감하면서 통치를 하고 있기 때문에 북한군 장성이라도 핵심그룹의 시각에서는 중요한 존재가 아니고 실제로 힘도 별로 없다. 따라서 3대 조직이 잘 작동된다면, 북한 지도자는 실제로 존재하지도 않는 외부의 위협을 가상해 과도하게 군사력에 집착하고 사회를 물리적으로 통제해 병영체계로 관리하는 과거의 잘못된 관념에서 벗어나도 될 것이다.

지금은 북한 지도부가 정치제일주의, 선군주의를 과감하게 포기하고 경제제일주의로 선회해 경제 중심의 정치력으로 거듭나는 혁명적 변신을 추구할 때이다. 시장경제를 받아들여 경제가 발전하면 민생 향상과 국력 신장을 도모하게 된다. 지도자는 그 통치의 결실로 국민의 인정과 존경을 받고, 이것에 기반을 둔 권력은 반석 위에 설 것이다.

대결과 투쟁에서 화해와 협력으로

북한에 아직도 계급투쟁이 필요하다고 생각하는 사람이 있을까? 과거 자산계급 숙청 이후 70년 가까이 그 후손을 철저히 억눌러 왔기 때문에 상부에 도전할 만한 계급세력은 북한에 이미 존재하지 않는다.

이제 체제를 위한 명분은 내부의 계급투쟁보다는 외부의 적이다. 북한 독재자는 외부로부터 암살자가 오거나 내부의 배신자가 암살을 시도할 수는 있을지언정 군대 등이 무력으로 침공하기는 어렵다는 것을 잘 알고 있다. 오히려 북한의 적은 물리적 대상이라기보다 외부 세계의 풍요와 자유 등이 북한에 알려지면 생길 수 있는 인민들의 충격과 민심 이반 같은 것이다. 따라서 북한은 계급투쟁이 아닌 한국이나 미국 등 북한이 설정한 적과 연계된 세력을 색출하고 외부의 영향력을 차단하기 위한 내부 단속에 신경을 쓰고 있다.

6·25 전쟁은 적화통일에는 실패했지만 외부에 한국과 미국이라는 강력한 적을 만들었다는 측면에서 폐쇄적인 북한의 독재체제에 지대한 공헌을 했다. 독재체제는 폐쇄와 고립이라는 환경을 일부러 만들기까지 하는데, 6·25 전쟁으로 자연

스럽게 남북 간 격리와 대립 구도가 생겼다. 하지만 앞서 언급한 기술의 발달로 북한 내부는 급속하게 외부와 연결되고 있기 때문에 현재와 같은 폐쇄적 환경은 더 이상 유지하기 힘들다. 점차 북한 지배층의 우려가 현실로 다가오고 있다. 그 우려는 피할 수도 막을 수도 없다.

이 국면에서 북한이 해야 하는, 그리고 할 수 있는 일은 과거와 화해하고 적대관계를 청산해 한반도가 나아갈 미래의 새로운 틀을 만드는 것이다. 과거의 과오를 성실하게 반성하고 그 피해를 보상해 계급투쟁과 전쟁으로 다친 국민과 동족의 깊은 상흔을 씻어내고, 남북 간 적대관계에서 미래지향적인 협력관계로 바꾸어야 한다. 정치범수용소를 해체하고 국군포로를 돌려보내며 재래식 전력을 대폭 감축하고 휴전선을 뒤로 물리는 등 화해를 위한 과감한 조치를 선제적으로 단행해 적대관계 청산 의지를 보여야 한다. 현대화 의지를 분명히 하고 외부 세계에 협력을 요청하면 한국은 물론 세계가 협력의 손길을 내밀 것이다. 그때야 비로소 북한과 세계는 신뢰에 기반을 둔 실제적이고 미래지향적인 협력 방안을 논의하는 단계로 나아갈 수 있다. 물론 북한의 핵무장 포기도 빅딜의 소재이다. 이러한 단계까지 나아가면 한국은 더 이상 북한의

적이 아니라 피를 나눈 형제로서 강력한 우군이 될 것이다.

독재와 분권의 실용적 조화

북한의 모든 폐단은 유일사상체계, 유일지도체계에서 비롯된다. 신성화한 수령의 유일영도체계가 북한의 비효율적이고 비인간적인 현실을 만든 근원이다. 북한 독재자의 심기를 불편하게 하는 말이겠지만 엄연한 사실이다. 지금의 북한체제에서는 딱 지도자 수준만큼만 일이 된다. 아무리 좋은 머리로 부지런을 떠는 지도자라 할지라도 복잡다단한 세상일을 모두 학습 또는 경험하거나 적절한 이해와 판단을 내리기는 어렵다. 지도자는 우선 자기 자신을 잘 알아야 한다. 사람은 자신을 실제보다 높이 평가하는 경향이 있다. 자질이 평균 또는 그 이하인데도 불구하고 원대한 비전과 목표를 갈구하는 욕심 많은 사람일수록 스스로를 자제하고 일을 나누어야 한다. 멍청하면서도 부지런한 상사가 가장 최악이라는 말이 있다. 차라리 멍청하면서 게으른 것이 낫다. 상사가 똑똑하고 부지런하면 최상일 것 같지만 부하를 금방 지치게 만든다. 가장 좋은 경우는 똑똑하면서 게으른 상사라고 한다. 이런 상사는 권한을 위임하고 업무를 나누어 믿고 맡기면서 큰 틀의 방향만 잡아준다.

무위 수준까지는 아니더라도 지도자에게 집중된 의사결정 부담을 분산해야 한다. 해당 분야의 정책 결정은 독립적인 판단을 내릴 수 있도록 전문가에게 권한을 위임하고 나누어야 한다.

독재자가 무소불위의 권력을 스스로 내려놓기는 힘들고, 일부를 양도하기도 쉽지 않다. 피붙이 사이에도 나누지 않는 것이 권력이라고 하지 않는가. 그런데 권력의 분할 또는 양도와 권한 위임은 좀 다른 말이다. 권한 위임은 말 그대로 권력의 대리 행사이지 분권처럼 직접적 권력 행사가 아니다. 권한 위임이나 분권으로 가지 않으면 필연코 북한 독재체제는 무너진다. 북한 독재자가 살아남기 위해 이런 변화를 택한다면 아마도 권한 위임으로 시작해서 분권으로 가게 될 것이다. 살기 위해서라도 북한 독재자는 혼자 움켜쥐었던 것을 어느 정도는 포기해야 한다. 이왕이면 그런 소극적인 포기보다 적극적인 변신을 지향하는 것이 더 명예롭고 실리적일 것이다.

분권은 법으로 정해 지키도록 해야 한다. 무슨 일이든지 일관성은 신뢰를 얻는 데 아주 중요하다. 권력자가 권한을 침범하거나 번복하고 싶은 유혹은 얼마든지 생길 수 있다. 그래서 정해진 규칙이 일관성 있게 지켜지려면 분권의 법제화가 반드시 뒤따라야 한다. 그래야 권한을 위임받은 사람은 약속을 믿고 적극적으로 주어진 일에 임한다. 실제로 과거 북한에서 지도자가 비준한 내용이 부문별로 충돌하는 경우가 많았고, 시기에 따라서 번복되어 자주 혼선을 빚었다. 이는 지도자의 즉흥적 판단에 기인한 인치 폐해의 전형이라고 할 수 있다. 북한에서는 당, 군부, 내각, 공안기관 사이의 권력 및 이권 다툼이 공식적 또는 비공식적으로 치열하게 벌어지고 있다. 한정된 자원을 놓고 다툴 수밖에 없는 딱한 사정이 있긴 하지만, 그보다는 지도자가 상황에 맞추어 독재에 편한 방향으로 권력의 중심을 당이나 군부 또는 내각으로 옮기거나 공식적 경로를 무시하고 측근을 통한 비공식 라인을 애용한 것에 원인이 있다. 한번 형성된 기득권은 스스로 온갖 명분을 만들어가며 이권을 지키고 확대하려 한다. 그래서 부문 간 권력 및 이권 경쟁의 과열을 적절히 제어하지 못하면 영역의 중복에 따른 충돌과 국력 낭비를 초래한다. 따라서 권한 위임이나 분권은 반드시 법으로 정해 일관성을 담보해야 한다.

권위주의와 민주주의의 미래지향적 공생

경제 성장은 문화의 발전과 더불어 시민의식과 시민사회의 성장을 수반한다. 시민사회의 성장은 곧 민주주의 요구로 이어진다. 북한이 현대화를 위해 시장경제를 도입하면 조직체계는 전 국민을 망라하던 필수참여체계에서 개인의 이탈과 참여의 자유를 허용하는 엘리트 위주의 체계로 변한다. 바로 민주주의의 전제 조건인 자유가 숨 쉴 공간이 생긴다. 북한이 비록 저개발에서 신속하게 탈출하기 위해 개발독재를 택하긴 하겠지만, 불과 20~30년 후에는 민주주의의 확대를 거부할 수 없는 상황과 마주하게 될 것이다.

북한은 민주화한 선진국과 교류하면서 민주주의를 학습하고 자신의 체제와 비교할 것이다. 현대화를 진행하면서 하부 단위부터 민주적인 선거 제도를 적용해 민주주의를 훈련해야 한다. 이장, 통장, 군수 같은 말단 행정직 선출부터 시작할 수 있다. 당도 중국 공산당의 경우처럼 의원단의 선거를 통해 중앙위원, 정치국 위원 등을 민주적으로 선출하는 제도를 도입할 수 있을 것이다(장대성, 2014). 적어도 북한의 현대화가 70%를 넘는 시점에는 도지사 선출, 정당 활동의 자유 등이 존재하는 수준까지 민주화가 진척되어야 한다. 앞에서도 말했지만 본격적인 통일 논의는 북한의 현대화가 완성되는 시점에서 시작될 것이고, 통일은 곧 북한체제의 민주화를 동반할 것이다. 독재 권위주의 체제를 그대로 간직한 채 한국과 통일을 거론할 수는 없다. 북한 지도자가 개발독재에 성공해 북한의 현대화를 이룩하고 그 공적으로 북한 민주주의 체제의 첫 번째 선출 지도자가 된다는 상상이 지나친 예측이라고 할 수는 없다. 북한 지도자가 현대화 착수를 결단한다면 이런 시나리오는 실현 가능하게 될 것이다.

개인을 배려하는 리더십으로

북한은 정권의 탄생부터 지금까지 너무도 잔인한 역사로 사람들에게 각인되어왔다. '혁명의 이름으로' 혹은 '인민의 이름으로' 수많은 인간 파괴와 학살 행위가 자행되었다. '인민을 위한 혁명'의 모순이 정당화할 수 있었던 원인은 계급투쟁을 명분으로 지주, 부르주아 등 적대계급을 숙청해야 한다고 사람들을 설득한 데서 찾을 수 있다. 인민이라는 추상적 집단의 이익을 대변한다는 혁명의 대의 앞에서 개인은 사소하기 그지없고, 작은 이견도 인민이라는 집단에 대한 배신으로 간주되고 철저히 단죄된다. 고도로 추상화한 혁명의 대의를 위해 개인은 욕망을 억눌러야만 한다. 인민을 위한 혁명가라는 사람들에게서는 도대체 사람 냄새가 나지 않는다. 현실에 몸을 담고 있지만 비현실적인 이상을 꿈꾸니 모든 것이 부자연스럽다. 가상의 집단만 있고 현실의 개인은 없다.

모든 것이 만족스러운 집단 또는 집단의 대의란 존재하지 않는다. 그렇기 때문에 집단은 진리를 운운하며 일방적으로 만든 대의에 모든 개인이 따르라고 요구할 명분이나 권리가 없다. 정보통신 네트워크의 급속한 발달로 개인이 영향력을 미칠 수 있는 영역은 무한대로 확장되고 있다. 이렇게 커진 개인의 힘은 더욱 높은 수준을 요구하기 마련이다. 지금은 물론이고 앞으로도 다양한 개인의 욕망을 모두 만족시킬 수 있는 집단의 포괄적 대의란 존재할 수 없다. 북한의 리더십은 이제 집단주의의 미련을 과감히 버리고 개인을 존중하는 리더십으로 거듭나야 한다. 그 과정에서 비로소 인권 개선도 할 수 있다.

통일로, 세계로

북한의 개발독재 리더십이 미래를 설계하면서 반드시 전제할 것이 있다. 통일이다. 앞에서 수차례 이 문제를 거론했지만 다시 언급하는 이유는 설사 합리적으로 변화된 개발독재 리더십일지라도 통일이 전제되어 있는 한 영원할 수 없다는 것을 강조하기 위해서이다. 북한의 리더십은 선진국과 눈높이를 맞추어 정치선진화를 예비해야 한다. 현대화를 지향하는 북한의 리더십 변화는 북한을 정상국가로 만들어 세계의 당당한 일원이 되게 할 것이다. 이제 더 이상 북한을 정치범수용소, 즉결 공개처형, 고문, 연좌제 숙청 같은 가혹한 공포정치와 연관해 떠올리는 일이 없을 것이다. 그 대신 전 세계로 열린 정보통신 네트워크에서 고부가가치 창출 기회를 찾아 동분서주하는 야망을 품은 북한인의 이미지를 그리게 될 것이다. 북한의 현대화를 성공으로 이끈 개발독재 리더십은 민주적인 리더십에게 자리를 이양하면서 북한 선진화의 밑거름이 될 것이다. 그리고 정치 선진화의 진척과 함께 독재리더십은 서서히 무대를 내려오고, 북한 회생과 부강의 주역으로 역사에 명예롭게 남을 것이다.

9

북한 현대화 리더십이 만들 미래상

　지금까지 북한의 불편한 진실을 다루고 냉혹한 권력 세계
를 논하다 보니 내용이 전체적으로 무겁고 어두울 수밖에 없
었다. 책이 막바지로 향하는 이쯤에서는 밝고 희망찬 내용으
로 분위기를 바꾸어보자. 다행히 북한 현대화와 함께할 한반
도의 통일 노정이 한반도는 물론 전 세계에 안겨줄 혜택과 이
익이 엄청나서 부풀어 오르는 기대에 가슴을 설레며 시작할
수 있을 것 같다.

대륙과 해양을 잇는 허브

자주 회자되는 주제이지만, 한반도의 지정학적 위치는 특별하다. 거대한 해양세력과 대륙세력이 만나는 지점에서 한반도가 대양과 대륙을 잇고 있다. 미국, 일본 등 환태평양 국가로 이루어진 해양세력과 중국, 러시아, 중앙아시아 등의 대륙세력이 한반도를 연결통로로 두고 마주한다. 하지만 지금까지 북한은 세상과 단절되어 있었다. 과거에는 냉전으로 첨예한 대립의 전초기지가 되어 해양세력과 소원했고, 냉전이 끝난 이후에는 북한 스스로가 체제를 유지하기 위해 문을 닫아 고립을 자초했다. 결국 냉전 이후 세계화가 급속히 진행되면서 세계가 하나의 시장 네트워크로 통합되는 역사의 대하에서 북한은 유리되었고, 외곬으로 빠져 맴돌기만 할 뿐 출구를 찾지 못한 채 40년 가까운 세월을 낭비했다. 참으로 안타깝고 아쉽지만 이미 흘러간 과거를 되돌릴 수는 없다. 하지만 아직도 늦지 않았다. 늦었다고 깨닫는 순간이 바로 시작할 적기라는 말도 있으니 말이다.

북한이 현대화를 결심해 과거와 화해하고 과오를 사죄하며 적대관계를 청산해 세계와 협력의 길로 나아가는 순간, 북한 영토 전체가 대양과 대륙을 잇는 거대한 허브(Hub)로 탈바꿈한다. 앉아서 길만 빌려줘도 돈을 버는 형국이 되는 것이다. 당면한 이슈인 러시아와 한국을 잇는 가스관 부설, 한국에서 북한을 지나 시베리아를 횡단해 유럽까지 가는 철도의 연결만 보더라도 북한의 지정학적 이점은 엄청나다. 북한의 나진항과 청진항은 거대한 대양에서 대륙으로 들어가는 천혜의 교두보이다. 나진항 이북 러시아 항구는 겨울에는 얼어서 사용할 수 없다. 지구온난화가 진행되면서 북극과 가까운 동토가 빠른 속도로 녹아 과거에 비해 툰드라 지역 개발이 용이해졌다. 수십억 년을 잠자던 방대한 자원의 보고가 서서히 열리고 있다. 시베리아 등 동토 자원 개발에 한국, 일본, 미국 등 해양세력의 막강한 자금력과 기술력이 필요하다. 북한의 나진항과 청진항은 시베리아로 가는 대륙의 길목에 있다. 지구온난화로 북극 빙산이 녹으면서 북극 항로가 열리고 있다. 해양수산부의 연구에 따르면 북극 항로를 통해 유럽으로 가면 기존 항로에 비해 운항거리는 2만 2000km에서 1만 5000km로 7000km 짧아지고, 운항시간은 40일에서 30일로 10일이나 단축된다. 한반도 최북단에 있는 나진항과 청진항은 북극 항로를 위한 화물의 선적, 하역, 환적을 수행하는 허브항이 된다. 그뿐 아니다. 중국의 동북 내륙지역은 나진·선봉 특구를 통해 좀 더 쉽게 바다로 나갈 수 있다. 중국에서 동북삼성 지역[지린 성(吉林省), 랴오닝 성(遼寧省), 헤이룽장 성(黑龍江省)]은 중국 남부 연해지역에 비해 개발이 많이 안 되어 있어 성장 잠재력이 아주 크다. 중국 정부는 내륙 개발을 새로운 성장 요소로 인식하고 적극적인 내륙 개발 촉진 정책을 펴고 있다. 바야흐로 중국의 동북삼성, 몽골의 대초원, 시베리아의 대평원, 북극의 툰드라, 광활한 중앙아시아가 북한을 지나 한국, 일본, 미국 등을 위시로 한 해양세력과 교류하게 된다. 또한 북한을 기착지로 한 북극 항로는 새로운 동서양의 해상교역로, 즉 신해양 실크로드가 된다. 나진·선봉, 청진 등 함경북도 최북단 연해지역은 하나의 거대한 물류 서비스 지역으로 묶인다. 한국, 일본, 미국, 중국, 동남아시아, 캐나다, 중남미, 오세아니아, 유럽 등에서 오는 선박을 수용하기 위해 청진에서 나진·선봉에 이르는 해안선에 크고 작은 부두와 물류창고가 줄지어 들어서게 된다. 나진·청진은 시베리아와 중국 동북 내륙으로 가는 철도의 한반도 최북단 기착지가 되어 해양에서 들어온 물자를 열차에 옮겨 실어 대륙으로 보내는 철도운송의 중심지가 된다.

다음은 신의주 지역으로 가보자. 신의주는 한국과 중국의 대륙횡단철도를 연결하는 지점에 있다. 그리고 중국에서 비교적 경제 규모와 성장 잠재력이 큰 랴오닝 성과 마주한다. 신의주와 베이징도 가깝다. 압록강 하구 삼각지 등 신의주 지역에서 북한과 중국의 경제협력 가능성과 잠재력은 아주 크다. 신의주는 중국의 경제 성장과 국민소득 향상에 따라서 방대한 중국 내수시장을 겨냥하는 북한-중국-한국 3각 협력의 중심지로 거듭난다. 이 외에도 서해에는 남포항·해주항이 있어 한국과 중국을 이어주고 태평양으로 나갈 수 있으며, 동해에는 흥남·원산·단천·성진에 항구가 있어 한국과 일본을 이어주고 대양을 거쳐 세계로 나갈 수 있다. 한국, 중국, 일본, 러시아 등 주변국의 대대적인 사회기반시설 투자로 구축된 고속철도, 고속도로 등의 사통팔달 교통 네트워크가 한반도 전체를 일일 생활권으로 묶는다. 그래서 북한 지역의 물류 허브 경쟁력은 더욱 높아진다.

하지만 하드웨어 부분만 잘 되어 있다고 물류 허브가 될 수 있는 것은 아니다. 시스템, 제도, 법규 같은 소프트웨어 측면도 물류 경쟁력의 핵심 요소이다. 북한은 전 영토를 대외에 개방해 물류 서비스의 속도와 효율을 높이고, 지역 최고의 제도 경쟁력을 기르기 위해 획기적으로 제도를 개선하고, 시스템을 구축하며, 법규를 정비하는 등 무형 요소도 두루 갖춘다. 통관이나 행정 업무의 원스톱(One-Stop) 서비스, 통행 및 통신의 자유, 세제 혜택 같은 고객 친화적인 서비스가 세계인을 유혹한다.

수출 강국으로 부상, 30년 내 중진국 진입

북한은 지정학적 이점에 더해 저렴하지만 교육 및 숙련 능력이 뛰어난 인력을 제공할 수 있다는 점에서 남다른 수출 경쟁력이 있다. 한국과 일본의 자본과 기술, 중국이라는 거대한 시장, 러시아의 방대한 자원이 북한을 둘러싸고 있어 북한은 대륙과 대양을 향한 수출 제조업 기지로서 최적이다. 한국에서 노동력 부족과 인건비 부담에 시달리고 있는 중소 제조업체가 북한으로 터전을 옮긴다. 대기업의 제조 공정 가운데 조립 공정처럼 인력이 많이 소요되는 부분도 북한으로 이전한다. 한국뿐 아니다. 중국도 인건비 상승으로 경쟁력이 떨어진 노동집약형 산업분야를 북한으로 이전할 수 있다. 일본이나 미국 및 기타 환태평양 국가도 시베리아, 중국 동북 지역, 중앙아시아 지역 개발 또는 그 지역에서 나오는 천연자원의 가공에 필요한 산업을 북한에 설치할 수 있다. 북한의 천연자원 수출은 후대를 위해 가급적 남겨둔다.

유형 가치의 수출과 함께 무형 가치의 수출도 있다. 한국과 북한이 통합해 육성한 정보통신·바이오·친환경 같은 고부가가치 최첨단 산업분야에서 창출되는 무형의 가치는 남북 경제통합 10년 이후 유형 가치의 수출을 초과할 수 있다. 북한의 세계무역기구 가입이 방대한 경제영토국인 한국의 (자유)무역체계와 결합해 세계시장에서 남북 모두 엄청난 시너지 효과를 누린다. 중국 연해지역의 발전 속도를 참고하면 30년 내 북한은 1인당 국민소득 2만 달러를 달성해 중진국이 되는 '대동강의 기적'의 주인공이 된다. 1인당 국민소득 2만 달러면 북한은 2000년대 이후 한국 국민과 비슷한 생활수준을 누리게 된다는 의미이다. 실로 엄청난 도약이 아닐 수 없다. 자가용 승용차가 보편화하고, 해외여행이 대중화하며, 사람들의 관심은 질적인 여가생활이나 자아실현 같은 고차원의 영역을 지향한다. 그 시점에 한국의 1인당 국민소득은 4만~5만 달러에 이르겠지만 생활 물가를 감안한 실질소득 수준은 큰 차이가 나지 않게 된다. 인구 증가를 감안하면 한반도에 인구 1억 명 이상의 내수시장도 생긴다. 경제력이 향상된 한반도 내수 시장은 그 자체로 통일한국의 경제 안정과 성장의 기반이 된다. 막강한 소비력과 생산력을 가진 한반도는 막대한 부가가 치를 세계로 뿜어내고, 동시에 그에 상응한 부를 빨아들여 거대한 순환의 중심에 우뚝 선다.

정치발전을 동반한 경제발전

중진국 진입이라는 경제 성공에서 자신감을 얻고 물질적· 정신적으로 여유로워진 북한 사람들이 선진국을 따라잡는 추격전을 계속해서 풍요로운 삶이 기다리는 미래로 가는 것은 순리이고 필연이다. 인간의 풍요로운 삶은 자유를 전제로 한다. 자유가 없이 삶의 질을 논하는 것은 애초부터 어려운 일이다. 자유의 증대를 위해서는 정치 환경부터 선진사회에 맞게 개선되어야 한다. 따라서 북한 주민의 관심은 자연히 정치 선진화로 이어지게 된다.

부의 축적으로 지킬 것이 많아진 북한 사람들이 민주적인 권한과 권리를 요구하는 것은 당연하다. 다시 말해 자유롭게 개인의 의사를 표현하고, 민의를 다수결로 결정하는 민주적 절차에 대한 요구이다. 이렇게 되면 결국 정치선진화로 가는 열차는 민주주의 궤도로 들어설 수밖에 없다. 그리고 민주주의 궤도는 법치주의 노반에 놓일 때 비로소 튼튼해진다. 처음에는 이장이나 군수를, 다음에는 도지사를, 나중에는 국가수반을 선거로 뽑고, 만족을 주지 못한 자는 표로 응징한다. 이런 미래상은 북한이 현대화 과정에서 민주주의의 싹을 틔우고 사회 기층과 당 내부에서 민주적 제도와 절차를 도입했기 때문이다.

아마도 가장 궁금한 점은 현재 북한 통치자가 과연 독재를 포기하고 평화적이고 점진적인 민주화를 할 수 있는가이다. 앞에서 북한체제가 영원할 수 없고, 북한 집권층이 살아남기 위해서는 변화하는 환경에 맞게 스스로 변신할 수밖에 없다고 했지만, 그 변신도 기득권을 유지한다는 전제에서 고려되는 것이라면, 결국 민주주의의 핵심인 선거를 통한 권력 교체를 할 수 없는 것이 아닌가 하는 의문이 든다. 그 해답은 대중이 쥐고 있다. 독재자는 대중의 정신이 몽매하고 체력이 허약해야 통치하기 쉽다. 하지만 국민을 마냥 빈약하게 놔둘 수는 없다. 국력 쇠락으로 국가를 유지할 수 없기 때문이다. 나라가 없는데 왕이 있을 수는 없다. 지금같이 세계화와 개방화가 진행된 경쟁의 시대에 허약한 국민으로 국가를 유지하기는 힘들다. 독재자는 독재체제 국가를 유지할 수 있을 만큼만 국민에게 힘을 주고 싶을 것이고, 그렇게 할 수밖에 없다. 이런 논리라면 북한의 독재자에게 전면적인 현대화를 시도할 이유는 충분하지 않다. 가난해도 쓰러지지만 않는다면, 숨만 붙어 있다면 독재자로 군림하는 편이 낫다고 판단할 여지는 충분하다. 현격하게 벌어진 빈부 및 신분 격차에 고무된 기득권층이 독재자와 영합해 기득권을 세습하는 길은 앞으로도 열려 있다. 대중에게 힘을 주고, 힘이 생긴 대중을 대상으로 기득권을 지키기 어렵다는 것을 지배층은 너무도 잘 안다. 그래서 현대화가 북한 지배층에 약이 아니라 독이 될 수도 있다.

그렇다면 어떻게 북한 지배층이 기득권을 상실하는 위험을 무릅쓰고 현대화를 결단하게 할 수 있을까? 붕괴하는 것보다는, 죽는 것보다는 당대만이라도 기득권을 지키도록 선택하게 하는 것이다. 앞으로는 지금처럼 독재체제를 유지할 수 없다. 그 수명은 20년을 넘기지 못할 것이다. 어떻게든 대중은 각성하고 주변국으로부터 영향을 받는다. 이런 상황에서 북한 지배층이 적극적이고 긍정적으로 권력과 통치의 의미를 이해한다면, 당대의 기득권 유지는 물론이고 후대에 명예로운 이력을 남기는 현대화를 결단할 수 있다. 그리고 그와 같은 현대화를 시작으로 유혈을 부르는 권력 쟁투는 사라지고, 지배층은 평화적으로 무대에서 내려올 수 있다. 일부 기득권 세습은 불가피하겠지만, 현대화 시대에 새롭게 성장한 소위 '성공한 사람'의 등장으로 서로 견제하고 경쟁하면서 선진화한 정치 환경을 만들 것이다.

강력한 한반도 경제공동체, 한반도 통일의 초석

한반도에 탄생한 경제공동체는 장점을 공유하고 단점을 보완하면서 최상의 시너지 효과를 낸다. 현재 한국은 자본, 기술, 선진 경영기법, 문명한 시민의식 등이 장점이다. 반면 대륙으로 이어지는 육로의 차단, 고령화, 저성장 같은 문제가 한국의 지속적인 성장과 발전을 위협한다. 북한은 지리적 위치, 생산비용, 자원 등이 강점이다. 단점은 한국의 장점과 정반대, 즉 자본 부족, 기술 낙후, 시민의식 부재 등이다. 남북은 상호 보완하면서 윈윈하는 관계를 지속해 서로를 이해하고 차이를 줍히며 결국은 통일로 자연스럽게 다가간다. 남북의 분업체계에서 북한은 노동집약형 산업, 자원, 지정학적 이점과 관련된 분야를 맡고 한국은 자본, 기술, 기획, 마케팅 분야를 맡는다. 그리고 지식기반, 첨단융합, 녹색기술 같은 최첨단 산업분야는 남북에 공히 육성한다. 평양, 남포, 해주, 개성 권역이 서울, 인천, 경기 권역과 단일경제권으로 경공업, 기계·전자·자동차 등 제조업, 정보통신·바이오·친환경 같은 최첨단 산업 등에서 분업체계를 만든다. 함흥의 중화학공업, 청진의 금속공업 등은 울산, 부산, 경남 권역의 중화학공업과 묶어서 분업한다. 나진·선봉, 청진 권역과 부산, 울산 권역이 통합된 동해 해상 물류 네트워크를 이룬다. 백두산, 칠보산, 금강산, 설악산 등이 연계된 동해 백두대간 관광 벨트, DMZ 평화공원 같은 통합 관광 네트워크가 새로 태어난다. 신의주, 남포, 해주 권역이 인천, 강화, 영종, 당진, 새만금, 목포를 아우르는 서해 경제벨트를 형성한다. 나아가 중국의 단둥(丹東), 다롄(大連), 톈진(天津), 칭다오(靑島), 롄윈강(連雲港), 상하이(上海)를 포함하는 황해 경제권으로 확장된다.

　이런 방대하고 효율적인 분업체계는 한반도에 새로운 활력

을 불어넣어 북한의 비약적 경제 성장과 한국의 재도약 기반
이 된다. 북한은 경제적 약자 콤플렉스로부터 벗어나 자신감
을 갖고, 한국은 디플레이션(Deflation) 공포를 떨치고 새로운
성장 가능성을 찾는다. 서로 주고받는 것이 확실한 관계가 오
래가는 법, 남북은 그렇게 서로를 필요로 하며 가까워지고,
섞이고, 점차 하나가 되어간다. 미국과 경제 규모에서 선두를
다투는 중국의 급성장은 한국에게 큰 기회인 동시에 위협이
기도 하다. 이미 중국인의 돈 씀씀이는 한국인을 넘어섰고,
중국과 한국의 기술 격차는 불과 몇 년으로 좁혀졌으며, 일부
는 중국이 추월하기도 했다. 아직 일부 선진 경영기법 또는
기술 우위와 한 단계 위의 문화 수준이 한국의 체면을 지켜주
고는 있지만 워낙 막대한 기세로 치고 올라오는 중국을 상대
하는 데 한국 경제 규모의 열세는 큰 제약이다. 중국인은 앞
으로 10년 후면 한국인이 일자리를 찾아, 더 나은 임금을 위
해 중국으로 올 것이라고 말한다(아직까지는 그 반대이긴 하지
만 말이다). 그래서 남북을 통합하는 경제공동체가 더욱 절실
하고 시급하다.

한반도 경제공동체는 규모의 경제 측면은 물론이고 원가
경쟁력이나 지정학적 이점이 주는 다양한 시너지 효과를 기

대할 수 있다는 점에서 한반도에 새로운 경제성장의 기회를 준다.

하나 된 IT 강국 한반도

한국은 이미 IT 강국이다. 북한도 부정적이긴 하지만 해커 부대로 유명하다. 한반도는 많은 소프트웨어 인력을 양성하고 있다. 인터넷 및 무선통신 네트워크가 지구를 하나로 이어주는 현재, IT 기술은 무한한 가치 창출의 가능성을 열어준다. 자본력이 부족한 북한에게 IT 네트워크는 큰돈 없이도 꿈을 펼칠 수 있는 기회의 바다이다. 북한은 이런 기회를 십분 활용해야만 한다. 네티즌을 상대로 천문학적 액수의 돈도 벌 수 있다. 미국의 애플(Apple)·구글·마이크로소프트(Microsoft)·페이스북(Facebook)·트위터(Twitter), 중국의 알리바바(Alibaba)·텐센트(Tencent)·바이두(Baidu) 같은 기업의 정보통신기술 기반의 성공 신화는 익히 잘 알려져 있다. IT 네트워크가 만드는 가상공간은 이제 삶과 분리할 수 없는 부분이 되었고, 오히려 현실 공간을 압도하는 듯하다. 네트워크 공간에서 클릭

한 번으로 세계인과 동시에 소통하고 거래할 수 있고, 정보의 확산은 순식간에 동시다발적으로 일어난다. 인류의 거래 및 소비 패턴도 소유 방식에서 접속 방식으로 바뀌고 있다. 이제 수요와 공급 관련 정보에 대해 즉각적이고 종합적으로 비교 검토를 할 수 있어 굳이 유·무형의 수요 재원을 구매해 소유할 필요가 없고, 필요할 때 사용료를 내고 접속하거나 빌리면 된다. 좋은 아이디어 하나만 있으면 돈을 벌 수 있는 세상이 온 것이다. 한국과 북한의 잠재된 IT 능력을 잘 조화하고 더 높은 차원으로 끌어올린다면, 하나 된 IT 강국 한반도에는 무궁무진한 기회의 바다가 펼쳐질 것이다.

한민족의 신바람 기질

우리 민족은 신바람이 나면 힘든 일도 콧노래를 부르며 해낸다. 노래하기를 무척 좋아해서 흥얼거리며 일을 하고, 회식을 하면 노래방 가기를 즐긴다. 단체모임에서는 으레 노래하며 신나게 노는 일정이 들어가곤 한다. 한국은 경제 개발 초기에 가시적인 생활수준의 향상에 고무되어 국민 모두가 신명나게 일했던 것이 '한강의 기적'을 만드는 데 주효했다. 북한도 1950~1960년대 '천리마운동'처럼 대중이 열의에 차서 일한 결과, 10%대 이상의 고속성장을 기록한 사례가 있다.

북한의 현대화와 남북 협력이 가져올 새로운 번영은 우리 민족의 신바람을 고취할 것이다. 그 기운으로 사람들은 즐겁게 도전해 더 큰 성취를 이루고, 그 성취는 다시 신바람으로 이어진다. 신바람이 가득한 노랫가락과 춤사위에서 흥이 펼쳐지고, 남북 주민은 민족 특유의 정감 아래 서서히 하나 된 마음이 된다. 우리의 노래와 춤은 세계인의 가슴을 달구어 신나게 놀게 하고, 유행을 만들고, 문화를 새롭게 한다. 그렇게 우리의 신바람 문화는 세계를 사로잡고 그 열풍으로 통일된 한반도는 새로운 문화선진국이 된다.

나가며

남북을 이어주는 통일의 염원

'피는 물보다 진하다.' 혈육의 정이 그 어떤 것보다 깊음을 의미하는 말이다. 한민족의 혈통은 반만년을 이어져 내려왔다. 기나긴 역사와 굴곡진 영욕의 여정에서 남북 분단의 70년은 찰나에 지나지 않는다. 겨우 두어 세대가 지났다고 끊길 인연이 아니다. 다민족·세계화 사회에 뜬금없이 웬 혈통 이야기냐고 할 수 있겠지만, 시대착오적인 민족주의의 향수를 자극하자는 것은 아니고 누구도 부인하지 못하는 혈연, 피를 나눈 인연은 천부적이어서 누가 끊거나 버릴 수 없음을 말하고 싶은 것이다. 세계화한 시장경제 시대에 큰 도움도 되지 않는 민족의식이 점점 희미해지는 것이 당연하게 여겨지는 요즘 세상에서 새삼스럽게 혈통 타령이냐고 하는 사람들도 있을 것이다. 그들에게 북한은 남한의 동족이기는커녕 원수보다 더한 원한의 대상일 수 있다. 한국은 잘살아 보겠다고 밤낮 가리지 않고 동분서주하는 마당에 북한은 흉기를 들고 협박을 일삼는 동네 깡패 같은 행동을 자꾸 하니 진절머리가 날 수도 있다. 북한은 대외적으로는 겉만 번지르르하게 민족 협력, 공영, 통일을 말하지만 내부적으로 한국을 미국보다 더 적대하고 적화통일의 대상으로 여긴다.

경제나 정치 같은 사회체제는 공기나 물과 같아서 민족 같은 추상적인 가치보다 사람들의 삶에 훨씬 직접적으로 영향을 미친다. 그래서 한국은 자신이 누리고 있는 높은 수준의 자유, 민주주의, 경제적 풍요를 훼손할 만한 이념이나 사회체제 리스크에 매우 민감할 수밖에 없다. 한국에서는 진보와 보수의 대립으로 각색된 좌우 대결이 특별히 격렬하기 때문에 북한과 어떤 일을 도모하기가 더욱 어렵다. 이제는 많이 무뎌진 감정이지만, 한국은 북한의 전제체제와 괴물 같은 조합을 이룬 공산주의 이념이 남북 교류의 흐름을 타고 한국으로 스며들지 않을까 하는 경계를 하지 않을 수 없다. 실제로 북한의 적화통일 목표는 현재도 변함이 없다. 지금 같은 상황에서 한국이 방심하거나 실수로 틈을 보이면 어떤 일이 벌어질지 쉽게 상상할 수 있다.

한편으로 북한의 약자 콤플렉스는 이미 도를 넘었다. 체제 유지에 급급한 나머지 민생, 민족, 통일 같은 대의에는 관심이 없다. 이제 핵이 아니면 더 이상 한국과 대적할 수단이 없다. 당장 할 수 있는 선택은 북한 주민을 한국의 실상으로부터 철저히 격리하는 것뿐이다.

그렇다고 언제까지 남북이 대치하고만 있을 수는 없다. 돌파구가 필요하다. 북한은 시장경제를 도입해 현대화를 결단하고 한국은 북한의 현대화가 성공하도록 도우면서 상호 이익을 도모하는 항구적인 남북 협력체계를 만들어가야 한다. 분단은 열강이 한반도 주민의 의사와 무관하게 힘의 논리로 강요한 것이지만, 통일만큼은 우리의 의지와 힘으로 이루어 과거 짓밟힌 자존심을 회복해야만 한다. 중요한 것은 우리의 의지이다. 의지만 있으면 부족한 힘은 기를 수 있다. 이제 더 이상 일방적으로 공격해 점령하는 식의 통일은 할 수 없다. 통일이 밤도둑처럼 올 수 있는 가능성도 배제할 수 없기에 미리 대비해야 하겠지만, 호박이 덩굴째로 굴러들어 오기를 기다리기만 하는 소극적인 생각은 이제 지양해야 한다. 온갖 이유를 들며 북한이 무너질 시기를 점치면서 보낸 세월이 수십 년을 넘는다. 이제 우리는 북한이 스스로 붕괴될 때까지 남은 20여 년을 소극적으로 준비만 하면서 기다릴 것인지, 아니면 적극적으로 북한을 상대해 그 기간 안에 북한 현대화를 이루고 본격적인 통일의 단계로 들어서는 길을 갈 것인지 선택하고 결정할 때가 되었다. 통일은 어느 날 하늘에서 뚝 떨어지는 것이 아니라, 남북이 서로를 갈라놓았던 장벽을 뚫고 교류를 통해 입장 차이를 줄여나가는 과정이다. 이 과정이 어떠하든 기간이 얼마든, 분명한 것은 통일은 필연코 이루어진다는 사실이다. 서구 열강에 의해 본의 아니게 남북으로 나뉘고 서구에서 수입한 이념의 대립으로 갈라섰다가, 북한의 과욕이 일으킨 전쟁으로 피의 원한을 사고 70년 가까이 대립했지만, 한민족 반만년 역사에서 분단은 순간이기에 우리의 혈연은 다시 이어질 수밖에 없다. 이 끈질긴 인연은 그 어떤 원한, 이해득실, 시공간적 간극도 모두 초월한다. 노자가 말하는 '미명(微明)'의 의미를 되새겨보자.

오므라들게 하려면 반드시 펴야 하고 　將欲歙之 必固張之
약하게 하려면 반드시 강하게 해야 하며 　將欲弱之 必固強之
없애고자 하면 반드시 일으켜야 하고 　將欲廢之 必固興之

빼앗으려면 반드시 주어야만 하니 將欲奪之 必固與之

그것을 미명이라고 한다 是謂微明

부드럽고 약한 것이 굳세고 강한 것을 이긴다 柔弱勝剛強

고기가 연못을 나오면 안 되듯이 魚不可脫於淵

나라도 권력도 國之利器

함부로 사람(백성)에게 휘둘러대면 안 되는 것이다 不可以示人

  인연을 끈으로 한 숙명적인 통일 이야기로 글을 마감하는
지금, 들을 때마다 심금을 울리는 이선희의 노래 「인연」의 가
사가 생각난다. '…… 운명이라고 하죠, 거부할 수가 없죠
…… 먼 길 돌아 다시 만나는 날 나를 놓지 말아요.' 남북을 이
어주는 통일의 염원이 모두에게 전달되기를 바란다.

참고 문헌

강승문. 2014. 『싱가포르에 길을 묻다: 국민소득 5만 달러의 신화』. 매일
　　경제신문사.

김성진. 2007. 『독재자 리더십: 국가 건설의 정치 리더십 탐구』. 황소자리.

김원중. 2013. 『경영사서: 3천 년 역사를 이끈 혁신, 전략, 인재, 소통의
　　비전』. 민음인.

김천구. 2014. 「2013년 북한 GDP 추정과 남북한 경제사회상비교」. ≪통
　　일경제≫, 2014년 1호.

부에노 데 메스키타(Bruce Bueno de Mesquita)·스미스(Alastair Smi-
　　th). 2012. 『독재자의 핸드북: 사상 최악의 독재자들이 감춰둔 통
　　치의 원칙』. 이미숙 옮김. 웅진지식하우스.

오버리, 리처드(Richard J. Overy). 2008. 『독재자들: 히틀러 대 스탈린,
　　권력 작동의 비밀』. 조행복 옮김. 교양인.

오원철. 2006. 『박정희는 어떻게 경제강국 만들었나: 불굴의 도전 한강
　　의 기적』. 동서문화동판.

오카다 다카시(岡田尊司). 2013. 『심리를 조작하는 사람들: 그들은 어떻

게 마음을 지배하고 행동을 설계하는가』. 황선종 옮김. 어크로스.

이중톈(易中天). 2010. 『백가쟁명』. 심규호 옮김. 에버리치홀딩스.

장대성. 2014. 『이념과 체제를 넘는 북한 변화의 미래: 북한 현대화 모델』.
　　도서출판 한울.

카네티, 엘리아스(Elias Canetti). 2002. 『군중과 권력』. 강두식·박병덕
　　옮김. 바다출판사.

한비(韓非). 2010. 『한비자: 제왕학의 영원한 성전』. 김원중 옮김. 글항
　　아리.

해양수산부. 2013. "아시아-유럽간 新해양실크로드 '북극항로' 9월 15일
　　국적선사 최초 시범운항한다"(2013.9.12). http://www.mof.go.
　　kr/EgovTotalSearchMain_front.do#

후쿠야마, 프랜시스(Francis Fukuyama). 2012. 『정치질서의 기원』. 함
　　규진 옮김. 웅진지식하우스.

지은이 소개 ㅣ 장대성

40대 후반의 평범한 중년이다. 겉보기에는 특별히 눈에 띄는 점은 없는 회사원이지만 순탄치 않은 인생 여정만큼이나 내면의 충실함을 기한 달까, 그 나름의 내공에 집착하는 편이고 말수가 적으며 사색과 독서를 즐긴다. 평양에서 태어났지만 유년 시절부터 20대 초반까지는 함경북도에서 살았다. 출신 성분이 나빠 '붉은 수도' 평양의 시민 명부에서 정리되어 후방으로 강제 이주를 당했다. 간난신고 끝에 약간의 행운이 따라 남보다 많이 늦은 나이에 김책공업종합대학에 입학하고 평양 재진입이라는 부모의 소원 성취에 한발 다가서는 듯했으나 운은 거기까지였다. 운명의 여신은 1990년대 중반 탈북과 해외 체류 4년을 거쳐 그를 대한민국으로 이끌었다. 궁금한 것은 모조리 찾아 읽었고 여건이 되는 한 해외를 포함해 열심히 돌아다녔다. 회사 일로도 세계 여러 곳을 다니며 많이 배울 수 있었다. 이 책은 훗날 기회가 되면 반드시 북한의 형제들과 자신이 터득한 것을 나누어야 한다는 생각에 그들과 대화하는 마음으로 썼다. 첫 책 『이념과 체제를 넘는 북한 변화의 미래』(2014)를 시작으로 북한 현대화 시리즈를 구상하고 있으며, 기회가 되면 소설에도 도전해 자신이 경

험했던 북한의 실상을 생생하게 소개하고자 한다. 좋은 글로 남북한의
독자들과 다시 만나는 그날을 위해 몰입의 고된 여정을 계속하려 한다.

한울아카데미 1759

독재자와 시장경제
북한 현대화를 위한 리더십

ⓒ 장대성, 2015

지은이 ｜ 장대성
펴낸이 ｜ 김종수
펴낸곳 ｜ 도서출판 한울
편집책임 ｜ 배유진
편집 ｜ 강민호, 배유진

초판 1쇄 인쇄 ｜ 2014년 12월 29일
초판 1쇄 발행 ｜ 2015년 1월 9일

주소 ｜ 413-120 경기도 파주시 광인사길 153 한울시소빌딩 3층
전화 ｜ 031-955-0655
팩스 ｜ 031-955-0656
홈페이지 ｜ www.hanulbooks.co.kr
등록 ｜ 제406-2003-000051호

Printed in Korea.
ISBN 978-89-460-5759-3 03340 (양장)

* 책값은 겉표지에 표시되어 있습니다.